KB123842

다시 보는 5만 년의 역사

The Invention of Yesterday

The Invention of Yesterday

다시 보는 5만 년의 역사

The Invention of Yesterday

—

2020년 7월 8일 초판 1쇄 발행
2020년 8월 19일 초판 3쇄 발행

—

지은이 타밈 안사리
옮긴이 박수철
펴낸이 이종주

—

총괄 김정수
책임편집 유형일
마케팅 배진경, 임혜솔, 송지유

—

펴낸곳 ㈜로크미디어
출판등록 2003년 3월 24일
주소 서울시 마포구 성암로 330 DMC첨단산업센터 318호
전화 02-3273-5135 FAX | 02-3273-5134
편집 070-7863-0333
홈페이지 http://rokmedia.com
이메일 rokmedia@empas.com

—

ISBN 979-11-354-8444-5 (03900)
책값은 표지 뒷면에 적혀 있습니다.

* 커넥팅은 로크미디어의 인문 도서 브랜드입니다.
* 잘못 만들어진 책은 구입하신 서점에서 교환해 드립니다.

다시 보는 5만 년의 역사
The Invention of Yesterday

인류의 문화, 충돌, 연계의 빅 히스토리
A 50,000-Year History of Human Culture,
Conflict, and Connection

타밈 안사리

지난날 내가 거쳐 온 여러 세계의 친구들에게 이 책을 바친다.

커넥팅

타민 안사리(Tamim Ansary) 저자

타민 안사리는 아프가니스탄에서 성장했고, 1964년부터 미국에서 살고 있다. 안사리는 젊은 시절 미국에서 일어난 반문화 운동에 참여했으며, 실험적인 소설을 쓰거나 대안 언론 〈포틀랜드 스크라이브 *Portland Scribe*〉에 글을 기고했다. 무슬림 가문에서 태어났으나, 종교에 관심이 없던 그는 남동생이 근본주의 이슬람에 심취한 모습을 보며 이슬람을 연구하기 시작했다. 그는 1980년대에 북아프리카와 터키를 돌아다니다 이슬람주의를 알게 되었다. 극단적인 이슬람주의가 보인 모습에 큰 충격을 받은 그는 충격에서 벗어나기 전까지 교과서 편집자로 일했다. 9 · 11 사태가 일어난 직후, 친구들에게 이메일을 보내 당시의 상황이 이중 문화권자인 자신의 눈에 어떻게 보이는지 말했는데, 그 편지는 인터넷에서 급속도로 퍼지며 큰 호응을 얻었다. 안사리는 마이크로소프트(Microsoft Corporation)의 학습 백과 사이트인 엔카르타에 정기적으로 칼럼을 기고했으며, 아이들을 위한 책과 수학 프로그램으로 만든 농담, 회고록, 교육용 만화책 시리즈 등을 만들었다. 〈샌프란시스코 크로니클〉, 〈살롱〉, 〈에듀토피아〉, 〈퍼레이드〉, 〈로스앤젤레스 타임스〉 등 다양한 언론 매체에서 글을 쓰고 논평했으며, 오프라 윈프리 쇼, 빌 모이어스, PBS 더 뉴스 아워, 알자지라(Aljazeera), NPR 등 미디어 프로그램에 출연하였다. 오리건주의 포틀랜드 무슬림 교육 신탁(Muslim Educational Trust of Portland)과 연관된 지역민들, 그리고 캘리포니아주의 롱비치 템플 이스라엘(Temple Israel in Long Beach)의 유대교 신자들을 비롯한 여러 청중을 대상으로 여러 장소에서 강연했다. 저서로는 북캘리포니아 도서상(Northern California Book Award) 논픽션 부문을 수상하고, 10개 언어로 번역된 《이슬람의 눈으로 본 세계사》와 캘리포니아주의 샌프란시스코와 텍사스주의 웨이코(Waco) 같은 여러 주요 도시에서 시민독서운동(One City One Book)의 선정 도서였던 자서전적 보고서 《카불의 서쪽, 뉴욕의 동쪽 *West of Kabul, East of New York*》, 《미망인의 남편 *The Widow's Husband*》, 《규칙 없는 게임: 잦은 개입에 시달린 아프가니스탄 역사》, 《자동차 여행: 60년대의 비행운을 따라가며 미국인 되기》가 있다. 《다시 보는 5만 년의 역사》는 이슬람에서 태어나 미국에서 성장하여 이슬람과 서양 문화 양쪽의 관점을 같이 볼 수 있는 타민 안사리만의 독특한 시선이 잘 드러난 책이다. 이 책은 인류 5만 년 역사에서 나타난 갈등과 연계의 역사를 통해 우리를 싸우게 만드는 이유를 명확히 밝혀내고 있으며, 더 나은 미래를 위해 전 세계적인 협력을 이끌어낼 내러티브의 필요성을 강조하고 있다.

박수철 역자

고려대학교 서양사학과를 졸업하였으며, 현재 번역 에이전시 엔터스코리아에서 출판기획 및 전문 번역가로 활동하고 있다.

주요 역서로는 《역사를 바꾼 위대한 장군들》, 《세계문화여행 – 터키》, 《세계문화여행 – 스페인》, 《세계문화여행 – 스위스》, 《창조성, 신화를 다시 쓰다》, 《우리는 무엇을 하는 회사인가?》, 《세계의 디자인 *Great Designs*》, 《1434: 중국의 정화 대함대, 이탈리아 르네상스의 불을 지피다》, 《문자의 역사》, 《언어의 역사》, 《돈의 거의 모든 것: 돈의 복잡한 시스템을 한 권으로 이해한다》, 《대통령의 조건: 우리는 철학이 있는 리더를 원한다》, 《목욕, 역사의 속살을 품다》, 《그레이트 리더십 *Great Leadership*: 좋은 리더에서 위대한 리더로》, 《노암 촘스키의 미디어컨트롤》, 《똑똑한 사장들의 9가지 경영원칙》, 《유전자 전쟁》, 《미국의 아킬레스건》, 《생각 따라잡기》, 《사담 후세인 평전》, 《불가능한 변화는 없다》, 《시카고학파》, 《사진으로 기록된 20세기 전쟁사: 1914년부터 오늘날까지》, 《한 권으로 읽는 철학의 고전 27》, 《철학 교수님이 알려주는 공부법》, 《신뢰의 힘: 신뢰의 도덕적 토대》, 《죽음을 다시 쓴다》, 《Vienna 1900(비엔나 1900): 삶과 예술 그리고 문화》 등 다수가 있다.

머리말

이 책은 몇 년 전 어쩌다 내가 서로 무관해 보이는 역사책 세 권을 동시에 읽으면서 세상의 빛을 보게 되었다. 한 권은 100여만 명의 농민을 동원해 만리장성을 쌓은 중국 진나라의 시황제에 관한 책이었다. 다른 한 권은 몽골족에게 정복되기 전 몇 세기 동안 중앙아시아에서 펼쳐진 유목민의 삶에 관한 책이었다. 또 한 권은 제정 말기의 로마를 공격한 훈족의 왕 아틸라[Atilla] 같은 야만족 전사들에 관한 책이었다.

앞서 말했듯이 나는 세 권의 책을 한꺼번에 읽고 있었다. 덕분에 따로 읽었으면 알아채지 못했을 법한 무언가를 포착할 수 있었다. 도발적인 발상이기는 하지만, 오름세를 구가한 중국의 만리장성은 내림세의 로마 제국과 어떤 관계가 있어 보였다. 중국과 로마는 전혀 다른 두 세계였고, 당시 서로에 대해 거의 몰랐다. 하지만 중국과 로마 사이에는 말을 타고 로마에 들이닥친 훈족의 근거지인 중앙아시아의 초원이 뻗어 있었다. 중국에서 일어난 대사건—이를테면, 유목 민족의 침입을 막기 위한 성벽 건설—은 유목민의 세계를 관통하는 파급효과를 일으켰고, 그 효과는 결국 로마까지 이르렀다. 물론, 로마에서 일어난 대사건도 반대쪽으로 멀리 퍼져 나가는 파급효과를 일으켰다.

내가 흥미를 느낀 부분은 로마와 중국 간의 연계가 아니라, 인류사의 한 가지 측면인 상호 연계성이었다. 나는 또 다른 사례를 찾아 나섰고, 어렵잖게 찾아냈다. 예언자 무함마드[Prophet Muhammad]가 규정한 종교적 관습은 유럽인들이 입수한 자기나침반과 관계있는 것으로 드러났다. 12세기에 예루살렘이 셀주크 튀르크족[Seljuk Turks]에 정복된 사건의 뿌리는 절묘하게도 그 몇 세기 전 스칸디나비아반도를 덮친 흉작으로 거슬러 올라갔다. 중국 명나라의 정책은 미국 혁명에 기여했다. 19세기 미국에서 조면기[繰綿機]가 발명되자 아프리카 사하라사막 이남 지역민들의 삶이 망가졌다. 이 같은 사례는 수없이 많다.

몇만 년 전, 그러니까 우리가 지구를 배회하는 또 다른 무리의 인간들에 대해 알지 못한 채 고립되어 생활하는 수렵 채집인의 무리였을 때도, 어쨌든 우리는 서로 연계된 여러 종족의 대규모 단일 관계망을 이뤘던 것 같다. 오늘날 우리가 전 세계적으로 서로 뒤엉켜 있는 이 상태는, 적어도 4만 년 전, 많게는 6만 년 전까지 거슬러 올라가는 이야기의 마지막 장에 불과하다.

이 책에서 나는 상호 연계성을 세계사를 관통하는 선 가운데 하나로 다루지만, 이야기의 또 다른 측면도 인정한다. 우리는 점점 더 밀접한 관계를 맺지만, 인간 집단 간의 차별성은 더욱더 뚜렷해진다. 우리는 같은 행성에 살고 있지만, 이 행성에는 서로 다른 여러 세상이 있다. 인간은 누구든지 자기가 바라보는 세상을 온 세상으로 여기기 마련이다. 우리가 알고 있는 세계사도 알고 보면 사회적으로 구성된, 특정 관점 중심의 세계사적 서사다. 유럽 중심의 세계사적 서사, 이슬람 중심의 세계사적 서사, 중국 중심의 세계사적 서사 등등의 여러 세계사적 서사의 사례가 얼마나 더 있는지는, 지구상의 얼마나 많은 인간 집단이 자신을 '타자'와 구별되는 '우리'로 여기는지에 달렸다. 어떤 두 개의 세계사적 서사에 동일한 한 개의 사건이 수록될 수 있지만, 그 두 가지 세계사적 서사는 서로 다른 이야기일 수 있다. 왜냐하면, 서사의 형태는 이야기꾼이 좌우하기 때문이다. 특정 관점 중심의 여러 세계사 중 하나를 '진정한' 세계사라고 여기는 것은, 그 세계사가 세상을 '있는 그대로' 묘사한 지도라고 말하는 셈이다.

서사의 형태는 종국적 결말을 좌우한다. 물론 역사는 사실을 다루지만, 그 사실이라는 것은 기본적으로 서사에 복무한다. 자신의 이야기를 지을 때 우리는 자신을 꾸며낸다. 그것은 바로 우리가 아주 오래전 동굴에서 불 주위에 모여 할아버지와 할머니에 대한 추억을 아이들에게 전해주고, 과거의 대단했던 모험을 함께 회상하고—우리 중 누가 실제로 곰을 죽였는지를 두고 말다툼을 벌이고 밤하늘의 별을 통해 삶의 의미를 둘러싼 결론을 이끌어내면서 했던 일— 고대인들은 밤하늘을 쳐다볼 때 별뿐 아니라 별자리도 봤다. 그들은 "곰 한 마리가 있어."라고 말했고, "이봐, 힘센 사냥꾼['오리온'을 가리키는 말—옮긴이 주]이 있어."라고 말했고, 동료들은 고개를 끄덕였다. 무리에 속한 모든 사람이 곰과 힘센 사냥꾼을 봤고, 그러면 곰과 힘센 사냥꾼은 있는 것이었다.

현대인들은 거기에 별자리라는 것이 없었다고 쉽게 말할 수 있다. 그렇다. 실제로 그런 별자리는 쳐다보는 사람들의 마음속에만 존재했다. 그렇지만 어떤 의미에서는 우리 인간이 보고 아는 모든 대상이 별자리다. 별자리는 우리가 그것을 보기 때문에 거기 있다. 우리는 사람들의

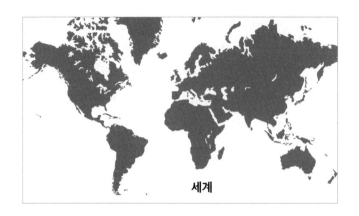

세계

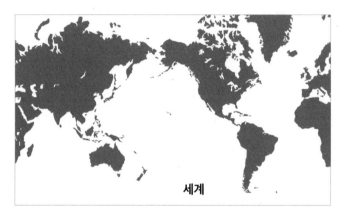

세계

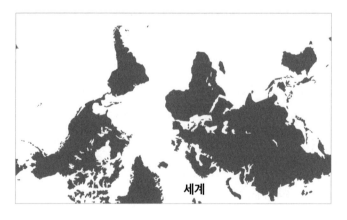

세계

별자리로서 존재한다. 우리는 관념의 별자리에 깊이 빠져있다. 우리는 무수한 별자리로 이뤄진 별자리의 우주에서 살고 있다. 사회적 우주에서 별자리는 실재와 다름없다.

사회적 별자리는 의도를 형성하고 역사의 의제를 실정한다. 나라, 가정, 부족, 제국, 민족, 씨족, 법인, 친목 단체, 정당, 협회, 시민단체, 사회운동, 폭도, 문명, 고등학교 소집단 따위는 모두 별자리다. 사회적 별자리는 문화의 범위 밖에서 존재하지 않는다. 더 상세히 살펴보면 힘센 사냥꾼은 개개의 별로 이뤄져 있다. 사회적 별자리도 마찬가지다. 씨족, 나라, 운동, 폭도 등에 더 가까이 다가가 살펴보면 개개의 인간들과 그들의 관념만 보일 것이다.

문화는 우리가 발명했고 지금도 발명하고 있는 세계, 즉 우리 없이는 사라질 세계다. 사회적 별자리는 강이나 바위 같지 않다. 사회적 별자리는 물리적 우주에서 존재하지 않는다. 하지만 사회적 별자리는 홍수나 산사태만큼 현실적으로 존재한다. 반드시 그래야 한다. 왜냐하면, 사회적 별자리는 다리를 놓고, 전쟁을 일으키고, 자동차를 발명하고, 로켓을 달로 보내며 물리적 세계에서 작동하기 때문이다. 그런 별자리의 일부분인 개개의 모든 인간은 별자리가 소멸하지 않아도 낙오할 수 있다. 사회적 완전체에 속한 모든 개인은 별자리가 정체성과 연속성을 상실하지 않아도 다른 사람으로 대체될 수 있다. 150년 전에 존재했던 모든 미국인은 지금 가고 없지만, 미국은 여전히 강한 영향력을 행사한다. 1990년에 살아있었던 모든 이슬람교도는 이미 죽고 없지만, 뚜렷한 실체를 지닌 이슬람 조직은 여전히 실제 사건에 영향을 준다. 역사를 거론할 때 우리는 문화적 우주에서만 일어난 사건에 대해 말하는 것이고, 문화적 우주에서 사회적 별자리는 드라마를 상영한다. 사회적 별자리는 무대를 누비는 등장인물이다.

4만 년 전, 그런 사회적 별자리가 서로 개인적으로 알고 지내는 작은 무리의 사람들의 상상을 통해 탄생했고, 그들이 함께 발견한 것은 본인들의 집단 정체성이었다. 우리는 이제 더는 동굴 속의 50명이 아니다. 우리는 전 세계에 퍼져있는 80억 명이다. 우리 중 아무도 80억 가지의 관점을 모두 지닐 수는 없다. 우리 각자는 작은 사회적 세계의 일부분이고, 그 세계의 관점에 얽매인다. 우리는 동일한 별을 쳐다보지 않는다. 설령 같은 별을 쳐다본다고 해도 같은 별자리를 쳐다보지는 않을 것이다. 우리가 올려다보는 저기 위에 있는 것은, 여기 밑에 있는 우리의 정체를 반영한다. 그리고 여기 밑의 우리가 모두 하나의 집단을 이루지는 않는다. 바로 이 때문에 역사는 앞으로 나아간다. 우리가 모두 하나의 집단을 이루지는 않는다.

고등학교 시절 나는 우연히 '창밖 투척[defenestration]'이라는 단어를 접했다. 그 이상한 단어의 의미를 몰라 사전을 찾아봤더니 '누군가를 창문 밖으로 던지기'라는 뜻이었다. 창밖 투척 같은 단어가 있다니, 당황스러웠다. 누군가를 발코니나 출입구나 자동차 밖으로 내던지는 행위를 가리키는 단어는 없다. 그런데 어째서 창밖 투척 같은 단어가 있는 것일까?

해답은 4세기 전 중앙유럽에서 일어난 사건에서 찾을 수 있다. 1618년, 어느 화창한 날, 가톨릭 섭정관들이 프라하에 도착했다. 당시 프라하 시민 대다수는 루터파 신자들이었다. 섭정관들은 신성 로마 제국 황제의 말씀을 전하려고 했다. 황제는 루터파 신자들이 왕령지에 교회를 짓지 말라고 명령했다. 황제의 명령을 전해 들은 루터파 신자들은 두 명의 섭정관을 회의실 창문 쪽으로 끌고 가 밖으로 던져버렸다. 회의실은 3층에 있었고, 섭정관들은 21m 높이에서 땅으로 떨어졌다. 이것이 그 유명한 '프라하 창밖 투척 사건[Defenestration of Prague]'이다.

정말 놀랍게도 섭정관들은 둘 다 살아남았다. 이제 사태는 해석의 단계로 넘어갔다. 섭정관들의 생존이 의미하는 바는 무엇이있을까? 그것은 당신이 누구인가에 달려있었다. 가톨릭 신자들은 기적으로 여겼다. 하느님이 자기들 편이라는 증거로 생각했다. 루터파 신자들은 섭정관들이 죽지 않은 이유—높이 쌓인 거름더미 위에 떨어진 덕택에 살았다—에 초점을 맞췄다. 가톨릭 신자들과 루터파 신자들 모두 기독교인이었지만, 회의실에서 만났을 때 상대방을 같은 기독교인이나 같은 독일인으로 바라보지 않았다. 동일한 사건을 목격했어도 똑같이 이해하지 않았다. 심지어 같은 곳에 앉아있을 때도 서로 다른 세계에 살고 있었고, 그 각각의 세계는 문화의 범위 안에서만 존재했다.

그것은 가톨릭 신자와 루터파 신자만의 문제가 아니었다. 당시 유럽에는 자신을 '우리'로, 다른 기독교 집단을 '저들'로 여기는 다양한 집단의 기독교인으로 넘쳐나고 있었다. 루터파 신자들과 칼뱅파 신자들 모두 개신교도였지만, 개신교도들은 나름의 세계관을 고수하고 상호 배타적인 여러 집단으로 나뉘어 있었다. 우리와 저들을 구별 짓는 17세기 유럽이라는 화약고에서, 프라하 창밖 투척 사건을 계기로 30년 전쟁 [Thirty Years; War]이 시작되었다. 30년 전쟁으로 약 800만 명이 살해되거나 굶어 죽었고, 사망자 중 다수가 비[非]전투원이었다. 그러나 궁극적으로 분쟁의 주체는 개개인이 아니라 사회적 별자리였다.

그런 만행에 연루된 집단들이 서로 화해할 수 있었을까? 그 후손들은 서로를 결코 남이 아닌 존재로 여길 수 있었을까? 분명 400년 전에는 상상하기 힘든 일이었을 것이다. 그래도 오늘날 미네소타의 어느 작은 도시에서는 루터파에 속한 독일계 가족이 장로파에 속한 스코틀랜드계 가족의 옆집에 살 법하다. 두 가족 모두 옆집 사람들이 기독교의 어느 종파에 속하는지 굳이 알 필요 없을 것이고, 신경도 쓰지 않을 것이다. 가톨릭 신자와 개신교 신자는 창밖 투척을 염려하지 않은 채 같은 독서회에 가입할 수 있고, 종교 문제가 전혀 언급되지 않는 활기찬 대화를 경험할 수 있을 것이다.

기독교 집단 간의 차이가 사라지지는 않았다. 각 집단의 교리는 예나 지금이나 서로 다르다. 다만, 세월이 흐르면서 각 집단은 같은 문화—단일한, 무정형의, 더 큰, 함께하는 우리—의 서로 다른 부분으로 자리 잡았다. 이 같은 사례는 모든 문명에서 많이 찾아볼 수 있다. 작은 세계는 '때때로' 큰 세계에 흡수된다. 또는 작은 세계들이 서로 맞물려 단일하고 더 큰 전체의 서로 다른 부분이 되기도 한다. 이 현상의 작동 원리는 문화적 우주에서만 풀릴 수 있는 수수께끼다. 같은 동네에 거주하면서 자녀를 같은 유치원에 보내는 두 가족은 언젠가 옆집 사람들이 루터파 기독교인인지, 와하브파 이슬람교도인지 모르거나 무신경해질 것이다.

그렇지 않을 수도 있다. 하지만 설령 그렇다 해도 우리는 점점 더 서로 밀접하게 연계되고 있기 때문에 우리가 사회적 무리로, 사회적 덩어리로, 사회적 별자리로 부단히 통합되는 과정을 놓치지 말아야 한다. 사상과 정보는 인간의 바다를 통해서만 파급효과를 일으키지는 않는다. 사상과 정보는 이 문화에서 저 문화로 넘어가고, 문화적 경계를 건너갈 때 무언가가 바뀐다. 그리고 또 무언가는 바뀌지 않는다. 그리고 가끔 경계선이 흐려지고, 더 큰 문화적 요소가 생겨난다. 그 요소 속에는 양쪽 문화의 일부가 포함되어 있고, 이전의 더 작은 문화적 별자리의 유령이 아직 살아 숨 쉬고 있다.

사소한 사례를 하나 들어보겠다. 오늘날 체스는 세계 곳곳에서 사랑받고 있지만, 6세기에는 체스의 발상지인 인도에서만 즐기는 놀이였다. 전설에 따르면, 당시 인도에는 자유 의지를 열렬하게 신봉하는 왕이 있었다. 왕은 평소 즐기던 주사위 놀이에 신물이 났고, 운명을 스스로 결정할 수 있는 방식의 놀이를 원했다. 그때 시사[Sissa]라는 이름의 하인이 전략적 사고—전쟁에서의 성과에 보탬이 되는 사고—에 전적으로 좌우되는 놀이를 고안했다. 왕은 너무 기쁜 나머지 시사에게 금을 주겠다고 했지만, 겸손한 시사는 밀만 받아도 된다고 했다. 시사는 본인이 발명한 놀이판의 첫 번째 네모 칸에 밀알 1개, 두 번째 네모 칸에 2개, 세 번째 네모 칸에 4개를 올려놓는 식으로 밀을 달라고 했다. 놀이판에는 총 64개의 칸이 있었다. 왕은 시사의 부탁을 들어주려고 했지만, 한 칸마다 밀알의 개수를 두 배씩 늘리면 결국 나라 전체에서 1년 동안 생산된 밀의 양보다 많다는 점을 깨달았다. 수학자였던 시사는 그 점을 잘 알고 있었고, 수학은 당시 인도 문화의 영예로운 부분 중 하나였다.

시사가 만들어낸 놀이에는 그가 속한 문화적 맥락이 다채롭게 담겨 있었다. 그것은 4명의 선수가 각자 8개의 기물로 즐기는 놀이였다. 왕과 장군에 해당하는 기물이 1개씩 있었다. 나머지 기물들은 인도 군대 특유의 4개 병과인 이륜 전차, 기병, 코끼리, 보병 등을 가리켰다. 그 놀이는 '네 개의 가지나 팔다리'를 뜻하는 말인 '차투랑가[chaturanga]'로 불렸다. 정치적 분열을 겪고 있던 인도에서, 네 명의 투사가 동시에 전쟁을 벌이는 놀이는 가슴에 와 닿았다.

그러나 인도에서 시작된 그 놀이는 페르시아로 전해졌는데, 페르시아는 획일적인 로마와 마찬가지로 대규모 투쟁에 여념이 없었다. 그 무렵 페르시아에는 빛과 어둠, 밤과 낮, 선과 악, 삶과 죽음 같은 양극성을 현실의 기본 원리로 여기는 세계관이 팽배해 있었다. 페르시아인들은 양극성이 세계의 본질이라고 말했다. 그들이 떠올리는 세계는 문화 속에서만, 즉 사회적으로 구성된 영역에서만 존재했다.

페르시아로 전래된 차투랑가는 단 2명의 선수가 각각 16개의 기물을 갖고 즐기는 놀이로 바뀌었다. 놀이판에는 빛과 어둠이 엇갈리는 네모 칸이 등장했다. 그리고 놀이에 페르시아 고유의 여러 가지 특징이 가미되었다. 차투랑가라는 이름도 발음이 비슷한 페르시아 단어 '샤트란지[satranj]'–'100가지 걱정'이라는 뜻–로 변했다. 장군은 재상으로 바뀌었다–페르시아의 모든 군주는 재상을 두고 있었다. 이륜 전차는 전쟁에서 더는 쓰이지 않았으므로 차투랑가에서의 이륜 전차는 페르시아 민담 속의 거대하고 사나운 새를 가리키는 '루크[rukh]'로 바뀌었다.

중세에 이르러 샤트란지는 스페인을 거쳐 서유럽으로 전래되었다. 서유럽에서는 또 어떤 변화가 나타났을까? 재상은 여왕으로 바뀌었다. 기병은 기사가 되었다. 코끼리는 주교로 변모했다. 유럽에는 페르시아의 루크 같은 민담 속의 새가 없었지만, 루크는 바위를 의미하는 프랑스어인 로크[roq]와 발음이 비슷했고, 한때 루크로 불렸던 기물이 이제 석성[石城]이 되었다.

그러나 외형적 특성은 바뀌고 있었지만, 놀이의 내부 구조, 즉 규칙은 유지되었다. 기물의 개수는 변함없었고, 기물이 움직이는 방식도 그대로였다. 코끼리는 주교로 바뀌었지만, 코끼리는 여전히 두 개였고, 대각선 방향으로만 움직일 수 있었다. 이륜 전차는 성이 되었지만, 과거에 이륜 전차가 움직였듯이 성도 움직였다. 왕은 여전히 놀이판에서 가장 귀한 기물이었고, 놀이의 핵심도 예전처럼 거의 하는 일이 없이 잘난 체하는 단 하나의 기물을 보호하는 것이었다. '장군'을 부르는 상황은 변함없었고, '외통장군' 상황도 마찬가지였다. '졸'도 그대로였다. 모든 사회에는 졸에 해당하는 존재가 많은 법이기 때문이리라. 그리고 인도에서 쓰인 전략은 페르시아와 유럽에서도 똑같이 쓰였다. 놀이의 창안자인 시사는 오래전에 죽었지만(아마 왕국의 1년 치 밀 생산량을 요구하다가 참수되었을 것이다), 6세기 인도의 수학 개념은 오늘날 인간 지식의 전당을 단단히 떠받치는 지지대로 남아있다.

체스를 둘러싸고 벌어진 이 같은 일은, 인류 문화의 모든 요소에서도 꽤 많이 일어나는 현상이다. 우리는 모두 하나의 인류이지만, 우리는 끊임없이 배제의 소용돌이를 일으킨다. 우리가 상호작용할 때 파급효과는 하나의 인간적 소용돌이에서 다른 소용돌이로 전달되고, 그 과정에서 무언가는 변하고 또 무언가는 변하지 않고, 가끔 새로운 것-대개는 더 큰 것-이 생겨난다.

4만 년 전, 우리는 수렵 채집인으로 이뤄진 수많은 소규모 자치 집단의 형태로만 존재했다. 황무지 도처에 널리 퍼진 그 소집단은 인위적 변화를 거의 겪지 않는 세계를 이리저리 떠돌아다녔다. 그때는 누군가가, 자신이 태어나 알게 된 사람을 제외하고, 아직 알지 못하는 다른 누군가를 만나는 일이 거의 없었다. 그러나 그 시절에도, 우리는 미처 깨닫지 못했지만, 모두 서로 연계되어 있었다. 오늘날, 이 행성의 모든 서식 가능한 곳에는 인간이 살고 있다. 이 행성에서 우리의 활동으로 인해 변화를 겪지 않은 곳은 없다. 인간 활동의 전반적 흐름과 단절된 상태에서는 그 어떤 삶도 펼쳐질 수 없다. 어딘가에서 일어나는 모든 인간 활동은 나머지 모든 인간에게 영향을 미칠 수 있다. 그러나 우리는 비록 서로 연계되어 있지만, 여전히 사회적으로 구성된 서로 다른 여러 개의 소우주-이 세계 자체의 알 수 없는 총체성을 대변하는 용어이다-로 무리를 지어 나뉘어 있다.

저 높은 곳에서 내려다보면, 인류사는 문화적 영역에서 발생하는 소우주들의 확장 현상에 의해, 그리고 소우주끼리 교차하고 중첩하며 일어나는 상호작용에 의해, 즉 심리적 혼란, 사회적 혼돈, 전쟁, 문화적 개화[開花], 종교적 각성, 지성적 도약 같은 온갖 결과를 빚어내는 상호작용에 의해 펼쳐지는 이야기로 볼 수 있겠다. 그러나 가장 의미심장한 점은, 정복과 노예화, 강간과 살인의 와중에도, 관념이 서로 섞이고 어울린 끝에 새롭고 더 포괄적인 개념적 틀이 나타난다는 사실이다. 우리는 이 사실을 사회적 · 경제적 발전에서, 전쟁에서, 기술 체계와 발명에서, 종교, 예술, 철학, 과학 등에서 목격한다. 제국이 밟는 과정에서, 사상의 전파에서 목격한다. 이따금 기존의 범지구적 인식 체계가 새로운 인식 체계에 밀려나는 현상에서 목격한다.

인적 연결망은 수만 년의 세월을 거치며 촘촘해졌고, 앞으로도 분명히 그럴 것이다. 1년 뒤, 10년 뒤, 100년 뒤, 아직 우리가 지구에 있다면, 우리 삶의 상호 연계성은 약화되지 않고 한층 더 강화될 것이다. 이 확고한 경향은 더욱더 뚜렷해지고 있다. 어떤 지속적이고 단일한 인간적 기획이 있는 '듯싶지만', 그것은 너무 거대한 나머지 우리가 볼 수 없다. 아니면 적어도, 고대 중국인들이 어떻게 본인들이 고대 로마인들과 영향을 주고받고 있는지 알 수 없었듯이, 우리는 아직 그것을 볼 수 없다. 우리는 모두 우리보다 더 큰 무언가의 일부가 되기를 바라지만, 결코 그 무언가는 아직 전체로서의 인류가 아니다. 궤도는 마치 여러 개에서 출발해 단 하나 쪽으로 움직이는 것처럼 보이지만, 궤도만으로는 그것이 정말로 이 이야기가 펼쳐지는 방향인지 말해줄 수 없다. 무엇보다 아직 우리는 하나의 크고 행복한 가족이 아니기 때문이다. 또는 하나의 큰 무언가가 아니기 때문이다.

앞길을 어렴풋이 알아차리기 위해서는 지나온 길을 살펴봐야 한다. 우리는 어떻게 과거의 우리에서 현재의 우리에 이르렀을까? 증가 일로의 상호 연계성이 관통선이라면 지금까지의 서사는 어떤 모습을 띠고 있을까? 그 서사의 주제와 전환점은 무엇일까? 그것의 주요부 내용과 무대와 핵심 사건은 무엇이었을까? 요컨대, 역사라는 것이 우리가 서로 주고받는 이야기라면 과연 역사는 어떤 줄거리를 지니고 있을까?

이것이 바로 중국의 발흥이 로마의 몰락과 관계있다는 생각이 머리를 스치면서 여러 해 동안 내가 찾아 나선 이야기다. 그리고 이 책이 바로 내가 찾아낸 이야기이다.

CONTENTS

The Invention of Yesterday

The Invention of Yesterday
1부

도구,
언어,
환경

지구상의 피조물 중에 유일하게 인간만이 집단으로서 환경에 효과적으로 대처하고자 도구와 언어를 사용한다. 언어는 이야기를 구성하고, 신화적 이야기는 인간 집단을 결속하게 한다. 아득한 옛날, 우리의 신화적 서사는 지리적 요소에 의해 발생했다. 우리는 주변 환경 속의 사람들로 의미의 연결망을 형성했다. 우리가 사는 곳은 우리의 정체성이었다. 지속적인 상호 소통을 통해, 우리는 시간과 공간, 삶과 죽음, 선과 악 같은 깊이 있는 사안에 관한 공통의 가설을 만들어 갔다. 우리는 관념으로 엮인 상징적 지형에서 살고 죽었다. 그리고 우리가 아는 한, 그 지형이 바로 세상 자체였다.

한편, 거기서 아마도 불과 몇백km 떨어진 환경에서는, 또 다른 지리적 실재 주변에 모여 환경으로부터 영양분을 쥐어짜내는 사람들이 또 다른 상징적 지형에, 즉 그들이 집단으로 구축한 지형에 머물고 있었다.

1 장

물리적 무대
(기원전 150억 년~기원전 5만 년)

1940년 가을 어느 날, 프랑스 남서부의 어느 마을에서 10대 아이들 네 명이 전설 속의 지하 보물을 찾아 숲을 헤매고 있었다. 그런데 아이들을 따라온 '로봇[Robot]'이라는 이름의 개가 나무가 뽑힌 자리에 생긴 움푹한 구덩이 쪽으로 잽싸게 달려갔다. 로봇은 무언가를 발로 긁어대기 시작했다. 아이들은 들뜬 마음에 서둘러 뛰어갔다. 하지만 허사였다. 전설 속의 보물 상자는 없었다. 구덩이 밑의 조그맣고 어두컴컴한 구멍만 보였다.

아이들은 십 대답게 행동했다. 십중팔구 나도 그랬을 것이다. 아이들은 어디로 이어지는지 알아내려고 구멍을 비집고 들어갔다. 마침 들고 있던 손전등이 요긴하게 쓰였다. 길쭉한 구멍을 지나 텅 빈 동굴을 만날 때까지 시간이 제법 걸렸기 때문이다. 손전등으로 동굴 여기저기를 비춰봤다. 동굴 벽에, 그리고 약 6~7.5m 높이의 동굴 천장에 검은색과 붉은색, 황토색과 노란색으로 그린 들소와 사슴을 비롯한 몇 가지 동물 그림이 있었다. 아이들은 우아하고 사실적으로, 그리고 실물보다 크게 묘사된 그림을 놀라움 가득한 눈길로 쳐다봤다. 아이들이 찾아낸 것은 세계에서 가장 멋진 구석기 시대 예술의 보물 창고 중 하나인 라스코동굴[Grotte de Lascaux]이었다.

물론 라스코 벽화는 멋지지만, 유일하지는 않다. 그런 동굴 벽화는 1868년부터 세계 도처에서 발견되었고, 지금도 스페인, 리비아, 인도네시아 등지의 여러 유적지에서 발견되고 있다. 동굴 벽화는 수천 년의 세월을 거치며 완성되는 경우가 많다. 즉, 사람들이 여러 세대에 걸쳐 같은 동굴에 찾아와 그림을 그렸던 것이다. 가장 오래된 동굴 벽화는 약 4만 년 전 작품이다. 그런데 이상한 점은 그처럼 이른 시기의 그림이 이미 상당한 수준이었다는 사실이다. 과도기적 발전 단계를 보여주는 작품은 아직 나타나지 않았다. 석기 시대의 화가들이 몇백 세대를 거치며 낙서 요령을 익히고 나서 또 몇백 세대를 이어 얼핏 동물 모양처럼 보이는 얼룩 수준의 그림을 그린 뒤, 마침내 말과 사냥꾼을 알아볼 수 있게 묘사하는 요령을 터득하지는 않은 것 같다. 대신에 사람들은 3만 5천 년에서 4만 5천 년 전쯤에 느닷없이 수준 높은 예술 작품을 내놓기 시작한 듯싶다. 비단 그림뿐만이 아니었다. 소아시아 반도에서 고인류학자들은 동굴 벽화와 비슷한 시기에 만들어진 정교한 보석 장신구를 발굴했다. 아프리카 남부에서는 오늘날까지도 유례없을 만큼 우아한 광택을 자랑하는 장식용 돌칼을 발견했다. 독일에서는 뼈로 만든 부적 크기의 여인상−팔다리는 가늘지만, 유방과 둔부와 외음부는 크다−이 발견되었다.

어떻게 인류는 그토록 급작스럽게 예술적 솜씨를 갖추게 되었을까? 도구를 만들 줄 아는 또 다른 영장류가 우리 조상인 '호모 사피엔스'와 동시대에 살고 있었고, 그들은 '호모 사피엔스'와 대체로 비슷한 종류의 도구를 만들었다. 그들의 도구는 수천 년 동안 크게 바뀌지 않은 반면, 인류의 도구는 비약적으로 발전했다. 틀림없이 4만 5천 년 전에 '어떤 일'이 생겼을 것이다. 과연 그것은 무엇이었을까?

이 질문을 둘러싼 해답 속에 우리 인류사가 자리 잡고 있다.

모든 이야기에는 배경이 있다. 인류의 경우에 배경은 물리적 우주이므로 물리적 우주에서 출발하자. 물리학자들에 따르면, 물리적 우주는 133억 2천만 년 전에 탄생했다. 133억 2천만 년은 매우 긴 시간처럼 느껴지겠지만, 단위를 달러로 바꾼 133억 2천만 달러는 현대식 항공모함 세 척을 건조하기에 충분한 금액이 아닐 것이다. 그러므로 어떤 면에서 우주는 무척 젊다고 볼 수 있다(심지어 물리학자들도 그렇게 여긴다).

삼라만상은 0차원의 점이 폭발하며 시작되었다고 한다. 그런데 여러 종교 경전에는 무언가 비슷한 내용이 있다. 대폭발이 있기까지는 공간이 없었기 때문에 0차원의 점이 작다고 말하는 것은 무의미하겠다. 아울러 대폭발에 힘입어 시간이 탄생했기 때문에 "대폭발 직전"이라는 말로 시작되는 문장도 무의미하겠다. 이전이라는 것은 없었다. 오직 이후만 있었다.

대폭발의 여파로, 단순한 물질의 덩어리가 팽창하다가 응결해 무수히 많은 별이 만들어졌고, 모든 별은 나머지 모든 별과 서로 멀어졌다. 어떤 하나의 점을 중심으로 멀어지지는 않았다. 공간 자체를 비롯한 '모든 것'이 팽창했기 때문이다(지금도 팽창하는 중이다). 인류의 관점에서 볼 때, 우주는 국부 항성 주변의 공간에 함께 모인 여덟 개의 별 먼지구름 중 하나인 지구가 탄생한 대략 45억 4천만 년 전부터 우리의 흥미를 끌기 시작했다. 모든 입자 사이의 중력 끌림 현상으로 인해, 각각의 먼지 구름은 마치 스케이트 선수처럼 더 촘촘하고 빡빡한 상태로 회전하면서 차츰 하나로 뭉쳤고, 결국 태양 주변의 일곱 자매 행성과 마찬가지로 공전하고 축을 중심으로 자전하는 둥근 천체로 압축되었다.[1]

탄생한 지 얼마 되지 않았을 때, 우리의 소중한 지구는 뜨거운 용암 덩어리였다. 이후 10억여 년 동안 지구의 바깥층은 서서히 냉각되며 암석 지각을 이뤘다. 그러고 나서 비가 내리기 시작했고, 비는 지구 전체가 물로 뒤덮일 때까지 이어졌다.

이 물에 메탄, 이산화탄소, 암모니아 같은 몇 가지 단순한 분자, 즉 서로 충돌할 때 결합하는 화학적 성질을 지닌 분자가 뒤섞여 들어갔다. 이 현상을 통해 단순한 분자들은 더 복잡한 단일 단위의 분자를 만들어냈다. 물론 최초의 몇몇 분자 유형으로부터 무작위로 형성될 수 있는 새로운 결합체의 숫자는 한계가 있었지만, 새로운 결합체가 탄생함에 따라 또 생길 수 있는 결합체의 숫자도 늘어났다. 계속 증가하는 "인접 가능성"[2] 덕분에, 물질적 우주는 다양성과 복잡성이 꾸준히 커졌다. 최초의 몇몇 간단한 분자가 서로 부딪히다가 우연히 개구리나 새가 만들어질 가능성은 없었다. 개구리와 새는 인접 가능성이 아니었다. 그러나 아미노산이나 지

---

1) 과거에 우리는 태양계에 9개의 행성이 있다고 여겼지만, 가장 바깥의 명왕성은 얼마 전에 행성 자격을 잃었다. 태양계에서 가장 추운 곳, 가장 어두운 곳에 있는 가엾은 명왕성은 이제 행성으로 간주되지 않고, 왜소 행성으로 전락했다—소행성보다 조금 나을 뿐이다! 하지만 최근에 천문학자들은 명왕성 바깥쪽에서 지구 10배 크기의 어둡고 거대한 공 모양의 얼음 천체를 찾아냈다고 생각한다. 그 얼음 천체는 태양으로부터 너무 멀리 떨어져 있어 많은 빛을 반사하지 못한다. 따라서 발견되기까지 이처럼 오랜 시간이 걸린 것이다. 천문학자들은 그것을 제9행성으로 부르고 있다(왠지 예감이 좋지는 않다).
2) 이 용어는 과학 저술가 스티븐 존슨[Steven Johnson]의 책 《탁월한 아이디어는 어디서 오는가 Where Good Ideas Come From》(서영조 옮김, 한국경제신문사, 2012)에 나오는 말이다.

질[脂質]이나 뉴클레오타이드처럼 좀 더 복잡한 물질이 만들어질 수는 있지 않았을까? 물론이다. 가능했을 뿐 아니라 필연적이었다.

물리학자들에 따르면, 모든 폐쇄계에서 무질서의 양은 증가하는 경향이 있다고 한다. 이것은 법칙인 듯하다. 임의의 사람들이 아무렇게나 책꽂이에 꽂아둔 책이 우연히 알파벳 순서대로 정리되지는 않는다. 그것은 물리적 실재의 기본 방향이 아니다. 일반적으로 강물은 언제나 높은 데서 낮은 데로, 질서의 양이 줄어드는 방향으로, 더는 '내려갈' 데가 없을 때까지 흐르고, 거기서 웅덩이를 이룬 채 존재를 마감한다. 이 현상을 엔트로피라고 부른다. 그러나 물리학 법칙에 따르면, 외부 에너지를 이용할 수 있을 때 엔트로피는 폐쇄계 안에서 한동안 막을 수 있거나 심지어 되돌릴 수도 있다. 가령 물은 항상 아래쪽으로 흐르지만, 양수기를 동원하면 상황은 달라진다. 불은 항상 꺼지지만, 땔감을 공급하면 상황은 달라진다. 깔끔한 방은 점점 지저분해지기 마련이지만, 누군가 방안을 정리하면 상황은 달라진다. 그러나 이 예외적 현상은 우주 전체의 차원에서는 일어날 수 없을 것이다. 왜 그럴까? 정의상, 우주 밖에는 아무것도 존재하지 않기 때문이다. 영국의 철학자 루트비히 비트겐슈타인[Ludwig Wittgenstein]의 말을 바꿔 다음과 같이 표현할 수 있다. "우주는 일어나는 모든 일이다."[비트겐슈타인은 《논리철학논고》에서 "세계는 일어나는 모든 일이다."라고 말했다—옮긴이 주] 우주에는 에너지가 유입될 수 있는 출처인 외부라는 것이 없으므로 엔트로피는 이 대규모의 환경 속에 있는 소규모의 폐쇄계에서만 막을 수 있다.

약 40억 년 전, 바로 그런 종류의 작은 폐쇄계들이 지구에 나타나기 시작했다. 폐쇄계들은 아직 용융 상태인 지구의 핵이 품은 열이 바다 밑바닥의 미세한 틈으로 전달되는 곳에서 발달했다. 거기서(또는 다른 곳에서) 아미노산, 지질, 뉴클레오타이드 같은 분자들은 서로 결합해 일관된 환경을 형성했다. 그 환경에서는 엔트로피 법칙이 적용되지 않았다. 이를테면, 물이 위쪽으로 흐를 수 있었고(비유해서 말하자면), 불이 계속 타오를 수 있었다(비유해서 말하자면). 그 작은 분자 덩어리들은 생명의 기본 단위인 최초의 단순한 세포의 조상들이었다.

이렇듯 생명은 환경에 둘러싸인 폐쇄계다. 생명에는 각 부분 간의 내부 질서가 있다. 내부 질서에 따라 여러 개의 분자가 하나로 합쳐진다. 이것은 세포, 개구리, 인간 등 모든 생명 형태에 적용되는 얘기다.

생명은 별자리와 같고, 따라서 별자리의 별은 분자에 해당한다. 별자리는 특정한 별이 아니다. 별자리는 별 사이의 질서다. 생명 형태는, 모든 생명 형태는 내부 구조를 유지하고자 에너지를 소비해야 하고, 에너지는 외부 세계에서 유입되어야 한다. 터놓고 말해, 세포는 먹어야 한다. 충분한 에너지를 이용해 한데 모이지 못하면 세포들은 응집력을 잃을 것이다. 응집력이 꾸준히 감소하면 별자리가 더는 존재하지 못할 때가 찾아온다. 별자리의 물질적 부분, 즉 별자리의 세포는 아직 거기 어딘가에 있지만, 별자리는 어디에도 없다. 생명이 죽음에 밀려난 것이다.

생명의 첫 번째 흔적은 지구의 바다에서 약 40억 년 전―혹은 그보다 훨씬 오래전―에 나타났다. 그때가 언제였든 간에 한 가지는 분명하다. 생명은 지구 자체만큼 오래전에 생겼다. 그리고 특정한 생체 단위는 죽기 마련이었지만, 생명 전체는 증식했고, 번식에 힘입어 엔트로피에 맞서는 능력을 키웠다. 생명의 이야기는 이렇게 간추릴 수 있다. 개별 생체는 살고 번식하고 죽지만, 생명 전체는 늘어나고, 퍼지고, 복잡해진다. 최소한 지금까지는 항상 그랬다.

수십억 년의 세월을 거치는 동안 단세포 생명 형태는 수없이 다양한

다세포 생명 행태로 진화했다. 한편, 물리적 무대는 변화를 멈추지 않았다. 땅이 물 밖으로 솟았고, 하나의 커다란 대륙을 이뤘다. 그 하나의 거대한 대륙은 두 개로 쪼개졌다. 두 개의 조각은 뿔뿔이 흩어졌다. 두 개의 파편은 더 쪼개졌고, 계속 떠돌아다니다가 마침내 오늘날의 형태와 흡사한 모습—이쪽의 거대한 유라시아, 바로 그 남쪽의 당당한 아프리카, 동쪽의 조그만 오스트레일리아, 그리고 저 멀리 지구 반대편의 아메리카, 가장 남쪽의 남극, 그리고 몇몇은 너무 커서 대륙 규모에 가까운, 여기저기 흩어진 섬들—을 띠게 되었다. 지구에 인간은 전혀 없었지만, 바야흐로 인류사의 물리적 무대는 갖춰졌다.

약 5500만 년 전, 대륙에 버금갈 정도로 큰 섬 하나가 유라시아 대륙에 부딪쳤다. 방금 나는 지질학적 시간 척도에 따라 '부딪쳤다'는 표현을 썼지만, 인간의 시간 척도를 따를 경우 5500만 년 전에는 우발적 지진과 대략 1세기마다 일어나는 한두 차례의 화산 폭발 외에는 아무 현상도 눈에 띄지 않았을 것이다.

그러나 지질학적 시간 척도에서는, 이 아대륙이 천-천-히 유라시아와 부딪치는 바람에, 지구의 입장에서 보면, 양쪽이 충돌한 부분이 쭈글쭈글해졌고, 그 구겨진 등줄기는 세계에서 가장 높은 히말라야산맥이 되었다. 기후 유형에 미친 영향의 관점에서 볼 때, 히말라야산맥의 탄생은 인류사에 의미심장한 일이었다. 바다에서 내륙으로 불어오는, 수분을 머금은 바람이 높은 경사면과 만나며 폭우가 내렸고, 덕분에 동남아시아와 인도 아대륙에 울창한 숲이 생겼다. 수분이 빠진 상태의 바람은 계속 남쪽의 아프리카 쪽으로 향했고, 남쪽으로 불어가는 동안 공기가 점점 따뜻해졌다. 따뜻하고 건조한 공기는 아프리카 북동부의 식생을 바꿔놓았다.

습도가 지금보다 더 높았던 시절, 그곳에는 숲이 울창했다. 이제 건조한 바람이 불어오자 숲이 차츰 줄어들었다.

그 무렵 아프리카의 숲에는 여러 종류의 영장류를 비롯한 수많은 동물종이 서식하고 있었다. 일부 영장류들은 밀림이 차츰 줄어들자 움츠러들었고, 대처하기 가장 쉬운 환경에 머무는 길을 택했다. 그러나 다른 영장류들은 숲의 가장자리에서 새롭게 펼쳐질 삶의 길을 택했다. 숲의 가장자리에는 관목지대가 줄어들면서 나무들 사이에 공터가 나 있었다. 거기서 어떤 영장류들은 나무 위에서도, 땅 위에서도 살기 시작했다. 추정컨대, 그들은 아이들이 정글짐에서 노는 것과 약간 비슷한 방식, 그러니까 나뭇가지를 붙잡고 땅바닥을 따라 걷는 방식으로 이리저리 돌아다녔을 것이다. 한편, 잡목림은 꾸준히 줄어들었다. 여기저기 빈터가 보이는 숲이었던 곳은 사바나—여기저기 한 무리의 나무들이 보이는 초원—로 탈바꿈했다.

도구

사바나는 우리에 관한 모든 것이 시작된 곳이다. 숲과 사바나가 만나는 지대의 나무 위에서 사는(그러나 이미 어느 정도 두 발로 걷는) 영장류들은 나뭇가지를 붙잡지 않은 채 두 발로 걷는 능력을 터득했다. 탁 트인 초지를 지나 근처의 가장 가까운 나무들 쪽으로 허둥지둥 달려갔다가 숲으로 안전하게 다시 뛰어올 수 있는 능력을 의미했기 때문에 그것은 훌륭한 기술이었다. 두 발로 걸을 수 있었으므로 영장류들은 달리기용 앞다리가 필요 없었다. 새로운 일을 처리하며 앞다리는 팔로 변했고, 앞발은 손으로 바뀌었고, 뒤이어 나머지 손가락들과 마주 볼 수 있는 엄지손가락과 도구를 만드는 절묘한 능력이 생겼고, 그 피조물들이

할 수 있는 새로운 일에 적합한 더 크고 더 영리한 뇌가 나타났다.

아직 끝이 아니다. 사바나는 이야기의 한 부분일 뿐이다. 인류의 등장에 사바나만큼 중요한 역할을 맡은 또 다른 요인이 있었다. 아프리카 북동부는 당시 지질학적으로 불안정한 상태였고, 결과적으로 극심한 기후변동이 초래되었다. 대략 200만 년이나 250만 년 전, 이 지역의 기후는 더위와 시원함, 축축함과 메마름 사이를 오락가락했다. 우기가 지나가면 오랜 건기가 찾아왔고, 건기가 끝나면 다시 우기가 시작되었다. 초지는 사막으로 바뀌었고, 또 사막은 습지가 되었다. 기후변동은 수백만 년이 아니라 수천 년 동안 일어났다. 그런데 수천 년은 그리 오랜 기간이 아니다. 따라서 자물쇠에 맞춘 열쇠처럼 환경에 완벽히 적응한 피조물들은 곤란해졌다. 생물학적 진화를 통해 피조물들이 구원되기에는 기후변화가 너무 급속도로 진행되었다. 그처럼 변덕스러운 조건에서는 특화종보다 일반종이 유리했다. 이미 적응한 상태보다 앞으로 적응할 수 있는 상태가 더 나았다.

피조물들이 생존 전략을 끊임없이 변경해야 하는 세계에서, 엄지손가락과 손, 팔과 이족보행 같은 요소는 온갖 차이를 이끌어냈다. 그런 특징을 지닌 영장류들은 도구를 제작해 자신의 생물학적 약점을 보충함으로써 생물학적 적응을 우회할 수 있었다. 애초 그들은 환경의 일부만을 도구로 이용했다. 무거운 돌로 나무 열매를 깨트렸고, 거친 암석으로 씨앗을 갈았고, 날카로운 암석으로 먹잇감을 쓰러트렸다. 그러나 의미심장하게도, 나중에 그들은 발견한 도구를 써서 도구를 '만들었다'. 암석으로 다른 암석을 깎아 칼을 만들었고, 암석으로 나무 막대기를 날카롭게 갈아 창을 만들었다. 요컨대, 그들은 발명하기 시작했다.

딱 한 종류의 영장류만 그런 과정을 밟지는 않았다. 두 발로 걷고 도구를 만드는 다양한 종류의 영장류가 700만 년 동안 이 행성에 꽤 많이 살았다. 어떤 영장류는 사멸했고, 다른 영장류는 새롭고 더 유능한 피조물로 진화했고, 그들의 도구상자는 점점 커졌다. 그들은 불을 피우고, 불을 소중히 다루고, 불을 관리하는 요령을 터득했다(그렇다, 불은 도구다). 협조하는 집단으로서 사냥하는 요령도 익혔고, 덕분에 무서운 포식자가 되었다. 특히 창과 방망이와 그물로 무장했기 때문이다. 요컨대 도구를 갖췄기 때문이다. 그저 다른 피조물을 죽여서 먹지는 않았다. 다른 피조물의 가죽을 벗겨 옷처럼 입기도 했다. 동시대의 다른 피조물의 눈에 그 영장류들이 얼마나 무섭게 보였을지 상상해보기 바란다.

이 새로운 유형의 이족보행 영장류는 탁월한 보행 기술을 바탕으로 아프리카와 유라시아 전역을 누볐다. 나머지 동물들과 달리, 그들은 온갖 환경에 적응할 수 있었다. 도구를 사용했기 때문이다. 그들은 숲, 사막, 습지, 평원, 산비탈, 강의 유역 등으로 이동했다. 그리고 그 다양한 환경은 그들의 정체와 생활 방식을 좌우했다. 역사를 땋은 머리에 빗댄다면 환경은 땋은 머리의 가장 굵은 세 가닥 중 하나로 볼 수 있다. 도구는 환경과 밀접하게 연관된 두 번째 가닥이다. 세 번째 가닥도 있지만, 그것은 나중에 출현했다. 우리가 누구인지, 우리가 무엇이었는지는 처음부터 우리가 어디 있었는지, 우리가 거기서 자연에 대처하고자 무엇을 만들었고 무엇을 했는지와 복잡하게 연결된 문제였다.

100만 년 전 지구 여기저기를 돌아다닌 그 피조물들은 하나같이 인간의 자격을 갖추지 못했다. 오늘날 그들이 쇼핑몰을 지나가면 금방 눈에 띌 것이다. 생물학적으로, 그들은 아직 인류가 아니었다. 그러나 지구에서 부단하게 진행된 생명의 변태는 꾸준히 이어졌고, 몇만 년의 차이는 있겠지만, 마침내 약 10만 년 전에 일부 이족보행 영장류들이 현생인류와 해부학적으로 구별되지 않을 정도가 되었다. 과학자들은 그들을 '호모 사피엔스 사피엔스'-'지혜롭고 지혜로운 사람들'이라는 뜻의 라틴어-로 부른다(생각해보면 우리가 우리를 지칭하고자 고안한 '호모 사피엔스 사피엔스'라는 용어는 무척 자기중심적인 표현으로 평가할 수 있다).

그것이 바로 시작이었을까? 10만 년 전? 드디어 막이 오르고 있었을까? 인간의 드라마가 곧 시작될 상황이었을까? 감히 말하자면 아니었다. 아직은 아니었다. 무대는 설치되었지만, 등장인물들이 아직 무대에 오르지 않았다. 그 초기의 '호모 사피엔스'에게는 우리 현생인류가 당연시하는 한 가지가 아직 없었다. 대략 4만 5천 년 전, 우리 인간은 그림을 그리고 피리를 불고 춤을 추기 시작했다. 좋은 먹잇감을 두고 다투는 과정에서 우리는 다른 모든 이족보행 영장류들을 압도하기 시작했다. 틀림없이 바로 그때 어떤 일이, 즉 인류의 우위를 촉발한 무슨 일이 벌어졌을 것이다. 그것은 무엇이었을까?

아마 그것은 진정한 언어의 탄생인 듯싶다.

2장

역사가 언어에서 시작되다

(기원전 5만 년~기원전 3만 년)

네안데르탈인에게는 단어를 만들어내는 신체적 자질이 있었지만, 단어는 언어가 아니다. 까마귀는 주변 환경 속의 다양한 대상을 가리키는 소리를 만들어낸다. 예를 들어 까마귀는 인간을 가리키는 단어와 개를 뜻하는 단어를 갖고 있는 셈이다. 심지어 까마귀는 특정한 인간을 지칭하는 새로운 소리를 만들어낼 수도 있다. 까마귀는 동료 까마귀들에게 깍깍거리면서 "파머 브라운![Farmer Brown!]"이라고 말해줄 수 있지만, 그것은 단어일 뿐이다. 단어는 언어가 아니다. 동일한 연장선상에서, 언젠가 동물 연구 학자들은 코코[Koko]라는 이름의 암컷 고릴라에게 수어[手語]를 가르쳤고, 코코는 아이스크림을 비롯한 1천 개 이상의 구체적 대상을 손짓으로 표현하는 법을 배웠다. 그러나 코코는 어휘만 알고 있었다. 사물의 이름을 부를 수 있었지만, 그것은 대상을 가리키는 수준에 그칠 뿐이다. 그것만으로는 부족하다.

진정한 언어는 단어끼리 결합해 무한히 다양한 의미 조합을 형성할

1부 도구, 언어, 환경 | 35

수 있을 때 시작된다. 언어는 문법과 구문론에 단단히 자리 잡은 어휘다. 진정한 언어의 경우, 예를 들어 '의자', '먹다', '죽이다' 같은 단어는 이 세계의 대상이나 사건과 직접적인 관계를 맺고 있지만, '꼭', '그렇다', '않다' 같은 단어는 꼭 그렇지는 않다.

단어의 의미는 해당 단어와 물리적 세계의 특정 대상 간의 관계가 아닌 경우가 많다. 즉, 어떤 단어와 다른 단어 간의 관계가 바로 그 단어의 의미인 경우가 많다. 언어를 만들어낸다는 것은, 단어를 마치 이름이 붙은 대상인 듯이 쓰기 시작할 수 있다는 것을 의미했다. 따라서 단어는 사물에서 분리되어 독자적으로 존재할 수 있었다. 일단 그렇게 되면 단어의 세계가 형성될 수 있었다. 단어의 세계는 사물의 세계와 유사하고 사물의 세계와 연관되지만, 사물의 세계와 동일하지는 않았다. 두 명의 언어 사용자는 단어의 세계에 들어가 그곳이 이 세상 자체인 듯이 상호작용할 수 있었다.

두 사람이 대화를 나눈다고 가정해보자. A라는 사람이 "내일 코틀랜드[Cortland]의 그 타코 가게에서 만나 점심 먹읍시다."라고 말한다. 그러자 B라는 사람이 이렇게 대답한다. "좋죠. 언제요? 정오쯤에요?" 두 사람을 둘러싼 물리적 배경에는 그들이 사용한 단어에 대응하는 것이 하나도 없다. '내일? 점심? 정오?' 이 단어들은 무엇을 가리킬 수 있을까? 아무것도 가리킬 수 없다. 그리고 '내일, 점심, 정오' 같은 단어들이 두 사람의 대화에 나오는 단어 중에서 언어적 성격을 가장 뚜렷하게 띠고 있는 것도 아니다. '의, 그, 에서, (으)ㅂ시다, 쯤' 같은 단어들은 그 어디의 그 어느 대상도 가리키지 않는다. 이들 단어는 '내일, 점심, 정오' 등의 단어들과 공유하는 언어적 우주에서만 존재한다.

진정한 언어를 습득하면서 우리는 단순히 동료들이 뛰거나 싸우거나

침을 흘리도록 유도하는 소리를 만들어내는 수준을 뛰어넘었다. 우리는 동료 인간들의 머릿속에서 이 세계의 허상을 불러일으키는 소리를 만드는 수준으로 격상되었다. 두 사람이 내일 정오에 타코를 먹자고 얘기할 때 그들은 각자 상상하는 세계에서만 상호작용하지는 않는다. 두 사람은 동일한 세계를 상상한다. 동일한 세계를 상상하지 않으면 내일 같은 장소와 시간에 두 사람 모두 나타나지는 않을 것이다. 정말 믿기 힘든 사실이지만, 두 사람은 동일한 세계를 상상한다.

언어는 우리가 그림을 그리고 피리를 불기 시작하기 직전에 습득한 것이다. 언어는 우리가 발명한 것이 아니다. 언어는 나머지 손가락들과 마주 볼 수 있는 엄지처럼 발달한 생물학적 특성이다. 우리는 리소토 요리법을 배우는 식으로 언어를 '배우'지 않는다. 우리가 속한 집단이 어떤 언어를 쓰든 간에, 우리는 그것을 쓰기 시작한다. 아기는 곁에 있는 아무나와 어떤 식으로든 상호작용한다. 상호작용이 점점 유의미한 수준에 이를 때까지 아기는 울고, 웃고, 팔을 심하게 휘두른다. 그 지점에서 바로 아기는 자신이 속한 집단과 동일한 상징적 세계에 진입하게 된다. 말하자면 자기 집단이 이미 창조해 유지하고 있는 현실에 발을 내디딘다.

언어의 상징적 상호작용 모형에서, 의미가 자리 잡는 곳은 개개인의 마음속이 아니다. 의미는 인간 별자리 내부의 상호작용 연결망이다. 우리에게 '있는' 것은 우리가 언어를 통해 타인에게 전달하는 의미가 아니다. 우리에게 '있는' 것은 우리가 우리 관계망의 타인들과 함께 의미를 새로 만들어내려고 이용하는 언어다. 앞서 언급한, 점심 약속을 하는 두 사람은 '타코'나 '내일'이나 '점심' 같은 단어를 새로 만들어내지 않는다. 두 사람이 오늘 밤에 죽어도 단어와 개념은 그것들이 속한 사회적 현장에서 계속 존재할 것이다. 별은 다른 별에 밀려날 수 있겠지만, 별자리는 그대로 남을 것이다.

수만 년 전 어느 시점에, 언어를 보유하고 있던 피조물들은 다른 피조물들에 비해 결정적인 우위를 차지했다. 진화는 우리 인간이 완전한 언어 사용자가 될 때까지 그 언어적 특성을 꾸준히 선택했다. 그 결과 우리는 도구를 만들고 두 발로 걷는 다른 모든 영장류를 압도해 그들을 멸종으로 몰아넣었다. 언어는 세계사의 '삼중 변증법[Trialectics]' 가운데 세 번째 가닥이다.[3]

물론 우리는 협조하는 집단으로서 활동할 수 있는 유일한 동물은 아니었다. 명백한 사례를 하나 들자면, 늑대는 무리를 지어 먹잇감을 잡는다. 추측건대, 네안데르탈인들은 최소한 늑대만큼 서로 협조했을 것이다. 그런데 다른 사회적 동물들은 계획을 수행하기 위해 서로 뭉쳐야 했다. 그들은 물리적 신호를 주고받으며 서로 협조했다. 신호는 서로의 반응을 촉발했다. 반면 언어 덕택에 인간은, 설령 시공간적으로 떨어져 있을 때도, 단일 목표를 위해 일할 수 있는 능력을 얻었다. 언어를 통해 서로 결합한 덕분에, 수많은 인간이 마치 단일한 사회유기체처럼 활동할 수 있었다. 그들은 뿔뿔이 흩어져 있어서 신호를 주고받을 수 없을 때나, 소식이 끊긴 일부 구성원들이 뜻밖의 상황에 대처해야 할 때조차 서로 보조를 맞추는 상태를 유지할 수 있었다. 그렇게 할 수 있었던 비결은 그들이 집단 전체와 공유하는 가상 세계 속에서 움직이고 있었다는 점이다. 사실 우리 인간은 물리적 우주에서만 살고 있지는 않다. 우리는 이미 우리가 언어를 통해 집단적으로 창조해 지금 함께 유지하는

---

3) 변증법은 서로 맞서는 양쪽이 새로운 조합을 끊임없이 이끌어내는 밀고 당기기로 볼 수 있다. 변증법과 동일한 과정이기는 하지만, 삼중 변증법에는 상호작용하는 역선[力線]이 세 개 있다. 인류사의 경우에 역선은 환경과 도구와 언어일 것이다.

세계 모형에서 살고 있다. 그 모형은 우리가 태어날 때 이미 존재해 있었다. 다만, 우리는 어른이 되면서 그 모형에 진입했을 뿐이다. 어른이 된다는 것은 자기 외의 모든 사람과 동일한 세계를 상상하는 능력을 갖춘다는 것을 의미했다.

우리의 위장은 우리가 어떤 사회에 태어났든 간에 꼬르륵거리지만, 우리의 사회적 자아는 그렇지 않다―아, 사회적 자아는 또 다른 문제다. 사회적 자아는 우리가 어떤 사람들 사이에 있는가에 따라 결정된다. 생물학적 자아는 몸이다. 몸에는 뼈에 둘러싸인 신경세포 덩어리인 뇌가 있다. 그러나 사회적 자아는 개인이다. 개인에게는 그 사람이 남들과 (함께 만들어) 공유하는 관념, 태도, 사고, 정보, 신념 등의 방대한 성운[星雲]에서 도출된 그 다섯 가지 요소들의 별자리인 '마음'이 있다. 마음의 별자리는 뇌나 몸에 단단히 결부되어 있지만, 몸 밖에 있다. 즉, 개인이 속한 사회적 연결망에 자리 잡고 있다. 그리고 우리는 언어로 의미의 연결망을 만들어낸다―그것은 생물학과 역사를 연결하는 고리다. 인간 집단은 사회적 별자리로서 존재하고, 사회적 별자리는 마치 단일한 독립체의 세포라도 되는 듯이 주변 환경과 상호작용한다. 일단 우리가 그런 식의 집단적 자아를 형성하기 시작하면서 인류의 진짜 이야기가 시작되었다. 이때 집단적 자아는 모두가 별자리였고, 별자리는 물리적 세계 대신에 구성원들의 마음속에만 존재하는 의미의 연결망이었다.

하지만 언어가 우리에게 부여한 굉장한 능력은 늘 문제를 일으켰다. 우리를 한데 모은 세계 모형은 실제로 존재하는 것에 들어맞아야 했다. 그리고 존재하는 것은 완강한 타자성[他者性]이었다. 늘 변하는 미지의 대상이었다. '그것'에 보조를 맞추기 위해 우리는 새로운 정보가 생길 때마다 우리의 모형을 지속적으로 수정해야 했다. 그러나 사회 전체는 생물학적 피조물과 달리 마음을 바꿀 수 없다. 사회는 마치 사회유기체인 듯이 행동하지만, 사회에는 뇌가 없다. 사회는 구성원 간의 상징적 상호작용의 연결망으로서만 존재할 뿐이다. 변화의 주체는 개인들이고, 여러 개인의 마음이 동시에 바뀌는 일은 드물다. 텔레파시라는 것은 없기 때문이다. 우리는 우리가 남들과 공유하는 가상 세계에 살지만, 우리는 각자 나름의 정보와 관념과 신념의 별자리를 지닌 채 가상 세계에 들른다.

그리고 만일 사회의 어떤 구성원들은 기존의 인식과 신념이 바뀌고 다른 구성원들은 그렇지 않으면 그들 모두가 공유하는 모형은 응집력을 잃기 시작할 것이다. 모형이 느슨해지면, 단일한 전체로서 환경에 대처하는 우리의 능력이 약해질 것이다. 사실, 우리는 물질세계와 보조를 맞추는 상태에서 벗어날 만한 여유가 없지만, 타인과 보조를 맞추는 상태에서 벗어날 만한 여유도 없다. 이 두 가지 필요성은 서로 갈등할 수 있다─실제로 두 가지는 자주 부딪힌다. 타인과의 연결성을 유지하는 것과 외부 세계와의 관련성을 유지하는 것 사이의 긴장은, 언어가 생긴 순간부터 인간의 삶에 일종의 암호처럼 새겨졌다. 그 긴장으로 인해 극적인 사건들이 꾸준히 일어나고, 따라서 언어는 인류사의 삼중 변증법에서 세 번째 가닥의 자격으로 환경과 도구와 어깨를 나란히 하고 있다.

언어가 생기기 전, 모르긴 해도 우리는 다른 고도의 영장류들과 흡사한 방식으로 살았을 것이다. 그들처럼 우리도 작은 무리를 지어 주변을 돌아다니며 식물을 채집하고 동물을 사냥했다. 그들처럼 우리도 물 근처에 자리 잡았고, 낮에는 흩어졌다가 밤에는 소중한 불 주위에 모여들었다. 거의 예외 없이, 특정한 인간 무리의 모든 구성원은 혈연으로 맺어졌다. 그 점은 다른 고도의 영장류들도 마찬가지였을 것이다. 우리는 우리와 혈연관계인 무리와 우리 영역에서 가끔 마주쳤고, 때로는 의례화된 흥겨운 잔치에서 다른 무리와 어울렸다. 거기서 적어도 소수의 여성은 틀림없이 임신했을 것이다. 현재로서는 우리가 알 수 없는 상황에서 일어난 드문 경우이지만, 그 임신은 인간과 네안데르탈인 간에 이뤄진 교배의 결과였다. 인간과 네안데르탈인은 그처럼 가까운 사이였나.

그러나 언어가 생기자 우리는 나머지 모든 영장류와 다른 길을 걸었다. 우리 중 일부가 동굴로 들어가 벽과 천장에 멋진 그림—깜빡이는 횃불 없이는 아무도 보지 못할 예술품—으로 장식한 것이 바로 그때였다. 동굴 몇 군데서 발견된 먼 옛날의 피리를 통해 우리가 알고 있듯이, 음악도 그즈음에 탄생했다. 동굴 벽화에 묘사된 막대 인간에서 입증되듯이 우리는 십중팔구 그 무렵 음악에 맞춰 춤을 추고 있었을 것이다. 우리가 당시 장신구를 만들고 있었다는 점에서 패션의 탄생을 유추할 수 있다. 그리고 도구의 정교화 수준이 극적으로 향상되었다. 우리는 더 이상 석기에 국한되지 않았다. 뼈와 조가비와 뿔 따위로 물건을 만들었고, 지금 남아있지는 않지만, 아마 나무도 재료로 썼을 것이다. 그리고 우리는 숫돌과 도끼뿐 아니라, 바늘과 낚싯바늘도 만들고 있었다. 바늘을 만들고 있었다면 옷도 만들고 있었을 것이다. 그리고 음식을 만들고 있었다면 확실히 요리법도 서로 주고받았을 것이다.

일단 언어가 생기자 도구 제작의 문이 활짝 열렸다. 어떤 도구를 만들 줄 아는 사람의 작업 모습을 굳이 지켜보지 않아도 언어를 통해 제작법을 익힐 수 있게 되었기 때문이다. 사람들은 자신이 한 일을 남들에게 설명할 수 있었고, 남들은 그것을 따라 할 수 있었다. 결국, 사람들은 이제 물리적으로 결코 본 적 없는 수많은 대상을 끌어안은 세계에 살게 되었다. 집단의 어느 구성원이 그것을 봤다면 나머지 구성원 모두 그것을 본 것이나 다름없게 되었다. 왜냐하면, 이제 그것은 집단의 나머지 구성원이 살고 있는 상징적 세계의 당연한 부분으로 자리 잡았기 때문이다. 그 상징적 세계에서는 각 세대가 미래의 도구를 만들고자 기존의 지식을 발판으로 삼으며 기술과 지식이 축적될 수 있었다.

이처럼 갑작스러운 개화기가 언어를 사용한 덕분에 찾아왔다고 본다면 아마 이 시기는 이야기하기가 시작된 때이기도 할 것이다. 그렇다면 이 시기는 인간이 최초로 모종의 역사의식을 지닌 때, 인간이 처음으로 자신의 과거를 발명한 때일 것이다. 우주 탄생 이후 수십억 년 동안 수많은 일이 일어났지만, '어제'와 '내일'과 '내가 네 나이였을 때'와 '내 할아버지의 증조할아버지 때' 같은 것이 생기고 나서야 비로소 우리에게는 서사가 생길 수 있다. 모든 신화 체계의 뿌리는 그때로 거슬러 올라간다. 언어의 만개와 그 직후에 등장한 이야기와 예술과 종교와 기술을 떠올리면 나는 등골이 오싹해진다. 모두가 서로 연관되어 있고, 모두가 단일한 무언가를 이루고 있는, 한 무리의 사람들과 함께 있는 듯한 느낌이 든다. 그 시점에, 그리고 그때부터 쭉, 인간은 명백하게 이 행성에 있었다. 그때의 인간들은 지금의 우리와 옷차림이 다르고, 우리만큼 자주 씻지는 않지만, 그들은 우리다. 명백히 우리다.

3 장

문명이 지리에서 시작되다

(기원전 3만 년~기원전 1500년)

도구와 언어라는 두 가지 강점으로 무장한 덕택에 인류는 이전에는 살기 힘들었던 환경으로 진출할 수 있었다. 우리는 우리가 죽인 동물의 가죽을 입고, 죽은 동물의 뼈로 만든 거처 안에 불을 피운 덕분에 무척 추운 지방까지 퍼져 나갈 수 있었다. 4만 년 전, 우리는 아프리카에서 서남아시아로, 거기서 다시 유럽과 동아시아로, 나중에는 얼음으로 뒤덮인 북쪽으로 이동하고 있었다. 우리는 먹잇감이 풍부한 곳이라면 어디든 갔고, 사냥꾼들에게는 매머드 같은 큰 짐승들이 돌아다니는 저 위쪽이 안성맞춤이었다.

공교롭게도 우리는 지구가 마지막 빙하기로 접어들었을 때, 다시 말해 이 행성의 기온이 급격히 떨어졌을 때 치명적인 강점을 갖췄다. 빙하기에는 물이 너무 많이 얼어붙어 해수면이 크게 낮아졌다. 시베리아와 북미 대륙 사이는 지금은 바다지만, 그때는 육지였거나 빙판으로 뒤덮인 상태였다. 빙판은 너무 두꺼운 나머지 사람들이 지나다니면서도 밑에 물이 있다는 사실을 모를 정도였다. 짐승의 고기를 얻기 위해 일부 인간들은 아메리카 대륙으로 건너갔다. 이후 기온이 오르고, 얼음이 녹고, 해수면이 높아지고, 양쪽 대륙 간의 육지가 자취를 감췄다. 반대쪽 대륙으로 아예 건너가지 않았던 사람들은 이제 건너갈 수 없었고, 일찌감치 건너갔던 사람들은 되돌아올 수 없었다. 인류에게 무언가 엄청난 일이 벌어졌다―하나의 행성이 둘로 쪼개졌다. 물론 당대인들은 아무도 그 지구적 차원의 사건을 알아차리지 못했다. 그들은 서로 얽힌 여러 소규모의 개별적 삶의 드라마를, 즉 그들의 사회적 별자리를 경험하고 있었을 뿐이다.

하지만 그때까지, 적어도 세 차례의 집단 이동의 물결이 아시아 대륙에서 아메리카 대륙으로 들이닥쳤고, (캐나다 동부 대서양 연안의) 노바스코샤[Nova Scotia]와 (아르헨티나 최남단의) 티에라델푸에고[Tierra del Fuego]까지 퍼져 나갔다. 당시 인간은 이미 수천 년 전부터 언어를 사용한 동물이었고, 따라서 아메리카 대륙에 자리 잡은 사람들은 대대로 내려오는 신화와 전통을 동반구[유라시아, 아프리카, 오세아니아 등을 포함하는 본초 자오선 기준 동쪽의 반구―옮긴이 주]에 머문 사촌들과 공유하고 있었음이 틀림없다. 그러나 아시아와 아메리카가 서로 떨어지자, 인류 문화는 향후 1만 1천여 년 동안 따로 진화했다. 그것은 이후의 중대한 결과를 초래할 분리 현상이었다.

환경은 우리가 생존을 위해 하는 일을 결정하고, 그 일은 우리가 집단으로서 단결하는 방식을 결정한다. 그러므로 환경적 차이는 중요한 문화적 차이를 낳는다. 유라시아와 아프리카를 포함하는 지구 최대의 땅덩어리에서, 환경적 편차는 최소한 세 가지 생활 방식을 낳았다. 약 1만 년 전, 어떤 사람들은 사냥과 채집을 포기했고, 농사에 집중하고자 일정한 지점에 정착했다. 소아시아[현재의 터키], 레반트[현재의 이스라엘과 시리아와 레바논 등지], 그리고 일부 유럽 지역에서 소규모 촌락이 생겼다. 그것은 땅이 아주 기름지고 비가 넉넉히 내리는 장소에서 일어난 일이었고, 그런 곳에서만 벌어질 수 있는 일이었다. 환경은 생활 방식의 모태였다.

그러나 그런 지역에서조차 일부 사람들은 다른 생존 전략을 선택했다. 한곳에 눌러앉아 농사를 생존 전략으로 삼는 대신, 그들은 사냥한 동물을 길들여 키우며 방랑하는 목동이 되었다. 농부 대 목동, 정착민 대 유목민, 그것은 의미심장한 분화 현상이었다. 목동들이 농부들의 영역에 함부로 들어가면서 양쪽은 상징적 관계를 맺었을 것이다. 한쪽은 곡식, 과일, 채소를 생산하는 데 능했고, 다른 쪽은 고기, 가죽, 유제품 생산에 강점이 있었다. 그들은 물물교환을 통해 상대방의 전문 지식을 활용했다.

하지만 가끔 유목민들은 정착민들의 마을에 쳐들어와 자기들이 원하는 것을 뺏어갔다. 어느 지역의 경우, 유목민들과 정착민들이 동일한 조상의 후손이었을지도 모른다. 분화는 결국 양쪽 모두에서 배반과 승리의 서사시적 설화 형태로 전승된 부족 신화로 마무리되었다. 구약성서의 카인과 아벨 설화에는 그 같은 신화의 느낌이 묻어있다. 그런 이야기가 등장한 곳에서는 환경이 농사와 목축 모두를 뒷받침했고, 그곳에서는 두 가지 생활 방식이 서로 충돌할 수밖에 없었다.

끝으로, 사람들은 여러 호숫가와 바닷가에서 배를 타고 다니며 생계를 꾸려나가기도 했다. 그것은 뒤늦게 나타난 현상은 아니었다. 배는 사람들보다 먼저 존재했다. 최초의 배는 우리의 조상 계통에서 비교적 앞자리를 차지하는 유인원들이 만들었다. 그러므로 처음부터 사람들은 고기잡이도 지리적 조건이 허락하는 어디에서나 농사와 목축만큼 훌륭한 생존 전략이라는 점을 알았다.

강 유역의 문명

지금으로부터 약 6천 년 전, 일부 사람들은 농업 생산성이 굉장히 높은 유형의 환경을 발견했다. 그것은 해마다 범람하고 기름진 토양층이 새로 쌓이는 강 유역이었다. 아마 그런 강은 많이 있었겠지만, 그중에서 특히 나일강, 티그리스강과 유프라테스강, 인더스강, 황허[黃河, 황허강, 황하]가 두드러져 보인다. 왜냐하면, 현재 우리가 알고 있는 최초의 주요 도시 문명은 그 네 개의 강에서 싹텄기 때문이다. 즉, 나일강에서 이집트 문명, 티그리스강과 유프라테스강에서 메소포타미아 문명, 인더스강에서 인더스 문명, 황허에서 중국 문명이 각각 탄생했다.

환경이 문명을 낳는다고 볼 수 있는데, 하나같이 강에서 탄생한 4대 문명이 서로 그토록 달랐던 이유는 무엇일까? 대답은 간단하다. 네 개의 강이 생각보다 서로 비슷하지 않았기 때문이다. 실제로 4대 문명에는 중요한 지리학적 차이가 있었고, 거기 살던 사람들은 나름의 특징을 지닌 강에 맞춰 삶을 꾸리는 과정에서 서로 다른 관습과 전통과 관념의 별자리—서로 다른 세계사—를 만들어갔다.

나일강

나일강은 굉장히 훌륭한 쌍방향 간선 수로였지만, 그것은 하류의 약 960㎞ 구간에 국한된 이야기였다. 중앙아프리카의 몇몇 개울에서 시작되는 나일강은 총길이가 6,400㎞ 넘는다. 4,800㎞ 넘는 상류 구간에서는 협곡과 폭포와 급류가 산재해 있다. 그 험난한 구간의 끝부분은 둥근

돌이 가득하고 사나운 바람이 몰아치는, 물거품이 이는 얕은 급류 지대인 캐터랙트[Cataracts, 폭포]이다. 배를 타고 그 구간을 지나는 것은 불가능하고, 심지어 걸어서 통과하기도 힘들다. 하지만 캐터랙트를 지나가면 문명의 요람인 나일강 유역이 나온다. 그 마지막 구간에서 나일강은 폭이 넓고 수심이 깊고 물살이 고요하다. 강물은 꾸준히 북쪽으로 흐르지만, 얌전한 강물 위 하늘에서는 항상 산들바람이 남쪽으로 분다. 강물에 배를 띄운 사람들은 돛을 올려 남쪽으로 가고, 돛을 내려 북쪽으로 갈 수 있었다. 그래서 사람들은 굳이 고립된 도회지에 모여 사는 대신에 나일강 언저리에 정착했다. 그 부단한 상호작용에 힘입어 문화적 균일성이 나타났다. 마치 유역 전체가, 어떤 의미에서, 하나의 광대한 사회적 별자리처럼 보였다.

이상은 나일강 유역의 한 가지 주목할 만한 특징이다. 또 하나의 특징은 나일강 유역의 지형 자체가 제공한 방어 기능이다. 남쪽의 약탈자들은 나일강 유역으로 쉽사리 침입하지 못했다. 반드시 캐터랙트를 통과해야 했기 때문이다. 동쪽에는 심각한 위협이 없었다. 그쪽의 지세는 바위가 너무 많고 메말라서 많은 사람이 살지 못했기 때문이다. 서쪽에도 이렇다 할 위협이 없었다. 거기에는 사하라사막이 버티고 있었기 때문이다. 이집트인들은 가늘고 기다란 세계의 입구인 삼각주만 지키면 되었다. 삼각주를 제외한 강 유역의 나머지 지역에서는 수확량을 늘리는 데 힘을 쏟을 수 있었다.

환경에 의해 증진된 문화적 동질성을 바탕으로 사람들은 강을 관리하기 위한 대규모의 기반 시설을 건설하는 일에 힘을 모을 수 있었다. 나일강이 범람할 때 강물은 양쪽 언저리의 언덕까지 밀려왔다. 농부들은 댐과 제방과 운하를 건설했고, 수위가 높을 때 물을 저장했다가 필요할 때 적정량을 내보냄으로써 1년 내내 경작지에 물을 댈 수 있었다. 관개 작업을 조율하다 보니 자연스레 여러 단계의 감독자로 구성된 지휘 체계가 생겼고, 그 체계의 맨 꼭대기는 신과 같은 단 1명의 최고위 의사 결정자가 버티고 있었다.

나일강은 무척 규칙적으로 범람했지만, '기대에 어긋날' 때도 있었다. 그리고 범람의 정도가 약할 때 사람들은 자신에게 책임이 있는지 궁금해하곤 했다. 혹시 우리가 무슨 잘못을 저지르지는 않았을까? 자연을 이해하고 자연에 영향을 미쳐야 할 필요성이나 이해관계와 결부된 강력한 중심 권력을 갖춘 사회는, 이집트 문명의 독특한 존재인 파라오를 만들어냈다. 파라오는 백성들이 신으로 떠받드는 지배자였다.

파라오는 백성들과 발맞춘 듯했다. 그는 자신을 신으로 여겼다. 나의 현대적 감수성으로는 파라오가 감기에 걸린 본인의 상태에 대해 어떻게 생각했을지 궁금하지 않을 수 없다. 대체 어떤 신이 잠에서 깨며 몸이 불편하다고 느끼겠는가? 그러나 당시 이집트인들의 머릿속에는 이런 질문이 전혀 떠오르지 않았을 것이다. 개인의 정신은 사회에 의해 형성된다. 그리고 이집트인들은 파라오의 욕구, 소망, 변덕스러운 기분 따위가 충족되어야 나일강이 제때 범람한다고 믿을 필요가 있었다. 이 세상의 그 누구도 자신의 모든 소망과 변덕스러운 기분을 만족시킬 수 없는 법이다. 따라서 파라오의 욕구나 소망 충족 여부와 나일강의 범람 사이의 연계성은 결코 오류일 수 없었다. 이집트인들이 적절히 조율된 수천 명의 노고가 요구되는 사업을 수행하려면 결코 오류로 드러날 수 없는 믿음이 필요했다. 의심을 하는 사람은 모두의 안전을 위태롭게 했을 것이다. '그런' 자─모두의 안전을 위협하는 자─가 되고 싶은 사람은 드물다. 의심은 사회적 별자리의 내부 질서를 위협한다. 사회는 의심을 못

마땅하게 여기기 마련이다.

관개 시설을 건설하고 거기에 인력을 배치해 관리하다 보면 수많은 노동자가 1년 중 일정 기간에는 바빴지만, 나머지 기간에는 할 일이 거의 없었다. 사회는 노동자들을 한가하게 내버려둘 여유가 없었다. 빈둥대는 일꾼들은 초조해지는 법이기 때문이다. 자, 여기 할 일이 필요한 대규모 노동력이 있고, 소망이 충족되어야 하는 신성한 파라오가 있다. 대규모 노동력과 신성한 파라오를 합치면 무엇이 생길까?

피라미드가 생긴다. 단 한 사람에게 흡족한 사후의 경험을 보장해주고자 동원되는 대규모의 인간적 노고가 생긴다. 기념비적인 신전과 언덕 크기의 조각상이 생긴다. 관개 공사, 파라오, 관료제, 피라미드 같은 고대 이집트 문명의 독특한 요소들은 모두 그 발상지인 나일강이 낳은 것이다.

티그리스강과 유프라테스강

티그리스강과 유프라테스강은 나일강 삼각주에서 정동향으로 2,160km 떨어진 페르시아만으로 흘러들지만, 원래 터키의 산악 지대에서 흘러내려 평균 80km의 간격을 둔 채 거의 나란히 남쪽으로 향하면서 오늘날의 이라크를 통과한 뒤 페르시아만에 이르기 직전에 하나로 합쳐진다. 이 복합 하천에는 상류와 하류를 깔끔하게 나누는 급류 지대가 없다. 그리고 어떤 구간은 배를 타고 갈 수 있었지만, 또 어떤 구간은 그렇게 할 수 없었다. 산들바람은 일정하지 않았고, 하류에는 습지가 많았다. 강의 유역을 따라 하나의 연속적인 문화가 형성되는 대신 메소포타미아에는 신전이나 사제와 연관된 촌락의 개별적 관계망이 다수 출현했다.

촌락민들은 지리적 조건에서 아무런 방어 수단을 찾아낼 수 없었다.

그래도 방어 수단이 필요했다. 농사는 강 가까이에서 잘되었지만, 주변 환경은 스텝 유목[pastoral nomadism, 목축에 기반한 생계형 농업 형태-옮긴이 주]에도 적합했기 때문이다. 촌락민들은 사방에서 나타나는 침입자들을 막을 준비를 해야 했고, 지리적 조건에서 찾아낼 수 없는 장벽을 쌓았다. 메소포타미아에서 나타난 것은 단순한 도회지가 아니라 장벽으로 둘러싸인 도회지였고, 이들 도회지는 훈련된 군대를 보유한 우루크[Uruk], 아카드[Akkad], 라가시[Lagash], 키시[Kish] 같은 다부진 소규모 도시국가로 변모했다.

이집트인들은, 건설 노동자들에게는 지어야 할 대상이 필요하다는 사실을 알아차렸다. 메소포타미아인들은, 군대에는 싸울 대상이 필요하다는 점을 깨달았다. 빈둥거리는 군대는 내부에서 말썽만 일으킬 것 같았다. 그래서 메소포타미아의 지배자들은 외부 침략자들을 물리치고 있을 때를 빼고는, 군대를 이끌고 강 상류나 하류로 진출해 인근 공동체를 정복하려고 했다. 이집트인들은 피라미드를 세웠고, 메소포타미아인들은 제국을 세웠다. 관계망 형태의 도시국가를 통치하는 정복자들은 다양한 자원을 활용할 수 있었다. 자원을 지키려면 더 큰 규모의 군대가 필요했고, 결국 군사 작전을 더 자주 펼쳐야 했다. 기원전 24~23세기에 키시의 왕, 즉 아카드의 사르곤은 메소포타미아 지역의 도시국가 대부분을 정복했고, 역사상 최초의 진정한 제국을 건설했다.

메소포타미아 지역에서의 삶은 얼핏 단조롭고, 거칠고, 무언가 부족한 것처럼 느껴질지 모르지만, 실제로 그곳에서는 활기차고 생동감 넘치고 창의적인 삶이 펼쳐졌다. 내가 느끼기에 메소포타미아 문명은 나일강 유역의 고요하고 내향적인 문명보다 더 활기가 넘친다. 이집트인들은 기념비적인 조각상과 무덤을 세웠지만, 메소포타미아의 수메르인들은 물건을 제작하고, 물건을 궁리해 만들고, 흥정하고, 사고팔고, 법을 제정하고, 법을 어기고, 노래하고, 사랑하고, 도둑질하고, 잡담하고, 말다툼하느라 '바쁘고 또 바빴다'. 메소포타미아의 여러 작은 도시국가에서 사업가적 개인주의와 경쟁적 다원주의가 탄생했고, 그 두 가지 사상은 훗날 이슬람 문명과 유럽 문명의 공통적 특징으로 자리 잡게 되었다―티그리스강과 유프라테스강의 지리적 조건을 고려하면 당연한 결과였다.

인더스강

인더스강은 지구상 최초의 위대한 도시 문명 중 하나이자 마지막으로 발굴된 도시 문명 가운데 하나를 품은 곳이다. 20세기 초엽에는, 5천 년 전의 인더스강 유역에 문명―지금은 사라진 두 도시 하라파[Harappa]와 모헨조다로[Mohenjo-Daro]에서 절정을 구가했다―이 존재했다는 사실을 아는 사람도 극히 드물었다. 심지어 영국인들은 19세기에 인더스강 유역에 철도를 놓을 때 고대 인도인들이 구워놓은 벽돌을 썼지만, 그 벽돌이 얼마나 오래되었는지 전혀 알지 못했다. 하라파 문명은 이집트에서 피라미드가 건설되고 있을 때 그야말로 전성기였다. 당시 인더스강 유역에는 약 500만 명이 살았고, 총면적이 약 80만㎢에 이르는 유역 곳곳에 1천 개 이상의 도회지가 분포해 있었다.

그 엄청난 장관의 열쇠는 물이었다. 인더스강은 여러 갈래의 개울에서 시작하는데, 그 개울들은 서로 만나 다섯 개의 강을 이루고, 그 다섯 개의 강은 또 아라비아해 바로 북쪽에서 하나의 강으로 합류한다. 유역 전체는 흐르는 물에 의해 여러 조각으로 나뉘어 있다. 관개는 문제없었고, 농사는 쉬웠다. 그 풍요로움은 부족함 없는 여가로 이어졌다. 하라파인들은 예술과 공예와 공학에 몰두했다. 하라파인들의 최대 도시의 중심지는 현대 도시처럼 규칙적인 거리에 배치되었다. 물은 소중한 것도 골칫거리도 아니었다. 하라파인들은 도시에 목욕탕, 배관, 하수구 따위를 잔뜩 갖춰놓았다.

그러나 주변의 개울과 강은 뚜렷한 이유 없이 시간의 흐름에 따라 경로를 바꾸는 경향이 있었다(강은 암초와 협곡처럼 물의 흐름을 조정할 만한 요소가 거의 없는, 부드러운 땅을 통과할 때 경로를 바꾸기 마련이다). 하라파 문명이 꽃피던 시절, 인더스강은 사실 다섯 개가 아니라 여섯 개의 강이었지만, 그중에서 가장 큰 강은 당시 어느 시점에서 사라졌다. 비옥한 인더스강 유역에서의 삶은 만족스러웠지만, 틀림없이 사람들은 이 세상에 영원한 것은 없다는 생각에 사로잡혀 있었을 것이다.

인더스강 유역의 문명에 각인된 지리적 특색이 하나 더 있었다. 근처에 히말라야산맥의 거대한 지맥이 우뚝 솟아있었고, 저쪽 고지대에는 스텝 유목에 가장 어울리는 초원이 있었다. 오랜 세월에 걸쳐 유목민 무리는 연거푸 험준한 고개를 넘어왔고, 어느 틈엔가 강 유역에 스며들어 도회지를 습격하거나 현지인들과 교역했고, 여건이 허락하는 곳에 정착했다. 유목민들은 무시할 수 없는 존재였다. 그들은 인더스강 유역에서 펼쳐지는 이야기의 일부였다.

그런 이주의 물결은 약 3,500년 전 하라파 문명이 쇠락하고 있을 때 점점 늘어났다. 신규 이주민들의 세계관은 광활하고 건조하고 텅 빈 구역인 스텝 지대에서 형성되었다. 이주민들은 물이 흘러넘치는 환경에서 관념과 식생활, 관습과 생활 방식을 정립한 사람들이 빽빽하게 모여 살고 있던 강 유역에 나타났다.

이주민들은 현지인들과 쉽게 섞이지 않았다. 하라파인들은 도시 사람들이었고, 이주민들은 시골 사람들이었다. 하라파인들은 일정한 크기로 구운 벽돌로 커다란 집과 창고를 지었다. 이주민들은 진흙과 대나무와 풀로 작은 오두막을 지었다. 현지인들은 대규모 농업에 종사해 왔다. 이주민들은 목동 겸 소농이었다. 이주민들은 말을 탔고, 이륜 전차를 몰았고, 철제로 연장과 무기를 만들었다. 그들은 숲과 밀림을 불태워 목초지와 자그마한 농장을 만들었다. 하라파인들은 풍요의 신을 숭배했고, 그 가운데 많은 신이 여신이었다. 이주민들은 과거의 스텝 유목 생활에서 기원한 신들을 숭배했고, 대부분 바람, 천둥, 태양, 불 따위의 자연력을 구현하는 남신이었다.

이주민들에게는 신화적 기억에 각인된 일정한 발생지가 없었고, 고향으로 가고 싶다는 충동도 없었다. 오로지 앞으로 나아가려는 마음밖에 없었다. 그들은 동쪽으로 퍼져 가며 마을을 이뤘고, 그들 중 일부는 이동하여 이전의 마을과 흡사한 형태의 마을을 세웠다. 그들은 갠지스강 유역에 도달했고, 그리고 그 시점에 이미 소멸했을지 모르는 또 하나의 오래된 문명으로 흘러들었다. 오늘날 고고학자들은 나중에 쌓인 회색 도기 층 밑의 황색 도기 층에서 그 유서 깊은 문명의 흔적을 발견할 수 있다. 갠지스강 유역 사람들은 추정컨대 드라비다어를 썼을 것이다. 드라비다 제어는 인도·유럽 제어와 무관한, 완전히 별개의 어족이다. 드라비다어를 사용한 그 사람들은 아마 아프리카에서 기원해 배를 타고 인도 남부에 이르러 북쪽으로 퍼졌을 것이다.

오늘날 우리는 북서쪽에서 나타나 인더스강 유역을 거쳐 갠지스강 유역까지 진출한 이주민들을 베다인이라고 부른다. 그들에게는 베다로 불리는 성가[聖歌] 형태의 경전이 있었기 때문이다. 그 성가는 현재까지 수천 곡이 남아있다. 브라만으로 불린 사제들은 성가를 기억했다가 그대로 구술을 통해 후세에 전해줬다. 베다는 고대인들의 삶이 다채롭게 표현된 그림이다. 일례로 베다 성가를 통해 우리는 미지의 식물로 만든 신비한 음료인 소마[蘇摩, 인도에서 예로부터 제사에 쓰던 술]를 중심으로 펼쳐진 고대의 의식에 대해 알고 있다. 소마를 준비하고 다루는 일은 사제들이 독점한 기술이었고, 사제들은 그 의식을 그들의 생활 방식에서 너무나 중요한 것으로 간주한 나머지 소마를 중요한 신 중 하나로 떠받들 정도였다. 그런 문화가 남쪽에서 올라온 문화와 만나면서 인더스 문명의 씨앗이 싹트기 시작했다.

황허

멀리 저 멀리 동쪽으로 가면 중국 문명의 모태인 '누런 강'이라는 뜻의 황허[黃河]가 나온다. 누렇다는 의미인 '황'이라는 단어는, 지구에서 가장 풍부하고 두꺼운 표토층을 황허 유역에 선사하는 누런 미세먼지인 황토를 가리킨다. 그 누런 먼지는 서쪽 저 먼 곳의 산맥으로부터 바람을 타고 날아온다. 황허 지역은 토양이 건조하다. 그러므로 고대의 농부들은 황허를 이용해 물을 대야 했다. 그러나 경사면이 너무 가팔랐기 때문에 언덕을 깎아 계단식 논밭을 만들어야 할 때가 많았다. 먹고사는 데 필요한 땅의 모양을 바꿔야 했다. 그것은 정말 기념비적 사건이었다. 토양이 워낙 두껍게 쌓여있고 비옥했기 때문에 사람들은 마음을 다잡고 그곳에 터를 잡았다.

황허는 교통이나 운송에 전혀 적합하지 않았다. 황허에는 배를 타고 갈 만한 구간이 거의 없었다. 그 거친 강물에 배를 타고 들어가는 것은 자살 행위나 마찬가지였다. 사람이 살기에 적합한 소규모 구역에 공동체가 생기기 시작했지만, 황허 유역의 각 농민 공동체는 강을 통해 다른 공동체와 지속적으로 상호작용하며 하나의 동질적인 문화를 이루는 대신 다소 독자적인 행보를 보였다.

그리고 모든 공동체는 늘 위험 속에서 살았다. 황허에 이름을 부여하고 황허를 세계에서 가장 질퍽거리는 강으로 만드는, 부드럽고 고운 토양 입자는 강바닥에서 굳어져 수위를 높이는 경향이 있다. 정착민들은 항상 높아지는 수위를 조절하고자 제방을 쌓아야 했다. 그러나 강이 평소보다 더 범람할 때는 강물이 제방 위로 흘러넘쳤고, 최악의 경우 제방이 무너지기도 했다.

요컨대, 황허 주변의 삶에는 늘 비상사태의 그림자가 드리워져 있었다. 풍요로움의 원천인 황허는, 마치 조울증을 앓는 부모처럼, 느닷없는 참사를 몰고 올 때가 종종 있었다. 주민들은 대응 태세를 갖춰야 했다. 제방이 무너지거나 하류로 물이 흘러넘칠 때는 누가 누구의 지시를 따를지 의논할 틈이 없었다. 미리 권한 구조를 갖춰 둬야 했다. 그리고 황허 유역 공동체의 작은 규모를 고려할 때, 생존에 필요한 규율, 위계질서, 복종 같은 덕목은 최연장자들이 가장 많은 권한을 행사하기 마련인 가정에서 형성될 수밖에 없었다. 식구 중에 가장 나이 많은 사람은 죽은 뒤에도 무대에서 사라지지 않았다. 황허 유역 주민들이 잘 알고 있었듯이, 세상을 떠난 노인들은 일상생활에서 초자연적 영향력을 미치는 존재로 남은 채 조상의 대열에 합류했다. 가정 내부의 권한 구조와 사회에서 차지하는 가정의 중심적 위치는 황허 유역에서 처음으로 싹튼 문명의 확고한 특징이 되었다.

황허 유역에 자리 잡은 초창기의 공동체는 일정한 양식을 따르는 경향이 있었다. 일반적으로, 18개에서 20개의 촌락이 한가운데의 시장을 빙 둘러싸고 있었고, 그 촌락들 둘레에는 논밭이 펼쳐져 있었다. 각 마을에는 가장을 중심으로 꾸려지고 서로 밀접하게 연관된 수십 개의 가정이 있었다. 사람들은 논밭 근처에, 그리고 공동체 한가운데의 시장까지 걸어서 갈 만한 곳에 살았다. 시장에서는 이웃 마을 사람들과 만나 어울리고, 갈등을 해소하고, 규모가 큰 사업을 의논했다. 착실히 자리 잡은 공동체는 영역을 넓혀가다가 마침내 소규모 왕국의 명성을 얻었을 것이다. 중국 전설에 따르면, 그렇게 탄생한 여러 소왕국은 하[夏] 왕조가 통치하는 단일 제국으로 통합되었다고 한다.

하는 카멜롯 왕국처럼 전설적인 나라였을 것이다. 지금까지 하 왕조의 자취는 발견된 적 없다. 하 왕조가 결코 존재하지 않았다는 의미는 아니다. 하 왕조는 상[商] 왕조에 자리를 내줬다. 상 왕조 역시 고고학자들이 마지막 도읍인 은[殷]의 유적, 즉 은허[殷墟]를 우연히 발견한 20세기 초반까지는 신화상의 왕조로 평가되었다. 은허에서 고고학자들은 신탁 갑골을 비롯한 수천 점의 정교한 유물을 찾아냈다. 신탁 갑골이란 갈라질 때까지 불에 굽다가 식힌 거북의 껍질을 가리킨다. 신탁 갑골은 점을 치는 데 쓰인 듯하다. 누군가 궁금한 점을 물으면, 마치 점쟁이가 찻잎을 해독하듯이, 숙련된 전문가가 거북 껍질에 난 금을 보고 점괘를 읽었을 것이다. 역사가들에게는 다행스럽게도, 질문과 점괘가 손으로 쓴 문자의 형태로 갑골에 새겨져 있다. 갑골문은 현대 한문과 흡사해 오늘날의 학자들이 판독할 수 있을 정도다. 이렇듯 중국 문명에는 적어도 3,700년 전에 시작된 유구한 역사가 있다.

스텝 유목 문명

인류 문화의 또 다른 경로인 스텝 유목 생활은 과연 어떻게 펼쳐졌을까? 농경 생활은 특별히 유리한 소수의 입지에서 성공적으로 출발했다. 스텝 유목도 마찬가지였다. 스텝 유목이라는 생활 방식에 안성맞춤인 특정 환경이 있었다. 스텝 유목의 주요 근거지는 유라시아 북부의 초원 곳곳에 걸쳐 있었다. 지도를 펼쳐 나일강 삼각주부터 황허 삼각주까지 선을 그은 뒤, 그 선의 아무 점에서 북쪽으로 가보면 스텝 유목의 역사적 심장부에 도달할 것이다.

농민을 세련되고 앞서가는 사람으로 여기는 반면, 스텝 유목민을 어리석고 뒤처지는 패자로 바라보는 것은 정확하지 않은 판단이겠다. 스텝 유목민들은 주변 환경에 딱 들어맞는 생활 방식을 개발했다. 그런 의미에서 그들은 도시 사람들 못지않게 세련미가 있었다. 그들에게도 문명이 있었다.

엄밀히 말해 '스텝 유목 문명'은 모순 어법일지 모른다. '문명[civilization]'과 '도시[city]'는 동일한 라틴어 뿌리에서 나온 단어들이고, 스텝 유목민들은 도시 생활을 회피하는 사람들이었다. 역사를 통틀어, 스텝 유목민들은 종종 야만인으로 간주되거나 야만인으로 불렸다(야만인[barbarian]은 원래 '이방인[foreign]'을 뜻하는 그리스어였다). 하지만 그것은 도시 사람들이 붙인 꼬리표였고, '교양 있는[civilized]', '야만스러운[barbarian]' 같은 표현에는 도시 사람들의 편견이 담겨있다. 그러므로 이 책에서 나는 '문명'이라는 용어를 방대한 영역에 퍼져있는 엄청나게 많은 사람, 다채로운 차이에도 불구하고 문화적 사고와 미의식과 가치관의 포괄적 틀을 공유하는 사람들을 아우르는 문화적 독립체라는 의미로 쓸 것이다.

한곳에 정착하지 않는 스텝 유목민들은 왕국이나 제국을 이룩하지 않았다. 대신에 그들은 유동적인 부족 연맹체로서 서로 합치고 부딪치고 갈라졌다. 그들의 세계는 중앙아시아를 가로질러 카스피해와 우랄산맥 사이를 지나, 흑해 북부의 해안을 거쳐 발트 3국의 산악 지대를 넘어

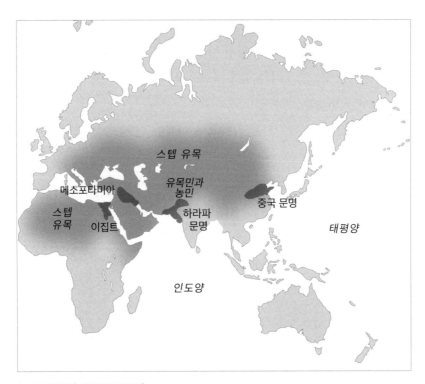

농민과 유목민(기원전 2000년경)

중앙유럽의 평원까지 뻗어있었다. 강 유역의 문명들은 마치 곰팡이의 얼룩 하나하나처럼 서로 떨어져 있었다. 반면, 스텝 유목 세계는 그 북쪽에 서로 연계된 상태로 형성된 하나의 거대한 지대였고, 아라비아를 거쳐 아프리카와 대서양까지 확대되었다. 그 세계는 강 유역 밖으로 퍼져 나가는 정착 문명들 사이를 흘러 다니는 일종의 림프액이었다.

한 사람이나 한 부족이 몽골에서 폴란드까지 이동했다는 말이 아니다. 사람들이 이웃들과 만나고, 그 이웃들은 또 더 멀리 있는 이웃들과 교류함에 따라 인간의 관념이 이 부족에서 저 부족으로 퍼져 갔다는 말이다. 스텝 유목 지대의 한 부분에서, 예를 들어 유라시아 대륙 한가운데의 어느 한곳에서 인간의 삶을 뒤흔드는 중요한 발전이 이뤄지면 흔히 그 파급효과는 스텝 유목 지대의 양쪽 끝까지 퍼졌고, 그 지대의 남쪽 경계선 너머까지 스며들었다.

일찍이, 역사적으로 중요한 몇 가지 기술적 돌파구가 열렸다. 일례로 유목민들은 오늘날의 우크라이나와 키르기스스탄 사이의 어딘가에서 역사상 최초로 말을 길들였다. 보통 우리는 말을 도구로 여기지 않지만, 그처럼 좁게 볼 필요는 없다. 돌처럼 말도 환경 속에 존재했던 것이고, 우리가 더 손쉽게 환경에 대처하려고 길들이고 조련해 재구성한 대상이다. 유목민들은 등자와 안장을 발명함으로써 말의 도구화를 완수했다. 한편, 유목민 여자들은 우리가 대체로 발명품으로 간주하지 않는 핵심적인 물품인 바지를 발명했다. 바지는 두 발을 따로따로 감싸는 덮개를 갖춘 옷이었다. 여성 유목민들은 나중에 셔츠와 셔츠 소매도 발명했고, 그 세 가지 물품 덕분에 유목민 남자들이 말을 타는 데 보탬이 되었다.

말 등에 올라탄 덕택에 유목민들은 더 빨리, 더 멀리 이동하고, 가축을 더 많이 관리하고, 더 잘 먹을 수 있었고, 삶의 규모가 더 커졌다. 유목민들은 말 덕분에 더 멀리 돌아다닐 수 있었는데, 사실 그것은 어쩔 수 없는 일이기도 했다. 왜냐하면, 말은 소보다 풀을 더 낱낱이 뜯어먹기 때문이다. 말을 많이 보유한 유목민 집단이 머문 목초지는 더 빨리 고갈되었고, 따라서 더 자주 이동해야 했다.

생산성 향상은 인구 증가를 의미했다. 그러나 유목민 집단은 일정한 규모 이상으로 커질 수 없었다. 단순한 이동 관리 체계로는 불가능한 일이었다. 수백 명이 움직이는 것과 수천 명이 움직이는 것은 차원이 다르다. 규모가 너무 커진 집단은 일부 구성원들이 독자적인 노선을 추구하면서 서로 갈라질 수밖에 없었다. 도시 문명의 경우, 인구 증가는 도시가 더 커지고 더 촘촘해진다는 것을 의미했다. 스텝 유목 문화에서 인구 증가는 사람들이 더 넓게 흩어진다는 것을 뜻했다.

스텝 유목민들은 누가 봐도 도구인 중대한 발명품 두 가지를 더 내놓았다. 그중 하나는 바퀴가 4개가 아니라 2개 달린 수레인 이륜 전차였다. 바퀴는 아마 이집트나 메소포타미아에서 발명되었겠고, 수레도 마찬가지일 것이다. 수레는 무거운 돌덩어리를 옮기기에 좋은 도구였다. 그러나 수레는 방향 전환이 어렵고, 바닥이 울퉁불퉁한 지형에서는 잘 움직이지 않는다. 수레를 적절히 이용하려면 잘 닦인 도로가 필요하다. 그렇게 하나의 돌파구가 또 다른 돌파구로 이어지는 법이다.

바퀴가 두 개인 이륜 전차는 방향을 수월하게 바꿀 수 있을 뿐 아니라, 제자리에서 빙빙 돌 수도 있었다. 수레가 도로를 암시했듯이, 이륜 전차는 개량된 바퀴를 암시했다. 이륜 전차 바퀴는 탄력 있고 가벼운 여러 개의 바큇살이 떠받치는 둥근 테 모양이 되었다. 이륜 전차는 피라미드를 짓는 데 그리 적합하지 않았고, 두세 명 이상은 태우지 못했다. 그러나 말 한 필로 이륜 전차를 끌게 하고, 세 사람 중 한 명은 이륜 전차를 조종하는 마부, 다른 한 명은 활을 쏘는 궁수, 마지막 한 명은 도끼를 휘두르는 부월수[斧鉞手]였다면, 그것은 무시무시한 전쟁 장비였을 것이다.

스텝 지대에서는 합성궁[合成弓]이라는 무기도 발명되었다. 종래의 활은 신축성 있는 단 하나의 나뭇가지로 만들어졌다. 그리고 짧은 나뭇가지로 만들면 힘이 약해서 거의 사람의 키만큼 크게 만들어야 했다. 중앙아시아 스텝 지대의 유목민들은 일정한 두께로 다듬은 몇 개의 길쭉한 나무 조각을 접착제로 붙여 활을 만드는 법을 알아냈다. 그것은 강력한 접착제가 있어 가능한 일이었다. 어떻게 이미 그들에게는 강력한 접착제가 있었을까? 그들이 최초로 말을 길들이는 데 성공한 사람들이었기 때문이다. 그들이 쓴 접착제는 말발굽으로 만든 것이었다. 하나의 돌파구가 또 다른 돌파구로 이어지는 법이다. 합성궁은 기존의 활보다 훨씬 짧았지만, 월등하게 강력했다. 말 위에 올라탄 사람들은 합성궁을 안낭[鞍囊, 안장에 다는 주머니—옮긴이 주]에 넣고 다닐 수 있었고, 말을 탄 채 합성궁을 쏘며 적과 싸울 수 있었다. 합성궁의 출현으로 이륜 전차를 모는 마부보다 기병이 훨씬 더 위협적인 존재로 떠올랐다.

기동성, 기다란 거미줄 같은 상호 소통망, 한데 뭉쳐 사는 대신 넓게 퍼져 지내려는 성향, 그리고 특유의 무예 실력과 용맹함에서 스텝 유목민들이 초창기 역사에 미친 영향을 어느 정도 짐작할 수 있다. 대략 4천 년에서 5천 년 전, 흑해의 스텝 지대—카스피해와 흑해 사이와 그 위쪽 지대—에서 문화적 영향력의 물결이 동쪽과 서쪽으로 퍼져 갔고, 끝내는 남쪽의 광대한 스텝 유목의 본거지까지 이르렀다. 흑해의 스텝 지대에 살던 사람들은 지금은 사라진 언어를 썼다. 그들의 언어가 소멸한 까닭은 그들이 이동하면서 언어도 변화를 겪었고, 그들이 서로 갈라지면서 언어도 여러 개로 나뉘었고, 다른 언어와 마찬가지로 시간적 흐름에 따라 바뀌었기 때문이다. 그 공통조어[共通祖語]의 자손으로는 산스크리트어, 힌디어, 라틴어와 이탈리아어, 페르시아어, 러시아어, 독일어, 그리스어, 영어 따위를 꼽을 수 있다. 이들 어족은 인도에서 서유럽까지 분포되어 있기 때문에 원래의 사용자들은 흔히 인도·유럽인으로 불려 왔다. 인도·유럽인은 인도인도 아니었고 유럽인도 아니었다는 점을 염두에 두는 한, 인도·유럽인은 쓰기에 편리한 용어일 것이다. 인도·유럽인은 인도인도 유럽인도 아닌 어떤 다른 존재였고, 단일한 민족이지도 않았다(아마 그런 민족은 아니었을 것이다). 하지만 그 물결은 틀림없이 스텝 유목 세계의 심장부에서 퍼져 나온 문화적 물결이었을 것이다.

4 장

교역이 관계망을 엮다

(기원전 1500년~기원전 500년)

지리적 조건은 인류 문화가 밟은 세 번째 경로-말하자면 문명의 세 번째 특질-도 낳았다. 이 행성의 자원은 불균등하게 흩어져 있었으므로 사람들은 어떤 물품을 한 장소에서 다른 장소로 옮기기만 해도 가치를 창출할 수 있었다. 더 멀리 옮길수록 가치는 더 커졌다. 짐 운반용 동물이 길들여지자 어떤 사람들은 생활 방식으로서의 원거리 교역에 나섰다.

토착 교역과 원거리 교역은 구별된다. 모든 인간 집단에서는 구성원 끼리 교역을 하기 마련이었다. 그리고 농사와 유목이라는 두 가지 생활 방식이 생기자마자 농민과 인근의 유목민은 늘 거래했다.

하지만 원거리 교역은 다르다. 그것은 누군가의 획기적 발상이 아니 었다. 원거리 교역은 특정한 시점과 장소에서 개발된 것이 아니다. 농사, 목축, 고기잡이 같은 생활 방식이 나타나자마자 원거리 교역도 생겼다. 원거리 교역은 확실히 유목민의 일상생활이라는 직물에서 각별히 두드러지는 실이었다. 이미 이동하며 살았기 때문에 유목민들은 어떤 물건을 어디에서 구할 수 있는지 알고 있었다. 그들은 값이 싼 곳에서 몇 가지 품목을 구한 뒤 좋은 값을 받을 수 있는 곳에서 거래했고, 그 거래로 이익이 충분히 생기면 어떤 사람들은 성가신 염소들을 모조리 처분하고 교역을 유일한 직업으로 삼았을지도 모른다.

유목민들은 결코 생각나는 대로 떠돌아다니지 않았다. 사냥꾼들은 사냥감이 있을 법한 곳으로 갔다. 목동들은 익히 잘 아는 목초지로 향했다. 상인들은 돈벌이 기회가 많은 장소로 옮겨 다녔다. 행상꾼들은 가장 수지 맞는 경로를 알아냈고, 그것을 즐겨 이용했다. 대개는 지리적 조건이 그런 경로의 위치를 좌우했다. 따라서 교역이 활발한 곳에는 도로와 오솔길의 예측 가능한 연결망이 형성되었다. 여러 교역로가 교차하는 곳 근처의 마을은 자연히 도회지로 발전했고, 몇몇 도회지는 결국 도시로 성장했다. 도시의 주된 임무는 상인들에게 편의—뜨거운 식사, 따뜻한 잠자리, 축축하지 않은 오두막, 마시거나 피워서 취할 수 있는 기호품, 그리고 아마 짧은 시간의 성행위—를 판매하는 것이었다. 도시에는 상인들끼리 어울리고 옥신각신할 수 있는 장소인 시장과 상점가도 있었다.

요르단의 고대 도시 페트라[Petra]를 예로 들어보자. 페트라는 너무 척박해 농사는 물론 목축에도 부적합한 환경이었다. 그러나 페트라는 유서 깊은 생명력을 지닌 부유한 도시가 되었다. 그것은 순전히 상인들이 홍해와 레반트 지역의 해안, 그리고 페르시아만의 항구 사이를 오갈 때 지나야 하는 협곡의 암벽에 지어진 덕택이었다.

대규모 수역[水域]은 원거리 교역의 자양분이 되었다. 각기 다른 여러 곳의 교역용 물품들이 대규모 수역의 테두리 안으로 모여들었기 때문이다. 저 먼 곳으로 고기잡이에 나설 때마다 사람들은 원거리 교역을 염두에 뒀을 것이다. 배를 댈 수 있는 곳에는 어김없이 교역이 활발한 도회지가 생겼을 것이다. 배는 짐 운반용 동물에 비해 한 가지 큰 장점이 있었다. 배는 먹이를 줄 필요가 없었다.

도심지의 수가 늘어났듯이 상인들의 경로망 수도 늘어났다. 기원전 2000년쯤, 서로 겹치는 몇몇 교역망이 유라시아 대륙에서 나타나고 있었고, 각 교역망은 여러 문화적 별자리로 이뤄진 나름의 은하였다.

중간 세계

고대의 가장 분주한 교역망 가운데 하나는 이른바 중간 세계—소아시아에서 출발해 이란고원을 거쳐 오늘날의 아프가니스탄까지 뻗은 지역—에서 출현했다. 이 지역은 서양의 2대 강 문명(이집트 문명과 메소포타미아 문명)과 동양의 2대 강 문명(인더스 문명과 중국 문명) 사이에 자리하고 있다. 이 중간 세계의 대부분은 거칠고 몹시 메마른 땅이지만, 수많은 개울이 흐르고 있다. 그 여러 개울을 따라 일찍이 자급자족형 농민들의 촌락이 형성되었다. 근처에는 스텝 유목민들도 돌아다니고 있었고, 양쪽 끝의 세련된 도심지를 거느린 지역에서 농민의 촌락과 유목민이 뒤섞여있는 상태는, 그야말로 원거리 교역의 발전에 유리한 조합이었다.

중간 세계에는 양쪽 끝의 부유한 도시 사회만 있지는 않았다. 중간 세계의 테두리 곳곳에는 항구도 있었다. 중간 세계는 항해가 가능한 대규모 수역에 둘러싸여 있었다. 대표적인 수역으로는 아무다리야강[Amu Dar'ya River, 일명 옥수스강(Oxus River)], 아랄해, 카스피해, 흑해, 마르마라해, 에게해, 지중해, 홍해, 페르시아만, 인더스강 등을 꼽을 수 있는데, 배를 타고 인더스강의 발원지를 향해 절반쯤 거슬러 올라가면 아무다리야강에 도달할 것이다.

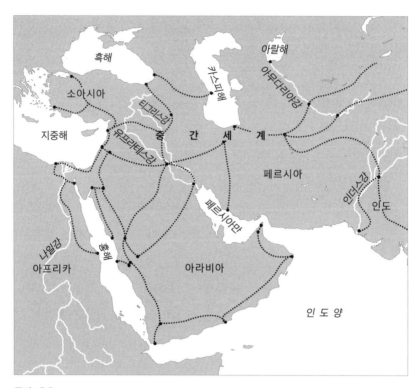

중간 세계

대규모 상인 무리인 카라반은, 때로는 수백 마리의 동물과 함께 고대
의 중간 세계 곳곳을 누볐지만, 반드시 이쪽 끝에서 저쪽 끝까지 다니지
는 않았다. 그럴 필요가 없었다. 교역로가 늘어나면서 교역로가 교차하
는 중심지, 즉 상인들끼리 거래할 수 있는 도시도 늘어났다. 예컨대, 훗
날 그리스인들이 헤카톰필로스[Hecatompylos]로 부른 도시, 그러니까
중국의 여러 시장과 메소포타미아의 여러 시장 중간쯤에 자리한 도시
(대략 오늘날의 테헤란에 해당한다)가 있었다. 헤카톰필로스는 그리스어로
'100개의 관문이 있는 곳'이라는 뜻인데, 그곳으로 모여드는 길이 얼마

나 많았는지를 짐작할 수 있는 명칭이다. 헤카톰필로스는 이미 자취를 감췄지만, 그 도시는 페르시아 문명의 핵심으로 역사에 등장했던 지역에서 잇달아 흥망성쇠를 겪은 여러 제국 가운데 하나인 막강한 파르티아 제국의 수도였다.

지중해 세계

중간 세계의 서쪽에도 범지구적 규모의 교역망—지중해 도처의 항구를 연결하는 해로망—이 조성되어 있었다. 대양에 버금갈 만큼 크고, 흑해와 통하고, 홍해와는 약간의 장애물에 가로막혀 있을 뿐인 지중해는 거대한 물의 세계를 이루고 있다. 지중해의 어느 항구에서 다른 항구로 가기는 쉬웠다. 지중해는 뱃사람들에게 상냥한 바다였기 때문이다. 지중해에는 대서양의 폭풍이 없었고, 여러 강에서 눈에 띄는 폭포와 습지도 없었고, 바람이 불지 않으면 노를 저어 해안에 닿을 수 있을 만큼 물살이 잔잔했다.

무엇보다 지중해는 세계에서 가장 살기 좋은 환경인 온대기후에 속했다. 지중해의 해안선은 다양한 풍경과 마주하고 있었다. 주변의 여러 환경에서 건너온 상품들이 지중해의 항구로 흘러들었다. 상인들은 이집트에서 곡물을, 레반트에서 시더를, 아프리카 북부 해안의 도시에서 소금을, 유럽 남부의 항구에서 호박[琥珀, 장식품이나 절연재 따위로 쓰는 광물]을, 저 멀리 서쪽의 이베리아반도의 항구에서 주석을 가득 실어 올 수 있었다.

아마 여러분은 위대한 이집트인들이 일찍이 지중해 교역망을 장악했다고 추측할지 모르지만, 그렇지 않다. 이집트인들은 교역할 상품과 물산은 많았지만, 교역에 나설 만한 동기를 거의 느끼지 않았다. 그들은

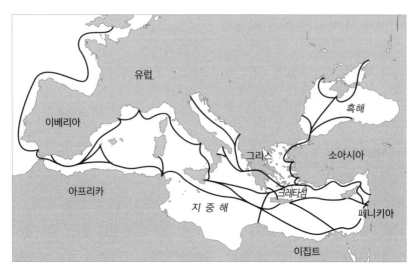

지중해 세계

워낙 부유했고, 이방인들이 이집트로 찾아왔다. 사실 최초의 위대한 지중해 문명은 크레타섬에서 출현했다. 크레타의 핵심 자원은 위치였다. 크레타는 지중해 북동부의 모든 항구에 접근할 수 있는 바다 한가운데에 있었다. 얼마 지나지 않아 페니키아가 크레타에 맞서는 해양 세력으로 떠올랐고, 페니키아인들은 다른 전략을 구사했다. 그들은 레반트 지역의 본거지에서 출발해 지중해 남부 해안 곳곳을 누비며 식민지를 세웠다.

이후 그리스인들이 등장했다. 그리스인들은 지리적 혜택을 톡톡히 입었다. 그리스는 마치 수백 개의 섬처럼 지중해로 툭 튀어나온 반도다. 그리스의 내륙은 포도주와 올리브유의 재료인 포도와 올리브 외에는 경작하기 힘든, 메마르고 바위가 많은 땅이었다. 애석하게도, 인간은 포도주와 올리브유만으로는 먹고살 수는 없다. 하지만 (그리스인들에게는) 다행스럽게도 육지에는 바위투성이의 협곡이 수없이 많았고, 협곡은 항만 역할을 톡톡히 해내기 마련인 바다의 작은 만으로 이어졌다. 그리스인들에게 항만은 핵심 자원이었다. 내륙이 온통 바위투성이라서 그들은 해안가에 거주하는 경향이 있었고, 심지어 육로 대신에 해로를 통해 이웃들과 교류하곤 했다. 그리스인들은 점점 내륙보다 탁 트인 바다를 우선하게 되었다. 바다는 그들이 외부로 시선을 돌리면서 마주한 땅이었다.

그리스인 가운데 강력한 세력으로 부상한 최초의 세력은 미케네인들이었다. 애초 그들은 기본적으로 해적이었다. 그들은 페니키아인들의 배를 약탈했고, 크레타인들의 선박을 들이받았고, 얼마 지나지 않아 독자적 사업에 나설 만한 물품을 확보했다. 기원전 1500년경, 미케네인들은 크레타섬의 미노아 문명을 파괴했다. 미케네 전설에서는, 그 사건이 그리스의 처녀들을 해마다 바치라고 협박했던 사악한 왕 미노스[Minos]에 맞선 위대한 그리스의 영웅 테세우스[Theseus]가 크레타로 건너가 악당 미노스를 무찌르고 보란 듯이 그의 (처녀) 딸을 빼앗아온 전쟁으로 묘사되어 있다. 모르긴 해도 크레타인들은 같은 사건을 다르게 해석했을 것이다.

기원전 1200년경, 해양 민족으로 알려진 흉악한 습격자들이 지중해 세계를 샅샅이 누비며 곳곳을 약탈했다. 바로 그 시점에 미케네인들은 사실상 역사에서 사라졌다. 저 멀리 북쪽에서 가난하게 살았던 그리스인들, 즉 도리스인들[Dorians]이 미케네인들의 땅과 도회지로 들어왔다. 이후 약 6세기 동안 암흑시대가 이어졌다. 그 시기에 관한 기록은 희박하지만, 도리스인들은 틀림없이 미케네인들과의 연관성을 의식했을 것이다. 빛나는 과거가 언급된 그들의 전설에는 미케네의 영웅들이 주인공으로 등장했기 때문이다. 그리고 후대의 그리스인들 사이에서 《일리아스》와 《오디세이아》는 다른 문화들의 경전에 필적하는 명성을 얻었다. 《일리아스》와 《오디세이아》는 그리스인들과 아시아의 한 도시가 오래도록 치른 전쟁을 둘러싼 여러 사건을 상세히 열거한 서사시다. 그리스 문명이 소규모의 여러 해양 도시국가 형태로 다시 역사적 조명을 받았을 때, 이들 서사시는 그리스 문명의 신화적 기억의 일부분이었다.

계절풍 세계

지리적 조건에 힘입어 형성된 세 번째 교역 문명도 있었다. 아시아는 워낙 거대해 대륙 전체가 일종의 송풍기처럼 작동하기 때문에 온갖 종류의 기후 유형을 찾아볼 수 있다. 대륙의 중심부―스텝, 평원, 침엽수림대―는 겨울에 무척 추워지지만, 여름에는 그 중심부도 대부분 몹시 더워진다. 찬 공기는 무겁기 때문에 겨울에는 찬 공기가 밑으로 가라앉으면서 바람이 땅을 가로질러 저 멀리 대양까지 불어 나간다. 반대로 여름에는 대륙의 심장부가 뜨거워지고, 뜨거운 공기가 위로 올라가면서 공백이 생기고, 대륙의 가장자리에서 바람이 불어온다. 밖으로 불어 나가는 바람은 차갑고 건조하다. 안으로 불어오는 바람은 따뜻하고 축축하다. 이들 바람이 계절풍이다.

히말라야산맥이 바람을 갈라놓기 때문에, 즉 중국을 거쳐 태평양까지 부는 바람도 있고, 아라비아를 지나 인도양까지 부는 바람도 있기 때문에 계절풍은 복잡해진다. 태평양의 계절풍과 인도양의 계절풍은 동남아시아에서 서로 겹친다. 따라서 인도양 해안이나 태평양 해안에 살던 고대 여러 민족의 뱃사람들은 겨울에 범선을 타고 바람을 이용해 동남아시아로 향할 수 있었다. 거기서 그들은 바람의 방향이 바뀔 때까지 몇

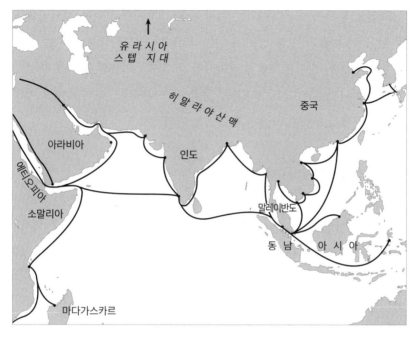

개월을 기다려야 했고, 바람은 기대를 저버리지 않았다. 바람이 바뀌면 뱃사람들은 다시 중국, 인도, 아라비아, 아프리카 등지의 고향으로 돌아갈 수 있었다.

　계절풍에 힘입어 지중해 세계와 중간 세계에 비견되는 해양 교역 세계가 형성되었다. 그 방대한 관계망은 동아프리카, 아라비아, 인도, 말레이반도, 인도네시아를 연결했고, 거기서 또 간접적으로는 중국까지 이어졌다. 그 때문에 오늘날 주로 인도네시아에서 쓰이는 언어가 마다가스카르에서도 쓰이기도 하고, 수천 년 전에 아프리카에서 생산된 물건이 중국의 시장에서 팔릴 수 있었다.

계절풍 덕택에 동남아시아는 각자 다른 세계에서 건너온 뱃사람들이 몇 달 동안 바람의 방향이 바뀌기를 기다리며 어울리고 부딪히는 곳으로 탈바꿈했다. 결과적으로 동남아시아는 세계의 거대한 문화적 용광로 가운데 하나가 되었다. 즉, 인도, 중국, 동아프리카, 아라비아 등지의 요소가 함께 넘실대며 복잡하게 섞이는 지역으로 탈바꿈했다.

사하라사막 이남의 아프리카

기원전 500년, 세계의 총인구 5천만 명 중 대다수의 사람은 유라시아 대륙에 살았고, 그들 대부분은 중국에서 이베리아반도까지 길게 이어진 지대에 거주했다. 저 멀리 이동할 때 사람들은 북쪽이나 남쪽보다는 동쪽이나 서쪽으로 가려는 경향이 있었다. 특정 위도를 따라 기온이 비슷했기 때문이다. 반면, 특정 경도를 따라 멀리 이동할 때는 뜨거운 적도 쪽에서 몹시 추운 남극이나 북극 쪽으로 향할 수밖에 없다. 게다가 이 행성의 난감한 지리적 특징도 있다. 사하라사막은 아프리카 대륙의 이쪽 끝에서 저쪽 끝까지 뻗어있다. 결과적으로 세계에서 두 번째로 큰 아프리카 대륙은 남쪽 부분과 북쪽 부분으로 양분되고, 그 두 개의 부분에서는 각각 독자적인 문명이 생길 수밖에 없다.

지리적 조건은 사하라사막 이남 아프리카의 인구가 비교적 희박한 원인으로 작용했다. 대륙 중심부는 적도의 울창한 밀림으로 인해 사람이 살기가 더 힘들었다. 그곳에서는 폭우가 토양 밖으로 영양분을 걸러냈기 때문에 농사를 짓기 어려웠고, 설령 농사를 지어도 보람이 없었다. 밀림에는 두 가지 치명적인 피조물인 모기와 체체파리도 있었다. 모기는 말라리아를 퍼트리고, 체체파리는 기면성 뇌염을 옮긴다. 체체파리는 특히 말의 피를 좋아하기 때문에 사하라사막 이남의 역사에서는 말이라는 요소가 배제되었다. 그리고 더 남쪽에, 즉 밀림 지대 밑에는, 양쪽에 해안을 거느린 또 하나의 냉혹한 사막인 칼라하리사막[Kalahari Des.]이 있었다. 이 같은 환경 탓에 예전부터 아프리카인들은 해안을 따라 정착하곤 했다. 기원전 500년, 아프리카의 인구는 세계 인구의 6% 정도를 차지했다.

그런데 오늘날과 달리 사하라사막이 걸림돌이 아닐 때도 있었다. 행성 차원의 시간 척도를 적용하면 매우 최근까지, 다시 말해 불과 1만 년 전까지만 해도 사하라사막은 숲이 울창한 곳이었다. 이후 군데군데 메마른 구역이 나타나기 시작했고, 사람들은 더 푸르른 곳으로 이동했다. 일부는 북쪽으로 올라가 지중해 세계와 만났다. 또 일부는 대륙 양쪽의 해안을 따라 남쪽으로 이주했다. 사하라 이북과 이남으로 각각 이동한 사람들은 사하라사막이 물이 없는 황무지로 전락한 뒤, 고유의 역사적 경로를 밟았다.

소크라테스가 아테네 권력자들의 심기를 거스르고 있을 무렵, 서아프리카에서는 오늘날의 나이지리아에 해당하는 지역의 양대 강 사이에서 세련된 문화가 출현했다. 역사가들은 그 문명의 주인공을 노크인[Nok]이라고 부른다. 오늘날의 나이지리아에 있는 노크라는 이름의 도회지 인근에서 그들의 흔적이 처음으로 발견되었기 때문이다. 그들이 자신을 무엇으로 불렀는지는 아직 아무도 모른다. 노크인들은 마을을 둘러싼 들판을 경작했고, 들판의 가장자리에서 소 떼를 돌봤다. 그들은 북쪽 문화들의 주인공들과는 별도로 구리 제련법을 습득했다. 기원전 1000년경에는 이른바 철기시대에 진입했다. 기원전 500년 무렵에는 테라코타로 갖가지 옷과 장신구와 화려한 복장을 갖춘 사람과 동물의 조각상을 만들고 있었다. 이렇듯 아직 상세하게는 밝혀지지 않았지만, 당시 노크 문화는 사회적, 정치적 복잡성을 띠고 있었을 것으로 추측된다.

복잡성의 세부적 내용을 지금 알 수 없는 이유는 노크인의 흔적이 거의 없기 때문이다. 그들에게는 글말이 없었다. 그들은 목재로, 또 그 밖의 식물성 재료로 집과 공공건물을 만들었다. 그런 재료들은 석재와 햇볕에 말린 벽토[壁土]만큼 버티지는 못했다(벽토는 점토와 모래와 짚을 섞은 것이다). 지금까지 노크에서 발견된 조각상들도 이미 부서진 상태이기 때문에 여러 조각을 붙여 복원해야 했다.

하지만 훗날 아프리카에 출현한 문화들에서 엿보이듯이, 노크인들의 세계에서는 삶의 단위가 촌락이었고, 중심 권력은 연장자들의 몫이었고, 촌락민들은 큰 일족을 이뤘다. 상위의 정치적 구조는 촌락의 관계망이었다. 노크 사회는 베다 문화처럼 여러 층을 이루지는 않았고, 서로 함께한다는 분위기가 짙었다. 한마을에 사는 사람들은 심지어 먼 친척과도 가까운 가족 같은 관계를 맺을 수 있었다. 나이 든 사람과 젊은 사람은 부모와 자식 같은 관계를 이룰 수 있었다. 설령 유전적으로 두 사람이 10촌 할아버지와 10촌 손자 사이라고 해도 그런 관계를 맺을 수 있었다. 마을은 대규모의 가족이었다.

이후 등장한 문화들을 근거로 추측해보면 아마 노크인들은 정령을 통해 빛의 신이 모습을 드러낸다고 상상한 것 같다—자연에 스며들어 있는 정령에는 그들의 조상들도 포함되었다. 정령의 세계는 일상생활과 뚜렷이 구분되지는 않았다. 음악과 표현력이 풍부한 동작을 통해 사람들은 정령과 실제적인 연계를 맺을 수 있었다. 베다인들도 소리를 통해 초자연적 존재와의 연계를 꾀했지만, 그 신성한 소리는 종교적 권위자들이 다루는 정확하게 암기된 성가였다. 노크인들의 경우, 연계의 매개는 음악이었고, 의식은 공동의 것이었다. 모두가 부름 및 응답, 그리고 합창 따위를 통해 의식에 참가했다. 그리스적 세계에서, 밀교[密敎]는 신에게 이르는 통로를 여는 단계인 황홀경에 도달하는 것을 중심으로 삼았지만, 가장 중요한 한 사람, 즉 신탁을 전하는 사제나 예언자만 황홀경을 맛봤다. 서아프리카 문화에서는, 참가자들이 함께 황홀경에 이르렀기 때문에 친족 집단 전체와 비가시적 정령의 세계 사이에 언계의 흐름이 열렸던 것 같다. 문화적으로 볼 때, 노크 시대에, 사하라사막 이

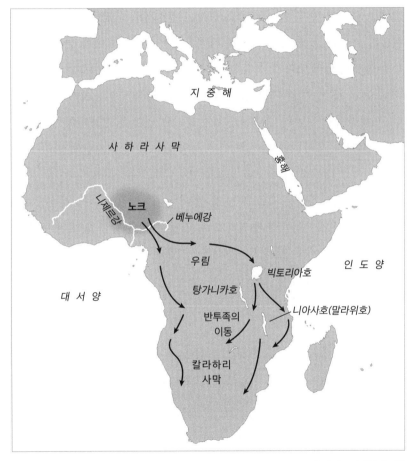

초기 아프리카인의 이주

남의 서아프리카는 하나의 큰 사회적 별자리였겠지만, 아직 우리는 별자리를 구성한 개개의 별에 대해 아는 바 없다.

기원전 500년 이후의 어느 시점에 노크인들은 역사에서 종적을 감췄다. 정확한 이유는 아무도 모른다. 어떤 환경의 변화와 관계있는 결과일 수 있다. 아마 노크인들이 살던 지역이 너무 습해지거나 건조해지거나, 너무 더워지거나 했을 것이다. 아니면 단순히 그들이 기술의 발전으로 이전에는 사람이 살 수 없는 곳으로 평가된 영역으로 진출했을지도 모른다. 이유가 어떻든, 그들은 오늘날의 카메룬, 나이지리아, 베냉 등지에 해당하는 지역에서 벗어나기 시작했다. 현재 우리는 인도·유럽인의 이동에 대해 알고 있는 방식과 흡사한 방식으로 노크인들의 이동을 파악하고 있다. 사하라사막 이남의 대다수 언어는 하나의 언어 집단인 반투어족에 속한다. 따라서 우리는 반투어를 쓰는 사람들이 널리 퍼져감에 따라 여러 개의 언어로 나뉜 하나의 고대 공통조어에 주목하는 것이다.

반투어 사용자들은 적도의 숲을 통과할 수 있었다. 나무를 자르고, 관목지대를 뚫고, 식물의 뿌리가 가득한 땅을 일굴 만한 철제 도구를 쓸 수 있었기 때문이다. 철제 무기 덕택에 그들은 그곳에 이미 부족 단위로 흩어져 살고 있던 수렵 채집인들을 밀어낼 수 있었다. 인도의 사례처럼, 아프리카의 그 초기 부족들도 반투족이 나타나자 더 깊은 숲으로 물러났다.

반투족의 이동은 급작스럽고 전면적인 움직임이 아니었다. 반투어 사용자들이 아프리카 동부 해안에 도달하기까지는 1천 년 정도 걸렸을 것이다. 그들의 이동 속도는 대부분 그들을 둘러싼 환경의 후유증이었기 때문에 더딜 수밖에 없었다. 열대기후에서, 폭우는 토질을 떨어트렸고, 해마다 찾아오는 홍수도 토질을 되살리지 못했다. 그래서 농부들은 화전 농법을 썼다. 그들은 관목을 태운 재가 일정한 두께의 층을 이루게 했고 토질을 높였다. 하지만 관목을 너무 많이 태워 재로 만드는 바람에 더는 태울 관목이 없게 되었다. 재 덕분에 몇 년 동안은 땅이 비옥해졌지만, 새로운 관목지대를 찾아 이동해 다시 관목을 베고 태우는 일을 되풀이해야 했다. 특정한 세대의 사람들은 본인들이 이동 중이라고 생각하지 않았을 것이다. 그들은 그저 농사를 짓고 있었다. 하지만 특유의 농법 때문에 그들은 아직 가보지 못한 장소로 오랜 세월에 걸쳐 꾸준히 이동해야 했다.

그처럼 천천히 움직인 끝에 반투어 사용자들은 드디어 아프리카 동부의 인도양 연안에 이르렀다. 거기서 많은 사람이 개울가와 호수 주변에 터를 잡았고, 농사와 목축뿐 아니라 고기잡이도 시작했다. 다른 사람들은 남쪽으로 방향을 틀었고, 계속 이동하다가 드디어 서쪽 해안을 따라 내려오던 사람들과 만났다. 모든 사람이 각자 조상 대대로 내려오던 촌락 기반의 문화를 지니고 있었다. 하지만 이동 후에는 촌락 사이에 교역망이 형성되었고, 서로 연계된 촌락들은 관계망을 이뤘고, 그 관계망에서 부족의 원로들이 왕 같은 지위를 누리게 되었다.

동아프리카에서 반투어 사용자들은 해안을 따라 내려오거나 대양을 건너온 사람들과 교류했다. 그들은 아랍인들이 주도한 계절풍 관계망의 일원이 되었다. 오늘날 동아프리카에서는 수백만 명이 아랍어와 뒤섞인 반투어인 스와힐리어를 쓴다. 스와힐리라는 단어는 '가장자리' 또는 '변두리'를 뜻하는 아랍어 '사헬[Sahel]'에서 유래했다. 스와힐리어는 반투어 사용자들이 아랍인 침략자들이나 상인들과 교류한 지역에서 출현했다. 하나의 문화가 다른 문화와 중첩하는 곳마다 파급효과가 생겼다.

5 장

신념 체계의 탄생
(기원전 1000년~기원전 350년)

지구상의 모든 사람은 여섯 다리만 긴너면 서로 아는 사이라는 오래된 통념이 있다. 그러므로 여러분과 나는 모두 교황과 배우 케빈 베이컨[Kevin Bacon]과 특정 시점의 연쇄살인범을 아는 누군가를 알고 있는 셈이다. 그럴 수 있겠다. 그러나 이 여섯 다리 현상[여섯 사람 건너]과 모순되는, 인간 상호작용의 확고한 패턴도 있다. 그것은 이른바 파벌 효과다. 우리는 다른 환경에 속한 사람들보다 자신이 속한 환경의 사람들과 더 자주 상호작용하기 마련이다.

예컨대, 고대의 어느 강 유역에 함께 살며 대규모 기반 시설 사업에 동참한 사람들은 일종의 '상호 소통 지대'에 해당하는 소통망의 일부였다. 그들이 언급한 이야기는 자신이 속한 상호 소통 지대 곳곳에 퍼지기 마련이었다. 그들은 굳이 자신이 속한 소통망의 다른 구성원 모두에게 얘기할 필요가 없었다. 심지어 구성원 대다수를 알 필요도 없었다. 누군가를 아는 누군가를 아는 누군가를 알면 되었다. 사람 대신 말이 퍼져 나갔다.

물론 외부의 다른 장소로부터 소식이 들려오기도 했다. 원거리 상인들이 단편적인 소문을 전했고, 모험가들이 불쑥 나타났고, 별난 여행자가 우연히 흘러들어 왔다. 그러나 다른 장소에서 들어오는 정보는 간헐적이었다. 상호 소통 지대에서 입에 오르내리는 이야기들은 연속적이고 자기 강화적인 것이었다. 개인들이 이야기를 다시 전달하는 과정에서 사소해 보이는 부분은 빼고 설득력 있어 보이는 부분은 강조함에 따라 이야기는 깊이를 더해가며 신화로 발전했다. 4대 문명이 발원한 강 유역들은 상호 소통 지대의 명백한 사례였지만, 대규모 교역망도 상호 소통망이었다. 교역로에서는 각기 다른 장소에서 출발한 사람들끼리 마주쳤고, 특정한 교역망의 접속점들, 즉 헤카톰필로스, 페트라, 미노아[Minoa], 카르타고 같은 도시들에서 다양한 문화적 배경을 지닌 노련한 여행자들끼리 소문을 주고받았기 때문이다. 그렇게 중간 세계도 지중해 세계와 마찬가지로 나름의 독특한 신화 체계를 발전시켰다. 두 세계는 각각 무수한 서사의 실로 엮인 거대한 사회적 별자리가 되었다.

어떤 민족의 경우든 간에 무수히 많은 서사의 실은 커다란 하나의 전체─말하자면 거대 서사─를 이룰 때까지 서로 엮일 수 있다. 거대 서사는 함께 어울려 응집력 있는 전체를 이루는 이야기와 관념의 복잡한 별자리다. 거대 서사는 단순한 일련의 사건이 아니다. 이야기가 반향을 얻으려면 진짜 같아 보이는, 설득력 있어 보이는 세계에서 펼쳐져야 한다. 그러므로 거대 서사에는 시간과 공간, 역사적으로 중요한 것과 삶에서 중요한 것, 만물의 기원과 우주의 과거와 현재와 미래 등에 대한 의식에 담겨있다. 지금 내가 말하는 거대 서사는 세계 모형을 가리킨다. 세계 모형은 우리가 공동으로 구축해 개별적으로 살고 있는 가상적 총체성이다. 기본적으로 우리가 개인으로서, 또 사회적 별자리로서 존재한다는 점을 고려할 때, 세계 모형이 없으면 우리는 인간으로서 환경을 상대할 수 없을 것이다.

인류의 원시적 거대 서사는 특정 환경의 토양에서 생겨났다. 그 거대 서사는 어쩔 수 없는 요인인 지리적 조건에 의해 형성되었다. 그러나 일단 형성된 거대 서사는 진실 같아 보이는 것, 거짓 같아 보이는 것, 부적절해 보이는 것 따위를 걸러 받아들이기 때문에 지리적 조건에서 분리되어 독자적 생명력을 지닐 수 있다. 우리가 알고 있는 모든 사실에 들어맞는 정보는 진실처럼 느껴지는 정보보다 우위에 있다. 이야기가 신화로 발전하듯이, 거대 서사는 점점 커지면서 뚜렷해진다. 거대 서사를 공유하는 사람들은 자신이 속한 틀을 흔드는 관념과 정보를 거부하고, 그 틀을 북돋고 뒷받침하는 관념과 정보를 환영한다. 거대 서사는 훨씬 더 견고해지고, 한층 더 분명해진다. 거대 서사는 개인이 유의미한 삶을 누릴 수 있는 구조물이 된다. 그리고 유의미한 삶을 이어가는 우리는 모르는 사실이지만, 우리의 거대 서사는 사회적 별자리가 스스로 영생을 얻어나가는 기제[機制]이다.

약 2,500년 전, 카리스마 넘치는 개인들은 그들의 다채로운 사회적 맥락이 담긴 거대 서사로부터 구체적인 신념 체계를 추출해냈다. 아, '종교'라는 용어를 쓰기가 망설여지므로 신념 체계로 표현하겠다. 종교는 대다수의 사람에게 너무 고유한 것이라서 우리는 우리만의 틀 안에서 다른 종교를 이해하는 경향이 있다. 그러나 모든 종교는 그 자체로 평가 기준이기 때문에 하나의 틀을 다른 틀 안에 배치하면 둘 다 비틀어질 수밖에 없다. 따라서 포괄적이기는 해도 나는 '신념 체계'라는 용어를 선호한다.

중국

아득한 옛날의 중국인들은 어느 시점에서 이 세상을 동심원 형태로, 역사를 순환하는 것으로 여기기 시작한 듯싶다. 세계의 중심은 제국이 있다. 제국 주위에는 조공국들-세국에게 보호받기를 기대하는 약소국들-이 있었다. 조공국들은 오랑캐들에게 둘러싸여 있었고, 오랑캐들 주변의 세계는 너무 멀리 떨어져 있어 굳이 서술할 필요가 없는 세계였다.

제국은 한 가문의 왕조가 다스렸고, 각 왕조는 예측 가능한 순환 과정을 거쳤다. 우선, 왕조의 개창자는 세상을 다스리라는 명을 받았다. 그것은 당시의 중국인들이 톈[Tian, '하늘'을 뜻하는 중국어, 즉 천(天)-옮긴이 주]으로 알고 있던 광대하고 비인격적이고 초자연적인 힘에서 비롯된 명령이었다. 일단 톈의 명령, 즉 천명[天命]을 받은 뒤에는 세상이 조화로 가득했고, 만사가 형통했다. 그러나 시간이 지나면서 왕조는 실수를 저지르고 천명을 남용했고, 제국은 파탄을 맞았다. 질서가 무너지고 혼돈이 찾아왔다. 또 한 사람이 '천하만물'을 다스리라는 명을 받았고, 그 사람은 새로운 왕조를 세웠다. 그러면 세상은 다시 질서와 조화의 새로운 시절로 접어들었다. 이 같은 과정은 계속 되풀이되었다.

여기서 여러분이 깨달아야 할 중요한 점은, 제국이 '나머지 제국들'에 상반되는 '우리 제국'을 의미하지 않았다는 사실이다. 제국은 여러 제국 중 하나가 아니었다. 그것은 세상에 하나뿐인 제국, 즉 세상에 관한 형이상학적 사실이었다. 오랑캐들은 늘 제국에 발을 들여놓고자 애썼고, 때때로 뜻을 이뤘다. 그러나 그것은 제국이 분열의 시기에 접어들었을 때만 가능한 일이었다. 진짜 문제는 결코 오랑캐가 아니었다. 진짜 문제는 기본적으로 내부에 있었다. 가뭄, 기근, 홍수, 반란, 길거리 범죄 따위의 문제도 오랑캐의 승리도 왕조가 천명을 잃어가는 과정의 징후일 뿐이었다. 그 온갖 문제는 세상의 중심에서 어떤 잘못이 벌어지고 있는 바람에 엔트로피가 득세하고 있다는 암시였다.

왕조는 세상의 조화를 유지하는 의례와 행실을 실천하지 못해 천명을 잃었다. 이 관점에서 보면, 물질세계에는 존재의 모든 가시적 사실을 이어주는 기저의 질서가 있었다. 물질적 실재 곳곳에는 비밀스러운 대응 관계—이를테면, 색깔 간의, 계절 간의, 숫자 간의, 날짜 간의, 방향 간의, 음식 간의, 기분 간의 대응 관계—가 숨어 있었다. 우연에는 의미가 있었다. 복은 마구잡이로 찾아오는 것이 아니었다. 물질적 삶을 통해 엮인 연계와 대응 관계는 결국 전문가들이 식별할 수 있는 패턴을 이뤘다. 숨은 패턴에 발맞춰 살면 복이 찾아왔다. 거기에서 어긋나게 살면 화를 입었다. 지뢰의 위치를 표시한 지도가 있으면 지뢰밭을 통과하기가 한결 쉽지만, 무턱대고 지뢰밭을 지나가면 지뢰가 터지기 마련이다.

제국은 인간과 무한하고 포괄적이고 초자연적인 실재인 톈을 이어주는 매개체였다. 흔히 '하늘'로 번역되지만, 톈은 선한 사람들이 죽은 뒤에 가는 장소가 아니었다. 톈은 결코 장소가 아니었다. 그것은 '신을 가리키는 중국어'도 아니었다. 초자연적 의지도 아니고, 아예 어떤 의지도 아니었기 때문이다. 중국인들은 '하느님' 같은 이미지를 만들어냄으로써 톈을 인격화하는 데 전혀 관심이 없었다. '하느님'이라는 존재는 없었다. 톈은 얼핏 혼란스러워 보이는 우주에 만연하는 사실적 실재인 비인격적 패턴이 반영된 것이었다.

기원전 500년경, 공부자[孔夫子, 공자(孔子)]라는 인물이 중국 문화의 의식 절차와 관례를 바탕으로 신념 체계—삶을 해석하고 행실의 교범을 제시하는 역할을 맡았다—를 정립했다. 공자는 예언자적 독창성을 내세우지 않았다. 다만, 학문을 파고들었을 뿐이다. 공자는 오래된 역서[易

書] 같은 중국 고전을 공부했고, 고전의 내용을 정확히 전했을 뿐이다. 그는 평소의 행실, 특히 가정에서의 행실에 초점을 맞췄다. 그는 가족 구성원들에게는 각자의 역할이 있기 때문에 서로 다른 기준이 적용된다고 말했다. 아이들은 어른들에게 순종해야 했고, 어른들은 아이들을 따뜻하게 사랑해야 했다. 아버지는 나머지 식구들이 순종해야 하는 가장이었고, 아버지에게는 식구들을 보살필 의무가 있었다. 모두 서로 은혜를 베풀고 은혜를 입어야 했다. 삶은 사회적 부채의 연결망이었다.

제자들은 공자의 가르침을 《논어 論語》라는 책으로 엮었다. 《논어》에는 공자의 예리한 통찰과 제자들이 목격한 스승의 평소 행실이 담겨있었다. 예컨대, 제자들에 따르면 공자는 언제나 돗자리를 반듯하게 펴고 자리에 앉았다고 한다. 여러분이 공자의 그 행동을 수많은 실로 짠 직물을 이루는 실 하나로 여기기 전까지는 아마 그리 대단한 일처럼 느껴지지 않을 것이다. 공자는 예절과 사회적 관례에 대해 할 말이 많았지만, 공허한 규칙의 감옥을 지으려고 하지는 않았다. 그는 사람들이 모든 개별 상황에서 점잖게 처신해 도덕적 통찰력을 키울 수 있다고 가르쳤고, 실제로 그런 행실에 대한 교훈을 남겼다. 그 위대한 사회적 과업에 발맞춤으로써, 사람들은 의미와 목적이 있는 삶에 도달할 수 있었다. 그의 충고는 이상 사회를 위한 처방으로 귀결되었다. 그가 제시한 이상 사회에서는 제국과 가정이 마치 쌍둥이 같았다. 즉, 아버지는 가정의 황제였다. 천자[天子]로 불린 황제는 제국의 아버지였다. 세상만사가 당위적 기대처럼 흘러갈 때 제국과 가정은 응집력 있는, 단일한 전체를 이뤘다.

공자는 신을 언급하지 않았지만, 그의 사상 체계는 종교의 힘을 지니고 있었다. 유교 체계의 대안을 제시한 여러 사상가조차 공자가 확립한 틀 안에서 주장을 펼쳤다. 몇 안 되는 예외적인 사람 중 한 사람은

《도덕경 道德經》의 저자인 노자[老子]였다. 노자는 공자와 논쟁을 벌이기보다는 오히려 전혀 다른 담론을 시작했다. 그는 공자와 동일한 거대 서사를 바탕으로 유사한 사상 체계를 추출했다. 노자는 유명인이 아니었기 때문에 정확한 생몰 연도가 알려지지 않았다. 다만, 확실히 그의 책은 기원전 300년쯤 널리 읽혔다. 그는 우주의 기저에 깔린 일정한 패턴인 도[道]라는 중국 특유의 관념에 집중했다. 노자는 인간의 의도를 모든 문제의 근원으로 바라봤다. 그는 굳이 고난에 맞서지 말라고, 뜻을 이루고자 애쓰지 말라고, 계획을 포기하라고, 만사를 자연스러운 흐름에 맡기라고 권고했다. 그냥 내버려 두면 도의 경지에 이를 수 있다는 말이었다.

인도

중국으로부터 남서쪽으로 1,600㎞ 떨어진 곳에서는 전혀 다른 거대 서사가 무르익고 있었다. 그곳 사람들은 세상에 단 하나의 중심이 있다고 여기지 않았다. 인도는 끝없이 펼쳐진 풍경 곳곳에 산재하는 촌락의 세계였다. 왕국이 여기저기서 출현했지만, 어느 왕국도 형이상학적 의미를 지니지 않았다. 사람들은 세상을 동심원 형태로 여기지 않았다. 세상은 여러 개의 층으로 구성된 것이었다. 모든 촌락에는 네 가지 층의 사람들이 살고 있었다. 그 오래된 계층화—원래는 '바르나[varna]'로, 나중에는 카스트로 불렸다—는 직업에서 비롯된 것이었다. 우선, 브라만으로 불린 성직자들이 있었고, 다음에는 전사들과 왕들이 있었고, 그 밑에는 농민들과 상인들이, 끝으로 장인들과 노동자들이 있었다. 그리고 네 가지 층 아래에는 시신을 씻는 일 같은 아무도 손대지 않으려는 일을 하는 사람들이 있었다.

삶의 계층화는 인간적 경계에 얽매이지 않았다. 정치적 범위도 뛰어넘었다. 지리적 조건도 무시했다. 서로 다른 층에 속한 사람들 간의 혼인을 예로 들어보자. 그것은 문제가 되었다. 설령 두 사람이 이미 같은 마을에 살고 있었어도 문제였다. 반면 서로 다른 마을에 살고 있던 사람들 간의 혼인은 어땠을까? 두 사람이 같은 층에 속하기만 하면 괜찮았다. 삶의 계층화는 촌락과 마찬가지로 도시에서도 뚜렷이 나타났다.

인도인들에게 시간은 순환하는 것이 아니라 허황된 것이었다. 그들의 시각에서는 어떤 사건이 일어나고, 또 많은 사건이 더 일어나고, 결국에는 모든 사건이 흡사했다. 삶은 겉으로는 달라 보였지만, 모든 삶은 동일한 네 가지 단계를 거쳤다-이것 역시 계층화 세계의 관점이었다. 사람들은 태어나고, 자라고, 늙고, 결국 죽었다. 그것은 거지들에게도 일어나고, 왕에게도 일어나는 일이었다. 사회에 무슨 일이 벌어지고 있든 간에 가장 중요한 드라마는 개개인이 홀로 마주쳐야 하는 드라마-출생, 성장, 노쇠, 죽음-였다.

인도에는 신들이 무척 많았지만, 신들은 비인격적 추상화의 숨은 패턴이 아니었다. 인도의 신들은 얼굴과 몸, 그리고 나름의 이야기를 지닌, 역동적인 힘이었고, 그들 역시 여러 차원에서 존재했다. 낮은 차원의 어떤 신들은 높은 차원에 있는 신들의 화신[化身]이었다. 또 어떤 신들은 곧장 물질적 실재에 화신으로 등장했고, 한동안 인간으로 행세했다. 모든 단계 위의 어느 높은 곳에서, 다중성이 단 하나의 초시간적이고, 단조롭고, 영원한 실체로 용해될 때까지, 높은 차원은 점점 더 현실성을 띠었다.

기원전 900년경, 사두[sadhu, 인도에서 깨달음을 얻기 위해 고행의 생애를 보내는 요가 행자]로 알려진 심오한 사상가들이 갠지스강 유역 주위에 잇달아 나타났다. 그들은 가족과 직업에서 벗어나 깊은 사색에 빠지고 자 숲으로 들어간 사람들이었다. 그들은 베다인의 거대 서사를 바탕으로 오늘날의 힌두교에 해당하는 신념 체계의 씨앗을 추출했다. 우파니 샤드[Upanishad]라는 성가를 통해, 그들은 세상을 환상으로 여기고 실재를 단일하고 통합된 전체로 바라보는 시각을 완성했다. 그들은 사람들에게 영혼이 있는 것이 아니라, 사람 자체가 영혼이라고 노래했다. 그들은 모든 영혼은 위로 올라가기를 갈망하지만, 몸속에 갇혀 있기 때문에 대부분 그렇게 할 수 없다고, 또 몸이 죽을 때 영혼은 새로운 몸으로 환생하는 윤회를 경험한다고 노래했다.

우파니샤드에는 우주의 철칙인 업[業, karma] 사상이 담겨있었다. 모든 행동은 상응하는 행동을 촉발했다. 선한 일을 하면 좋은 보답을 받을 것이고, 누군가를 해치면 자신도 상처를 입을 것이다. 누군가에게 말이다. 그런데 어떤 사람이 세상을 떠나도 그 사람의 업은 사라지지 않았다. 업은 윤회를 통해 영혼을 따라다녔고, 영혼이 다음 생에서 위로 올라갈지 밑으로 내려갈지를 결정했다. 선한 업을 많이 쌓은 영혼은 이 계층화된 우주의 층들을 통해 여러 삶의 과정을 거치며 위로 올라갈 수 있었고, 드디어 침울한 이야기─출생 단계에는 즐겁게 시작하다가 노쇠와 죽음 단계에서는 침울하게 끝나는 이야기─만 끝없이 되풀이되는 데서 벗어날 수 있었다.

중국의 경우처럼, 인도에서도 일부 사상가들은 동일한 거대 서사를 바탕으로 약간 다른 사상 체계를 정립했다. 자이나교의 창시자인 마하비라[Mahavira]는 성행위와 폭력을 삼가고 소유물을 포기하면 윤회에서 벗어날 수 있다고 선언했다. 또 다른 사상의 시조인 싯다르타 가우타마[Siddhartha Gautama], 즉 부처(깨달은 자)는 철학보다는 이승에서의 끝없는 순환 고리에서 벗어나기 위한 실천 수단을 제시했다. 부처는 신봉자들에게 세상을 등지고 고난의 길을 걸으라고 하지 않았다. 그는 이 세상을 신중하게 살아가고, 중도를 실천하고, 명상 기법을 이행하라고, 또 그렇게 하면 모든 고통의 원인인 욕망의 굴레가 느슨해지고 깨달음과 해탈의 경지인 열반의 길이 열릴 것이라고 말했다. 공자처럼 부처도 신을 거론하지 않았다. 제자들이 초자연적 사안에 대해 질문을 던지자, 부처는 그런 문제는 깨달음에 보탬이 되지 않는다고 대답했다. 부처는 자신을 의사에 비유했다. 세상은 병들어 있었고, 그는 의술을 베풀고 있었다.

페르시아

하라파 문명의 전성기에, 목동과 소농으로 구성된 여러 부족이 옥수스강 북쪽의 초원 지대—트란스옥시아나[Transoxiana]—에 살고 있었다. 그 부족들은 자신을 '고귀한 사람'이라는 뜻인 아리아인[Aryan]으로 불렀다. 약 4천 년 전, 그들은 트란스옥시아나를 떠나 남쪽과 서쪽으로 이동하기 시작했다. 남쪽으로 향한 사람들은 인더스강 유역에 이르렀다. 그들은 하라파인들이 남긴 문명의 흔적을 흡수했고, 오늘날 우리는 그들을 베다인이라고 부른다. 서쪽으로 향한 사람들은 이란—아리안[Aryan]이라는 단어와 어원이 같다—으로 이주했다. 베다인들과 이란인들[여기서 '이란인'은 '이란으로 향해 정착한 고대 아리아인', 즉 '아베스타인'을 가리키는 말—옮긴이 주]은 지리적으로 다른 이동 경로를 택했기 때문에 문화적으로도 서로 갈라졌다. 원래 그들이 함께 썼던 언어는 남쪽에서는 산스크리트어, 서쪽에서는 아베스타어[Avestan language]가 되었다. 그들이 함께 불렀던 성가는 남쪽의 인도에서는 베다, 서쪽의 이란에서는 아베스타가 되었다.[4] 베다인들은 미지의 식물 소마와 연관된 의식을 치렀다. 아베스타인들도 미지의 식물 '하오마[haoma]'와 연관된 비슷한 의식을 치렀다. 베다인들의 경우, 브라만으로 불린 승려들이 의식을 진행했다. 아베스타인들의 경우, 마기[Magi]라는 제사장들이 의식을 주관했다.[5]

베다인들이 섬긴 신들의 목록에는 각각 '데바[deva]'와 '아수라[asura]'로 불린 두 무리의 존재가 포함되었다. 데바는 천사였고, 아수라는 악마였다. 아베스타인들도 신들을 두 무리로, 즉 '다에바[daeva]'와 '아후라[ahura]'로 구분했다. 이렇듯 베다인과 아베스타인의 신들은 원래 같은 신들이었다. 그러나 정말 궁금하게도, 아베스타 문화에서는 두 무리로 나뉜 신들의 정체성이 뒤바뀌었다. 즉, 이란 지역에서는 다에바가 악마였고, 아후라가 천사였다.

남쪽으로 향한 아리아인들은 자연의 풍요로움이 돋보이는 환경으로 이동해 들어갔다. 그들이 섬기는 신들은 인도 사상이 점점 섬세하고 치밀해지는 과정에 발맞춰 수천 가지의 독특한 인격을 지닌 존재로 나뉘었다. 인도의 수많은 신에 어울릴 만한 단어 하나를 골라야 한다면 '다중성'을 꼽고 싶다.

반면, 이란 지역에서는 원래의 아리아인들이 섬겼던 신들이 더 명확한 양극성을 띤 연합체를 이루더니 급기야 단 두 가지 무리로 묶이게 되었다. '모든' 신은 천사 아니면 악마였다. 이란인들은 주변 세계를 살펴보며 다중성이 아니라 양극성을 찾아냈다. 그들의 세계는 빛과 어둠, 삶

---

4) 현재 극소수의 아베스타어 성가가 남아있지만, 그 몇 안 되는 성가들은 훨씬 큰 규모의 베다 성가 집에 수록된 특정 성가들과 거의 같다.
5) 'magi'에서 magician이라는 단어가 유래했다. 아기 예수에게 선물을 바친 세 명의 마기, 즉 동방 박사들은 아베스타인 사제들이었다.

과 죽음, 진실과 거짓, 선과 악의 세계였다.

고대 아리아인들의 몇몇 신들은 인도에서 중요성을 잃었지만, 이란에서는 인기를 끌었고, 간혹 엄청난 명성을 누릴 때도 있었다. 예를 들어 아리아인들이 섬겼던 불의 신인 아그니[Agni]는 아베스타인들이 섬기는 창조주이자 빛과 생명의 신인 아후라 마즈다[Ahura Mazda]가 되었다. 그리고 미트라[Mitra]는 베다인들 사이에서는 그리 중요하지 않은 신으로 통했지만, 이란 지역에서는 아후라 마즈다 다음으로 제일 위풍당당하고 강력한 신인 미트라[Mithra]로 성장했다.

미트라는 어떤 종류의 신이었을까? 미트라는 계약의 신이었다. 계약의 신이라니, 얼핏 이상하게 들릴지 모른다. 어떻게 계약이 하나의 우주 원리로서 창조나 파괴와 더불어 그처럼 높은 자리를 차지할 수 있었을까? 내가 생각하기에 이 질문의 해답은 맥락 속에 있다. 풍요의 신이 농경 세계가 관계있듯이, 계약의 신은 원거리 교역을 중심으로 형성된 세계와 관계있었다. 이란의 고원 지대에서, 즉 이리저리 이동하는 카라반으로 연결된 도심지의 풍경에서, 사회는 이방인 간의 합의가 뒤엉켜 있는 곳이었다. 사람들은 다시는 볼 수 없을지도 모르는 상대방과 끊임없이 거래하고 있었다. 양쪽 모두 거짓말을 하지 않고 약속을 지킬 때 만사가 잘 풀렸다. 가뭄과 흉작이 농경 세계를 혼란에 빠트렸듯이 거짓말과 약속 파기는 이란고원 지대의 우주적 질서를 위협했다. 그러므로 진실과 약속을 주관하는 신이 등장하고, 그 신이 가장 위대한 신들과 어깨를 나란히 하는 것은 당연했다.

아베스타인들의 신들이 두 갈래의 연합체에 가담하자 그 사회적 별자리에는 이 세상을 설명하는 우주적 차원의 이야기가 나타났다. 그 이야기에서 다에바는 신들의 부모였다. 디에바는 아후라를 낳았지만, 자식인 아후라에게 위협을 받는다고 느꼈고, 결국 아후라를 죽이려고 했다. 아후라는 맞서 싸웠고, 그렇게 해서 웅대한 투쟁이 시작되었다. 삶의 의미는 그 투쟁에 있었다. 이 세상은 평화로운 동심원 형태가 아니었고, 여러 층으로 구성되지도 않았다. 이 세상은 기본적으로 드라마의 무대 같았다. 즉, 단 하나의 종말론적 드라마가 펼쳐지는 무대였다. 시간은 순환적인 것도 허황된 것도 아니라 직선적인 것이었다. 모든 이야기와 마찬가지로, 시간에는 시작과 중간과 끝이 있었다. 바로 지금 우리는 이야기의 한가운데에 있지만, 끝이 다가오고 있었다. 그렇다, 끝이 다가오고 있었다.

공자가 중국적 서사를 바탕으로 그렇게 했듯이, 그리고 인도의 사두들처럼, 예언자 조로아스터도 이 같은 주제들을 갖추려 하나의 신념 체계를 만들었다. 이르게 잡으면 기원전 1200년경에, 늦게 잡아도 기원전 600년경에 일어난 일이었을 것이다. 전설에 따르면, 조로아스터는 서른 살까지 수선공이었다고 한다(하지만 아마 그는 대장장이나 그 비슷한 부류였을 것이다. 사실 아무도 그의 생애에 대해 잘 모른다). 그러던 어느 날, 조로아스터는 어떤 산에 올라 창조와 불의 신을 알현하라는 초자연적 부름을 받았다. 거기서 아후라 마즈다는 인간에게 전할 말을 조로아스터에게 일러줬다. 아후라 마즈다는 자신이 나머지 모든 신보다 월등하게 높은 위치에 있으므로 오직 자신만 우러러 섬겨야 한다고 모든 인간에게 말할 생각이었다. 하지만 아후라 마즈다는 자신만큼 힘센 어둠의 신인 아리만[Ahriman]과의 투쟁에 얽매여 있었다. 인간은 우주 차원에서 벌어지는 선 대 악의 싸움의 연장선에 있었다. 개인이 취하는 모든 행동은 선과 악 가운데 한쪽에 보탬이 되었다. 모든 결정에는 우주 차원의 이해관계가 있었다.

하지만 가장 중요한 점은, 인간에게 자유 의지가 있다는 사실이었다. 인간은 도덕적 선택을 할 수 있었고, 삶의 의미는 그런 선택에 있었다. 시간이 끝날 때, 즉 아후라 마즈다가 최종 승리를 거둘 때, 아후라 마즈다의 편에 섰던 모든 인간은 중간 세계 여기저기에 흩어져있고, 그 메마른 땅의 주민들이 무척 소중하게 여겼던 정원처럼 성벽으로 둘러싸인 푸르른 정원에서 영원한 내세를 맞이하게 되었다. 그런 정원을 가리키는 아베스타어는 파이리데자[pairidaeza, '울타리를 친 곳' 또는 '녹지'라는 의미]였다. 파이리데자에서 현대 페르시아어 피르다우스[firdaws]가 유래했다. 피르다우스에서 바로 우리가 흔히 쓰는 영어 파라다이스[paradise]가 나왔다.

비옥한 초승달 지대

역사가들이 흔히 비옥한 초승달 지대로 일컫는 곳은, 메소포타미아에서 이집트까지, 티그리스강과 유프라테스강에서 나일강 유역까지, 세계에서 가장 오래된 양대 도시 문명의 이쪽에서 저쪽까지 펼쳐진 활 모양의 영역이다. 두 개의 거대한 상호 소통 지대 사이에 펼쳐진 이 영역은 농사에도 스텝 유목에도 유리했고, 따라서 많은 사람과 물자가 오갔고, 자연스레 이 지대 도처에 촘촘한 교역망이 구축되었다. 나일강 유역과 메소포타미아에는 저마다의 거대 서사가 있었지만, 비옥한 초승달 지대에서의 모든 왕래는 제3의 서사적 틀을 만들어냈다. 물론 그 틀에는 나일강 유역과 메소포타미아에서 비롯된 주제도 포함되었다.

메소포타미아

앞서 살펴봤듯이, 메소포타미아는 성벽으로 둘러싸인 채 항상 서로 경쟁하는 도시국가들의 세계였다. 왕국과 제국은 흥망과 성쇠를 겪었고, 유목민들은 도시로 쳐들어와 권력을 잡고 도시 사람으로 거듭났다가 끝내는 새로운 유목 부족에게 복속되었다. 메소포타미아에는 인도인들의 불변의 우주관이 설 자리가 없었다. 중대한 변화가 늘 일어나고 있었기 때문이다! 거의 모든 사람이 변화의 이야기를 읊을 수 있었다. 실제로 많은 사람이 몸소 혼란스러운 변화에 휘말린 적도 있었다.

셈어를 사용한 메소포타미아 유역의 다양한 정주자들—수메르인, 아카드인, 아시리아인, 칼데아인[Chaldean] 등—은 중국의 상 왕조가 최초의 도읍을 세우기 전 1천여 년 동안 서로 다투고 부딪치고 있었다. 한편, 셈어가 아닌 여러 언어를 사용한 소아시아와 동부 고지대의 정주자들—히타이트인, 후르리인[Hurrian], 미탄니인[Mitanni], 카시트인[Kassite], 엘람인[Elamite]—은 사람으로 북적대는 들판에 계속 발을 들여놓고 있었다.

늘 제국이 새로 생겼고, 각 제국은 이전의 제국보다 더 컸다. 하지만 메소포타미아의 제국은 등장과 퇴장을 거듭하는 중국의 제국과 달랐다. 최소한 메소포타미아인들은 아무도 중국인들처럼 제국을 바라보지는 않았다. 메소포타미아에서는 어느 면에서 봐도 옥좌의 주인이 어김없이 바뀌고 있었다. 오늘은 이자들이 권좌에 올랐고, 내일은 또 저자들이 권력을 잡았다. 여러 도시와 부족이 너나없이 아우성치는 와중에, 사람들은 확고한 '단일신교주의적' 성격을 띠게 되었다. 즉, 그들은 여러 신을 믿었지만, 하나의 신을 주신[主神]으로 섬겼다. 도시마다 수호신이 있었고, 모든 수호신은 인간이나 다름없었다. 수호신은 물리적 형태와 고집스러운 마음가짐을 지녔고, 변덕도 부렸고, 달성해야 할 목표도 품고 있었다. 모든 도시의 중심부에는 신전이 있었다. 조각상이나 상징물에 내재하는 남신이나 여신은 그야말로 신전에 살고 있었다. 사제들은 신에게 음식을 바치고 신의 용모를 다듬고 신을 씻기고 신을 만족시켰다. 그리고 이따금 신을 모신 채 도시 이곳저곳을 다니며 사람들과 대면시켰다.

메소포타미아에서도 역사의 근본적인 특성은 드라마였다. 그러나 그 세속적 영역의 하찮은 드라마는 주인공도 적대자도 신으로 등장하는 초자연적 드라마의 반영에 불과했다. 한 도시가 다른 도시를 정복하는 것은 한 도시의 신이 다른 도시의 신을 물리치는 것이었다.

그렇다면 사람들은 어떻게 그 모든 상황에 동조했을까? 신들의 하인으로 자처했기 때문에 가능한 일이었다. 신들은 음식을 바치고 심부름을 해줄 인간을 창조했다. 개개의 인간은 하찮고 세속적인 인간들의 드라마가 아니라, 신들의 드라마에서 자신이 맡은 역할을 수행해야 의미와 목적이 있는 삶에 이를 수 있었다. 사람들이 자기 역할을 제대로 수행하기 위해서는 신에게 필요하고 신이 원하는 바를 파악해야 했다. 어떤 도시가 다른 도시의 지배를 받는다고 해서 신들의 존재가 부정되지는 않았다. 심지어 지배를 받는 도시의 신이 의심을 받지도 않았다. 다만, 어떤 신이 다른 신보다 더 대단하고 강하다는 점, 또는 괜히 어떤 일을 저질러서, 아니면 어떤 일을 하지 않아서 평소 자신들이 섬기던 신에게 보호를 받지 못했다는 점만 드러날 뿐이었다.

이집트

앞서 살펴봤듯이, 비옥한 초승달 지대의 남쪽 끝에서는 거대한 강을 따라 수백㎞ 이어진 땅에서 살며 서로 소통하는 사람들로 구성된 다소 동질적인 세계가 환경의 영향으로 탄생했다. 나일강 유역 사람들의 세계는 다양한 힘이나 사상이 연상되는 여러 신이 사는 세계였지만, 그 신들은 모두 서로 관계가 있었다. 신들은 하나의 대규모 (불량) 가정을 이루고 있었다.

그 세계의 틀은 반복적으로 상연되는 볼썽사나운 가족 드라마였다. 저 멀리 어딘가에서 혼돈을 영원히 저지하는 아버지 신이 있었다. 아버지 신에게는 2남 2녀가 있었는데, 두 아들과 두 딸은 서로 혼인했다(한 쪽은 선한 부부, 다른 쪽은 악한 부부였다). 선한 아들인 오시리스[Osiris]가 세상을 다스렸지만, 악한 동생인 세트[Set]가 오시리스를 죽이고 그의 몸을 여러 토막으로 자른 뒤 버렸다. 그러나 오시리스의 누이동생 겸 아내인 이시스[Isis]가 토막 난 남편의 몸을 그럭저럭 붙여 임신에 성공했다. 이후 오시리스와 이시스의 자식인 호루스[Horus]는 신 같은 존재인 파라오의 몸에서 살았고, 생명력의 원천인 나일강이 제대로 흐르도록 관리했다. 홍수가 밀려오고 물러가는 나일강처럼, 해마다 드라마가 다시 상연되었다.

이집트인들에게 죽음은 최종적 사실이 아니었다. 죽음은 두 영역 사이의 문이었다. 이집트인들은 소수, 극소수만 들어갈 수 있는 내세를 믿었다. 죽음 이후의 삶은 죽음 이전의 삶보다 훨씬 더 달콤했다. 사람들은 지금 육체이고, 내세에도 육체이겠지만, 이집트의 서사에는 육체 안에 머무는 새 모양의 존재인 '카[ka]'라는 개념이 있었다. 어떤 사람의 카가 건강하지 않으면 그 사람은 현세와 내세 간의 여러 장애물을 건널 수 없었다. 카는 현대의 영혼 개념과 비슷했다. 아마 현대인들은 카와 같은 몇몇 개념이 익숙하게 들릴 것이다.

유일신 개념이 최초로 그 획일적 문화에서 나타난 것이 우연일 수 있을까? 기원전 1350년경, 아멘호테프[Amenhotep]라는 이름의 파라오는 자신이 숭배한 신인 아텐[Aten]이 유일한 신이라고 판단했다. 그는 자기 이름을 '아텐의 지지자'라는 뜻인 아케나텐[Akhenaten, 아케나톤(Akhenaton)]으로 바꿨고, 다른 신을 섬기는 신전을 모조리 폐쇄했다. 그 바람에 많은 신전의 사제가 직분을 잃었다. 나중에 아케나텐이 세상을 떠나자 이집트의 종교계는 기존의 체제를 복구했고, 아케나텐을 숭배하는 분위기를 억눌렀다.

히브리인들

나일강 문명과 메소포타미아 문명 사이에서 문명 차원의 세 번째 서사가 출현했다. 그 서사에는 두 문명에서 비롯된 주제들이 각각 포함되어 있었다. 히브리인(훗날의 이스라엘인)들은 남부 메소포타미아에서 기원했지만, 족장인 아브라함의 인도로 티그리스강과 유프라테스강의 원류를 향해 북쪽으로 움직였고, 다시 서쪽으로 방향을 틀어 지중해 해변에 이르렀다. 또 레반트 지역의 해안을 따라 남쪽으로 향했고, 약속의 땅 가나안에서 한동안 농사를 짓다가 마침내 이집트에 꽤 오랫동안 머물게 되었다. 역사적으로 볼 때, 그것은 단 하나의 극적인 여정이 아니라 반[半]유목 민족 차원의 이주였을 것이다.

히브리인들은 처음부터 메소포타미아의 서사에 당당히 참여했다. 그들에게는 불과 풍요의 신으로도 여겨진 야훼라는 부족신이 있었다. 몰록[Moloch]이 바빌론의 신이었듯이 야훼는 히브리인들의 수호신이었다. 히브리인들의 각 가정에도 신성한 돌 형태의 수호신이 있었다. 반유목민들이라서 그들에게는 성전이 없었고, 대신에 성궤[聖櫃]라는 휴대용 용기에 신성한 돌을 담은 채 이동했다. 하지만 메소포타미아의 나머지 신들과 달리, 야훼는 눈에 띄지 않았고, 눈으로 볼 수도 없었다. 야훼는 물리적 형태가 없었기 때문이다.

도시에 거주한 메소포타미아인들처럼, 히브리인들도 자신을 신의 욕구를 충족시켜야 하는 피조물로 여겼다. 고난의 시기에 일자리를 찾아 이집트로 가야 했지만, 역사상의 여러 가난한 이주 집단처럼, 히브리인 들도 노예 신분의 일꾼으로 전락했다. 그들은 아케나텐이 아텐을 숭배 한 충격적 사건으로 고통스러운 격변이 일어난 지 채 1세기도 지나지 않 았을 때 이집트에 도착했다. 당시 이집트 문화에는 아직 유일신 개념이 사라지지 않았을 가능성이 크다. 그러나 아브라함 부족의 후손들 사이 에서 전해진 이야기에 따르면, 그들이 이집트에서 탈출하는 동안 지도 자인 모세가, 조로아스터가 그랬듯이, 신을 알현하고자 산에 올랐다고 한다. 거기서 야훼는 모세에게 유일신으로서 모습을 드러냈다. 야훼가 백성들에게 바란 것은, 거짓된 신들과 달리 피의 제물이나 관능적 쾌락 이 아니었다. 야훼가 원한 것은 도덕적 행위였다. 모세는 간략한 율법 목록인 십계명을 받아들고 산에서 내려왔다.

레반트 지역으로 되돌아온 히브리인들은 두 개의 튼튼한 소왕국-이 스라엘 왕국과 유다 왕국-을 세웠다. 히브리인들은 마침내 유다 왕국의 수도인 예루살렘에 성전을 세웠다. 그러나 그들은 더 강력한 제국들 사 이에 위태롭게 끼어있었다. 기원전 587년에 바빌로니아인들이 유다 왕 국을 정복했고, 예루살렘의 성전을 부숴버렸다. 이후 대부분의 유다인 들이 바빌론으로 끌려갔고, 거기서 약 50년 동안 비참하게 살아야 했다.

약 50년의 그 세월은 의미심장한 것으로 드러났다. 바빌론에서, 포로 처지였던 히브리인들에게는 전통과 기억과 두루마리밖에 없었다. 말이 성전을 대체하게 되었다. 이제부터 우리는 히브리인, 유다인, 이스라엘인 (과 그 후손)을 유대인으로 부를 수 있다. 에스겔[Ezekiel]과 이사야[Isaiah] 같은 선지자들은 유대인이 겪은 고통의 이유를 설명하는 서사를 체계적 으로 만들어냈다. 유대인들은 야훼에게 서약한 바를 어겼던 것이다.

1천 개의 이교도 신전이 있는 도시 바빌론에서 포로 신분의 그 작은 부족이 세계 최초로 형태를 제대로 갖춘, 지속성 있는 유일신론을 성립한 것은 바로 그때였다. 유대인들은 그들이 섬기는 신이 최고의 신일 뿐 아니라, 유일한 신이라고 선언했다. 그들의 신은 신전이 아니라 모든 곳에 있었다. 그들의 신은 물리적 형태가 없었고, 그런 형태와 결합하지도 않았다. 어떤 식으로든 신상[神像]을 만들어내는 행위는 신성모독이었다.

유대인들은 고유의 부족사에서 벗어나 과거의 역사적 사건뿐 아니라, 현재(와 미래)의 사건까지 통합할 수 있는 종교적 서사를 지어냈다. 그 서사에 따르면, 하느님과 아브라함은 부족민들이 다른 신을 섬기지 않으면 땅을 얻을 것이라는 내용의 언약을 맺었다. 유대인들이 이집트에서 빠져나오는 동안, 하느님은 모세에게 건넨 십계명을 통해 새로운 언약을 맺었다. 이후 유대인들은 하느님과의 언약을 지켜야 하는 의무를 인정했다. 따라서 선지자들이 인간에게 전한 하느님의 말씀에 따라 규정된 도덕적 행위를 실천해야 했다. 그런 율법을 해석할 줄 아는 유식한 학자들, 즉 랍비들은 사제들과 경쟁하는(그리고 결국 사제들을 대신하는) 공동체의 지도자가 되었다.

유대교적 서사는 지역 특유의 선형적 시간관에 딱 들어맞았고, 유대인들이 포로로 잡혀있을 때 바빌론에 가득했던 조로아스터교 신자들의 종말론적 세계관이 반영된 것이었다. 유대교적 서사에서는 이 세상이 창조의 순간으로 시작되었고, 심판의 날로 끝나게 되어 있었다. 조로아스터는 신을 두 가지로, 즉 선한 신과 악한 신으로 나눴다. 유대인들은 하느님의 단독성을 주장했다. 악의 길은 사탄이 맡았지만, 사탄은 하느님의 피조물 가운데 하나로 격하되었다. 그런데 사탄은 중대한 목적에 이바지했다. 사탄의 역할은 고결한 사람들이 길을 잃도록 유혹하는 것이었다. 사탄이 없었더라면 천국행은 (로버트 프로스트[Robert Frost]가 자유시[自由詩] 쓰기를 언급하며 비유했듯이) 네트 없이 치는 테니스 같았을 것이다.

그리스

그리스인들은 저 멀리 흑해의 스텝 지대와 연관성이 있었다. 그들은 인도 · 유럽어를 썼다. 그들은 이란인들의 신이나 초기 베다인들의 신과 비슷한 신을 섬겼다. 즉, 그리스인들에게는 폭풍의 신과 하늘의 신과 땅의 여신과 그 밖의 많은 신이 있었다. 그리스에서 신들은 어떤 이야기 속 각자 독특한 성격을 지닌 등장인물로 발전했다. 하지만 그리스인들은 느닷없이 번쩍하며 시작해 종말론적 결말로 마무리되는 단일한 이야기를 떠올리지 않았다. 오히려 그리스인들에게 이 세상은 크고 작은, 수많은 이야기의 모음집 같아 보였다.

게다가, 그리스인들이 섬긴 신들은 다양한 구체적 시간과 장소에서 태어났다. 예컨대, 태양의 신 아폴로[Apollon, 로마 신화의 아폴로에 해당한다—옮긴이 주]는 델포이[Delphi]에서 태어났다. 신들은 강했지만, 전능하지는 않았다. 신들의 삶조차 모호하고 방대한 힘에 에워싸여 있었다. 제우스는 신들의 왕이었지만, 신비한 운명의 세 여신이 정한 법에서 자유롭지는 못했다.

세상 이야기에는 출발점이 있었다. 이 부분에서 그리스인들은 이란인들과 의견이 일치했다. 부모 신들이 자녀 신들을 낳았고, 어리석게도 자녀 신들을 죽이려고 했다. 그래서 자녀 신들이 부모 신들에 맞서 싸웠다. 그러나 그 이야기는 지금 벌어지는 이야기가 아니었다. 이미 끝난 이야기였다. 부모 신들이 싸움에서 졌다. 승리한 젊은 신들이 올림포스산의 남신들과 여신들이었다. 이렇듯 그리스의 신들은 인간이 거주하는 바로 이 세계의 특정 장소를 본거지로 삼았다. 아무나 올림포스산의 기슭으로 올라가 신들이 살고 있는 곳을 올려다볼 수 있었다. 신들이 드라마 속의 등장인물 같았기 때문에 그리스인들은, 마치 소설 애호가가 배우들이 다양한 등장인물을 연기하는 장면을 열심히 상상하듯이, 신들의 모습을 즐겨 상상했다. 실제로 그리스인들은 마치 의무인 양 신들의 조각상과 형상을 만들어냈고, 신들은 인간의 모습과 무척 닮은 것처럼 보였다.

요컨대, 그리스인들은 신을 인간보다 훨씬 우월하지만 인간과 동일한 세계에서 사는, 비슷한 부류의 존재로 여기는 시각으로 나아갔다. 신도 인간과 같은 종류의 동기와 감정―사랑, 욕망, 질투, 탐욕, 연민 등등―을 지니고 있었다. 신과 인간의 유일한 차이점은, 신은 죽지 않고 인간보다 훨씬 강한 존재라는 사실이었다. 신들은 대체로 신들끼리의 독자적인 드라마에 휩쓸려 있었지만, 그들은 인간과 동일한 우주를 차지하고 있었기 때문에 인간의 삶을 끈질기게 침범했다―불길하게도 이 세상은 신들로 가득했다. 신들은 너무 대단하고 우리는 몹시 하찮았기 때문에 신들은 우리가 개미를 밟듯이 우리를 밟아버릴 수 있었다. 그리고 궁극적으로 신들은 우리에게 일어나는 일에 관심이 없었다. 하지만 마치 아이들이 재미로 인형을 주인공 삼아 일종의 연극을 보여주듯이, 신들도 인간의 드라마를 조작하는 변덕을 부릴 때가 있었다.

신들은 딱히 선하지도 악하지도 않았다. 그들은 인간처럼 복잡한 존재였다. 그들은 인간이 따라야 할 도덕률을 내놓지 않았다―실제로 도덕률에 별로 신경 쓰지 않았다. 인간은 다른 인간과 그렇게 하듯이 신과 개인적 관계를 맺을 수 있었지만, 신의 우월성은 의심의 여지가 없어야 했고, 숭배의 원칙은 절대 깨지지 않아야 했다. 신과 인간의 성행위를 통해 반신반인[半神半人]의 자손이 생기는 경우가 간혹, (꽤 솔직히 말하자면) 드물지 않게 있었다. 다양한 신들과 탄탄한 관계를 맺음으로써 사람들은 특정 신에게 도움받을 기회를 최대화할 수 있었지만, 인간이 신에게 마법을 걸 수는 없었다. 신은 수동적인 장치가 아니라 고집이 있는 존재였다. 신은 마치 인간처럼 쉽게 기분이 나빠졌기 때문에 사람들은 특정한 신을 편애하지 않도록 조심해야 했다. 그리스인들은 유일신론에 매력을 느끼지 못했다. 오히려 싫어했다. 유일신론은 신성모독 같아 보였다.

인간과 신이 모두 포함되는 세계를 상정하는 그리스적 거대 서사에는 신보다 더 큰 틀, 즉 신과 무관하게 존재하는 자연계가 전제되었다. 다른 문명들의 종교관과 유사한 세속적 세계관의 토대는 바로 이 부분에 있다. 우리 인간은 이런저런 신으로부터 도움을 받고자 나설 수 있었지만, 근본적으로 우리는 신들과 마찬가지로 독립적인 존재였다. 왕들이 권력을 얻는 것은, 저 높은 곳에서 내려온 명 때문이 아니라 그들이 끈질기고 총명했기 때문이다(끈기와 총명함은 내면의 자질이었다). 인간의 최고 덕은 탁월성―우리가 두각을 드러내는 모든 분야에서의 탁월성―이었다. 탁월성은 예를 들어 시인과 전사의 경우에는 서로 다른 것이었다. 사람들은 걸핏하면 기분이 나빠지는 신들을 잘 알아야 했지만, 일단 살아남고 잘살고 싶다면 신과 인간이 함께 머무는 자연계를 돌볼 필요도 있었다.

그리스인들이 볼 때, 이 세상은 단순히 극적이지만은 않았다. 세상 자체가 특정한 종류의 드라마였다. 다시 말해 비극이었다. 최고의 덕은 탁월성이었지만, 최악의 죄는 지나친 탁월성―스스로 신이라고 착각하는 것―이었다. 그저 인간일 뿐인 존재의 변화무쌍한 부침에 대처하기 위한 그리스적 방식은, 인간은 신이 아니기 때문에, 그리고 만약 인간이 선을 넘으면 파탄을 맞이할 것이기 때문에 결국에는 모든 일이 헛수고로 끝나리라는 점을 명심하면서 남보다 앞서 목표를 세우고 이루는 것이었다. 운명의 필연성을 받아들이는 동시에 용감하게 싸우는 것이 바로 의미와 목적이 있는 삶의 열쇠였다. 인도인들이 영원과 무욕을 경험할 수 있는 의식 절차를 만들어냈듯이, 그리스인들은 카타르시스의 감정을 이끌어내도록 구성된 의례적 연극을 발전시켰다. 그것은 고통을 우회하는 대신에 고통을 포용하는 태도, 바꿔 말해 고통을 비극적 삶을 초월할 수 있도록 해주는 고귀함의 원천으로 포용하는 태도였다.

　세속적 이교 사상에 의해 마련된 무대 위에, 그리스 철학은 저 멀리 동쪽에서 나타나고 있던 종교들에 필적하는 사상 체계로 등장했다. 그리스 철학자들은 공자, 조로아스터, 인도의 사두들, 유대인 선지자들과 유사했다. 초기 그리스 철학자 가운데 한 사람인 밀레투스의 탈레스[Thales of Miletus]는 공자와 거의 같은 시기인 기원전 626년쯤에 태어났다. 오늘날 우리가 그의 생애에 관해 알고 있는 한 가지 인상적인 사실이 있다. 툭하면 사람들이 탈레스에게 찾아와 어째 그렇게 똑똑하다는 사람이 가난하게 사는지 물었다고 한다. 그러자 탈레스는 올리브기름을 짜는 기계를 한꺼번에 사들여 엄청난 부자가 되었고, 사람들은 입을 닫았다. 이후 그는 다시 연구에 매진했다. 조로아스터를 비롯한 여러 사람처럼, 분명히 탈레스도 자신이 속한 사회의 거대 서사에 담긴 관념의 바다에서 헤엄치고 있었다. 그의 견해는 동시대인들의 공감을 얻었다. 그들도 탈레스와 같은 바다에서 헤엄치고 있었기 때문이다.

　탈레스는 정말 획기적인 질문을 던졌다. 그는 이렇게 물었다. 만물의 근원은 무엇인가? 그는 물이라고 생각했다. 그가 관찰하니 만물은 고체나 액체나 기체였고, 물은 고체도 액체도 기체도 될 수 있었다. 탈레스 이후에 등장한 철학자들은 그가 내놓은 답변에는 동의하지 않았지만, 그가 던진 질문에는 공감했다. 만물을 이루고 있는 한 가지 물질은 무엇인가?

아낙시만드로스[Anaximandros]는 공기라고 말했고, 데모크리토스[Dem-ocritos, Democritus]는 눈에 보이지 않는, 아주 작고 단조로운 입자라고 말했다. 피타고라스는 수학적 관계라고 말했다. 여러 가지 답변이 있었지만, 질문은 탈레스를 비롯한 여러 철학자가 짜놓은 틀 안에서 던져졌고, 그런 질문은 오늘날까지 이론물리학자들의 마음을 빼앗고 있다.

끝으로, 혹독한 비난에 시달린 소피스트가 있었다. 소피스트는 논쟁에서 이기는 요령을 전문적으로 가르치는 사람들이었다. 소피스트를 비판한 주요 인물 중에는 못생기고 키 작은 말썽꾼인 소크라테스가 있었다(많은 사람이 소크라테스도 소피스트라고 여겼다). 그는 아테네 거리를 돌아다니며 골치 아픈 질문을 던지고 해답을 둘러싼 논쟁을 펼쳤다. 소크라테스는 사람들이 두뇌를 활용하고 대화에 참여하기만 하면 신의 중재가 없이도 무엇이 선이고 참인지 알아낼 수 있다는 명제를 세웠다. 우리는 제자들과 추종자들이 남긴 기록을 통해서만 그의 가르침에 관해 알고 있지만, 부처나 조로아스터 같은 여러 인물의 경우도 매한가지다. 소크라테스의 제자인 플라톤과 플라톤의 제자인 아리스토텔레스가 임무를 다했을 무렵, 그리스 철학자들은 인간을 우주의 중심에 놓고 인간의 삶을 이성과 경험을 통해 선과 진리를 탐색하는 과정으로 바라보는 사상 체계를 구축했다.

그리스 철학자들은 그들이 살고 있는 문명 규모의 게슈탈트[Ge-stalt][6]에서 사상 체계를 추출했고, 그 사상 체계는 그들이 발 딛고 있는

---

6) 게슈탈트[Gestalt]는 20세기 초반에 지각 역치를 연구하던 독일의 어느 심리학파에서 유래한 용어이다. 그 독일 심리학자들은 일단 우리 인간이 여러 부분으로 이뤄진 어떤 구조를 확인한 뒤에는 부분이 아니라 전체만 인지한다는 내용의 도발적인 사실을 우연히 알아냈다. 이때 전체는 그 자체로 하나의 대상이 된다. 독일 심리학자들은 그 전체를 게슈탈트라고 지칭했다. 사람들에게 둥

게슈탈트의 반영이었다. 만약 중국이었다면 소크라테스와 그의 사상은 주목을 끌지 못했을 것이다. 마찬가지로, 그리스였다면 공자의 사상 체계는 등장할 수 없었을 것이다. 또 메소포타미아였다면 부처는 열반에 이르지 못했을 것이나. 시대 서사는 하나의 난일한 선체이고, 거대 서사의 모든 부분은 나머지 모든 부분을 강화하는 데 기여한다. 맥락이 가장 중요하다.

<hr />

글게 배열된 100개의 점을 보여주면, 그들은 하나의 원을 보게 될 것이다. 거기서 점 몇 개를 빼버려도 사람들 눈에는 여전히 원으로 보일 것이다. 게슈탈트에는 독자적 정체성과 연속성이 있다. 쿠르트 코프카[Kurt Koffka]의 말을 빌리자면, "전체는 부분의 합계와 다르다." (전체는 부분의 합계보다 큰 것이라는 식상한 견해와 달리 전체는 부분의 합계와 다른 것이다.) 게슈탈트 현상은, 우리가 어떤 것은 습득하고 또 어떤 것은 망각해도 여전히 동일한 사회적 자아인 까닭을 설명해준다. 즉, 추가와 삭제는 개인의 자아인 게슈탈트에 변화를 초래하지 않는다. 게슈탈트 현상은 서로 엇갈리는 정보나 상반되는 신념에 직면하는 상황에서, 사람들이 인지부조화—줄이고 싶은 느낌이 들 수밖에 없는 불편함—를 경험하는 까닭도 설명해준다. 인간은 단일한 전체일 필요가 있다. 게슈탈트 현상은 어떤 사회가 그 사회의 지배 서사와 부딪히는 관념은 걸러내고 지배 서사와 어울리는 관념은 끌어안는 성향이 있는 까닭도 설명해준다. 사회는 본래의 자신이 되고자 몸부림치는 사회적 별자리이다.

The Invention of Yesterday
2부

하나의
행성,
여러 세계

도구 덕분에 우리의 활동 반경이 넓어지자 우리의 세계도 차츰 커졌다. 바퀴, 이륜 전차, 도로, 글말 등에 힘입어 점점 더 멀리까지 소통하는 사람들의 숫자가 늘어났다. 날로 확장되면서, 그리고 때로는 사람과 이야기와 의미와 관념의 대규모 관계망에 포함되면서 우리의 관계망은 서로 겹치게 되었다. 결국, 정치적 지배권이 지리적 조건을 대신해 상호 소통의 주체와 객체를 결정하게 되었다. 제국이 들어섰다. 제국 안에서는 돈이 해결사 역할을 했고, 군사력이 질서를 유지했다. 토착 서사는 모든 부족이나 왕국이나 제국보다 오래 지속되고, 모든 지리적 사실을 아우르는 포괄적인 사회적 완전체의 구성원으로 수많은 사람을 통합하는 거대 서사에 흡수되었다. 드디어 세계 전체 규모의 문명들이 탄생했다. 그 문명들은 인류사의 중심에 있다고 자부하는 사람들의 드넓은 내향적 관계망이었다. 무수한 연계의 실들이 그 다양한 세계에 퍼졌고, 각 세계의 사람들은 서로에 대해 알고 있었지만, 다른 세계의 사람들을 하나의 우주적 드라마에 출연한 주변의 배우들로 바라봤다. 한 세계가 다른 세계와 중첩하는 곳에서는 서로 부딪히는 서사들이 세월의 흐름에 따라 뒤섞이며 새로운 서사가 출현하는 경우가 간혹 있었다. 그렇게 탄생한 서사는 새로운 응집력을 갖추고자 기존 서사의 일부 요소는 남기고 또 일부 요소는 버렸다.

6장

돈, 수학, 메시지 전달, 관리, 군사력
(기원전 2000년~기원전 500년)

문명은 한가운데나 가장자리가 없는 관념의 성운이다. 문명은 결심하거나 계획을 실천하기에는 너무 방대하고 모호한 것이기도 하다. 반면 혈연 집단-이를테면 씨족-은 너무 작아서 나일강을 관리하거나 황허 유역을 계단식 농지로 바꾸는 일 같은 대형 사업을 수행할 수 없다. 그 정도의 환경적 도전 과제와 씨름하는 사람들에게는 역할과 규칙에 근거한 중간 규모의 사회 형태가 필요했는데, 정치국가[political states]들이 출현해 그 공백을 메웠다.

국가는 사회적 성운을 사회적 세포에 가까운 무언가로 바꿔 파벌 효과를 강화했다. 세포에 핵과 막이 있듯이, 정치국가에는 통치권과 가장자리-아마 불분명한 변두리지만, 내부 세계와 외부 세계를 구분하는 주변부였을 것이다-가 있었다. 국가가 효과적으로 작동하기 위해서는 물질적 기제가 필요했다. 출발 단계부터, 국가의 응집력은 메시지 전달 같은 기능을 담당하는 물질적 기제에 좌우되었다. 여기서 내가 말하는 메시지 전달이란 사람들이 본인의 생각과 소망과 의도를 남들에게 알리려고 수행하는 모든 일을 의미한다. 정치국가의 영향력과 규모는 소속 구성원들이 메시지를 얼마나 신속하고 효율적으로 주고받을 수 있는가에 달렸었다.

모든 인간이 소규모 수렵 채집인 무리의 구성원이었을 때, 사람들은 서로 대면하며 의사를 전달할 수 있었다. 그 무리의 구성원들은 낮에 흩어졌다가 밤에 다시 뭉쳤다. 누군가에게 할 말이 있으면 그 사람을 만나면 되었다. 아마 하루 안에는 만날 수 있었을 것이다.

그러나 사회적 연결망이 팽창함에 따라 모든 구성원끼리 알고 지낼 수 없을 정도로 무리의 규모가 커졌다. 나일강 유역에서는 그 누구도 나머지 모든 구성원과 직접 연락이 닿을 수는 없었을 것이다. 국가 전체를 아우르는 메시지는 일련의 전송 단계를 거쳐야 했다. 한 사람이 메시지를 다른 사람에 전해주면 그 사람이 또 다른 사람에게 전해야 했다.

하지만 나일강의 관개 시설 같은 것을 구축하고 운영하는 데는 수천 명의 일사불란한 노동력이 필요했다. 그 수천 명은 각자 전체의 큰 계획에 미력이나마 기여해야 했다. 개개인의 작은 노력이 조화를 이루지 못하면 전체의 큰 계획은 틀어졌을 것이다. 전체의 큰 계획을 이루고자 애쓰는 수천 명과 소통하는 중앙의 결정권자가 있어야 했다. 수천 명의 노동력이 단 한 명뿐인 결정권자의 팔다리처럼 움직여야 했다. 그런데 거대한 규모를 고려할 때, 단순히 한 사람 한 사람을 거쳐 메시지를 전달하는 방식은 효과가 없었다. 한 사람이 '여러' 사람에게 말해야 했고, 그 '여러' 사람도 각자 '여러' 사람에게 말해야 했다. 그렇게 해야만 하나의 중심 출처—파라오, 왕, 족장, 제사장, 원로회 등등—에서 나온 명령이 수천 명의 노동력 모두에게 전달될 수 있었다. 초기의 여러 문명이 피라미드를 세운 것은 조금도 놀랍지 않은 일이다. 이집트인의 피라미드는 고귀한 자들의 영묘[靈廟]였고, 메소포타미아인의 피라미드는 신전이었고, 마야인의 피라미드는 종교 의식용으로 높이 쌓은 단이었다. 그러나 감히 나는 사람들이 피라미드라는 형태에 매료된 이유 중 하나로 피라미드의 은유적 힘을 꼽고 싶다. 피라미드는 문명화된 인간 존재의 어떤 근본적인 요소를 표현했다.

하나의 권력이 공간적으로 널리 흩어진 사람들과 소통할 때는 속도가 관건이었다. 가령, 어떤 메시지가 이틀 걸려 수신자에게 도달했다면 답신을 받는 데도 최소한 이틀이 걸렸을 것이다. 결국 메시지를 주고받기까지 나흘이 걸리는 셈이었다. 나흘 동안에는 많은 일이 생길 수 있다. 답신을 받기 전에 통치권자가 또 명령을 내리면 현장의 상황에 들어맞지 않을 수도 있었다. 메시지가 전달되는 속도는 하나의 권력이 통치할 수 있는 영역의 크기를 결정했다.

기원전 2000년에는 세상이 오늘날만큼 빠르게 변하지는 않았다. 이틀 전에 내린 명령이 지금부터 이틀 뒤에도 현장 상황에 들어맞을 수도 있었다. 그러나 그처럼 느리게 변하는 시절에도, 권력 중심부의 결정이 주변부의 실제 상황에 어울릴 법하지 않은 한계 시점이 있어야 했다. 그 한계는 언제였을까? 사흘 뒤? 나흘 뒤?

편의상 일단 1주일이라고 치자. 1주일이라는 한계를 벗어난 곳에 사는 사람들은 중앙 통치권자의 통제권 밖에 있다. 그곳에서 만일 비상사태가 생기면 사람들은 명령을 기다릴 수 없다. 현장 가까이에 있는 누군가가 결정을 내려야 한다.

이런 시나리오에서는 도구가 중대한 차이를 낳기 시작한다. 수렵 채집 시대에는 메시지 전달 기술 체계가 전무하다시피 했다. 메시지가 하루에 전달될 수 있는 거리는 인간이 하루에 걸을 수 있는 거리와 같았다. 신체 건강한 사람이라면 1주일 안에 메시지를 전하고 답신을 받아 돌아오기까지 260km쯤 걸을 수 있었을 것이다. 그러나 이 같은 추정에는 전령들이 매시간, 매일, 일정한 속도를 유지하나는 전제가 깔려있다. 그런데 강을 건너고 언덕을 넘고 들짐승과 산적을 물리쳐야 할 때는 속도 유지가 힘들었을 것이다. 선사시대에는 가장 강력한 지도자의 통치 반경도 최대 48km를 훌쩍 넘을 수는 없었을 것이다.

그러다가 말을 길들이면서 가축화된 말은 인간의 정치적 삶을 획기적으로 바꿔놓았다. 말은 1시간에 평균 13km쯤(정확히는 12.9km—옮긴이 주)쯤 이동할 수 있고, 따라서 하루에 평균 8시간 움직인다고 가정하면 100km쯤(정확히는 103km—옮긴이 주) 이동할 수 있고, 말을 이용하면 통치 반경이 700km쯤(정확히는 721km—옮긴이 주) 될 것이다. 물론 말에 올라탄 경우에도 고대의 여행자는 강을 건너고 언덕을 넘어야 했을 것이다. 그러므로 통치 반경을 보수적으로 잡아 560km라고 치자. 560km는 정치국가의 통치 반경 최대치였을 것이다.

아직 고려할 점이 있다. 원거리 교역이 확산되면서 도로와 교량이 설치되었다. 잡목림과 강 같은 장애물이 제거되었다. 사람들은 현지 환경에 대한 통제력을 확보해 동물의 습격과 산적 따위의 위험 요인을 줄였다. 말에 올라탄 전령들의 이동 속도가 기술적 기반 시설의 발전에 힘입어 서서히 최대화되었다. 정치국가의 잠재적 규모가 확장되었다.

어느 모로 봐도 메소포타미아 최초의 정치 단위는 도시국가였고, 첫 번째 도시국가는 지금으로부터 약 5,500년 전에 출현한 우루크였다. 우루크는 세계 최초의 서사시에 나오는 전설적 주인공인 길가메시[Gil-gamesh, 우루크 제1 왕조의 5대 왕]가 다스렸다. 길가메시는 실제로 있었던 왕에 근거를 둔 인물로 추정된다. 그가 다스린 우루크는 9.6km 길이의 성벽으로 둘러싸여 있었다. 따라서 길가메시는 약 7.7k㎡ 넓이의 영역을 직접 지배했다고 볼 수 있다. 그러나 우루크의 지배자들은 우루크 주변의 드넓은 땅에 대한 통제력을 행사했다. 나중에 우루크의 통치 범위는 남북으로 240km, 동서로는 약 80km까지 확대되었다. 아마 당대의 기술적 최대치였을 것이다.

그러나 또 시간이 흘렀고, 기술이 발전했다. 길가메시의 치세가 막을 내린 뒤에 메소포타미아의 또 다른 지배자인 아카드 왕조의 시조 사르곤(재위 BC 2350~BC 2294)이 남서쪽 끝에서 북서쪽 끝까지의 길이가 거의 1,600km이고 면적이 약 79만 8천k㎡에 이르는 제국을 건설했다. 그로부터 800년 뒤, 이집트 신왕국의 파라오들은 사르곤의 제국보다 20% 더 넓은 영역을 지배했다. 그로부터 또 800년이 흐른 뒤, 아시리아인들과 바빌로니아인들이 차례로 사르곤의 제국보다 2배 가까이 큰 제국을 다스렸다. 제국 규모의 확장은 메시지 전달 속도의 향상과 관계있었고, 메시지 전달 속도의 향상은 기술과 기반 시설의 발전을 반영했다.

하지만 속도는 한 가지 고려 사항일 뿐이다. 메시지 내용이 달라지는 문제도 있다. 여러 사람의 입을 거치며 전달되는 메시지는 내용이 바뀔 수 있다. 여러 명이 빙 둘러앉은 채 귓속말로 어떤 문장을 올바르게 전해야 하는 게임을 떠올려보자. 마지막 사람이 바로 앞사람에게 들은 문장은 원래의 문장과 그 내용이 다르기 마련이다. 차례대로 메시지를 전달하는 사람들의 숫자가 많을수록 메시지의 내용은 더 크게 달라진다.

아득한 옛날에는 암기가 중요했지만, 암기는 대부분 거룩한 내용의 글을 기억해야 할 때 쓰이는 방법이었다. 암기의 대상은 복잡한 사회에서의 일상적 상호작용이 아니었다. 그 결과, 문자가 언어의 연장선으로서 등장했다.

　기원전 2000년 무렵의 메소포타미아에서는 사람들이 쐐기문자로 메시지를 주고받고 있었다. 쐐기문자는 축축한 점토판에 새긴 획과 기호－점토판이 마르면 그대로 보존되었다－로 구성되었다. 쐐기문자는 아마 상거래에서 비롯되었을 것이다. 쐐기문자가 쓰인 가장 이른 시기의 글귀는 상인들이 다른 상인들에게 보낸 화물 상자의 겉면에서 발견되었다. 글귀의 내용은 상자 속에 담긴 화물의 종류나 수량과 일치했다. 그런 식의 글귀는 상자를 수령하는 사람이 화물이 정확하게 도착했는지를 판단하는 데 중요한 역할을 맡았다. 화물을 보낸 사람도 받는 사람도 그런 식의 보증 수단이 있어야 제대로 거래할 수 있었다. 만일 상자에 '진주 12개'라는 표시가 있으면 상자를 들고 간 하인은 자기 주인이 포도 12개를 상자에 넣었다고 주장할 수 없었다. 초기의 쐐기문자에는 메소포타미아에서 흔히 거래된 빵, 곡식, 맥주 등의 상품을 가리키는 표시가 있었다.

　쐐기문자의 출발점은 사물을 묘사한 그림이었을 것이다. 하지만 쐐기문자가 널리 쓰이게 되었을 무렵에는, 그 서술적 기호가 대상과 일치하지 않는 현상이 나타났다. 굳이 일치할 필요도 없었다. 물건이 거래되는 사업의 관계망에서는 한정된 숫자의 품목만 상징하면 되었다. 사업의 관계망에 속한 모든 사람은 그 품목들이 각각 무엇인지 알고 있었기 때문에 그것들의 기호를 기억할 수 있었다. 쐐기문자에 형태를 부여하는 것은 기호와 감각 간의 대응 관계가 아니라, 기호가 만들어질 수 있는 편의성과 속도였다. 첨필로 점토판에 새길 경우, 그림보다 선과 쐐기 모양이 유리했다.

　한편, 이집트에서는 신성문자[神聖文字]가 출현하고 있었다. 그 기호들은 종교에서 유래되었다. 신성문자의 초기 형태는, 실제 사건이나 가

공의 사건을 기록하고자 신전의 벽과 중요한 인물들의 묘지에 그린 그림이었다. 그것은 창의성이 풍부한 오늘날의 장편만화 같은 무언의 이야기였다. 이후 그림은 점차 간략화와 양식화를 거쳤고, 결국 갖가지 사물을 나타내는 기호인 상형문자로 진화했다. 그 상형문자는 아직 그것이 상징하는 대상과 밀접하게 연계되었기 때문에 전문가가 아니어도 눈으로 보기만 하면 의미를 이해할 수 있었다. 태양을 의미하는 상형문자는 태양처럼 보였고, 사람을 의미하는 상형문자는 사람처럼 보였다.

그 뒤 페니키아인들의 위대한 개념적 도약이 일어났다. 그들은 다른 언어를 쓰는 사람들과 자주 마주치는 바다의 상인들이었다. 그들은 이 세상의 수없이 많은 대상이 아니라 몇 십 가지에 불과한, 인간이 낼 수 있는 소리를 표시하는 문자를 개발했다. 그 문자 덕분에 페니키아인들은 어느 낯선 바닷가 사람들의 인사말을 기록할 수 있었고, 나중에 그곳에 갔을 때 그들의 언어로 인사말을 건넨 덕분에 좋은 인상을 줄 수 있었다.

페니키아 문자의 훌륭한 점은 간략함이었다. 사람들은 몇 개의 음소를 바탕으로 거의 무한대의 단어를 만들 수 있었다. 페니키아 문자가 등장하자 사람들은 이방인들의 인사말을 문자로 나타낼 수 있었을 뿐 아니라, 이방인들의 인사를 받을 때 자신이 무슨 생각을 하고 있었는지도 표현할 수 있었다. 생각을 말로 나타낼 수 있으면 그것을 기록할 수 있었을 것이고, 나중에 자신이 기록한 내용을 보고 무슨 뜻인지 이해할 수 있었을 것이다. 페니키아 문자는 레반트부터 이베리아반도에 이르는 지중해 세계 전역에서 유사한 문자들이 생기는 발판이 되었다.

실제로 페니키아 문자는 무척 효율적이었기 때문에 그 원리가 주변 지역의 다른 문자들에까지 전파되었다. 일례로, 신성문자는 종교적 용도로는 훌륭했지만, 이집트처럼 바쁘게 돌아가는 관료제 사회에서의 일상적인 메시지 전달 용도로 쓰기에는 너무 복잡했다. 그래서 이른바 '신관문자[神官文字]'라는 간략한 상형문자가 나타났다. 아직 거룩한 내용의 글에는 신성문자가 쓰였지만, 편지, 계약서, 관청 문서 따위에는 빠른 속도로 대충 적을 수 있는 신관문자가 쓰였다. 이후 신관문자는 리버스 퍼즐[rebus puzzle]과 동일한 방식으로 쓰이기 시작했다. 여러분도 알고 있겠지만, 리버스 퍼즐에서 태양을 상징하는 기호는 태양을 의미하는 데 쓰일 수 있다. 카슨[Carson]이라는 사람은 자기 이름을 자동차[car] 그림에 태양[sun] 그림을 합치는 방식으로 적을 수 있다. 어떤 사물의 간략한 그림이, 그 사물을 입말로 나타낼 때의 소리를 상징하는 다른 기호들과 결합할 수 있는 표시가 되자 그림문자는 음성학을 향한 진화를 시작했다.

신관문자는 신성문자보다 더 빨리 적을 수 있었지만, 아직 상형문자 수준에서 벗어나지 못했다. 그러므로 수천 개의 문자를 일일이 배우기가 어려웠다. 이후 신관문자는 거룩한 내용의 글을 적는 데만 쓰이게 되었고, 일상생활에는 훨씬 간략하고, 표음문자에 더 가까운 이른바 '민용문자[demotic]'가 쓰였다. 로마가 이집트를 정복한 기원전 30년 무렵, 민용문자는 페니키아인들이 발명한 것과 같은 완전히 표음적인 자모 문자로 바뀌었다.

그러는 동안, 중국에서는 아예 다른 문자가 출현했고, 그 문자는 음성학적 진화에 접어들지 않았다. 사실 정반대였다. 신성문자처럼 중국의 한자도 출발점은 사물을 일정한 양식의 그림으로 나타내는 그림문자였다. 나무에 해당하는 글말은 나무를 묘사한 조그만 그림이었다. 그런 식의 그림문자는 입말이 서로 달라질 만큼 지리적으로 단절되었던 황허 이남과 이북의 여러 이질적 공동체에서 무척 유용한 수단이었다.

중국에서 그림문자는 특정 기호가 이 세상의 어떤 물질적 대상이 아니라, 사랑이나 정의 같은 '관념'을 대변할 수 있는 표의문자로 진화했다. 그 표의문자는 수학 기호에 비견할 만했다. 예를 들어 프랑스인과 러시아인은 3이나 7,432 같은 수학 기호를 각기 다르게 발음해도 의미는 똑같이 받아들일 것이다. 즉, 관념과 소리는 완전히 별개로 존재한다.

그런 식의 표의문자가 발전한 데 힘입어 말로 표현할 수 없는 의미를 글로 표현할 수 있게 되었다. 즉, 문자 자체가 하나의 언어가 되었다. 특정한 입말에서 벗어난 문자는 특유의 장점이 있었다. 예를 하나 들자면, 권력자는 여러 가지 언어를 쓰는 백성들을 문서를 통해 다스릴 수 있게 되었다. 그것은 중국사를 관통하는 심대한 파급효과를 의미했다.

상인들과 관료들에게 필요했기 때문에 문자가 탄생했고, 똑같은 이유로 수학 기호-숫자-가 등장했다. 상인이 진주 12개를 넣은 상자의 겉면에 새기는 글귀에는 품목뿐 아니라 수량도 적어야 했다. 원래 쐐기문자는 수학적 정보와 의미론적 정보를 전혀 구분하지 않았다. 가령, 보리 한 다발을 묘사한 그림이 '보리'를 뜻한다면 그런 그림 세 개는 '보리 세 다발'을 의미했을 것이다. 하지만 그런 식의 표현 방식은 예를 들어 보리 쉰여섯 다발을 나타내기에는 너무 번거로웠을 것이다. 그래서 수가 사물에서 벗어났고, 고유의 기호로 표현할 수 있는 독자적인 항목이 되었다. 그렇게 해서 수학도 일종의 언어가 되었지만, 수학은 무척 특별한 종류의 언어였다. 즉, 의미가 바뀌지 않은 채 문화적 경계를 건널 수 있는 언어였다.

메시지 전달이 사회유기체의 신경계라면 문자 기록은 사회유기체의 기억소자일 것이다. 그러나 사회유기체의 통일성은 그저 수천 명의 부하에게 메시지를 보내는 한 명의 결정권자에 의해 지탱되지는 않는다.

인간의 뇌와 마찬가지로, 사회적 별자리의 중심은 특정 장소나 특정 인물이 아니라, 전체의 응집력에서 찾아볼 수 있다. 메시지뿐 아니라, 물질재[物質財, 기본적인 의식주의 욕구를 충족시키는 데 필요한 재화—옮긴이 주]도 사회유기체를 통해 이농하기 때문이다. 시대를 막론하고 모든 사회에는 사람들이 재화를 교환하고 각자의 이익을 위해 상대방의 실력을 활용하는 체계가 있다.

18세기 스코틀랜드에서 출생한 영국의 정치경제학자이자 도덕철학자인 애덤 스미스는 최초의 인간 공동체에 교환경제가 존재했다는 유쾌한 견해를 내놓았다. 이를테면, A라는 사람은 온종일 물고기를 잡고, B라는 사람은 하루 종일 신발을 만들었는데, 신발이 필요한 A가 B에게 물고기를 주고 신발을 받았다는 말이었다. 스미스의 이론에 따르면, 결국 그런 식의 교환경제가 너무 번거로울 정도로 확대되자 돈이 발명되었다고 한다. 그러나 하루 종일 신발만 만드는 사람이 어떻게 존재할 수 있었겠는가? 그리고 하루 종일 물고기만 잡는 사람이 있을 수도 없을 것이다. 스미스는 이 점을 설명하지 않았다.

애석하게도 스미스의 이론과 달리, 그가 묘사한 방식의 교환을 바탕으로 작동하는 사회는 지금까지 단 하나도 발견되지 않았다. 돈은 발명품이 아니기 때문이다. 언어처럼 돈도 인간의 상호작용에 따른 자연발생적 부산물이다. 돈은 사물도 아니다. 돈은 추상적 관념이다. 단지 주화 자체를 갖고 싶어서 암소와 주화를 바꾸는 사람은 없다. 암소와 주화를 바꾸는 이유는 예컨대, 마차와 주화를 바꿀 수 있기 때문이다. 돈은 암소를 마차로 바꾸는 방법일 뿐이다. 수학 기호가 수량화되는 모든 사물과 별개인 요소로서의 수량이라는 것을 등장시키듯, 이 돈은 가치를 지닌 모든 물질적 사물과 별개인 실체로서의 '가치'라는 것을 성립시킨다.

한 인간 집단에서 모든 사물이 단일한 측정 단위로 수량화될 수 있을 때, 모든 종류의 사물이 나머지 모든 종류의 사물과 교환될 수 있다. 메시지 전달을 사회유기체의 신경계에 비유할 수 있다면, 돈은 사회유기체의 순환계에 비유할 수 있을 것이다. 돈은 가치가 이곳에서 저곳으로 흘러갈 수 있는 연결망을 만들어낸다. 한 장소에서 유통되는 물질재가 별안간 다른 장소에서 전혀 다른 물질재로 등장할 수 있다. 이것은 오직 돈만 일으킬 수 있는 현상이다.

돈은 거래가 존재하는 공동체-바꿔 말해 모든 공동체-에서 출현한다. 일반적으로 죄수들이 현금을 지닐 수 없는 감옥에서는, 자연히 담배가 화폐로 변신한다. 피울 수 있는 품목이라는 담배의 가치가 어떤 물건의 상대적 가치를 측정하는 정밀한 수단이라는 가치에 자리를 양보하는 것이다.

5천 년 전의 문자 기록에 따르면, 메소포타미아의 모든 공동체에서 중추적인 역할을 맡은 신전 관리자들은 사람들이 신전에 바친 공물의 양을 보리의 중량을 기준으로 상세히 장부에 기록했다. 그러나 관리자들이 급료를 받게 되자 더는 보리가 필요 없게 되었다. 이제 그들은 보리의 양과 맞먹는 가치를 지닌 '무언가'의 양을 활용했다. 그 교환 과정에는 현금이 전혀 개입되지 않았고, 오로지 신용-어떤 사람이 받아야 할 몫을 기록해둔 것-만 작동했다. 이렇듯 신용은 현금보다 먼저 생겼다. 돈은 물물교환을 대체하지 않았다. 돈이 대체한 것은 신용과 부채의 계산법이었다.

막대한 양의 금을 축적한 고대의 왕들은 그냥 금을 들고 밖으로 나가 물건을 사들이지 않았다. 그들은 금을 자기가 보유한 순자산의 척도로 삼았다. 왕들이 여러 사람의 참여가 필요한 대형 사업에 착수할 때 화폐가 출현했다.

데이비드 그레이버[David Graeber]가 《부채, 그 첫 5000년 *Debt: The First 5,000 Years*》(정명진 옮김, 부글북스, 2011)에서 설명하듯이, 전쟁이 극명한 본보기다. 대군을 거느린 왕은 다수의 사람을 자기 뜻대로 부릴 수 있었지만, 병사들에게 의식주를 제공해야 했다. 한 사람이 어떻게 그 모든 일을 할 수 있었을까? 설령 왕이 대규모 참모진에게 그 일을 맡겼다고 해도 참모진을 관리하는 동시에 모든 참모에게 일일이 의식주를 제공하기는 힘들었을 것이다. 그것은 논리적 난제였다. 그러나 깔끔하고 간단한 해결책이 있었다. 병사들(과 참모들)에게는 일정량의 금으로 급료를 지급하고, 백성들에게는 금으로만 납부할 수 있는 세금을 부과하면 되었다. 백성들은 왕이 부과한 세금을 내는 데 필요한 금을 마련하기 위해 재화와 용역을 왕의 병사들에게 제공해야 했고, 결과적으로 특정 왕에게 지배받는 개인들은 어쩔 수 없이 각자의 진취성과 창의력과 역량을 발휘해 왕의 군대를 유지해야 했다. 왕은 세금을 거두고 병사들에게 대가를 지불하기만 하면 되었고, 왕의 순자산은 절대 줄어들지 않았다. 왕이 병사들에게 지급하는 금은 언제나 왕의 금고로 다시 흘러들어 왔기 때문이다.

왕이 백성들의 납세 수단으로 받아들인 모든 것이 화폐가 되었지만, 돈의 힘은 혈연 집단이나 언어 집단이나 세계관을 뛰어넘는 거래를 현실화할 만큼 막강했다. 이미 기원전 2000년부터 교역품들은 인도와 소아시아처럼 멀리 떨어진 곳들을 왕래했다. 그런 거래가 일어나려면 이곳에서 통용되는 화폐 단위가 저곳에서 통용되는 화폐 단위와 교환되어야 했다. 그렇게 되려면 '화폐'의 상대적 가치를 계산할 수 있어야 했다. 여기서 계산은 일종의 공통분모였다. 돈은 수학 없이는 탄생할 수 없었을 것이다. 수학은 원거리 교역으로 성립된 세계에서 메시지 전달의 절박성에 따라 문자와 더불어 등장했다. 원거리 교역은 서로 다른 곳에 사는 사람들의 호혜적 상호작용을 수반했다. 간단히 말해 사회적 우주에서는 모든 것이 모든 것과 연계되어 있다.

메시지 전달, 돈, 수학, 관리 체계, 군사 기술, 거대 서사 등이 발달하면서 정치국가의 규모도 커졌다. 아카드는 우루크보다 더 컸고, 아시리아는 아카드보다 더 컸다. 그러나 정치국가 규모의 변화는 일정하거나 점진적이지 않았다. 페르시아의 아케메네스 왕조[Achaemenid]는 2천만㎢, 그러니까 아시리아인들이 통치한 제국 영토의 5배가 넘는 영토를 호령했고, 그처럼 규모가 크게 증가한 것은 매우 갑작스럽게, 즉 50년 사이에 일어난 현상이었다. 그처럼 괄목할 만한 현상이 가능한 데는 무언가 원인이 있었을 것이고, 틀림없이 그 원인은 여러 장소에 영향을 미쳤을 것이다. 왜냐하면, 아케메네스 페르시아와 더불어 초강대국의 시대, 거대 제국의 시대가 열렸기 때문이다. 아케메네스조 페르시아에 뒤이어 그리스, 인도, 로마, 중국 등지를 중심으로 비슷한 규모의 제국들이 등장했다. 기원전 533년, 페르시아는 당시 메소포타미아에서 가장 크고 가장 세련된 제국인 칼데아인들의 신바빌로니아 제국을 정복함으로써 엄청난 제국적 팽창을 향한 중대한 고비를 넘겼다. 그런데 왜 하필 그때였을까? 왜 페르시아가 그랬을까? 그리고 왜 이후의 거대 제국들이 그랬을까?

7 장

거대 제국들이 무대에 오르다

(기원전 500년~기원전 100년)

오늘날, 바빌론은 '타락의 소굴'이라는 말의 동의어로 통한다. 하지만 한때 바빌론은 메소포타미아에서 신들의 도시로 여겨졌다. 1천 개가 넘는 신전이 있었기 때문에 바빌론은 메소포타미아인들 사이에서 모종의 고고한 분위기를 풍기는 곳으로 통했다. 그 독특한 분위기는 이슬람교도들이 몇 세기에 걸쳐 메카에 대해 느낀 것이나, 가톨릭 신자들이 바티칸에 대해 느낀 것과 같은 분위기였다. 바빌론은 학문과 장서[藏書]의, 예술과 품위와 문화의, 웅장한 건물과 우아한 정원의 도시였다. 하지만 지금까지 그 모든 것은, 바빌로니아가 무자비하게 도시들을 약탈하고, 도시민 전체를 망명의 길로 몰아넣고, 다수의 불운한 자를 수도인 바빌론으로 끌고 와 포로 신분으로 살게 했다는 사실에 가려지고 말았다. 포로 생활을 했던 사람 중에는 유다인들도 있었다. 유다인들은 포로 생활을 이어가는 동안 유대인이 되었고, 훗날 바빌론을 잔인성과 타락의 동의어로 전락시킨 책을 집필함으로써 펜이 칼보다 강하다는 금언을 몸소 실천했다.

유대인 사이에서는 바빌로니아의 벨샤자르 왕[Prince Belshazzar]이 약 1천 명의 절친한 벗들을 위해 베푼 연회를 둘러싼 이야기가 전해 내려온다. 포도주가 넘치도록 잔에 채워지고 흥겨움이 가득해지고 있을 때, 거대한 연회장의 불빛이 어둑한 한곳에서 갑자기 몸과 분리된 손가락이 나타나더니 불타는 글씨로 연회장 벽에 '메네 메네 데겔 우바르신[Mene Mene Tekkel Upharsin]'-"헤아렸다. 헤아렸다. 무게를 달았다. 그리고 둘로 나뉘었다."라는 뜻-이라고 썼다. 횡설수설거리는 것처럼 보였지만, 벨샤자르는 신중하게도 그 불타는 글씨를 무시하지 않았다. 그는 꿈을 풀이해주는 유대인 다니엘을 불러들여 그 이상한 말의 의미를 해석해 달라고 했다. 다니엘은 "왕의 시절이 끝났고, 왕의 처신을 저울로 달아 보니 무게가 모자라고, 페르시아 사람들이 왕국을 둘로 나눌 것이다."라는 뜻이라고 아뢰었다.

다니엘이 옳았다. 바로 그 순간 서양사에는 키루스 대제[Cyrus the Great]로 알려진 고레스 왕[King Kourosh]이 이끄는 페르시아 군대가 언덕에서 내려오고 있었다. 페르시아인들은 이란의 한 부족이었고, 키루스는 페르시아의 아케메네스 왕가에 속했다. 아버지에게 권좌를 물려받자마자 그는 다른 이란 부족들을 복속시켰고, 당시 가장 부유한 왕국인 리디아[Lydia]의 왕 크로이소스[Croesus]를 목표로 진군했다-리디아 왕국은 역사상 최초로 주화를 발명한 곳이었다.

크로이소스에게는 전투를 치르기에 적합한 봄이 오기만 하면 키루스의 군대를 무찌를 태세를 갖춘 든든한 군대가 있었다. 봄이 와야 싸움이 시작된다는 것은 상식이었으나, 키루스는 예외였다. 그는 상식을 깼다. 놀랍게도 그는 한겨울에 리디아의 수도로 진격했고, 무방비 상태의 수도를 손쉽게 차지했다.[7] 그러고 나서 키루스는 눈에 띄는 모든 산과 골짜기를 정복하기 시작했고, 마침내 메소포타미아의 가장자리까지 지배하게 되었다.

기원전 539년, 바빌로니아인들은 페르시아인들에 대해 염려하지 않았다. 그들에게는 동심원 모양으로 수도를 에워싼 12m 높이의 성벽이 있었다. 바빌론은 난공불락이었다. 그러나 지금까지의 역사에서 알 수 있듯이, 난공불락의 요새도 무너질 수 있다. 바빌론의 수원지는 유프라테스강이었고, 강물은 성벽 밑 지하 수로를 거쳐 흘러들어 왔다. 키루스는 임시로 운하를 몇 개 파서 지하 수로의 물을 빼내도록 했고, 페르시아 병사들은 텅 빈 지하 수로를 통해 바빌론에 침투했다.

당시의 전형적인 관습대로 바빌로니아의 왕족들을 모조리 처형하고 그 백성들을 노예로 삼는 대신에, 키루스는 바빌로니아인들에게 신전을 복구하게 했고, 바빌로니아에서 포로로 잡혀있던 사람들의 귀향을 허용했다. 바로 그때 유대인들은 이스라엘로 돌아왔고, 키루스 대제는 유대인들의 종교적 서사에서 성군으로 추앙되었다. 이후 키루스의 아들은 이집트 원정에 나섰고, 그다음 황제인 다리우스[Darius]가 이집트 원정을 마무리했다. 다리우스의 치세 동안, 아케메네스 왕조의 페르시아 제국은 그 어느 정치국가도 감히 필적하지 못했던 규모를 자랑했다. 페르시아의 영토는 오늘날 아프가니스탄의 동쪽 변경부터 오늘날 수단의 북쪽 경계선까지 뻗어 있었고, 다리우스가 정복 사업을 마무리할 무렵의 페르시아 제국은 마치 최고 상태의 엔진처럼 으르렁대고 있었다.

---

7) 리디아를 정복한 뒤, 키루스는 이례적인 행보를 보였다. 적을 죽일 수 있는 정복자의 권리를 행사하지 않고, 크로이소스를 리디아 담당 고문으로 삼았다.

그 비결은 무엇이었을까?

해답은 관리, 메시지 전달, 돈, 군사력 등에 있었다. 우선, 관리 부분을 살펴보자. 키루스와 후계자들은 피정복민들을 정치 전략 차원에서 포용했을 뿐 아니라, 체계적인 관리 기법도 구사했다. 그들은 제국 전체를 23개의 속주로 나눴고, 각 속주는 황제가 직접 임명하고 황제에게 직접 책임지는 총독에 해당하는 태수가 다스렸다. 아케메네스 페르시아에는 단 한 명의, 굳이 토를 달 필요도 없는 결정권자가 있었다. 그가 관리자였다.

단 한 명의 권력자가 그 방대한 영역을 지배할 수 있었던 비결은 아케메네스 페르시아인들이 아주 정교한 메시지 전달 기반 시설을 개발했기 때문이다. 그들은 제국 전역에 단단히 다진 흙으로 구축한 도로망을 구축했다. 그 도로망의 간선도로는 제국의 수도부터 제국의 서쪽 변경까지 이어진 2,400km 길이의 왕도였다. 말과 이륜 전차는 왕도의 부드러운 표면 위를 최고 속도로 달릴 수 있었다. 척추에서 신경이 갈라져 나오듯이, 도로망의 여러 지점에서는 필요에 따라 보조도로가 뻗어 나왔다.

도로를 따라가다 보면 여행자들이 쉬고 먹고 잠잘 수 있는 국영 여인숙이 일정한 간격으로 들어서 있었다. 도로와 숙소 같은 기반 시설 덕택에 페르시아인들은 국가로부터 급료를 지급받는 파발꾼들이 국립 도로를 따라 말을 타고 이 역에서 저 역으로 달리는 일종의 속달우편 제도를 운용할 수 있었다. 각 역에서, 파발꾼은 전달할 소식을 담은 가방을 다음 파발꾼에게 넘겨줬다. 파발꾼들은 휴식을 위해 멈췄지만, 소식은 그럴 일이 없었다. 파발꾼들은 빠르게 이동했다. 굳이 짐승이나 음식이나 물 따위에 대해 걱정할 필요가 없었기 때문이다. 국가가 모든 것을 처리해준 덕분이었다. 파발꾼들은 임무에만 전념할 수 있었고, 그들의 임무는 소식이 잇달아 전달되도록 하는 것이었다. 그 제도 덕택에 7일 뒤나 7일 안에 제국의 이쪽 끝에서 저쪽 끝까지 소식이 전달될 수 있었다. 만약 7이 기준선이라면, 아케메네스 페르시아인들은 간신히 기준선을 통과했다고 볼 수 있을 것이다.

아케메네스 왕조는 멀리 떨어진 속주의 태수들이 독자적인 권력 기반을 마련해 왕으로 자처하는 일을 어떻게 예방할 수 있었을까? 아케메네스 왕조는 그 문제를 '왕의 눈과 귀'를 통해, 즉 제국을 돌아다니며 황제가 알 필요 있는 골칫거리의 낌새를 감시하는 황실 직속의 첩자들을 통해 처리했다. 그것은 본질적으로 정교한 첩보망이었다. 메시지 전달에 관한 설명은 이쯤에서 마치겠다.

다음은 돈에 관해 살펴보자. 페르시아 제국의 영토 안에는 나름대로 부유한 여러 지역이 있었다. 이집트에서는 곡물이 생산되었고, 북부 스텝 지대의 스키타이인들[Scythians]은 말을 길렀고, 아프가니스탄에는 금과 귀한 보석이 잔뜩 있었다. 나름의 생산력을 갖춘 그 모든 지역에서는 합리적인 조세 제도가 시행되었다. 정복에 성공한 왕들은 피정복민들에게 오랫동안 조공을 요구했지만, 조공과 세금은 차이가 있었다. 피정복민들이 정복자에게 바친 조공은 정복자가 자기 금고를 채우기 위한 수단일 뿐 아니라, 피정복민들을 억누르는 수단이기도 했다. 조공으로 인해 피정복 사회가 가난해지고 약해지면 조공은 효과가 있는 것이었다. 합리적인 조세 제도는 정반대였다. 조세 제도가 합리적인 경우, 어떤 지역의 주민들은 생산성 손실 없이 부담할 수 있는 만큼의 세금만 내면 되었다. 어떤 지역이 경제적으로 번성하면 할수록 중앙의 지배자는 더 많은 세금을 거뒀다. 조세 제도는 납세자들이 경제적 형편이 좋아질수록 효과가 있었다.

페르시아의 세 번째 황제인 다리우스 대제는 금화인 '다릭[daric]'과 은화인 '시글로스[siglos]'를 주조함으로써 일찍이 리디아인들이 창시했던 제도를 계승했다. 황실은 주화로 대형 기반 시설 사업의 자금과 군대 유지비용을 조달했다. 황실은 태수들에게 담당 지역에서 세금을 거두도록 명했는데, 납세자들은 황실에서 발행한 주화로 세금을 내야 했다. 황실이 일꾼들에게 주화를 지급하자 일꾼들은 그것으로 원하는 물건이나 일에 지출했고, 그 결과 주화가 유통되었다. 일단 규격화된 주화가 널리 유통되자 황제의 신민들은 제국의 영역 안에서 주화로 온갖 물품을 거래했다. 황제의 주화가 신용을 얻은 모든 곳에서 상품이 유통되었다.

아마 페르시아 제국의 어느 한 지역이 다른 여러 지역에서 유통되는 금, 곡물, 말, 보석 같은 온갖 상품을 갖추고 있었다면 그 지역은 헤아릴 수 없을 만큼의 부를 쌓았을 것이다. 규격화된 주화 덕분에 방방곡곡에서 상품이 원활히 유통되자, 아케메네스 페르시아 제국은, 어떤 의미에서, 그 갖가지 상품을 모두 갖춘 유일한 곳으로 볼 수 있었다.

황제의 주화는 무게가 엄격하게 관리되고 금은비가[金銀比價]도 완전히 표준화되었기 때문에 평범한 금 조각이나 은 조각보다 훨씬 효과적인 수단이었다. 여기서 다시 수학으로 눈길을 돌려보자. 1다릭의 가치는 20시글로스의 가치와 같았다. 황제의 주화는 돈과 수학과 상거래의 보람 있는 교차점을 대변했다. 다릭을 쓰는 사람들은 어느 약삭빠른 중개인이 그 금화의 테두리를 조금도 깎아내지 않았음을 확신할 수 있었다. 왜냐하면, 다릭에는 궁수의 그림이 새겨져 있었기 때문이다. 그리고 사람들은 다릭이 금박을 입힌 청동이 아님을 확신할 수 있었다. 왜냐하면, 황제의 주화를 위조하는 짓은 범죄였고, 황제의 눈과 귀에 해당하는 첩자들이 곳곳에 있었기 때문이다. 게다가 페르시아의 황제들은 너그럽기로 유명했지만, 실은 마음씨 좋은 사람들이 아니었기 때문이다. 궁극적으로, 돈이 조세 제도와 함께 제 기능을 다 하려면 군사력이 뒷받침되어야 했다.

페르시아 제국의 군사력은 막강했다. 페르시아는 광대한 영토에서 병력을 차출할 수 있었다. 국가에 병력과 말과 군사물자를 조달하는 일은 모든 태수의 의무 중 하나였다. 결과적으로 페르시아는 대규모 상비군을 보유할 수 있었다. 상비군에는 1천 명의 정예병으로 이뤄진 불사부대[Immortals]가 있었다. 그들은 독특한 군복을 입고 싸우는 노련한 군인들이었기 때문에 전쟁터에서 금방 눈에 띄었다. 불사부대에는 전위대와 같은 복장의 예비 병력인 후위대가 있었다. 전위대의 병사가 쓰러지면 후위대의 병사가 즉시 그 자리를 메웠다. 따라서 그들을 상대로 싸우는 적군들에게, 불사부대는 마치 칼에 찔려도 금방 되살아날 수 있는 것처럼 보였다. 그 정예병들을 불사부대로 부른 것은 페르시아인들이 아니라, 전쟁터에서 그들과 맞선 사람들이었다.

지금 내가 아케메네스 페르시아 제국을 꽤 오랫동안 살펴보는 까닭은 이 제국이 유별난 사례가 아니라 평범한 사례이기 때문이다. 돈, 수학, 메시지 전달, 관리 전략, 군사기술 등은 페르시아를 위시한 여러 곳에서 발전하고 있었다. 6세기의 페르시아는 그런 발전상이 최초로 하나의 임계점에 수렴한 곳에 불과했다. 그때 페르시아에는 쐐기문자에서 유래한 표음적 글말, 최첨단 우편제도, 세계 수준의 첩보망, 황실에서 발행한 주화, 합리적인 조세 제도, 정예부대가 선봉을 맡는 상비군 등이 있었다. 그 모든 것이 페르시아 제국을 떠받치는 토대였다. 왕도, 다릭과 시글로스, 태수와 불사부대 등은 한데 어우러져 페르시아라는 별자리를 구성하는 개별적이면서도 상호 연관된 수많은 특징 중 몇 가지였다.

돈, 수학, 메시지 전달, 관리, 군사력 등에 하나를 추가하도록 하자. 거대 서사도 한 가지 요인이었다. 페르시아 영역의 중심부는, 그 지역에서 폭넓은 공감대가 형성된 조로아스터교의 세계관으로부터 기인한 응집력이 있었다. 그랬다. 키루스와 그의 후계자들은 백성들이 원하는 대상을 숭배하도록 내버려 뒀지만, 이 세계를 무대로 바라보고 역사를 빛과 어둠 간의 우주적 투쟁으로 바라보는 신앙에는 공식적인 특혜를 베풀었다. 그 신앙은 이란 고지대의 사회 조직에 얽혀 있는, 그리고 비옥한 초승달 지대의 거대 서사와 잘 어울리는 신념 체계였다. 페르시아 제국 황제들의 정치적 영향력 범위가 비옥한 초승달 지대의 거대 서사가 스며든 영역과 일치한 점은 아마 우연이 아니었을 것이다. 페르시아인들은 돈과 군사력 같은 여러 가지 수단을 현장에 적용했지만, 거대 서사는 현장을 단일한 전체로 만들었고, 덕분에 페르시아인들에게는 정복해 차지할 무언가가 생겼다. 자갈 더미보다는 바위 하나를 움켜잡기가 더 쉬운 법이다.

페르시아 제국이 성장하는 동안 정점에 도달한 여러 가지 발전상은 다른 곳에서도 엿보이고 있었다. 중국, 메소포타미아, 서유럽 등지에서도 도로 건설 기술이 진보하고 있었다. 아시리아 제국에도 첩보망과 초보적인 우편제도가 있었다. 점점 더 많은 사회가 이런저런 형태의 문자를 사용하고 있었다. 수학적 지식은 마치 질병처럼 문화적 인자와 무관하게 전파되었다. 리디아인들은 어쩌다 주화를 발명했지만, 다른 사회들에서도 경질합금[硬質合金]으로 규격화된 화폐를 만드는 방법을 모색하고 있었다.

물론 군사 기술은 모든 측면에서 이미 진보하고 있었다. 기원전 1000년경, 청동은 철에 밀려났고, 철은 강철로 진화했다. 투석기와 공성용 기계장치가 발명되었다. 이제 이륜 전차의 바퀴에는 항상 칼날이 부착되었다. 페르시아 제국 같은 제국이 출현할 수밖에 없었다. 그랬다. 페르시아 제국이 탄생하는 데는 키루스라는 사람이 필요했다. 물론 그는 탁월한 인물이었다. 하지만 탁월한 인물은 생각보다 희귀하지 않다. 몇몇 인물이 역사에 등장했다. 키루스처럼 그들도 사납게 넘실대는 물결을 탔기 때문이다. 다른 사람들은 알려지지 않은 채 사라졌다. 그들은 자신이 속한 맥락에서 활용할 만한 수단이 없었기 때문이다. 발이 없는 뱀은 달리기에서 이길 수 없었다.

페르시아인들을 하나로 묶는 거대 서사와 그들이 보유한 기술을 고려할 때, 페르시아는 거의 최대한 몸집을 불렸다. 마침내 페르시아는 다른 지역의 중심부에서 팽창하고 있던 사회적 실재와 마주치게 되었다. 하지만 그리스인들을 정복하고자 했을 때 페르시아인들의 문화적, 물질적 자원은 고향 땅에서 적군에 맞서 싸운 그리스인들의 통합적 응집력을 극복하지 못했다.

페르시아의 힘센 악당들이 쳐들어오기 전까지 그리스는 이기적이고 단호한 소규모 도시국가의 느슨한 연합체로 보였지만, 실제로는 결코 만만한 존재가 아니었다. 그리스인들은 몇 세기 동안 나름대로 유력한 해양 세력이었다. 그리스인들의 영향력은 이탈리아의 식민지부터 흑해의 교역 거점까지 미치고 있었다. 그들에게는 유일 통치자가 없었지만, 모름지기 유일 통치자는 힘의 근원으로 과대평가될 우려가 있다. 그랬다. 그리스인들은 독자적인 법을 갖춘, 자주적이고 자치적인 여러 개의 도시국가를 이뤘지만, 그 여러 국가에 사는 사람들은 단일한 사상의 관계망을 공유했다. 그들은 언어와 기질과 역사의식을 공유했다. 같은 시인들을 알고 존경했으며, 같은 신들을 인정했다. 그들은 다른 도시국가의 신탁 장소를 찾아가 조언을 구하기도 했다. 그들에게는 비슷한 제도가 여럿 있었다. 예를 들어 페르시아가 그리스를 침공할 무렵, 올림픽 경기는 이미 300년 전부터 열리고 있었다. 그리스인들은 수많은 섬과 반도에 마구잡이로 흩어져 사는 사람들이 아니었다. 그들은 집단으로 구축한 고유의 세계에서, 즉 그들에게 구체적 정체성을 부여한 세계에서 생활하는, 자의식 있는 사회적 별자리였다. 그들의 정체성에는 페르시아인이 아니라는 점이 한 가지 특징으로 포함되었다. 이해를 돕는 차원에서 덧붙이자면, 그리스인들은 중국인도 아니었지만, 중국인이 아니라는 점은 그들의 정체성에 포함되지 않았다.

기원전 490년, 다리우스 대제는 그리스로 군대를 보냈고, 아테네인들은 마라톤 전투[Battle of Marathon]에서 페르시아 군대를 격파했다. 그때 아테네인들은 자국으로부터 40㎞ 떨어진 곳에서, 페르시아인들은 본국으로부터 2,880㎞ 떨어진 곳에서 싸웠다. 본국에서 그처럼 멀리 떨어진 곳에서, 페르시아적 서사의 한계를 벗어난 곳에서 다리우스는 그다지 위대한 존재가 아니었다. 10년 뒤, 다리우스의 아들 크세르크세스[Xerxes]가 그때까지의 역사를 통틀어 최대 규모의 군대를 이끌고 그리스로 쳐들어와 아테네를 불태워버렸다. 그러나 그리스인들은 살라미스 해전[Battle of Salamis]에서 페르시아 해군을 전멸시켰고, 크세르크세스는 몰래 본국으로 달아났다.

수포로 돌아간 비슷한 시도들이 흔히 그렇듯이 페르시아의 그리스 침공도 뜻밖의 결과로 이어졌다. 그리스인들은 발끈했고, 자긍심에 불탔고, 황금시대를 맞이할 채비를 했다. 그리스인들에게는 유서 깊은 지적 활력의 역사가 있었다. 이미 2세기 전에 탈레스는 획기적인 질문을 던졌고, 1세기 반 전에 피타고라스는 그 유명한 원리를 정립했다. 이제 그리스의 극작가들은 그리스와 페르시아 간 전쟁을 회상하며 역사상 최고의 몇몇 희곡을 쏟아냈고, 조각가들은 불멸의 예술품을 만들어냈고, 플라톤 같은 철학자들은 독창적인 학파를 일궜다.

그리스인들은 페르시아라는 별자리 변두리의 희미한 별이 되려고 하지 않았다. 그들은 자존심이 너무 강해서 누군가의 언저리에 머물려고 하지 않았다. 그들은 의제를 내놓을 능력이 있는 결집된 집단 자아였다. 그들은 페르시아인들을 물리치는 데 그치지 않았다. 그들은 싸움터를 페르시아로 옮겼다. 그것은 필연적인 일이었다.

알렉산드로스 대제는 그리스인이라기보다 그리스인에 속하는 사람이었다. 그의 아버지 필리포스는 그리스 문화권의 주변부에 있는 지방 왕국인 마케도니아를 다스렸다. 마케도니아인의 관점에서, 그리스인은 세련된 대도시 사람이었다. 그리스인이 볼 때 마케도니아인은 시골뜨기였다. 마케도니아의 필리포스 왕은 아테네의 위대한 철학자 아리스토텔레스를 아들인 알렉산드로스의 스승으로 삼았다. 아테네의 고위 귀족 중에 마케도니아인을 가정교사로 채용하려는 사람은 아무도 없었을 것이다.

그래도 필리포스 왕이 그리스의 여러 도시국가를 정복했을 때 마케도니아인들은 자신을 그리스인으로 여겼다. 이후 아버지로부터 권좌를 물려받은 알렉산드로스는 동쪽으로 눈길을 돌렸고, 페르시아를 그리스인의 시각으로 바라봤다. 그리고 그리스인에게는 페르시아인을 향한 사무친 원한이 있었다. 우리가 자주 듣는 말이지만, 그 뒤 10년에 걸쳐 알렉산드로스 대제는 '세계를 정복'했다. 다리우스가 지배한 제국과 알렉산드로스가 지배한 제국을 지도로 비교해보면, 실제로 알렉산드로스가 정복한 지역은 페르시아의 세계였다는 점을 확인할 수 있을 것이다.

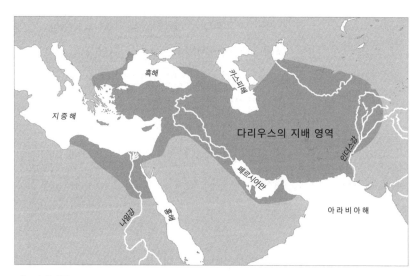

페르시아 제국

그리스 제국

　　그러나 페르시아인들이 그들 응집력의 한계를 초월하여 그리스를 침
공했듯이, 그리스인들도 응집력의 한계를 넘어 인더스강을 건넜다. 그

때까지 알렉산드로스의 병사들은 그와 함께 약 4,800㎞를 이동했지만, 형이상학적으로 표현하자면, 인더스강을 건넜을 때 그들은 낯선 땅의 낯선 사람들이었다. 그들이 진입했을 때 인도에는 카스트와 여러 개의 팔이 달린 여신이 있었다. 희미한 기억으로 남은 베다인들의 대규모 말 희생제와 정적인 시간관과 세상을 허황된 곳으로 여기는 세계관도 있었다. 그리스화한 중간 세계의 문화에 젖어 있던 병사들은 십중팔구 그 엄청난 상이성[相異性]의 양과 정도에 압도되었을 것이다. 그들은 이제 더는 상상하고 이해할 수 있는 현실의 가장 동쪽 끝에 있는 것이 아니었다. 그들은 지금 다른 누군가가 실제로 이해하고 있는 현실의 가장 서쪽 끝에 있었다. 인도에서 그들은 주인공이 아니었다. 저 먼 곳의 또 다른 중심부로부터 퍼져 나오는 세계사적 이야기의 단역일 뿐이었다.

사실 알렉산드로스가 거세게 돌진하는 동안 인도에서는 거대한 제국이 일어서고 있었다. 페르시아 제국을 태동한 조건과 같은 조건이 인도에서도 임계점까지 무르익었다. 인도판 키루스나 알렉산드로스에 해당하는 거물이 이미 등장했다. 그는 부모를 일찍 여읜, 상인 계급 출신의 빈털터리 고아인 찬드라굽타 마우리아[Chandragupta Maurya]였다. 전설에 따르면, 어릴 적 찬드라굽타는 나무 밑에서 잠들었다가 깼더니 호랑이 한 마리가 그의 얼굴을 핥고 있었다고 한다. 그 순간 찬드라굽타는 자신이 위인의 운명을 타고났음을 깨달았다.

알렉산드로스의 군대가 인더스강을 건널 무렵, 찬드라굽타는 자신이 태어난 나라인 마가다 왕국[Magadha]을 차지했다. 그리스 군대가 물러가자 찬드라굽타 마우리아의 군대가 진군해 그 빈자리를 채웠다. 마우리아 제국의 영토는 페르시아 제국보다, 그리고 심지어 알렉산드로스가 정복한 땅보다도 더 넓었다. 마우리아 제국의 영토는 인도의 남쪽과 동쪽 끝에서 카이바르 고개[Khyber Pass, 오늘날의 아프가니스탄과 파키스탄 국경 근처의 고개-옮긴이 주] 너머까지 펼쳐져 있었다.

그토록 방대한 영토를 어떻게 다스릴 수 있었을까? 여기서 우리는 또다시 관리, 메시지 전달, 돈, 수학, 군사력, 거대 서사 쪽으로 시선을 돌려야 한다. 페르시아인들처럼 마우리아인들도 도로망을 깔았고, 수많은 하천 교통로를 보완하고자 휴게소를 설치했다. 그들은 페르시아와 흡사한 우편제도를 마련했다. 중량과 치수를 표준화했고, 독자적인 주화를 발행했다. 촌락, 소관구, 대관구, 속주 따위로 구성된 페르시아식 행정 구조를 확립했고, 속주의 태수는 황제에게 직접 보고했다. 그리고 페르시아 제국 황제처럼 마우리아 제국 황제도 대규모 첩보망을 뒀다. 상인도 브라만 계급의 사제도 매춘부도 간첩일 수 있었고, 정보는 각 간첩의 담당 구역으로부터 제국의 중심부로 흘러들었다.

아울러 찬드라굽타의 세계는 이미 완전히 무르익은 거대 서사에 흠뻑 빠져있었다. 인도에서의 거대 서사는 조로아스터교가 아니라, 힌두교 · 불교 · 자이나교였다. 서로 조금씩 차이가 있지만, 이들 사상 체계는 모두 동일한 거대 서사에서 추출되어 평화롭게 공존했다. 종교는 응집력을 낳았고, 응집력에 힘입어 찬드라굽타 이후의 어느 황제는 세상에는 다스릴 것밖에 없으므로, 만물을 다스리겠다는 포부를 품을 수 있었다.[8]

---

8) 마우리아 왕조의 3대 황제인 아소카는 유난히 잔혹한 전투를 치른 뒤 불교에 귀의하는 극적인 체험을 했다. 이후 그는 불교를 제국의 강령으로 삼았다. 백성들은 여전히 각자 원하는 대상을 원하는 방식대로 숭배할 수 있었지만, 국가는 불교의 교리를 가르치는 사람과 불교를 퍼트리는 사람들을 지원했고, 불교의 가르침을 제국 도처의 바위와 기둥에 새겨 넣게 했다. 아소카는 명상에 집중하고자 사냥을 삼갔고, 선한 삶으로 이어지는 행동 원칙인 법[法, dharma]이라는 교리를 내놓았다. 그는 오늘날까지 불교의 독자적인 선각자로 기억되고 있다.

페르시아인들과 그리스인들과 마우리아인들은 하나같이 몇 세기 만에 화려한 제국의 영광을 누렸다. 얼마 지나지 않아 더 거대한 두 개의 제국이 생겼다. 동쪽의 중화 제국과 서쪽의 로마 제국은 각각 세계에서 가장 인구가 많은 지대의 양쪽 끝에 있었다. 알다시피 두 제국은 초기의 거대 국가 가운데 제일 오래 버틴 나라들이었기 때문에 상세히 살펴볼 만하다.

천하의 중심으로 자부한 중국인들은 아득한 옛날부터 보편 제국 개념을 언급했지만, 과거의 제국들은 실제로 그리 넓은 영토를 차지하지 못했다. 그러나 기원전 3세기, 중국인의 신화적 상상 속에 존재했던 제국이 별안간 물질세계에 완전히 뿌리를 내렸다.

거기에는 두 단계의 과정이 따랐다. 출발점은 오랜 전국시대[戰國時代]의 절정기였다. 기원전 249년, 문화의 측면에서 중국적 성격을 지닌 7개의 나라가 황허 유역과 양쯔강 유역 사이에서 패권을 다투고 있었다. 그중 하나가 무모한 통치자가 다스린 상무적 기풍의 왕국인 진나라였다. 무모한 왕이 세상을 떠나자 열세 살의 아들이 왕위를 이어받았다. 이웃 나라의 왕들은 입맛을 다시며 칼을 갈았다. 진은 손쉬운 먹잇감으로 보였다. 그러나 그들은 어린 왕을 너무 얕봤다. 진나라의 어린 왕은 선제공격을 감행했다. 그냥 공격이 아니라 맹공이었다. 이후 28년 동안 전쟁이 이어졌다. 비명이 그쳤을 때, 모든 경쟁국은 시황제로 자처하고 나선 왕에게 꼼짝하지 못하는 속국 신세가 되었다.

시황제라는 칭호를 통해 진나라의 왕은 중국의 역사 신화에서 우상으로 꼽히는 인물들의 반열에 올랐다. 중국의 역사 신화에는 우선 달과 해가 다니는 길을 정해주는 일 같은 초자연적 능력을 드러낸 삼황[三皇]이 있었다. 다음으로 농사를 가르치고 문자와 비단을 만들어낸 오제[五帝]가 등장했다. 그리고 나서 이제 중국을 만대[萬代]에 걸쳐 다스릴 왕조의 시조인 시황제가 나타났다―황제가 그렇게 선언했으니 감히 누가 거역할 수 있었겠는가?

시황제는 재빠르고 거칠게 고삐를 당겼다. 북쪽의 유목민들을 막기 위해 옛날의 여러 왕국이 세웠던 개개의 방벽을 하나로 이어 길이가 4,800㎞ 넘는 만리장성을 세웠다. 공사에는 약 300만 명이 동원되었고, 무려 100만 명이 성벽을 쌓다가 죽었다. 그러나 결국 만리장성은 완성되었고, 중국은 안전을 확보했다. 시황제는 법가[法家]라는 반[反]유교 사상을 국가의 공식 강령으로 삼았다. 공자의 사상 체계가 온화하고 직관적인 만큼 법가는 엄격하고 독단적이었다. 법가는 마땅히 지켜야 할 엄중한 법을 규정했고, 지키지 않는 사람이 받아야 할 처벌을 명기했다. 모호한 부분도 불분명한 선도 없었다.

시황제는 철과 소금을 포함한 주요 산업 분야를 국유화했고, 사각형 구멍이 뚫린 둥근 주화를 공식 화폐로 발행했다. 중량과 치수를 표준화했고, 각 소작 농가가 얼마 안 되는 크기의 토지에서 재배할 수 있는 작물의 종류를 정확하고 구체적으로 지정하는, 엄밀한 규제와 조세 제도를 단행했다. 그리고 동서양을 막론하고 초창기의 모든 제국이 그랬듯이, 시황제 치세의 중국도 도로, 여인숙, 대규모 우편제도, 광범위한 첩보망 따위를 갖췄다. 이를테면, 중국인들이 페르시아 같은 다른 사회적 세계를 통해 그런 발전상에 관한 아이디어를 얻었는지, 아니면 스스로 생각해냈는지는 알 수 없을 뿐 아니라 중요하지도 않다. 외부로부터 아이디어를 얻는 경우도, 내부에서 아이디어가 생기는 경우도 늘 일어나는 현상이기 때문이다. 파급효과는 이 세계에서 저 세계로 이동하지만, 동시에 사람들은 어디서나 스스로 편의를 모색하느라 분주하기 마련이다. 출처가 어디든 간에 효과만 있으면 아이디어는 뿌리를 내리고 자랄 것이다. 페르시아에서 잘 작동했던 행정 기제는 중국에서도 효과가 있었다.

이후 시황제가 세상을 떠나자 반발이 터져 나왔다. 그의 아들은 약탈과 무분별한 폭력의 파도에 휩쓸려갔다. 그렇게 전개된 사태는, 분열과 통합을 동일하면서도 상반되는 힘으로 인식하는 중국 역사가들이 설명한 순환 과정의 이면처럼 보였다. 하지만 이번에는 그 주인공이 느닷없이 출현했다. 냉혹한 의지와 총명함을 갖춘 소작농 출신의 유방[劉邦]은 혼란기를 틈타 도적 떼의 두목을 거쳐 장군 자리에 올랐고, 급기야 제국 전체의 지배권을 다투는 두 사람 중 하나가 되었다. 유방과 겨룬 마지막 적장이 유방의 아버지를 사로잡은 뒤 산 채로 삶아 국을 끓이겠다고 협박했을 때, 유방은 이렇게 답장을 보냈다. "그 국 한 그릇을 보내주시오." 결국 적장은 자결했고, 기원전 202년에 유방은 통일 중국의 황제이자 새로운 왕조인 한(漢)의 시조로 자처했다.

하나의 시기로 부르기에는 너무 짧은 분열기는 겨우 7년간 이어졌다. 유방은 왕조의 이름을 진에서 한으로 바꿨을 뿐, 기본적으로 진 왕조를 복원했다. 시황제는 서로 다투는 세계를 질서 잡힌 사회로 통합하는 데 필요한 온갖 궂은일을 했다. 권력을 잡은 한 왕조는 북쪽 국경을 지키려고 굳이 100만 명의 목숨을 희생시킬 필요가 없었다. 그곳에는 성벽이 서 있었기 때문이다. 백성 하나하나에 미치는 규제 체계를 새로 갖출 필요도 없었다. 법가 사상에 투철한 관료들이 이미 확실한 규제 체계를 만들어놓았기 때문이다. 대신에 한 왕조는 세금 '감면'을 통해 민심을 달랠 수 있었다. 그리고 국내에서의 확고한 군사적 우위를 물려받은 덕택에 진 왕조의 개병제[皆兵制]를 완화할 수 있었다. 요컨대, 한 왕조는 시황제가 피로 세운 나라를 점잖게 다스릴 수 있었다. 한 왕조가 구축한 통치 체제는 중간에 잠시 단절되기는 했어도 약 4세기 동안 지속되었고, 그 400년의 융성기를 거치면서 중국이라는 역사적 별자리가 온전히 모습을 드러냈다.

한나라 황제들은 중국적 거대 서사에 가장 깊이 뿌리내린 신념 체계인 유교 사상의 최고 지위를 복원했다. 시황제와 그의 신하들은 그들이 꿈꾼 새로운 세상을 창조하고자 각종 고서를 불태워버렸지만, 모든 서적을 없애지는 못했다. 용케 화를 면한 책들이 나타나자 사람들은 필사[筆寫]에 나섰고, 그 책들은 널리 퍼졌다. 덕분에 사회는 유교 시절의 지혜, 전통, 사상, 기풍 등으로 다시 가득해졌다. 그 오래된 유산들은 남중국해부터 저 북쪽의 몽골 국경까지 펼쳐진 거대한 관료제 국가의 피와 살이자 생명수였다.

광활한 영토를 다스리기 위해, 한 왕조는 중국 특유의 기제-고대 경전에 관한 학식을 입증한 남자들로 운영되는 공무원 제도-를 확립했다. 중국 이외의 모든 곳에서는 왕이 친척들과 측근들에게 권력을 위임하고, 그 친척들과 측근들이 또 그들의 친척들과 측근들에게 권력을 위임하는 단계적 방식이 통용되었다. 따라서 각 단계의 모든 구성원은 일종의 왕에게 지배를 받았다. 반면 중국에서는 혈연관계만으로는 관직을 얻기 힘들었다. 물론 혈연관계는 도움이 되었지만, 반드시 고대 경전에 관한 지식이 풍부해야 했다. 중국에서는 이론적으로 각 단계의 모든 구성원은 학자 겸 관료에게 지배를 받았다. 중국의 표의문자 덕택에 각기 다른 언어를 쓰며 멀리 떨어져 지내는 관리들도 서신 교환을 통해 함께 일할 수 있었다. 그들은 글을 소리 내어 읽을 때는 서로 발음이 달랐지만, 글의 의미를 똑같이 이해했다.

그러나 중국의 표의문자는 완벽하게 익히기까지 엄청난 노력이 필요했기 때문에 관료들은 중국 사회 특유의 지적, 정치적 지도층을 형성하게 되었다. 이 학자 집단을 비롯한 여러 가지 요소가 작용한 데 힘입어 중국의 정치적 응집력은 고유의 독특한 분위기를 풍기게 되었다. 당시의 중립적인 관찰자는 아마 이 별자리를 인도의 별자리나 중간 세계의 별자리와 혼동하지 않았을 것이다. 중국의 문화적 요소들이 합쳐져 결국 응집력 있는 중국적 완전체를 이루게 되었다.

로마

한편, 유라시아 대륙에서 가장 인구가 많은 지대의 반대쪽 끝에서 지중해의 초강대국이 꿈틀대고 있었다. 마케도니아 제국 시절의 그리스인들이 보란 듯이 아시아를 누비고 있을 때 로마인들은 힘을 모으고 있었다. 그리스의 몰락과 로마의 발흥은 연이어 발생하지는 않아도 다소 중첩하는 사건들이었다. 그러나 그리스가 어엿한 문화적, 군사적 세력으로 우뚝 서 있을 때, 로마는 아직 자아가 정립되지 않은 말썽꾸러기 10대 청소년 같았다. 플라톤, 아리스토텔레스, 페리클레스, 그리고 불후의 명작을 남긴 여러 그리스 극작가가 활약한 시대에 로마는 거칠지만, 아직 제국 수준에는 이르지 못한 호전적인 소규모 도시국가였다.

로마인들은 기원전 509년에 왕을 축출하면서 궁극적 정체성을 향한 의미심장한 전환점을 맞았다. 그때부터 내내 로마는 당시로서는 특이한 정치 제도―몇백 명의 남자들로 구성된 원로원이 운영하는 정부―를 갖추게 되었다. 원로원 의원들은 선출되었다―그러나 토지를 가진 로마의 지도급 인사들인 귀족들에 의해 선출되었다. 원로원은 해마다 2명의 원로원 의원을 최고 행정관인 집정관으로 선출했다(이것은 로마 공화정 초기에 해당하는 설명이다. 이후 로마의 집정관은 원로원의 추천을 받아 민회, 정확히는 켄투리아회[comitia centuriata, 兵員會]에서 선출되었다―옮긴이 주).

집정관들은 왕을 대신해 정무를 살폈다. 그러나 집정관은 항상 1명이 아니라 2명이어야 했고, 임기 1년이 지나면 2명의 정무관은 모두 물러나야 했고, 새로운 2명이 자리를 이어받았다. 로마인들은 왕정을 몹시 경계했다.

그리스의 황금시대가 절정을 구가할 무렵, 로마에서는 지주 대 소작농, 귀족 대 평민, 특권층 대 서민층 간의 권력 투쟁이 벌어지고 있었다. 그 두 사회계급은 평민들만의 투표로 선출되는 관직을 신설함으로써 타협에 이르렀다. 그렇게 탄생한 이른바 호민관들은 한 가지 권한밖에 없었지만, 그것은 막강한 권력이었다. 그들은 반대할 수 있었다. 다시 말해 원로원의 제안에 거부권을 행사할 수 있었다. 얼핏 그 제도는 위기의 순간에 제대로 작동하지 않을 것처럼 보였다.

로마인들은 12표법[Twelve Tables]이라는 법전도 마련했다. 12표법은 십계명과 같은 신적 존재의 명령이 아니었다. 그것은 사회적 완전체를 지향하는 인간 집단 간의 명백히 세속적인 협약이었다. 아무도 12표법이 신들에게서 비롯되었다고 말하지 않았다. 모두가 12표법을 이성과 전통에 근거한 법으로 여겼다. 이론적으로 12표법은 이후의 모든 법이 파생될 수 있는, 근본적인 원리를 제시했다. 12표법 가운데 몇몇 법은 절차와 관련된 것이었다. 예를 들어 채무자가 빚을 갚지 않아 채권자의 노예가 되기까지의 기한을 다뤘다. 또 몇몇 법은 무척 구체적이었다. 예컨대, 어떤 사람이 남을 비방하는 노래를 부르면 그 사람은 곤봉에 맞아 죽는 벌을 받아야 했다. 또 다른 법은 사회적 성격을 띠고 있었다. 가령, 여자들은 절대 진정한 어른이 될 수 없고, 늘 어린이들처럼 보호받아야 한다는 내용의 법이 있었다.

현대인의 눈에 12표법은 섬뜩할 만큼 원시적인 것처럼 보이지만, 중요한 점은 로마인들이 추상 개념을 지상에서 최고의 권위를 지닌 것으로, 즉 원로원보다, 집정관들보다, 아니 그 어느 인간보다 더 높은 권위를 지닌 것으로 소중히 여겼다는 사실이다. 이론적으로 볼 때 로마에서는 '누구도 법 위에 있지 않았다.' 물론 그 원칙은, 셰익스피어의 희곡 《햄릿》에 나오는 대사를 인용하자면, 지킬 때보다 어길 때 명예를 얻는 것이었지만, 중국인들이 능력주의 사상을 실천했듯이, 로마인들은 그 누구도 법 위에 있지 않다는 관념을 선보였다.

북쪽의 에트루리아인들이 로마에서 축출된 왕의 복위를 꾀했을 때 로마는 다시 중요한 고비를 맞았다. 로마인들과 에트루리아인들은 그 문제를 둘러싼 전쟁에 나섰다. 전쟁이 끝나자 에트루리아는 로마에 흡수되었다. 기원전 387년, 유목 부족인 갈리아인들이 이탈리아에 쳐들어왔고, 로마를 습격해 사실상 점령 직전까지 갔다. 다행히 로마인들은 혈전을 치른 끝에 갈리아인들을 물리쳤고, 그 승전을 계기로 득의양양해지기 시작했다. 얼마 뒤, 강국 마케도니아의 왕이자 천재적인 지휘관으로 널리 알려진 피로스[Pyrrhus]가 나타났다. 그는 대군을 이끌고 이탈리아를 침공해 연거푸 승리를 거뒀지만, 연이은 승리에는 큰 희생이 따랐다. 결국 그는 적진 깊숙이 너무 들어가 고립되고 말았다. 어이쿠! 피로스에 대한 설명은 이쯤에서 그만두기로 하자.

이후 로마인들은 지중해 세계의 가장 막강한 해양 세력—이탈리아반도 맞은편의 아프리카 해안에 자리한 카르타고의 페니키아인들—과 전쟁을 치르게 되었다. 오늘날 카르타고의 장군 한니발은 역사상 가장 위대한 천재적 지휘관 중 한 사람으로 꼽힌다. 그는 북쪽에서 남하해 로마를 공격하고자 수십 마리의 코끼리와 함께 알프스산맥을 넘었다! 로마에는 한니발 같은 천재적인 장군이 없었다. 로마인들에게는 매년 교체되는 집정관들의 지도 아래 수백 명의 남자가 의사를 결정하는, 볼품없는 통치 조직밖에 없었다. 그 특이한 통치 조직이 한니발과 맞서 싸우도록 보낸 시원찮은 장군들에 관한 상세한 기록은 남아있지 않다. 장군들은 하나같이 시원찮았고, 전투를 치를 때마다 한니발의 탁월함만 드러나는 것 같았다. 그러나 하여튼 전쟁은 로마인들이 카르타고를 장악하고, 한니발을 추격한 끝에 그를 자살로 몰아넣고, 마침내 카르타고를 파괴하고, 카르타고의 모든 주민을 죽이거나 노예로 삼으며 막을 내렸다. 로마가 전쟁을 끝냈을 때 카르타고는 사라졌다. 결론적으로, 로마인의 통치 조직을 둘러싼 모종의 요소가 제대로 작동한 듯싶다.

로마는 극도로 군국주의적인 사회였다. 자격을 갖춘 모든 남자는 군대에 복무했다. 로마 군대는 마치 체스판의 기물처럼 지휘관의 명령에 따라 일사불란하게 움직이는, 훈련된 군인 집단이었다. 그들은 맹렬한 속도로 해자를 파서 적군의 보급을 차단할 수 있었다. 아무도 그들에게 감히 맞설 수 없었다.

물리적 기반 시설을 페르시아의 성공 열쇠로 볼 수 있다면 로마인들은 규모와 강도와 내구성의 측면에서 페르시아인들보다 우월했다고 평가할 수 있을 것이다. 로마인들은 젖은 상태일 때 가장 단단해지는 콘크리트를 발명했다. 그 신기한 재료 덕택에 로마인들은 손쉽게 다리를 놓을 수 있었다. 그리고 콘크리트로 만든 송수로를 이용하면 식수를 수백km까지 운반할 수 있었기 때문에 어디에나 도시를 건설할 수 있었다. 그리고 공성용 기계장치와 공학적 역량에 힘입어 로마인들은 다른 도시들을 마음대로 점령할 수 있었다. 로마인들은 돌바닥 위에 깔린 전대미문의 도로망으로 지중해를 에워쌌다. 페르시아의 도로망보다 월등한 도로망이자, 그때까지 건설된(또는 그 뒤로 천 년이 넘는 세월 동안에 건설될) 것 중 최고인 4

만 8천㎞ 길이의 도로망을 발판으로 로마인들은 반역자들이 손쓰기 전에 먼저 분쟁 지역에 도착할 수 있었다.

애국심은 로마인들에게 종교나 다름없었다. 그들은 로마의 서사시적 이야기 속에 살고 있었다. 가장 가난한 시민들조차 그 이야기를 바탕으로 정체성과 자부심을 느꼈다. 아울러 그리스에서 유래해 로마법의 토대를 이룬, 이교적이고 세속적인 인본주의가 사회 전체에 만연해 있었다. 사실, 로마적 서사시의 뿌리는 트로이 전쟁[Trojan War]까지 거슬러 올라갔다. 신들의 명칭만 라틴어식이었을 뿐, 로마인들은 그리스인들과 동일한 남신과 여신을 섬겼다. 게다가 로마인들은 그리스인들과 같은 틀 안에서, 즉 인간과 신을 아우르는 '자연'계라는 틀 속에서 신들을 바라봤다. 요컨대, 로마는 섬세함이 없는 그리스였다. 철학자는 없었지만, 공학자와 콘크리트가 있었다.

로마인들은 공화정 시절에 이미 대부분의 정복 사업을 완수했다. 공화정 시절에는 원로원이 통치했고, 집정관들이 최고 행정관 역할을 맡았고, 시민들이 지도자를 선출했다. 로마 최초의 황제인 아우구스투스는 기원전 27년에 비로소 권력을 잡았고, 자신을 황제가 아니라 '제1의 시민'이라는 뜻의 '프린켑스[princeps]'로 부르는 신중한 절차를 밟았다. 이후 2세기 반 동안 지중해 세계는 하나의 통화 체계와 하나의 법 제도를 갖추고 하나의 도로망으로 묶인, 단일한 정치적 초강대국의 일부분으로 편입되었다. 덕분에 광활한 영토 안에서 재화의 유례없는 유통이 가능해졌다. 물질문화의 측면에서, 로마 제국의 이쪽 끝부분과 저쪽 끝부분은 큰 차이가 없었다.

서력기원이 시작되었을 때 인류의 80%는 유럽의 대서양 연안과 남중국해 연안 사이에서 살고 있었다. 그들 중 거의 모든 사람이 정치국가

의 영역 안에서 생활했고, 또 그들 가운데 대부분 사람은 몇 안 되는 초
강대국에서 살거나 초강대국이 남긴 유산과 더불어 살았다. 어떤 사람
들은 로마 제국에서, 다른 사람들은 페르시아 제국—이 무렵에는 파르
티아 제국—에서, 또 어떤 사람들은 마우리아 제국을 계승한 힌두교 왕
국과 불교 왕국에서, 또 다른 사람들은 중국의 한나라에서 살았다. 유럽
의 대서양 연안부터 남중국해 연안까지의 이 지대 곳곳에서 거대한 땅
덩어리들이 거대 서사, 메시지 전달망, 화폐 제도, 성문법, 조직화된 정
부의 군사력 등에 의해 하나로 묶여 있었다.

　그렇다고 해서 왕이나 황제가 신하들의 일상생활에 실제로 영향력을
크게 행사했다는 말은 아니다. 권력 구조는 어디에서나 러시아의 전통 목
각 인형인 마트료시카 같았다. 즉, 사람들은 일단 가족과 대가족의 연결
망에 걸려있었고, 모양과 질감이 사회별로 달랐던 그 연결망은 신앙ㆍ종
교ㆍ사상 체계에 의해, 그리고 각 지역의 역사와 관습과 전통에 의해 가
장 직접적으로 좌우되었다. 혼인, 식사, 보육, 교육, 오락, 성생활과 친교
방식, 아이들의 장난감, 전해 내려오는 이야기, 웃음과 눈물의 소재 등은
모두 정부나 정치 조직에 의해서가 아니라, 각 문화와 공동체의 구성원
간에 이뤄지는 일상적 상호작용에 의해 구체적 형태가 결정되었다. 여자
들은 특정 사회의 일상생활에 독특한 질감—평범한 실생활의 촉감—을 형
성하는 과정에서 주된 역할을 맡았지만, 오늘날 우리는 그들의 영향력에
관해서 상세히 알 수 없다. 역사가들과 문필가들이 대부분 남자라, 주로
남자들끼리의 드라마에 관심이 있었기 때문이다.

　한편, 거의 전적으로 남자들이 장악한 정치국가와 초강대국은 일종
의 격자판을 만들어냈다. 그 격자판 속에서, 삶은 관습과 전통과 생물학
적 요인에 의해 유기적으로 생성되는 충동에 따라 흘러갔다. 아무도 저

위에서 강요한 격자판을 무시할 수 없었고, 마치 격자판이 존재하지 않는다는 듯이 생활할 수도 없었다. 국가가 일상생활을 가장 직접적으로 침범하는 분야는 세금, 군대, 공공사업 따위였다. 세금은 중요했다. 모두가 세금을 내야 했기 때문이다. 군대도 중요했다. 강자들은 돈줄이나 다름없는 영토를 넓히려고 줄기차게 노력했기 때문이다. 구경꾼들은 강자들의 다툼 속에서 목숨을 잃었고, 야심가들은 격렬한 난동의 대가를 맛보려고 군대에 들어갔다.

공공사업도 중요했다. 국가가 기념물, 영묘, 공공건물, 댐, 다리, 도로, 궁전 같은 대형 공사에 힘을 쏟을 때면 어떤 이에게는 돈벌이 기회가 되었고, 어떤 이는 마지못해 강제로 동원되기도 했지만, 어느 경우든 그들이 누리는 삶의 모든 면에서 영향을 받았기 때문이다.

8 장

중간 지대
(기원전 200년~서기 700년)

정치국가에는 이쪽과 저쪽을 구분하는 국경이 있었다. 문명에는 어떤 거대 서사의 응집력이 점점 희미해지고 다른 거대 서사의 위력이 차츰 뚜렷해지는 변경이 있다. 하지만 국경은 구멍투성이고 변경은 흐릿하다. 역사를 통틀어, 사람들은 중간 지대를 거쳐 어떤 세계 문명에서 다른 세계 문명으로 이동해 왔다. 상인, 여행자, 모험가, 도적, 군인, 이주자, 범죄자 등은 장신구, 물건, 게임, 재담, 요리법, 수수께끼, 노래, 이야기, 식견, 소문, 의견 등과 함께 온갖 종류의 가공품, 관념, 충동, 습관 따위와 함께 움직여 왔다. 인류 문화는 별자리로 굳어질 수 있지만, 연계의 실은 언제나 인류 문화 사이를 누비듯이 지나왔다.

그러므로 서로 다른 문명 사이에 거주하는 사람들은 항상 인류의 상호 연계성이 확대되는 과정에서 필수적인 역할을 수행해 왔다. 중간 지대에 사는 사람들이 있는 한, 양쪽의 문화에는 굳이 특정한 전달자가 필요 없었다. 이웃이 다른 이웃에게 영향을 미쳤고, 그 이웃이 또 다른 이웃에게 영향을 줬다. 실체가 없는 영향력의 잔물결은, 마치 파도가 바다를 가로지르듯이, 살짝살짝 일렁이며 사회적 영역을 훑고 지나갔다. 문화의 잔물결에는 이웃 간의 평화로운 계약조차 필요 없었다. 교전 중인 공동체들도 물품과 관념을 주고받았다—유전자는 말할 것도 없이 말이다.

중국을 400여 년 동안(기원전 206년부터 서기 200년까지) 다스린 한[漢, 한나라] 왕조는 유라시아 스텝 지대의 유목민인 북쪽의 이웃들을 상대로 자주 전쟁을 치렀다. 중국인들은 그들을 흉노라고 불렀다. 중국은 로마에서 멀리 떨어져 있었지만, 유목 부족들은 중국과 로마의 중간 지대를 돌아다녔고, 여러 무리 간의 교류망을 형성하고 있었다. 흉노의 후손들과 혈족 관계인 유목 부족들은 훗날 아틸라[Attila]의 지휘하에 서유럽을 휩쓸었고, 로마를 공격했다. 유럽에서, 그 유목민 침략자들은 훈족으로 알려졌다. 동양에서 그들은 중국사의 일부분이었고, 서양에서는 유럽사의 일부분이었다. 그러나 그들은 타민족 역사의 부가적인 존재에 머물지 않았다. 그들은 남부럽지 않을 만큼 광활한 사회적 별자리의 은하에 속했다. 그들에게는 고유의 이야기가 있었다.

실크로드

중국인의 시각에서 볼 때 흉노는 원시적인 말썽꾼들이었다. 흉노는 중국인의 촌락을 '항상' 쳐들어온 오랑캐들이었다. 그들은 중국인이 쓰는 그 어떤 언어와도 전혀 무관한 알타이어를 썼다. 그들은 도로, 성문법, 우편제도 따위로 구성된 중국의 관료제적 구조에 적대적인 생활 방식을 따랐다. 그들은 중국 역사 초기의 왕국들이 북쪽 변경을 따라 성벽을 쌓아야 했던 원인이었다. 그들은 시황제가 100만 명의 목숨을 희생해 가면서까지 여러 짧은 성벽을 모두 이어 만리장성을 만들어야 했던 원인이었다. 시황제는 흉노를 막으려고 그렇게 했다. 중국이 서로 싸우는 여러 개의 왕국으로 나뉘었던 시절, 그 왕국들은 마치 가문의 재산－모든 중국인이 소속감을 느끼는 제국－을 두고 싸우는 사촌들 같았다. 반면 흉노와 싸울 때 중국인들은 사촌을 상대로 싸우지 않았다. 그들은 절대적 '타자'에 맞서 싸웠다.

기원전 2세기, 중국 황제와 신하들은 그 특별한 오랑캐들을 압박할 방법을 알아냈다. 그들은 남쪽과 서쪽 저 멀리에서 살고 있는 스텝 유목민들의 '또 다른' 연맹체인 월지[月氏]에 손을 뻗었다. 월지 부족들은 늘 흉노와 다투고 있었다. 아마 두 집단 모두 스텝 유목민들이라 목초지가 서로 겹치기 때문이었을 것이다. 한 왕조의 전략가들은 월지를 군사적

중국과 유목 민족(기원전 2세기)

동맹으로 끌어들여 두 집단 간에 분쟁을 일으킬 수 있겠다고 판단했다.

그러나 흉노는 앞날을 내다보고 있었다. 기원전 176년, 흉노는 날카로운 선제공격을 가했다. 그러자 월지는 10만 명의 군사를 동원했다. 흉노는 30만 병력으로 맞섰다. 결과는 대학살이었다. 무참히 패배한 월지는 기존의 활동 무대에서 달아난 뒤 자취를 감췄다.

월지인들은 어디로 갔을까? 그로부터 38년 뒤, 중국 조정은 원정대를 보내 월지인들의 소재를 확인하려고 했다. 요직의 인물들에게 너무 위험해 보이는 임무였기 때문에 장건[張騫]이라는 낮은 직급의 황궁 관리가 원정대를 이끌게 되었다. 애석하게도 장건은 멀리 가지 못했다. 흉노에게 사로잡힌 장건은 10년 동안 붙들려 있었다. 그래도 비참한 포로 신세는 아니었다. 그는 흉노 처녀와 혼인했고, 자식도 몇 명 낳았고, 흉노 부족과 함께 이동했으며, 그들에게 동화되었다. 그러던 어느 날 이탈의 기회를 잡았고, 곧바로 도망쳤다. 하지만 장건이 탈출을 감행한 곳은 흉노와 중국의 접경지대가 아니었다. 그는 흉노 영역의 가장 바깥쪽 목초지 너머에 있는 미지의 세계로 달아나고 말았다. 이제 그는 '문명인'이 전혀 가본 적 없는 땅에 있었다.

동심원 모양의 세계 가장 바깥쪽에 있는 그 이국적인 땅에서 장건이 발견한 것은 무엇이었을까? 인간의 얼굴이 달린 박쥐? 용? 인간을 잡아먹는 미개인? 아니었다. 그는 중국만큼 도시적이고 문명화된 왕국을 발견했다. 거기에는 넓은 포장도로를 따라 멋진 공공건물이 늘어선 도시들이 번창해 있었다. 조각상, 신전, 도서관, 학교 등이 있었다. 저 먼 곳의 다양한 상품을 파는 상인들로 북적대는 시장이 있었다.

흉노에게 붙잡혀 보냈던 고난의 시기를 포함해 도착하기까지 10년이나 걸릴 정도로 중국으로부터 너무나 멀리 떨어진 그 도시들의 시장에서, 대담한 중국인 탐험가 장건은 중국 제국의 내륙 깊숙이 자리 잡은 쓰촨[四川] 지방에서 만들어진 천과 대지팡이를 발견했다. 그 상품들은 제국의 저 먼 곳에서 출발해 만리장성을 넘고 흉노의 영토를 거쳐 이국적인 도시들로 건너왔다. 추측건대, 장건이 도착하기 전까지는 아무도 그 먼 거리의 여정을 밟은 적이 없었을 것이다.

상품이 움직였다면 관념도 움직였으리라고 추정할 수 있다. 교역에는 대화, 계산, 화폐, 상대가치 개념, 계약 체결 방식을 둘러싼 견해, 오래 지속되는 관계, 신과 우주와 인간의 운명에 관한 관념, 남녀의 올바른 행실, 낯선 사람과 시시덕거려도 되는지 여부, 아이가 어른에게 말할 때 올바른 요령 같은 요소들이 수반되기 때문이다.

장건이 그토록 우연히 맞추진 것은, 알렉산드로스 대제의 정복지 일부분을 물려받은 그리스 장군들이 세운 박트리아 왕국의 도시들이었다. 그러나 장건이 도착할 무렵 그리스인들은 떠나고 있었다. 그리스인들은 다름 아니라 중국인들이 유발한 역사적 힘에 의해 밀려나고 있었다. 무슨 힘이었을까? 중국인들의 꾐에 빠져 전쟁에 나섰다가 참패를 당한 뒤 월지인들은 인더스강 유역으로 흘러들어 갔다. 그곳에서 월지인들은 다시 무리를 이뤘다. 월지 연맹체 소속의 다섯 부족은 농업과 교역에 종사하고자 스텝 유목 생활을 포기했다. 다섯 부족 가운데 하나인 쿠샨[Kushan] 부족이 나머지 모든 부족을 지배하게 되었다. 페샤와르[Pe-shawar]와 카불[Kabul]을 수도로 삼은 쿠샨 부족은 제국을 북쪽과 서쪽과 동쪽으로 확장했다. 그로부터 몇 세대 만에 쿠샨 제국은 포악한 유목민 전사들에게 쫓겨난 약자의 신세에서 벗어났다. 이제 쿠샨 제국은 장비와 조직력이 우수한 군대를 거느린, 다부진 도시 세력이었다.

하지만 쿠샨인들은 중국과의 군사 동맹에 전혀 관심이 없었다. 아마 그들은 과거의 참사를 기억하고 있었을 것이다. 게다가 그들은 이제 흉노와 원만한 교역 관계를 맺고 있었고, 앞으로도 유지할 생각이었다. 사실, 월지가 흉노를 피해 스텝 지대를 떠나기 전에도, 그리고 월지가 흉노와 서로 싸우고 죽일 때도 두 집단은 교역을 이어 나갔다. 매우 흥미롭게도, 흉노가 월지와의 교역을 통해 손에 넣은 한 가지 주요 물품이 비단이었는데, 그 비단은 월지인이 중국인과의 교역으로 확보한 것이었다. 이렇듯 중국인을 상대로 전력을 다해 싸울 때조차, 흉노는 적들이 만든 비단을 점점 좋아하게 되었던 셈이다.

중국에서 비단은 농민들도 사용할 만큼 흔한 천이었지만, 흉노 사이에서는 너무 귀한 나머지 명문가 출신만 살 수 있었다. 흉노 부족의 상류층 남자들은 아내에게 비단옷을 입혀 자신의 지위를 과시했다. 그들은 연회를 베풀 때, 멋진 중국산 청동 접시에 담긴 음식을 대접해 손님들의 기를 꺾었다(가끔은 살갗을 벗기고 문질러 닦아 술잔으로 만든 월지인의 해골에 음식을 담기도 했다).

한편, 중국인과 흉노 간의 싸움은 좀처럼 가라앉지 않았다. 싸움터에서 흉노에게는 한 가지 눈에 띄는 강점이 있었다. 흉노에게는 말이 있었다. 중국 땅은 말을 키우기에 부적합했다. 중국인들이 유목민들에 맞서 싸우는 데는 말이 필요했지만, 말을 어디서 구할 수 있었을까? 그들은 일부 말을 흉노에게서 구했다. 흉노가 탐내는 비단, 비취, 청동 가공품 따위와 말을 교환했다. 요컨대, 중국인들은 생산적, 상업적 역량을 활용해 흉노에게서 말을 들여와 흉노를 상대로 싸웠다. 이처럼 삶이란 복잡한 것이다.

만리장성은 흉노의 침입을 막기 위해 건설되었지만, 세월이 흐르면서 중국인과 유목민들이 교역하는 일종의 시장 구역으로 진화했다. 아,

오해하지 말기 바란다. 습격과 반격은 절대 중단되지 않았다. 중국인과 흉노는 결코 친구가 되지 않았다. 그러나 양자 간 교역은 꾸준히 늘어났다. 나중에 밝혀졌듯이, 흉노는 말을 제외하고도 중국인들에게 건네줄 것이 있었기 때문이다. 흉노의 영역은 마치 지중해처럼 여러 색다른 환경과 경계를 이루고 있었다. 뛰어난 기동성을 자랑하는 그 유목 부족들은 드넓은 주변부의 여러 지점에서 만리장성까지 물건을 운반할 수 있었다. 그들은 수목으로 뒤덮인 저 먼 북쪽에서 꿀, 밀랍, 모피, 향나무 목재 따위를 중국의 변경 시장으로 가져올 수 있었다. 서쪽에서는 진귀한 과일과 포도주—중국산 막걸리의 탐나는 대안이었다—를 들여올 수 있었다. 물론 비단이 대단히 좋은 천이었지만, 무명도 비단 못지않았다. 그 무렵 무명은 주로 인도에서 생산되었다.

한 왕조는 제국을 스텝 지대 쪽으로 확장할 수 없었다. 유목민들이 환경에 워낙 잘 적응해 있었기 때문이다. 스텝 지대에서 그들은 모든 총력전을 승리로 이끌곤 했다. 중국인들은 만리장성에서 서쪽으로 굽이치며 길게 이어지는 여러 개의 방어용 요새를 만들었다. 그 요새들은 중국을 오가는 상인들을 보호하기 위한 목적이었다.

결국, 한 제국의 방어용 돌출부는 또 하나의 수혜자인 쿠샨 제국까지 닿았다. 그리고 그처럼 멀리까지 운반된 물건들은 남동쪽의 인도나 서쪽의 페르시아까지 전해질 수 있었다. 상인들은 페르시아의 영역에서 알렉산드로스 대제의 부하 장군들의 후계자들이 지배한 지중해의 여러 왕국으로 그 물건들을 운반했다. 또 그곳에서 출발한 물건들은 로마까지 갈 수 있었다.

중앙유라시아의 스텝 지대를 가로지르는 그 노선망은 훗날 실크로드로 불렸다. 그 지역을 통과한 여러 제품 중에 비단이 가장 매력적이었기 때문이다. 당시에는 아무도 실크로드라고 부르지 않았다. 왜냐하면, 실크로드는 하나가 아니라 여러 개의 길이었고, 모든 길을 빼놓지 않고 답파한 사람이 없었으므로 아무도 그 많은 길이 하나의 이름으로 묶일 만한 대상이라고 생각하지 않았기 때문이다. 대신에 사람들은 인근 지역의 일정 구간에만 이름을 붙였고, 그 구간을 거쳐 오가는 갖가지 물건들을 사고팔았다. 그들은 물건들이 어디서 흘러들어 온 것인지, 또는 본인들이 사는 지역의 시장이 지구적 차원의 관점에서 어떤 위치에 있는지 알지 못했고, 알 필요도 없었다.

기원전 1세기에 쿠샨 제국이 형태를 갖추기 시작하더니 결국 인더스 강에서 아랄해까지 이르게 되었다. 쿠샨 제국에는 오늘날의 이란 영토의 상당 부분, 오늘날의 중앙아시아 튀르크계 국가들의 영토, 오늘날의

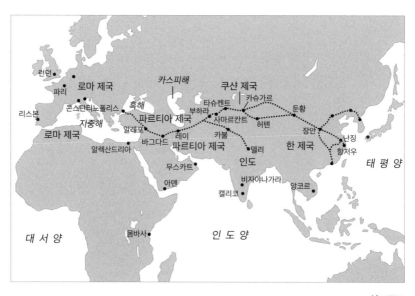

실크로드

아프가니스탄과 파키스탄 영토, 오늘날의 인도 영토 일부분 등이 포함되었다. 쿠샨 제국이 쇠퇴해 역사의 뒤안길로 사라졌을 때, 다양한 규모의 후계 왕국들이 거의 같은 지역에서 잇달아 등장했다. 그 지역에는 언제나 일종의 국가가 있었다. 그 영역은 실크로드 양쪽에 걸쳐있었기 때문이다. 또 여러 길이 모이고 갈라지는 몇몇 중요한 접속점을 포함하고 있었기 때문이다.

알렉산드로스 대제가 세운 중앙아시아의 여러 왕국을 대체하는 과정에서 쿠샨인들은 그리스의 유산 일부를 흡수했다. 북부 인도의 힌두교 왕국들과 불교 왕국들을 멸망시키는 과정에서는 두 종교의 문화적 유산을 일부 흡수했다. 영토를 서쪽으로 넓히는 과정에서는 페르시아적 세계로 스며들었다. 그리고 동쪽에서는 점점 커지는 중국의 손아귀와 마주쳤다. 쿠샨 제국(과 후계 국가들)의 영역은 고대 세계의 주요 상호 소통 지대 중 네 개 지대와 중첩했다. 그 결과 순환계를 통해 혈구가 흐르듯이, 쿠샨 제국을 통해 문화적 파편이 네 개의 세계 사이를 흘러 다녔다.

그런데 출처가 서로 다른 문화적 파편들이 정처 없이 떠돌다가 새로운 맥락에서 만날 때 흥미로운 현상이 벌어진다. 관념은 낱개의 티끌처럼 떠돌지는 않는다. 관념들은 서로 맺어져 구조화한 전체를, 즉 개념의 별자리를 이룬다. 그 별자리가 더 큰 구조물의 끈끈한 일부분으로 안정적으로 자리 잡을 때는 좀처럼 분열하지 않는다. 그러나 문화적 경계를 건널 때는 새로운 적응이 필요해질 것이다. 몇몇 관념은 그 과정에서 삐걱대다가 서로 헐거워져 낱개의 티끌처럼 표류할 수도 있다. 각기 다른 문화에서 비롯된 별자리들은 중간 지대에서 충돌해 새로운 관념의 별자리를, 즉 공통점은 포함하고 차이점은 배제하는 별자리를 형성할 수도 있다.

쿠샨 제국은 그 같은 중간 지대의 전형적인 사례였다. 그곳에서 일어난 혼성의 모범 사례는 불교에서 나왔다. 쿠샨인들은 불교를 지지하고 보호했기 때문에 수많은 불교 포교자가 인도에서 쿠샨 제국으로 쏟아져 들어왔다. 원래 불교도들은 조각으로 부처의 모습을 형상화하는 데 거부감을 드러냈다. 부처가 어떻게 생겼는지를 굳이 알 필요가 없다고 생각했기 때문이다. 그러나 쿠샨인들의 세계에서 불교도들은 알렉산드로스 대제가 남겨둔 그리스 문화의 향기를 맡고 있었다. 그리스인들은 신의 영적인 분위기를 경험하고자 일상적으로 신상[神像]을 만들었고, 그리스적 색채가 남아있는 환경의 영향으로 불교도들은 부처의 이목구비와 자세를 통해 영적인 평정을 표현하고자 부처의 조각상을 만들기 시작했다. 그 불교 조각상들은 일종의 그리스 조각상처럼 보였다.

쿠샨 제국은 조로아스터교적 거대 서사의 본거지인 페르시아적 세계와 겹치기도 했다. 페르시아적 세계는 아베스타인들의 시대로부터 전해 내려온 관념의 별자리들로 가득한 세계였다. 그 별자리 중 하나가 미트라[Mithra] 숭배였다. 미트라는 원래 아리아인들이 섬긴 계약과 진실의 신이었다. 이후 세월이 흐르며 미트라는 인간인 어머니와 신인 아버지 사이에서 태어난 초자연적 존재로 바뀌었고, 따라서 미트라는 영원성과 일시성의 경계선에 서게 되었다. 인간이면서 동시에 신이었기 때문에 미트라는 인간을 죽음으로부터 영생의 길로 이끌 수 있었다. 그는 구원자였다.

불교도들이 미트라 숭배자들과 자주 마주치는 쿠샨인들의 세계에서는 열반의 경계선까지 이르렀지만, 극락세계로 넘어가는 대신 경계선에서 잠시 주저하다가 다른 사람들을 돕고자 손을 내미는 고귀한 영적 권위자들을 가리키는 새로운 불교적 개념이 생겨났다. 그들은 구원자들이었다. 그리고 미트라처럼 그들도 허황된 물질세계와 영원한 실재 사이의 경계선 양쪽에 걸쳐있었다. 그들은 보디사트바[bodhisattva], 즉 보살[菩薩]로 불렸고, 그들 중 가장 위대한 보살은 마이트레야[Maitreya], 즉 미륵보살[彌勒菩薩]이라는 인물—미트라는 아니지만 미트라에 가까운 인물—이었다.

쿠샨인들은 불교에 호의적이었으며, 원거리 교역상들을 좋아하고 밀어주기도 했다. 그 결과, 상인들도 불교 포교자들이 이용한 경로를 통해 쿠샨 제국에 꾸준히 왕래했다. 사람들이 만나고 대화를 나누는 과정에서 원거리 교역과 불교라는 두 가지 흐름은 뒤섞일 수밖에 없었다. 중앙아시아에서 교역상들은 불교에 귀의하기 시작했고, 불교는 한층 더 상업적 분위기를 풍기게 되었다.

짙어진 상업적 성향은 불교 내부의 어떤 흥미로운 사태 전개와 동시에 나타난 현상이었다. 보살 사상을 중심으로 삼은 완전히 새로운 신앙양식이 태동하고 있었다. 그것은 마하야나 불교[Mahayana Buddhism], 즉 대승불교였다. 마하야나, 즉 대승은 '큰 수레'라는 뜻이다. 이 교파는 열반에 이르는 길이 반드시 개개의 영혼이 홀로 수행하는 고독한 여정은 아니라고 주장했다. 그 길은 평범한 여러 사람을 배에 태운 채 항해하는 보살이 이끄는 공동의 모험이었다.

대승불교는 개인이 굳이 열반에 이르는 데 필요한 올바른 생활과 고된 명상을 할 필요는 없을 것이라는 관념으로 향하는 문을 열었다. 소수의 독실한 신자들은 승려처럼 생활할 수 있었고, 여러 사람을 위해 힘든 일을 해낼 수 있었다. 그 몇몇 경건한 신자들은 열반에 이르고자 매일 노력할 수 있었다. 반면 일반인들은 승려들을 돕고 뒷받침하기만 해도 궁극의 목표에 조금씩 더 다가갈 수 있었다.

이후 대승불교에서는 승려들이 기거하는 사찰이 생겼다. 사찰은 불교의 도리를 믿으면서도 생업을 포기할 수 없는(또는 차마 그렇게 하지 못하는) 사람들이 바치는 재물을 받아 관리하는 역할도 했고, 이후 금과 토지를 많이 소유하게 되었다. 그렇게 모인 불교 사찰의 재산은 소비로 이어질 수 없었다. 무분별한 소비는 불교의 도리가 아니었기 때문이다. 대신에 사찰은 축적한 자산을 개인이 감당할 수 없는 규모의 자금이 필요한 중대사에 투입했다.

그 같은 시공간적 조건에서, '중대사'는 일반적으로 동물들을 동반하는 카라반, 중계 지점과 휴식처, 거래를 촉진하는 금융 수단 따위가 필요한 원정 교역을 의미했다. 불교에 귀의하는 원거리 교역상들이 늘어나고 상인으로 전환하는 불교도들이 늘어난 덕분에 원정 교역에는 청신호가 켜졌다. 불교 사찰을 통해 평신도들은 본인의 재산을 직접적으로는 구제에 투자하지만, 간접적으로는 교역에 투자하는 셈이었다.

쿠샨인들의 세계를 지나가는 상품들은 동쪽으로도 서쪽으로도 흘러갔지만, 불교는 동쪽으로만 퍼졌다. 왜 그랬을까? 서쪽으로 향한 여행자들은 불교에 점점 더 적대적인 문화적 풍토를 느꼈다. 이란과 메소포타미아의 거대 서사에서 우주는 시작과 끝을 지닌 종말론적 드라마였고, 그 드라마의 주인공은 신이고 인간은 신의 부속물에 불과했다. 반면 불교도들은 우주를 사건과 물질이 존재하지 않는, 그리고 개개의 영혼이 영속적이고 비정형적이고 비인간적인 열반의 경지를 추구하는 단조로운 영역으로 바라봤다. 그 두 가지 틀은 서로 모순되었고, 부처의 사상과 조로아스터의 사상을, 혹은 부처의 사상과 유대교 선지자들의 사상을 통합할 만한 더 높은 차원의 틀이 없었다. 최소한 그런 틀이 쉽게 형성될 수 없었다. 불교는 서쪽으로 나아가 첫선을 보였지만, 번창할 수는 없었다.

하지만 동쪽으로 움직인 불교 사상은 기름진 토양을 맞이했다. 당시 중국의 주류 인식 체계가 불교를 쉽사리 소화했다는 말이 아니다. 부처와 공자는 물과 기름 같았다. 부처와 공자는, 서로 완전히 다른 개념적 게슈탈트를 제시했다. 부처는 개별 영혼의 여정에 관심을 뒀다. 공자는 개인의 사회적 맥락에 관심을 뒀다. 부처는 우주에 관심을 쏟았다. 공자는 가정과 제국에 관심을 쏟았다. 부처는 이 물질세계에서 벗어나는 데 관심이 있었다. 공자는 이 물질세계에서 품격 있게 처신하는 데 관심이 있었다. 부처는 영겁의 세계와 하나가 되는 데 주목했다. 공자는 지금 여기에서 올바르게 행동하는 데 주목했다.

하지만 중국에서는 이미 오래전부터 또 다른 사상 체계도 널리 퍼지고 있었다. 노자가 선보인 철학은 공자 철학과 동일한 종류의 문화적 관념과 전통을 토대로 삼았지만, 노자는 약간 다른 문제를 다뤘다. 노자는 개인이 이 세상의 고난과 혼란에 대처할 수 있는 방법에 집중했다. 그는 인간이 모든 대상을 통제할 수 있다는 착각에 빠지지 말라고 말했다. 노자에 따르면, 인간이 통제할 수 있는 것은, 집착할 것인가 아니면 내려놓을 것인가라는 문제뿐이었다. 노자의 사상에 감화된 사람은 자연 속에서의 평화로운 고독을 모색하고, 관찰과 관조 같은 미덕을 실천하고, 평온함을 소중히 여기는 경향이 있었다. 도교는 유교만큼 자생적인 중국 문명의 산물이었다. 유교와 마찬가지로 도교도 현지에서 형성된 중국적 세계관의 진정한 면모를 드러냈다. 중국으로 흘러들어 온 불교 신자들의 눈에 비친 도교 신자들은 마음이 (어느 정도) 맞는 사람들이었다.

더구나 서양 세계와 달리, 전통적으로 중국에는 배타적 숭배를 요구하는 질투의 신들이 없었다. 중국에서는 어떤 사람이 도교의 의식 절차를 실천하는 동시에 유교적 가치를 따르거나, 이런저런 정령에게 분향할 수도 있었다. 굳이 하나를 선택할 필요가 없었다. 한 제국의 전성기에, 유교 사상은 국가의 공인을 받았지만, 도교는 일반 백성들 사이에서 사랑받았다. 한나라 제국의 관리들은 점점 규모가 커지는 관료 사회에 진입하고자 유교 경전을 공부했지만, 도교는 들판의 농민들과 도회지의 육체노동자들이 받아들인 종교로서 성장해 나갔다. 유학자들은 상업을 천시했으므로 상인들은 농민이나 노동자처럼 비천한 신분에 속했고, 결과적으로 그들은 농민이나 노동자와 함께 어울렸다. 상인들은 다름 아니라 그 무렵에 점점 증가하고 있던 불교 귀의자들이었고, 따라서 도교 신자들과 불교 신자들은 똑같은 공기를 마시고 있는 셈이었다.

한 왕조 황제들이 강력한 통제력을 발휘하고 있는 상황에서 불교의 성장세는 더딜 수밖에 없었지만, 서기 3세기에 한 왕조는 고대 중국의 현자들이 일찍이 갈파했던 길을 걷고 말았다. 한 왕조는 실정을 거듭하다가 천명을 잃어버렸고, 제국은 산산이 조각나기 시작했다. 400년간 이어진 통일 중국은 3세기 넘게 서로 싸우게 될 여러 왕국에 자리를 내줬다. 앞으로 300년 넘는 세월 동안 백성들은 누가 권력을 잡고 있는지, 내일 무슨 일이 생길지 전혀 모른 채 살아야 했다. 그런 상황에서 도교 신자들이 차츰 늘어났고, 도교가 번창하면서 불교가 파고들 문화적 공간도 열렸다.

한편, 미트라 숭배 현상은 페르시아적 세계 곳곳으로 확산되었다. 어느새 들어선 파르티아 제국의 지배자들이 서쪽으로 진출하고 있을 때 로마인들은 동쪽으로 향하고 있었다. 소아시아는 파르티아 제국과 로마 제국의 대치선이었다. 그 변경 지대에서 로마 군인들은 미트라 숭배 현상을 목격했다.

미트라 숭배 현상은 밀교와 유사한 속성, 즉 그리스·로마적 세계의 전형적인 특성을 띠고 있었다. 밀교의 중심부에는 비밀스러운 지식이

똬리를 틀고 있었다. 밀교 신봉자들은 처음에는 아무것도 모르는 초심자로 입문했지만, 비밀스러운 지식을 흡수하면서 점점 밀교의 중심부에 가까워졌고, 마침내 그 수수께끼 같은 종교의 핵심에 이르렀다. 그곳에서 신봉자들은 초자연적 존재와 직접 접촉하거나, 그들을 대변하는 예언자를 통해 간접적으로 접촉했다. 미트라 밀교에는 밀교의 그런 특징들이 반영되어 있었기 때문에 로마 군인들에게 공감을 얻었고, 이후 로마에서는 새로운 밀교 형태의 미트라 숭배 현상이 나타났다.

미트라 밀교의 중심인물은 동정녀인 어머니 아나히타[Anāhitā]에게서 태어났다. 아나히타는 신을 낳은 인간이었다. 미트라는 동짓날쯤인 12월 25일경에 태어났다. 지상에 머무는 동안 미트라 옆에는 황도 12궁에 해당하는 열두 명의 제자가 따라다녔다. 처녀 강탄[降誕], 인류의 구원자, 12월 25일, 열두 명의 제자. 혹시 어디서 많이 들어본 것 같지 않은가?

미트라 밀교는 기독교가 전래되기 얼마 전에 로마 제국에서 갑자기 번창하기 시작했다. 이후 미트라 밀교와 기독교는 그리스 · 로마적 세계에서 대등한 영적 경쟁을 펼쳤다. 최종적으로 기독교가 승리했고, 서기 4세기 무렵에 미트라 밀교는 완전히 소멸했지만, 후발 주자인 기독교적 서사에 나름의 미묘한 영향을 미쳤다.

향신료 길

남부 인도에서, 실크로드망은 또 하나의 의미심장한 순환계와 겹쳐 있었다. 아라비아반도를 중심으로 뻗어 나간 그 중요한 순환계가 형성되기까지는 계절풍의 영향이 일부분 작용했다. 아라비아반도는 삼면이 바다로 둘러싸여 있고, 여기저기에 오아시스가 흩어져 있는 거대한 사막이었다. 아라비아반도 주변에는 소말리아반도, 이란의 고지대, 레반트 평원의 외곽 지대 같은 반[半]건조 기후의 풍경이 펼쳐져 있었다. 아라비아 반도에는 서로 연관된 언어를 쓰는 다양한 민족이 살고 있었다. 히브리어, 아라비아어, 고대 페니키아어, 수메르어, 아카드어, 나바테아어 등은 모두 셈어족에 속한다. 지중해와 페르시아만 사이의 지역에서 이들 언어가 널리 쓰였다는 사실은, 그 지역의 고대인들이 각 민족의 뿌리와 상관없이 오랫동안 서로 엮여 있었다는 역사적 연관성을 의미한다.[9] 그 건조한 지역으로부터 매혹적이고 신비로운 고대 세계의 향신료 길이 사방으로 퍼져 나왔다.

오늘날 흔히 말하는 '향신료'는 음식에 독특한 풍미를 더하는 각종 조미료를 의미하지만, 지금 여기서 우리가 다루는 향신료는 조금 다른 것이다. 고대의 향신료 교역상들은 사프란, 후추, 계피 따위를 거래했을 뿐아니라, 몰약, 침향, 향료, 보석, 방향유, 염료, 약제, 진귀한 새의 깃털, 치료용 크림, 화장품, 최음제, 마법의 약, 신기한 보조기구 등처럼 조미료와 무관한 품목도 취급했다. 이 맥락에서 볼 때, '향신료'는 희귀하고, 쓸모 있고, 가볍고, 옮길 수 있고, 시장성이 있고, 쉽게 썩지 않는 교역품을 가리키는 포괄적인 용어이다. 당시 향신료는 일반적으로 사람들에게 필요한 물건이 아니라, 사람들이 원하는 물건이었다. 향신료는 쾌락, 사치, 기분 전환, 황홀경, 극도의 흥분 따위를 바라는 인간의 충동을 충족시켰다. 더 넓은 의미에서 보면 향신료는 수천 년 전의 세계 경제를 좌우

---

9) 같은 언어를 쓰는 사람들이라고 해서 반드시 민족적, 유전적 뿌리를 공유하지는 않는다. 인접 집단과 피정복 집단은, 그리고 심지어 정복 집단도 자기 집단의 언어를 버리고 다른 집단의 언어를 선택할 때가 간혹 있다. 원래 어떤 언어를 썼든 간에 미국으로 이주한 대부분 사람은 결국 영어를 쓰게 된다. 하지만 이 같은 언어적 전이 현상은 실제적인 교류와 상호작용이 없으면 나타나지 않는다.

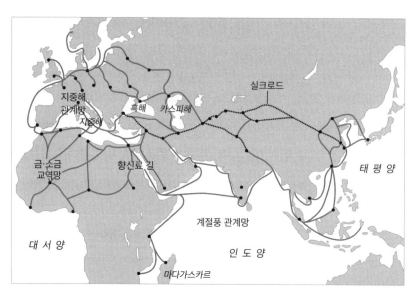

지중해 관계망
지중해
흑해
카스피해
실크로드
금·소금 교역망
향신료 길
태 평 양
계절풍 관계망
대 서 양
인 도 양
마다가스카르

지구 절반 규모의 관계망

하는 지배 요인이었고, 오늘날도 그렇다(마약 거래를 떠올려보기를 바란다).

아라비아와 그 주변 지역에서는 오래전부터 몇몇 종류의 향신료를 생산하였다. 그 사막 지대에서는 농사에 적합한 땅이 전체 토지의 0.01%에도 미치지 못했다. 그 지역의 중심부에서는 식생이 너무 빈약했기 때문에 목축을 활용해도 사람이 생존할 수 없을 정도였다. 하지만 공교롭게도, 아라비아 펠릭스[Arabia Felix](로마의 대[大]플리니우스[Pliny the Elder]가 '운 좋은 아라비아'로 일컬은 곳)와 그 주변 지역에서는 혹독한 기후에 강한 나무가 자라고 있었다. 그 나무의 잎을 몇 장 말리고 빻아 가루를 낸 뒤 유지[油脂]와 섞어 또 말리면 향기로운 수지인 유향이 나왔고, 유향은 덩어리 형태로 팔 수 있었다.

그런데 아라비아사막의 주민들은 유향을 누구에게 팔 수 있었을까?

사막에서 생활하는 이웃들끼리 유향을 사고팔았을까? 아니다. 모름지기 인간은 배를 채워야 향신료에 빠져들 수 있는 법이다. 그리고 향신료를 가장 원하는 곳은 대규모 강 유역의 도농 복합 문명과 그 문명 사이의 교역 집산지일 수밖에 없었다. 따라서 사막 주민들은 부유한 고객들이 사는 곳으로 향신료를 갖고 가야 했다.

약 3,500년 전에 길들인 낙타는 향신료 교역에 속도를 붙였다. 그 '사막의 배'는 불모지를 건너가는 전형적인 교통수단이었다. 낙타는 며칠 동안 물을 마시지 않은 채 버틸 수 있었고, 극도로 높은 기온에도 견딜 수 있었다. 낙타는 최고 기온이 섭씨 43도에 이르는 고비사막에서 출발해 일 년 내내 눈이 녹지 않는 험준한 고개까지 이동할 수 있었다. 낙타는 말이나 노새보다 더 무거운 짐을 운반할 수 있었고, 무엇보다 귀엽고 순한 동물이었다. 솔직히 귀엽고 순하다는 말은 농담이다. 어릴 적 우리 집에서 두 구획 떨어진 곳에는 낙타들이 모여 있었다. 낙타는 정말 지저분하고 성미가 까다로운 동물이다. 그러나 낙타는 요령만 배우면 다룰 수 있는 동물이기도 하다. 향신료 교역상들은 요령을 아는 전문가들이었다.

그 전문가들은 대개는 누군가로부터 확보한 상품을 취급하는 중개상이었다. 모름지기 중개상들은 소비자와 생산자 간 직거래를 염려하는 법이다. 실제로 향신료 교역상들은 소비자와 생산자가 서로 모르는 상태에 있게 했다. 중개상들은 상품의 출처, 이동 노선, 목적지 따위를 엄중한 비밀에 부쳤다. 중개상들은 그들이 판매하는 상품을 구하는 과정의 어려움과 위험을 둘러싼 희한한 이야기를 들려줬다. 그리스의 역사가인 헤로도토스는, 유향이 귀한 상품으로 대접받는 데는 하늘을 날아다니는 뱀들이 유향나무에 살고 있는 점도 한몫한다고 썼다. 유향을 수확하려면 송진을 태워 냄새를 풍겨야 했다. 송진이 타는 냄새를 맡은 뱀들이 잠시 유향

나무를 떠나면 그 틈을 노려 유향을 최대한 많이 수확해야 했다. 얼마 뒤 뱀들이 돌아와 사람을 물어 죽일 수 있었기 때문이다. 틀림없이 그 향신료를 수확하다가 많은 사람이 죽었을 것이다. 그러니까 유향이 그처럼 비쌌던 것이다! 헤로도토스에게 이 같은 내용을 전해준 소식통은 믿을 만한 사람이었다고 한다. 물론 향신료 교역상이었을 것이다.

향신료 교역의 전형적인 상품은 가볍고 귀한 것이었기 때문에 상인들은 먼 거리까지 운반할 수 있었다. 특히 사막 노선이 동쪽의 계절풍 노선과 그리고 서쪽의 지중해 관계망과 연결되자 더 먼 곳으로 갖고 갈 수 있었다. 원래부터 이동성이 워낙 뚜렷했기 때문에 향신료 교역상들은 거래 상대인 정착형 사람들과는 구별되는 문화적 양식을 갖춰 나갔다. 그들은 장소보다는 관념과 더 연관된 휴대용 신상을 선호하는 경향이 있었다. 향신료 교역상들은 여러 언어를 쓰고 국제적 안목을 갖춘 편이었다. 결국, 그들은 문화적, 정치적 경계를 초월하는 관계망과 동업조합을 조직하기에 이르렀다. 그 별자리들은 지리적 공간보다는 사회적 공간에서 더 존재감이 있었고, 나름의 내부적 응집력을 지니고 있었다. 그 별자리들은 정치국가의 뚜렷한 우주를 뒤덮은 그림자 국가의 대안적 우주 같은 것이었다.

서로 구별되는 문화의 바다들이 생겼을 때조차 영향과 관념은 향신료 길과 비단길 같은 모세혈관을 통해, 상호 소통 지대들이 중첩하는 영역을 통해, 충돌하는 관념의 별자리들이 뒤섞이고, 취사선택하고, 완전히 새로운 개념적 별자리로 등장하는 영역을 통해 이 바다에서 저 바다로 조금씩 흘러들었다.

9 장

세계들이 중첩하다
(서기 1~650년)

    수천 년에 걸쳐 사람들은 서로 더 밀접하게 연계되었지만, 그것은 설탕이 모래와 뒤섞이는 순조롭고 안정적인 과정이 아니었다. 역사적으로 볼 때 그것은 간헐적이고 단속적인 과정이었다. 사회적 별자리가 형성되고 팽창하다가 중첩하고, 그 중첩의 결과로 마찰과 상처와 혼란이 빚어지고, 중첩하는 각 별자리의 줄거리와 주제가 서로 얽히면서 어떤 줄거리와 주제는 채택되고, 또 어떤 줄거리와 주제는 기각되는 취사선택 끝에 하나의 더 큰 전체를, 즉 새로운 게슈탈트를 이루는 과정이었다.

    1953년 작 소설《인간 너머 *More Than Human*》(국내 미출간─옮긴이 주)에서 시어도어 스터전[Theodore Sturgeon]은 '섞이기[blending]'와 '맞물리기[meshing]'를 조합해 '섞물리기[bleshing]'라는 새로운 용어를 만들어냈다. '섞물리기'는 그의 소설에 나오는 6명의 인물에게 일어나는 일을 묘사하기 위한 단어였다. 기능장애 상태의 여섯 명의 등장인물은 서로 부딪치고 다투다가 문득 각자의 기이한 능력이 조화를 이룬다는 점을 깨닫는다. 알고 보니 그들의 개별적인 능력은 새로운 단일 유기체인 '호모 게슈탈트'의 여섯 가지 부분에 해당하는 것이었다. '섞물리기'는 방대한 별자리들이 서로 겹칠 때, 그리고 거대 서사들이 결합하여 더 큰 하나의 새로운 세계사적 이야기를 낳을 때, 역사에서 빚어진 일을 설명하기에 적합한 용어이다. 서기 0년부터 대략 800년까지, 세계 곳곳에서 섞물리기 현상이 무척 자주 나타났다.

로마

예를 들어 로마 제국에서 벌어진 일을 살펴보자. 역사가들은 흔히 이 제국의 쇠망을 역사의 중추적 사건 중 하나로 꼽는다. 대체로 로마 제국의 멸망은 서기 5세기, 그러니까 로마가 몇 차례 공격을 당하고 마지막 공식 황제가 '야만인들'에게 폐위당한 시기로 거슬러 올라간다. 결정타를 무엇으로 보는가에 따라 로마는 서기 410년이나 455년 또는 476년이나 492년에 '멸망'했다. 혹은 로마 제국이 공식적으로 두 개의 제국으로 쪼개진 서기 395년일 수도 있지 않을까? 아니면 로마 군대가 최초로 야만족 군대에 완패를 당하고 황제까지 전사한 서기 378년일 수도 있겠다.

어느 연도를 택하든 간에, '쇠망'이라는 용어를 고안한 영국 역사가인 에드워드 기번[Edward Gibbon]의 견해에 공감하는 독자라면 기독교를 탓할 것이다. 하지만 최근 수십 년에 걸쳐 제기된 대안적 설명에도 귀 기울이는 편이 좋겠다.

공화국 시절, 로마는 소아시아, 지중해 동부 해안, 이집트, 북아프리카 등지로 팽창했고, 북동쪽으로는 다뉴브강[도나우강]까지, 또 거기서 오늘날의 프랑스 땅까지, 그리고 저 멀리 서쪽으로는 대서양까지 진출했다. 그것은 굉장한 규모의 영토 확장이었고, 대부분의 영토 확장은 기

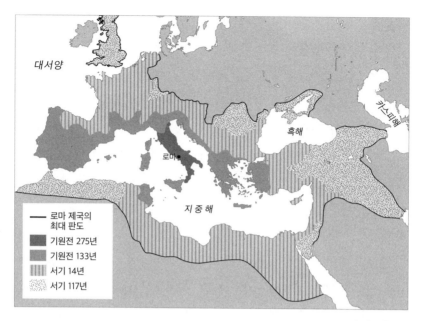

로마 제국의 팽창

원전 500년부터 서기의 출발점 사이에 이뤄졌다.

그러나 국가가 사회적 차원의 세포라면 국경은 세포막일 것이다. 국경은 내부와 외부를 나눈다. 정보의 흐름은 두 개의 세포 사이보다 한 개의 세포 내부에서 더 활발하다. 국가도 마찬가지다. 일단 로마가 비옥한 초승달 지대를 정복하자, 신전에 모셔진 메소포타미아의 여러 신, 히브리인들의 유일신, 동물의 머리가 달려있고 한 가족인 이집트의 신들을 둘러싼 비옥한 초승달 지대의 모든 서사가, 즉 그곳의 모든 신념 체계들이 로마인의 국가 안에 자리 잡게 되었고, 그리스·로마적 세계의 여러 흐름 사이에서 나름의 존재감을 뽐냈다.

그 여러 사상 체계 중 하나가 유대교였다. 유대교는 메소포타미아의 다른 숭배 교단들과 마찬가지로 부족신 개념과 '우리 신이 너희 신보다 낫다'는 관념이 있었다. 하지만 무엇보다 이 세상에 신이 하나밖에 없다는 관념을 공식화한 사상 체계는 유대교가 유일했다.

로마 제국에서 유통되던 정보는 정복 사업에 힘입어 유대인들이 거주하는 촌락과 공동체에도 흘러들었다. 그 결과 유대인들은 일상생활에서 그리스 · 로마적 세계의 세속적, 이교적 사상과 접촉하게 되었다. 아울러 유대교 사상은 로마 제국의 대동맥에 스며들었고, 세속적, 이교적 서사가 득세하는 곳을 비롯해 로마 제국 치하의 다른 여러 지역까지 퍼져 나갔다.

유대교 사상은 단지 그런 흐름 속으로 녹아들어 사라지지는 않았다. 고대 인도의 베다 문화와 마찬가지로, 유대교적 서사는 해체를 거부하는 응집력을 지니고 있었기 때문이다. 유대인들은 자신을 로마 제국의 포로로 잡힌 민족으로 여겼고, 신앙의 표현인 부족적 민족주의를 공유했다. 그런 신앙에 따르면 유대인들은 독자적 민족 개념을 환기시켜야 했다. 왜냐하면, 유대교에서는 인간사와 하느님의 관심사를 구분하지 않았기 때문이다. 하느님의 율법은 인간끼리의 상호작용을 다루는 것이었다. 그리고 만약 신의 율법이 일반적으로 인간 세계의 통치 기관이 관할하는 문제-계약, 상속, 범죄 행위, 형사 처벌-를 다룬다면, 유대인 부족들을 하나의 민족으로 묶는 종교의 관점에서 볼 때, 유대인들은 로마 제국에 지배를 받는 대신에 독자적인 통치 기관을 두고 살아야 했다.

따라서 로마 제국에 땅을 빼앗기자마자 유대인들은 초조해지기 시작했다. 유대인들을 해방의 길로 이끌 권능을 신에게 부여받은 카리스마 넘치는 인물인 구세주 개념이 그들의 종교적 서사 안에서 나타났다. 그 불안의 시기에, 유대교 세계는 로마에 악담을 퍼붓고 그 옛날의 선지자들처럼 종교적 쇄신을 설파하는 열성적인 선동가들로 가득해졌다. 그리고 유대인들의 눈에 선동가 중 한 사람은 구세주로 보일 법했다.

모든 선동가 중에 한 선각자가 두드러졌다. 그의 이름은 요한이었고, 세례라는 가입 의식을 통해 추종자들을 핵심 집단의 일원으로 끌어들였다. 세례 요한은 유대인이었지만, 가입 의식은 당시 그리스·로마적 세계에서 무척 흔했던 밀교의 공통적인 특징이었다. 미트라 밀교, 엘레우시스 밀교[Eleusinian mysteries], 오르페우스 밀교[Orphic mysteries] 등에는 모두 외부자가 내부자로 탈바꿈하는 일종의 가입 의식이 있었다. 그 밀교들은 대개 내부자들에게 영적 고양을 경험하고 행복한 미래를 맞이하고 심지어 불멸의 경지에 이르게 할 수 있다고 알려진 비밀스러운 지식을 가르쳐준다고 약속했다(물론 외부자만 밀교의 상투성을 간파할 수 있었고, 모든 밀교 집단은 너나없이 독특한 집단으로 자부했다).

서기 29년경, 목수의 아들인 예수라는 이름의 사내가 요한을 만나 세례를 받았다. 예수는 유대인의 민족운동에서 구세주로 평가될 만한 가장 카리스마 넘치는 인물 중 하나로 드러났다. 그러자 현지의 로마 관리들은 예수를 잡아들였고, 딱 한 가지 질문을 던졌다. "그대는 구세주인가?" 로마 관리들의 질문은 다음과 같은 의미였다. "그대는 로마에 대한 반란을 이끌고 있는가?" 예수가 그렇다고 대답하자 로마 당국자들은 그를 십자가에 못 박았다. 예수를 반역자로 여겼기 때문이다. 사적인 감정은 전혀 개입되지 않았고, 단지 정책을 따랐을 뿐이다. 예수 이전에도 수천 명의 반역자가 십자가에 못 박혀 죽었고, 예수 이후에도 수천 명이 그렇게 처형되었을 것이다. 대다수의 로마인은 예수의 죽음이 예수의 삶보다 더 큰 영향을 미쳤다는 점을 결코 몰랐다. 그러나 예수에게는 소수의 신봉자가 있었고, 예수가 십자가에 못 박혀 죽은 뒤, 몇몇 신봉자는 예수가 죽지 않았다고 속삭이기 시작했다. 그들은 여기저기서 살아있는 예수의 모습을 얼핏 봤다고 말했다. 소문이 퍼지자 예수의 신봉자들이 급격히 늘어나기 시작했고, 그런 식의 예수 운동은 얼마 뒤 정통 유대교에서 이탈했다.

정통 유대교는 특정 민족 집단과 명시적으로 연결된 신념 체계였기 때문에 로마 세력권 곳곳에 전파될 수는 없었을 것이다. 정통 유대교는 아브라함의 자손들과 하느님 간의 서약을 전제했다. 아브라함의 자손이 아닌 사람은 서약과 무관했다. 사도 바울이 이끈 예수의 신봉자들은 서약 당사자에 관한 내용을 손질했다. 바울은 예수를 만난 적 없었지만, 다메섹[Damascus, 다메섹은 '다마쿠스'의 히브리어명으로, 오늘날 시리아 수도 다마쿠스—옮긴이 주]으로 향하던 어느 날 극적인 회심[回心]을 경험했다. 바울에 따르면, 예수가 제시한 것은 하느님과 특정 부족 간의 서약이 아니라, 하느님과 모든 인류 간의 서약이었다. 로마 제국의 모든 남녀는 서약의 당사자로 자부할 수 있었다.

바울은 유대인으로 태어났고, 모세오경[Torah, 구약 성경의 처음 다섯 권인 〈창세기〉, 〈출애굽기〉, 〈레위기〉, 〈민수기〉, 〈신명기〉 등을 가리킨다—옮긴이 주]을 성경으로 여겼다. 그가 활동하던 시절, 예수 신봉자들에게는 모세오경 외의 가르침이 없었기 때문이다. 예수의 언행을 기록한 복음서는 나중에야 등장했다. 복음서가 생기자 기독교인들은 모세오경을 구약 성경으로 보게 되었다. 반면 주류 유대인들의 관점에서, 모세오경은 결코 구약 성경일 수 없었다. 모세오경은 변함없이 모세오경이었다.

주류 유대인들은 예전과 다름없이 구세주를 기다렸다. 기독교인들은 이미 구세주가 왔다고 믿었다. 하지만 기독교인들이 말하는 구세주는 유대인들이 말하는 구세주와 의미가 달랐다. 주류 유대인들은 이 지상에서 인간의 몸으로 걸어 다니는 누군가를 하느님이라고 주장하는 것을 최악의 신성모독으로 여겼다. 반면 기독교인들의 시각에서 그런 주장은 신앙의 핵심 조건이었다. 기독교인들에 따르면, 하느님은 백성들에게 왕국을 약속했지만, 그것은 지상의 왕국이 아니었다. 그것은 다름 아니라 기독교인들이 죽은 뒤에 영원히 머물 천상의 왕국, 즉 천국이었다. 천국은 고대 이집트인들이 상상한 사후 세계와 비슷했다. 유대교적 서약의 당사자라는 기분을 느끼려면 유대인 부모에게서 태어나고, 유대교 율법에 따라 생활하고, (남자들의 경우에는) 할례를 받아야 했다(아이고!). 예수 운동의 일원이라는 기분을 느끼려면 그저 세례를 받고 예수를 믿으면 그만이었다. 원하는 누구나 일원이 될 수 있었다.

로마적 세계에서, 인간인 동시에 신이라는 관념에는 특별한 개념적 비약이 필요하지 않았다. 세속적, 이교적 세계에는 인간이면서 동시에 신인 존재가 많이 있었다. 일례로 헤라클레스와 아킬레스는 신인 아버지와 인간인 어머니 사이에서 태어났기 때문에 초자연적 재능이 있었다. 예수 그리스도가 십자가에 못 박혀 죽게 될 무렵, 로마 제국의 지배층은 황제인 아우구스투스가 신이 되었다고 선포했다. 당시 기독교는 그리스 · 로마 문화에 정면으로 반대하는 종교가 아니었다. 다시 말해 그리스 · 로마 문화의 반명제가 아니었다. 기독교는 그리스 · 로마 문화의 다채로운 징후들과 경쟁하고 있었다. 기독교를 거부하는 로마인들은 인간이 신일 수 있다는 데는 동의했지만, 신이 하나밖에 없다는 주장은 받아들이지 않았다. 기독교를 거부하는 유대인들은 신이 하나밖에 없다는 데는 동의했지만, 사람이 신일 수 있다는 생각은 받아들이지 않았다.

기독교는 바로 명백하게 모순되는 그 두 가지 서사가 중첩하는 곳에서 출현했다. 기독교는 두 가지 서사의 주제를 취사선택한 일종의 종합

명제에 해당했다. 그 신흥 운동은 약 900명의 유대인 반란군이 마사다[Masada] 요새에서 로마군에 포위되었다가 항복을 거부하고 전원 자살한 서기 74년 이후에 결정적인 전환점을 맞았다.

그 무렵, 유대인 가정에서 태어나 기독교를 믿게 되는 사람들의 숫자는 점점 줄어들었다. 당시 기독교인 대부분은 원래 이교도였다가 기독교로 개종한 사람들이었고, 그런 사람들의 비중이 차츰 늘어나고 있었다. 기독교 개종자들은 로마인과 유대인의 싸움에 끼어들 필요가 없었다. 그들은 단지 기독교인이라는 이유로 로마 당국에 충분히 시달렸다. 유대인도 아니고 유대인인 적도 없었는데, 굳이 유대인에 대한 로마인의 보복을 겪을 필요가 없었다. 그런 맥락에 비춰볼 때, 바울이 기독교인들에게 건넨 조언 "가이사[Caesar, 기독교에서 '카이사르'를 이르는 말]의 것은 가이사에게, 하느님의 것은 하느님에게"는 이치에 닿는 말이었고, 그 무렵에 뚜렷해진 기독교인과 유대인 간의 차이를 강조한 것이었다. 그리스 · 로마적 세계의 이교도 인본주의자들에게, 두 가지 영역, 즉 세속적 영역과 초자연적 영역이라는 관념은 무척 익숙한 것이었다. 하지만 레반트 지역의 유대교 사회에서 "가이사의 것"이라는 표현은 무의미했다. 가이사의 것은 하나도 없었다. 모든 것은 하느님의 것이었다.

그러므로 유대교는 로마적 세계라는 사회적 별자리의 은하 안에서 하나의 사회적 기포[氣泡]로 남았다. 반면 기독교는 마치 칡넝쿨처럼 퍼져 나갔다. 거기에는 두 가지 원인이 있었다. 우선, 기독교는 세속적 영역도 신적 영역도 존재하지만, 그 두 가지는 서로 별개의 영역이라는 그리스 · 로마적 관념과 충분히 조화를 이뤘다. 둘째, 기독교는 로마 제국의 대다수 주민이 실제로 겪고 있는 삶에 관심을 쏟으면서 수많은 사람에게 다가갔다. 로마 제국의 웅장하고 화려한 구경거리라고 하면 흔히 우리는 목욕탕과 연회, 그리고 껍질을 벗긴 포도가 담긴 그릇을 연상하지만, 그 포도는 저절로 껍질이 벗겨지지는 않았다. 모든 고대 사회에서는 노예제가 당연시되었지만, 로마인들은 유난히 노예제에 기댔다. 로마 제국에서 노예는 하인이나 성적 노리개였을 뿐 아니라, 생산의 원동력이기도 했다. 노예는 소금을 캤고, 바위를 깼고, 갤리선에서 노를 저었고, 드넓은 농지에서 땅을 갈았다. 4명 미만의 노예를 거느린 자유민 신분의 로마인은 빈곤선[貧困線] 아래에서 생활하는 사람으로 여겨졌다. 무려 5만 명 이상의 노예를 소유한 부자들도 있었다. 노예제는 로마 군국주의의 필연적 부산물이었다. 몇 세기에 걸친 공화국 시절에 로마인들은 항상 새로운 땅을 정복하고자 진군했고, 수만 명의 포로를 데리고 돌아왔다. 그리스도가 십자가에 못 박힐 무렵, 로마 제국 인구의 25% 이상이 노예였다.

고용주 대부분은 임금을 줄 필요가 없는 노예를 부려 일을 처리할 수 있었던 상황을 고려할 때, 남에게 고용되어 생계를 유지하려는 자유민 신분의 로마인이 과연 얼마 정도의 임금을 받을 수 있었을지 생각해보기 바란다. 당시 로마 제국에서는 대다수의 사람이 노예이거나, 비참할 정도로 가난한 농민이거나, 국가가 무료 오락과 생존에 필요한 최소량의 빵으로 침묵하게 한 실업 상태의 빈민가 주민이었다.

공화국의 전성기 동안 상류층에 속한 로마인들은 매일 주변에서 일어나는 현상을 설명해주는 이교적 틀에 공감했다. 그들은 의식을 치렀고, 이야기를 했고, 계속 승리했다. 도시가 건설되었고, 부자는 더 부유해졌다. 흔히 그들은 빈자가 가난한 데는 이유가 있다고, 낙오자는 노예의 운명을 감당할 만하다고 생각했다.

그러나 노예들과 거지들의 생각은 달랐다. 서력기원이 시작되었을 무렵, 그들이 보기에 이교적 서사에는 의미 없는 세계가 묘사되어 있었다. 얼마 뒤 기독교가 나타났고, 기독교는 지금의 세상을 죽음 이후에 벌어질 일에 대비하는 시험대에 비유했다. 가장 가난하고, 가장 미약하고, 가장 억눌린 자들은 시험을 통과할 수 있었다. 그들은 낙원과 같은 천국에서 영생을 누릴 수 있었다. 반면 로마의 상류층은 대부분 시험을 통과할 수 없었다. 그들이 천국에 가는 것은 낙타가 바늘구멍을 지나가는 것보다 어려웠다. 기독교적 서사의 틀에서 보면 이제 모든 것이 이치에 닿았다. 맞다! 그것이 서사의 힘이다.

이교 국가인 로마는 사자가 기독교인을 갈기갈기 물어뜯는 공공 오락 행사를 통해 기독교를 근절하고자 애썼다. 그 잔인한 오락 행사는 아마 자주 열리지는 않았을 것이다. 그런데 예를 들어 1년에 몇 번씩 열려야 했을지 궁금하기는 하다. 사자가 운 나쁜 사람을 잡아먹는 참상은 십중팔구 들불처럼 번지는 이야기의 씨앗이 되었을 것이다. 그런 참상은 국가 주도의 테러였고, 테러는 다음과 같은 식으로 작동하는 법이다. 테러 임무를 수행하는 것은 물리적 파괴가 아니라, 이야기와 소문에서 빚어지는 감정이다. 이 부분도 서사의 힘이다.

그러나 검투사가 등장하는 구경거리에는 두 가지 서사가 교차하고 있었다. 로마인들의 국가는 폭력을 무기로 이렇게 말하고 있었다. "우리는 너희를 가장 끔찍한 방식으로 죽일 수 있다." 죽음 앞에서도 차가울 정도의 침착함을 유지한 기독교 순교자들은 이렇게 말하고 있었다. "기독교인에게 죽음은 영생으로 향하는 관문일 뿐이다." 국가는 끔찍한 이야기를 퍼트릴 수 있었지만, 사람들이 그 이야기를 들으며 느끼는 의미를 통제할 수는 없었다. 기독교 순교자가 사자에게 잡아먹히는 상황에서도 예수를 찬양했을 때, 기독교적 서사는 더 진짜처럼 보였다. 공포를 강화해봤자 기독교적 결말이 더 깊이 각인될 뿐이었다. 로마인의 국가가 기독교를 박멸하고자 취한 바로 그 조치는 오히려 기독교의 성장에 기름을 부었을 뿐이다. 하나의 서사가 다른 서사에 승리를 거둘 수 있는 수단은 물리적 무기가 아니라, 의미를 만들어내는 솜씨다.

로마 사회가 노예제와 불평등을 바탕으로 점점 비대해지자 관료 조직의 응집력이 약화되었다. 한편, 기독교 관계망은 꾸준히 발달했다. 기독교인들은 서로를 보살폈다. 그들은 자기들끼리 효율적으로 소통했고, 공동체의 위기에 대처할 필요가 있을 때 뭉쳤다. 기독교인의 시각에서 볼 때, 기독교 관계망은 차츰 정부 같은 기능을 맡게 되었다. 로마의 이교적 생명력이 내부에서 시들어가자 기독교가 로마의 외골격으로 흘러들어 갔다.

서기 4세기 무렵, 기독교는 겉으로 보이는 로마인의 세속 국가와 빼닮은 그림자 국가 같은 존재가 되었다. 그 세속 국가의 통치자는 황제였다. 제국의 영역은 여러 개의 속주로 나뉘었고, 각 속주에는 총독이 있었고, 총독 밑에는 소관구를 관리하는 행정 참모들이 있었다. 모든 속주에서 관료들은 사람들의 올바른 행실과 상호작용 방식을 규정해둔 단하나의 공식적인 성문 법전을 근거로 업무를 수행했다.

기독교인들의 영역도 속주 비슷한 단위인 교구로 나뉘었다. 각 교구는 주교가 관할했다. 주요 도시의 주교는 수도 대주교라고 불렸다. 수도 대주교는 비교적 인구가 적고 인구 밀도가 낮은 농촌 지역의 주교보다 더 큰 권한을 누렸다. 모든 주교는 12표법을 뒷받침하는 원리에서 비롯된 것으로 추정되는 로마법처럼, 복음서에서 비롯된 교회 법전을 토대로 임무를 수행했다. 모든 주교 가운데 가장 큰 권한을 지닌 한 사람은 로마의 주교였다. 훗날 로마 주교는 '폰티펙스 막시무스[pontifex maximus]'라는 칭호를 물려받게 되었다. 폰티펙스 막시무스는 기독교가 도래하기 전에 이교 의식을 집행한 로마의 최고 제사장을 가리키는 칭호였다. 기독교를 신봉하는 로마의 그 최고 지도자는 나중에 교황으로 불리게 되었다.

대제국을 실현한 서기 4세기의 로마 황제 콘스탄티누스 대제[Constantine the Great]는 고대 로마의 점점 부실해지는 유산보다는 기독교인들이 확립한 행정 조직을 통해 더 효과적으로 제국을 다스릴 수 있다는 점을 인정했다. 서기 320년, 중요한 전투를 하루 앞둔 밤에 그는 하늘에서 십자가를 봤노라고 했다. 기적에 감동한 콘스탄티누스 대제는 기독교 깃발을 흔들며 싸움터에 뛰어들었다. 승리를 거둔 뒤, 그는 기독교를 공인했고, 수도를 콘스탄티노폴리스로 옮겼고, 로마를 기독교 제국으로 변모시키기 시작했다. 국가의 공식 후원이 사라지자 이교적 서사는 쇠퇴하기 시작했다. 서기 395년, 테오도시우스 황제[Emperor Theodosius]는 최종 단계를 밟았고, 이교 사상을 불법화했다. 그는 기독교를 로마 제국의 공식 국교, 즉 국가가 승인한 유일한 종교로 삼았다.[10] 그리스에서 유래한 로마적 서사는 이제 레반트 지역에서 기원한 기독교적 서사와 섞이고 맞물리게 되었다.

기독교로 개종하는 과정에서, 콘스탄티누스는 기독교 관계망을 나름의 로마식 관료제로 탈바꿈시켰을 뿐 아니라, 기독교 교회의 수장 역할을 맡기도 했다. 서기 325년, 교리 분쟁이 일어나 범세계적 기독교 공동체의 통일성이 위태로워지자 그는 주교들의 공의회를 소집했고, 기독

---

10) 유대교는 여전히 합법적인 종교로 남았지만, 유대인들은 법적 억압을 받았다. 예를 들어 그때부터 유대인들은 로마 제국에서 법적으로 토지를 소유할 수 없었다.

교인들이 무엇을 믿어야 하는지를 결정했다. 그 공의회에서 삼위일체설을 확립한 니케아 신경[Nicaea 信經]이 나왔다. 로마의 기독교인들은 하느님이 일위이면서 동시에 성부, 성자, 성령이라는 삼위이기도 하다는 핵심적인 믿음을 받아들였다. 성부와 성자와 성령은 모두 본질적으로 같고, 단일한 신이고, 셋이자 하나였다.

한편, 서사끼리 서로 겹치면서 로마 제국 내 다른 지역에서도 마찰이 빚어지고 있었다. 로마 제국 북쪽에는 율리우스 카이사르 시절부터 내내 로마인들을 상대로 싸워온 다수의 게르만 부족들이 살고 있었다. 그런데 그 여러 부족 중에 게르만족으로 자처하는 부족은 하나도 없었다. 그들에게는 고트족, 반달족, 수에비족 같은 특정한 부족명이 있었다. 각 부족은 고유의 언어를 썼다. 한 부족의 언어는 이웃 부족의 언어와 비슷하지만, 반드시 똑같지는 않았다. 아직 게르만의 언어라는 것은 없었다.

'게르만'은 사실 로마인들이 고트족, 반달족, 수에비족 등의 부족들을 가리킬 때 쓴 단어였다. 게르만은 '늘 말썽을 일으키는 북쪽의 불량배 무리' 같은 존재를 의미했다. 게르만과 로마인의 관계는 흉노와 중국인의 관계와 같았다. 하지만 게르만인들은 스텝 유목민들이 아니었다. 그들은 토양의 밀도와 습도와 강도가 높아 경작하기 어려운, 삼림이 우거진 땅에서, 특히 쇠붙이가 달린 쟁기가 없으면 농사짓기 어려운 땅에서 연명하려고 애쓰고 있었다. 스텝 유목민들은 주변 환경과 잘 어울리는 생활 방식을 완성했다. 그들은 가축을 키우는 목동들이었다. 북유럽의 게르만 부족들은 유목민도 아니었고, 정착민도 아니었다. 그들은 더 나은 땅과 조건을 찾아 쉼 없이 움직이는 불안정하고 가난한 농부들이었고, 꾸준히 남쪽으로 이동했다.

게르만인이 로마인과 접촉한 모든 곳에서는 그 두 가지 상반되는 세계사적 서사들이 마찰을 일으켰다. 게르만인은 도시에서 살지 않았기 때문에 도시 생활에 대해 아는 바가 전혀 없었다. 게르만 사회의 주역은 언덕 꼭대기의 목조 요새에서 작은 구역을 다스리는 전쟁 지휘관들이었다. 목조 요새에는 전쟁 지휘관의 친척들뿐 아니라, 상호 충성의 맹세로 맺어진 부하들도 함께 살았다. 게르만인들은 그 맹세를 무척 진지하게 여겼다.

나머지 사람들은 그 요새 주변의 여러 촌락에서 살았다. 그들은 전쟁 지휘관의 치하에서 힘겨운 농사일에 종사했다. 그 세계의 또 다른 주역은 판관[判官]이었다. 판관은 실력자들의 영지 사이에서 빚어진 분쟁을 중재했다. 아무도 판관을 지명하거나 선출하지 않았다. 그저 남들에게 판결을 부탁받을 정도로 오랫동안 존경을 받기만 하면 판관이 되었다. 게르만 부족들에게는 문자가 없었기 때문에 판관들에게는 확고한 법전이 없었다. 대신에 그들은 부족의 전통과 선례에 따라 판결하였다. 즉, 과거의 판결을 답습했다. 판관들은 풍부한 인생 경험과 비상한 기억력, 그리고 사람들에 관한 깊은 지식을 갖춰야 했다.

판관들은 판결 권한을 아들에게 물려줄 수 없었다. 판관의 아들은 자신의 힘으로 판관의 지위에 올라야 했다. 실력자들이 무조건 부하들을 아들에게 물려줄 수 있는 것은 아니었다. 상호 충성 서약은 맹세한 당사자들 사이에서만 유효했다. 당사자 한쪽이 죽으면 서약은 무효가 되었고, 실력자의 아들은 자기 힘으로 남들에게 존경을 받아야 했다. 게르만인의 세계는 개인적 계약과 관계망, 개인적 거래와 약속에 따른 세계였다.

서기로 접어든 지 약 2세기가 흐른 뒤, 게르만 부족들의 이동 속도가 빨라졌다. 변경의 게르만 부족들은 로마 제국의 영토 안까지 거세게 밀고 들어갔다. 정확히 말해 그들은 떠밀려 들어갔다. 중앙아시아로부터 새로운 이동의 물결이 흘러나오고 있었다. 로마인들은 그 새로운 이주자들을 스키타이인[Scythian]으로 불렀다. 실제로 스키타이인이라는 표현은 '말썽을 피우는, 게르만인 이외의 야만인'을 가리킬 때 로마인이 사용한 약칭에 불과했다.

스키타이인들은 극동 지역으로부터 시작된 물결의 최서단에 있었다. 스키타이인들의 뿌리는 아득한 옛날부터 중국을 습격했던 유목민인 흉노로 거슬러 올라간다. 만리장성이 건설되고 막강한 한 왕조가 들어서자 중국인들은 흉노 부족들의 습격을 중단시킬 수 있었다. 그러나 스텝 유목민들에게 습격은 목축에 버금가는 생계 수단이었다. 중국을 습격하지 못하면 습격 대상을 바꿨을 것이다. 누구를 습격했을까? 아시아의 스텝 지대는 유목민으로 가득했고, 유목민들이 다른 유목민들을 습격해도 소득이 별로 없었다. 사실, 흉노 부족의 젊은 사내들은 이동 중에 다른 유목민들과 싸우는 대신 그들에게 투항하는 경향이 있었다. 스텝 지대의 습격자들에게 필요한 것은 약탈할 도시였다. 우선 에프탈 훈족[Hephthalite Huns]은 남쪽과 동쪽으로 방향을 잡아 인도로 이동했다. 그렇게 움직인 끝에 쿠샨인들과 마주쳤고, 그들을 짓밟았고, 그들의 도시를 빼앗았다. 얼마 지나지 않아 에프탈 훈족은 유목민에서 도시민으로 변신했다.

스텝 지대의 또 다른 습격자들은 서쪽으로 향했지만, 그들이 실질적인 도시의 환락을 맛보기까지는 한참을 더 이동해야 했다. 그러는 동안 습격자들은 거대한 오합지졸 무리를 이뤘다. 이 습격자들이 유럽에 들이닥칠 무렵, 그들은 위협적인 무리였다. 그들이 바로 로마인들이 스키타이인으로 부른 사람들이었다. 그 잡동사니 무리에는 그들이 지나온 모든 지방 출신의 어중이떠중이들로 가득했고, 따라서 우리는 그들에게 단일한 민족적, 언어적 꼬리표를 달 수 없다. 그 난폭한 무리를 이끈 훈족조차 오합지졸 무리였지만, 훈족의 중심 세력은 몽골족과 마찬가지로, 오늘날의 터키인과 마찬가지로, 한때 중국을 괴롭혔던 흉노와 마찬가지로, 알타이어를 쓰는 사람들이었다. 사실상, 훈족은 흉노였다. 유럽으로 쳐들어오기 시작했을 때 그들은 이미 그곳에 자리 잡고 있던 게르만인들의 이동을 가속화했다. 이렇듯 중국의 만리장성은 스텝 지대의 습격자들을 저지함으로써 로마를 향한 공격에 일조한 셈이었다.

하지만 로마의 '함락'이라는 표현은 쓰지 말자. 함락은 야만인들이 괴성을 지르며 성벽을 때려 부수고 성벽 안으로 뚫고 들어가 크고 우아한 도시를 약탈하고 유린하는 모습을 연상시킨다. 실제로는 그렇지 않았다. 우선, 중국과 달리 로마 제국에는 성벽이 없었다(브리타니아에 설치된 몇km 길이의 석조 방벽은 예외였다). 다만, 로마 영토로 흘러들어 와 정착하려는 게르만인들을 막기 위한 수비대 형태의 병력이 여기저기에 주둔해 있었을 뿐이다. 변경의 로마 군대와 게르만 부족은 서로 충돌하고 소규모 전투도 벌였지만, 1년 내내 그러지는 않았다. 대개 로마 군대와 게르만 부족은 서로 퉁명스럽게 고개를 끄덕이거나, 욕설을 해대거나, 고기를 빵과 바꾸거나, 상대방의 여자들에게 수작을 걸거나, 함께 맥주를 마시다가 주먹다짐을 했다.

시간이 흐르면서 그 흐릿한 변경에서 게르만인들은 라틴어를 조금씩 주워듣게 되었고, 덕분에 로마 병사들과의 흥정이 더 쉬워졌다. 특히 로마 제국에서 유통되는 옷감이 인기를 끌었다. 게르만 사회의 옷감보다 품질이 더 좋았기 때문이다. 가끔 로마인들은 게르만인들에게 사로잡혀 노예가 되었고, 게르만인들도 로마인들에게 사로잡혀 노예로 살다가 탈출해 약간의 문화적 태도를 갖춘 채 귀향했다.

고트족의 포로였던 조상들의 영향으로 고트족에 동화된 울필라스

[Ulfilas]는 로마적 세계와 게르만 세계 양쪽 모두에 발을 걸친 인물이었다. 그는 기독교 가정에서 태어나 주교가 되었다. 서기 350년경, 울필라스 주교는 자신이 고안한 문자를 이용해 성경을 고트어로 번역했다. 그러나 고트어 단어는 라틴어나 그리스어 단어와 일대일 대응을 하지는 않았다. 고트족의 어휘는 초기 기독교인들이 성지에서 겪은 경험과 전혀 다른 경험에서 파생된 것이었다. 울필라스가 고트어 단어로 기독교 사상을 표현하다 보니 로마와 콘스탄티노폴리스의 교회에서 쓰이는 성경과는 미묘하게 다른 성경이 탄생했다. 하지만 일단 고트어 성경이 생기자 게르만 부족들은 각기 다른 성격의 기독교로 개종하기 시작했다.

울필라스는 삼위일체설이 담긴 니케아 신경을 부정했다. 대신에 하느님은 오직 하나밖에, 아버지 하느님밖에 없다고 가르친, 논란의 주인공인 아리우스 주교의 교리를 수용했다. 아리우스에 따르면, 예수 그리스도는 하느님과 닮았지만 그리스도와 하느님의 본질이 똑같지는 않았다. 예수 그리스도는 하느님의 피조물 중 하나일 뿐이었다. 물론 모든 피조물 중에서 가장 빛나는 피조물이었지만 말이다. 게르만인들은 니케아 신경보다 아리우스파 교리에 더 쏠렸다. 아마 게르만 세계에서는 아들의 지위가 아버지의 지위와 맞먹을 때 권력 투쟁이 일어나 혼란이 빚어지는 경우가 많았기 때문일 것이다. 게르만인들에게는 아리우스파 교리가 더 편안했을 것이다. 하지만 교리를 막론한 기독교로의 개종은 게르만인과 로마인의 차이가 줄어드는 데 보탬이 되었다. 서로 충돌하는 두 가지 사상 체계는 기독교라는 더 큰 별자리에서 두 개의 각기 다른 별로 자리 잡았다.

그리고 나서 섞물리기 현상이 시작되었다. 로마인들은 게르만인들을 동쪽 국경의 페르시아인들과 같은 심각한 위협으로 여기지는 않았다.

게르만인들은 특유의 미개한 행실로 공공질서를 뒤흔들 우려가 있는 불량배들에 불과해 보였다. 그러나 로마인들은 군인을 모집할 때 되도록 억센 사내들을 원했고, 그런 기준에서 보면 난폭한 게르만인들이 안성맞춤이었다. 무일푼인 게르만인들의 처지에서 볼 때 로마 군대에 입대한다는 것은 삼시 세끼와 잠자리를 의미했다. 게르만인들의 입대로 로마 군대의 병력 규모가 늘어났고, 게르만인들은 자신을 '게르만인'으로 여기지 않았기 때문에 입대를 배신으로 여기지 않았다. 그들은 로마인을 상대로 싸우듯이 다른 '야만' 부족과도 싸웠다.

로마의 군사적 전통에 따르면, 장군은 부하들과 전리품을 나눠야 했다. 변경에서 로마의 장군들은(게르만인이 로마의 장군인 경우도 가끔 있었다) 약탈자 무리(약탈자 대부분은 게르만인이었다)를 무찌른 뒤 노획물을 부하 군인들(게르만인이 부하 군인인 경우도 자주 있었다)에게 나눠줬다. 변경은 수도에서 아주 멀리 떨어져 있었기 때문에, 로마 제국 정부가 변경의 장군을 민정 책임자로 임명해 현지에서 로마식 질서를 확립하도록 지시한 것은 때에 따라서는 합리적인 조치였다. 그 민정 책임자들은 '코메스[comes]'로 불렸고, '코메스'라는 단어에서 백작[count]이라는 칭호가 유래했다. 로마 영토에 들어와 일정한 지역을 차지한 게르만 족장을 해당 지역의 총독으로 부르고, 그가 거둬들이는 공물을 그의 급료로 치부하는 것은 때에 따라 이치에 맞았다. 그 작은 단위의 왕들은 둑스[dux]로 불렸고, '둑스'라는 단어는 공작[duke] 칭호의 어원이다.

이 같은 현상에는 배경이 있었다. 로마의 세계와 게르만 세계는 서로 뒤섞이고 있었다. 끊임없이 로마화된 게르만인들은 끊임없이 게르만화된 로마적 세계의 인적 자본으로 자리 잡고 있었다. 게르만인들은 로마를 파괴하려고 애쓰지 않았다. 그들은 로마인이 되려고 했다.

속물적인 로마 사회에서 외부자가 고위직까지 올라가기란 거의 불가능했지만, 로마 군대에서의 진급은 어땠을까? 가능성이 컸다. 전투력이 출중한 군인은 황제를 경호하는 정예병들로 구성된 근위대인 프라에토리아[Praetorian Guard]에 뽑힐 수 있었다. 나중에 근위대는 황제를 폐위시키거나 누군가를 황제 자리에 앉힐 힘을 갖게 되었다. 마침내 게르만인들이 근위대의 주류를 이뤘고, 가끔 그들은 근위대 출신의 인물을 옥좌에 앉혔다.

서기 4세기, 로마 제국은 고트족의 탁월한 왕 알라리크[Alaric]에 맞선 서사시적 투쟁을 펼치고 있었다. 로마에도 스틸리코[Stilicho]라는 탁월한 최고사령관이 있었다. 스틸리코는 알라리크의 진격을 막았고, 제국을 여러 번 구했다. 그러나 스틸리코는 결국 죽었고, 그로부터 2년 뒤(서기 410년) 알라리크는 로마를 약탈했다. 일부 역사가들은 서기 410년을 로마가 멸망한 해로 평가한다.

그러나 아직 너무 이르다. 알라리크는 로마와 화친조약을 맺은 고트족 왕의 아들이었다. 알라리크는 화친조약을 담보하는 차원에서 여덟 살 때 동로마 제국의 수도인 콘스탄티노폴리스에 볼모로 보내졌고, 그곳에서 성장하며 로마인의 생활 방식을 익혔다. 로마식 교육을 받았고, 읽기와 쓰기를 배웠고, 라틴어와 그리스어를 유창하게 구사했다. 알라리크는 '도끼를 지닌 채 괴성을 지르는 야만인'의 이미지와는 거리가 멀었다.

그렇다면 스틸리코는 로마의 대변자였을까? 사실 그의 아버지는 반달족이었다. 반달족은 북쪽 저 멀리에서 기원한 게르만 부족 중 한 갈래였다. 스틸리코는 일찌감치 로마 기병대에 입대했고, 착실히 진급한 끝에 로마 귀족 가문의 여성과 혼인할 수 있을 만한 지위에 올랐다. 그는 자존심 강한 로마 명문가 출신의 이미지와는 거리가 멀었다. 사실 알라리크와 스틸리코는 청년기에 로마 군대에서 함께 복무했다. 그들은 옛 전우였다. 거의 친구나 진배없었다!

알라리크가 죽고 나서 수십 년이 흐른 뒤, 훈족이 로마적 세계의 가장자리를 유린했다. 아틸라[Attila]의 지휘하에 훈족은 로마로 행군했고, 로마인들은 훈족의 진군을 막을 수 없었다. 그때가 바로 로마가 멸망한 시점일까? 아니다. 아틸라는 훈족이 로마에 도착하기 전에 사망했고, 지도자인 아틸라가 죽자 그의 군대는 해체되었다.

그 직후에 반달족이 로마를 약탈했다(무지막지한 파괴 행위를 가리키는 반달리즘[Vandalism]이라는 용어는 반달족의 로마 약탈 사건에서 유래했다). 그때가 로마의 멸망 시점일까? 아니다. 반달족은 로마를 사흘 동안 약탈했지만, 사람을 죽이거나 건물을 부수지는 않겠다고 교황에게 약속했다. 사흘 뒤 반달족은 본거지인 카르타고로 떠났다. 수도인 카르타고를 중심으로 반달족은 북아프리카 반달 왕국을 로마인과 비슷한 방식으로 통치했다. 그들은 로마식 납세자 명부를 활용했고, 로마인처럼 생활했다. 극장과 경마장을 애용했고, 잘 관리된 공원에서 산책을 즐겼다. 그리고 아마 틀림없이 껍질이 벗겨진 포도를 먹으며 매혹적인 욕조에 편안히 몸을 담근 채 성적 쾌락을 맛봤을 것이다.

사실, 로마 제국은 절대 멸망하지 않았다. 로마 제국의 출발점은 라틴 세계였다. 라틴 세계는 점점 팽창하면서 그리스적 세계의 주제를 흡수했다. 그리스 · 라틴 혼성 세계는 이후 기독교화되었다. 그리고 마침내 기독교화된 그리스 · 로마적 세계는 게르만화되었다. 로마의 멸망을 겪고 있던 사람들은 로마가 멸망하고 있는지 몰랐다. 그들은 단지 로마가 변화를 겪고 있다고 생각했다. 게르만인들은 외부자에서 내부자로 탈바꿈했고, 그들은 서양 세계에 스며드는 과정에서 고대 제국의 뼈대를 반[半]독립적인 요새와 촌락의 덩어리 수준으로, 작은 단위의 왕과 더 작은 단위의 공작과 훨씬 더 작은 단위의 백작 무리 수준으로 해체해 버렸다. 그런 변화를 겪고 있으면서도 사람들은 반드시 그것을 내리막으로 인식하지는 않았다. 어쨌든 그들 중 다수가 게르만의 후손들이었다. 일찍이 게르만 부족은 여러 세기에 걸쳐 경작에 알맞은 땅을 찾아 헤맸고, 마침내 후손들이 그런 땅을 갖게 되었다. 어째서 그것이 내리막이었겠는가?

서기 4세기, 로마 제국 황제 디오클레티아누스[Diocletianus]는 자유 농들은 경작지를 이탈하거나 직업을 바꿀 수 없다고 선언했다. 이제 유럽의 소농들은 농노로 전락했다. 농노는 노예가 아니었다. 농노는 나무와 개울, 광물과 야생동물처럼 토지로부터 떼어놓을 수 없는 자산이었다. 어떤 토지를 취득한 사람은 그에 딸린 농노도 손에 넣었다. 게르만인들을 통해 농노제가 유럽에 도입된 것은 아니었다. 농노제는 게르만인들이 물려받은 로마 제국의 유산이었다. 하지만 게르만인들은 농노제를 기꺼이 수용했다. 농노제는 그들이 만들어가고 있던 세계, 즉 영주들이 다스리는 자급자족적 농경 단위로 구성된 세계와 딱 들어맞았기 때문이다. 그 모든 일은 고대 로마의 정치 구조까지 거슬러 올라가는, 폭넓은 기독교적 틀 안에서 벌어지고 있었다.

동쪽에서는 국가적 응집력이 유지되고 있었다. 그곳에서 로마 제국은 비잔티움 제국[Byzantine Empire]으로 변모했다(그래도 비잔티움 제국은 여전히 로마 제국으로 자처했다). 동쪽의 교회들은 여전히 국가의 보호에 기댔다. 즉, 동쪽에는 기댈 만한 국가가 있었다. 그래서 동방기독교[Eastern Christianity]는 국가 안의 교회가 되었다.

하지만 서쪽에서는 국가가 사라졌고, 로마 주교가 직접 신자들을 보살피게 되었다. 로마 주교는 전통적으로 정부가 맡았던 책임을 지게 되었다. 로마 주교는 로마 사람들이 굶주리지 않도록 본인의 사유지에서 생산된 곡물을 나눠줬다. 주교는 가끔 군인들을 고용해 질서를 유지하곤 했다. 그리고 세속적 삶을 지배하는 작은 단위의 왕들과 공작들끼리의 화해를 중재하는 일을 떠맡았다. 아울러 북쪽에서 내려와 이탈리아 반도를 침략한 마지막 게르만 부족인 롬바르드족[Lombards][11] 같은 호전적인 부족과의 조약을 협의하기도 했다.

서기 590년, 그레고리오[Gregory]라는 사내가 교황이 되었다. 그는 로마 원로원 의원의 아들이었다. (그랬다. 서기 7세기 후반까지도 로마 세계에는 원로원 의원이 존재했다.) 그레고리오 교황은 자신이 다른 모든 주교보다 월등하다고 선언했다. 그는 동등한 자들 중에서 제1인자가 아니었다. 그는 전체 기독교 사회의 수장이었다. 서유럽의 지방 주교들은 영적, 교리적 권한을 그 단일한 중심인물에게 차츰 양도하면서 교황의 방침에 따랐다. 세상을 떠날 무렵인 서기 604년, 그레고리오는 과거의 로마 황제들에 버금가는 명성을 얻었다. 그리스, 로마, 레반트 그리고 게르만의 세계사적 서사들이 서로 섞이고 맞물리는 과정은 그렇게 완료되었다.

이슬람 영역[dar-ul-islam, 샤리아의 지배를 받는 공동체-옮긴이 주]

한편, 콘스탄티노폴리스에서 남동쪽으로 약 3,200㎞ 떨어진 곳, 너무 멀어 로마인들이 알지도 신경 쓰지도 않는 곳에서 또 하나의 기념비

---

11) 롬바르드족은 위대한 신 오딘[Odin]이 턱수염이 긴 남자들을 좋아한다고 생각했다(오딘은 게르만 민족이 숭앙한 신으로, 고대 인도어로는 보탄[Wuōtan]이라 하였고, 고대 영어로는 보딘[Wōden]이라고 하였다). 전설에 따르면, 롬바르드족 남자들이 오딘의 도움을 받아 싸움에서 이기고 싶은 나머지 여자 옷을 입은 채 머리카락을 얼굴 앞으로 묶어 굉장히 긴 수염처럼 보이게 했다고 한다. 전투에서 승리한 뒤 그 부족은 랑고바르드족[Langobards]으로 불리게 되었다. '랑고바르드'는 '긴 턱수염[long beards]'이라는 뜻이고, 훗날 '롬바르드'로 어형이 바뀌었다.

적인 드라마가, 유럽에서의 드라마와 크게 다른 드라마가 펼쳐지고 있었다. 드라마의 중심인물은 그레고리오 교황과 거의 동시대에 살던 무함마드 이븐 압둘라[Muhammad ibn Abdullah]였다. 그레고리오는 서기 540년에 태어나 서기 604년에 죽었고, 무함마드는 서기 570년부터 서기 632년까지 살았다. 서기 610년, 중년에 접어든 무함마드는 아라비아사막의 동굴로 들어갔다가 계시를 받고 나왔다. 그는 고향이자 홍해 연안의 활기찬 소규모 교역 도시인 메카로 돌아갔고, 그곳에서 설교를 시작했다. 그것은 단순한 설교가 아니었다. 평범한 인간의 말하기에서 현저하게 벗어난, 시적 언어와 주술적인 방식으로 쏟아내는 충고의 말이었다. 그는 자기가 신의 계시를 전달하고 있다고 말했다.

오늘날, 길거리에서 그렇게 행동하는 사람을 본다면 여러분은 아마 미친 듯이 헛소리를 해대는 사람으로 생각할 것이다. 그런데 당시 무함마드를 둘러싼 문화적 환경에서는 아무도 그렇게 여기지 않았다. 그의 행동은 당시의 시공간적 맥락에 정확히 부합했다. 예수가 혁명적 쇄신의 뜻을 설파하는 여러 유대인 지도자 중 한 사람이었듯이, 무함마드도 그가 속한 세계에서 이미 옛날부터 이어진 전통의 일부분이었다. 이슬람교가 도래하기 전의 이교 숭배의 중심에는, 평범한 인간이 이해할 수 없는 언어로 신들과 소통할 수 있는 기괴한 능력을 지닌 예언자들이 버티고 있었다. 예언자들은 황홀경 상태에 빠져 수수께끼 같은 소리를 내다가 깨어나 신의 말씀을 들려주곤 했다.[12]

무함마드 말고도 신의 계시를 받았다고 주장하는 사람들이 있었다. 무함마드가 설교를 시작했을 때 사람들은 그가 어떤 부류의 인물로 자

---

12) 사도 바울은 '방언'을 시작할 때 이 같은 전통을 따랐다.

처하려는지 알고 있었다. 이미 그들은 무함마드 같은 부류의 인물들을 본 적 있었다. 다만, 무함마드의 신빙성을 의심할 뿐이었다. 무함마드가 '정말'로 초자연적 존재와 소통했을까? 누구나 예언자인 체할 수 있다. 메카 사람들은 무함마드가 전하는 말씀의 알맹이가 의심스러울 정도로 거창하고 자화자찬 같다고 생각했다. 사실 그는 이 세상에 신은 유일무이하다고, 또 자기가 그 유일무이한 신의 유일무이한 사도라고 주장했다. 10여 년 동안 설교했지만, 그에게는 소수의 추종자만 있었다. 이후 무함마드는 추종자들을 이끌고 북쪽의 도시 야스리브[Yathrib]―얼마 뒤 '도시'라는 뜻인 메디나[Medina]로 이름이 바뀌었다―로 향했고, 그곳에서 지도자로서의 입지를 확고히 다지고 추종자들을 대대적인 운동 세력으로 변모시켰다.

무함마드는 흔히 어느 외진 곳에서 살던 순진하고 무식한 목동으로 묘사된다. 그것은 이슬람교를 믿지 않는 사람들 못지않게 무슬림들도 애용하는 이미지다. 그래야 기적 같은 그의 경력이 돋보이기 때문이다. 실제로 무함마드가 활약한 서기 7세기 무렵의 아라비아는 이미 유구한 역사를 자랑하는 광범위한 향신료 교역망의 중심지였고, 무함마드는 목동이 아니라 아내 소유의 탄탄한 무역 회사 지배인이었다. 낙타를 동반한 카라반들은 이집트에서 메소포타미아로, 레반트 지역에서 히자즈[Hijaz, 헤자즈] 지방으로, 지중해에서 인도양으로, 홍해에서 페르시아만으로 상품을 운반하며 아라비아 지역의 모든 고대 도시 문명 사이를 누볐다. 아, 명심하기 바란다. 그들은 온갖 종류의 영향과 정보에 노출된, 국제적 감각의 소유자들이었다.

유대교와 기독교는 부모와 자식 사이 같았다. 기독교가 유대교로부터 갈라져 나왔기 때문이다. 반면 유대교와 이슬람교는 사촌 사이 같았다. 어느 한쪽도 다른 쪽으로부터 갈라져 나오지 않았기 때문이다. 유대교와 이슬람교는 아브라함의 유일신교라는 하나의 뿌리에서 나왔다. 정신적 측면에서 유대교와 이슬람교의 공통점은 유대교와 기독교의 공통점이나 이슬람교와 기독교의 공통점보다 많았다. 유대교 선지자들은 종교성과 세속성을 구분하지 않았고, 무함마드도 그 부분에 공감했다. 유대 부족들의 관점에서 볼 때, 하느님의 율법에 따라 산다는 것은 역사 속에서 살아가는 사람들의 인생관과 밀접한 관계가 있었고, 무함마드의 사상 체계도 그런 관점을 따랐다. 하지만 무함마드는 부족 개념 대신에 공동체 개념을 채택했다. 그런데 그가 제시한 것은 평범한 공동체가 아니라 진정한 의미의 공동체였다. 부족의 일원이 되려면 일단 거기서 태어나야 했다. 반면 이슬람 공동체는 누구나 핵심 교리를 받아들이기만 하면 합류할 수 있는 초[超]부족이었다. 이 세상에는 단 하나의 신만 있었고, 무함마드는 신의 사도였다. 이슬람교에는 기독교의 세례 같은 가입 절차가 없었다. 이슬람교에 귀의하고 싶으면 그냥 그렇게 하고 싶다고 말하면 끝이었다.

아라비아 지역의 무슬림들이 볼 때 유대인들이 사촌 형제 같았다면, 기독교인들은 육촌 형제 같았을 것이다. 그랬다. 무슬림들의 시각에서 보면 그리스도의 신봉자들에게도 위대한 선지자가 있었다. 하지만 기독교인들은 계시를 잘못 이해한 나머지 일종의 이교에 빠지게 되었다. 만약 하느님에게 아들이 있을 수 있다면 하느님의 아버지나 어머니나 삼촌이나 조카나 고모도 있을 수 있지 않겠는가? 무슬림들의 관점에서 성부와 성자는 아버지인 제우스와 아들인 페르세우스[Perseus]처럼 보였다. 유대인들과 마찬가지로 무슬림들의 처지에서 유일신교는 함부로 다룰 수 없는 원칙이었다. 그들에게는 신의 유일성이 핵심적인 진리였다.

처음부터 무슬림들은 그들의 종교를 정치적인 것으로 경험했다. 이슬람교는 공동체이자 그 공동체의 정부였다. 이슬람교는 공동체의 율법이었다. 신봉자 무리를 이끌고 메디나로 갔을 때 무함마드는 관현악단을 발견한 지휘자 같았다. 신의 명령이 이상적 '공동체'를 건설하기 위한 처방전이라면, 그 점을 입증할 수 있는 유일한 방법은 신의 사도가 공동체를 '통치'하는 것이었다. 신이 정말로 사도를 통해 말씀을 전한다면 공동체는 번창할 것이라고 볼 수 있었다. 그것은 과학 실험처럼 명확한 명제였고, 실험의 결과는 가설을 인상적으로 확인해주는 듯싶었다. 왜냐하면, 사도가 살아있는 동안 아라비아반도 곳곳으로 뻗어 나간 공동체가 서로 반목하는 모든 아라비아 부족을 단일한 사회·정치적 틀 안에 집어넣었기 때문이다. 공동체와 공동체의 관념적 별자리는 이후 90여 년 만에 서쪽으로는 지브롤터 암벽[Rock of Gibraltar, 지브롤터반도의 깎아지른 절벽-옮긴이 주]에서 동쪽으로는 히말라야산맥의 구릉 지대까지 뻗어 나갔다. 공동체는, 왕이나 예언자로서 행동하는 사람이 아니라 신이 사도에게 전한 뜻에 따라 공동체를 관리하는 사람에게 주어진 칭호인 할리파[khalifa], 즉 칼리프가 다스렸다. 그런데 현실적으로 칼리프 체제는 곧 두 개의 칼리프 체제로 쪼개졌고, 나중에는 세 개로 갈라졌다. 각 칼리프 체제는 저마다 유일한 칼리프 체제로 자처했기 때문에 단일하고 보편적인 이슬람 국가는 점점 더 이론적인 성격이 짙어졌다. 하지만 그 단일 국가가 자취를 감추자 '다르 울 이슬람[Dar-ul-Islam, 이슬람 영역, 이슬람 세계]'이라는 용어가 떠올랐다. 그 용어는 이슬람이라는 것이 단일한 정치국가는 아니어도 확실히 단일한 '무언가'라는 점을 암시하는 데 일조했다.

신의 사도가 세상을 떠난 뒤, 신봉자들은 그가 남긴 생생한 족적을 바탕으로 다섯 가지 공식 교리를 정립했다. 첫째, 신의 유일성을 증거해야 하고 무함마드를 신의 사도로 인정해야 한다. 둘째, 매일 다섯 번씩 기도 의식을 치러야 한다. 셋째, 수입의 일정 부분을 자선 목적으로 기부해야 한다. 넷째, 1년 중 특정 달에 금식해야 한다. 다섯째, 되도록 평생에 걸쳐 적어도 한 번은 성지인 메카로 순례를 떠나야 한다(그렇게 하지 못해도 처벌을 받지는 않는다). 이 다섯 가지 의무를 다하는 사람은 누구나 공동체의 일원이었다. 쉬운 일이었다.

그러나 그 단순한 핵심 교리는 곧 율법의 정교한 상부 구조를 갖추게 되었다. 다섯 가지 교리 가운데 첫째 교리가 원인이었다. 어떤 사람이 무함마드를 신의 사도로 인정한다는 것은 그 사람의 행실이 사도가 제시하는 가르침이나 본보기와 정확히 일치해야 한다는 것을 의미했다. 왜냐하면, 그 가르침과 본보기의 주인은 신이었기 때문이고, 다른 사회에서는 세속적인 것으로 간주할 법한 분야에도 그 가르침과 본보기가 적용되었기 때문이다.

무슬림들은 그들의 종교 공동체를 정치적 공동체로 여겼다. 그러므로 줄기차게 이웃들을 정복하려는 태도는 까다로운 도덕적 질문으로 연결되지 않았다. 이슬람교는 국가였다. 이웃들을 정복하는 것은 아시리아, 페르시아, 로마, 이집트 같은 모든 국가가 했던 일에 불과했다. 무슬림들은 자신들의 정복 사업이 여타의 정복 사업과 다르다고 생각했다. 그들에게는 고귀한 목적—이슬람 율법, 즉 샤리아[Shari'ah]에 따라 생활하는 공동체의 생존을 확보함으로써 신의 뜻이 이 세상에서 꾸준히 입증되고 본보기를 통해 이웃들을 깨우칠 수 있게 하는 것—이 있었다. 무슬림들이 통치권을 장악한 상태에서는 이슬람의 생활 방식을 거부할 수 없었고, 감화를 막을 수 없었다. 그 같은 사명감에 힘입어 무슬림 공동체는 정치적 범위를 확장하고자 꾸준히 노력하게 되었다.

기독교는 강력한 제국에서 노예들과 빈자들의 종교로 출발했다. 이슬람교는 소규모지만, 스스로 통치하는 독립적인 집단의 종교로 출발했다. 기독교는 국가 안에서 생겨났고, 국가의 여러 조직을 넘겨받아 정치 권력을 획득했다. 이슬람교는 이웃들과 이웃들의 이웃들을 정복해 정치 권력을 획득했다. 서로 다른 경로였지만, 결과는 같았다. 기독교와 이슬람교는 모두 거대해지고 막강해졌다.

이슬람 세력이 팽창함에 따라 정치적 통제는 곧 문화의 이슬람화로 해석되었다. 무슬림이 지배하는 지역에 사는 사람들은 결코 강제로 이슬람교에 귀의하지 않았다. 신의 사도는 "종교에 강제는 없다."라고 말했다. 그런데 무슬림 공동체의 일원이 되면 혜택이 따랐다. 개종하면 혜택을 입을 수 있었고, 개종하지 않으면 손해였다. 말 그대로 손해였다. 무슬림이 아니라는 이유로 세금을 내야 했다.

북아프리카의 많은 기독교는 아리우스파 교리를 받아들인 게르만 부족들의 후손이었다. 이슬람교 신학에 따르면 이 세상에는 유일무이한 신이 있고, 그 하나의 신은 삼위일체의 신이 아니고, 교조인 무함마드는 신의 피조물 중 하나일 뿐이었다. 그것은 아리우스 주교의 주장과 흡사했다. 그러므로 아리우스파 기독교에서 이슬람교로 개종하는 데는 그다지 큰 장애물이 없었다. 반면 콘스탄티노폴리스 교회는 아리우스파의 신앙을 비난했다. 북아프리카의 기독교인들이 비잔티움 제국의 지배를 받는 한, 그들은 니케아 신경에 동조해야 했다. 반대로 무슬림들이 지배하는 지역에서는 기독교인들이 자기들 방식대로 기독교의 가르침을 실천할 수 있었다. 이슬람 통치 당국은 기독교인들이 어떤 종교적 오류를 수용하든 간에 상관없었다. 다만, 무슬림들은 기독교인들에게 세금을 부과했다. 그러나 비잔티움 제국도 세금을 부과하기는 마찬가지였다. 따라서 북아프리카의 기독교인들은 무슬림 치하보다 비잔티움 제국 치하를 더 좋아할 이유가 없었다.

북아프리카 지역에는 아라비아 문화의 패권에 대한 저항도 심하지 않았다. 몇 세기에 걸쳐 수많은 사람이 북아프리카를 휩쓸고 지나간 탓에 그 지역에는 잡다한 문화적 요소가 뒤섞여 있었다. 고대 페니키아인과 로마인과 그리스인의 흔적은 여전히 게르만인과 로마 가톨릭 신자와 비잔티움인의 흔적 곁에 남아있었다. 이후 북아프리카에 나타난 아라비아의 무슬림들은 그 문화적 잡탕을 단 하나의 일관적인 세계사로 탈바꿈시켰다. 너무 혼란해 의미를 알 수 없는 세계가 이슬람적 서사를 통해의미 있는 세계로 변신했다. 아라비아어가 기존의 여러 언어를 밀어냈다. 상인들은 아라비아인의 사업 관행을 모방하기 시작했다. 의복, 예술, 건축 등의 분야에서 아라비아의 색채가 묻어나기 시작했다.

북아프리카를 정복한 초창기의 아라비아인들은 이교 신앙에 오염되지 않으려고 도회지 외곽의 주둔지에서 살았다. 그러나 모름지기 사람들은 돈벌이 기회에 끌리는 법이다. 사업적 안목이 뛰어난 아라비아인들은 돈벌이 기회를 제공했다. 현지의 오래된 도회지들이 점점 확대되었고, 급기야 아라비아인들의 주둔지 주변 곳곳에 시장이 들어섰다. 해안가에도 새로운 도회지가 잇달아 조성되었다. 무슬림 치하의 북아프리카에서 도시 생활이 되살아났다. 아라비아 문화와 기존의 모든 문화적 흔적이 섞이고 맞물리는 과정에서 새로운 문화적 요소가 생겨났다.

한편, 아프리카를 동서로 가로지르는 사하라사막의 남쪽 테두리에서는 반투어를 쓰는 사람들이 아라비아화된 북쪽의 무슬림들과 교류하기 시작했다. 무슬림들은 금을 찾아 낙타를 타고 사막을 건넜지만, 낙타는 금광이 있는 적도의 밀림으로 들어갈 수 없었다. 금을 손에 넣으려면 사막 이남의 현지인들과 거래해야 했다. 다행히, 아라비아인들은 금만큼 귀한 것을 갖고 있었다. 그것은 바로 소금이었다. 찌는 듯이 더운 남쪽에 사는 사람들에게는 소금이 무척 중요했다.

사하라사막과 밀림 사이의 초원 지대에 살고 있던 부족들은 그처럼 절묘한 상황에 힘입어 중개상으로 한몫 챙길 기회를 얻었다. 초원 지대에는 갑자기 활기찬 도시들이 생겨났고, 오늘날의 세네갈과 말리와 모

아프리카의 제국들(서기 400~1600년)

리타니 같은 나라들이 자리한 지역에서 부유하고 강력한 제국들이 연거푸 출현했다. 우선 가나 제국이, 나중에는 말리 제국이, 그다음에는 송가이 제국이 등장했는데 세월이 흐를수록 제국의 규모가 점점 더 커졌다. 가나 제국은 서기 400년쯤에 탄생했고, 이슬람교가 상승세를 탈 무렵에 두각을 드러냈다.

금·소금 거래는 무슬림들에게 장악된 범세계적 교역망에 아프리카인들이 합류해 이슬람교에 눈뜨는 계기가 되었다. 대서양 해안에서 인도양 해안까지 펼쳐진 사하라사막 이남의 초원 지대 전체가 이슬람적 거대 서사에 흡수되었다. 개종은 가나 제국의 전성기에 시작되었고, 말리 제국 시절에 가속화되었다. 처음에는 평민들이 개종했고, 나중에는 상류층도 개종의 대열에 합류했다. 하지만 그 거대한 직물에는 예를 들어 역사적 기억의 저장고 역할을 하는 구비전승 설화와 왕의 혈통을 좌우함으로써 아프리카 특유의 이슬람교가 형성하는 데 기여한 모계제 같은 오래된 실─아프리카 고유의 서사─이 포함되어 있었다.

금·소금 교역과 연관된 아프리카인들에게 개종이란 형제애를 중시하고 온 세상을 휩쓸어버렸다고 자부하는 내향적 공동체의 일원이 된다는 것을 의미했다. 이슬람교는 아라비아인들이 오래전부터 노예 무역상으로 활동했던 동아프리카까지 퍼졌다. 아라비아인들은 동아프리카 해안의 여러 부족을 상대로 다양한 산지의 상품을 팔고 노예를 사들였다─마치 먼 훗날에 유럽인들이 서아프리카에서 그랬던 것처럼 말이다. 노예 무역에서 인종은 아무런 변수가 되지 않았다. 해안가의 부족들에게 내륙의 부족들과 아라비아인들은 그 나물에 그 밥이었다. 하지만 아라비아인들이 거래 상대인 해안가 사람들을 붙들어 노예로 삼으려고 하지 않을 것이라는 보장은 없었다. 이슬람 율법에 따르면, 무슬림은 무슬림을 노예로 삼을 수 없었기 때문에 이슬람교로 개종하지 않은 현지인들은 자칫 노예로 전락할 가능성이 전혀 없지는 않았다. 따라서 아라비아인들이 노예 무역상으로 활동한 모든 곳에서 현지인들은 개종하고 싶은 마음이 강했다.

아라비아에서 동쪽으로 방향을 잡은 무슬림 군대는 페르시아 영토에 진입했고, 거기서도 군사적 승리를 손쉽게 거뒀다. 그곳에는 얼마 전에 덮친 역병의 참혹한 흔적이 남아있었다. 페르시아를 침략한 그 대담하고 억센 사막 사람들이 싸움터에서 마주친 것은 초췌한 환자들이었다. 게다가, 당시 페르시아를 지배한 사산 왕조[Sassanid]는 낡고 부패한 왕조였고, 이미 오랫동안 비잔티움 제국과의 전쟁에 시달리고 있었다. 페르시아 황실은 전쟁 비용을 조달하려고 세금을 과하게 거뒀고, 무수한 인명을 희생시켰고, 조금의 영토도 빼앗지 못했다. 과연 누가 그런 황실에 충성심을 느낄 수 있었을까? 아라비아 군대가 쳐들어오자 페르시아 상류층은 싸움터로 나갔지만, 평민들은 세금을 낮춰주고 페르시아 황실을 타도해줄 것이라는 기대를 품은 채 무슬림들을 환영했다.

무슬림들이 페르시아에서 마주친 것은 군사적 도전이 아닌 문화적 도전이었다. 페르시아에는 이미 강력한 거대 서사가 존재했기 때문에 섞물리기 과정이 북아프리카의 경우보다 더 힘들게 진행되었다. 얼마 전부터 쇠퇴했어도 중간 세계의 심장부에는 키루스 대제까지, 그리고 더 멀리는 조로아스터까지 거슬러 올라가는 특유의 뿌리 깊은 페르시아적 정체성이 있었다.

그런데 페르시아에서 이슬람적 서사는 완전히 이질적인 느낌을 풍기지는 않는다. 신의 가르침을 토대로 삼은 신성한 공동체 개념, 악한 세력에 맞선 선한 세력의 투쟁 개념, 최후의 심판을 맞이할 날에 대비하는 오늘의 행동 개념, 선이 영원히 머무는 낙원 개념 등은 모두 조로아스터교 세계에서도 어느 정도 공감을 얻었다. 그런 종교적 신조는 수용될 만했다. 다만 페르시아인들이 경멸한 부분은 저 서쪽의 황무지 출신의 무례한 사막 사람들의 '문화'였다. 페르시아인들은 아라비아 문화의 우월성을 둘러싼 그 어떤 관념에도 신경을 곤두세웠다. 간단히 말해 이슬람교는 괜찮았지만, 아라비아풍의 문화는 괜찮지 않았다.

게르만인들이 기독교를 받아들였을 때처럼, 페르시아인들도 이슬람교를 나름의 방식대로 수용함으로써 이슬람 세계에 확고히 자리 잡았다. 시아파로 알려진 페르시아식 이슬람교의 관점에 의하면, 무함마드의 신성한 사명은 그가 세상을 떠난 직후 율법에 따라 정해진 후계자 겸 사위인 알리에 반대한 적들에게 빼앗겼다. 이후 아라비아의 어느 할리파가 율법에 따라 정해진 알리의 후계자 겸 아들인 후세인을 죽였다. 공교롭게도 후세인은 페르시아의 공주인 샤흐르바누[Shahrbanu]의 남편이었다. 후세인의 아들은 어머니인 샤흐르바누 때문에 페르시아인의 혈통을 물려받고, 율법에 따라 무함마드의 후계자로 정해졌다. 그런 식으로 페르시아인들은 무함마드와 무척 가까운 사람들과 혈연관계를 맺었다. 극적인 순교에 힘입어 후세인은 시아파 이슬람교에서 일종의 구세군 대원 같은 인물이 되었다. 후세인은 종교적 의미의 죄인들을 대신해 신에게 호소할 수 있었다. 시아파는 후세인이 순교한 날을 1년 중 가장 거룩한 날로 기념한다. 시아파는 그 뿌리를 아라비아에 두고 있었지만, 무슬림 공동체 내부에서 의견을 달리하는 종교적 소수 집단이었다. 그리고 페르시아인들은 급성장하는 이슬람 제국 내부에서 의견을 달리하는 문화 집단이었다. 이렇듯 시아파와 페르시아인들, 그리고 무슬림 공동체와 이슬람 제국이라는 두 가지 기류가 서로 엮이면서 이슬람 직물에는 또 하나의 독특한 실이 들어서게 되었다. 메소포타미아, 레반트, 북아프리카, 그리스, 페르시아 등지의 주제들이 섞물리면서 이슬람 영역이라는 광활한 사회적 별자리가 새롭게 형성되었다.

한편, 중국에서는…

서기 7세기, 이슬람 영역이 서서히 형성되고 유럽이 봉건제도의 서막에 접어들고 있었듯이, 중국에서도 무언가 거대한 움직임이 일어나고 있었다. 서로 요란하게 싸운 왕국들이 빚어낸 자욱한 연기 속에서 예언자 무함마드나 그레고리오 교황과 거의 동시대에 활약한 문제[文帝]라는 거물이 등장했다.

하지만 수나라의 문제가 초래한 변화의 결과물은, 이슬람 영역 같은 것도 로마 제국 이후의 유럽 같은 것도 아니었다. 중국은 이미 그 자체가 사회적 별자리였다. 중국 고유의 거대 서사에 힘입어 중국은 형태와 의미를 갖췄다. 중국인들에게 우주는 주기적으로 되풀이되는 이야기였고, 새로운 순환 과정이 시작되고 있었다. 수 문제는 시황제의 무시무시한 메아리 같았다. 그 과거의 거인과 마찬가지로 수 문제도 반목하는 여러 왕국을 응집력 있는 단일 제국으로 통합했다. 그가 위업을 달성했을 무렵, 중국은 다시 역사의 무대에 돌아왔다. 서기 581년, 수 문제는 수 왕조의 초대 황제 자리에 오른 뒤 23년 동안 다스렸다. 서기 604년에 그가 세상을 떠나자(604년은 그레고리오 교황이 세상을 떠난 해이고, 무함마드가 신의 사도로 자처하기 불과 6년 전이다), 아들 양제[煬帝]가 뒤를 이었다. 수나라 양제는 아버지보다 훨씬 더 냉혹한 야심가로 드러났다. 그가 암살되면서 수 왕조는 결국 서기 618년에 종말을 맞았다. 618년은 무함마드가 메디나로 떠나기 4년 전이고, 무슬림들은 622년을 역사가 시작된 해로 여긴다. 중국의 부활과 이슬람교의 폭발적 성장은 기본적으로 동시에 발생한 사건들이다.

시황제처럼 수 문제도 중국 사회에 관료제를 강요했다. 시황제는 각 농가가 길러야 할 작물까지 법령으로 상세히 규정했다. 수 문제가 실시한 균전제에 따르면, 모든 토지는 황제에 귀속되었고, 황제의 뜻에 따라 할당되었다. 토지를 통해 가치를 생산할 능력이 있는 모든 사람에게 토지가 배당되었다. 토지의 할당량은 해당 토지의 소출에 좌우되었다. 토지는 정기적으로 다시 할당되었으므로, 소출에 따라 할당량이 조정될 수 있었을 것이다.

시황제는 만리장성을 건설했다. 만리장성 공사로 100만 명이 넘는 인명이 희생되었지만, 만리장성은 유목민의 침입이라는 해묵은 골칫거리를 해결했다. 수나라 황제들은 대운하를 건설했다. 대운하 공사에도 100만 명 넘게 희생되었지만, 대운하도 중국이라는 별자리의 중요한 문제를 해결했다. 수나라 이전에는 사실상 두 개의 중국이 있었다. 북쪽에는 대다수의 인구가 살고 있었다. 남쪽에서는 대부분의 쌀이 생산되었다. 남쪽에서 북쪽으로 향하는 화물은 대부분 물살이 변화무쌍하고 폭풍이 몰아치고 해적이 들끓는 바다를 통해 운반되었다. 육지를 통해 운반되는 화물은 극히 적었다. 남쪽의 땅에는 늪과 언덕이 많아서 짐 운반용 동물들이 다니기 힘들었기 때문이다.

수나라 문제와 양제는 북중국과 남중국을 연결하는 내륙 수로를 만들어 그 골칫거리를 해결했다. 대운하는 지금도 남아있고, 건설 당시의 기능을 여전히 발휘하고 있다. 대운하는 단순한 운하 수준에 머물지 않는다. 수 왕조의 황제들은 지구상에 대규모의 인공 강을 만들어 두 개의 거대한 자연 강인 황허와 양쯔강을 연결했다. 대운하는 곡식을 실은 거룻배들이 왕래할 수 있는, 안전하고, 평온하고, 피해의 위험이 없고, 인위적 제어가 가능한 수로였다. 대운하는 유례없을 정도로 중국을 하나로 묶었다. 중국에 사는 사람들 대다수가 중국에서 생산되는 곡식 대부분을 쉽게 이용할 수 있게 되었다. 두 개의 중국이 섞물리자 제국에는 활기가 넘쳤다.

섞물리기는 다른 분야에서도 진행되고 있었다. 인생의 어느 시점에서 수 문제는 몇몇 불교 승려들과 만났고, 그들이 전하는 말씀을 좋아했다. 황제로서 그는 불교를 비호했다. 그가 진심으로 불교에 귀의했느냐는 물음은 대답할 수 없을뿐더러 적절하지도 않은 질문이다. 로마의 콘스탄티누스 황제와 기독교의 관계가 그랬듯이, 수 문제에게는 불교를 포용해야 할 전략적 이유가 있었다. 이미 불교도들은 눈에 띄지 않는 방식으로 교역망을 구축하고 교역 관련 전문 지식을 쌓아두고 있었다. 수 문제는 하나의 거대한 가족 농장처럼 제국을 운영하고 있었지만, 농업만으로는 진정한 번영을 누릴 수 없었다. 가족 농장이 잘 돌아가려면 교역이 필요했다. 유교를 숭상하는 선비들은 교역을 멸시했지만, 수 왕조는 불교도들과 불교 사찰을 중국이라는 별자리의 일부분으로 삼으려는 뚜렷한 동기가 있었다.

수 왕조도 진 왕조 못지않게 단명했지만, 수 왕조의 몰락 이후 2세기 동안에 중국에서는 불교 사당과 학교와 사찰을 방문하고자 북부 인도로 떠나는 구도자들의 행렬이 이어졌다. 그들은 불교 경전과 서적을 갖고 돌아와 중국어로 번역했다. 하지만 그 과정에서 구도자들은 한 가지 특기할 만한 도전 과제와 마주쳤다. 원전은 어형과 어미의 변화가 심하고 자모 문자를 갖춘 다음절[多音節] 언어인 산스크리트어로 적혀있었다. 반면 문어체인 중국어 한문은 표의문자에 근거한 문자가 쓰이는 단음절성 비굴절 언어였다. 산스크리트어와 거기서 파생된 언어들에는 물질적 실재를 가리키지 않으면서도 거창한 추상적 개념을 표현하는 비범한 능력이 있었다. 현실 세계의 구체적 요소들에 근거한 중국 문자, 즉 한자는 간결하고 쉽게 식별할 수 있는 명확한 대상으로 치환하는 방식을 통해 추상화를 시도하는 경향이 있었다. '우주'에 해당하는 산스크리트어 단어를 한자로 표현하려면 산과 강과 땅을 의미하는 세 가지 글자를 조합해야 했다. '인간의 자아'에 해당하는 산스크리트어 단어를 한자로 표현하려면 바람과 빛과 고향을 나타내는 글자들을 결합해야 했다.

번역자들은 기존의 한자 용어를 이용해 불교 경전을 중국어로 옮겨야 했다. 그 용어들은 이미 정해진 의미와 함축적 의미를 지니고 있었다. 그때까지 중국인들이 경험하지 못한 개념들을 어떻게 한자로 표현할 수 있었을까? 그것은 울필라스 주교가 고트족 독자들을 위해 성경을 번역할 때 직면했던 것과 똑같은 난제였다. 번역자들은 도교의 현자들이 도교 사상을 글로 표현할 때 사용한 글자들을 주로 활용하게 되었다. 예를 들어 중국의 불교도들은 인도의 불교도들이 '다르마[dharma]'로 부른 것을 표현할 때 도[道]라는 용어를 썼다(불교에서는 일반적으로 다르마를 법[法]으로 표현하지만, 다르마 개념이 도교의 '도'와 유사하여 아마 초기에는 도라는 용어를 썼다가 후대에 법이라는 용어로 정리된 듯하다-옮긴이 주). 그리고 인도 불교도들의 열반 개념을 표현할 때는 도교 용어인 무위[無爲]를 썼다.

이렇듯 중국 불교는 일단 도교의 몇 가지 향기를 빨아들이고 나서 여러 가지 미묘한 향기를 풍길 수밖에 없었다. 그 섞물리기 과정을 거쳐 선불교[禪佛敎]가 나왔다. 선불교는 인도에서 탄생한 신앙이 중국 고유의 형태로 바뀐 결과물이었다. 중국 불교에서는 초월적 실재를 향한 영

적 여정이라는 개념이, 이승에서 융화를 이루려는 목적의 참선 기법에 자리를 내줬다. 선불교 수행자들은 자연을 음미했고, 관조적 은거를 선호했다. 선불교의 영적 생활에는 특정 장소에 대한 인상적인 평가가 가미되었다. 선불교는 일본으로 (그리고 캘리포니아까지) 전래되었다. 일본 선불교에서는 열반 개념(불교도들이 도달하고자 애쓰는 영속적 상태)이 사토리[悟, さとり] 개념(찰나를 파고드는 종말론적 깨달음 개념)에 최고의 자리를 양보했다.

진 왕조는 겨우 15년밖에 버티지 못했다. 수 왕조는 약 40년간만 존속했다. 시황제는 피와 만행을 통해 통치 기반을 확립했다. 수 왕조의 황제들도 거의 같은 일을 했다. 시황제의 치세가 저물자 한 왕조가 출현했다. 한 왕조는 무려 4세기에 걸쳐 중국을 통치하는 동안 중국 문화의 정수를 확립했다. 수 왕조의 황제들이 중국을 탈바꿈시킨 뒤, 당 왕조가 등장했다. 당 왕조가 중국을 지배한 약 300년의 기간은 흔히 송 왕조 후반까지 이어진 영광의 시대인 중국 황금기의 핵심으로 평가된다. 한 왕조는 진 왕조의 시황제가 세운 구조를 물려받았고, 당 왕조는 수 왕조의 황제들이 세운 구조를 물려받았다. 한 왕조와 당 왕조는 선대 왕조들이 초래한 불만에 대처할 필요가 없었다. 당 왕조가 들어섰을 때 중국의 농업 생산성은 정점을 찍었고, 대운하는 당당히 흐르고 있었고, 교역망은 유례없을 정도로 제국을 하나로 묶고 있었다.

당 왕조의 황제들은 중국 북부에서 시작해 실크로드를 따라 서쪽으로 뻗은 돌출부를 따라 지배력을 확대한 끝에 결국 이슬람 칼리프 체제와 접하게 되었다. 내부적으로는 정치권력을 장악한 북중국이 양쯔강 유역의 여러 문화를 흡수해 불교, 도교, 유교 사상 등이 혼합된 중국 특유의 문화로 승화시켰다. 강력한 중앙집권적 황실은 그 대규모 문화적

서기 800년의 동반구 세계

성운을 남중국해 해안까지 퍼트렸다. 중국 황실은 거기서 한계에 부딪혔지만, 서로 유익한 방향으로 엮인 거대한 문화적 성운은 동쪽과 서쪽으로, 또 바다를 건너 한국과 베트남까지 뻗어 갔고, 저 멀리 일본에까지 어느 정도 영향을 미쳤다. 공자의 가르침과 사상은 한국 문화와 베트남 문화에 침투했고, 오늘날까지 두 문화에 남아있다. 불교는 베트남에는 원래의 형태로 스며들었고, 일본에는 바뀐 형태로 전파되었지만, 오늘날 두 나라에는 모두 불교의 영향을 찾아볼 수 있다.

　결국, 중국의 문화적 영향을 머금은 안개는 유라시아 스텝 지대의 가장자리부터 동부 태평양 군도까지 퍼져 나갔다. 그 방대한 지역 전체에 걸쳐 하나의 거대한 사회적 은하로서 동아시아 문명은 생겨났다. 물론 그 은하 속에서 기존의 사회적 별자리들은 각자 독특한 성운으로 버티고 있었다. 일본은 결코 중국이 아니었다. 일본은 늘 고유의 독특한 문화를 구현했다. 한국은 중국으로부터 사회적, 미학적 주제를 흡수했지만, 오랜 세월 동안 위태로운 독립을 악착같이 유지했다. 베트남은 중국으로부터 흡수한 영향을 자국의 메콩강 문화에 이식했지만, 여전히 메콩강 문화는 무엇보다 쌀에 의존하여 생활하는 덥고 습한 세계의 지리적 조건으로 형성된 문화로 남았다. 그리고 불교 사상과 유교 사상을 받아들였지만, 베트남인들은 천 년 동안 중국의 정치적 지배를 완강하게 막아냈다. 오늘날까지 베트남, 한국, 일본, 라오스, 캄보디아 같은 나라들은 고유의 독특한 문화적 향기를 풍기고 있다.

하지만 이들 나라는 모두 단 하나의 거대한 문화적 별자리의 일부를 이룬다. 어쨌든 베트남과 중국의 공통점은 베트남과 노르웨이의 공통점이나, 중국과 노르웨이의 공통점보다 많다. 확실히 우리는 베트남과 중국을 앙골라와 하나로 묶기보다는 베트남과 중국을 한국과 하나로 묶으려고 할 것이다. 그리고 베트남, 중국, 한국 등이 일본과 비슷한 점은 베트남, 중국, 한국, 일본 등이 쿠바와 비슷한 점보다 많다. 물론 베트남, 중국, 한국, 그리고 일본은 서로 차이점이 있었다. 하지만 이들 사회는 모두 서로 연계된 서사들을 갖춘 여러 사회적 별자리가 존재하는 방대한 개념적 틀 안에 자리 잡고 있기도 했다.

10 장

세계사적 단자

(서기 650~1100년)

서기 800년, 지구 위를 비행하는 박식한 외계인은 인류가 어느 정도 안정된 몇 개의 별자리로, 즉 응집력이 있으면서도 내향적인 몇 개의 우주로 나뉜 모습을 내려다봤을 것이다. 말하자면 각 별자리는 세계사적 단자[單子, monad]였다. '단자'는 독일 철학자 고트프리트 라이프니츠[Gottfried Leibniz]가 사용한 용어이다. 라이프니츠의 정의에 따르면, 단자는 단일한 관점에서 바라본 우주 전체였다. 이때 우주는 여러 개의 단자로 구성되었다. 그리고 모든 단자가 완전체로서의 우주이기 때문에, 각 단자에는 나머지 모든 단자가 그 단자의 일부분으로 포함되었다.

이상은 물리적 우주에 대한 일종의 신비론적 해석일지 모르지만, '사회적' 우주에 대한 은유로서의 단자는 내 마음에 쏙 드는 용어이다. 모든 세계사는 사실 어떤 거대 서사를 중심에 놓은 틀 안에서 누군가를 중심으로 펼쳐지는 이야기이다. 서기 800년, 중국은 그런 세계사적 단자에 불과했고, 이슬람권도 인도도 서유럽도 마찬가지였다. 지리적 뿌리가 확고한 그 각각의 문명에는 세계 규모의 독자적 거대 서사가 스며들었다. 대다수 단자는 다른 단자들에 관해 알고 있었지만, 그 나머지 단자들을 세계의 주변부로 간주했다. 즉, 부수적 존재로 여겼다.

물론 당시 지구에는 그런 세계사적 단자들만 있지는 않았다. 중앙아메리카의 상호 소통 지대들에도 틀림없이 또 다른 세계사적 단자들이 있었을 것이다. 남아메리카의 북서쪽 해안에도 그런 식의 단자가 성장하고 있었을 것이다. 오늘날에는 아무것도 알려진 바 없다시피 하지만, 아마존강의 밀림 곳곳에도 의미심장한 세계사적 단자가 있었을지 모른다. 그리고 확실히 전 세계적으로, 러시아 북부 지방이나 남부 아프리카에서나 상호 소통 지대가 발달할 수 있는 모든 인간 서식지에서는 크고 작은 단자들이 있었을 것이다. 그러나 인류의 80% 이상이 거주한 동반구에서는 중국, 인도, 이슬람권, 서유럽 등이 당대의 지배 단자였다.

중국

서기 800년, 중국은 활력으로 가득했다. 당 왕조가 지배한 300여 년 동안, 중국의 예술 문화는 절정을 구가했다. 그 전성기에 세계 최초의 산문 소설이 나왔다. 화가들은 자그마한 크기의 인물상들이 여기저기 묘사된 우아한 풍경화를 그렸고, 그것은 도교와 불교의 섞물리기가 최고조에 이르렀음을 나타내는 증거였다. 당 황제는 중국 최초의 연극 및 음악 학교를 세웠고, 거기서 세계 최초의 가극단이 배출되었다. 일찍이 한 제국 황제는 유교 경전에 심취한 학자들을 관료로 채용했다. 이제 당 제국은 한걸음 더 나아가 유교 경전뿐 아니라 법학, 수학, 정치학, 역사, 서예, 회화, 시까지도 포함하는 관료 지망생 대상의 공식적인 종합 시험을 도입했다. 그랬다. 당 왕조의 중국에서 힘 있는 관료가 되고 싶은 사람은 시를 잘 지을 줄 알아야 했다.

당 제국 시절, 황제의 명령에 따라 어느 불교 승려가 수차를 동력으로 삼은 3층짜리 장치인 최초의 기계식 시계를 만들었다. 중국의 발명품인 목판 인쇄술 덕분에 최초로 활판본이 상품이 되었다. 상품화된 활판본 가운데 현존하는 가장 오래된 책은 서기 868년에 출간된 중국어판 금강경이다.

그 무렵, 도교와 불교 사이에는 상당한 정도의 섞물리기가 진행되고 있었지만, 어느 한쪽이 다른 한쪽에 완전히 흡수되어 사라지지는 않았다. 두 사상 체계는 여전히 번창하고 있었다. 도교는 주술에 치우친 민간 종교로서 자리를 지키고 있었지만, 주술에 발을 슬쩍 담근 도교 승려들은 원시 과학자로 탈바꿈했다. 그들은 기본 금속을 금으로 바꾸는 방법을 찾다가 최초의 화학 원리를 발전시켰다. 길흉을 점치는 솜씨를 완성하고자 애쓰는 과정에서는 점성술을 천문학 쪽으로 밀고 나갔다. 주술적 능력을 선사하는 약을 찾아 나서는 과정에서는 800종 넘는 약초를 수록한 약전[藥典]을 편찬했다. 반어적이게도, 영원히 사는 방법을 찾는 과정에서는 우연히 화약을 발명했다.

치세 말기에, 당 제국 조정은 불교에 등을 돌렸다. 불교 사찰들이 몇 세기 동안 면세의 혜택을 누린 데다, 서기 9세기에 이르러서는 중국 전체의 토지 중 무려 40%에 달하는 토지를 세금도 내지 않은 채 소유하고 있었기 때문이다. 서기 843년, 황제는 모든 불교 사찰을 철폐하도록 명령했고, 불교 사찰 소유의 토지를 압류했으며, 약 25만 명의 남녀 승려가 속세에서 생계를 이어 가도록 강요했다. 이후 정치적 힘을 지닌 독자적 사상 체계로서의 중국 불교는 결코 회복하지 못했지만, 불교적 주제들은 구분되지 않을 정도로 중국적 미학에 철저하게 녹아들었다.

서기 9세기, 당나라는 '천명을 잃었고', 여러 왕국이 쟁투하는 시절이 찾아왔다가 송나라가 등장했다. 송나라는 제2의 당나라 같았다. 중국 문화는 여전히 화려하게 빛나고 있었지만, 미묘한 정취의 변화가 나타나고 있었다. 즉, 서정성이 줄어들고 있었다. 사회의 초점이 예술에서 기술로 이동했다. 중국인들은 이미 목판 인쇄술을 보유하고 있었고, 이제는 가동 활자를 발명했다. 이미 화약은 있었고, 이제 화약을 불꽃놀이뿐 아니라 화포에도 쓰기 시작했다. 이 시기의 중국인들은 자기나침반을 발명했다. 그들은 카드 게임도 발명했고, 송나라의 관료들은 종이의 기발한 쓰임새—화폐—를 발견했다. 당시 다른 어느 곳에서도 종이가 화폐로 쓰이지는 않았다. 지폐가 유통되려면 경제활동에 대한 완전한 사법권을 지닌 중앙정부가 필요했기 때문이다. 중국에만 그런 제도가 있었다.

송 제국의 치세에 경제가 크게 성장한 덕택에 이전에는 순전히 민간 가정용으로만 생산되었던 물품—직물, 의복, 조리식품 등등—을 판매하기 시작하는 가정이 늘어났다. 가계의 생산 활동이 산업적 규모로 증가했다. 각 가정이 이전에는 가장의 부인과 자녀가 맡았던 일을 처리할 일꾼을 고용하는 것이 사회적 지위의 증표가 되었다. 사실, 한 가정의 여성들이 노동 능력을 잃는 것이 고귀한 신분의 증표가 되었다. 그래야 윤택하게 생활하는 가정이라는 평판을 얻었기 때문이다. 상류층 가정은 소녀들의 발을 붕대로 묶는 풍습을 받아들이기 시작했다(그 전족[纏足] 풍습 때문에 소녀들의 발뼈가 부러졌다). 붕대로 발이 묶인 소녀들은 기형적으로 작고 제구실을 못하는 발을 지닌 탓에 평범한 노동도 못 하는 여성으로 성장했다. 송나라 시절, 중국의 최상류층 남자들은 그 부러진 발을 아름답다고 여겼다. 그것은 문화적 힘과 풍요로움의 어두운 면이었다.

송 제국 치세의 상당 기간 중국은 이례적일 만큼 개방적이었다. 아라비아의 선박들이 중국 항구에 정박했다. 낙타와 함께 페르시아와 아프가니스탄에서 출발한 카라반이 만리장성을 따라 중국의 번창한 시장에 도착했다. 각종 상품이 동남아시아, 이슬람권, 인도, 아프리카 등지에서 중국으로 흘러들어 왔다가 다시 흘러나갔다.

그러므로 당시의 중국인들이 그들의 세계를 진정한 세계로 여긴 것은 당연한 일이었다. 그 모든 예술 활동과 상거래와 발명은 응집력이 강한 세계사적 틀 속에서 일어났다. 그들은 여전히 현재를 미약한 인간이 어찌할 수 없는 추진력을 지닌 순환적 서사의 일부로 바라봤다. 그들은 아직 세계를 동심원 형태의 우주에서 펼쳐지는 이야기로 바라봤다. 그들은 자신이 속한 사회를 저 멀리에서 시샘하는 오랑캐들에 둘러싸인 중화 제국으로 생각했다. 호시절—실제로 이 무렵은 그야말로 호시절이었다—에는 천명을 얻은 황실이 온 세상을 다스린 덕분에 곳곳이 조화로 가득했고, 그 결과 무수히 많은 삶의 복잡한 흐름이 마치 비단 한 필을 이루는 실처럼 완벽하게 맞물리게 할 수 있었다.

하지만 '개방적'은 '외향적'의 동의어가 아니었다. 중국은 세계에 개방적 태도를 보였지만, 여전히 내향적 문명이었다. 아라비아의 선박들이 중국 항구에 정박했지만, 중국 선박들은 아라비아의 항구에 정박하지 않았다. 따라서 중국인들은 이치에 어긋나는 사람들이라는 인상을 풍겼을 것이다. 조공국의 사신들과 오랑캐들은 황제를 알현하고자 중국에 찾아왔지만, 그 반대의 경우는 일어나지 않았다.

인도 아대륙

황실과 조정이 직접 관리한 창의성과 생산성에도 불구하고, 당시 중국은 세계에서 가장 부유한 사회가 아니었다. 서기 800년에 세계에서 제일 풍요로운 사회는 인도였을 것이다. 중화 세계의 특징은 국가의 개입으로 만개한 내향적 단일성이었다. 그러나 인도는 다중성을 통해 중국에 필적할 만큼의 왕성한 문화적 응집력과 창의성을 달성했다.

인도에서는 여러 왕국이 생겼다가 사라졌지만, 왕국들의 잇따른 흥망성쇠는 사회 조직에 큰 영향을 미치지 않았다. 반[半]자치적 촌락들은 아직 인도 곳곳에서 일상생활의 기본 단위로 남아있었다. 카스트는 여전히 정치적 영역을 관통하고 있었다. 이 두 가지 요인으로 마우리아 왕조 치세의 인도 사회가 규정되었고, 마우리아 제국이 붕괴한 뒤에 등장한 여러 소규모 제국과 왕국에서의 삶도 이 같은 요인들에 의해 규정되고 있었다. 중국사의 잣대를 들이댈 경우, 마우리아 제국 멸망 이후의 여러 세기는 전국시대로 평가할 수 있을 것이다. 인도에서는 전국시대 같은 개념이 거의 적용되지 않았다. 인도의 경우, 서력기원 이후의 몇 세기는 예술과 부와 교역의 측면, 그리고 사회적 진보와 지적 성취의 측면에서 유익한 시기였다.

마우리아 제국이 무대를 떠난 지 약 500년 뒤, 동일한 무대에 또 하나의 광활한 제국이 출현했다. 정말 기이하게도 두 제국 사이에는 연관성이 전혀 없었지만, 두 제국 모두 찬드라굽타라는 이름의 사내들이 세웠다. 마우리아 제국이 멸망한 지 약 5세기 뒤에 등장한 제국은 창건자의 이름을 내세워 굽타 제국[Gupta Empire]으로 자처했다.

마우리아 왕조는 불교에 호의적이었다. 반면 굽타 왕조는 힌두교를 선호했다. 그러나 두 왕조 모두 불교나 힌두교에 공식적 지위를 부여하지는 않았다. 그것은 인도식 접근법이 아니었다. 마우리아 왕조가 불교에 대해 그랬던 것처럼, 굽타 왕조도 단지 힌두교의 다양한 종파에 우호적인 조건을 조성했을 뿐이다. 굽타 왕조가 지배한 몇 세기 동안, 인도 북부 지방과 남부 지방에서는 각각 비슈누[Vishnu]와 시바[Shiva]를 숭배하는 현상이 만연했고, 인도 전역에서 그 밖의 여러 신도 숭배되었다. 그 수많은 신은 서로 맞물린 다양한 사회집단을 반영한 결과물이었다. 곳곳에 사원과 수도원이 들어섰고, 굽타 제국은 사원과 수도원을 후원했다. 아마 정치적 편의를 고려한 조치였겠지만, 황제와 조정 관료들이 독실한 신자들이었다는 점도 작용했을 것이다.

황제의 종교적 성향과 무관하게 순례는 힌두교도들의 삶에서 중요한 역할을 했다. 경건한 신자들은 정신적 정화를 위해 갠지스강처럼 멀리 떨어진 성지로 떠났다. 갠지스강까지 갈 수 없으면 더 가까운 곳으로 떠났다. 선택의 여지는 많았다. 현지인들과 마찬가지로 순례자들은 그들이 선호하는 사원에 넉넉하게 기부할 만큼 헌신적인 신앙심을 중시했다. 인도의 도로와 수로는 빈번한 교통의 흐름을 뒷받침했다. 덕분에 재물이 인도 아대륙 곳곳을 돌아다녔을 뿐만 아니라, 재물은 북아프리카의 무슬림 요새와 유라시아 스텝 지대의 불교 사찰처럼 힌두교 사원이 집산지 역할을 맡은 장소를 비롯한 수많은 곳에 몰려들기도 했다.

다중성을 지향하는 인도인들의 충동은 세월이 흐를수록 거세졌다. 카스트는 직업과 연관된 훨씬 더 복잡한 집단 분류 단위인 '자타[jata]'로 세분되었다. 자타에는 강제적 한계가 없었다. 모든 직업에 그런 식의 사회 집단화가 적용될 수 있었다. 금세공인, 제철공, 도공, 직공 등은 모두 각자의 자타에 속했다. 황실이나 조정이 그런 제도를 규정하지는 않았다. 어떤 권위자가 그것을 편성하거나 통제하지도 않았다. 인도 문화 자체에서 자타라고 하는 적절히 조립된 퍼즐 조각들이 생겨났고, 그 퍼즐 조각들은 훗날 다른 사회들에서 출현한 동업 조합 같은 기능을 어느 정도 수행했다. 자타는 최소한의 마찰을 통해 조율되는 복잡한 생산 및 교환 체계를 유지했다.

굽타 왕조의 치세에 인도는 고전기를 거쳤다. 야금술과 의학 분야가 장족의 발전을 이뤘다. 인도의 의사들은 상처에 뜸을 뜨는 방법, 수술하는 방법, 식물뿐 아니라 광물과 금속에서도 약제를 추출하는 방법을 터득했다. 아유르베다 의술[Ayurvedic medicine]은 질병을 치료할 뿐 아니라, 건강도 증진하는 의학 체계로 성장했다. 인도의 수학자들은 십진법을 개발했고, 삼각법을 고안하기 시작했다. 휘황찬란한 사원과 궁전이 들어섰고, 훌륭한 연극 작품이 상연되었다. '인도의 셰익스피어'인 칼리다사[Kālidāsa]는 이 무렵에 활동했다. 그리고 여러 세기에 걸쳐 구전된, 고대 인도의 서사시인《라마야나 *Ramayana*》와 《마하바라타 *Mahabharata*》가 마침내 문자화되었다. 《마하바라타》에는 비슈누의 화신 중 하나인 크리슈나[Krishna]와 왕자인 아르주나[Arjuna]가 나누는 대화이자 힌두교 세계에서 고귀한 경전으로 꼽히는 바가바드기타[Bhagavad Gita]가 수록되어 있다.

굽타 왕조 후기에 이르러 마누 법전[Laws of Manu]이 권위를 얻게 되었다. 전해 내려오는 설명에 의하면, 마누는 고대의 비범한 현자였거나 현자 수준을 뛰어넘는 인물이었으며, 이 세상의 창조주였다고 한다. 이렇듯 그의 정체는 다양하게 설명되었지만, 그가 전하는 메시지의 내용은 똑같았다. 이를테면, 마누는 완고한 보수주의자였다. 그는 저작을 통해 힌두교도의 삶에 관한 규칙을 성문화했다. 그의 저작에는 힌두교도가 무엇을 먹어야 하는지, 누구와 함께 먹어야 하는지, 과연 여자들이 다양한 권리를 가져야 하는지(마누는 그렇게 생각하지 않았다), 서로 다른 카스트에 속한 사람들이 혼인할 수 있는지(마누는 그렇게 생각하지 않았다), 심지어 서로 다른 카스트에 속한 사람들이 같은 식탁에서 음식을 먹을 수 있는지(마누는 그렇게 할 수 없다고 말했다) 등의 여부가 상세히 규정되어 있었다. 그 처방과 규정은 아마 힌두교 구비전승의 일부로 내려온 것이었겠지만, 문자화된 처방과 규정에 의해 이제 카스트는 구체적 제도로 굳어지게 되었다. 그 처방과 규정은 남편이 죽으면 남편의 시신과 함께 아내를 산 채로 화장시키는 반강제적 의무인 순사[殉死] 풍습의 기반을 닦기도 했다. 이 부분 역시 급성장하는 문화적 힘과 풍요로움의 어두운 면이었다.

세월이 흘러 굽타 제국은 서서히 지배력을 잃어갔다. 큰 덩어리를 이룬 제국이 점점 무너져 내렸다. 무함마드가 아라비아에서 태어날 무렵, 굽타 제국은 사라지고 없었다. 인도는 다시 여러 개의 왕국으로 쪼개졌다. 그러나 이번에도 정치적 분열은 문화적 붕괴를 의미하지 않았다. 그 방대한 영토 전역에서 부유하고 활기차고 문화적으로 번창한 사회들이 각자의 운명을 개척하고 있었다.

그러나 힌두교적 서사가 인도 아대륙에서 호응을 얻고 있을 때 불교는 자취를 감추고 있었다. 불교도들은 카스트에 따른 구별을 경멸했지만, 카스트는 뿌리를 너무 깊이 내리고 있었다. 두 개의 상위 계급인 브라만과 크샤트리아는 대체로 촌락 단위의 정치권력을 보유하고 토지를 소유했다. 따라서 그들은 자신들의 특권을 흔드는 사상 체계에 저항했다. 하지만 힌두교와 불교 간의 대규모 투쟁은 없었다. 이론적으로 힌두교와 불교는 공존할 수 있었다. 중국의 경우처럼, 인도에도 배타적 숭배를 요구하는 질투심 많은 신들이 없었다. 그런 사회적 환경에서 개인은 부처를 숭배할 수 있었고, 시바 신에 묵례할 수 있었고, 비교적 중요하지 않은 여러 신에게 경의를 표할 수 있었다. 누구도 그것을 이단으로 여기지 않았다. 다중성으로 규정되는 우주에서 이단은 아무런 의미가 없는 것이었기 때문이다.

하지만 그런 사회적 환경은 불교의 응집력에 불리하게 작용했다. 불교적 서사는 힌두교의 잡다한 종파를 흡수할 수 없었고, 여전히 불교적 색채를 띨 수밖에 없었다. 반면 힌두교는 관대하고, 다양하고, 유연하고, 개방적이고, 흡수력이 있었다. 힌두교는 종교라기보다 종교성에 대한 지향이었다. 부처를 공경하는 힌두교도들은 나름의 방식으로 부처를 숭배했고, 다른 사람들의 숭배 의식을 차용하기도 했다. 사실 힌두교도들은 점차 부처를 수많은 신 가운데 하나로, 더 고귀한 신의 화신으로, 공경할 만한 여러 존귀한 영혼 중 하나로 꼽게 되었다. 어떤 사람들은 부처가 힌두교도들이 사랑하는 크리슈나처럼 비슈누의 화신일지도 모른다고 믿었다. 그렇게 부처를 숭배하는 명확하게 불교직인 색채는 사라지고 말았다. 힌두교는 불교를 꺾거나 물리쳤다기보다 소화했다. 그것은 인도식 섞물리기였다.

불교는 한동안 남부 인도에서 버텼다. 남부 인도의 불교도들은 자신들의 종교를 '장로들의 교리'라는 뜻인 테라바다[Theravada]로, 즉 상좌부불교[上座部佛敎]로 불렀다. 그들은 북부 인도의 대승불교 수정주의자들과 달리 원래의 가르침에 충실하다고 자부했다. 그들이 보기에 부처는 열반에 도달하려는 노력을 본질적으로 개인적 탐색의 여정이라고 가르쳤다. 아무도 다른 누군가를 위해 열반에 도달할 수는 없었다. 각자 혼자의 힘으로 도달해야 했다. 다른 방법으로는 아예 도달할 수 없었다. 상좌부불교 신자들은 이 같은 전제를 중심으로 나름의 수행 방식을 정립했다. 상좌부불교는 인도의 남쪽 끝에서 바다 건너의 스리랑카로 전파되어 그곳에서 보금자리를 마련했다.

중국에서 당나라가 송나라에 자리를 양보할 무렵인 서기 10세기에 인도는 교역으로 복잡하게 연계된 아대륙 도처에 펼쳐진 촌락의 촘촘한 연결망이었다. 권력은 곳곳의 여러 왕이 휘둘렀고, 교역 중심지에는 풍요로운 도시가 형성되어 있었다. 수천만 명의 사람이 아대륙 곳곳에서 농사, 수공예, 예배 의식, 상거래, 사채놀이, 예술 활동 따위로 분주했다. 당시 인도의 풍요로움은 단지 전설 차원이 아니라, 눈으로 확인할 수 있는 것이었다. 인도 땅을 지나가는 사람은 누구나 눈으로 볼 수 있었고, 그 가시적인 부는 마치 설탕이 파리를 꾀듯 상인들을 유혹했다.

외부의 많은 상인이 인도 북서부 산악 지대의 고개를 넘어왔지만, 반대 방향으로 넘어가는 인도의 상인들은 거의 없었다. 고대 베다의 가르침에 따르면, 인더스강의 북쪽으로 가면 불순한 풍습에 물들 위험이 있었다. 그런 부정적 분위기는 베다 시대 이후까지 이어졌지만, 인도 경제를 위축시키지는 않았다. 인도는 워낙 다양한 특징을 지닌 광활한 땅이었기 때문에 내부 교역만으로도 상거래가 왕성하게 유지되었다.

상인들은 바다를 건너 남부 인도로 오기도 했다. 인도 아대륙의 남쪽 지역은 세계에서 항해하기에 가장 적당한 바다로 둘러싸인, 뾰족한 모양의 무더운 밀림 지대이다. 하지만 북쪽 지역과 마찬가지로 남쪽 지역에서도 인도 상인들은 서쪽 멀리까지 가지 않았고, 인도의 사상 체계가 아라비아에 전파되지도 로마에 뿌리를 내리지도 않았다. 단지 거리만으로 이 같은 결과를 설명할 수는 없다. 남인도와 아라비아의 거리는 북인도와 황허의 거리보다 더 가깝다. 하지만 스텝 지대에서 그랬듯이, 인도 아대륙에서도 지중해와 중간 세계를 장악한 서사들은 현지의 서사들과 섞물리지 않았다. 서기 800년 무렵에 그 서사들이 서로에게 적대적이었던 것은 아니다. 아라비아와 페르시아의 무슬림 상인들이 인도로 건너왔다. 무슬림 상인들은 힌두교도들이나 불교도들과 섞물리지는 않았어도 그들과 평화롭게 교류했다. 아라비아 상인들은 인도인들에게 말을 팔고 향신료와 금을 샀다. 양쪽 모두 만족해하며 헤어졌다.

문화적 흐름은 인도에서 꾸준히 동쪽으로 향했다. 동쪽으로는 무슬림뿐 아니라, 힌두교 신자와 불교 신자도 각자의 주제를 동남아시아의 반도들과 8만 3천 개 이상의 섬으로 퍼졌다. 인도에서 시작된 문화적 물결은 중국에서 퍼져 나온 영향의 물결과 만나 뒤섞였고, 마침내 오늘날의 인도차이나로 불리는 반도에서 중첩하게 되었다.

힌두교로 알려진 사상의 방대한 연결망으로부터 통일성을 이끌어냈기 때문에 인도인들은 정치적 분열을 용인할 수 있었다. 중국인들처럼 인도인들도 독자적인 세계 모형의 중심에서 살고 있었다. 경계 너머로

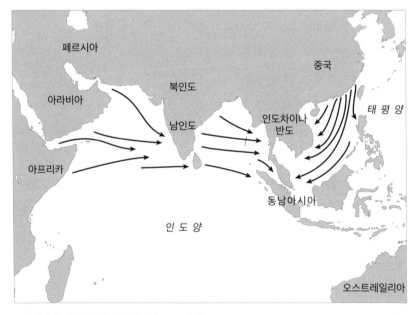

동남아시아로 향한 문화적 흐름(서기 7~11세기)

시선을 돌렸을 때, 인도인들에게는 내부적 모형의 주변부가 보였을 것이다. 그들은 다른 나라에서 찾아온 이방인들과 흔쾌히 거래했다. 긴 여정을 겪을 필요 없이 이국적인 물건(일례로 비단)을 구할 수 있어서 좋았다. 인도인들은 손님들과 그들이 가져온 제품을 맞이할 수 있어서 기뻤다. 그러나 서쪽 손님들의 본거지에 가보고 싶을 만큼의 호기심을 느끼지는 않았다. 인도인들은 서쪽 손님들의 본거지에 갈 필요가 없었다. 그들에게는 이미 인도가 본거지였기 때문이다.

중간 세계

소아시아에서 히말라야산맥까지 뻗은 땅인 중간 세계는 이제 이슬람 세계였다. 그리고 중간 세계에도 내향적이고 자급자족 성격의 토대 역할을 하는 응집력이 있었다. 확산 과정을 통해 이슬람은 종교나 종교 국가일 뿐 아니라, 문명이기도 하다는 점을 입증했기 때문이다. 칼리프 체제는, 무슬림의 상상 속에서만 존재하는 칼리프 체제에 입으로만 충성하는 여러 개의 세속적인 국가에 자리를 내줬지만, 이슬람 문화는 각 세속 국가의 경계를 가로질러 퍼져 있었고, 이슬람 영역은 여전히 단일한 사회적 완전체로 존재했다.

무슬림이 통치하는 모든 땅에서 사람들은 신의 사도가 가르쳐준 생활 방식이 반영된 복장을 선호하게 되었다. 그 모든 땅에서는 이슬람 특유의 건축 양식이 진화했다. 코르도바[Cordoba]의 이슬람 사원은 중앙아시아의 이슬람 사원과 세부적인 면에서 차이가 있었겠지만, 두 가지 사원 모두 동일한 미학을 표현했다. 이슬람 세계에서는 어디서나, 일종의 재현예술이 추상적이고 기하학적인 꽃무늬 디자인에 반영되었다. (한편 힌두교나 불교나 기독교나 헬레니즘이 스며든 지역에서는 재현예술이 의

인화된 신들과 숭배할 만한 인물들에 반영되었다.)

힌두교처럼 이슬람교도 다양한 부류의 사람에게 포괄적인 개념적 틀을 제시했고, 그들 모두가 무슬림은 아니었다. 기독교인들과 유대인들도 초기 이슬람 사회의 통치 기관에서 두드러진 역할을 맡았다. 페르시아의 많은 지식인은 (진심으로 무슬림이라고 자처하면서도) 아직 그들의 땅에서 출몰하는 조로아스터교의 유령들과 교감했다. 하지만 그 모든 사람은 동일한 세계사적 단자에서 살고 있었다.

이슬람 영역은 다른 단자들과 마찬가지로 자기도취적이었지만, 어쨌든 그런 자기도취적 상태에서도 외향적 문명의 전형적 사례를 보여줬다. 우선, 이슬람 영역은 중간 세계였다. 이슬람의 사회적 은하는 당대의 다른 모든 거대한 세계사적 단자들과 경계를 접하고 있었다. 그 사회적 은하는 스텝 지대를 거쳐 중국 북부까지 뻗어 있었고, 남쪽과 북쪽

이슬람 영역: 용광로

모두에서 인도인의 세계와 닿았고, 동남아시아를 지나 중국 남부 해안에 이르렀고, 지중해 동부에 남아있는 로마적 세계의 그리스적 자취와 만났고, 북아프리카 전체로 뻗어 나가면서 남쪽으로는 이슬람화한 흑인 왕국들과 중첩했고, 또 북쪽으로는 이제 막 떠오르는 로마 가톨릭 세계와 접촉하고 있었다.

이 같은 위치로 인해 무슬림의 상업 지향적 태도라는 핵심 요인이 강화되었다. 이슬람교가 아라비아에서 밖으로 퍼져 나갈 때 전사들이 선두에 나섰고, 바로 그 뒤를 사업가들의 물결이 이었다. 이슬람교를 신봉하기 전의 아라비아인들은 철저한 상업적 사고의 소유자들이었다. 그런 태도는 이슬람 시대까지 이어졌다. 신의 사도인 무함마드는 상인이었고, 그의 부인은 사업가였다. 그는 돈과 대차대조표를 잘 알고 있었다. 이슬람교가 확고히 자리 잡은 모든 곳에서는 상업이 번창했다.

지리적 위치와 교역은 번역이 이슬람 지식인들의 최우선 과제로 부각되는 배경이 되었다. 무슬림들은 중국을 통해 인쇄술과 제지술을 배웠고, 곧바로 책을 출판하기 시작했다. 그들은 도서관을 아라비아어와 페르시아어로 번역한 동서고금의 주요 사상가의 저작으로 가득 채웠다. 지금까지 서양의 역사학자들은 자체적인 돌파구가 열리지 못했다는 이유를 내세우며 이 시기의 이슬람 문화에서 이뤄진 지적 성취를 무시하는 경향이 있었다. 그러나 증가 일로의 상호 연계성이 역사의 중요한 관통선이라고 볼 때, 번역을 하찮은 것으로 치부할 이유는 없다. 뜨거운 열정과 지리적 위치에 힘입어 무슬림 지식인들은 중국, 인도, 그리스, 페르시아 등지의 위대한 사상가들의 견해를 직접 비교한 최초의 지식인들이 될 수 있었다. 덕분에 그들은 다음과 같은 질문을 던질 수 있게 되었다. 그 모든 견해가 어떻게 진리일 수 있을까?

여러 사고 체계에 노출된 무슬림 철학자들은 백과사전 편찬에 몰두하게 되었다. 아마 그들은 '자, 누군가가 이 주제에 관해 알고 있는 모든 지식을 한 권의 책으로 엮어 비교해보자.'라는 충동을 느꼈을 것이다. 예컨대, 무슬림 철학자 이븐 시나[Ibn Sina]는 의학 개론서를 집필했고, 그 책은 훗날 1600년대까지 이슬람 세계뿐 아니라 유럽의 의과대학에서 쓰이는 권위 있는 교과서가 되었다.

무슬림 사상가들은 원대한 철학적 종합을 시도하기도 했다. 그들은 신이 유일무이한 존재라면 이 세계도 유일무이한 것이어야 한다고 생각했다. 이때 그리스 철학에서 매력적인 메아리가 들려왔다. 플라톤은 감각 세계는 이데아로만 구성된 진정한 세계의 그림자에 지나지 않는다고 주장했고, 신플라톤주의 철학자 플로티노스[Plotinos]는 플라톤의 견해를 완전하고 궁극적인 유일성이라는 급진적 학설로 발전시켰다. 만일 모든 의자[chair]가 의자성[chairness]이라는 단일 개념의 그림자에 불과하다면, 그리고 모든 원[circle]이 원성[circleness]이라는 단일 개념의 그림자에 불과하다면, '이 세상의 모든 것'은 단일한 실재의 그림자, 즉 이데아로서만 존재하는 단일성의 그림자이어야 했다. 플로티노스는 그 단일한 실재를 일자[一者, the One]로 일컬었다. 무슬림들에게 그 일자라는 것은 알라 신과 거의 똑같아 보였다. (내가 보기에 일자라는 것은 최고의 별자리 같다.)

따라서 무슬림들은 이성을 통해 진리를 정립하는 수단인 아리스토텔레스의 논리학과 우연히 마주쳤을 때 황홀감을 느꼈다. 그들은 아리스토텔레스의 논리학으로 종교적 믿음의 원리를 입증할 수 있다고 생각했다. 아리스토텔레스는 논리학을 발전시켰을 뿐 아니라, 물질세계를 더 효과적으로 연구하고 설명하고자 논리학을 여러 개의 범주로 나눴다. 아리스토텔레스의 선례에 따라 무슬림들은 훗날에 과학으로 알려진 자연철학 분야에 조금씩 발을 들여놓았다. 당시 중국인들은 나침반, 시계, 외바퀴 손수레 같은 실용적이고 기술적인 혁신에 집중하는 경향이 있었다. 반면 무슬림 철학자들은 물질적 실재를 추동하는 기본 원리를 파헤치는 데 관심이 더 많았다. 일례로 그들은 이렇게 궁금해했다. 서로 다른 금속들이 뒤섞인 채 녹아 단일한 합금으로 바뀌는 현상은 대체 어떻게 된 일일까? 아라비아인들은 물질 변화에 관한 연구 분야를 '알키미야[al-kimiya]'라고 불렀다. 알키미야는 합금을 의미하는 그리스어 '크라마[kráma]'에서 파생된 아라비아어였다. 훗날 서양에서는 그 연구 분야를 연금술[alchemy]로 불렀고, 오늘날 우리는 그것을 화학[chemistry]으로 부른다.

추상적 기본 원리를 탐색하려는 태도는, 추상적 기본 원리가 가장 완전하게 구현된 수학을 향한 관심과 맞닿았다. 이슬람 사상가들은 인도 수학―숫자, 자릿값에 의한 계산법, 0을 숫자의 하나로 취급하는 탁월한 발상―을 그들의 사고 틀에 흡수했다. 그리고 '특정한 미지수'를 가리키는 표시를 하나 추가했다. 오늘날 x는 흔히 그 미지수를 의미하는 표시로 쓰인다. 사람들은 오래전부터 주어진 기지수[旣知數]를 바탕으로 미지수의 근삿값을 추정할 수 있었다. 이슬람 세계의 수학자들은 여러 개의 가능한 값을 필요한 단일 값으로 압축하는 체계적 방법이 있는지 궁금해했다. '필요성'을 뜻하는 아라비아어는 '자브르[jabr]'이다. 페르시아의 수학자 알콰리즈미[Al-Khwarizmi]―콰레즘[Khwarezm] 출신의 사람이라는 뜻―는 그 값을 계산하는 체계적인 방법을 고안했고, 그것을 알자브르[al-jabr]라고 일컬었다(오늘날 우리는 그것을 대수학[代數學, alge-bra]으로 부른다). 알콰리즈미는 하나의 올바른 결론으로 이어질 수밖에 없는 질서정연한 일련의 기계적 단계로 기능할 수 있는 더 일반적 계산 개념을 고안했다. 그것은 '알콰리즘[al-khwarizm]'으로 불리게 되었고, 오늘날에는 알고리듬[algorithm]으로 불린다. 큰 수의 곱셈도 알고리듬이다. 모든 컴퓨터 소프트웨어 프로그램도 알고리듬이다. '알[al]'이라는 음절로 시작되는 다수의 영어 단어들(가령, 알코올[alcohol])에는 지금은 우리 기억에서 사라진 어느 무슬림 지식인이 오래전에 남긴 업적의 그림자가 묻어있다.

그러나 다른 세계에 속한 사람들의 업적과 견해에 대한 뜨거운 호기심에도 불구하고, 이슬람 문명은 중국 문명이나 인더스 문명과 마찬가지로 자기도취적인 성격을 띠었다. 다른 문명들처럼 이슬람 문명도 세계사적 단자였기 때문이다. 외부 세계로 시선을 돌릴 때 무슬림들의 눈에는 그들이 내부적으로 구축한 이슬람적 실재의 모형이 보였다. 이슬람적 세계관에서 바라볼 때, 저기 밖에 있는 사람들은, 마치 아이들이 성장해 어른이 되듯이, 아직은 아니지만 언젠가는 성숙할 사람들이었다. 그리스 사상을 파고들 때 무슬림 학자들은 그리스 학자들과 타협할 생각이 없었다. 다만, 그들은 그리스 사상이 어떻게 이슬람적 실재의 모형을 완성하는 데 보탬이 될 수 있는지를 연구했을 뿐이다. 이슬람적 실재의 모형에 따랐기 때문에 그들은 양보할 마음이 없었다. 그들은 자신들의 세계 모형이 일개 모형이 아니라, 이 세계 자체라고 이해했다. 그것은 모든 사람이 자신의 모형을 이해하는 방식이었다.

그리스 사상과 인도 사상은 무슬림 지식인들의 관심을 끌었지만, 그들이 속한 세계사적 단자의 사회적 핵심 과업―샤리아라는 불변의 법체계를 구축하는 것―을 보완하는 역할에 그쳤다. 샤리아는 신의 공동체가 신의 뜻대로 운영될 수 있게 하는 법칙이었다. 무슬림들이 샤리아를 바라보는 시각은 훗날 유럽의 지식인들이 과학을 바라보는 시각과 흡사했다. 즉, 샤리아는 객관적 존재를 지니고 있었다. 샤리아는 발명될 수 없었다. 그것은 발견될 수 있을 뿐이었다. 샤리아에는 하늘의 별 같은 불변의 확실성이 있었다. 일단 자격 있는 종교 권위자들이 샤리아의 세부 사항을 모조리 찾아내기만 하면 마침내 인간들은 공동체의 일원으로 살 수 있고, 공동체의 모든 구성원은 샤리아가 새겨놓은 길을 따라가 천국에서 영생을 누릴 수 있을 것 같았다. 그러므로 훗날 과학이 서양 문명의 핵심 과업으로 자리 잡았듯이, 그 거대한 발판을 완성하는 것이 이슬람 문명의 핵심 과업으로 자리 잡았다.

유럽

이슬람교가 확산하고 이슬람 영역이 정착되는 동안, 서유럽에서도 새로운 세계가 모습을 갖추고 있었다. 그레고리오 교황이 세상을 떠난 뒤 몇 세기에 걸쳐 서유럽에서는 봉건적 장원제도에 힘입어 정치적 안정이 이뤄졌다. 매우 작은 왕국이나 다름없는 각 장원에서는 거주민들에게 필요한 거의 모든 것이 생산되었다. 장원은 봉건 영주가 다스렸다. 영주는 온갖 세속적 사안과 관련한 입법권과 사법권을 행사했다. 비교적 규모가 큰 권력 구조는 소영주와 대영주 간의 개인적 충성 서약에 의해서만 그 의미가 규정되었다. 그런 방식은 유목민으로서 로마를 쳐다보며 땅을 탐냈던 시절의 게르만 부족들이 운영한 정치 제도였다. 아울러 그토록 갈망했던 땅을 얻은 게르만 부족들이 소중히 여기는 제도이기도 했다.

그레고리오 교황 시절, 기독교인들은 이미 교회를 종교적 건물, 경전, 공동의 신앙 등을 모아 놓은 것 이상으로 생각했다. 동방의 현자들은 예로부터 교회를 단일한 신비적 완전체로, 즉 그리스도의 현현[顯現]으로 설명해 왔다. 기독교인들은 교단의 일원이면 천국에 갈 수 있을 것이고, 일원이 아니면 절대로 천국에 갈 수 없다고 믿었다.

교회는 누가 교회의 일원이고 아닌지를 결정하는 권한을 확보했다. 교회는 특정인을 파문할 수 있었다. 말하자면, 특정인을 교단에서 추방해 영원한 지옥행을 선고할 수 있었다. 성자들은 죄인들을 위해 중재해줄 수 있었지만, 오직 교회만이 누가 성자이고 누가 죄인인지 결정할 수 있었다.

독실한 기독교인들에게도 천국행은 보장되지 않았다. 가톨릭적 관념의 별자리에 따르면, 신앙만으로는 역부족이었다. 사람들에게는 칭찬받을 만한 '일'이 필요했다. 여기서 일이란 보이스카우트에서 말하는 선행이 아니라, 교회가 규정한 미사, 참회, 고해성사 같은 의식과 의례를 가리켰다. 오직 교회만이 무슨 의식과 의례가 필요한지, 어떻게 그 의식과 의례를 치러야 하는지를 판단할 수 있었다. 개인은 죄를 짓지 말아야 영원한 축복을 누릴 수 있었다. 이 세상에서 살아남으려면 죄를 조금이라도 짓지 않기는 힘들지만, 교회는 사람들의 흠결을 주기적으로 지워줄 수 있는 힘, 또 죽기 전에 사람들의 영혼을 마지막으로 정화해줄 힘이 있었다. 그 모든 것은 막강한 힘을 의미했다.

가톨릭교회는 국가가 아니었다. 서유럽에서 가톨릭교회는 국가의 대안이었다. 응집력 강한 관념의 별자리 덕분에 교회는 다른 통치 기관에 필적할 만한 지배권이 있었다. 교회에는 로마에서 고안되어 완성되는 교회법이 있었다. 교회에는 십일조를 통한 나름의 돈줄이 있었다. 교회는 때에 따라 세금을 매길 권한이 있었다. 교회는 토지를 갖고 있었고, 점점 늘려갔다. 교회는 성직자를 임명하는 배타적 권한을 보유했고, 성직자는 독자적으로 죄를 사해줄 수 있었다. 그레고리오 교황이 세상을 떠난 뒤 몇 세기를 거치면서 가톨릭 성직자들은 평신도들과 구별하기가 훨씬 수월해졌다. 성직자들의 복장이 일반인의 복장과 점점 달라지기 시작했기 때문이다. 성직자들은 특별한 규칙에 따라 생활했다. 그들은 혼인하거나 자녀를 낳을 수는 없었지만, 아무나 할 수 없는 일—천국의 문을 열어주는 것—을 할 수 있었기 때문에 신분이 높았다.

　로마 가톨릭교회는 서유럽의 모든 촌락에서 교회와 사제가 눈에 띌 만큼 넓고도 깊게 뿌리를 내렸다. 모든 지역에는 주교가 있었고, 모두 로마 교황을 영적 사안에 관한 최고 권위자로 인식했다. '영적 사안'이 유럽의 일반적인 기독교인에게 중요한 모든 사안 중에 큰 부분을 차지했다는 점에서 볼 때, 영적 사안의 최고 권위자라는 것은 의미심장한 사실이었다. 그리고 8세기 후반, 서유럽의 대다수 사람이 기독교인이었다는 점은 특별히 의미심장한 사실이었다. 기독교를 믿지 않는 사람들은 여기저기 떠도는 소수의 유대인과 저 멀리 북쪽의 야만인들뿐이었다. 가톨릭교회가 제시한 포괄적 틀에 힘입어 서유럽은 정치적 분열을 상쇄하는 문화적 통일성을 띨 수 있었다.

　수도원은 그 새로운 세계사적 단자의 핵심 요소였다. 초기 기독교 시대에 아프리카에서 탄생한 수도원은 서유럽 전역으로 확산되었고, 교회의 경쟁자가 아닌 동지 역할을 수행했다. 유럽 세계가 수많은 봉토로 쪼개지고, 영지 간 공공안전을 보장할 권력이 존재하지 않았던 고난의 시절에 수도원과 수녀원에 들어가 순결과 비폭력 같은 가치와 종교적 관습을 지키고, 때로는 지적 노동에 매진하며 평생 수도사와 수녀로 산다는 것은 유럽의 기독교인이라면 누구나 선택할 수 있는 한 가지 길이었다.

　서기 800년, 기독교적 유럽의 세속적 영역과 영적 영역이 공인된 혼인 관계에 접어들었다. 그해 성탄절에 교황은 게르만 왕 샤를마뉴[Charlemagne]에게 대관식을 베풀었고, 그를 신성 로마 제국의 황제로 선언했다. 신성 로마 제국은 이후 몇 세기 동안 유지되었지만, 말기에는 무슬림들의 칼리프 국가 같은 가상의 실체로 전락했다. 하지만 상징적 측면에서 신성 로마 제국은 저 멀리 동쪽의 세계사적 단자들-이슬람 영역, 인도, 중국, 아시아 스텝 지대의 유목민 세계, 계절풍 관계망의 해양 유목민 세계-과 뚜렷이 구별되는 단일한 '모종의 실체'로서의 유럽이 탄생한 점을 알리는 신호였다. 서유럽인들은 훗날 자신들의 영역을 기독교 왕국으로 불렀다.

이슬람 영역이 외향적 문명의 전형이었다면 기독교 왕국은 정반대였다. 그 단자의 대다수 구성원은 출생지로부터 멀리 떨어지지 않은 곳에서 살다가 죽었다. 평생 그들은 멀리 떠나는 일이 드물었다. 대부분 고향 밖 세계에 대해 궁금해할 이유가 없었다. 그런 세계가 존재하는지도 몰랐다. 이슬람교가 등장한 직후, 서유럽은 방어적 자세로 접어들면서 폐쇄성이 짙어졌다. 서쪽에서 유럽의 기독교인들은 아프리카에서 나타난 무슬림 군대와 마주쳤다. 동쪽에서 그들은 아바르족, 마자르족, 페체네그족 등을 비롯한 유라시아 스텝 지대에서 연이어 몰려오는 새로운 침략자들의 물결을 막아야 했다. 북쪽에서는 무섭고 난폭한 노르드인이 나타나기 시작했다.

역사학자들은 흔히 이 시기를 암흑시대로 부르곤 했다. 지구적 시각에서 볼 때 암흑시대 같은 것은 없었다. 빛은 언제나 어딘가에서 비치고 있었고, 빛은 결코 모든 곳에 비치지는 않았다. 하지만 알라리크와 아틸라, 그리고 반달족과 서고트족이 휩쓸고 떠난 뒤 몇 세기를 거치며, 서유럽은 분명히 다른 지역에 비해 가난한 곳으로 전락했다. 유럽에서 가장 부유한 영주들조차 예수 시대의 적당히 유복한 로마인들보다 더 미천한 삶을 보냈다. 기술 수준이 떨어졌고, 유지 관리가 제대로 되지 않앉고, 기반 시설이 붕괴했다. 글을 읽고 쓸 줄 아는 사람들이 현격히 줄어들었다. 책을 쓰는 사람들도 크게 줄어들었다.

당시 유럽에서는 원거리 교역도 뜸해졌다. 여기에는 기독교 왕국의 백성들이 돈을 의심의 눈초리로 바라본 점이 일부분 작용했다. 돈은 광범위한 영역의 구석구석에서 낯선 사람들끼리의 상호작용을 촉진한다. 게르만 부족이라는 뿌리에 충실한 암흑시대 유럽의 기독교인들은 낯선 사람들끼리의 상호작용을 신뢰하지 않았다. 그들은 지인들끼리의 거래를 선호했고, 거래가 결과를 보장할 수 있는 서약과 명예에 기댈 수 있으면 좋겠다고 생각했다. 그들은 여전히 인근 시장에 가서 재화와 용역을 거래했지만, 서기 5세기부터 유럽의 상업은 점차 물물교환 쪽으로 기울어졌다. 정직한 물물교환일 경우, 거래되는 물건은 아마 동등한 가치를 지녔을 것이다. 그런데 물물교환으로 한쪽은 부유해지고 다른 쪽은 가난해지면 그것은 일종의 사기 행위처럼 보였을 것이다. 그러므로 교역으로 부유해진 사람이 용의자였다. 정직한 부는 토지로부터, 그리고 지주에게 충성하는 부하들의 싸움 솜씨로부터 비롯되었다. 그런 식의 가치관은 교역을 경멸하고 흙에서 나오는 생산물을 신성시하는 태도를 낳았다.

유럽의 쇠락은 이 세상의 상호 연계성을 생생하게 보여주는 한 가지 사례이다. 이슬람 세계는 게르만 기독교 사회가 멸시하는 바로 그 태도와 가치를 중시했고, 그 점은 이슬람 세계와 게르만 기독교 사회 모두에게 파장을 미쳤다. 무슬림들의 시각에서 볼 때 상인들은 신의 사도와 똑같은 일을 처리하고 있었다. 그러므로 어떻게 그 일이 나쁜 것일 수 있겠는가? 이슬람교가 지배권을 확보한 모든 곳에서 교역이 활발했기 때문에 마치 물이 위에서 아래로 흐르듯이 무슬림 세계로 금속 화폐인 경화[硬貨]가 흘러들어 왔다.

그것은 특히 은에 적용되는 현상이었다. 은은 여타 금속에 비해 풍요성과 희소성 간의 균형을 적절히 유지하는 금속이다. 녹여서 주화로 만들면 은은 처음부터 완벽한 화폐의 역할을 수행했다. 구리는 너무 넉넉했다. 사람들은 교환 체계에 참여하지 않고도 구리를 구할 수 있었다. 하지만 금은 너무 희귀했다. 제대로 작동하는 경제 단위에서 다양한 소규모 교환을 촉진할 만큼의 금을 보유한 사회는 없는 법이다. 만약 금으로 셔츠를 사고, 이발 요금을 내고, 식당에서 밥을 사 먹어야 한다면, 실제로 그렇게 할 수 있는 사람들은 별로 없을 것이다. 은은 상품으로서의 가치를 지닐 만큼 풍부하고, (복잡한) 사회 전체의 효과적인 화폐로 유통될 만큼 희소하다.

은은 화폐가 경제적 교환을 촉진하는 곳으로 흘러갈 수밖에 없다. 은은 교환이 일어나지 않는 곳에서 밖으로 빠져나가기 마련이다. 은은 두뇌가 없기 때문이다. 경제적 교환의 주체는 은이 아니라 은을 다루는 사람들이다. 서기 9세기, 일정량의 은을 가진 사람들은 은으로 무언가를 살 수 있는 곳에서 은을 썼다. 달리 어떻게 했겠는가? 무언가를 팔고 은을 손에 넣은 사람들은 누구나 은으로 무언가를 살 수 있는 곳에서 또은을 썼다. 그렇게 하지 않을 이유가 없었다.

이슬람교가 출현한 직후 몇 세기 동안, 이슬람 세계에서 이뤄진 교환 규모는 타의 추종을 불허했다. 따라서 유럽에서 많은 양의 은이 마치 아래로 흘러내리는 물처럼 이슬람 중간 세계로 빠져나갔다. 그것은 자기 영속적 순환 과정이었다. 경화의 양이 줄어든다는 것은 교환 규모의 축소를 의미했고, 교환 규모의 축소는 외부로 유출되는 경화의 양이 늘어난다는 것을 의미했다. 이슬람 세계와 기독교 왕국은 각자의 물질적 환경에 따라 각기 다른 생활 방식이 강화되었다. 이슬람 세계의 생활 방식

요체는 원거리 상호작용이었고, 기독교 왕국의 생활 방식 관건은 현지 상호작용이었다. 대다수 서유럽인의 사회적 세계는 동네 사람들, 인근의 사제들과 교회, 근처 수도원, 그리고 '에메랄드 도시[Emerald City, 《오즈의 마법사》에 나오는 모험의 목적지. 미국의 수도 워싱턴을 암시한다—옮긴이 주]' 등으로 구성되었다—저 멀리 떨어진 에메랄드 도시인 로마를 관장하는 것은 유럽이라는 세계사적 단자의 중심점을 장악한 마법사, 즉 교황이었다.

아메리카 대륙

우리는 이 무렵에 아메리카 대륙에서 무슨 일이 벌어졌는지 아주 상세하게는 모른다. 종래의 추정에 의하면, 서기 800년경 아프리카와 유라시아의 온대기후 지대, 그러니까 적도 북쪽 지역에는 인류의 90%가, 사하라사막 이남의 아프리카에는 6%가 살고 있었다(그 6%는 대부분 아프리카 대륙의 가장자리에서 살았다). 아메리카 대륙에는 세계 인구의 약 3%가 살았지만, 이 수치는 추산일 뿐이고 논란의 여지가 많다. 아메리카 대륙에 존재했을 듯싶은 문서 기록은 오늘날 전해지지 않는다. 그래도 서반구(아메리카 대륙 전체, 유럽 및 아프리카의 서쪽 일부, 러시아의 동단, 오세아니아의 일부 섬나라 등을 포함하는 본초 자오선 기준 서쪽의 반구—옮긴이 주)에는 지구 전체 땅덩어리의 약 3분의 1이 있었고, 서반구에도 실질적 문명들이 번창하고 있었다. 자, 이제 고대의 아메리카 대륙에 관해 우리가 알고 있는 몇 가지 피상적 세부 사항을 살펴보자.

스칸디나비아반도에서 아메리카 대륙으로 소수의 사람이 건너갔을 것이다. 또 소수의 사람이 폴리네시아에서 태평양을 건너 아메리카 대륙에 닿았을 것이다. 또 다른 소수는 심지어 서부 아프리카에서 출발해 카리브해에 도착했을 것이다−추정일 뿐이다. 그러나 당시 아메리카 대륙에 살던 사람들은 대부분 마지막 빙하기에 시베리아에서 건너온 수렵 채집인들의 후손이었다.

서반구에 속하는 아메리카 대륙에서는 동반구보다 도시 문명이 더 늦게 형성되었다. 도시가 형성되려면 인구가 임계 질량에 도달해야 할 것이다. 그런데 초기에 아메리카 대륙은 인구 밀도가 너무 낮아 임계 질량에 이르지 못했다. 초기의 이주자들은 큰 짐승을 사냥했고, 북아메리카에는 큰 사냥감이 잔뜩 있었다. 아메리카 대륙에서는 여러 부족이 널리 퍼져 있는 한 사냥과 채집으로도 모든 사람이 배불리 먹을 만큼의 식량을 확보할 수 있었을 것이고, 따라서 유목 생활에 따른 즐거움과 자유로움을 포기하고 농경 생활에 따른 지루함을 선택할 하등의 이유가 없었을 것이다. 아니면 단순히 사람들이 동반구보다 아메리카 대륙에 살게 된 시점이 더 늦었기 때문에 도시 문명이 비교적 늦게 형성되었을 수도 있다.

지리적 관점에서 볼 때 아메리카 대륙은 동반구의 거대한 대륙들과 어느 정도 닮았다. 아메리카 대륙에도 동반구의 대륙들에도 열대기후 지대의 북쪽과 남쪽에 온대기후 지대가 형성되어 있다. 아메리카 대륙에도 동반구의 대륙들에도 그 온대기후 지대 곁에 광활한 초원이 자리 잡고 있다. 동반구의 경우, 유라시아의 스텝 지대와 남부 아프리카의 평원이 초원이다. 서반구의 경우, 북아메리카의 대평원과 아르헨티나의 팜파스가 초원이다. 동반구의 적도 부근에는 중앙아프리카의 거대한 밀림이 뻗어있다. 서반구의 적도 부근에는 훨씬 더 거대한 브라질 아마존 강의 밀림이 뻗어있다.

하지만 이 같은 대강의 유사성에도 불구하고, 인류 문화는 동반구와 서반구에서 상당히 다른 경로를 밟았다. 아메리카 대륙에 형성된 위대한 도시 문명들은 매우 큰 강 주변에서 갑자기 생기지 않았다. 미시시피 강은 북아메리카의 나일강이 아니었다. 오하이오강과 미주리강은 티그리스강과 유프라테스강이 아니었다. 정말 흥미롭게도, 이집트 문화나 메소포타미아 문화에 비견되는 아메리카 대륙의 문화들은 온대 지역이 아니라 열대 지역에서 탄생했다. 아메리카 대륙의 문화들은 페루의 높은 산비탈에서, 그리고 중앙아메리카의 밀림과 습지에서 탄생했다.

동반구의 경우처럼 서반구에서도 사람들은 서로 무관한 다수의 사람과 함께 일해야 하는 대규모 기반 시설 사업에 착수했고, 그 결과 웅대한 피라미드를 짓고, 정교한 예술품을 만들어내고, 수학과 천문학 같은 여러 분야에서 새로운 사실을 발견하는 관료 사회가 출현했다. 그러나 아메리카 대륙에서 진행된 대규모 공동사업은 충적토에 물을 대기 위해 소중한 용수를 관리하는 일과 무관했다. 아메리카 대륙에서 사람들은 지나치게 많은 물을 처리하고자 협력했다. 마야인들은 습지대의 물을 빼낸 뒤 건조한 토양으로 이뤄진 경작용 계단식 대지[臺地]를 쌓았다. 남아메리카의 경우, 고도의 농경사회들에서는 빗물과 높은 곳에서 흘러내리는 물이 공급되는 평지를 마련하고자 급경사의 산비탈에 계단식 대지를 조성했다.

유라시아 대륙의 초기 도시 문명들은 관개에 의존했으며, 아메리카 대륙의 초기 도시 문명들은 강우량에 의존했다. 기술로 대처하기에는 불규칙한 강우량보다 불규칙한 범람이 더 수월한 상대이기 마련이다. 기술자들은 도구를 이용해 강물을 저장하고 관리할 수 있지만, 도구를 이용해도 비를 내리게 하거나 그치게 할 수는 없다. 기술자들은 날씨의 변화에도 대처할 수 없다. 아마 이 점은 아메리카 대륙의 고급문화들이 일정한 패턴을 되풀이한 원인일 것이다. 그 고도의 문화들은 화려하게 빛났다가 매우 급작스럽게 사라지고 말았다.

　기원전 1500년경에 멕시코만을 따라 정착했던 올메크[Olmec] 문화도 예외는 아니었다. 올메크인들이 이룩한 문명의 예술적, 문화적 상징과 주제가 훗날 중앙아메리카 지역에 조성된 대다수 문화에 나타난 점에서 볼 때, 올메크 문화는 중앙아메리카의 모태 문화로 평가된다. 기원전 900년 현재, 오늘날의 멕시코의 도시인 산 로렌소[San Lorenzo] 근처에 있었던 올메크 문명의 수도에는 1천 명 정도가 살았다. 그러고 나서 무슨 이유인지는 몰라도 올메크인들은 그곳을 떠나버렸다. 그들은 오늘날의 라벤타[La Venta]에 새로운 수도를 세웠다. 이후 기원전 400년경에 그곳도 버림을 받았다. 올메크인들은 종적을 감췄다. 그들이 어디로 떠났는지는 아무도 모른다.

　멕시코의 오악사카[Oaxaca] 지방에서는 사포텍인들[Zapotecs]이 오늘날의 몬테알반[Monte Albán]에 있었던 수도를 중심으로 주변의 넓은 땅을 지배했다. 그들은 500년 넘게 번영을 누리다가 자취를 감췄다. 왜 그랬을까? 아무도 정확히 모른다. 마야 문명은 오늘날의 과테말라에 해당하는 곳에서 화려하게 빛났지만, 서기 2세기에 마야 사회는 붕괴했다. 이후 마야인들은 약간 북쪽으로 이주했고, 서기 6세기에 이르러 여러 개의 거대한 피라미드 주위에 욱스말[Uxmal]과 티칼[Tikal] 같은 도시들을 세웠다. 서기 8세기, 무슨 이유 때문인지는 모르지만, 그들은 그 훌륭한 도시들을 버리고 더 북쪽의 유카탄반도[Yucatán半島]로 이동했다. 거기서 마야인들은 치첸 이트사[Chichén-Itzá, 치첸이차]라는 도시를 세웠다. 치첸 이트사는 콜럼버스가 나타나기 전 아메리카 대륙의 가장 인상적인 도시 중 하나로 꼽힌다. 그러나 12세기에 접어들어 치첸 이트사도 폐허로 전락하고 말았다. 멕시코 중부의 아즈텍 문명(아스테카 문명)은 16세기에 스페인인들이 도착했을 때도 한창 성장하던 중이었다. 그러므로 아즈텍인이 언제 도시를 버리고 떠날지, 아니 도시를 버리고 떠나기나 할지는 아직 알 수 없었다.

아메리카 대륙의 가장 놀라운 고대 도시는 멕시코 중부의 테오티우아칸[Teotihuacán]이었다. 아메리카 대륙 최대의 도시였던 테오티우아칸은 서력기원이 시작되기 약 100년 전에 탄생했다. 서기 400년 현재, 테오티우아칸에는 무려 20만 명이 살고 있었다. 아마 테오티우아칸은 그 무렵에 지구에서 다섯 번째로 큰 대도시였을 것이다. 테오티우아칸은 서쪽의 태평양에서 동쪽의 멕시코만까지, 그리고 남쪽의 중앙아메리카의 심장부까지 펼쳐진 교역망을 갖추고 있었다. 테오티우아칸은 페르시아와 같은 의미의 제국이었을까? 알 길이 없다. 테오티우아칸은 중국처럼 우편제도와 행정기관을 갖추고 있었을까? 모른다. 테오티우아칸의 지배자들은 부족장들이었을까? 왕이었을까? 사제들이었을까? 모른다, 모른다. 어떤 사람들이 테오티우아칸이라는 도시를 세웠을까? 그들은 무슨 언어를 썼을까? 그들의 생김새는 어땠을까? 이 같은 질문의 해답은 아직 없다.

우리가 테오티우아칸에 관해 확실히 아는 몇 가지 사실 중 하나는, 그 도시의 이름이 원래 테오티우아칸이 아니었다는 점이다. '황금의 도시'라는 뜻인 테오티우아칸은 몇 세기 뒤에 폐허로 변한 그곳을 우연히 발견한 아즈텍인들이 붙인 이름이다. 중앙아메리카의 수많은 도심지처럼 테오티우아칸도 번영을 누리다가 몰락했다. 서기 600년부터 650년 사이의 어느 시점—이슬람교가 출현하고 수나라 황제들이 중국을 재건하고 그레고리오 교황이 기독교 왕국을 규정하고 있던 바로 그 무렵—에 테오티우아칸의 중심부가 불타버렸다. 왜 불타버렸는지, 누가 불태웠는지는 아무도 모른다. 아마 그 화재는 가뭄에 뒤이은 기근에 따른 반란과 외침과 전쟁을 배경으로 시작되었을 것이다. 적어도 정설에 따르면 그렇다. 평민들은 불타버린 옛 대도시의 외곽과 빈민가에서 한동안 살았지만, 결국에는 그들도 뿔뿔이 흩어졌다.

중앙아메리카에서 도시들은 흥망성쇠를 겪었지만, 중앙아메리카의 문화에는 탁월한 연속성이 있었다. 올메크인들은 패자의 목을 베는 고무공 놀이를 즐겼다. 2천 년 뒤 마야인들은 올메크인들의 근거지로부터 몇백km 떨어진 유카탄반도에서 그 비슷한 놀이를 즐겼다. 올메크 예술에는 깃털 달린 뱀이 등장했다. 1,500년 뒤 톨텍인들[Toltecs] 사이에서 깃털 달린 뱀은 그들이 섬기는 신인 케찰코아틀[Quetzalcoatl]을 상징했다. 올메크인들은 지하 세계의 신을 재규어로 표현했다. 재규어는 훗날 중앙아메리카의 여러 문화의 예술에도 등장했다. 단순히 중앙아메리카가 원래 재규어가 많이 서식하는 곳이었기 때문일까? 그것은 적절한 설명이 아니다. 중앙아메리카에는 다양한 종류의 동물로 가득한 곳이었다. 그런데 왜 재규어가 그처럼 대표적인 상징으로 부각되었을까?

애초의 원인이 무엇이든 간에, 재규어는 일찍감치 선택되어 대표적 상징에 걸맞은 지위를 누렸다. 모름지기 서사는 그렇게 펼쳐지는 법이다. 일단 낱알 하나가 여물면 새로운 낱알들이 거기에 달라붙는다. 일단 형성된 틀은 그 속에서 사는 사람들의 판단과 가치관을 좌우한다. 일단 '아름다움'이 정립되면 사람들은 '누구나' 추하다고 '인식하는' 것 대신에 '누구나' 아름답다고 '인식하는' 것을 만들고자 애쓴다. 물론 아름다움과 추함이 '인식' 행위의 주체인 인간과 구별되는 객관적 존재를 지니고 있지는 않지만 말이다. 문화적 틀은 서사가 자체의 형상을 본떠 스스로 펼쳐지게 하는 영상 기기로 탈바꿈한다. 여기서 문화의 연속성이란, 중앙아메리카 전체가 교통과 상호작용으로 얽혀있었다는 말이다. 중앙아메리카는 하나의 커다란 상호 소통 지대였을 것이다—그러므로 인간과 관념의 커다란 별자리이기도 했을 것이다.

동반구에서는 스텝 유목 문명과 도시 문명 간의 마찰에 따라 중요한 역사적 드라마가 상연되었다. 아메리카 대륙에서는 그런 드라마가 상연되지 않은 듯하다. 아메리카 대륙에도 초원 지대가 있었지만, 그곳에 살았던 수렵 채집인들은 강대한 도시 권력으로 부상할 만한 스텝 유목 문명을 이룩하지 못했다. 대신에, 그들은 원래의 수렵 채집 생활 방식을 꾸준히 개선해 나갔다. 이유는 단순하다. 북아메리카에는 길들일 만한 동물들이 없었다. 북아메리카에는 양도 염소도 젖소도 없었다. 가축으로 키울 만한 동물이 하나도 없었다. 물론 대규모 평원에는 수백만 마리의 들소가 돌아다니고 있었다. 하지만 무슨 이유 때문인지 몰라도, 그 까다로운 성미의 동물들은 길들일 수가 없다. 그리고 신경질적이고 뿔이 달린 2톤짜리 동물을 길들일 수 없다면 그 짐승의 젖을 짜려고 애쓰지 않는 편이 나았을 것이다. 아메리카 대륙의 원주민들은 들소를 벼랑으로 몰고 가서 밑으로 떨어트린 뒤 한꺼번에 달려들어 죽이고 나서 고기를 취하는 방법을 터득했다. 하지만 그것은 목축이 아니라 사냥이었다.

게다가 아메리카 대륙에는 동반구 사람들이 교통수단과 운반수단으로 사용한 동물들이 없었다. 아메리카 대륙에는 말이 없었다. 그것은 의미심장한 차이였다. 소도 당나귀도 낙타도 노새도 없었다. 안데스산맥 지대에는 낙타과에 속하는 라마가 있었지만, 라마의 얇은 다리는 정말 무거운 짐을 싣거나 끌고 가기에 부적합했다.

동반구에서는 바퀴의 중요성이 커졌다. 바퀴는 수레에 끼울 수 있었고, 바퀴가 달린 수레는 짐을 실은 뒤 크고 힘센 짐승을 이용해 끌고 갈 수 있었다. 일단 수레가 일상생활의 중요한 부분으로 자리 잡자 사람들은 그 둥근 물건의 새로운 쓰임새를 궁리하기 시작했다. 한편, 아메리카 대륙에서는 무거운 수레를 끌 만한 동물이 없었기 때문에 바퀴를 개량해본들 의미가 없었다. 물론 아메리카 대륙에서도 바퀴가 발명되었다. 아메리카 원주민들도 둥근 물건—이를테면, 달력과 아이들의 장난감 같은 것—을 만들었다. 그러나 그들은 원형의 물건이 기계 부품으로 쓰일 경우의 잠재력을 개발하지 않았다.

사람들은 서로 얘기를 나누기 때문에 정보와 관념은 모든 사회적 웅덩이 곳곳으로 퍼져 나가는 경향이 있다. 하지만 동반구와 서반구는 두 반구 사이의 육교가 사라진 뒤 별개의 웅덩이가 되었다. 수천 년 동안, 아마 수만 년 동안 문화적 파급효과는 동반구와 서반구에서 각각 퍼져 나갈 수 있었겠지만, 동반구와 서반구 간에는 퍼져 나가지 못했다. 틀림없이 아메리카 대륙에는 거대한 세계사적 단자들이 존재했고, 다양한 방식으로 서로 영향을 끼쳤겠지만, 동반구와 서반구는 서로에 대해 전혀 아는 바 없었다. 하지만 몇 세기 뒤에 세상이 바뀌었고, 동반구에 어떤 일이 일어났다. 유라시아의 문화적 무게중심이 지중해 동쪽 세계에서 서쪽 세계로 이동했다. 그 원인은 복잡했고, 그 결과는 종말론적이었다.

The Invention of Yesterday

3부

탁자가
기울다

서기 1000년경, 중국의 태평양 연안에서 지중해까지 영향을 미친 동아시아 문화들은 몇 세기에 걸친 문화적 힘과 창의성과 풍요로움의 시대를 되돌아볼 수 있었다. 당시 유럽은, 여러 세기 전부터 그랬듯이, 가난하면서도 변함없고 무관심했다. 그러다가 균형추가 이동했다. 유라시아 대륙을 거쳐 퍼져 나가는 여러 파급효과가 서로 엮이면서 그 대륙의 모든 세계는 하나의 큰 이야기가 펼쳐지는 가지각색의 극장이 되었다. 이 시기에 유라시아 스텝 지대에서는 유목민 전사들이 쏟아져 나왔고, 두 개의 방대한 세계사적 서사가 충돌했고, 전염병이 인간 사회의 광범위한 지역을 휩쓸었다. 그 혼란의 와중에 관념과 발명품과 기술과 재화는 동아시아 쪽에서 서유럽 쪽으로 미끄러지듯 흘러갔다. 서유럽에서는 강력하고 새로운 서사가 기독교 왕국의 봉건적 틀을 허물어버렸고, 과학을 탄생시켰으며, 뱃사람들을 바다로 보내 동아시아의 귀중한 물건을 구해오도록 부추겼다. 한편, 동쪽에서는, 정반대의 서사―영광스러운 과거의 단속적[斷續的] 역사를 복원하려는 충동―가 형성되었다. 그 서사는 바로 제정 러시아, 이슬람 화약 제국, 중국의 명 왕조 등의 씨앗이었다. 이제 동반구 전체가 서로 연계되었지만, 동반구는 여전히 아메리카 대륙에 관해 전혀 아는 바 없었다. 아메리카 대륙에서는 한때 강력한 제국들이 번창했었고, 바야흐로 새로운 제국들이 성장하고 있었다. 그 같은 여러 흐름은 종말론적 순간을 향해 모여들고 있었다.

11 장

북쪽에서 내려온 사람들
(서기 850~1200년)

서기 800년 전후의 몇 세기 동안 유럽은 가톨릭 봉건 체제의 어두운 온기 속에 잠들어 있었다. 모두가 이웃과 알고 지냈다. 이방인들은 거의 눈에 띄지 않았다. 삶은 빈한했지만, 안정적이었다. 수십 년이 흘러도, 세대가 바뀌어도 세상은 거의 변함없었다. 한편, 지중해의 동쪽에 자리한 세계들은 생명력이 넘치고 왕래가 활발한 광명의 시대를 누리고 있었다. 그 동쪽 세계들에서는 새로운 발명과 업적과 기술이 몇 세기에 걸쳐 쌓여있었고 또 쌓이는 중이었다.

그러나 그때…

어떤 일이 벌어졌다. 마치 큰 탁자가 한쪽으로 기울어진 것처럼, 상품과 제품뿐 아니라 관념과 발명품과 예술적 영감과 기술이 동양에서 서양으로 미끄러지듯이 흘러갔다. 그 모든 것들은 중국과 인도와 이슬람 세계에서 서유럽으로 흘러갔다. 어떻게 된 일이었을까? 왜 탁자가 기울어졌을까?

단 하나의 원인으로는 설명할 수 없을 것이다. 역사는 단 하나의 해답만 찾는 것이 아니다. 그런데 이때 탁자가 기울어진 상황과 관련해 재미있는 사실이 하나 있다. 중국인의 관점에서 세상을 바라본다면 이 시기는 불안한 시기였을 것이다. 중국인들은 그 오래전부터 북쪽의 스텝 유목민들과 맞설 태세를 갖추고 있었는데, 이 시기에 유목민들이 전진하기 시작했기 때문이다. 인도로 시선을 돌려보면, 이 시기의 어느 시점에 이슬람 군대는 아프가니스탄을 거쳐 인도 아대륙으로 내려오기 시작함으로써 두 가지 거대한 세계사적 서사 간의 극적인 투쟁―오늘날까지 해결되지 않은 투쟁―이 벌어지게 되었다. 유럽을 중심에 놓고 세계사를 바라보면, 이 시기의 후반에는 레반트 해안의 지배권을 둘러싼 유럽 기독교 군대와 무슬림 튀르크 군대 간의 굉장히 중요한 충돌이 빚어졌다.

언뜻 보기에 이들 사건은 비슷한 시기에 우연히 일어나고 있던 전혀 별개의 드라마 같을지 모른다. 물론 이 사건들은 서로 아주 멀리 떨어진 다른 극장에서 상연되고 있었다. 중국에서! 인도에서! 소아시아에서! 팔레스타인에서! 프랑스에서! 이 얼마나 동떨어진 위치들인가?

그러나 더 폭넓은 시선으로 바라보자. 이 사건들은 각기 다른 세계들에서 펼쳐진 각기 다른 이야기들이 아니었다. 역사를 도시 문명에서 일어난 이야기로 여긴다면 이 사건들은 서로 다른 세계들에서 벌어진 서로 다른 이야기들로만 보일 것이다. 그러나 스텝 유목민들을 단일한 인류사의 일부로 포함하면 이 모든 이야기는 세계의 어느 한 지역에서, 그러니까 중앙유라시아 스텝 지대의 기다란 주변부에서 벌어진 드라마일 것이다. 이 모든 드라마에는 중앙유라시아 스텝 지대의 유목민 출신인 부족들이 등장한다. 분명히 그곳에서 '어떤 일'이 벌어지고 있었다. 대체 무슨 일이었을까?

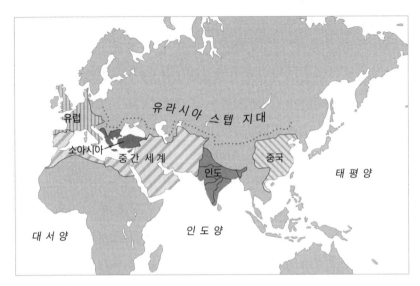

유럽

유 라 시 아 스 텝 지 대

소아시아

중 간 세 계

인도

중국

태 평 양

대 서 양

인 도 양

유라시아 스텝 지대

  납득하기 어려울지 모르지만, 이 이야기의 뿌리는 기독교를 믿지 않는 노르드인들이 살고 있던 스칸디나비아반도로 거슬러 올라간다. 노르드인들은 로마로 침투한 게르만 부족들의 먼 친척뻘이었다. 그들은 유럽에 마지막으로 정착한 부류에 속했기 때문에 가혹한 환경의 북쪽 지방에서 살 수밖에 없었다. 유럽에 늦게 도착한 그들에게는 가장 쓸모없는 땅만 남아있었다. 그래도 노르드인들은 사냥을 하고 고기를 잡고 농사를 지으며 열심히 생계를 꾸려 나갔다.

  유럽의 남쪽 지역에서 기독교 왕국이 통합되고 있을 무렵, 유럽 전체의 기후는 기온이 섭씨 1~2도 오르내리는 불안정한 변동기를 겪었다. 유럽의 남쪽 지역에서는 기온의 증감 현상이 그리 주목할 만한 결과를 초래하지 않았지만, 인간의 거주 한계 근처의 최북단 지역에서는 약간의 기온 변화도 엄청난 영향을 끼쳤다. 거주 한계 근처의 사람들은 그야말로 한계 상황에 내몰렸다. 기온이 떨어지자 수확량이 줄어들었다. 그리고 먼저 정착한 중장년들이 좋은 농지를 모조리 차지했기 때문에 이제 막 어른으로 성장한 젊은이들은 패거리를 이뤘고, 배를 만들었고, 이방인들을 약탈하며 먹고살기 위해 더 넓은 세계로 뛰어들었다—그렇게 살다가 고향으로 돌아오면 인정을 받았다. 기온이 살짝 올라가도 문제가 일어날 수 있었다. 얼음이 녹아 농지가 물에 잠기면 젊은이들이 또 약탈하기 위해 밖으로 나가고 싶은 충동을 느꼈기 때문이다. 서기 8세기부터 11세기까지 스칸디나비아반도는 마치 자연환경에 풀무질을 당하는 곳 같았다. 인구가 증가했고, 나중에는 밑져야 본전인 마음으로 배에 몸을 싣는 약탈자들이 줄어들다가 결국 자취를 감췄다. 몇 세기에 걸쳐 약 20만 명이 대부분 수십 명씩 무리를 지어 스칸디나비아반도를 빠져나갔다. 어떤 사람들은 서유럽으로 향하고 다른 사람들은 남쪽의 흑해로 떠났다가 습격이 마무리되면 고향으로 되돌아왔다.

서유럽을 휩쓸며 약탈을 일삼은 스칸디나비아인들은 오늘날 바이킹으로 불린다. 바이킹이라는 이름은 '협만[峽灣, fiord, fjord]'을 뜻하는 고대 노르드어 '비크[vik]'에서 나왔다. 그들은 북쪽의 협만 지대에서 살던 사람들이었다. 그들은 오늘날의 프랑스 해안과 영국에 피해를 줬고, 배를 타고 강을 거슬러 올라가 성채와 수도원을 약탈했다. 당시 앵글로색슨인들은 바이킹을 데인인[Danes]으로 불렀고, 프랑크인들은 바이킹을 노르만인[Normans, 북쪽 사람들이라는 뜻]으로 불렀다. 나중에 노르만인들은 오늘날의 프랑스 해안에 정착했고, 이후 그곳은 노르망디[Normandy]로 불렸다. 일부 데인인들은 이미 앵글로색슨인들이 살고 있던 영국 제도에 거점을 마련했다. 1066년, 노르만인들은 영국을 침략해 승리함으로써 앵글로색슨인들을 통치하는 귀족 계급을 이뤘다. 세월이 흘러 노르만인 집단과 앵글로색슨인 집단은 섞물리기 과정을 통해 오늘날의 영국 사회를 이루게 되었다. 다른 바이킹들은 프랑크인들과 섞여 살았고, 그런 상호작용을 통해 프랑스가 탄생했다. 또 다른 바이킹들은 계속 남하해 지중해에 도달했고, 이탈리아 남부 지방과 북아프리카 해안에 왕국을 세웠다.

바이킹들은 점차 가톨릭 신자로 변모했다. 그들의 가치관, 신화, 이야기, 관념 등은 게르만화와 기독교화를 거친 기존의 그리스·로마 문화와 섞물렸다. 그 과정에서 바이킹 특유의 소재들은 예측 가능한 얼마간의 변화를 겪었다. 예컨대, 그 북쪽 출신 사람들은 특정한 나무를 숭배했고, 한겨울에 그것을 영생의 이교적 상징물로 삼아 장식했다. 그 풍습이 가톨릭 세계에 흡수되면서 크리스마스트리가 생겼다. 노르드인들은 사람과 크기와 모습이 비슷하면서도 초인적인 힘으로 사람을 위협하는 정령들이 있다고 믿었다. 바이킹들이 기독교인으로 탈바꿈함에 따라 정령들은 훨씬 더 작아지고 귀여워지고 순진해졌다.

그 정령들의 우두머리는 도덕에 어긋나는 짓을 저지른 사람들에게 섬뜩한 처벌을 경고하는 의미로 난롯가에 걸린 양말 속에 숯을 집어넣었다. 우두머리 정령은 성탄절에 착한 아이에게는 선물을 주지만, 못된 아이의 양말에는 숯덩이를 집어넣는 유쾌하고 뚱뚱한 사내로 진화했다. 유럽에는 그런 소재들이 최북단에서 유래했다는 관념이 있었다. 오늘날까지 산타클로스는 북극에 살고 있다(슈퍼맨의 비밀기지인 고독의 요새 [Fortress of Solitude]에서 멀지 않은 곳이다). 게르만화와 기독교화를 거친 유럽의 그리스·로마 문명은, 바이킹 특유의 소재들과 함께 버무려

지면서 오늘날 흔히 서양으로 불리는 세계를 빚어내는 데 필요한 첫 번째 밀가루 반죽으로 탈바꿈했다.

루스인과 튀르크인

한편, 스칸디나비아반도의 저 건너편에서는 동일한 이야기의 나머지 절반이 펼쳐지고 있었다. 어떤 전사 무리는 스칸디나비아반도를 떠나 서쪽으로 방향을 잡았고, 다른 전사 무리는 동쪽으로 향했기 때문이다. 동쪽으로 떠난 전사들은 보통 자신들을 루스인으로 일컬었다. 그들은 드네프르강[Dnieper]과 볼가강[Volga] 같은 거대한 강의 원류와 마주쳤고, 두 강을 따라 흑해 쪽으로 내려갔다. 도중에 급류와 폭포를 만날 때면 항행이 가능한 곳까지 배를 운반한 뒤 여정을 이어 나갔다. 그 억센 전사들은 슬라브족들이 거주하는 삼림지대를 통과했다. 슬라브인들은 소규모 자치 촌락에서 생활하는 자급자족형 농민들이었다. 루스인들은 서유럽에서 다른 바이킹들이 그렇게 했듯이, 슬라브인의 마을을 습격해 식량을 비롯한 갖가지 물건을 챙긴 채 다른 곳으로 떠났다.

루스인들은 약탈자들이 이미 알고 있는 사실을 깨달았다. 약탈은 특정한 대상을 손에 넣을 수 있는 효율적인 방법이 아니었다. 약탈자가 어떤 성채를 습격하면 그곳의 모든 물건을 가질 수 있었을 것이다. 그런데 약탈자가 갖고 싶은 특정한 물건이 칫솔이라면 약탈은 효과적인 방법이 아니었을 것이다. 차라리 돈을 받고 팔 수 있는 물건을 손에 넣은 뒤 그 돈으로 원하는 물건을 사는 편이 나았다. 그래서 해적들과 약탈자들은 상인으로 변신했다.

금과 은은 이미 돈으로 쓰였기 때문에 최고의 약탈품이었다. 서쪽에서 활동한 바이킹들은 수도원과 교회에서 거룩한 유물과 종교적 가공품 형태의 금과 은을 많이 발견했다. 그러나 슬라브 촌락민들에게는 그런 가공품과 귀금속이 없었다. 그들이 가진 것이라고는 몸소 재배한 곡식과 만든 물건밖에 없는 자급자족형 농민이었다. 따라서 루스인들은 아예 슬라브 촌락민들을 사로잡아 남쪽의 구매자들에게 노예로 팔았다. 사람을 팔아넘겨 돈을 챙긴 것이다. 사실, '노예'를 가리키는 영어 단어 '슬레이브[slave]'는 슬라브[Slav]에서 유래했다. 이 같은 유래는 서기 9세기경 이후 이뤄진 그 노예 무역의 규모를 보여주는 음울한 증거이다. 어떤 슬라브인들은 비잔티움인들에게 팔렸지만, 대다수는 이슬람 세계의 상인들에게 넘어갔다. 이슬람 세계로 팔려 간 슬라브인들은 대부분 가정집 하인이나 성적 노리개로 전락했다.

동유럽의 강들을 따라 내려온 루스인들은 주로 남자였으므로, 사로잡힌 슬라브 여자 중 일부를 계속 데리고 있었을 것이다. 그래서 루스인 남자들의 자식들은 슬라브인 어머니에게서 태어나 슬라브 문화와 연계된 채 성장하는 경우가 종종 있었다. 몇 세대 지나지 않아 루스인들은 스칸디나비아반도의 먼 사촌들과의 연관성이 느슨해진 채 슬라브어를 쓰는 지방 귀족으로 변모했다. 그 슬라브 귀족들은 자신을 러시아인으로 불렀고, 이제 그들은 자급자족형 농민이 아니라 제대로 무장한 공격적인 전사였다.

러시아인들은 콘스탄티노폴리스를 정복하고 싶은 마음이 간절했지만, 그것은 달걀로 바위 치기 같았다. 콘스탄티노폴리스는 바다, 성벽, 경제력, 무기 등에 힘입어 세계에서 가장 막강한 방어력을 갖춘 도시였다. 그래서 일부 러시아인들은 바랑인 근위대[Varangian Guard, 바랑기아 친위대]라는 정예부대에 들어가 비잔티움인들 밑에서 일했다. 그런 식의 접촉을 통해 러시아인 사회의 지배층은 점차 기독교로 개종했다.

그들은 그리스 정교회에 귀의했고, 자의든 타의든 간에 피지배층도 지배층의 뒤를 따랐다. 비잔티움 제국의 선교사 키릴로스[Cyril, Kyrillos]는 러시아인들을 위한 문자를 만들었고, 성경이 글을 배우는 입문서로 쓰이면서 이교도였던 러시아인들은 오래전에 서유럽에서 고트족이 그 랬듯이, 문맹에서 벗어났다.

러시아인들은 기꺼이 현금으로 왕성하게 거래하는 장사꾼들이었다. 당시 가장 중요한 형태의 현금은 은이었다. 은이 가장 넉넉하게 흐르는 강은 이슬람 영역을 지나가고 있었다. 러시아인들의 영역은 흑해와 카스피해 주변의 여러 무슬림 시장과 맞닿아 있었다. 따라서 은은 무슬림 세계로부터 새어 나와 러시아인의 관계망을 거쳐 스칸디나비아반도로 흘러들어 갔고, 거기서 다시 북유럽의 경제적 순환계로 스며들었다. 앞으로 살펴보겠지만, 그 결과는 실로 엄청났다.

한편, 러시아인들은 끈질기게 흑해의 스텝 지대로 전진했다. 그들은 하자르족[Khazars]과 맞서게 되었다. 튀르크계 부족인 하자르족의 지배층은 일찍이 유대교로 개종했다. 러시아인들은 하자르족을 거의 전멸시켰다. 원래 하자르족은 북부 삼림지대의 활발한 상품 교역 시장을 장악하고 있었다. 이제 러시아인들이 그 상품 유통망을 차지했다. 거기서 그치지 않았다. 러시아인들은 중앙아시아 초원 지대의 유목민 전사들과 소규모 접전을 벌였다. 쉽지 않은 전투였다. 러시아인들은 강인했지만, 유목민들도 못지않았다. 러시아인과 유목민 간의 경계선에서는 늘 마찰이 빚어졌다. 전진 속도가 느려졌지만, 그래도 러시아인들은 꾸준히 전진하며 지배권을 착실히 다졌다. 러시아인들의 봉토는 공국으로 발전했고, 여러 개의 공국은 결국 키예프[Kiev]를 본거지로 삼은 단 하나의 강력하고 부유한 왕국으로 통합되었다.

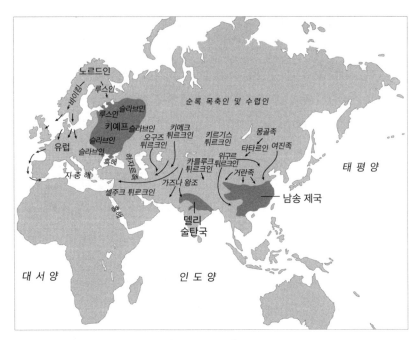

스칸디나비아반도에서 시작된 파급효과(서기 8~11세기)

    이전의 여러 세기 동안 유목 부족들은 중앙아시아에서 서쪽으로 이동해 우랄산맥과 흑해 사이의 빈틈을 거쳐 유럽으로 들어왔다. 아바르족이 그랬고, 마자르족, 스키타이인, 훈족도 마찬가지였다. 그리고 무엇보다 그 정체가 무엇이었든 간에 인도 · 유럽인도 같은 경로로 유럽에 이르렀다. 그러나 이제 러시아인의 국가가 그 경로를 봉쇄해버렸다. 그들은 스텝 지대에서 서쪽으로 넘어오는 경로를 막았을 뿐 아니라, 봉쇄 범위를 계속 동쪽으로 확대함으로써 중앙아시아의 스텝 유목민들을 압박했다. 일단 유목민들은 정면에서 반격을 가했지만, 다른 방향으로 침투하기가 훨씬 쉬울 때는 화를 가라앉히고 그 방향을 택했다. 러시아인 세력이 성장해 중앙아시아 초원 지대에 압박이 가해지면서 그 드넓은 영역 곳곳에서 파급효과가 생기게 되었다.

서기 900년대에 중앙아시아에서 벌어진 충돌과 대립으로 원[原]몽골족인 거란족이 중국의 변경 지대를 압박하게 되었다. 그들은 그곳에서 왕국을 세웠다. 대담하기 그지없는 행동이었다! 그 무렵 송 왕조는 내부적으로 권력을 다지고 있었지만, 이제는 북동쪽 국경 지대로 군사적 자원을 집중해야 했다. 그런데 얼마 뒤 상황이 한층 더 불투명해지고 말았다. 시베리아의 중심부에서 여진족이 등장했다. 그들은 거란족의 영역 바로 옆에 왕국을 세웠고, 송 왕조의 중국으로 조금씩 침투하기 시작했다. 실제로 여진족은 천명을 얻었다는, 이제 자신들은 중국인이라는, 즉 당 왕조와 한 왕조의 정당한 계승자라는 과감한 주장을 펼쳤다. 송나라 황실은 그러한 주장에 동의할 수 없었고, 여진족 방어에 실패하여 점점 많은 영토를 내줘야 했고, 마침내 북중국의 땅을 여진족에게 할양하고 말았다. 송나라 황실은 결국 양쯔강 유역에서 재집결했고, 그곳에 새로운 도읍을 세웠다. 한동안 남송 왕조로서 번영을 누렸으나, 중국 문명의 발상지이자 중국 문화의 탄생지인 황허 유역을 잃어버렸다. 송나라 황실은 미처 몰랐지만, 미래는 더더욱 암울했다.

유라시아 스텝 지대의 중심부는 이슬람 영역에 접해 있었다. 이제 이슬람 영역은 명예 칭호나 다름없는 '보편적' 칼리프 국가에 겉으로만 충성하는 여러 개의 무슬림 국가로 나뉘었다. 그 여러 왕국의 통치자들은 경계선을 넘어와 촌락을 습격하는 튀르크 유목민들과 줄기차게 싸우고 있었다. 그들은 전투 중에 사로잡은 튀르크 소년들을 각 왕국의 수도로 끌고 와 노예로 삼았다. 비천한 슬라브인들과 달리 그 소년들은 무술 훈련을 받았고, 어른으로 성장하면 유목민에 맞서는 일류 최전선 부대원이나 정예 호위병으로 쓰였다. 통치자들은 그 소년들이 아버지를 섬기는 아들처럼 충성을 다할 것으로 여겼다. 하지만 헛된 기대였다. 로마 제국의 근위대인 프라에토리아처럼 튀르크 노예 군인들도 주인들을 몰아내고 권좌를 차지했다.

무슬림 국가의 새로운 통치자들은 얼마 지나지 않아 옛 주인들과 같은 문제에 직면했다. 스텝 지대에서 쳐들어오는 유목민들의 숫자가 늘어났다. 그 침략자들도 같은 튀르크 혈통이라는 점은 중요하지 않았다. 통치자는 죽기를 각오하고 침략자를 물리쳐야 했다. 그런데 희한하게도 새 통치자들은 옛 통치자들과 똑같은 방법을 썼다. 그들은 싸움터에서 유목민 소년들을 사로잡아 무섭고 강인한 노예 군인들로 훈련시켰다. 그 노예 군인들도 똑같은 경로를 밟았다. 그들도 주인들을 제거하고 권력을 잡았다. 그렇게 튀르크인들은 안팎으로 무슬림 세계에 조금씩 스며들었다.

이슬람 세계에 진입하면서 튀르크인들은 서유럽의 게르만인들이 로마 기독교로 개종했듯이 이슬람교에 귀의했다. 하지만 튀르크계 무슬림들이 원한 것은 졸속적인 전사형 이슬람이었다. 그들은 그리스 철학과 미묘하게 유사한 이슬람 신학을 따분하게 여겼다. 그 튀르크계 전사들은 이슬람을 규범의 보고로, 규범을 해석하는 권위자의 모임으로, 무장을 갖춘 채 규칙을 집행하는 관리들의 조직으로 바라보는 경향이 있었다.

서기 1000년경에 이르러, 튀르크인들은 이슬람 세계의 군사적, 정치적 중추 세력으로 떠올랐다. 한편 아라비아인들은 교리, 신학, 율법, 교육 등의 분야에서 패권을 유지하고 있었다. 여전히 페르시아 문화는 이슬람 세계에서 활동하는 대부분의 철학자, 학자, 필경사, 과학자, 행정가 등을 배출했다. 튀르크, 아라비아, 페르시아라는 세 가지 실이 서로 엮여 새로운 이슬람 직물이 생겨났다. 그것은 원래 아라비아인들이 장악했던 칼리프 국가들의 이슬람 직물과 전혀 달랐다. 무슬림 지식인들을 과학의 최첨단으로 이끌었던 과거의 세계 보편적 호기심이 시들해지기 시작했다. 그 빈자리를 신학, 신비주의, 운문, 그리고 전쟁이 채웠다.

새로운 튀르크계 통치자 중 한 사람인 아프가니스탄의 술탄 마흐무드[Mahmud]는 인도를 열일곱 차례 쳐들어가 사원을 약탈하고, 보물을 자국의 수도인 가즈니[Ghazni]로 가져왔다. 마흐무드는 신의 사도인 무함마드와 그 동지들처럼 자신도 이교적 우상을 파괴하고 있다는 이유를 내세우며 인도 침략이 바로 신을 섬기는 방법이라고 주장했다. 마흐무드의 원정 이후, 튀르크계 통치자들과 그들의 우방인 아프간 부족들은 수시로 인도를 급습했다. 결국, 그 침략자 중 일부가 갠지스강 인근의 도시인 델리에 확고한 정치적 권력의 거점을 확보했고, 거기서 술탄 국가를 다스렸다. 그들이 통치한 술탄 국가의 영토는 커졌다 작아졌다 했지만, 가끔 오늘날의 독일, 프랑스, 그리고 영국을 합친 것보다 넓을 때도 있었다. 하지만 그 튀르크계 통치자들은 압도적 다수인 현지의 힌두인을 지배하고자 애쓰는 호전적인 소수의 무슬림이었다. 이후로 내내, 두 개의 서사가 같은 지리적 공간에서 펼쳐졌고, 섞물리기를 완강하게 거부했다. 아마 각 서사에 담긴 핵심 교훈이 상호 배타적인 성격을 띠고 있었기 때문일 것이다.

한편, 스텝 지대에서는 또 다른 침략자들인 셀주크 튀르크인들이 가즈니인들에 뒤이어 나타났다. 그 전사 부족들은 동쪽이 아니라 서쪽으로 향했다. 그들은 오늘날의 이란 땅을 모조리 정복했고, 소아시아까지 휩쓸었다. 1071년, 만지케르트 전투[Battle of Manzikert]에서 그들은 비잔티움 제국의 군대를 격파했고, 기독교인들이 성지로 부르는 곳—지중해 동부 해안을 따라 길쭉하게 형성된 비옥한 땅—을 차지하고자 남쪽으로 진격했다. 셀주크 튀르크인의 원정은 십자군 전쟁이라는 의미심장한 사건을 촉발했다.

중국, 인도, 이슬람 세계와 유럽 각각의 세계사적 서사들에서 송 왕조의 쇠락, 이슬람 세계의 튀르크화, 아프간족의 북부 인도 진출, 십자군 전쟁 같은 사건들은 중요한 드라마로 보인다. 하지만 전방위적 관점에서 볼 때 그 사건들은 북유럽에서 시작해 아시아 스텝 지대를 거치고, 그 지역의 주변부 곳곳에 자리 잡은 도시 문명들에서 파열음을 일으키고, 마침내 탁자를 한쪽으로 크게 기울여 문화적 힘의 균형추를 동부 유라시아로부터 서부 유라시아로 이동시킨, 단일하면서도 복잡하게 읽힌 드라마처럼 보인다. 이후의 5세기 동안 그 드라마는 지구라는 행성의 광범위한 지역에서 끈질기게 펼쳐졌다.

12 장

유럽이 떠오르다
(서기 800~1300년)

　탁자가 심하게 기울어지기 직전, 유럽은 로마 가톨릭적 서사에 의해 하나의 누비이불처럼 꿰매어진 여러 봉건 영지의 묶음이었다. 대부분의 유럽인은 소작농이었고, 소작농들의 대다수는 농노였다. 그들은 식구들을 먹여 살리고 영주들과 성직자들에게 바칠 수 있을 만큼의 식량만 겨우 생산하는 정도였다. 그들은 식량이든 제품이든 간에 잉여 생산물을 내놓을 만한 시간과 여력이 거의 없었다.

　하지만 9세기 들어 매우 서서히, 거의 알아챌 수 없을 정도로 상황은 바뀌기 시작했다. 소작농들은 연장과 농법을 조금씩 개선하고 있었고, 축적된 개선 사례는 임계점을 향했다. 우선, 땅을 깊이 가는 무거운 심경[深耕] 쟁기가 쓰이게 되었다. 심경 쟁기는 수목으로 뒤덮인 북쪽 지방의 축축한 점토 깊이 들어가 골칫거리인 나무뿌리를 잘라버릴 수 있었다. 북쪽의 토양은 남쪽의 사질토보다 갈기가 더 힘들었지만, 더 비옥했다. 소작농들은 쟁기에 옆널을 달았다. 옆널은 쟁기의 날이 밭고랑을 헤집고 나갈 때 흙을 뒤집어놓았고, 덕분에 두 가지의 고된 일을 한 번에 끝낼 수 있었다. 소작농들은 소 대신에 말과 쟁기를 연결하는 목줄도 개량했다. 소보다 더 빠르게 움직였기 때문에 말은 더 짧은 시간에 더 넓은 땅을 갈 수 있었다.

예로부터 소작농들은 흙이 쉬면서 토질을 회복할 수 있도록 해마다 경작지의 절반을 놀렸다. 그러나 어느 시점에 그들은 3년에 한 번씩 휴경하면 토질이 아주 좋아진다는 점을 발견했다. 그래서 소작농들은 매년 경작지의 절반이 아니라, 3분의 2에 곡식을 심기 시작했다. 계산해보면 결과적으로 그들은 원래보다 25% 정도 넓은 경작지를 갖게 되었다. 추가적인 노력이나 투자 없이도 아주 손쉽게 경작지를 늘린 셈이었다!

경작지가 늘어나고 더 짧은 시간에 더 많은 땅을 갈 수 있다는 것은 무슨 의미일까? 그것은 더 배불리 먹게 된 사람들의 여가 시간이 더 늘어났다는 의미이다. 소작농들은 이미 일상생활용으로 만들고 있던 직물, 의복, 접시, 항아리 같은 가공품을 더 많이 제작할 수 있게 되었다. 그들은 그 잉여 생산물을 지정된 시간에 인근의 네거리로 가져가 다른 장원의 소작농들과 거래했다.

네거리 시장들이 사람들로 북적이자 어떤 네거리 시장은 정기적으로 열리게 되었다. 몇 세기에 걸쳐 일부 네거리 시장은 상설 교역 거점으로 발전했고, 그 거점은 마침내 도회지로 성장했다. 몇몇 도회지에는 계절마다 열리는 시장이 생기기 시작했고, 거기에는 예비 상인들이 많이 몰려들었다. 그들은 대부분 현지인이었지만, 점차 더 먼 곳 출신의 상인들도 찾아오기 시작했다. 1주일이나 몇 주일 동안 같은 장소에 모여 있었기 때문에 상인들은 서로 흥정할 기회가 많았다. 어떤 상인은 수레 한 대 분량의 아마포를 싣고 와서 일정량의 아마포를 일정량의 소금과 맞바꾼 뒤 소금을 칼 한 묶음과, 또 보리 몇 포대와 교환할 수 있었을 것이다. 그 과정에서 상품은 거래를 할 때마다 굳이 이동할 필요가 없었다. 모든 거래자가 같은 장소에 있었기 때문에 상대방과 맺은 계약 내용을 꼼꼼히 기록하기만 하면 되었다. 시장이 마무리될 때, 상인들은 기록한 내용을 서둘러 점검하며 결산을 끝낸 뒤에야 비로소 여러 단계의 거래를 거친 물건을 소유할 수 있었다. 마차 한 대 분량의 옷감을 싣고 나타난 사람은 시장에 머물며 옷감과 신발, 신발과 모자, 모자와 다른 물건 등을 맞바꾸고 또 맞바꾸고 맞바꿨다고 해도, 결국에는 마차 한 대 분량의 곡식을 싣고 떠났을 수 있을 것이다.

계절마다 열린 시장은 훗날 상인들이 유형의 물건을 아예 가지고 오지 않아도 되는 장소가 되었다. 상인들에게 중요한 것은 약속이었다. 예컨대, 지금 한 짐 분량의 비료가 여섯 달 뒤에는 마차 10대 분량의 보리로 바뀔 수 있었다. 아직 존재하지 않는 일정량의 생산물에 대해 한쪽이 다른 쪽에게 미래의 일정한 시점에 일정한 가격을 지불하겠다고 계약을 맺으면 양쪽 모두 미래의 예측 가능한 재정 상황에 맞춰 사업을 진행할 수 있었다. 그런 계약은 더 많은 사업을 의미하기도 했다. 사업은 대체로 현재가 아니라, 미래를 중심에 놓는 것이기 때문이다.

서기 11세기에 이르러, 바이킹들의 맹습이 잠잠해지고 있었고, 유럽 세계는 바이킹들을 흡수하기 시작했다. 여러 해에 걸쳐 수도원을 약탈하고 보물을 뺏어 불에 녹였던 바이킹들은 11세기에 다량의 금과 은을 다시 화폐로 유통시켰다. 한편 바이킹의 사촌인 러시아인들은 은을 이슬람 세계에서 다시 유럽 쪽으로 보내고 있었다. 경화는 교역의 바퀴에 기름을 쳤고, 교역은 생산성 향상에 자양분을 공급했다. 유럽 경제는 추진력을 얻었다.

대다수가 봉건적 장원에서 살았던 시절에 유럽인 대부분은 힘겨운 삶을 보냈지만, 최소한 모두에게는 거처와 일자리가 있었다. 그들은 사회적 별자리에도 속해 있었다. 그들에게는 삶의 의미를 채워주는 요소들이 있었다. 그런데 이전보다 더 적은 수의 사람들이 모든 사회 구성원들을 먹여 살리는 데 필요한 식량을 생산할 수 있게 되었다면 일정한 수의 사람들은 잉여 노동력으로 전락하게 되었을 것이다. 다시 말해 그들은 일자리를 잃게 되었을 것이다. 그리고 실제로 어떤 봉건 영주들은 농노 대신 계절노동자를 쓰다가 일이 마무리되는 각 계절의 끝물에 해고하는 편이 더 경제적이라는 사실을 알아차렸다. 그렇게 하면 농노를 1년 내내 부양해줄 필요가 없었다.

따라서 생산성은 높아졌지만, 장원에서 추방된 유민의 숫자도 증가했다. 집 없는 걸인들은 이리저리 떠돌며 여행자들의 재물을 빼앗고 장원 소유의 숲에서 사냥을 했다. 그들은 마치 로빈 후드[Robin Hood]와 그의 '유쾌한' 패거리 같았다. 아, 여기서 '유쾌한'이라는 수식어는 빼야겠다. 가난한 자들은 길을 가득 메웠고, 수풀 밑에서 잠잤고, 지쳐 드러누운 채 무관심 속에서 죽었다. 편안한 삶을 누리던 사람들조차 점점 퍼져 가는 불행에 빠질 수 있었다.

그때 중세 유럽의 가톨릭적 별자리에서 새로운 종류의 성직이 출현했다. 그것은 탁발 수도사였다. 탁발 수도사는 수도회와 관계있었지만, 수도원 대신에 길거리에서 생활했다. 탁발 수도사들은 이곳저곳 돌아다니며 기독교적 자선에 기대어 연명하는 경건한 기독교인이었다. 탁발 수도 관행은 지나치게 많은 걸인의 일부를 흡수하는 역할을 했고, 중세 유럽 사회를 가톨릭적 서사에 더 깊이 빠트리는 데 일조했다. 로마 교회가 가톨릭을 신봉하는 유럽의 심장과 허파이고 수도원은 정맥과 동맥이었다면, 탁발 수도사들은 가장 국지적인 단위에서 노골적인 방식으로 사람들에게 구원의 기회를 제공하는 모세혈관이었을 것이다.

기독교 왕국

서기 1000년경, 발트 3국과 대서양 사이의 지역에서 생활한 유럽인들은 자신이 속한 사회를 단일한 실체로 인식하고 있었다. 즉, '기독교 왕국[Christendom]'이라는 용어가 점점 많이 쓰였는데 그것은 단순히 모든 기독교인을 아우르기만 하는 용어가 아니었다. 이 세상에는 기독교 왕국의 일원이 아닌 기독교인도 있었다. 예를 들어 페르시아적 세계의 네스토리우스파 기독교인과 이집트의 콥트파 기독교인 같은 다양한 기독교인이 있었다.

비잔티움 제국의 기독교인들도 엄밀히 말해 기독교 왕국의 일원이 아니었다. 서쪽의 기독교인들은 동쪽의 기독교인들을… 음… 다른 부류의 기독교인들로 여기기 시작했다. 물론 동쪽의 기독교인들도 기독교인들이기는 하지만… 왠지… 다른 부류의 기독교인들로 보였다. 미사를 거행하는 방식, 예배에서의 종교적 상징 활용 여부, 성체성사라는 중대한 의례 도중에 써야 할 정확한 어법, 성체성사의 정확한 절차 따위를 둘러싼 의문이 제기되었다. 무엇보다 비잔티움 제국의 교회들은 미사를 그리스어로 진행했지만, 서유럽의 교회들은 미사를 올릴 때 라틴어를 썼다.

그 모든 세부적 차이가 쌓여 구분선이 생겨났다. 1054년, 로마의 주교(교황)와 콘스탄티노폴리스의 주교(총대주교)는 서로를 파문했다. 그같은 최종적 결말에 따라 무언가 중대한 사실이 드러났다. 두 사람 모두에게 파문의 권한이 있을 수는 없었다. 둘 중 한 사람에게만 파문의 권한이 있어야 했다. 따라서 교회가 동서로 갈라졌고, 그 뒤부터 구분선 양쪽의 기독교인들은 상대방을 여전히 기독교인으로 바라보는 한편, 타자성에 오염된 타자로 여기기도 했다. 그 타자의 타자성은, 서유럽인들이 본인들의 기독교에 특별한 유대감을 느끼는 성향을 강화하는 데 일조했다.

탁발 수도사들과 걸인들, 행상꾼들과 상인들이 늘 여기저기 돌아다녔기 때문에 사람들은 먼 곳의 소식과 이야기를 전해 들을 수 있었다. 여행이라는 것이 차츰 친숙하게 다가왔다. 여행의 형태를 띤 순례는 지배 서사에 딱 들어맞았다. 신성한 곳을 찾아가는 것은 교회에 다니는 것이나 다름없었다. 아니 그 이상이었다. 어떤 수도원에는 사람들이 볼 수 있고 심지어 만질 수도 있는, 종교적으로 중요한 물건과 유품—성자들의 망토 한 조각, 순교자의 머리카락 한 타래, 성[聖]십자가 한 토막—이 있었다.

물론 가장 훌륭한 순례지는 그리스도가 몸소 누볐던 성지에 있었다. 하지만 서유럽에서 태어난 기독교인들에게 성지로의 순례는 위험천만한 힘겨운 여정이었다. 성지까지 가는 데는 몇 달이 걸릴 수 있었다. 그렇게 성지에 도착하면 무엇이 보였을까? 성스러운 유적지는 모두 이교도들의 손아귀에 있었다. 이교도들은 타자성 때문에 소름 끼치는 존재였다. 유럽에서 오랫동안 힘을 키운 이야기와 중간 세계에서 오랫동안 힘을 키운 이야기가 교차한 시점이 바로 그때였다. 중앙아시아로부터 세력을 넓히며 퍼져 나온 무슬림 튀르크인들은 서유럽의 기독교인들이 대거 방문하기 시작하기 직전에 그 지역을 지배하게 되었다. 튀르크인들은 기독교인들에게 적대적이라기보다는 기독교인들을 멸시하는 쪽이었다. 무슬림 튀르크인들이 보기에, 유럽에서 건너온 기독교인들은 철딱서니가 없어서 이미 폐기된 계시에 집착하는 짐승 같은 자들이었다. 언젠가 기독교인들도 깨어나 인간 사회의 일원이 되겠지만, 그때까지는 그들의 호주머니 속에 있는 은을 모조리 챙기는 편이 좋을 듯했다. 기독교인 순례자들은 터무니없이 비싼 사례금을 내고, 하염없이 줄을 선 채 기다리고, 모욕을 참고, 때로는 노골적인 학대를 당해야 했다. 누구에게? (세상에서 가장) 우월한 존재로 자부할 만큼의 **뻔뻔함**을 갖춘, 지옥에 떨어질 그 무식한 이교도들에게 말이다. 순례자들은 무섭고 화나는 이야기를 잔뜩 품은 채 다시 유럽으로 돌아갔다.

그들이 돌아온 유럽은 변화로 격동하는 세계였다. 유럽의 장자 상속제에 따르면, 귀족이 사망하면 그 귀족 소유의 모든 토지는 장남에게 상속되어야 했다. 따라서 유럽에는 물려받은 토지가 없고 포부를 펼칠 만한 통로를 찾지 못한 귀족 가문의 차남, 삼남, 사남 같은 잉여 인력이 늘어나게 되었다. 이 같은 신분의 남자들에게 어울리는 유일한 소명은 토지 소유와 전쟁이었다. 일찍이 장남을 제외한 귀족 가문의 아들들은 수많은 전쟁에 가담해 성취감을 느꼈다. 그 시절, 유럽 문화에서는 전사의 기술적 표본이 배출되었다. 그것은 바로 철 갑옷을 갖춘 기사였다. 이후 외부의 침략이 잠잠해지고 평화의 분위기가 무르익자 유럽의 기사들은 무장은 잘 갖췄지만, 오갈 데가 없는 신세가 되었다. 그러는 동안 큰 물고기가 작은 물고기를 잡아먹듯이, 여러 개의 봉건적 장원이 더 큰 규모의 몇몇 공국과 왕국으로 통합되고 있었다.

요컨대, 유럽 기독교 왕국은 구걸하는 종교적 광신자들, 토지가 없고 전쟁에 목마른 기사들, 점점 더 큰 야심을 품는 공작들과 국왕들, 막강한 권력과 통일성을 자랑하는 교회, 대형 사업에 투자될 만하고 양이 급격하게 늘어나는 자금 등이 뒤섞여 들끓는 가마솥 같았다. 이제 기독교 왕국에는 자금을 투자할 대형 사업만 생기면 되었다.

1095년의 어느 날, 기독교적 유럽 사회의 모든 주요 부문의 지도급 인사들이 단 하나의 행사를 치르기 위해 모였다. 보편교회[普遍敎會]의 수장인 교황 우르바노 2세[Pope Urbanus Ⅱ]는 유럽에서 가장 중요한 수도원 중 하나가 있는 클레르몽[Clermont, 오늘날의 프랑스 도시]을 방문했다. 그는 청중에게 열정적으로 연설했다. 청중 가운데에는 저명한 성직자들뿐 아니라, 기독교 왕국의 귀족 출신 무인들의 전형인 프랑크인 기사들도 있었다. 교황은 비잔티움 제국의 알렉시오스 황제[Emperor Alexios]에게 받은 편지를 청중에게 소개했다. 당시 알렉시오스 황제는 이교도들의 공격에 시달리고 있었다. 튀르크인들이 콘스탄티노폴리스로 진격해오고 있었고, 만일 그들이 콘스탄티노폴리스를 점령하면 다음 차례는 로마가 될 것 같았다. 누군가 나서야 했다. 교황은 기독교 왕국의 기사들에게 십자군으로서 동쪽으로 떠나 성지인 예루살렘을 이교도들의 손아귀로부터 구해 달라고 요청했다.

교황이 클레르몽에서 그렇게 호소하자, 무일푼의 발터[Walter the Penniless]와 그의 보좌역인 은둔자 피에르[Pierre l'Ermite] 같은 통솔력 강한 탁발 수도사들은 인근 도회지에서 열린 미사를 통해 교황의 뜻을 사람들에게 그대로 전했다. 단일한 종말론적 목표를 달성하고자 하나로 뭉칠 듯싶은 전망이 보이자 기독교 왕국 도처에 전율이 감돌았다. 성지를 수복하라!

탁발 수도사들이 선봉에 섰다. 무일푼의 발터와 은둔자 피에르는 걸인들과 도시 실업자들로 이뤄진 오합지졸을 이끌고 동쪽의 소아시아로 향했고, 허무하게도 거기서 셀주크 전사들의 제물이 되고 말았다. 하지만 같은 해에 다시 유럽의 기사들―죽이거나 심지어 막기조차 힘든, 칼을 휘두르는 금속과 인체의 큰 덩어리―은 오늘날의 전차처럼 동쪽으로 진군했다. 유럽의 기사들은 소아시아 해안의 도시들을 잿더미로 만들었고, 마침내 예루살렘을 차지했다. 이후 그들은 지중해 동쪽 해안에 4개의 십자군 왕국을 세웠다.

덕분에 훗날 동쪽으로 향한 유럽인들에게는 상륙 거점, 즉 기독교인이 통치하는 도시들이 생겼다. 그 도시들은 기독교인들이 안전하게 도착할 수 있고, 기독교인에게 호의적인 여관을 찾아낼 수 있고, 고향 사람들을 아는 사람과 접촉할 가능성이 큰 곳이었다.

순례자였든 십자군이었든 모험가였든 여행자였든 간에 동쪽으로 향한 사람들에게는, 고향으로 갖고 가면 비싼 값을 받을 만한 상품, 특히 이국적인 직물과 향신료 따위로 가득한 시장들이 눈에 띄었을 것이다. 여기서 '향신료'는 조미료뿐 아니라, 방부제와 마법의 약 같은 것도 포함하는 넓은 의미의 향신료를 가리킨다. 유럽에서는 예로부터 향신료가 워낙 귀했다. 사람들은 향신료를 금 같이 여겨 몰래 챙겨뒀다. 예를 들어, 서기 9세기의 유명한 학자인 가경자[可敬者] 비드[Venerable Bede]는 후추를 상속인들에게 나눠주는 비율을 유언장에 상세히 적어뒀다. 설탕도 무척 귀했다. 로마인들은 설탕을 요리 재료가 아니라 약으로 취급했다. 직물의 경우, 소수의 귀부인은 한두 벌의 비단옷을 입었을지 모르지만, 서민들에게 비단옷은 꿈같은 물건이었다. 아마포 속옷을 입은 채 갑옷을 착용해봤다면 아마 여러분은 유럽의 기사들이 왜 무명옷을 높이 평가했는지 이해할 수 있을 것이다. (나는 그렇게 입어보지 못했지만, 상상은 된다.)

십자군 왕국들이 들어서자 레반트 지역은 유럽 신흥 시장 체계의 동쪽 가장자리가 되었다. 십자군 운동이 오래 지속되자 유럽의 상인들은 무슬림 상인들과 껄끄러운 사업 관계를 맺었다. 발칸반도의 도시들은 육로를 통해 성지로 향하는 사람들 덕택에 경제적 이득을 챙겼다. 이탈리아반도의 해안 도시들은 유럽인들을 배에 태워 목적지까지 보내주며 점점 부유해졌다. 레반트 지역으로 몰려가던 유럽의 상인, 순례자, 십자군 전사들은 서로 긴밀히 교제하게 되었다. 그들은 각자 조금씩 다른 사람들이었지만, 동일한 세계사적 서사에 발을 딛고 있으면서 공동의 정체성을 다지고 있었다.

성지로 향하는 대다수의 선박은 베네치아, 제노바, 피사 등지에서 출항했다. 동쪽의 시장들과 서쪽의 구매자들 사이에 있었기 때문에 그 도시들은 증가 일로의 동서 교역을 재빨리 장악하면서 지중해의 강력한 해양 세력으로 발돋움했다. 그리고 서로 패권을 다투며 해양 기술을 축적했고, 덕분에 점점 더 막강한 세력으로 성장할 수 있었다.

순례자들, 상인들, 십자군 전사들이 제일 많이 거쳐 간 곳은 베네치아였다. 그들은 온갖 종류의 주화를 소지한 채 베네치아에 왔다. 베네치아의 금세공인들은 일단 여행자들을 상대로 귀금속과 주화를 교환한 뒤 나중에 그들이 돌아올 때 다시 갖가지 주화와 금이나 은을 교환하면 이득을 챙길 수 있다는 점을 깨달았다.

환전업에는 주화의 상대적 가치를 산정하는 작업이 필요했다. 다음과 같은 점을 해결해야 했다. 이 사람 소유의 주화 몇 개가 저 사람 소유의 주화 몇 개와 맞먹을까? 그리고 두 사람이 갖고 있는 주화의 가치를 금의 양으로 따지면 얼마나 될까? 비전문가들이 무턱대고 계산을 시도했다가는 자칫 큰 손해를 볼 수 있었다. 하지만 베네치아의 금세공인들은 평소에 그런 업무를 처리했기 때문에 관련 지식이 있었다. 그들은 가게 앞에 환전 업무용 긴 의자인 벤치를 갖다 놓았다. 벤치를 가리키는 이탈리아어는 'banque'이고, 그들은 '벤치에 앉은 사람들[banquers]로 불렸다. 오늘날, 우리는 그들을 '은행업자'라는 뜻의 뱅커[banker]로 부른다.

시간이 지나면서 그들은 주인이 나중에 돌아올 때까지 귀금속(과 보석과 그 비슷한 물건)을 안전하게 보관할 장소를 제공하면 상당한 이득을 챙길 수 있다는 점을 알아차렸다. 은행업자들은 고객으로부터 일정량의 귀금속을 수납한 뒤 그것이 고객의 기탁물임을 확인하는 서명 증서를 발행했다. 예를 들어 나중에 성지에서 돌아온 고객은 서명 증서를 제시하고 이전에 예탁해 둔 금을 찾아갈 수 있었다―물론 수수료는 지불해야 했다.

그런데 금을 맡겨둔 사람들은 여행 도중에 이따금 금전적으로 곤란한 상황을 맞았고, 그때 서명 증서를 마치 돈을 지불하듯이 제삼자에게 넘기는 경우도 있었다. 양심적인 은행업자들이라면 서명 증서를 제시하는 모든 사람에게 그에 상응하는 대가를 지불했을 것이다. 여기에는 자신이 서명한 내용을 지키지 않는 은행업자들은 업계에서 오래 버티지 못한다는 점이 일부 작용했다. 사실, 은행업자의 증서가 최종적으로 인출되기 위해 은행업자 앞에 나타나기까지 얼마나 많은 사람의 손을 거치는지에 관한 이론적 한계는 없었다. 저명한 은행업자의 증서는 마치 일정량의 금처럼 무한대로 유통될 수 있었다. 증서는 돌아오지 않을 수도 있었다. 증서가 화폐로, 새로운 종류의 화폐로, 즉 은행권으로 탈바꿈할 수도 있었다. 기독교 왕국의 서유럽인들이 구축해 공유하는 가상 세계에서 그렇게 새로운 요소가 생겨났다.

은행업자들은 금을 맡긴 주인이 떠나고 없는 동안 금을 잠시 제삼자에게 빌려줄 수 있다는 점을 깨달았다. 주인이 다시 나타나기 전까지 금이 돌아오는 한 아무런 피해가 없었고, 은행업자는 금을 잠시 이용한 사람에게 수수료를 청구함으로써 약간의 돈을 벌 수 있었다. 공사다망한 은행업자들은 귀중품 보관실에 항상 너무 많은 금과 은이 주인의 귀환을 기다리고 있어서 당장은 금이 전혀 움직일 필요가 없다는 점을 발견했다. 그들은 일정량의 금과 교환 가능한 서명 증서를 발행해 돈을 빌려줄 수 있었다. 빌려준 돈이 제때 상환되기만 하면 금을 은행업자에게 맡겨둔 주인은 아무런 불편을 겪지 않았다. 주인은 자신의 금이 서류상에서(엄밀히 말하자면, 송아지 가죽으로 만든 종이인 독피지[犢皮紙]상이나 양가죽 또는 염소 가죽으로 만든 종이인 양피지[羊皮紙]상에서) 융통되는지도 몰랐을 것이다. 이렇듯 십자군 운동 시대에 전혀 새로운 방식의 생업이 출현했다.

그 새로운 분야에서 가장 중대한 발자취를 남긴 사람은 오늘날 피보나치[Fibonacci]라는 별칭으로 불리는 피사의 레오나르도[Leonardo of Pisa]일 것이다. 지중해 곳곳을 여행하는 동안 그 젊은 수학자는 무슬림 상업계에서 널리 쓰이는 업무 수단을 경험했다. 1202년, 그는 아라비아 수학에 관한 책(실제로는 인도 수학에 관한 책이었다)인 《산술교본 *Liber Abaci*》을 펴냈다. 《산술교본》은 다음과 같은 운명적인 글귀로 시작된다. "아홉 개의 인도 숫자는 9, 8, 7, 6, 5, 4, 3, 2, 1이다. 이 아홉 개의 숫자들과 0이라는 기호로는… 그 어떤 수도 표기할 수 있다." 은행업자들은 무슬림 세계의 장제법(긴 나눗셈) 알고리듬을 이용해 8,976에 125를 곱하는 편이 MMMCMLXXVI에 CXXIV를 곱하는 편보다 한결 더 쉽다는 점을 금세 깨달았다. 이슬람 영역에서 쓰인 아라비아 숫자들과 자릿값, 십진법, 장제법 알고리듬, 대수학 같은 산술 계산법은 동방 세계의 다양한 상거래 업무 수단—예를 들어 복식부기와 상거래에서의 신용증권 같은 상거래 업무 수단에는 복잡한 회계가 수반되었다—과 더불어 금방 유럽 전역에 전파되었다. 덕분에 유럽의 상업계는 확 달라졌다.

성지로 떠나는 순례자들에게는 어떤 형태의 돈을 들고 가야 할지 골치 아픈 문제가 있었다. 유럽 각 지역의 주화는 저 멀리 떨어진 무슬림 세계에서는 환영받지 못했을 것이다. 금과 은은 어디서나 통용되었지만, 바로 그 점 때문에 도적들과 악당들의 표적이 되었다. 순례자들은 귀금속을 지켜줄 용병들과 함께 무리를 지어 이동할 수도 있었지만, 성지를 향해 출발하자마자 호위 임무를 맡은 용병들이 고객인 순례자들을 죽이고 귀중품을 챙겨버리는 사태를 막을 방법이 마땅치 않았다.

교회는 그런 문제를 해결하는 데 보탬이 될 만한 새로운 제도를 생각해냈다. 그 결과 무장 수도회가 봉건적, 가톨릭적 별자리의 일부분으로 자리 잡았다. 무장 수도회의 구성원들은 세금이 면제되었고, 신앙을 지키려다 저지를 법한 모든 폭력에 따른 죄를 자동적으로 용서받았다. 수도회가 통솔한 그 전사들은 청빈과 순결을 서약했고, 빈곤하게 살았다. 여러 무장 수도회 중 구호기사단[Hospitallers]과 튜턴 기사단[Teutonic Knights]의 특기는 의료 활동이었다. 또 성전기사단[Knights Templar]은 성지를 왕래하는 순례자들과 그들의 귀중품을 보호하는 임무를 맡았다. 성전기사단의 단원들은 기독교 수도사들이었기 때문에 기독교인들은 그들에게 살해되는 일은 없을 것이라고 안심했다.

나중에 성전기사단은 송금이라는 독자적인 금융 활동을 펼치기 시작했다. 성지에 머물고 있던 기독교인들은 고향에서 보내주는 돈을 받아야 할 때나, 고향으로 돈을 보내주고 싶을 때 성전기사단에게 송금을 부탁했다. 그들은 성전기사단을 믿을 수 있었다. 교회가 보증한 정직한 수도사들이었기 때문이다. 이후 양쪽으로 보내는 돈의 양이 너무 많아지자 성전기사단은 굳이 돈을 보내지 않아도 된다는 점을 알아차렸다. 사람들이 저 멀리 어딘가로 돈을 보내 달라고 맡기면 성전기사단은 일정액의 돈을 지급하라는 내용의 증서를 그 어딘가의 성전기사단 사무소에 보내면 되었다. 이미 그 사무소에 비축해 둔 돈이 충분했기에 가능한 일이었다. 그런 식의 금융 업무를 처리한 데 힘입어 성전기사단은 당시 극소수의 유럽인만 이해하던 모종의 사실을 깨달을 수 있었다. 알고 보니 돈은 물체가 아니었다. 돈은 정보였다. 모든 것은 회계로 수렴했다. 그 신기한 비밀을 알아낸 성전기사단은 세계 최초의 국제적 은행업자로 변신하기 시작했다.

기독교인들은 1차 십자군 운동으로 예루살렘을 얻었다. 2차 십자군 운동으로 레반트 지역에서 기독교인의 입지가 확고해졌다. 3차 십자군 운동은 아량과 예의로 유명한 두 지도자 간의 웅대한 투쟁을 중심으로 펼쳐지는 선설의 소재가 되었다. 살라딘[Saladin]은 이집트의 술탄이었고, 리처드 사자심왕[獅子心王, Richard the Lion-hearted]은 영국의 왕이었다. 그 두 투사는 완벽한 신사들이었겠지만, 그들의 투쟁은 무승부로 끝나지 않았다. 두 사람의 투쟁은 예루살렘을 무슬림에게 반환하는 내용의 조약으로 마무리되었고, 이후 예루살렘은 기독교인의 손으로 되돌아오지 않았다. 그렇게 십자군 운동의 첫 단계가 막을 내렸다.

예루살렘을 잃어버리자 유럽에서는 4차 십자군 운동을 촉구하는 목소리로 들끓었지만, 그 무렵에 이르러 상황이 점점 혼탁해졌다. 영리적 동기가 십자군 운동의 종교적 이상론을 뒤흔들기 시작했다. 게다가 서유럽의 기사들은 (이론상으로) 본인들이 몸소 저 먼 곳으로 가서 구해주려고 하는, 그리스어를 쓰는 정교회 신자들에게 동질감을 크게 느끼지 못했다.

비잔티움 제국의 수도는 오랫동안 세계에서 제일 공략하기 힘든 도시 중 하나로 꼽혔다. 삼면은 바다였고, 나머지 한쪽 면은 거대한 성벽으로 둘러싸여 있었다. 그러나 4차 십자군의 기사들이 찾아와 성문을 두드렸을 때는 그 모든 난공불락의 방어 수단이 무의미했다. 십자군 기사들은 적군이 아니었기 때문이다. 그들은 도와주려고 찾아온 기독교인 형제들이었다. 그렇지 않은가? 기독교인 형제들에게는 성문이 활짝 열릴 수 있었다. 그렇지 않은가?

4차 십자군 전사들은 성지까지 가지도 않았다. 1204년, 그들은 미친 듯이 날뛰며 콘스탄티노폴리스를 파괴했고, 교회를 약탈했고, 은과 금을 눈에 띄는 족족 챙겼고, 비잔티움 제국의 황제를 폐위시켰고, 콘스탄티노폴리스를 라틴 제국의 수도로 삼았다(그들이 직접 세운 라틴 제국은 얼마 못 가 몰락했다). 그것은 그리스어를 쓰는 동쪽의 기독교 제국 사람들과 서쪽의 로마 제국 후계자들 간의 최종적 분열을 가리켰다.

13 장

유목민들의 마지막 함성
(서기 1215~1400년)

4차 십자군 전사들이 콘스탄티노폴리스를 약탈하고 있을 때, 무슬림 세계 저 멀리에서는 완전히 새로운 세력이 규합되고 있었다. 마치 화산이 폭발하듯 중앙아시아로부터 팽창한 그 세력은, 중국 하 왕조가 발흥하거나 바빌로니아가 멸망하기 오래전부터 시작된 드라마의 절정을 상징했다. 그 드라마는 북부 유라시아의 스텝 유목민들과 남부 유라시아의 농경형 도시 문명 간에 자주 빚어진 우발적 다툼이었고, 이제 드라마는 절정으로 치닫고 있었다.

몽골족이 스텝 유목 문명을 전성기로 이끈 것은 13세기의 일이었다. 몽골족의 패권은 고작 1세기 동안만 유지되었지만, 그 짧은 기간에 몽골족은 세계적으로 영향을 끼쳤고, 특히 지금 우리가 다루고 있는 주제인 '탁자 기울이기'가 완료되는 데 심대한 파장을 미쳤다.

갑작스럽게 등장하기 전까지 몽골족은 세계적으로 거의 눈에 띄지 않는 존재였다. 몽골족은 독자적인 여러 잡다한 씨족으로 이뤄져 있었다. 그들은 천막에서 지냈고, 튼튼하고 작은 조랑말을 타고 다녔고, 양과 염소 무리를 몰고 다녔고, 동족끼리 사소한 충돌을 벌였다. 중앙아시아 스텝 지대의 전통적인 유목민들이었다.

1167년, 테무친[Temüjin, 鐵木眞]이라는 이름의 소년이 태어났다. 일찍이 부모를 여의고 10대 시절에는 목숨을 걸고 도망치기도 했지만, 그는 고난을 이겨내고 족장 자리에 올랐다. 그러던 중 어느 경쟁자가 테무친의 아내를 납치했다. 결과적으로 그것은 경쟁자의 큰 실수였다. 테무친은 경쟁자를 제거하고 그의 부하 전사들을 자기편으로 만들었다. 아, 경쟁자의 아내들도 빼앗았다. 이제 테무친은 더 강력한 족장이 되었다. 그는 전략적으로 싸움을 걸고 정치적 유대관계를 형성한 끝에 몽골족을 확고한 단일 연합체로 통합해 다스리기에 이르렀다. 유럽의 야만스러운 속물들이 콘스탄티노폴리스를 약탈하고 있을 무렵, 테무친은 심상찮은 움직임을 보이고 있었다. 그는 '천하의 제왕'이라는 뜻인 칭기즈칸으로 자처했다.

칭기즈칸은 밖으로 시선을 돌렸다. 그가 이끈 몽골군은 중국 북부를 차지한 거란족 왕국을 공격했고, 아프가니스탄과 이란을 장악한 튀르크계 무슬림 왕국에도 칼날을 겨눴다. 몽골군은 '도시들의 어머니'로 알려진 고대 박트리아인의 도시인 발흐[Balkh]를 불태웠다. 그들은 헤라트[Herat]와 니샤푸르[Nishapur]의 주민들을 남녀노소 할 것 없이 모조리 학살했다. 중앙아시아를 휩쓸고 지나가는 동안 그들은 눈앞에 보이는 튀르크 부족 왕국과 부족 연맹체를 닥치는 대로 무찔렀다. 이후 볼가강을 건넜고, 혈전 끝에 러시아인들이 수도로 삼고 있던 키예프에 도달했다. 몽골군은 키예프를 지도에서 지워버렸고, 그 결과 러시아인의 제국은 사라지고 말았다. 러시아인들은 이제 몽골족의 봉신국으로 전락했다.

칭기즈칸이 고약한 성미의 몽골족을 단일한 정치 단위로 통합하기까지 무려 20년이 걸렸다. 그런데 그가 로마 제국보다 더 큰 제국을 세우기까지는 20년밖에 걸리지 않았다. 1227년에 그가 숨을 거두자, 아들들과 손자들이 세계 정복이라는 가업을 이어받았다. 그들은 중국 북부에서 송나라를 밀어낸 신흥 왕국들에 치명상을 입혔다. 또한 한반도의 고려를 침공했고, 베트남을 봉신국으로 삼았다. 베트남과 주종관계를 맺은 것은 그때까지 중국인들도 해내지 못한 일이었다. 칭기즈칸의 손자가 남송을 멸망시켰고, 마침내 2천 년 역사의 중화 제국이 종말을 고했다. 한편, 남서쪽에서는 칭기즈칸의 또 다른 손자가 이슬람 세계의 이름뿐인 수장이 권좌를 지키고 있던 바그다드를 잿더미로 만들었다. 그렇게 무슬림 칼리프 국가는 사라졌다.

그 격렬한 폭풍에 관한 소문이 유럽에 처음 전해졌을 때, 많은 기독교인은 환호했다. 그들은 어떤 막강한 힘이 자기들을 도와주기 위해 오고 있다고 여겼다. 즉, 그들은 기독교 전설상의 왕인 사제 요한[Prestor John]이 나타날 것으로 기대했다. 기독교인들 사이에서 사제 요한은 아프리카의 중심부 어딘가, 또는 인도의 중심부 어딘가에 있다는 풍요로운 왕국을 통치하는 왕으로 통했다. 이제 그가 찾아오고 있었다.

유감스럽게도 사제 요한은 오지 않았다. 몽골군이 러시아를 빈껍데기로 만들어버리자 유럽인들은 그제야 몽골족이 같은 기독교인이 아니라는 점을 깨달았다. 기쁨이 두려움으로 바뀌었다. 일찍이 교황은 칭기즈칸에게 사절을 보내 대동맹을 맺자고 제의한 적 있었다. 그러나 이제 교황은 자비를 구하는 서신을 보내야 했다. 헝가리와 폴란드 현지의 왕들은 군대를 훈련시켰고, 당대의 가장 강력한 양대 무장 수도회인 성전 기사단과 튜턴 기사단 소속의 동참자들을 환영했다. 그렇게 꾸려진 연합군은 몽골군을 저지하고자 반격에 나섰다가 전멸했다. 이제 몽골군은 금방이라도 대서양까지 유럽 대륙을 휩쓸어버릴 것 같았다. 실제로 몽골군이 그때 계속 진격의 고삐를 당겼으면 틀림없이 유럽을 정복했을 것이다.

그러나 몽골군은 진격의 고삐를 놓아버렸다. 유럽은 뜻밖의 행운 덕택에 살아남았다. 1241년에 몽골군이 유럽의 관문에 이르렀을 때, 칭기즈칸의 후계자 겸 아들인 오고타이칸[Ogotai Khan, 窩濶台]이 죽었다. 몽골족 최고위 지도자들은 유럽 정복을 보류한 채 몽골로 서둘러 돌아가 자기 중에 누구를 새로운 대칸[Grand Khan]으로 삼을지를 의논했다. 후계자를 결정하는 데는 2년이 걸렸다. 이제 몽골족의 관점에서 보면 새로운 전선이 활짝 열리게 되었다. 당장이라도 저쪽 도시들과 주민들을 약탈할 수 있을 것 같았다. 그런데 유럽 정복은 또다시 지연되었다─나중에 드러났듯이 무기한 연기되었다. 1260년에 바그다드를 불태워버린 뒤 서쪽으로 진군하던 몽골군이 맘루크인들[Mamluks]과 마주쳤기 때문이다.

맘루크는 아라비아어로 '노예'라는 뜻이고, 맘루크 왕국은 몇 세기 동안 이슬람 영역 여기저기서 별안간 나타났던 흥미로운 노예 국가 중하나였다. 다른 노예 출신 왕들처럼 이집트 맘루크 왕국의 왕들도 소년시절에 싸움터에서 사로잡혀 전사로 양성된 튀르크인이었다. 이집트 맘루크 왕조는 혈연관계에 따른 왕조가 아니라, 어릴 적에 사로잡혀 무술을 훈련받은 노예들을 지속적으로 충원하는 조직체였다. 1260년, 맘루크 왕국군은 아인잘루트[Ayn Jalut]라는 곳에서 몽골군을 격파했다. 그전투는 중대한 분수령이었다. 이후 몽골 제국은 더 이상 팽창하지 못했다. 왜 그렇게 되었을까? 당대의 기술 수준을 고려할 때, 몽골 제국은

몽골 제국(1275년)

지도 레이블:
- 러시아 봉신 공국들
- 기독교 왕국
- 몽골 제국
- 흑해
- 지중해
- 이슬람 영역
- 인도
- 태평양
- 대서양
- 인도양

확실히 행정적 절대 한계에 이르렀을 것이다. 당시 몽골 제국은 역사상 최대의 제국이었고, 먼 훗날 소련이 등장할 때까지 몽골 제국보다 더 큰 제국은 없었다.

이후 몽골 제국은 대략 50년밖에 버티지 못했지만, 그 반세기의 세월 동안 태평양에서 지중해까지, 발트해에서 남중국해까지 아울렀던 몽골 제국의 영토 전체는 하나의 정치적 지배권 아래에 있었다. 그 점은 동반구의 시장에 지대한 영향을 미치는 사실이었다. 나중에 드러났듯이, 칭기즈칸과 그의 후계자들은 통념과 달리 정복한 땅을 관리하는 데 전혀 서툴지 않았다. 우선, 그들은 물자와 메시지가 전달되는 속도와 효율 측면의 장애물을 제거하는 데 관심이 있었다. 그것은 스텝 유목민들이 양질의 목초지 사이를 자유롭게 이동할 수 있도록 하기 위해서였다. 그리고 공물이 정복지로부터 제국의 수도까지 신속하고 효율적으로 운반될 수 있도록 하기 위해서였다. 또 병력과 메시지를 제국 곳곳으로 재빨리 이동하고 전달하는 능력에 좌우되는 군사적 통제를 강화하기 위한 것이기도 했다. 그러나 목적이 무엇이었든 간에 결과적으로 그들은 장애물을 없앴다. 그들은 오래된 도로를 개량했고, 새로운 도로를 닦았고, 중계역과 여인숙을 설치했고, 우편망을 확립했고, 교역 장벽을 제거했고, 원거리 교역을 방해하는 관료제적 장애물을 근절했고, 신용 제도를 뒷받침했다. 몇 세기에 걸쳐 여러 지역 교역망의 느슨한 묶음이 지나지 않았던 것이 이제 동반구 대다수 지역을 아우르는, 분주한 단일 교통망으로 발돋움했다.

몽골족의 대[大]침공과 유럽

발칸반도 서쪽 지역의 유럽은 몽골족의 직접적인 타격을 받지는 않았다. 그 지역의 유럽인들의 처지에서 볼 때, 몽골족의 폭발적 팽창으로 인한 가장 큰 결과는 질병이었다. 그 문제는 저 멀리에서, 아마 히말라야산맥의 구릉 지대에서 시작되었을 것이다. 특정 지역에서 치명적인 미세 기생충과 숙주는 일정한 경로를 거친다. 처음에 기생충은 숙주를 마음껏 먹고 산다. 그리고 숙주가 죽어버리면 다른 숙주로 옮겨간다. 그러나 기생충이 숙주 생물종 전체를 없애버리는 것은 자살 행위나 다름없다. 그러므로 기생충은 고등 생물 형태와 타협하며 살아가게 된다. 기생충은 독성이 점점 줄어들고, 숙주 생물종은 생물학적 내성이 강해진다. 지금으로부터 몇 세기 전, 치명적인 기생충 한 마리가 히말라야산맥 구릉 지대에 거주하는 사람들과 그런 식으로 타협하기에 이르렀다. 그 기생충은 더 이상 그리 많은 목숨을 앗아가지 않았기 때문에 사람들의 시선을 별로 끌지 않았다. 그 미생물은 인간뿐 아니라, 근처에 많이 서식하는 굴착 설치류도 감염시켰다. 공교롭게도 엄청나게 많은 수의 그 비슷한 설치류들이 실크로드 북쪽의 삼림지대에 살고 있었다. 하지만 그쪽의 설치류는 지금 우리가 다루고 있는 기생충에 감염된 적이 전혀 없었다. 그 삼림지대의 설치류는 히말라야산맥 구릉 지대로부터 아주 멀리 떨어진 곳에서 서식했기 때문이다. 물론 벼룩이 문제의 기생충을 옮길 수 있었지만, 벼룩은 저 멀리 북쪽까지 가기도 전에 죽어버렸다.

그러던 중 몽골 제국 중심의 평화[Pax Mongolica]가 찾아왔다. 몽골족이 구축한 상호 소통망 안에서 말을 타고 히말라야산맥 구릉 지대에서 시베리아의 삼림지대까지 엄청나게 빠른 속도로 이동하는 파발꾼들이 갑자기 등장했다. 몽골족 파발꾼들은 보통 하루에 160㎞ 이상 이동했다. 기생충에 감염된 벼룩이 파발꾼의 가방에 올라타면 출발지에서 몇천㎞ 떨어진 곳까지 움직일 수 있었을 것이다. 히말라야산맥의 구릉 지대에서 기생충에 감염된 벼룩은 그렇게 북쪽 삼림지대까지 이동했고, 거기서 잠재적 숙주인 굴착 설치류의 거대한 공동체와 마주쳤다. 북쪽 삼림지대의 굴착 설치류는 벼룩이 그곳으로 옮겨온 기생충과는 초면이었다. 거기서 문제의 질병이 독성을 발휘했다. 모름지기 질병은 먹이로 삼을 만한 새로운 숙주를 발견하면 독성을 띠는 법이다. 그렇게 독성을 띤 상태에서 그 질병은 설치류를 거쳐 인간에게 옮았다. 문제의 병균은 선[腺]페스트를 일으키는 '예르시니아 페스티스[Yersinia pestis]'였다.

페스트는 실크로드를 따라 서쪽으로 퍼졌다. 아마 페스트는 인구가 희박한 곳을 지나다가 대부분 소멸하였을 것이다. 그런데 한 가지 놀라운 예외가 있었다. 1345년, 러시아 지역을 장악한 몽골족은 끝까지 저항하는 흑해 연안의 카파[Caffa, 오늘날 우크라이나의 페오도시야]라는 도시를 포위해 공격하고 있었다. 그런데 포위 공격이 교착 상태에 빠지자 몽골군은 최후의 수법을 썼다. 그들은 정체 모를 무서운 병으로 죽은 몽골 전사들의 시체를 한데 모은 뒤 투석기를 이용해 도시 안쪽으로 내던졌다. 그래도 카파 주민들이 항복하지 않자 몽골군은 단념하고 떠났다.

카파 주민들의 삶은 정상으로 되돌아온 듯싶었다. 상인들은 배에 교역용 화물을 실어 이탈리아로 향했다. 그들은 시칠리아의 어느 도회지에 정박한 뒤 화물을 내렸다. 그들이 타고 온 배에 있기 마련인 쥐들도 배에서 내려 잽싸게 상륙했을 것이다. 물론 페스트균에 감염된 벼룩과 함께 말이다. 유럽에서 페스트는 또다시 생물학적으로 취약한 숙주들이 광범위하게 퍼져있는 터전을 만났는데, 그곳에서의 숙주는 쥐나 벼룩이 아니라 인간이었다.

흑사병은 마치 쓰나미처럼 거세지다가 가라앉다가 또 심해지다가 진정되기를 되풀이하며 유럽 전역을 휩쓸었고, 약 10년마다 재발했다. 그 몇십 년 동안, 흑사병으로 최소한 유럽 인구의 3분의 1이 사망했다. 혹은 그 이상이 죽었을지도 모른다. 14세기에 그 소름 끼치는 질병이 창궐할 때 사람들은 틀림없이 세상의 종말을 체감했을 것이다.

전염병은 역사적으로 드문 현상이 아니었다. 과거에도 질병 때문에 역사의 물줄기가 여러 번 바뀌었다. 그리고 선페스트 이외의 전염병도 있었다. 성경에 나오는 전염병은 발진티푸스였을 것이다. 말라리아는 로마가 쇠퇴하는 데 일조했을 것이다. 유스티니아누스 황제 치세의 비잔티움을 휩쓸어버린 전염병은 천연두였을 것이다. 서기 7세기에 유행한 정체 모를 질병은 이슬람 세력이 팽창할 수 있는 발판이 되었던 것으로 보인다. 그러나 유럽의 흑사병은 그때까지의 역사에서 가장 파괴적이고 의미심장한 전염병이었다. 그리고 흑사병은 몽골족이 유라시아의 상호 연계성을 크게 강화하는 바람에 유럽까지 퍼졌다. 하지만 그때 유럽에서 몽골족과 흑사병이 관계있다고 생각한 사람은 아무도 없었다고 봐도 무방할 것이다.

흑사병으로 수많은 사람이 죽었지만, 사실 여러 생존자의 처지에서는 삶이 개선되었다고 볼 수 있었다. 우선, 군사적 침략과 달리 전염병은 기반 시설을 훼손하지 않았다. 알다시피 유행병은 사람의 목숨을 빼앗지만, 도로와 건물과 운하 같은 시설에 해를 입히지는 않는다. 그런데 인명 손실은 심각한 결과를 초래한다. 흑사병이 퍼지기 전에 봉건 영주들은 비용 절감 차원에서 농노 대신에 임금 노동자를 점점 많이 쓰고 있었다. 그러나 흑사병이 퍼진 뒤에는 사정이 바뀌었다. 영주들은 노동력 부족이라는 문제를 만났다. 유럽 대륙 인구의 3분의 1이 사라지자 임금 노동자들은 유례없는 협상력을 지니게 되었다. 유행병의 여파로 임금이 상승했고, 소작농들은 더 나은 기회를 찾아 떠났다. 그런 식의 사회적 이동은 로마 제국의 디오클레티아누스 황제 시절부터 불법으로 간주되었지만, 이제 영주들은 그것을 막을 힘이 없었다.

페스트가 창궐해 사람들이 여기저기서 죽어 나갈 때, 어떤 여성들은 이전보다 더 큰 힘을 발휘할 수 있는 지위에 오르게 되었다. 물론 그런 현상은 가부장적 제도의 반발로 인해 오래 지속되지는 않았다. 그러나 흑사병의 직접적 여파로 일부 여성들은 사망한 남편 소유의 토지를 물려받았다. 심지어 사망한 남편의 사업을 물려받은 여성들도 있었다. 공예 분야의 특정 기능을 보유한 일부 여성들은 이제 직접 만든 제품을 판매해 이익을 챙길 수도 있었을 것이다(실제로 유럽 봉건사회에서 유의미한 생산 활동의 상당 부분을 여성들이 담당했기 때문에 공예 기능을 보유한 여성이 많았다). 이전에는 통용되지 않았던 관념이 여성들 사이에서는 퍼지기 시작했다. 미혼으로 남으면 운명을 스스로 결정할 수 있으므로, 여자는 혼인하지 않는 편이 더 살기 좋다는 견해를 과감히 피력하는 여성들도 있었다. 흑사병 이전의 미혼 여성들에게는 독자적인 운명이라는 것이 없었다. 남성들이 공적 세계를 통제했고, 경제를 장악했다. 그런 상황에서 야심 차게 미혼을 고집한 여성들은 걸인이나 매춘부로 전락하거나, 쓸쓸히 죽음을 맞이하곤 했다.

광범위한 유행병에서 벗어난 유럽은 당시 지구에서 가장 휘발성 강한 사회적 풍경이었다. 흑사병이 기승을 부리는 동안, 성벽으로 에워싸인 촘촘한 짜임새의 자치적 도시들이 새로운 유형의 사회적 단위로 등장했다. 도시들은 교역의 산물이었고, 이제 정치적 힘을 의미하는 응집력을 갖췄다. 그 무렵에 이미 서유럽의 전사들, 순례자들, 사업가들은 2세기 넘는 세월 동안 지중해의 동쪽 가장자리에 자리한 시장들로 쉴 새 없이 향하고 있었다. 몽골족 덕분에 그들 앞에는 역사적 전례가 없을 만큼 페르시아, 아프가니스탄, 유라시아 스텝 지대, 인도, 동남아시아의 향료 제도[Spice Islands, 말루쿠제도의 별칭—옮긴이 주], 중국 등지의 상품으로 넘쳐나는 시장들이 펼쳐져 있었다. 상인들, 전사들, 이주자들이 대규모로 움직이는 곳에서는 어디서나 상품과 관념과 발명품과 기술적 혁신도 함께 움직였다. 그런 의미에서 볼 때 몽골족은 십자군 운동이 시작한 과업을 완수했다고 평가할 수 있다. 지중해 동쪽의 여러 문화적 별자리가 오랫동안 자주 상호작용했고, 그 결과 폭넓은 상호 연계망이 생성되었다—그리고 이제 유럽은 그 관계망의 일부가 되었다.

14 장

유럽과 장기 십자군 운동
(서기 1100~1500년)

십자군 운동은 전통적으로 1095년부터 1272년까지 이뤄진 아홉 번의 개별적 군사 활동을 가리킨다. 하지만 십자군 운동은 한층 더 큰 이야기의 일부분일 뿐이었다. 이른바 장기 십자군 운동은 스페인 중부에서 소아시아까지, 그리고 홍해에서 인도양까지 뻗은 수천km의 전선을 따라 5세기 동안 펼쳐진 양대 세계사적 단자 간의 대면이었다. 유럽인들에게 몽골족의 폭발적 팽창은 그 역사적 드라마의 한 가지 사건에 불과했다. 그리고 몽골족은 유럽에 직접적 타격을 주지 않았기 때문에 아주 중요한 일화도 아니었다. 유라시아의 탁자가 한쪽으로 크게 기울어 문화적 권력이 동쪽에서 서쪽으로 이동한 것은 바로 장기 십자군 운동 기간에 일어난 일이었다.

단기 십자군 운동[Short Crusades]—아홉 번의 개별적 군사 활동—은 사라센인들과 프랑크인들 간의 투쟁이었다. 장기 십자군 운동은 단기 십자군 운동보다 더 복잡했다. 물론 싸움도 장기 십자군 운동의 일부분

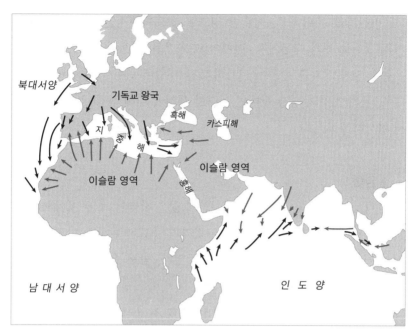

장기 십자군 운동(서기 1100~1600년경)

이었지만, 장기 십자군 운동에서 일어난 대부분 싸움은 단기 십자군 운
동 덕택에 시야에 들어온 교역로나 자원을 장악하려는 십자군 전사들
사이에서 벌어진 것이었다. 아울러 지배권을 장악한 튀르크 부족들의
여러 분파끼리 다투거나, 그 밖의 여러 무슬림 세력이 유럽 기독교인과
의 교역에서 유리한 고지를 차지하고자 이런저런 도시들의 패권을 두고
싸움을 벌이는 경우도 많았다. 유럽에서 건너온 기독교인들은 서로 싸
우지 않을 때면 무슬림들과 활발히 거래했다.

　유럽인들은 미처 몰랐지만, 몽골족의 폭발적 팽창은 장기 십자군 운
동 과정에서 핵심적 역할을 맡았다. 왜냐하면, 몽골족은 중국을 제압하

고, 러시아를 유린하고, 이슬람 영역을 초토화했지만, 기독교 왕국은 거의 그대로 뒀기 때문이다. 단기 십자군 운동 초반부터 상승세를 탔던 유럽은 장기 십자군 운동이 서서히 막을 내릴 무렵이 되자 동방 세계에 대해, 특히 직접적 경쟁 상대인 이슬람 세계에 대해 점점 유리한 위치에서 협상하게 되었다.

발명품

장기 십자군 운동이 벌어지는 동안 수많은 사람이 그 두 세계 사이의 기다란 경계선을 넘나든 데 힘입어 갖가지 중요한 발상과 발명품과 혁신과 기술이 서유럽으로 조금씩 흘러들었다. 앞서 우리는 은행업과 상거래 관행과 인도 수학을 살펴봤지만, 그 밖에도 많은 사례가 있다. 화약, 소형 화기[火器], 인쇄술과 출판술, 의학 지식, 화학 실험 장비, 증류 기술, 기계식 시계, 톱니바퀴식 기계 작업, 자기나침반, 천문관측의, 육분의[六分儀], 선수사장[船首斜檣], 삼각돛 등이 동양에서 서양으로 전해졌다. 이 시기에 서양에서 동양으로 전래된 발명품과 혁신과 발상은… 별로 없었다.

하지만 발명품들은 유럽에 전파된 뒤 새롭게 거듭나는 경우가 많았다. 예컨대, 화약은 당나라 시대의 중국에서 발명된 뒤 주로 불꽃놀이에 쓰였다. 당나라 사람들에게는 총이 그다지 필요하지 않았다. 그들은 이미 관료제와 금융 제도를 통해 중요한 부문을 전부 장악하고 있었고, 유목민들과 대적할 때도 대포가 아니라 말이 필요했다.

이후 화약이 유럽에 전래되었고, 유럽의 화기 기술이 급성장했다. 왜 하필 유럽에서 그랬을까? 당시 유럽은 단일한 제국이 아니라 서로 경쟁하는 막상막하의 수많은 개별적, 자치적 정치국가들로 구성되어 있었기 때문이다(서기 1000년 현재 유럽에는 약 500개의 정치국가가 있었다). 어떤 무기에 힘입어 특정 국가가 약간의 우위에 오르면 경쟁국들은 전력 균형을 유지하고자 서둘러 같은 무기를 도입했다.

대등한 전력을 유지하는 것은 중요했다. 단기 십자군 운동이 마무리될 무렵, 무장을 갖춘 사람들이 성지에서 돌아오기 시작했고, 그들 중 다수가 폭력 외의 직무 기능을 갖추지 못한 상태였다. 이제 유럽에서는 그런 자들에게 어울리는 직업이 거의 없었기 때문에 일부 귀환자들은 '일자리'를 찾아 시골을 떠돌아다니는 독자적 무장단체인 용병대를 결성했다. 그들은 자유로운 창기병[槍騎兵], 즉 자유 계약자로 자처했고, 장기간 배회할수록 문제를 더 많이 일으켰다.

정치 지도자들은 일종의 해법을 생각해냈다. 그들은 자국에서 떠돌아다니는 용병들을 고용해 인접 국가에서 군사 활동을 펼치게 했다. 안에서 새는 바가지를 바깥으로 내보내는 전략이었다. 그러면 이웃 나라의 지도자들은 또 곳곳에서 말썽을 피우는 용병대를 고용해 다른 나라에서 소규모 전쟁을 벌이도록 유도했다. 유럽에는 소규모 정치 단위들이 워낙 많았기 때문에 그런 식의 전쟁은 쉽게 일어날 수 있었다. 서유럽 역사에서 이 시절은 백년전쟁 기간에 해당한다.

그 모든 무력 충돌은 군사 기술의 급격한 개선으로 이어졌다. 유럽에는 석조 성채들이 있었는데, 석조 성채는 역설적으로 대포와 대포 크기의 효력을 가장 부각시킨 사례였다. 당시 유럽에서 벌어진 전쟁의 주연은 총알과 폭탄이 아니라, 칼에 견딜 수 있는 갑옷을 입은 기사들이었다. 총과 대포가 등장하는 바람에 빛나는 갑옷을 입은 기사들은 마치 서부 영화에 나오는 카우보이 같은 흘러간 옛날의 낭만적 유물로 전락했다.

군사 기술은 어떤 의미에서 사회적 균형추 같은 것이었다. 손가락이 있는 사람은 누구나 방아쇠를 당길 수 있었다. 신무기의 출현으로 이제 전투는 원거리에서 벌어지게 되었다. 이제 전투에서는 완력보다 머릿수가 훨씬 더 결정적인 관건으로 작용했다. 그리고 머릿수가 중요한 관건이라면 군인들을 가장 많이 고용할 수 있고, 군인들을 최신 병기로 무장시킬 수 있고, 군인들을 가장 효율적으로 편성할 수 있는 사람이 가장 강력한 군사 지휘관이었을 것이다. 이제 전투는 전사 집단이 아니라, 군인 집단의 몫으로 넘어갈 것 같았다. 이제는 명령을 따르는 사람이 군대에 어울리는 유형의 인간인 듯싶었다. 군사적 통솔력이 사업 경영 기술로 변모했다.

그리고 돈이 전쟁에서 중요한 관건이라면 돈벌이에 가장 능한 사람들이 새로운 중추 세력으로 자리 잡을 듯싶었다. 점점 성장하는 신흥 세력인 도시의 일류 상인들이 바로 돈벌이 솜씨가 가장 좋은 사람들이었다. 그리고 땜장이 수준의 수많은 직공이 공작이나 왕에게 팔 수 있을 법한, 성능이 더 우수한 총을 개발하고자 애쓰기 시작했다. 시장 경제의 원리가 점점 스며드는 세계에서는 더 나은 총을 만들어내면 한몫 단단히 챙길 수 있었기 때문이다.

시계는 아마 총만큼 강력한 변화를 일으켰을 것이다. 최초의 기계식 시계는 중국의 불교 승려가 발명한 3층짜리 기계 장치로 추정된다. 그 중국의 시계는 물이 흘러내릴 때 톱니바퀴와 연결된 차륜이 돌아가는 식으로 작동하는 건물 크기의 커다란 장치였다. 그 높다란 구조물은 일정한 간격으로 종을 울렸다. 그러나 중국인들은 그 장치를 시계로 여기지 않았다. 그들은 하루의 세부 시간에 관심이 없었기 때문이다. 그들은 특정 시점이 3시 16분이든 3시 42분이든 특별히 관심을 쏟을 이유가 없었다. 그들은 농부들이었다. 이를테면, 얼마나 있어야 이듬해의 춘분이 찾아오는지 궁금해했다. 설령 하루의 세부 시간을 알려준다고 해도 3층짜리 시계가 일정표로서 지니는 가치는 전혀 커지지 않았다. 결국 3층짜리 시계는 정교한 장난감이었을 뿐이다.

기계식 시계 개념은 무슬림 세계에 전파되었지만, 그곳에서도 인기를 얻지 못했다. 아마 그 사회적 별자리에서는 기도 시간이 시간을 나타내는 중요하고 기본적인 표지로 통용되었기 때문일 것이다. 그리고 이슬람교 경전에 기도 시간을 태양의 위치로 정해야 한다는 내용이 있었기 때문이기도 했을 것이다. 기계식 시계는 오히려 일상생활에서의 시간적 흐름을 방해했다고 볼 수 있다. 기계식 시계가 기도 시간과 경쟁했다면 패배할 수밖에 없었을 것이다.

이후 기계식 시계는 유럽에 전래되었다. 유럽의 직공들은 노력 끝에 시계를 크게 개량했다. 그들은 흐르는 물 대신에 왕복운동을 하는 추나, 천천히 풀리는 스프링으로 시계를 움직이는 방법을 알아냈다. 시계와 자연현상을 분리함으로써 그들은 시계를 감각 기관이 탐지할 수 없는 무언가를 측정하는 독자적 가공품으로 변모시켰다. 시간적 정보를 얻는 데 쓰인 해시계 같은 과거의 장치들에서는 시간과 자연현상이 연결되어 있었다. 하루의 세부 시간은 궁극적으로 '태양의 위치'를 의미했다. 그런 측정 체계에서는 하루의 길이가 절대적이지 않았다. 겨울의 하루는 여름의 하루보다 짧았다. 시간이 장소와 분리되지 않았다. 즉, 이곳에서의 일몰은 저곳에서의 일몰과 같지 않았다. 모든 사람에게 동일한 시간이 적용되지 않았다. 그런데 기계식 시계 덕택에 시간은 신비롭고 독립적인 '무언가'의, 즉 늘 변함없는 속도로, 늘 어디에서나 동일하게, 늘 앞으로, 늘 나아가는 '무언가'의 흐름으로 변신했다. 한편, 유럽의 시계 제조공들은 시계를 더 작게 만드는 법도 알아내고 있었다. 결국 시계는 교회의 종탑에 설치할 수 있을 만큼 작아졌고, 근처의 모든 주민이 시간을 알 수 있게 되었다. 그렇게 되자 특정 지역의 모든 사람이 동일한 시간적 틀에서 살 수 있었다. 모두가 시계 시간망을 통해 다른 사람들과 연계될 수 있었다.

무슬림 직공들이 중국의 시계에 흥미를 느낀 부분은 시간을 알려준다는 사실이 아니라, 시계를 작동하게 하는 태엽 장치였다. 그들은 톱니와 톱니바퀴로 만들어낸 자연력으로 유용한 작업을 수행한다는 발상에 매료되었다. 이슬람 세계의 기술자들은 자연력을 생성하는 태엽 장치의 다른 쓰임새를 연구하기 시작했다. 그들은 곡식을 갈고 물을 퍼 올리는 복잡한 구조의 풍차를 개발했다. 그들이 개발한 풍력 구동 기계는 무슬림 치하의 스페인으로 건너갔고, 거기서 다시 유럽으로 퍼졌다. 무슬림들은 풍차를 이런저런 방식으로 개량하려고 애쓴 끝에 크랭크축, 캠축, 연접봉, 속도 조절용 바퀴 등과 같은 무척 중요한 발명품들을 선보였고, 그 발명품들 역시 풍차와 함께 유럽에 전해졌다.

이슬람 세계에서 그 기계 장치들은 특별히 심오한 사회적 변화로 이어지지 않았다. 아마 태엽 장치를 산업 생산에 응용할 동기를 느낀 사람이 아무도 없었기 때문일 것이다. 소규모의 수많은 작업장에서 이미 생산 활동이 왕성한 상태였고, 장인들은 개량된 기계를 생산 활동에 반드시 접목해야 한다고 판단하지는 않았다. 따라서 박식한 무슬림들의 대다수가 태엽 장치로 한 일은 부유한 상류층이 갖고 놀 정교한 장난감을 제작하는 것이었다. 그런 장치가 쓰인 장난감 중에는 여섯 명으로 구성된 기계 악단이 있었다. 그리고 지시에 따라 찻잔을 채워주는 로봇 하녀도 있었다. 또 대야에 물을 쏟아붓는 장난감도 있었다—그런데 희한하게도 그 장난감은 수세식 변기의 발명으로 이어지지 않았다. 하지만 기계 장치 개념은 유럽에 전파되자 엄청난 반향을 일으켰다.

아마 이 시대의 가장 중요한 기술 이전은 책과 관계있었을 것이다. 십자군 운동 이전에 유럽에서 제작된 대부분의 책에는 송아지 가죽을 잡아당기고 문질러 얇게 만든 독피지가 쓰였다. 독피지는 만들기가 어려웠고, 제작 비용도 많이 들었다. 그 점은 당시 유럽에서 제작된 책이 그토록 드물었던 이유 중 하나였다. 중국인들은 오래전에 종이를 발명했고, 무슬림들은 서기 9세기에 벌어진 어느 전쟁을 통해 제지술을 입수했고, 제지술 덕분에 이슬람 영역에서 출판업이 발달했다. 하지만 유럽은 제지술이 도입된 1200년경까지 기본적으로 책이 없는 세상이었다.

그 무렵 중국에서는 이미 인쇄기뿐 아니라, 가동 활자도 발명되었다. 중국에서 가동 활자 기술은 뜨거운 호응을 얻지 못했다. 중국의 한자는 자모 문자가 아니기 때문이다. 가동 활자로 책을 인쇄하려면 수천 개의 서로 다른 글자를 만들어야 했다. 차라리 어떤 책의 내용을 필사하는 편이 덜 번거로웠다. 가동 활자는 이슬람 세계에서도 큰 관심을 끌지 못했다. 아라비아 문자는 자모 문자이지만 복잡하기 때문이다. 아라비아 문자는 다른 자모와 연결되는 자모도 있고 그렇지 않은 자모도 있다. 자모끼리 연결될 때는 형태가 바뀌지만, 그 형태는 어떤 자모가 이전의 자모와 연결되는지, 이후의 자모와 연결되는지, 아니면 이전의 자모와도 이후의 자모와도 연결되는지에 따라 결정되고, 그 연결 방식은 자모가 속한 단어에 따라 다르다.

반면 유럽에서 쓰인 라틴어 알파벳에는 아라비아 문자와 달리 형태가 바뀌지 않는 26개의 개별 자모가 있었다. (문장을 대문자로 시작하는 관행은 나중에 자리 잡았다.) 그러므로 유럽에서는 가동 활자 덕분에 책을 복제하는 과정이 극적으로 단순화되었다. 조판 틀에 끼워 넣을 자모가

26개에 불과했고, 출판업자는 26개의 금속 활자로 해당 언어의 모든 단어를 만들어낼 수 있었다.

따라서 이제 남은 문제는 활자를 종이 위에 눌러 활자 모양 그대로를 재현하는 방법이었다. 1440년경, 독일의 금세공인인 요하네스 구텐베르크[Johannes Gutenberg]가 포도주 압착기를 개조해 그 방법을 알아냈다(포도주 압착기는 올리브유 압착기를 개조한 것이고, 올리브유 압착기는 기원전 3세기에 아르키메데스가 발명한 나선형 양수기에서 비롯된 것이다). 구텐베르크는 완전한 기능을 갖춘 인쇄기를 제작했고, 언제든 책을 인쇄할 수 있게 되었다. 그는 죽기 전에 딱 두 가지 책만 인쇄했다. 파렴치한 '동업자' 야코프 멘츠[Jacob Mentz]는 구텐베르크의 발명품에 대한 권리를 장악해 부자가 되었지만, 구텐베르크는 말년에 실명한 채로 지내나가 죽음을 맞이했다. 그러나 구텐베르크가 살아생전에 인쇄한 《시편》과 성경은 훗날 드러났듯이 정말 중요한 두 가지 책이었다.

그리고 항해술도 빼놓을 수 없다. 고도의 항해 기술 중 상당수는 중국에서 유래했지만, 그 많은 기술은 동남아시아에서 호응을 얻어 더 세련되게 다듬어졌다. 동남아시아에는, 즉 중국과 오스트레일리아 사이에는 2만 5천 개 이상의 섬을 거느린 채 약 520만㎢의 수역을 아우르는 몇 개의 다도해가 펼쳐져 있다. 사람들은 섬과 섬 사이의 짧은 거리를 쉽게 왕래할 수 있었지만, 바람과 물의 변덕스러운 흐름에 대처해야 했다. 말레이인 뱃사람들은 원하는 모든 각도에서 바람을 타도록 방향을 바꿀 수 있는 돛을 뱃머리와 뱃고물에 하나씩 설치하는 방식을 생각해냈다. 덕분에 말레이인 뱃사람들은 맞바람을 비스듬히 안고 가는 갈지자 항법을 통해 바람의 방향과 무관하게 원하는 모든 방향으로 나아갈 수 있었다.

페르시아
페르시아만
아라비아
홍해
아프리카
아라비아해
벵골만
중국
태평양
폴리네시아 →
동남아시아
인도양
오스트레일리아

동남아시아

멀리서 보면 말레이인 뱃사람들의 돛은 얼핏 삼각형 같았다. 그래서 말레이반도 양쪽의 저 멀리에 살던 사람들은 삼각형 모양의 돛을 개발했고, 삼각돛의 효과는 말레이인들이 개발한 돛과 같았다. 동쪽의 폴리네시아인들과 서쪽의 인도인들과 아라비아인들과 페르시아인들도 나름의 방식대로 삼각돛을 개발했다.

중국인들은 자기나침반도 발명했고, 자기나침반은 중국을 벗어나 동남아시아의 해양 민족에게 전해졌고, 이후 인도양과 홍해를 왕래하는 무슬림 상인들과 힌두 상인들에게 전파되었다. 무슬림 과학자들은 나침반의 작동 방식을 다룬 논문과 나침반 제작법에 관한 교본을 집필했다. 결국 나침반은 홍해와 지중해를 거쳐 유럽의 대서양 해안까지 건너왔다.

나침반의 기본 원리는 이미 유럽인들에게 익숙한 것이었을지 모르지만, 지중해에서의 항해에는 그다지 많은 기교가 필요하지 않았기 때문에 나침반은 유럽인들에게 큰 인기를 끌지는 못했다. 해가 어디서 지고 있는지 볼 수 있으면 그곳이 서쪽인지 알 수 있었을 것이고, 바람이 도와주지 않으면 노를 저어 가면 되었을 것이다. 페니키아인들, 그리스인들, 로마인들은 모두 노와 가로돛에 의존했다. 바이킹들은 노와 가로돛, 그리고 일장석[日長石, sunstone][13]만 이용해 아이슬란드와 그린란드까지 항해했다. 폭풍이 자주 몰아치는 대서양에서 유럽의 뱃사람들은 육지가 보이는 범위 안에서 항해했다. 자칫 북쪽이 어딘지 모를 수 있었기 때문이다. 그러다가 14세기에 자기나침반이 전래되었고, 나침반은 모든 것을 바꿔놓았다.

이슬람 세계는 혁신적 항해술이 중국에서 유럽으로 이전되는 과정에서 중요한 역할을 맡았다. 이슬람 상인들은 각별히 항해에 관심이 많았다. 우선, 그들은 하루에 다섯 번씩 일을 멈추고 메카를 향해 기도 의식을 치러야 했다. 그것은 사막과 바다를 건너야 하는 원거리 교역업자들에게는 특히 난감한 문제였다. 매일 다섯 차례씩 메카가 어느 쪽에 있는지 알아내야 했다. 메카의 위치는 해나 별의 위치만으로는 찾을 수 없었다. 메카의 위치를 알아내는 것과 어디가 북쪽인지 알아내는 것은 달랐기 때문이다. 어느 이슬람 상인이 메카에서 남쪽으로 향했으면 메카는 북쪽에 있었겠고, 메카에서 서쪽으로 갔으면 메카는 동쪽에 있었을 것이다. 그런데 만약 메카에서 출발해 이리저리 헤매며 이동했으면 좀처럼 메카의 위치를 알 수 없을 것이다. 천문관측의를 이용하면 출발지와의 상대적 위치를 알 수 있었고, 따라서 아무리 멀리 이동하고, 아무리 마구잡이로 이동했어도, 정확한 지구상의 위치를 확인할 수 있었다. 하

---

13) 일장석은 수정의 일종이다. 일장석을 통해 하늘을 쳐다보면 흐린 날에도 태양의 위치를 알 수 있었다.

지만 바다에서는 천문관측의가 그다지 소용없었기 때문에 계절풍 노선을 왕래하는 상인들에게는 나침반이 더욱더 필요했다. 그렇게 지리학에 매료된 문명은 천문관측의와 나침반을, 그리고 지도 제작과 연관된 나머지 모든 기술을 받아들였다.

그 항해용 도구들은 유럽 서해안 주민들의 호기심도 자극했다. 서쪽을 바라보면 저 멀리 아무도 건넌 적 없는 바다가 보였고, 남쪽을 바라보면 누구도 돌아오지 못한 바다가 아득히 보였기 때문이다. 유럽은 이제 어디든 가보고 싶어 하는 활발한 뱃사람들로 가득한 대륙이었지만, 그 대담한 사람들이 인근의 바다 너머로 향하기 위해서는 용기 이상의 것이 필요했다. 다시 말해 더 나은 도구가 필요했다. 장기 십자군 운동으로 이슬람 영역과 기독교 왕국 간의 상호작용이 차츰 늘어나자 서유럽인들은 바로 그 도구 일체를 갖추기 시작했다.

대학

8세기에 무슬림들은 스페인 남부에 칼리프 국가를 세웠고, 그것을 유일한 칼리프 국가라고 주장했다. 사실, 칼리프 국가는 그 정의상 유일할 수밖에 없었다. 건국 이후, 왕조는 교체되었지만, 서기 1100년경에도 스페인의 칼리프 국가는 건재했고, 수도인 코르도바는 세계에서 가장 크고, 부유하고, 활력이 넘치고, 학문 수준이 높고, 지적 업적이 많고, 예의범절이 올바른 곳 중 하나로 꼽혔다. 코르도바에는 여러 문화권의 서적들이 가득한 도서관이 여럿 있었다. 무슬림 지식인들은 번역에 몰두했고, 인근의 도시인 톨레도는 세계 일류의 번역 도시로 발돋움했다. 톨레도에서 무슬림 학자들은 고대 그리스인들의 저작을 위시한 갖가지 고전 문헌의 아라비아어 번역판을 쏟아내고 있었다. 학자들은 아라비아어 번역판을 라틴어로 옮기기도 했다. 당시 기독교인들은 무슬림들과 전쟁 중이었지만, 어떤 기독교인들은 물건을 사거나 구경을 하려고 톨레도 같은 도시를 찾아왔고, 또 어떤 기독교인들은 그리스어 문헌의 아라비아어 번역판의 라틴어 번역판을 구해 돌아가기도 했다.

유럽에서 수도원은 오래전부터 지식인들이 신뢰하는 장소였다. 수도사들은 보통 글을 읽을 줄 알았다. 책의 내용을 베껴 쓰는 필사는 그들의 소임 중 하나였다. 곳곳에서 고유의 지방어가 발달하고 있었지만, 수도사들은 라틴어의 명맥을 간직했다. 그들은 라틴어를 신의 언어로 여겼고, 하느님이 기도를 꼭 들어주기를 바랐다. 그들은 키케로의 연설을 연구했다. 연설 내용에 관심이 있어서가 아니라, 그가 연설에서 구사한 라틴어 문장이 라틴어 문법의 가장 훌륭한 모범이었기 때문이다.

여행자들이 이런저런 라틴어 번역판을 스페인의 칼리프 국가에서 다른 곳으로 가져오자 어떤 수도사들은 그것을 구해 수도원 도서관에 비치해뒀다. 학식 있는 사람들은 수도원 도서관에 있다고 하는 책을 읽으려고 먼 길에 나섰다. 어떤 사람들은 특정한 책을 더 철저하게 연구하고자 수도원 인근에 거처를 정하기도 했다. 특정 주제에 관심이 있는 사람들은 그저 책을 읽는 데 그치지 않고 노련한 학자들의 서평을 듣기 위해 수도원 근처를 찾아가기도 했다. 양서를 두루 갖춘 수도원 주변에는 독서와 학습과 지적 토론의 공동체가 형성되었다.

그 전체적인 과정은 무슬림의 별자리에서 학문의 중심지가 탄생한 과정과 비슷했다. 무슬림 세계에서는 중요한 경전에 조예가 깊은 사람들에게 제자들이 모여들었고, 그 제자들이 학식을 쌓고 유명해지면 훌륭한 스승이 되어 제자들을 가르쳤다. 무슬림 세계의 학문 중심지에는 대학 학위라는 색다른 요소가 있었다. 학생들은 권위 있는 학자들에게 검증을 받았고, 만약 학식을 충분히 쌓았다고 평가되면 신학적 견해를 피력할 수 있는 권한을 인증하는 자격증을 받았다.

샤리아가 사회의 궁극적 기초로 간주하였기 때문에 이슬람 세계에서 그런 자격증은 무척 중요했다. 샤리아의 기본 구조는 경전에서 비롯되었지만, 새로 쌓는 각각의 벽돌은 자격 있는 학자가 내리는 율법적 판결인 파트와[fatwa]에서 나왔다. 개개의 '파트와'는 이후의 학자들이 새로운 문제에 관한 의견을 판단할 때 반드시 고려해야 하는 법령의 일부분이 되었다. 새로운 파트와는 이전의 모든 파트와에 들어맞아야 했고, 일단 어떤 파트와가 학자들의 공감을 얻으면 향후의 모든 의견은 그 파트와에 어울려야 했다. 그러므로 파트와를 담당하는 학자들의 일 처리는 완벽해야 했다—문명 전체가 그들의 일 처리에 좌우되었다.

그러나 과연 누가 판결을 내려야 했을까? 이슬람 세계에는 공식적인 권한 구조가 없었다. 특정인에게 판결권이 있다고 공인해줄 주교도 교황도 없었다. 아무도 그렇게 할 수 없었다. 대학이 그 틈을 메웠다. 각 대학은 학생들이 중요한 저작을 읽고 비평할 수 있도록, 또 이슬람 문화의 지적 전통을 후대에 전해줄 수 있도록 이끄는 전문가 집단, 열성적인 여러 학자, 정규 강의 일정, 교육과정 등을 갖추고 있었다. 학생들이 대학에 들어가려면 예비 과정을 밟아야 했다. 예비 과정은 읽기, 쓰기, 고전 아라비아어 문법, 역사, 언행록학—무함마드가 남긴 말씀의 진위를 가리는 것과 연관된 과목—이 포함되었다.

당시 유럽의 기독교 사회는 율법의 구조물을 짓고 있지 않았지만, 대학은 그것이 다른 세계로 건너갈 때 결집할 수 있는 관념들의 별자리였다. 이슬람 세계에서 유래한 구조적 요소를 지닌 대학 개념은 그렇게 유럽에도 뿌리를 내렸다. 십자군 운동 시절의 유럽에서 학자들은 신학, 철학, 의학, (교회) 법학 등을 귀중한 네 가지 학과로 여겼다. 그러나 이슬람 세계의 학생들처럼 유럽의 열성적인 학생들도 그 네 가지 분야를 공부하기 전에 자격을 입증해야 했다. 그러지 못하면 괜히 저명한 학자의 시간만 뺏을 뿐이었기 때문이다. 유럽의 예비 과정에는 문법, 논리학, 수사학, 산술, 기하학, 음악, 천문학 등의 일곱 가지 과목이 포함되었다. 예비 과정을 마친 학생들에게는 라틴어로 '초학자[初學者]'라는 뜻의 바칼라우레우스[baccaláurĕus]라는 증명서가 수여되었다. 이제 학생들이 공부를 '시작'할 자격이 있다는 의미였다. 오늘날에도 남아있는 바칼라우레우스는 표준적이고 포괄적인 학사 학위인 문학사 학위[bachelor of arts]로 불린다.

최초의 대학은 이탈리아의 나폴리와 볼로냐에서 탄생했고, 이후 프랑스 파리에, 또 조금 뒤에는 영국의 옥스퍼드에도 대학이 생겼다. 옥스퍼드 대학교 소속 학자 중 일부가 갈라져 나와 케임브리지에 독자적인 대학을 세웠고, 얼마 지나지 않아 유럽 전역에 대학이 속속 들어섰다.

이들 대학의 교수는 스콜라 학자로 불렸다. 그들은 대부분 수도사였다. 최고의 스콜라 학자인 토마스 아퀴나스는 칭기즈칸이 세상을 떠날 무렵에 태어났고, 몽골족이 대원 제국을 선포할 즈음에 세상을 떠났다. 당시 서유럽에서는 8차 십자군 운동이 호응을 얻기 시작했다. 그리스, 아라비아, 페르시아의 사상이 서유럽의 대학에 스며들자 철학—이 맥락에서는 교리에 관한 깊이 있는 사고를 의미한다—의 입지가 강화되었다. 이슬람 철학자들은 이미 그 분야의 전문가였다. 경전에 진리가 담겨 있다고, 신이 세상을 창조했다고, 신은 이성적이라고 여긴 이슬람 고전 시대의 무슬림 사상가들은 종교적 가르침, 자연현상, 아리스토텔레스 논리학의 원칙 간 관계를 이해하고자 애썼다. 스콜라 학자들도 거의 똑같은 지적 과제와 씨름했지만, 그들이 자연현상과 조화시키려고 했던 원칙은 그 내용과 성격이 다른 것이었다.

이 무렵 흠모할 만한 과거를 찾아 나선 유럽의 기독교인들은 기독교 전통 이전의 아득한 과거에 이끌렸다. 급성장 중인 대학의 수도사 겸 학자들은 고대 그리스어 문헌을 적합한 연구 대상으로 바라보기 시작했다. 하지만 그들은 제우스가 예수와 같은 반열에 있다고 생각하지 않았다. 내세를 천국에서 보내는 것은 여전히 인생의 궁극적 목표였다. 그러나 그들은 현세에 관한 적절한 이야깃거리가 그리스인들에게 있다고 생각했다.

고대 그리스·로마적 서사의 몇 가지 측면은 결코 가톨릭적 개념 틀에서 자취를 감추지 않았다. 그리스인들과 로마인들의 관점에서, 이 세상에는 세속적 영역과 초자연적 영역이 모두 포함되었고, 그 두 영역은 서로 별개의 영역이었다. 가톨릭 세계는 그 이항 대립을 받아들였지만, 오직 초자연적 영역만, 오직 내세만 중요하다고 생각했다.

그리스·로마적 서사가 되살아나자 유럽의 지식인들은 그 이항 대립의 나머지 반에 초점을 맞추게 되었다. 그들은 구원이라는 고려 사항과 동떨어진 자연을 숙고하기에 이르렀다. 스콜라 학자들은 이슬람 영역으로부터 흘러드는 지식을 흡수하면서 그렇게 하기 시작했다. 그들은 이성이 신의 속성을 반영한다는 전제를 수용하는 것이 세속적 주제로 향하는 문을 여는 행위라는 점을 알지 못했다. 그리고 사람들이 이성을 통해 신의 피조물을 둘러싼 수수께끼를 파헤칠 수 있다는 점과, 그렇게 해도 아무 문제가 없다는 점도 몰랐다.

파리대학교와 관계있는 수도사 겸 스콜라 학자인 알베르투스 마그누스[Albertus Magnus]는 무슬림을 통해 배운 연금술에 깊은 관심을 느꼈고, 연금술이 관찰에 입각한 화학으로 탈바꿈할 수 있는 기반을 다지기 시작했다. 그는 무언가를 시험하고, 시험 내용을 기록하고, 또 다른 것을 시험하는 방식을 고수했다. (그 과정에서 특히 질 좋은 화약을 만드는 법을 다룬 영향력 있는 논문을 썼다.)

비슷한 시기에 활동한 수도사 겸 교수이자 마법과 연금술을 취미로 즐긴 인물인 로저 베이컨[Roger Bacon]은 다음과 같은 파격적인 질문을 던졌다. 특정 정보가 참인지 어떻게 확정할 수 있을까? 음, 좋은 질문이다! 결코 진부한 질문이 아니다. 통념에 따른 무난한 답변은 다음과 같을 것이다. 성경을 확인해보라. 만약 그 정보가 성경의 검증을 통과하면 이제 아리스토텔레스의 기준에 부합하는지 살펴보면 될 것이다. 그 정보는 이치에 맞는가? 만약 아리스토텔레스의 기준을 통과하지 못하면 그 정보는 거짓일 것이다. 하지만 베이컨은 이치에 맞는 것이 무조건 참인 것은 아니라는 과감한 주장을 펼쳤다. 그는 명제의 타당성은 예측, 실험, 후속 관찰이라는 세 단계의 과정을 통해 결정되어야 한다고 생각했다. 따라서 그는 신과 상관없이 이 세상에 관한 참된 정보를 획득하는 방법을 내놓았다. 그의 주장에는 신을 '거스르는' 부분이 하나도 없었다. 아니, 신을 언급하는 부분이 아예 없었다. 그러나 신을 생략한 점 자체가 혁명적이었다. 왜냐하면, 베이컨은 그리스 · 로마적 서사의 핵심 특징을 넌지시 인정하고 있었기 때문이다. 그리스 · 로마적 서사는 언제나 신을 중심으로 펼쳐지지는 않았다. 그리스 · 로마적 서사에는 다른 부분도 있었다.

마그누스의 제일 유명한 제자는 토마스 아퀴나스였다. 아퀴나스는 아리스토텔레스의 논리학에 근거하여 신의 존재를 증명함으로써 불후의 명성을 누린 인물이다. 그 몇 세기 전만 해도 신의 존재가 증명의 대상이 될 수 있다는 발상은 유럽의 모든 기독교인에게 우스꽝스럽고도 불경스러운 생각으로 비쳤을 것이다. 아퀴나스, 베이컨, 마그누스를 포함한 13세기의 유럽인들은 신이 모든 것의 원인이고 신이 모든 것을 능가한다고 믿었다. 세 사람은 의심을 품지 않았다. 단지 그들은 성경에 의존하는 우회로 대신에, 구체적 질문에서 구체적 해답까지 이어지는 탐구의 경로를 발전시켰을 뿐이다. 당시 그들은 가톨릭적 틀 안에서 그런 과업을 수행해도 아무 문제가 없다고 판단했다. 그들은 단지 별자리에 별을 추가하고 있었을 뿐이다. 말하자면 그림의 여백을 채우고 있었을 따름이다.

그러나 관건은 사람들이 던지는 질문이 그들의 머릿속에 떠오르는 해답의 종류를 좌우한다는 점이다. 이집트인들이 인간의 옆모습을 그린 것은 그들이 인간의 앞모습을 보지 못했기 때문이 아니다. 그들은 인간의 모습을 묘사하는 방식을 궁금해하거나 거기에 신경 쓰지 않았을 뿐이다. 그들에게는 다른 우선 사항이 있었다. 비잔티움 제국의 예술가들이 금으로 납작하고 희미하게 빛나는 평평한 패턴을 만들어내며 그리스도의 정교한 모자이크 초상화를 제작한 것은, 그들이 입체감에 대한 착시를 유도할 줄 몰랐기 때문이 아니다. 그들은 그런 식의 착시에 관심이 없었다. 그들은 영혼에만 보이는 영적 상태를 표현하는 데 매진했을 뿐이다. 같은 맥락에서, 당나라 시대의 중국 예술가들은 아무도 실물인지 그림인지 구별할 수 없을 정도로 사물을 정확하게 모사하는 요령을 궁금해하지 않았다. 대신에 열반에 다가가는 정신의 평온함과 고요함과 조화로움을 예술로 자아내는 방법에 관심이 있었다.

한편, 15세기에 이탈리아를 위시한 서유럽에서는 예술가들이 색다른 질문을 던지기 시작했다. 그것은 신이 없는 '저기'를 암시하는 스콜라 학자들의 저작에서 유래한 질문이었다. 유럽의 예술가들은 그 저기라는 곳의 '진정한' 정체에 관심을 느꼈다. 그런 궁금증에 이끌린 예술가들은 물질적 실재를 객관적으로 복제하는 방법-채색으로 입체감의 착시 현상을 이끌어내는 방법, 그림에 나오는 휘장이나 의복의 주름이 실물처럼 보이도록 빛과 그림자의 작용을 재현하는 방법, 인간의 형상을 실제 비율로 묘사하는 방법, 인간의 근육이 긴장할 때 부풀어 오르는 모습을 포착하는 방법-을 모색했다. 예술가들이 그런 식의 해답을 찾아내는 과정에서 미켈란젤로의 모세상 같은 예술품이 탄생했다. 그런데 어느 교황은 너무 실물 같아 보인다고, 또 신의 전유물을 침해하는 것 같다고 생각한 나머지 모세상을 껄끄럽게 여겼다.

레오나르도 다빈치는 인체의 내부 구조가 외형에 미치는 영향을 이해하고자 시체를 해부하기 시작했다. 그의 작업은 후원자들의 세속적 관심사와 밀접한 연관이 있었다. 그중에서 가장 두드러진 관심사는 전쟁이었고, 따라서 레오나르도는 물리적 현상을 이해함으로써 공성기[攻城機] 같은 것을 만드는 방법을 연구했다. 그가 던진 질문은 완전한 이설로 보이지는 않았다. 그가 색다른 신앙관을 제시하지는 않았기 때문이다. 그는 신 이외에도 생각해볼 만한 대상이 있다는 식으로 행동했을 뿐이다. 그의 작업에 담긴 의미는 객관적 세계가 존재한다는 것, 그리고 객관적 세계에 대한 정보를 획득하려면 물질적 요소와의 직접적인 상호작용이 필요하다는 것이었다. 성능이 더 뛰어난 공성기를 제작하고 싶은가? 그렇다면 일정량의 화약으로 포탄이 얼마나 멀리 날아갈지 파악하라. 부러진 뼈를 원래대로 복구하고 싶은가? 그렇다면 인체를 절개해 그 안에 뭐가 있는지, 그것을 어떻게 끼워 맞춰야 하는지 알아내라. 호기심 가득했던 레오나르도는 오늘날 우리가 과학과 연관시키는 일종의 분석적 관찰에 임할 수밖에 없었다.

애초에 교부들은 레오나르도와 그 비슷한 부류들이 펼치는 활동의 함의를 간파하지 못했다. 교부들은 신 이외의 대상을 논하는 것이 결국 신 이외의 존재를 인정한다는 의미라는 점을 알아채지 못했다. 그들은 성경과 무관한 대화가 바로 오랫동안 잠들어 있다가 깨어나는 어떤 서사의 첫 번째 잔물결이라는 점을 몰랐다. 그 서사는 인간과 신을 동시에 포함하는 고대 지중해의 자연관이었고, 아득한 옛날의 그리스적 별자리에 의미를 부여한 서사이기도 했다. 아직 교부들은 교회 내부 깊숙한 곳에서 형성되고 있는 봉건적, 가톨릭적 별자리를 위협하는 움직임을 눈치채지 못했다.

레오나르도 같은 원시 과학자들은 위협적 존재였다. 관찰에 몰두하다 보면 전적으로 이치에 맞지는 않는, 미세한 부분을 발견하기 마련이었기 때문이다. 예를 들어 밤하늘의 희미한 빛의 움직임에서 혼란스럽고 변칙적인 현상이 나타났다. 아득한 옛날부터 모든 문화권에서는 종교적 열정에 힘입어 그런 빛을 연구해 왔다. 밤하늘의 빛을 둘러싼 특정 사회의 관념에는 해당 사회에 의미를 부여하는 서사가 반영되는 경향이 있었다.

봉건적 유럽의 별자리표는 서기 2세기의 수학자인 프톨레마이오스[Ptolemy]의 작품이었다. 그는 그리스의 철학자인 플라톤의 연구를 바탕으로 나름의 별자리표를 작성했다. 플라톤은 밤하늘의 모든 빛은 지구를 둘러싼 반구형의 투명 지붕에 자리 잡은 천체를 가리킨다고 말했다. 반구형의 지붕은 회전했기 때문에 별들은 사시사철 움직였다. 별들이 원래의 위치로 돌아오면 1년이 지났다.

이 같은 설명은 꽤 타당했다. 그런데 유일한 문제는, 밤하늘의 희미한 빛 중에는 완전히 규칙적으로 움직이지 않는 빛도 있다는 점이었다.

플라톤은 그 불규칙적인 별들이 각각 작고 투명한 원반에 붙어있고, 각각의 원반은 지구 둘레를 회전하는 하나의 커다란 반구형의 투명 지붕에 고정되어 있다고 가정하면 문제가 해결될 수 있다고 생각했다. 커다란 반구형의 지붕이 회전하는 동안 개개의 작은 원반도 나름의 축을 중심으로 회전했다. 육안으로 보면 작은 원반의 가장자리에 자리 잡은 별들은 불규칙적으로 움직이는 것 같았다. 보이지 않는 반구형의 지붕을 고려할 만큼 뛰어난 그 석학은 불규칙적인 점이 전혀 없다는 사실을 확인할 수 있었다. 모든 운동은 완벽한 수학적 질서를 구현해냈다. 하늘에서 이뤄지는 모든 운동은 완벽한 원형이었다. 물론 그것은 당연한 일이었다. 신은 불완전한 우주를 창조하지 않았을 것이기 때문이다.

플라톤의 가설 덕택에 프톨레마이오스를 비롯한 초창기 천문학자들은 항성의 진로를 예측할 수 있었고, 모든 것을 직동시키는 반구형의 투명 지붕, 즉 천구[天球]의 모습을 도형으로 나타낼 수도 있었다. 문제는 그 체계가 '모든' 항성의 관측된 모든 운동을 설명하지는 못한다는 점이었다. 눈에 보이는 자그마한 결함을 설명하기 위해 석학들은 투명 원반을 추가해야 했다. 그들은 모든 천체가 아닌 어떤 천체들이 각각의 작고 회전하는 투명 원반에 붙어있고, 그 원반은 더 큰 투명 원반에 붙어있고, 그것은 또 커다란 천구에 붙어있다는 식으로 말할 수밖에 없었다. 새로운 결함이 나타날 때마다 또 다른 원반이 추가되었다. 따라서 밤하늘에 대한 프톨레마이오스식의 해명은 투명한 원반과 천구의 미묘한 태엽 장치를 근거로 삼은, 무척 복잡한 별자리표 교본의 내용 같아 보였다. 그러나 그것은 거의 완벽하게 작동했기 때문에 논박할 수 없었다. 문제는 '거의'라는 데 있었다.

봉건적, 가톨릭적 서사에 심취한 유럽인들은 신의 본질적 특징 중 하나인 수학적 조화에 반기를 들지 않았다. 수학적 조화는 학문적 신조로 자리 잡았다. 인간의 감각으로는 신의 창조 이면의 질서를 알아차릴 수 없겠지만, 인간의 이성으로는 거기에 도달할 수 있었다. 혼란스러운 현상을 설명해주는 자연법칙을 탐구하는 것은 신의 생각을 알아내려는 모색의 과정이었다. 그것은 아무 문제없었다. 다만, 모색의 과정은 얼마 지나지 않아 뜻밖의 중대한 결과로 이어지게 되었다.

유럽 개념

최초의 십자군 전사들은 프랑스에서 출현했기 때문에 레반트 지역의 무슬림들은 모든 십자군 전사들을 프랑크인으로 불렀다. 한편 십자군 전사들도 모든 적을 단 하나의 이름—사라센인—으로 불렀다. 자만심에 빠진 무슬림들이 침략자들을 하나의 호칭으로만 부른 데는 멸시의 의미가 담겨있었다. 각다귀만도 못한 여러 침략자를 굳이 구분할 필요가 없다는 것이었다. 그런데 유럽인들이 적들을 하나의 호칭으로 묶어 부른 데는 다른 의미가 있었다. 단일한 호칭은 획일적인 타자 개념을 구성하는 데 일조했다.

오늘날 은하계에서 살고 있는 사람들 가운데 그 누구도 은하계인으로 자처하지 않듯이, 봉건 시대의 유럽에서는 모든 소규모 지역의 주민들이 현지의 관심사에만 너무 매몰되어 있었기 때문에 아무도 자신을 유럽인으로 여기지 않았을 것이다. 하지만 십자군 운동을 계기로 유럽의 기독교인들은 단일한 사회적 완전체의 일원이라는 공동체 의식을 느끼게 되었다. 성지로 몰려가는 동안 기독교인들은 다양한 출신과 배경의 사람들과 접촉했다. 그런데 그 모든 사람은 동일한 목적지를 향하고 있었고, 모두 같은 편이었다! 그러나 '같은 편'이라는 개념이 성립하려면 최소한 하나의 '다른 편'이 있어야 했다. 같은 편과 다른 편이 뚜렷이 구별될수록 유럽인들의 정체성은 더 굳건해졌다. 오늘날 우리가 응원하는 축구팀이 승리할 때의 기쁨을 느끼려고 굳이 축구 경기에 참가할 필요는 없듯이, 십자군 운동 시절의 유럽인들도 영웅적 원정의 자부심을 느끼기 위해 실제로 십자군 운동에 참전할 필요는 없었다. 이교도와 싸우기 위해 동쪽으로 떠난 것은 소수에 불과했지만, 저기 동쪽으로 떠나 전쟁을 치러야 한다는 사실은 누구나 알고 있었다. 이렇듯 십자군 운동은 유럽이라는 개념이 탄생하는 데 기여했다. 이질적인 단일한 대상을 인식함으로써, 유럽의 그 다양한 사람들은 단일한 사회적 완전체의 일원이라는 더 확고한 공동체 의식을 느끼게 되었다. 새로운 사회적 별자리의 윤곽이 점점 명확해지고 있었다.

타자의 타자성에 의해 형성된 정체성은, 내부에 있을지 모르는 타자의 흔적을 모조리 제거함으로써 응집력을 강화하기 마련이다. 그러므로 무슬림들에게 다시 레반트 지역을 빼앗겼을 때 십자군 운동이 끝나지 않은 것은 당연한 일이었다. 십자군 운동은 유럽으로 무대를 옮겼고, 칼끝을 내부로 돌렸다. 1231년, 가톨릭교회는 기독교 왕국 내부의 이단을 색출하고자 종교재판소[Inquisition]라는 사법 기구를 창설했다. 종교재판소는 곧바로 프랑스에서 불순세력인 알비파[Albigenses]와 발도파[Valdesi, Waldenses, 왈도파]를 적발했다. 알비파와 발도파는 빈곤과 자제를 기독교적 삶의 본질적 특징이라고 주장하며 신앙 부흥운동을 펼치는 세력이었다. 사치스러운 생활에 젖어있던 주교라면 누구나 알비파와 발도파의 주장에 위기감을 느꼈을 것이다. 종교재판소의 활동에 고무된 프랑스 국왕은 십자군을 파견해 발도파의 활동을 탄압했고, 알비파를 뿌리째 뽑아버렸다.

이후 종교재판소는 마법을 주요 오염원으로 판단했다. 몇 세기에 걸쳐 수만 명의 마녀가 적발되어 화형에 처했다. 그렇게 죽어간 마녀들은 대부분 남편이 없는 중장년층의 여자들이었다. 종교재판소는 마법을 부린다는 혐의가 있는 사람들에게 다른 마녀들의 이름을 대도록 강요했고, 그 결과 마녀 소탕 작전이 진행되는 동안 마녀의 수는 줄어들 낌새를 보이지 않았다. 마녀는 계속 나타나야 했다. 새로운 별자리가 형성되는 데는 마녀사냥이 도움이 되었기 때문이다. 북유럽에서 튜턴 기사단은 발트해 인근의 이교 부족들을 상대로 십자군 전쟁을 치렀고, 이교도들을 제거하는 과정에서 프로이센[Prussia]이라는 새로운 왕국을 세웠다.

유럽 사회에 남아있는 타자성의 또 다른 흔적은 유대인이었다. 로마시대부터 유럽 전역에는 소규모의 유대인 공동체가 흩어져 있었다. 이후 기독교인의 법적 지위가 격상되자 유대인의 법적 지위는 격하되었다. 특히, 유대인은 토지 소유가 금지되었다. 따라서 유대인은 그 얼마뒤 형성된 봉건 경제로부터 배제되었다. 많은 유대인은 여기저기 떠돌아다니며 물건을 팔아 생계를 잇는 신세가 되었다.

십자군 운동 기간 기독교 왕국의 정치 지도자들은 유대인의 또 다른 쓰임새를 발견했다. 가톨릭 교리에 따르면, 기독교인은 다른 기독교인에게 이자를 받는 조건으로 돈을 빌려주는 행위가 금지되었다. 유대교율법에도 유대인 간의 대출을 둘러싼 그 비슷한 제약이 있었다. 하지만 기독교인은 기독교인이 아닌 사람들에게 돈을 빌려줄 수 있었고, 유대인도 유대인이 아닌 사람들에게는 그렇게 할 수 있었다. 그러나 당시 유럽에서는 대다수가 기독교인이었기 때문에 비기독교인, 즉 이자를 받고 돈을 빌려줄 만한 사람을 찾아보기 힘들었다. 그 결과 유대인이 대금업을 통해 생계를 이을 수 있는 여지가 생겼다. 유대인이 상대하는 거의 모든 사람이 잠재적 고객이었기 때문이다.

영국의 군주들은 유대인 대금업자들을 양성함으로써 그런 상황을 교묘히 이용했다. 경제가 성장하면 신용이 필요해지기 마련이다. 그리고 유대인이 돈을 빌려주는 상황에서는 기독교인이 굳이 돈을 빌려줄 필요가 없었을 것이다. 따라서 돈이 필요할 때 영국의 왕들은 평소 높은 이자로 폭리를 취하는 행위에 대한 벌금을 매긴다는 구실로 (유대인) 대금업자들에게서 돈을 강탈하다시피 했다. 국왕의 요구에 응하기 위해 대금업자들은 대출금을 회수해야 했다. 사실상 영국 국왕들은 유대인 대금업자들을 일종의 간접 과세 도구로 활용했다. 그런 식의 간접 과세는, 신민들을 대상으로 직접 과세할 경우 왕에게 향할 수밖에 없는 불평불만이 소수 집단—타자성 탓에 이목을 끌 수밖에 없는 집단—에게 쏠리도록 하는 효과가 있었다.

유럽에서 타자를 몰아내려는 분위기가 달아오르자 유대인들은 불안한 처지에 놓였다. 그리고 실제로 1290년, 유대인들이 유월절[逾越節]에 기독교 가정의 아기를 잡아먹는다는 헛소문이 나돌면서 영국의 모든 유대인이 추방되었다. 다수의 유대인은 스페인이나 프랑스로 떠났지만, 거기서 더 심한 박해를 받았다.

15세기가 저물어갈 무렵, 서유럽인들은 아직 이분법적인 십자군 운동의 관점에서 세상을 바라봤다. 이 세상에는 기독교 왕국이 있었고, 또 타자가 있었다. 기독교를 신봉하는 모든 왕의 가장 고귀한 과업은 타자를 물리치는 것이었다. 그런 측면에서 볼 때, 저 동쪽의 상황은 절망적이었다. 사라센인들은 예루살렘뿐 아니라 레반트 지역도 되찾았고, 1452년에는 오스만 튀르크 왕조의 주도하에 콘스탄티노폴리스를 차지했다. 서유럽인들에게는 대참사였다!

그러고 나서 기독교 왕국은 절실했던 승리를 거뒀다. 하지만 그것은 동쪽에서의 승리가 아니었다. 그 중대한 승리는 유럽에서, 정확히는 이베리아반도에서 일어났다. 기독교를 신봉하는 스페인의 역대 왕들은 몇 세기 전부터 이베리아반도의 무슬림 세력을 격퇴하려는 십자군 전쟁을 벌이고 있었고, 마침내 그 유명한 공동 군주인 페르난도[Ferdinand]와 이사벨[Isabella] 부부의 영도하에 빛나는 성과를 거뒀다.

아라곤의 페르난도 왕자는 유럽에서 최고의 자격을 갖춘 미혼 남성 중 한 사람이었다. 아라곤 왕실은 그를 정치적 쓸모가 있는 외국 공주와 혼인시키려고 여러 번 시도했지만, 페르난도는 요지부동이었다. 카스티야의 이사벨 공주도 당대의 여러 왕실에서 최고의 신붓감으로 손꼽혔다. 카스티야 왕실도 이사벨과 외국 왕자 간의 정략결혼을 추진했지만, 이사벨은 번번이 사양했다. 페르난도와 이사벨은 왕실 원로들의 기대를 저버리고 서로 눈이 맞아 몰래 혼인했다. 연애결혼이었다! 아, 수치스러운 일이 아닐 수 없었다!

하지만 결과적으로 두 사람의 결합은 당대 최고의 정치적 결실로 이어진 혼인으로 드러났다. 두 사람은 혼인하자마자 각각 아라곤과 카스티야의 왕위를 계승한 덕분에 두 왕국이 하나의 강력한 세력으로 통합되었기 때문이다. 그 막강한 공동 군주 부부-페르난도 못지않게 이사벨도 강력한 권력의 소유자였다-는 스페인판 십자군 운동인 레콩키스타[Reconquista]를 이끌었다. 그들은 코르도바와 세비야를 잇달아 되찾았고, 1492년에는 드디어 이슬람교를 신봉하는 무어인들의 마지막 거점인 그라나다를 수복했다.

이제 페르난도와 이사벨은 마치 교황 바로 다음가는 기독교 왕국의 지도자라는 듯이 가톨릭 군주[Catholic Monarch]로 자처했다. 그러지 않을

까닭이 없었다. 두 사람의 결합은 장기 십자군 운동에서 가장 의미심장한 승리였다. 기독교 왕국에서 타자를 일소하려는 대대적인 움직임이 극에 달한 곳은 바로 두 사람이 다스린 왕국이었다. 두 사람은 도미니크 수도회와 손잡고 독자적인 종교재판에 착수했다. 애초, 스페인 종교재판소[Spanish Inquisition]는 기독교인으로 가장한 무슬림을 발본색원하고자 했지만, 대다수의 무슬림은 아프리카로 달아났기 때문에 아직 유럽에 잔존한 타자성의 가장 두드러진 흔적인 유대인을 표적으로 삼았다.

우선, 스페인 종교재판소는 유대인들이 유대인 신분을 나타내는 특별한 리본을 달아야 한다고 명령했다. 그리고 유대인들의 개종을 강요했고, 실제로 많은 유대인이 그렇게 했다. 개종한 유대인들은 '콘베르소[converso]'로 불렸다. 그러나 스페인 종교재판소는 무엇보다 통일성과 정체성이 점점 굳건해지는 스페인의 가톨릭적 별자리와 관계있었다. 스페인 종교재판소는 가톨릭적 명분의 선봉이라는 역할을 수행해야 했고, 그렇게 하려면 모두가 결집해 대적할 불변의 타자가 있어야 했다. 유대인들이 개종만으로 타자성에서 벗어나도록 방치할 수는 없었다. 그래서 스페인 종교재판소는 신념이나 부족적 소속감과 무관한 유대성[Jew-ishness]이라는 개념을 고안해냈다. 그 새롭게 떠오른 시각에서 볼 때 유대성은 우리가 그저 작다는 주장만으로 자신의 큰 키를 줄일 수 없듯이, 새로운 신념을 받아들여도 지울 수 없는 태생적 특성이었다. 어느 유대인이 기독교인과 결혼할 경우 그 유대인의 '피'는 묽어지지만, 자식은 기껏해야 절반의 유대인이었다. 그 아이가 성장해 기독교인과 결혼해 낳은 자식은 수학적 계산에 따른 비율만큼 유대인에서 더 멀어졌다. 스페인 종교재판소는 특정인을 유대인으로 판정하는 유대인 '피'의 비율을 명시한 기준을 마련했다. 역설적이게도, 그 생물학적 인종주의의 가장 무자비한 투사는 1482년에 스페인 종교재판소장으로 임명된 토르케마다[Torquemada]였다. 그의 가계도를 살펴보면 기독교에 귀의한 '콘베르소'들이 있었지만, 그들과 토르케마다의 관계는 그를 생물학적 오점과 연관시킬 만큼 가깝지는 않았다.

15 장

복원의 서사
(서기 1300~1600년)

몽골 제국은 수많은 도시를 파괴하고 수많은 사람을 살해했지만, 피정복민의 거대 서사를 몽골족의 서사로 대체하지는 못했다. 사실, 뚜렷한 문화적 인자로서의 몽골족은 약 50년간의 전성기가 끝나기 전에 역사 속으로 사라져버렸다. 피정복민들은 그들의 단절된 과거를 복원하는 데 매진했고, 몽골족의 장악력이 약화하자마자 몽골족 침입 이전의 토착 거대 서사들이 복원되었을 뿐 아니라, 더 굳건해지고 더 복잡해지기 시작했다.

역사학자들은 흔히 몽골족의 종교적 '관용'-피정복민들이 나름의 방식대로 무언가를 숭배하는 일을 허용한 점-을 감탄스럽게 언급한다. 사실, 몽골족은 여러 종교의 권위자들을 황실에 초청해 각 종교의 교리에 관한 상세한 설명을 듣기도 했다. 거기에는 여러 종교 교리 중 하나를 채택하려는 의도가 담겨있었지만 말이다.

그러나 관용은 지금 우리가 다루는 내용에 어울리는 단어는 아닌 것 같다. 내가 보기에 몽골족은 파죽지세로 세력을 넓히는 과정에서 고유한 신념 체계의 존립 근거가 무너지는 바람에 이민족의 신념 체계에 호기심을 느꼈던 것 같다. 세계를 정복하기 전에 몽골족은 아시아 북부의 스텝 유목 문화에서 흔히 찾아볼 수 있는 다양한 정령 신앙적 신념—자연의 모든 사물에 영혼이 머물고 있다는, 그리고 자연의 모든 요소에 생명이 있다고 볼 수 있다는 믿음—에 공감했던 것 같다. 그들의 종교적 풍습은 윤리보다는 안위에 관한 것이었다. 불운은 개인과 주변 세계 간의 관계에 생긴 균열이 반영된 것이었다. 영적 의식 절차는 자연과 조화를 이루는 상태로 복귀하는 수단이었다. 북아메리카의 수렵 채집인들도 몽골족과 흡사한 세계관을 지니고 있었던 듯싶다. 그런 세계관은 일상적으로 자연력과 접촉하기 마련인 사람들의 경험과 완벽한 조화를 이뤘기 때문에 유목민 세계의 여러 사회적 별자리에서 영향력을 행사했다. 반면 정착한 도시민들은 주로 다른 도시민들과 상호작용했다. 그들의 신념 체계는 촘촘한 공간에 떼 지어 모여 있는 사람들 사이에서 생기는 마찰을 해명할 필요가 있었다.

그 정체가 무엇이었든 간에 몽골족의 신념 체계는 살아남지도 널리 퍼지지도 못했다. 몽골족이 스텝 유목민에서 방대한 도시 문명망의 지배자로 변신하자 이제 그들의 신념 체계에서는 공감을 얻을 만한 의미가 생성되지 않았다. 실제로, 몽골 제국이 약화하자 피정복민들은 침략자들에 대항해 일치단결하며 고유의 정체성을 굳건히 다져나갔다.

러시아의 재탄생

러시아를 정복한 몽골족은 자신들을 황금 군단[Golden Horde]으로 불렀다. 러시아인들은 몽골족을 타타르족으로 불렀다. 타타르족 권력자들은 요구하는 공물을 제대로 바치는 한 러시아인들의 삶에 간섭하지 않는 태도를 보였다. 하지만 그들은 직접 공물을 거둬들이는 대신에 현지의 러시아인 앞잡이들에게 공물 징수 업무를 맡겼다. 타타르족 권력자들은 피지배층과 깊은 관계를 맺지 않았고, 그렇게 하고 싶은 마음도 없었다. 그 결과 러시아 사회에서는 몽골족의 문화적 주제 대신에, 과거에 비잔티움 세계로부터 차용된 서사들이 호응을 얻었고 널리 전파되었다.

몽골족이 나타났을 때 러시아라는 별자리에서는 이제 막 슬라브 민족의 강자라는 정체성이 형성되고 있었다. 러시아인들은 예전부터 그리스 정교회를 신봉하기 시작했다. 그래도 아직 자신들을 세련된 비잔티움인들의 먼 친척이라고 생각했다. 하지만 타타르족의 지배를 받게 되자 슬라브인과 정교회 간의 유대관계가 깊어졌다. 몽골족은 위험해 보이는 러시아의 정치 지도자들은 강력하게 단속했지만, 피정복민을 진정시키는 역할을 맡은 것으로 보이는 정교회는 온건하게 대우했다. 그리자 슬라브인과 정교회 간의 유대관계가 더 굳건해졌고, 정교회 신자라는 정체성이 러시아인이라는 정치적 정체성보다 먼저 형성되었다.

한편, 몽골족 대신에 공물을 징수하는 임무를 맡은 러시아인 앞잡이들은 일부 공물을 챙기기 시작했고, 시간이 지날수록 더 많이 챙기다가 결국에는 모든 공물을 차지했다. 전후 사정을 소명하라는 몽골 제국 황실의 소환 명령에도 그들은 꾸물거리면서 버텼다. 그러자 싸움이 벌어졌다. 그러나 14세기의 타타르족은 13세기의 몽골족이 아니었다. 러시아인들은 타타르족의 손아귀에서 벗어나 스스로 운명을 개척하게 되었다. 그 무렵, 모스크바 대공국[Muscovy]의 공작들은 부유해졌고, 모스크바는 강력해졌다. 모스크바는 팽창 일로의 러시아 제국의 수도로 부상했다. 모스크바의 성장 동력은 종교적 열정에 힘입어 꿈틀거리는 토착 문화였다.

러시아인들은 수도인 모스크바를 제3의 로마[Third Rome]로 부르기 시작했다. 첫 번째 로마는 이탈리아에 있었던 로마이고, 두 번째 로마는 그리스 정교회의 본산인 콘스탄티노폴리스였고, 세 번째 로마는 모스크바였다. 1453년, 무슬림 군대가 콘스탄티노폴리스를 정복했기 때문에 두 번째 '로마'는 사라졌다. 러시아인들이 볼 때, 그들의 수도는 살아남은 로마였고, 그들의 제국은 기독교 제국이었다. 이렇듯 러시아는 몽골족 통치기에 러시아적 정체성을 갖췄고, 일단 새롭게 형성된 정체성이 확고해지자 러시아는 끊임없이 팽창했고, 마침내 유럽의 가장자리에서 태평양 해안까지 영토를 확장했다.

중국: 과거로 역진하다

몽골족이 나타났을 때 중국에는 이미 완전히 숙성된 거대 서사가, 즉 2천 년 넘는 세월 동안 무르익은 정체성이 자리 잡고 있었다. 문명 규모의 사회적 별자리가 복원을 핵심 과업으로 삼아 완수한 곳이 바로 중국이었다. 왜냐하면, 중국인은 몽골족에게 정복되었지만 몽골족이 되지는 않았기 때문이다. 오히려 정반대였다. 몽골족은 중국사의 전통적 틀 속에 스스로 걸어 들어갔다. 그들은 원[元]이라는 중국식 왕조 명칭을 선택했고, 천명을 받았다는 고전적 주장을 펼쳤다. 요컨대, 몽골족은 중국인이 되고자 애썼다.

그러나 뜻대로 되지 않았다. 우선, 몽골족은 목축 친화적인 정책에서 벗어날 수 없었다. 그 점은 중국이라는 농경 위주의 사회적 별자리의 심기를 건드렸다. 몽골족은 중국식 관료 사회에 인재를 공급하기 위한 시험 제도를 부활했다. 그러나 몽골족은 피정복민을 신뢰하지 않았다. 그래서 몽골족과 몽골족을 돕는 이민족은 대부분 합격하고, 한족은 대부분 낙방하도록 시험 제도를 조작했다. 물이 귀한 스텝 지대에서 탄생한 몽골 문화는 목욕에 부정적이었다. 비교적 깔끔하고 문명화된 한족의 눈에는 경악할 만한 일이었을 것이다. 몽골족은 과거의 납세자 명부를 다시 꺼내 들었지만, 세금 징수자들이 일반적으로 몽골식 복장을 갖추고 몽골어를 썼기 때문에 조세 제도는 세상의 질서를 유지하는 데 일조하지 못했고, 도리어 오랑캐에게 굴복했다는 불쾌한 기억만 되살리는 역효과를 냈다.

한 세대 만에 분노가 들불처럼 번지면서 '원 왕조'는 곤경에 처했다. 반역자 무리가 농촌을 휩쓸고 다니기 시작했다. 최강의 반군 민병대는 주원장[朱元璋]이라는 일자무식의 악당이 이끈 비밀결사인 홍건적이었다. 소작농 집안에서 태어난 주원장은 어릴 적에 부모를 여의고 어느 불교 사찰의 뒷방에서 잠자고 길거리에서 구걸하고 도둑질을 하며 가난하게 자랐다. 어른이 되었을 무렵, 그는 우리가 늦은 밤 어두운 골목에서 만나고 싶지 않은 사내로 성장했다.

그는 홍건적의 우두머리가 되어 유학자들과 손잡았고, 난징을 장악했다. 이후 난징을 근거지로 삼아 몽골 제국의 도읍인 다두[大都, Dadu, 오늘날의 베이징—옮긴이 주]를 공격했다. 1318년, 그가 이끈 홍건적은 몽골족을 완전히 쫓아내고 '원 왕조'의 숨통을 끊었다. 중국은 다시 원주민의 손으로 넘어갔다. 한족 출신 사내가 다시 권좌에 올랐다. 진정한 중화 제국의 시대가 새로 시작되었다. 주원장은 자신이 새로 세운 왕조를 '밝다'는 뜻의 명[明]으로 칭했다.

중국의 역대 황제들은 권좌에 오르자마자 관습적으로 연호[年號]를 정했다.[14] 명 왕조를 세운 사내는 홍무[洪武]라는 연호를 선택했다. 홍무

---

14) 연호 개념을 비유를 들어 설명하면 다음과 같다. 만일 15세기에 어떤 군주가 서유럽을 지배했다면 그는 이를테면 '르네상스 황제'로 자처할 수 있었을 것이고, 19세기에 서유럽을 단독으로 통치한 군주는 자신을 '산업혁명 황제'로 부를 수 있었을 것이다.

는 '어마어마한 무력'이라는 뜻이다.

통치권을 장악한 홍무제는 공자가 꿈꾼 중화 제국—관료제적이고 질서정연한 농업 기반의 중앙집권적 국가—을 복원하기로 마음먹었다. 이제 가족 중심적 분위기가 다시 강화되어야 했다. 촌락민들은 조화를 되찾고 활기가 넘쳐야 했다. 사회의 모든 부분이 예전처럼 서로 맞물려 단 하나의 거대한 전체를 이뤄야 했다. 우주의 질서가 복원되고, 복원되고, 또 복원되어야 했다. 말하자면 세상이 다시 중국을 중심으로 돌아가야 하고, 중국은 황제를 중심으로, 즉 천자를 중심으로 돌아가야 했다.[15]

애석하게도 홍무제는 소작농 집안에서 태어난 하류층 폭력배 출신이었다. 그 점은 다음과 같은 질문으로 이어졌다. 그는 정말 하늘이 내린 아들일까? 의례를 관장함으로써 이 세상을 온전하게 유지하는 제국의 이상적 아버지상에 어울리는 인물일까? 그토록 미천한 신분에서 그토록 고귀한 지위에 오른 경우는 그가 처음이었다. 물론 예전에 소작농에서 황제로 변신한 한나라의 시조 유방 같은 인물도 있기는 했지만, 홍무제의 정통성은 조금의 실수도 저지르지 않는 데 달려있었다. 필수 불가결한 모든 의례를 올바르게 주관하는 것이 관건이었기 때문에 그 무식한 사내에게는 학자들이 필요했다. 결과적으로, 학자들은 명 황실에서 유례없는 권력을 차지했다. 학자들은 아직 알려지지 않은 지식을 탐구하는 점이 아니라, 이미 알려진 지식에 통달한 점에 힘입어 권위를 확보

---

15) 이상적 목표를 찾아내고자 과거로 시선을 돌렸다고 해서 과거에 그 이상적 목표가 실제로 이뤄졌다는 의미는 아니다. 그러나 몽골족이 파편 더미만 남기고 떠난 상황에서는, 상상 속의 과거를 신화화하고, 과거의 복원을 문명 차원의 기본 과업으로 신성시하는 경향이 있었다. 복원의 서사는 사회마다 다른 것으로 보였다. 각 사회에는 복원해야 할 고유의 과거가 있었기 때문이다. 하지만 각 사회의 기본적인 복원 욕구는 거의 같았다.

했다. 학자들의 입지가 강화되자 정체성 복원에 여념이 없던 중국이라는 사회적 별자리에서 학문이 핵심 요소로 떠올랐다.

홍무제는 학자들의 길잡이 역할에 계속 의존했지만, 그들의 우월 의식에 항상 불쾌감을 느꼈다. 그는 학자들이 자신을 몰래 비웃는다고 의심했고, 학자들의 위상을 높여주면서도 그들의 권력을 약화시킬 방안을 모색했다. 그래서 명성이 너무 높은 학자는 미리 유언장을 써두는 편이 좋을 정도였다. 그것은 황제의 측근들에게도 해당하는 얘기였다. 그는 자신과 같은 폭력배 출신의 인물들과 함께 권력을 잡았고, 그들을 고위직에 임명했지만, 때때로 그들에게 반역 혐의를 씌워 처형했다. 원래 그와 함께 정권을 창출한 60명 이상의 동지 중 8명만 관직을 유지한 채 홍무제의 죽음을 지켜봤다.

긍정적인 면도 있다. 홍무제는 미천한 출신답게 소작농들을 측은히 여겼고, 그들이 내야 할 세금을 깎아줬다. 하지만 그 바람에 명 조정의 세입이 크게 줄어들었다. 홍무제는 행정, 치안, 그리고 무엇보다 군사 작전 같은 부문의 비용을 어떻게 조달했을까? 자신에게 어마어마한 무력이라는 뜻의 연호를 붙인 사내가 소규모의 군대도 운영할 만한 여력이 없는 상황에 처했다.

학자들과 지식인들이 그에게 해답을 내놓았다. 그들은 유교 경전을 상세히 살펴봤고, 완벽한 유교 사회에서는 상비군이 존재하지 않았다는 사실을 찾아냈다. 위험이 닥칠 때는 모든 사람이 무기를 들었고, 위험이 물러가면 모두 (이상적인) 생업인 농사일로 돌아갔다. 그러므로 황제는 관료들에게 토지를 하사해 생계를 꾸리도록 해야 했다. 관료들은 실제로 농사를 지을 필요가 없었을 것이다. 생계 수단이 아니라 소명인 군사적 임무를 수행하는 한편, 토지만 잘 관리하면 되었을 것이다. 그런 식으로 홍무제는⋯ 일종의 농장주들이 지휘하는 100만 명 이상의 병력으로 구성된 상비군을 유지할 수 있었다. 그런 조건에서 세습적 지주 겸 군인 계급이 성장했다. 중국인들은 그들의 별자리가 어떤 별들로 채워질지 알아내기 위해 과거로 시선을 돌리고 있었다.

당시 중국에는 소작농들과 장군들 외에도 필요한 존재가 있었다. 즉, 도랑 따위를 파는 육체노동자들이 필요했다. 하지만 그 일꾼들에게 노동의 대가를 어떻게 지불해야 했을까? 또다시 학자들이 해답을 제시했다. 그들은 소작농들이 사적 이익이 아니라 전체의 이익을 위해 제국에 노동력을 제공해야 한다고 판단했다. 그래서 홍무제는 소작농들을 상대로 강제노동을 시행했고, 길거리에 써 붙인 방문[榜文]을 통해 유교적 선행의 길을 끊임없이 주입했다. 별자리는 이제 응집력을 갖추고 있었다.

홍무제는 농촌 사회를 촌락 단위로 촘촘하게 편성해 각종 행정적 지출을 줄이기도 했다. 자율적으로 운영하고 규제하는 그 촌락 단위의 주민들 임무 중에는 서로를 감시하며 의심스러운 활동을 관청에 알리는 것이 포함되었다. 중국인들이 황제를 위해 그 모든 일을 하려고 했던 까닭은 무엇일까? 아마 황제가 공포로 도덕 교육을 보충하는 무서운 야수였기 때문일 것이다. 오늘날 홍무제는 편집증적 사이코패스로 진단될 수 있을 것이다. 그는 모든 것을 음모로 여겼고, 음모를 근절하기 위해 물불을 가리지 않았다. 언젠가 홍무제는 음모를 꾸미는 듯싶은 의심이 드는 재상을 참수형에 처했다. 그런 다음 재상의 온 가족을 처형했고, 그의 동료들, 또 그들의 동료들까지 모조리 처형했다. 처형 작업이 마무리되었을 무렵, 약 4천 명이 단 한 명의 불충 혐의를 둘러싼 대가를 치렀다. 홍무제는 재위 기간 그런 식의 폭력을 이따금 자행했다. 그가 말썽꾼들을 밀고하라고 하면 틀림없이 촌락민들은 앞다투어 명령을 따랐을 것이다.

중국은 다양한 권력 부문을 갖춘 복잡한 사회였지만, 이제 아무도 중앙 권력에 맞서지 못했다. 황제는 어마어마한 무력을 정복 전쟁에 쓰지 않았다. 대신에 내부 질서를 확립하는 데 썼다. 내부적 파열이 발생하면 황제의 군대는 즉각 달려가 싹을 잘랐다. 명 왕조를 거치는 동안 중국은 체계적 규정으로 무장한 전체주의 사회로 바뀌었다.

이렇듯 명 왕조는 고대 중국의 주제로 되돌아가고 있었고, 백성들의 지지를 얻었다. 명 왕조는 상처를 입은 채 안정을 염원하는 세계를 물려받았다. 홍무제는 옛 중국을 복원하겠노라고 맹세했고, 많은 사람이 이에 공감했다. 그들은 형태를 갖춘 별자리의 일원이 되고자 했다. 그들은 예측할 수 있는 미래를 원했다. 홍무제는 지나친 유혈 사태와 만행으로 과업을 추진하는 바람에 사회적 갈증을 달래주기는커녕 더 악화시키고 말았다. 하지만 그것은 오히려 후계자들이 그의 업적을 더 탄탄히 다지는 데 보탬이 되었고, 그들은 질서 확립이라는 과업의 달성에 활용할 수 있는 응집력과 안정성에 대한 한층 더 깊은 갈망을 느꼈다. 정신적 상처를 입은 사회는 정상으로 되돌아가기를 바랐고, '정상으로 되돌아가기'는 '원상회복'과 통했다. 이런 맥락에서 볼 때 복원의 서사에는 심오한 의미 창출 능력이 있었다고 평가할 수 있다.

홍무제가 세상을 떠나자 잠시 혼돈의 시기가 찾아왔다. 그의 작은 아들 가운데 한 사람이 우여곡절 끝에 권좌를 차지했다. 그는 예정된 권력 계승자가 아니었기 때문에 유교 사회의 규칙을 어긴 셈이었지만, 어쨌든 그는 '대의'를 위해 그렇게 했다. 그는 '영원한 행복'을 의미하는 영락[永樂]이라는 연호를 택했다. 그렇게 명 왕조는 첫 번째 위기를 넘겼고,

이후로도 쭉 이어지게 되었고, 복원 과업도 마찬가지였다.

영락제는 아버지를 빼닮은 거물이었지만, '찬탈자'라는 꼬리표를 달고 권좌에 올랐다. 복원의 꿈을 이루고자 한다면 중화 세계에 자신의 진심을 이해시켜야 했다. 신에 버금가는 과거의 옹호자 역할을 맡아야 했다. 우선, 영락제는 도읍을 중국 문명의 본거지인 황허 유역으로 옮겼다. 그는 몽골 제국의 옛 도읍이었던 다두의 이름을 베이징으로 바꿨다. 그리고 베이징의 중심부에 역사상 가장 정교하고 복잡한 대규모 궁전 단지를 조성했다. 자금성[紫禁城]은 성벽으로 에워싸인 각종 건물과 관습적, 주술적 의미가 담긴 동물 조각상으로 가득한 0.72㎢ 넓이의 궁궐이었다. 자금성 곳곳에는 몽골족이 쳐들어온 북쪽을 바라보며 수호신 역할을 하는 청동 사자상이 있었다. 황실에 지혜가 전해지도록 전략적으로 배치된 용 조각상도 있었다. 평민들은 아무도 자금성에 들어갈 수 없었고, 명나라를 찾아온 극소수의 외국 고위 인사들은 내부로 초대되었다. 그들은 엉금엉금 기어가는 자세로 황제에게 다가가야 했다. 그런 식의 모든 엄격한 조치는 초자연적 존재에 가까운, 중화 제국 패권의 화신이라는 황제의 이미지를 구축하는 데 일조했다.

15세기 초엽, 영락제는 엄청난 규모의 함대—역사상 최대의 크기로 건조된 목선 62척과 지원용 소형 목선 200여 척—를 편성함으로써 중국의 부활을 극적으로 표현했다. 각 대형 목선의 길이는 도시의 한 구획 길이와 맞먹는 약 120m였다. 그 대규모 함대는 사실상 약 2만 8천 명이 거주하는 '떠다니는 도시'였다. 함대 사령관은 무슬림 태생의 환관이자 몸집이 거대한 정화[鄭和]였다. 1405년부터 1433년까지 영락제는 정화의 함대를 일곱 차례 파견했다. 정화의 함대는 동남아시아의 여러 섬과 반도를 거쳐 인도 남부와 그 너머의 항구들에 도착했다. 정화는 호르무즈에서 페르시아인들과 잠시 마주쳤고, 예멘에서 현지인들과 접촉했고, 메카까지 사신을 보냈다. 함대는 아프리카 대륙 해안을 따라 남쪽으로 오늘날의 케냐까지 내려갔다. 함대가 도착한 모든 곳에서 정화는 중국산 제품을 현지 통치자들에게 나눠줬고, 기린, 공작 깃털, 사향, 코뿔소 뿔 같은 이색적인 특산물을 고국의 영락제에게 바치려고 가져왔다. 중국인들의 관점에서 보면, 중국산 선물을 받아들이는 현지 통치자들은 중국 황제에게 조공을 바치는 처지임을 인정하는 셈이었다. 현지 통치자들은 틀림없이 선물 교환을 다른 의미로 평가했겠지만, 허영심에 들뜬 중국인들에게 상대방의 평가는 중요하지 않았다.

정화 제독과 그의 함대는 진지한 방식의 교역이나 정복이나 탐험과 무관했다. 그의 함대가 방문한 여러 지역은 이미 중국인들이 알고 있었던 곳이다. 정화가 이끈 함대의 임무는 사실 중국이 다른 모든 지역보다 얼마나 대단한 곳인지를 생생하게 보여주는 것이었다.[16] 임무는 달성되었다. 그 무적함대를 눈으로 지켜본 사람이라면 아무도 몽골 제국의 시대가 어젯밤의 악몽처럼 끝났다는 사실을 의심할 수 없었을 것이다. 진정한 중국이 부활했다!

함대가 일곱 번째 원정을 마치고 돌아올 무렵, 영락제는 세상을 떠났고, 새로운 인물이 권좌를 차지했다. 놀랍게도, 새로 즉위한 황제는 추가 원정을 중단시켰을 뿐 아니라, 함대의 해체를 명령했다. 이제 중국이 세상의 중심이라는 점이 널리 알려졌기 때문에 더는 항해가 필요 없다

---

16) 영락제는 북쪽의 중앙아시아에 원정대를 여섯 차례 파견했다. 환관인 이시하[亦失哈, Isiha]는 매번 25척의 하천용 선박에 나눠 탄 1천 명의 군병을 지휘했다. 이시하가 이끈 원정대는 옥수스강을 따라 거의 아랄해까지 이르렀다. 그의 원정대 주요 임무는 중국의 위용을 과시하기 위한 것으로 보인다.

는 이유 때문이었을 것이다. 이후 명 조정은 대규모 국내 사업들에 자원을 집중하기 시작했다.

자금성은 별도로 하고, 그 가운데 최대 규모의 사업은 복원과 관련이 있었다. 어쨌든 복원은 당대의 포괄적 서사였다. 명 왕조는 무언가를 건설했다기보다는 재건했다. 시황제 때 다진 흙으로 만들어진 만리장성은 명 왕조를 거치면서 벽돌과 돌로 이뤄진 훨씬 더 훌륭한 성벽으로 재탄생했고, 오늘날 우주에서도 보이는 유일한 인공물로 남아있다.

명 왕조는 파손된 대운하도 복원했다. 대운하에는 정교한 수문이 설치되었고, 개량된 기술이 적용되었다. 오늘날의 대운하는 여전히 중국 북부와 남부를 잇는 필수적인 교통수단이다. 그런데 현재의 대운하는 수 왕조 때 건설된 것이 아니라, 명 왕조 때 '재건'된 것이다.

처음부터 명 왕조의 지배자들은 제국의 경제를 직접 관리하기로 했다. 그들은 관료들을 통해 지역에서 많이 나는 산물을 거둬들인 뒤 그 산물이 필요한 지역으로 운반해 적절하다고 판단되는 방식으로 분배했다. 그런 복잡한 유통 체계를 가동하는 데는 엄격하고 조직적인 관료제가 필요했다. 그런데 이미 중국 사회는 특유의 강점을 갖추고 있었다. 지난 15세기 넘는 세월 동안 여러 왕조가 흥망을 겪었지만, 모든 왕조가 관료제를 운용했다. 다만 왕조에 따라 관료제의 성과가 달랐을 뿐이다. 명 왕조의 과제는 예전처럼 만사가 잘 돌아가도록 하는 것이었다. 우선 제국에서 가장 훌륭하고 총명한 인재들을 등용해야 했다.

명 조정은 예비 관료들을 양성하고자 전국에 1천 개 이상의 국립 학교를 세웠고, 그 결과 크고 작은 행정구역에 최소한 1개의 국립 학교가 들어섰다. 사람들은 국가가 시행하는 시험에 합격해야만 관직에 오를 수 있었다. 한 왕조 이래의 모든 왕조는, 그리고 심지어 원 왕조도 인재를 발굴하기 위해 과거제도를 시행했다. 하지만 원 왕조 시절에는 인맥과 소속 민족에 따라 응시자의 성적이 평가되었다. 명 왕조는 그런 부조리를 타파했다. 시험에는 학교에서 가르친 내용이 문제로 나왔고, 모든 학교의 교과과정은 동일했고, 교과과정은 명 조정의 학자들과 지식인들이 예부[禮部]와 긴밀히 협의하고 황제의 윤허를 받아 편성했다.

명나라 때 시행된 교과과정의 뿌리는 몽골족이 쳐들어오기 직전인 송나라 때 무르익은 유교적 가르침이었다. 유교적 가르침의 핵심에는 아득한 옛날부터 전해지는 《역경 易經》을 비롯한 오경[五經]과 사서[四書]−세 개의 책은 공자가, 나머지 한 개의 책은 맹자가 썼다−가 자리 잡고 있었다. 그 가르침에는 2천 년에 걸쳐 축적된 주석과 주해도 포함되었다. 그 방대한 지식 체계는 훗날 성리학으로 알려진 사고 체계로 구성되었다. 성리학자들은 인간은 선하게 태어나지만, 도덕심을 키우려면 교육이 필요하다고 주장했다. 비유하자면, 음악적 재능을 타고난 사람도 음악가가 되려면 연습이 필요하다는 얘기였다. 이렇듯 자의든 타의든 간에 문명 전체가 선한 백성이 되기 위한 훈련에 돌입했다.

이후 다양한 사상가들이 때때로 국가 차원의 가르침에 위배되면서도 그 단호한 명령 체계의 요체를 강화하는 철학적 견해를 제시하며 성리학적 가르침에 살을 붙여나갔다.[17] 명 제국이라는 성리학적 세계에서 아들을 때려죽인 아버지는 벌금형에 처할 수 있었고, 아버지의 얼굴을

---

17) 예컨대, 공자에 버금가는 철학자로 평가되는 왕양명[王陽明]은 선이라는 것이 선한 행동을 의미한다고 가르쳤다. 그에 따르면, 인간은 덕을 타고 나지만, 방 안에 틀어박혀 선에 이르는 길을 연구하는 데 너무 오랜 시간을 보내면 도덕적으로 행동할 수 있는 능력을 갖출 수 없었다. 그런 능력을 키우려면 분주한 일상생활에 몸을 맡겨야 했다. 덕은 음악과 같아서 발휘하지 않으면 잃어버리는 것이었기 때문이다.

때린 아들은 사형에 처할 수 있었다.

유교 경전과 주해의 내용을 속속들이 알지 못하는 과거시험 응시자들은 우수한 성적으로 합격할 수 없었을 것이다. 과거시험은 혁신적인 해석을 내놓는 수험생에게 유리한 제도가 아니었다. 과거시험의 오염되지 않은 순수성은 전제적 법 집행으로 담보되었다. 과거시험 관련 규정을 사소하게 위반한 응시자는 채찍질을 당했고, 심각하게 위반한 응시자는 목이 달아났다. 과거시험은 워낙 어려웠기 때문에 수십 년 동안 공부하다가 중년이 될 때까지 응시조차 못 하는 관료 지망생도 많았다. 과거시험에 합격해 학자 겸 관료의 지위에 오른 자들은 고향이나 사적 인연이 있는 지역의 관청에는 절대로 배속되지 않았다. 관료는 친족 관계나 인맥이 아니라, 법전을 바탕으로 백성들을 다스려야 했기 때문이다.

그런 교육제도를 통과한 사람들은 동일한 기능과 세계관을 갖추게 되었다. 그들은 모든 구성원이 각자의 본분을 지킴으로써 사회적 화합에 기여하는, 조화로운 전체라는 동일한 이상에 공감했다. 성리학은 그런 본분의 청사진을 내놓았다. 관료들의 유대감과 사회의 응집력은 동전의 양면이었다.

명 왕조가 지배력의 고삐를 당기자 개개의 사회 계층이 차별적으로 평가되는 안정된 성리학적 세계가 출현했다. 가장 존중받지 못하는 계층은 역시 상인들이었다. 유교적 관점에서 볼 때 상인들은 아무것도 생산하지 않으면서 단순히 물건을 이리저리 유통하는 역할에 머물렀다. 장인들은 상인들보다는 다소 존중받는 계층이었다. 일부 물건은 하찮은 수준이었지만, 그들은 적어도 유용한 물건을 만들었다. 상인과 장인 위에는 농민이 있었다. 여기서 농민이란 토지를 소유한 신사[紳士] 계층을 가리킨다. 농민들은 식량을 생산했다. 식량보다 더 중요한 것이 있을 수 있었을까? 아, 한 가지가 있기는 했다. 관료 사회에 속한 학자들이 가장 높은 신분에 속했다. 그들은 일상생활과 하늘 간의 가교 구실을 했다.

여기서 하늘이란 황제와 황제의 가족이 이끄는 조정과 그 중추 세력을 가리킨다. 조정의 중추 세력에는 서로 경쟁하는 양대 권력 집단인 성리학자들과 환관들이 포함되었다.[18] 환관들은 황실 규방을 맡아 관리하는 관료들이었다. 황제의 사생활에 깊이 관여했기 때문에 환관들은 학자 출신 관료들이 감히 꿈꾸지 못하는 지위를 누렸다—황제의 여자들을 아는 사람은 환관뿐이었다. 환관들은 황제와 조정 수뇌부의 개인적 용건을 대신 처리했다. 그들은 세금 징수 임무도 맡았고, 대규모 토목 사업도 수행했고, 군 지휘권도 부여받았다. 문명 규모의 다른 사회적 별자리에는 중국의 환관 같은 권력 집단이 없었다.

16세기가 무르익을 무렵, 중국에서는 복원의 서사가 열매를 맺는 듯싶었다. 농업 생산량이 늘어났고, 충분한 영양 공급에 힘입어 인구가 약 250% 증가했다. 근사한 옻칠 가구, 옥 장신구, 비단옷, 청동 및 강철 세공품 같은 타의 추종을 불허하는 중국산 제품들과 중국산 차를 구하려고 사방팔방에서 상인들이 몰려왔다. 당시 중국의 도공들은 믿기

---

18) 사회적 현상으로서, 환관은 불평등한 성별 관계의 부산물이었다. 이슬람 세계와 마찬가지로, 중국에서도 권력자들은 규방의 여인들을 통해 지위를 과시했다. 그런 여인들이 있다고 해서 성적 만족의 기회를 무제한으로 누릴 수는 없었다. 물론 황제들과 술탄들은 그런 기회를 누렸겠지만 말이다. 오히려 규방 여인들은 수컷 공작들의 깃털 같은 의미였다. 그리고 오해하지 말기 바란다. 황제가 수천 명에 이르는 모든 규방 여인과 성관계를 맺지는 못한다고 해서 다른 누군가가 그렇게 해도 되는 것은 아니었다. 여인들에 대한 통치자의 배타적 접근권이 요점이었다. 그러나 규방 여인들은 외부 세계와 교류해야 했고, 따라서 다수의 하인이 필요했으며, 그 하인들은 성 능력이 없는 남자들이어야 했다. 즉, 거세된 남자들이어야 했다. 그러나 무슬림 세계의 환관들은 중국의 환관들과 달리 뚜렷한 정치적 당파나 세력이 아니었다.

힘들 정도로 얇지만, 믿기 힘들 정도로 강한 도자기류인 자기를 만들고 있었다. 그들은 독특한 푸른 빛 유약으로 자기를 보석처럼 빛나게 만들었다. 새로운 산업이 나타났고, 새로운 도시들이 생겨났고, 옛 도시들이 되살아났다. 경외감을 자아내는 만리장성, 입이 떡 벌어지는 대운하, 학자 겸 관료 조직망, 날로 늘어나고 커지는 차밭과 자기 가마터 등은 모두 재구성된 과거의 화려한 부활을 의미했다.

겉으로 화려하게 빛나는 그 모든 발전상에는 이면이 있었다. 명 조정이 펼친 정치는 잔인했다. 통치자들은 지나치게 무자비할 때가 많았다. 상류층은 음모와 공포라는 불안한 환경에서 살았다. 신사 계층은 정치 활동을 되도록 빨리 접고 낙향해 당나라 때의 예술 양식을 모방한 회화, 시, 서예 작품 등을 내놓는 경향이 있었다.

중국 장인들의 솜씨는 이방인들 사이에서 흠모의 대상이었지만, 명 왕조 시절에는 특별히 언급할 만큼 중요하고 새로운 과학적, 기술적 돌파구가 없었다. 그래도 괜찮았다. 그런 돌파구가 없어도 중국이라는 별자리의 왕성한 활력은 끄떡없었기 때문이다. 명 황실과 신민들은 새로운 것을 발견하기보다 이미 알려진 것을 보존하는 데 관심이 더 많았다. 그러므로 명 왕조 시절에 총 1만 1,095책에 이르는 지식의 보고인 《영락대전永樂大典》이 편찬된 점은 놀라운 일이 아니었다. 그렇다. 여러분이 잘못 읽지는 않았다. 1만 1,095는 페이지 수가 아니라 책 수이다.

그런 환경에서 혁신은 호응을 얻지 못했다. 미지의 사실은 드러나지 않는 편이 최선이었다. 이상적 사회는 안정된 사회였다. 과거의 흔적이 담긴 것은 영광을 누렸고, 파열의 낌새를 풍기는 것은 외면당했다. 인간이 기울이는 노력의 원대한 목표는 사회적 조화였다. 목표가 달성되면 변화는 멈출 수 있었고, 그것은 최고의 성공이었다. 건강한 어른으로 성장하고 평생 그 상태를 유지하고 싶지 않은 사람은 없는 법이다. 명 왕조 시절 당대인들의 원대한 과업은 과거의 수준에 다시 도달하는 것이었다. 중국은 내향적일 뿐 아니라, 회고적인 사회가 되었다.

중간 세계: 운명을 다시 개척하다

중간 세계에서는, 정확히 말해 아시아의 스텝 지대에서는 최후의 폭발적 팽창이 일어나고 있었다. 그것은 스텝 유목민들의 포악성이 마지막으로 분출된 사례였다. 주도자는 서구 세계에 태멀레인[Tamerlane]으로 알려진 '절름발이 티무르[Timur the Lame]'였다. 그는 모계 혈통으로는 칭기즈칸의 후손이라고 주장하는 튀르크인이었고, 몽골족이 그랬듯이, 놀라운 속도로 거대한 제국을 세웠다. 심지어 그는 맘루크 왕국군을 격파하고 델리를 파괴함으로써 몽골족을 능가했다. 몽골군은 맘루크 왕국군을 무찌르지도, 델리에 도착하지도 못했다. 오래전에 아프가니스탄과 트란스옥시아나 출신의 튀르크계 선조들처럼 티무르도 화려하게 빛나는 제국의 핵심—사마르칸트와 부하라 같은 눈부시게 웅장한 도시들—을 아름답게 꾸미려고 인도 아대륙을 약탈했다. 이후 그는 중국으로 진군할 채비를 갖췄지만, 최후의 원정에 오르기 직전에 숨졌다. 덕분에 중국은 대학살을 면했다. 일찍이 유럽이 몽골군의 침략에 따른 참화를 피했듯이 말이다.

하지만 칭기즈칸과 달리 티무르는 무슬림이었다. 그의 신민들은 티무르가 태어나기 전에 이슬람교에 귀의했다. 적들의 해골로 피라미드를 쌓은 뒤 찾아간 모든 곳에서 티무르는 현지의 무슬림 학자들이나 시인들과 함께 앉아 삶의 의미에 관한 교양 있는 대화를 나눴다. 어느 날 그는 사회학의 창시자 중 한 사람이자 튀니지 출신의 위대한 역사학자인 이븐 할둔[Ibn Khaldūn]과 이야기하게 되었다. 이븐 할둔은 티무르에게 이집트를 내버려두고 본거지로 돌아가도록 설득한 듯싶다. 중간 세계의 시대정신에 무언가 큰 변화가 일어나고 있었다.

티무르가 세상을 떠나자 그의 제국은 곧바로 분열되었다. 후계자들은 제국을 나눠 가졌고, 몇 세대가 지나는 동안 티무르 제국은 오늘날의 이란과 아프가니스탄의 국경 지대까지 뻗어있었다. 그러나 티무르 사후의 티무르 왕조의 통치자들은 모범적인 무슬림 왕들이었다. 그들은 무슬림 학자들, 예술가들, 지식인들을 후원했다. 그들의 후원 덕택에 페르시아어를 쓰는 위대한 시인들이 왕성하게 활약할 수 있었다. 이때 책을 여러 색깔로 아름답게 꾸미는 도서 채색법이 발달했다. 티무르 왕조의 군주들은 특기할 만한 약탈과 살육을 저지르지 않았다. 칭기즈칸에서 절름발이 티무르에 이르는 스텝 지대의 여러 정복자에게 활력을 불어넣었던 포악성은 이미 정점을 찍은 뒤였다. 이슬람 영역은 다시 결속해 예전의 모습을 되찾고자 했다.

비결은 새로운 자신감이었다. 군사적 패배에도 불구하고, 무슬림 세계의 그 누구도 스텝 지대 고유의 텡그리 신앙[Tengraism]을 받아들이지 않았다. 이슬람의 심장부를 정복한 몽골족─이른바 일 한국[Il汗國, Il-khānate]의 지배자들─은 얼마 지나지 않아 이슬람교로 개종했고, 무슬림 문명의 거대 서사에 흡수되었다. 일 한국의 어느 몽골족 출신 왕은 수피파 신비론자로 자처하기도 했다. 확실히 몽골족의 호시절은 막을 내렸다. 결국 이슬람이 최종적 진리였고, 무슬림들은 신의 사도인 무함마드가 7세기 전에 메디나에서 출범한 거룩한 과업을 재개할 수 있었다.

이제 복원은 중국의 사례와 마찬가지로 이슬람 문명의 포괄적 과업이 되었다. 이슬람 문명이라는 별자리는 정체성을 재구성하고 있었다.

몽골족이 파편 더미를 남기고 사라진 뒤, 인도와 지중해 사이의 지역에서는, 칼싸움에 총을 도입했다는 이유로 역사학자들이 화약 제국으로 일컫는 3개의 제국이 생겨났다. 서로 인접한 그 세 제국의 군대는 화기와 대포를 이용해 칼과 도끼로 무장한 적군을 격파했다.

첫 번째 등장한 제국은 훗날 유럽까지 판도를 확장한 오스만 제국이었다. 오스만 제국의 주인은 몽골족의 맹공격을 피해 비교적 안전한 소아시아 지역까지 이동한 튀르크계 스텝 유목민들이었다. 그들은 소아시아에 머물며 목축과 습격이라는 조상 전래의 습관으로 되돌아갔다─목축과 습격의 목표는 각각 기본 식품과 사치품이었다. 그들은 비잔티움 제국의 영토로 쳐들어가 콘스탄티노폴리스로 진격했고, 그렇게 전전하는 동안 정복한 영토에 뿌리를 내렸으며, 14세기 중엽에 이르러 강력한 무슬림 술탄 국가를 세웠다. 서쪽으로 팽창하는 과정에서의 주역은 '가지[ghazi]'로 불린 전사들, 즉 '신앙을 위해 싸우는 군인들'이었다. 그들은 무슬림판 십자군이었다. 가지는 과거 이슬람 시대의 수피파 형제단─군대뿐 아니라 동업 조합, 업자 단체, 의사소통망의 조직 원리, 나아가 국가 차원의 조직 원리로 자리 잡았다─을 모범으로 삼은 여러 종교 단체에 소속되었다. 오스만 제국의 경우에도 복원을 통해 무언가 새로운 것이 잉태되었지만, 그것은 과거에 대한 경외의 시선에 힘입어 탄생했다.

1452년, 콘스탄티노폴리스를 장악하자마자 오스만인들은 주요 강대국, 아니 진정한 강대국의 지위에 올랐다. 콘스탄티노폴리스는 (비공식적이나마) 이름이 이스탄불로 바뀌었다. 이스탄불을 수도로 삼은 오스만인들은 서쪽으로는 유럽, 동쪽으로는 레반트 지역, 남쪽으로는 북아프리카까지 꾸준히 뻗어가는, 사실상 아라비아인들이 거주하는 거의 모든 영토를 아우르는 제국을 통치했다.

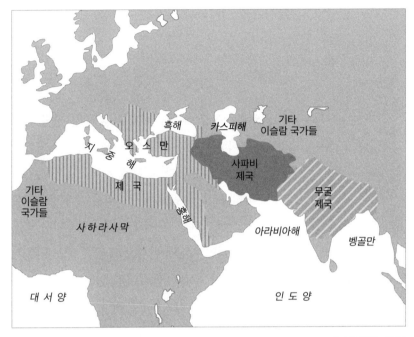

16세기의 화약 제국들

동쪽으로의 팽창은 두 번째의 이슬람 화약 제국인 사파비 제국에 가로막혔다. 사파비 제국의 뿌리는 아제르바이잔 지역의 수피파 형제단이었다. 15세기에 그 형제단은 종교 집단에서 군대로 변신했다. 형제단의 수장은 '붉은 모자[Red Hats]'로 알려진 정예 군단을 창설했고, 그가 세상을 떠난 뒤 열두 살짜리 아들인 이스마일[Ismail]이 붉은 모자를 이끌고 여러 차례의 군사 작전을 감행했다. 1502년, 이스마일은 고대 페르시아 제국의 핵심을 재건했고, 오늘날의 이란보다 좀 더 넓은 영토를 다스렸다. 그런데 그가 재건한 것은 이슬람교를 신봉하는 페르시아 제국이었다. 바꿔 말해 시아파라는 사회적 별자리였다. 과거에 그런 제국은 존재하지 않았다. 페르시아의 시아파가 독자적 제국을 세우지 못했기 때문이다. 이제 그들은 못다 한 과업을 이루고 있었고, 그것은 본질적으로 꿈의 복원이었다.

사파비 제국의 동쪽 경계에는 무굴 제국이 버티고 있었다. 무굴 제국의 창건자도 빼어난 10대 소년이었다. 아프가니스탄 바로 북쪽 지역에서 태어난 그 소년의 이름은 바부르[Babur]였다. 바부르는 티무르와 칭기즈칸의 혈통을 이어받았다(아마 칭기즈칸의 후손이라는 부분은 약간 과장된 내용일 것이다). 그는 열두 살 때 스텝 지대의 한 왕국을 물려받았다가 열네 살 때 빼앗기자 소규모의 충성스러운 부하들을 이끌고 남쪽으로 향했고, 1503년에 카불을 정복한 다음 카불을 근거지로 삼아 인도 침공에 나섰다. 델리의 술탄은 코끼리를 앞세운 대군을 파견했지만, 바부르의 군대는 대포로 코끼리 부대를 무찔렀다. 1526년, 바부르는 델리를 새로운 제국의 수도로 선포했다. 그렇게 무굴 제국의 화려한 시대가 열렸고, 한때 펼쳐졌던 또 다른 이야기―다수인 힌두인을 지배하고 통치하기 위한 소수인 무슬림의 투쟁―가 다시 시작되었다.

한편, 몽골족이 러시아를 정복하고 있을 무렵 아프리카에서는 가나 제국이 월등하게 더 크고 부유한 말리 제국에 무릎을 꿇었다. 말리 제국의 위대한 창건자인 '굶주린 사자' 순디아타 케이타[Sundiata Keita]는 알렉산드로스 대제와 견줄 만한 인물이었다. 그의 손자이자 신화적인 황제인 만사 무사[Mansa Musa]―아마존의 최고경영자 제프 베조스[Jeff Bezos]가 등장하기 전까지 역사상 최고의 부자였을 것이다―는 메카로 순례를 떠났다. 얼마나 많은 양의 금을 싣고 갔던지 그가 메카로 향하는 동안 유럽의 금 가격이 폭락할 정도였다. 그러나 오스만인들이 소아시아에서 나라를 세우고 있을 무렵, 말리 제국은 활력을 잃었고, 결국 월등하게 더 크고 부유한 송가이 제국에 자리를 내줬다. 15세기에 이르러 송가이 제국의 도시 팀북투는 도서관과 학자와 의사와 철학자가 넘쳐나는, 이슬람 세계의 지적 중심지가 되었다.

요컨대, 마우레타니아[Mauretania]에서 이스탄불을 거쳐 인더스강 유역과 그 너머까지 새로운 거대 서사가 형태를 갖췄지만, 의미심장하게도 그것은 참신함을 전혀 내세우지 않는 서사였다. 오히려 정반대였다. 그 서사는 역사의 완벽한 순간이 이미 예전에 있었다는 핵심 명제를 제시하면서 이슬람의 원래 이야기로 단호하게 돌아갔다. 우주는 심판의 날로 끝나는 종말론적 드라마였고, 그 이야기의 중대한 순간은 신의 사도인 무함마드의 예언자적 이력이었다. 서기 7세기의 메디나는 모든 인류에게 전범[典範]이 되었다. 무함마드가 세상을 떠난 뒤의 사명은 전범을 간직하는 것이었다. 하지만 무슬림들은 전범을 놓쳐버렸고, 이제 다시 문명 차원에서 그것을 복원하고자 했다. 분별 있는 사람들이라면 복원의 방법을 둘러싼 논쟁을 펼쳤겠지만, 이미 복원을 인생의 의미에 관한 포괄적인 사회적 과업으로 바라보는 폭넓은 공감대가 형성되어 있었다. 공동체는 서기 7세기에 메디나에서 시작된 경로로 되돌아감으로써 건전성을 회복해야 했다.

메디나에서 무함마드는 다문화적 도시를 다스리는 데 필요한 전범을 제시했고, 오스만인들은 그 전범을 참고해 극도로 다문화적인 제국을 통치했다. 메디나에서 무함마드는 신앙 공동체별로 각각의 지도자가 있어야 하고 고유의 방식을 지켜야 하지만, 무슬림 공동체의 지도자는 만사를 주관해야 하고 공동체 간의 갈등과 공동체 차원에서 해결할 수 없는 모든 사안에 대한 판결을 내려야 한다고 분명히 밝혔다. 무슬림들은 명확히 규정된 자선 목적의 기부를 해야 했고, 무슬림이 아닌 사람들은 특별세를 납부해야 했고, 모든 주민은 종교와 무관하게 하나로 뭉쳐 외부의 위협을 물리쳐야 했다.

그래서 오스만인들은 제국 내부에 여러 다양한 신앙 공동체이자 반(半)자치적 구역인 '밀레트[millet]'를 설치했다. 물론 공적 영역을 담당하는 모든 법은, 경전에 명시된, 그리고 이슬람 학자들이 정성 들여 다듬은 삶의 방식을 장려해야 했다. 봉건적, 가톨릭적 유럽 사회에서 교회가 그랬듯이, 무슬림의 삶을 규정하는 틀인 샤리아는 모든 (무슬림) 신자들의 단일 공동체의 살아 숨 쉬는 본질이었다.

샤리아는 아라비아어로 '길'이라는 뜻이다. 샤리아는 다른 사람들이 황야를 안전하게 통과할 수 있도록 개척자가 나무에 새기는 표시 같은 것이었다. 무슬림에게 황야는 물질세계였다. 샤리아는 가능한 모든 실생활의 상황에 대처하는 데 필요한 구체적 지침을 제시했다. 샤리아는 종교 의례의 세부 사항을 망라했다. 샤리아는 복장과 차림새 같은 문제를 다뤘고, 범죄와 형벌에 관한 규범 역할을 했다. 그 길에 머물려면 금융 거래, 혼인 관계, 상속 같은 여러 사안을 둘러싼 신의 명령을 따라야 했다. 공동체가 조화를 이루려면 길이 필요했다. 길에서 벗어나지 않는 한 사람들은 원하는 대로 자유롭게 살 수 있었다.

이론적으로 샤리아는 모든 갈등을 해결할 수 있었다. 그러나 현실적으로는 새로운 상황이 계속 나타났다. 기존의 모든 상황과 조금 다르고 새로운 규칙의 필요성을 제기하는 상황 말이다. 자격 있는 무슬림 학자가 현재의 문제를 판단할 때는 과거의 모든 율법적 판단에 어긋나는 판단을 내리지 않아야 한다. 학자들은 우선 핵심 정보원인 쿠란을 참고해야 하고, 다음에는 무함마드가 어떤 실생활의 상황을 둘러싼 문제를 다뒀는지 확인해야 하고, 또 무함마드 최측근들의 언행을 조사해야 하고, 마지막으로 이후의 권위 있는 학자들의 견해를 살펴봐야 했다. 그 모든 것이 수포로 돌아가면 학자들은 자유로운 추론인 '이즈티하드[ijtihad]'에 착수할 수 있었을 것이다. 그런데 이즈티하드는 샤리아에 대한 조예가 깊은 사람만 활용할 수 있는 방법이었다. 그런 사람만이 지금 참고할 만한 과거의 판결 사례가 없다는 점을 알 수 있었기 때문이다. 무슬림 세계의 독실한 학자들로 구성된 자율적 집단은 명나라의 관료들을 배출한 국립 학교와 유사했다.

세상은 끊임없이 변하므로 샤리아 과업은 결코 완수될 수 없었다. 새로운 판결이 필요한 새로운 상황이 계속 나타났다. 샤리아 과업의 목적은 사람들이 실수를 저지르지 않고 살 수 있게 하는 규정의 외골격을 만들어내는 것이었다. 그러나 구체적 사안에 관한 구체적 규정으로 이뤄진 구조는 결코 변하지 않는 세계에서만 작동하는 법이다. 그런 세계에서는 결국 모든 문제가 드러나 해결되므로 새로운 문제가 제기될 수 없다. 샤리아를 완성하려는 이슬람 학자들의 접근법은 본질적으로 과거의 특정한 사회적 시기-예언자 무함마드가 무슬림 공동체인 메디나를 이끈 서기 7세기-를 복원해 영속화하는 것을 의미했다. 세상이 끊임없이 변한다는 것은 완벽했던 시절이 아직 복원되지 않았다는 것을 의미할 뿐이었다. 아직 해야 할 일이 남아있었다.

오스만 제국, 아프리카, 무굴 제국 등의 수니파 학자들은 독자적 성격의 샤리아를 공들여 만들었고, 사파비 제국의 시아파 학자들도 마찬가지였다. 수니파 샤리아와 시아파 샤리아는 세부적으로는 달랐지만, 취지와 구조와 범위는 비슷했다. 현재의 판결이 과거의 판결을 뒤집을 수 없다는 점에서, 수니파 샤리아와 시아파 샤리아 모두 보수적인 성격

을 띠고 있었다. 수니파와 시아파 세계에서도, 샤리아를 해석할 자격을
갖춘 학자들은 군사적, 정치적 지배계급과 협력했다. 학자들은 통치자
들에 정통성을 부여했고, 통치자들은 학자들을 보호했다. 누이 좋고 매
부 좋은 격이었다. 오스만 제국에는 할리파(무슬림 공동체의 수장)로 자처
하는 술탄(이슬람 율법의 집행자)이 있었다. 술탄은 제국 최고의 학자인
세이흐 알 이슬람[Shaykh al-Islām, 이슬람의 원로]을 지명했다. 사파비
제국에서는 존경받는 시아파 학자들인 아야톨라[ayatollah]들이 등장해
정치 지도자인 샤[shah]와 균형을 맞췄다.[19)]

지역에 따라 교리가 달랐지만, 이슬람 중간 세계와 사하라사막 이남의
세계는 얼핏 보편적인 듯싶은 일정한 구조의 관념과 생활 방식으로 통합
된 독특한 사회적 완전체로 진화했다. 그 세계의 어디에서나 제조업 분야
는 수많은 사설 작업장에서 제품을 만드는 장인들의 손에 달려있었다. 특
히 오스만 제국의 경우, 대다수 장인은 수피파 형제단이나 그 밖의 종교
결사체와 복잡하게 뒤얽힌 동업 조합에 소속되었다. 동업 조합은 가격을
통제하고, 조합원들의 임금과 고용을 보장하고, 사생결단식의 경쟁을 근
절함으로써 조합원들에게 안정적이고 예측할 수 있는 업무 환경을 제공했
다. 동업 조합에는 '안정성'과 '예측 가능성'이 핵심어였다.

수피파, 이슬람 정통파, 수니파, 시아파 등의 모든 종교 결사체는 이
슬람 사원을 경영했고, 재정이 넉넉한 자선 재단을 운영했으며, 수많은
순례자가 모여드는 성지를 관리했다. 또한, 사회 안전망과 비슷한 것을
유지하기도 했다. 한편, 상인들은 인도의 심장부에서 유럽의 주변부까

---

19) 시아파는 '숨은 이맘[Hidden Imam]'으로 불리는 인물이 남들 몰래 신의 은총을 이 세상에 전해
준다고 주장했다. 아무도 그의 정체를 몰랐지만, 그가 있었기 때문에 거룩한 존재와 접촉할 수
있는 아야톨라들이 나타나게 되었다.

지 펼쳐진 세계 곳곳으로 수공예품을 유통했다.

샤리아는 사회적 조화의 기반을 제공했지만, 그저 성리학적 가르침의 이슬람판이 아니었다. 다시 말해 샤리아는 단일한 중앙집권적 국가가 통제하는 관료제의 운용에 필요한 청사진이 아니었다. 샤리아는 부족 시대가 연상되는, 막힘없이 흐르는 듯싶은 세계를 규정하는 틀 같은 것이었다.

하지만 한 가지 주의사항이 있다. 여기서 '부족'이라는 용어는 오해의 소지가 있겠다. 물론 이슬람 중간 세계의 뿌리는 부족으로서 경험한 과거였지만, 그 점은 모든 인간 사회가 마찬가지였다. 부족으로서 경험한 과거는 오래된 일이었다. 이슬람 영역은 고도의 도시 문명이었고, 몇 세기 동안 그 상태를 유지했다. 하지만 이슬람 영역은 고유의 부족 의식을 바탕으로 진화한 것이었다. 순수한 부족 의식의 세계에서 친족에 대한 의리는 최고의 미덕이었다. 어쨌든 개인은 자기 가족 편이었다. 친족을 도와줄 만한 위치에 있는 사람은 반드시 그렇게 해야 할 책무가 있었다. 그렇게 하지 않으면 망신당했다. 가족 간의 책무는 가족 단위를 뛰어넘어 씨족으로, 씨족을 뛰어넘어 부족으로 확대되었다. 물론 책무의 무게는 점점 줄어들었겠지만 말이다.

가족 간의 책무는 부족도 뛰어넘었다. 이슬람 세계에서, 주고받는 호의를 통해 연결된 사람들은 후원 관계망으로 발전될 수 있었을 것이다. 비난의 느낌을 빼면 그들의 후원 관계망은 오늘날의 미국인들이 학연으로 부르는 것과 약간 비슷한 개념이었다. 어떤 사람이 부모에게 입은 모든 은혜를 그대로 갚는다고 가족에 대한 책임이 없어지지 않듯이, 그 후원 관계망은 동등한 가치의 호의를 베푼다고 맺어질 수 있는 게 아니었다. 신분이 높고 힘이 센 사람들은 본인에게 아주 살짝 기대는 사람들—친족이 아닐 수도 있었다—이 있다는 점을 받아들였다. 한쪽은 주인이고 다른 쪽은 하인이었어도 함께 자랐거나, 한쪽은 지휘관이고 다른 쪽은 사병이었어도 함께 전쟁터를 누볐거나, 한쪽은 고용주고 다른 쪽은 고용인이었어도 함께 사업에 나섰거나, 한쪽은 덜 억울하고 다른 쪽은 더 억울했어도 부당한 일을 함께 겪은 사람들의 공동 경험에서 형성된 관계 등은 가족 간의 의무감에 필적하는 정서적 의무감을 유발할 수 있었다. 후원 관계망은 전형적인 의미의 학연과 달리 폐쇄적 체계가 아니었다. 즉, 어떤 후원자의 수혜자들은 자신보다 더 어려운 처지의 사람들을 후원할 수도 있었다.[20] 후원자들은 수혜자들을 신뢰했고, 수혜자들은 후원자들에게 호의를 기대했다. 양자 간에는 계약이 없었다. 문서로 기록된 규약도 없었다. 막돼먹은 무지렁이가 아니라면 A가 B에게 베푼 호의만큼 B가 A에게 그대로 갚아야 한다고 주장하지 않았다. 사회적 유대는 상부상조의 시장이 아니라 가족 간의 도리 같은 것이었다. 사회적 상호작용이 안정적으로 이뤄지는 비결은 직관적인 명예관[名譽觀]이었다.

명예로운 행위란 무엇이었을까? 그것은 샤리아에서 언급되는 항목이 아니었다. 공동체의 일원이라면 그냥 아는 것이었다. 명예로운 행위는 가정생활을 통해 형성되는, 그러다 보니 어릴 적에 습득되는, 그러다 보니 주로 여성들에 의해 강조되는, 암묵적 이해에서 비롯되었다. 예를

---

20) 예를 들어 우리 아버지는 동급생 한 사람과 함께 정부의 도움으로 미국으로 건너가 대학 교육을 받았다. 두 사람은 그 뒤로 계속 인연을 유지한 채 여러 관직을 거쳤다. 어떤 직책을 맡든 간에 그 동급생은 언제나 아버지를 부관 자리에 앉혔다. 한편, 우리 아버지가 근무하던 도시의 빈민가에는 아버지의 친구 한 사람이 살고 있었다. 그는 독학으로 상당한 수준의 의학 지식을 쌓은 치료사였다. 우리는 그를 우리 가족의 친구로 여겼고, 가족 중 누가 아플 때마다 그를 불러 의학적 조언을 구했다. 그가 '진짜' 의사는 아니었지만 말이다. 어느 약국에 일자리가 생기자 아버지는 힘을 써서 친구인 가니[Ghani] '박사'를 그 약국에 취직하게 해줬다. 친구인 가니 씨와 아버지 사이, 아버지와 동창생 사이, 그리고 동창생과 그보다 훨씬 권력이 강하고 지위가 높은 사람들 사이에는 비슷한 유대관계가 형성되어 있었다.

들면 장례식에서의 위로 방법, 누군가에게 선물을 정중하게 건네는 요령, 공적인 모임에서의 적절한 발언 시점, 갑자기 찾아온 손님을 접대하는 요령, 자신과의 상대적 관계를 고려해 여러 사람에게 적절히 말을 건네는 방식 따위를 꼽을 수 있었다. 암묵적 가치를 가장 적절하게 실천하는 사람들은 명성을 얻었을 것이고, 자연스레 권력도 강해졌을 것이다. 불문율을 천박스럽게 오해해 실수를 저지르는 자들은 영향력이 줄어들었을 것이다.

후원은 도시 사회를 하나로 묶는 사회적 연결망—지속적으로 형성되는 여러 차원의 상호 연계망—으로 이어졌다. 특정 후원 관계망의 중심에 있는 사람도 더 강력한 후원 관계망의 주변인일 수 있었다. 성공하려면 인맥망을 확장해야 했다. 아라비아인들은 그것을 '와시타[wasita, 수단과 방법]로 불렀다. A라는 사람의 권력이 강할수록 A에게 의존하는 자들과 호의를 기대하는 자들로 이뤄진 별자리의 범위도 넓었다. A에게 은혜를 입는 자들은 A의 친척일 수도, A가 속한 가문의 친구들일 수도, A의 친구일 수도, A의 오랜 동지일 수도, 그저 자신이 A에게 도움이 될 만하다는 점을 증명한 사람일 수도 있었다. 샤리아에 기록된 규범뿐 아니라, 예의범절에 관한 (추정컨대, 직관적인) 불문율도 따르는 것이 명예로운 처신이었다.

그 같은 가치관이 형성된 부족 사회에서 지도력은 혈통과 업적에 좌우되었다. 후원 관계망의 세계에도 마찬가지 원리가 적용되었다. 평판이 관건이었다. 훌륭한 인물의 후손들은 조상의 지위를 물려받았지만, 그것을 지키려면, 이를테면 현명한 판단을 내리거나, 싸움터에서 용맹함을 발휘하거나, 공동체를 위협하는 위기 상황을 맞아 결단력 있게 행동함으로써 본인의 역량을 증명해야 했다. 혈통은 전략적 혼인을 통해 개선될 수 있었고, 남녀가 별개의 분야에서 활동하는 이슬람 사회에서 전략적 혼인에 의한 혈통 개선은 여성들이 미약한 정치적 영향력을 행사할 수 있는, 그리고 실제로 어느 정도 행사한 부분이었다.

한편, 남자들은 여자들이 철저하게 배제된 공적 영역을 지배했다. 후원자가 수혜자를 발견하고 수혜자가 후원자를 발견해 관계망이 형성되는 곳은 바로 공적 영역이었다. 남자들이 공동체에서 차지하는 자신의 가치를 증명하는 곳은 바로 공적 영역이었다. 공동체의 기대에 미치지 못하면 평판을 잃었고, 그들의 가족도 망신당했다. 반대로 기대에 부응하면 본인과 가족의 명예를 높이는 데 보탬이 되는 인맥을 맺을 수 있었다.

이 같은 규칙과 규범이 지배하는 이슬람 중간 세계는 부품이 복잡하게 맞물린 태엽 장치였고, 결국 그 태엽 장치는 문명 차원의 엄청나고 '명백한' 활력의 사회적 별자리를 이뤘다. 중국의 경우처럼 이슬람 중간 세계도 완벽한 조화라는 신화적 미래상에 힘입어 고무되었다. 과거의 완벽한 조화는 미래의 궁극적(이고 달성 가능한) 목표였다. 모두가 당위적으로 행동하면—그리고 무엇이 당위적 행동인지를 판단할 방법이 있으면, 사회적 세계는 최종 형태를 갖출 수 있고, 다행히 변화에 따른 혼란이 멈출 수 있었다.

몽골족의 대침공 이후 중간 세계의 무슬림들은 틀림없이 문명의 획기적 재생 과정을 겪는 중이라고 느꼈을 것이다. 이슬람 영역은 살아남았고, 이슬람교는 다시 일어나 예정된 곳으로 돌아가고 있었다. 오스만 왕조, 사파비 왕조, 무굴 왕조 등은 우마이야 왕조, 아바스 왕조, 파티마 왕조 같은 칼리프 왕조들 못지않게 부유하고 강력했다. 당시 오스만 제국, 사파비 제국, 무굴 제국 등의 군사력에 필적할 만한 세력은 없었고, 그 세 제국끼리는 군사력을 견줄 만했다. 여기저기 들어설 법한 다양한 왕조와 무관하게 이슬람교는 다시 예전처럼 모든 인간을 하나의 공동체로 흡수하는 길로 되돌아온 듯싶었다.

화약 제국들은 화약만 중시하지는 않았다. 각 화약 제국의 권력 집단은 예술과 건축, 문학과 사상 분야를 후원했다. 이슬람 건축가들은 터키의 셀리미예 모스크[Selimiye Mosque]와 인도의 타지마할[Tāj Mahal] 같은 경이로운 걸작을 선보였다. 이란의 이스파한[Isfahan]은 도시 전체가 하나의 예술품이었다. 사파비 제국 시절에는 양탄자 제작이 공예 수준에서 예술 수준으로 격상되었고, 이슬람 세계 전역에서 명품 양탄자가 생산되었다. 예술가들은 아름다운 세밀화와 페르시아어 및 아라비아어의 멋진 필체가 등장하는 채색 도서를 내놓았다. 어느 모로 봐도 이슬람 세계는 화려했던 왕년에 버금가는 문예부흥의 한가운데에 있었다.

그러나 겉모습은 눈속임일 수 있다. 사파비 제국과 무굴 제국의 예술가들이 멋지게 제작한 채색 도서에는 기존의 미학이 표현되어 있었다. 채색 도서에는 페르시아 문학의 명작이 담겨있었지만, 그것은 과거의 작품이었다. 현재의 작품들은 과거의 양식을 무기로 과거의 문학적 수준에 도달하고자 했다. 피르다우시[Ferdowsi]가 5세기 전에 가즈나 왕조의 마흐무드[Mahmūd the Ghaznavid]를 위해 지은 서사시인 《열왕기 Book of Kings》는 500여 년이 지난 뒤에도 예스러운 느낌을 풍기지 않았다. 위대한 신비주의 시인인 루미[Rūmī]는 칭기즈칸이 정복에 나선 해에 태어났지만, 그의 시에는 오스만 제국의 독자들이 예스럽게 느낄 만한 구석이 하나도 없었다.

이슬람 영역에 사는 사람들은 당연히 본인들의 세계가 바로 참다운 세계라고 믿을 수밖에 없었다. 어쨌든 이슬람 영역은 매우 일관적인 완전체였다. 이슬람 은하 안의 다양한 사회적 별자리는 서로 부딪힐 때가 많았지만, 그런 갈등 속에서도 모든 별자리가 공유하는 담론의 용어로 각자의 주장을 펼쳤다. 삶을 둘러싼 중대한 문제에 관한 각 별자리의 해답은 달랐지만, 공통의 문제의식을 지니고 있었다. 예를 들어 오스만 제국과 사파비 제국에서 당대의 중요한 문제는 '수니파냐, 아니면 시아파냐?'라는 것이었다. 수니파이면서 동시에 시아파일 수는 없었다. 한편, 무굴 제국에서 중요한 문제는 '이슬람이냐, 아니면 힌두교냐?'라는 것이었다. 이슬람을 신봉하면서 동시에 힌두교를 믿을 수는 없었다. 이렇듯 각자의 주장을 펼치는 사람들은 본인의 주장이 무엇에 관한 것인지 잘 알고 있었다.

이 무렵 중간 세계의 지식인들은 서유럽에서 나타나는 발전상에 거의 무관심했다. 왜냐하면, 그 멀고 미개한 땅에서는 당대의 중대한 문제와 깊은 관계가 있는 일이 전혀 일어나지 않는 것 같았기 때문이다. 이점에 비춰볼 때 중간 세계의 지식인들은 중국, 인도, 스텝 지대, 동남아시아 등지의 지식인들과 다를 바 없었다. 지중해 동쪽에 있는 모든 세계에서는 각 사회에서 펼쳐지는 복원의 서사가 세계의 모형이 아니라, 세계 자체라는 점을 의심할 이유가 전혀 없었다. 과거를 미래의 전범으로 여기는 것은 부유하고 막강한 제국을 표명하는 것이었다. 그러나 공교롭게도 이때 서유럽에서는 의미심장한 변화가 일어나고 있었고, 문명 차원의 색다른 사회적 과업이 떠오르고 있었다.

16 장

진보의 서사
(서기 1500~1900년)

서기 1500년, 과거의 복원이라는 과제는 유럽에서 큰 호응을 얻지 못하고 있었다. 격동의 14세기가 찾아오기 전에, 대다수 사람은 본인의 삶이나 자식의 삶이나 손자의 삶이 나아질 가망이 거의 없는 불쌍한 소작농들이었다. 그리고 그들의 과거는 더 비참했다. 과거는 전혀 그리워할 만한 것이 아니었다. 십자군 운동이 끝나고 몽골족이 물러간 뒤, 가난한 사람조차 음식에 후추를 뿌려 먹고 구멍가게의 주인조차 무명옷을 입는다고 하는 저 멀리 있는 신기한 곳들에 관한 이야기가 넘쳐나자 상황은 바뀌었다. 당시 유럽인들이 매료된 과제는 전진이었다. 오늘은 대체로 어제보다 나았다. 내일을 피할 이유는 없었다. 그러므로 발견은 멋진 것이었고, 파열은 모험의 분위기를 풍기는 것이었고, 혁신은 명예로운 것이었다—유럽과 달리 극동 지역에서는 혁신이 푸대접을 받았다. 명 제국이 영광을 누리고 이슬람 세계가 다시 보폭을 넓히고 있을 때 유럽에서는 웅장하고 새로운 서사가 다시 나타나기 시작했다.

장기 십자군 운동이 시작되기 전, 유럽은 정적인 사회 형태에 머물고 있었다. 거기에 문제를 제기하는 사람은 사회적 비난에 시달리기 마련이었다. 삶은 취약한 것이라서 불화를 일으키는 사람은 사회적 위협으로 간주되었다. 그러나 지난 7세기 동안 유럽을 장악했던 거대 서사의 지배력이 흑사병의 영향으로 느슨해졌다. 그럴 수밖에 없었다. 공포가 절정으로 치달았을 때, 교회는 너무 무능했다. 사람들은 교회가 권고한 모든 방법을 써봤지만, 여전히 죽어 나갔다. 성직자들은 환자들의 죄를 용서해줬지만, 허사였다. 흑사병은 고결한 자와 죄지은 자를 가리지 않았기 때문이다. 신은 곳곳에서 벌을 내렸지만, 과연 무엇을 위한 징벌이었을까?

흑사병에 속수무책으로 당하는 상황에서도 기독교 자체는 의심받지 않았다. 다만, 사태 초반에는 로마 교회를 의심하는 분위기가 나타나기 시작했다. 하지만 그런 분위기는 중대한 질문들, 즉 불과 몇 세기 전에 교회가 무척 권위적인 목소리로 대답했던 질문들—이 세상은 대체 무엇인가? 인간은 어떻게 살아야 하는가? 세상은 정말 어떻게 돌아가는가? 세상은 어디를 향해 가고 있는가? 인간은 어떻게 진리를 알 수 있는가?—이 다시 제기될 만큼 심상찮은 것이었다.

유럽은 14세기의 유행병에서 벗어났다. 이제 유럽은 끊임없이 변화하는 세계로 탈바꿈했다. 그런 사회적 환경에서는, 이전에는 상상도 못할 일을 상상할 수 있었다. 흑사병이 지나간 뒤 라틴어 성경을 일상어로 번역하려는 움직임이 활발해진 점은 우연이 아니었다. 불확실해 보이는 성경의 내용을 직접 확인하고 싶어 하는 사람들이 많았다. 과거에는 상상조차 할 수 없는 일이었겠지만, 그들은 교회가 실수를 저질렀을지도 모른다고 여겼다.

개신교 사상

공교롭게도 장기 십자군 운동의 막바지에 등장한 새로운 기술 덕택에 유럽의 문맹률이 줄어들고 있었다. 종이와 인쇄술과 책이 등장했다. 글을 읽을 줄 아는 사람들이 늘어났고, 읽을거리를 원하는 사람들도 많아졌다. 이제 성경을 일상어로 번역하려는 움직임의 발판이 마련되었다. 교회는 그런 움직임을 비판적으로 바라봤다. 일반인들에게 성경을 읽을 수 있게 한다? 왜? 그렇게 하면 우주의 질서가 뒤흔들릴 것 같았다. 종교재판소는 성경을 일상어로 번역하려는 이단자들을 마치 마녀사냥 하듯이 열정적으로 색출해 파문했다.

오늘날 우리는 그 열정의 근원을 알아챌 수 있다. 봉건적 교회의 권력은 천국으로 가는 길을 독점하는 데서 비롯되었다. 사람들이 스스로 천국에 갈 수 있으면 이제 더는 가톨릭교회와 그 서사가 필요 없을 것이다. 불필요해진 서사는 걸어 다니는 시체나 다름없는 법이다. 서사의 생명력은 정확성이 아니라, 적합성이 의심받는 순간부터 약해지기 시작한다.

감히 말하건대, 교회 관계자들의 위기감은 기득권을 둘러싼 사소한 근심에 그치지 않았을 것이다. 여러 세기에 걸쳐 가톨릭적 서사는 세상을 통합했을 뿐 아니라, 사람들이 세상을 '인식'하는 통로 역할을 맡았다. 그런 틀 속에서는 가장 비참하게 사는 사람들조차 인간의 삶이 어느 정도 이치에 맞는 것이라고 느낄 수 있었다. 기존 체제와 공존할 수 없는 관념들은 별자리의 응집력을 위협했다. 사회적 별자리가 응집력을 잃으면 그 별자리의 모든 인간적 요소들은 고유의 정체성을 상실하는 법이다. 혼란스럽거나 희미한 정체성은 인간의 '육체'가 아니라 인간의 '인격'에 대한 치명적인 위협이고, 그러므로 서사들에 의해 결속된 인간 집단, 마음을 먹고 결심을 실천할 수 있는 인간 집단—사회적 독립체, 즉 지금까지 내가 언급한 사회적 별자리—에 대한 치명적인 위협이기도 하다.

그런 분위기에서 교회는 어떤 책을 번역하려는 자를 화형에 처할 수 있었고, 그 모습을 지켜보는 독실한 신자들은 교회에 대한 존경심을 잃기는커녕 그 야만스러운 짓에 환호하고 안도의 한숨을 내쉬었다. 아무 걱정할 것 없었다. 교회가 있으니까 '우리'는 살아남을 것 같았다.

그런데 1519년에 수도사 겸 교수인 마르틴 루터가 로마 교회를 통렬하게 비판하는 글을 작성해 독일의 도시 비텐베르크[Wittenberg]의 교회 정문에 못 박아 붙였고, 마인츠 대주교 앞으로 보내는 편지에 그 95개조 반박문을 동봉했다. 소책자 출판업자들은 곧바로 95개조 반박문의 사본을 인쇄해 독일어권 전역에 배포했다. 루터의 반박문은 정치색이 전혀 없었다. 루터는 신학자였다. 그는 전적으로 기독교 왕국에서 익숙한 담론의 견지에서 견해를 피력했다. 그의 95개조 반박분은 오로지 교회의 가르침이나 교회의 관행에 관한 것이었다.

루터가 가장 확실하게 반대한 것은 면죄부 판매였다. 면죄부는 평신도들이 교회로부터 입을 수 있는 영적 은혜였다. 면죄부는 어떤 사람이 연옥에서 보내는 시간을 줄여줬다. 연옥이란 영혼이 천국으로 가기 전에 마지막 불순물을 불태워 없애는 장소였다. 아무 죄도 저지르지 않은 채 죽는 것은 불가능에 가까웠기 때문에 모든 사람은 연옥에서 일정한 시간을 보내야 했다. 그러나 하느님이 정한 처벌 시간보다 더 오래 연옥에 머물기를 원하는 사람은 아무도 없었고, 따라서 교회는 연옥에 머물러야 하는 시간을 줄여주는 대신 상당한 가치의 대가를 챙길 수 있었다.

상당한 가치의 대가는 무엇이었을까? 사실 면죄부는 십자군 운동의 부산물로 생긴 것이었다. 교회는 기독교 왕국을 위해 목숨을 건 사람들에게, 특히 성전기사단 같은 무장 수도회의 수도사 겸 전사들에게 면죄부를 팔았다. 그러나 십자군 운동이 시들해지자 면죄부는 순전히 영리적인 상품에 가까운 것으로 전락했다. x만큼의 은을 교회에 기부하면 연옥에 머무는 시간을 y만큼 줄일 수 있었다.

그것이 바로 마르틴 루터가 분노한 점이었다. 언제나 교회는 신앙만으로는 구원을 얻지 못한다고 가르쳤다. 기독교인으로서 칭찬받을 만한 행실을 보여야 천국에 갈 수 있었다. 이때 칭찬받을 만한 행실이란 일상적 의미에서의 선행이 아니라, 교회에서 규정한 의식 절차 준수와 교회에 대한 현금 기부를 가리켰다. 그런 가르침에 진절머리가 났던 루터는 구원은 의식 절차를 지킨다고 얻을 수 있는 것이 전혀 아니라고 선언했다. 전혀 아니었다. 오직 신앙만이 인간을 구원해줄 수 있었다. 행실은 눈에 보이는 것이다. 어떤 사람이 기도하는지, 또 그 사람이 기도를 올바르게 하는지의 여부는 겉으로 드러난다. 반면 신앙은 하느님과의 직접적 교감이다. 정말 하느님을 믿고 있는지는 겉으로 드러나지 않는다. 그것은 오로지 당사자와 하느님만 알 수 있다.

루터의 저항은 그가 활동하던 시대상에 비춰 이해해야 한다. 14세기의 대참사를 겪은 뒤, 로마 교회는 서둘러 신뢰를 회복하고자 했다. 그 무렵 어떤 세속적인 군주들은 성직자 임명권을 주장했다. 그들이 염두에 둔 대상은 지방의 하급 성직자가 아니라, 교회의 고위 성직자인 주교였다. 사실 프랑스 국왕은 자기 마음대로 교황을 임명하기도 했다. 그랬다. 간단히 말해 최소한 그때는 기독교 왕국에는 두 명의 교황이 있었다. 그리고 일시적이나마 세 명의 교황이 있을 때도 있었다. 당연히 교회는 그 같은 사태를 묵과할 수 없었다. 국왕이 주교를 임명한다는 것은 어림없는 일이었다. 그 문제를 둘러싼 투쟁이 차츰 치열해질 때 루터가 나타났다.

루터는 국왕이 주교를 임명할 수 있는지를 둘러싼 논쟁에 개입하지 않았다. 그럴 필요가 없었다. 그는 교회 관계자들이 누군가의 천국행을 도울 수도 막을 수도 없다고 주장했다. 사실 신앙이 행실보다 우위에 있다면 교회 관계자들은 누가 천국에 갈 수 있는지도 모를 것이었다. 그리고 만약 교회 관계자들이 은총의 매개자가 아니라 그저 교회 건물을 관리하는 사람들이라면 그들은 교회를 깨끗이 유지하는 수위나 사제의 예복을 만드는 재단사와 다름없을 것이었다. 국왕이 그런 잡역부들을 임명하지 못할 이유는 없었다.

한편, 종교적 반역자들은 모든 기독교인이 성경의 소리뿐 아니라, 성경의 의미도 경험할 수 있도록 성경을 일상어로 번역하는 작업에 박차를 가했다. 그러나 가톨릭교회가 오래전에 정착한 틀에서는 '소리'가 가장 중요한 요소였다. 미사를 올릴 때는 기적을 일으키는 언어인 라틴어(나 그리스어)를 써야 했다. 대중이 읽을 수 있는 성경을 만든다는 것은 대중이 신앙의 방식을 결정할 수 있다는 의미였다. 봉건적 가톨릭의 틀 안에서 그것은 헛소리였다. 만약 기독교가 그리스도의 몸이라면 개별 세포는 각자의 행위를 자율적으로 결정할 수 없을 것이었다. 개별 세포가 마음대로 결정하면 그리스도의 몸은 버틸 수 없을 것이고, 그런 치명적 위협에 맞서 싸울 수밖에 없을 것이었다.

하지만 이제 약간의 자금이 있는 사람은 누구나 책을 인쇄해 식자층에게 부담 없는 가격으로 판매할 수 있었다. 평범한 소작농들이 인쇄된 성경을 살 만한 여력을 갖췄기 때문이 아니라, 평범한 소작농이 아닌 사람들이 많이 생겨났기 때문이다. 이제 유럽의 사회적 별자리에는 돈 많은 도회지 사람들, 즉 숙련된 장인들과 상인들과 동업 조합원들이 포함되었다. 기술과 사회적 추세가 접목된 상황에서 교회가 성경을 가둬 놓을 방법은 없었다. 성경은 밖으로 나오려고 했다. 그리고 이질적인 종교 관련 정보가 다양한 출처로부터 유럽의 기독교 사회로 쏟아지자 마찰이 빚어졌고, 그런 갈등으로 인해 과거의 거대 서사는 눈에 띄게 위축되었다. 과거에는 불규칙성 때문에 프톨레마이오스의 별자리표가 일관성을 상실했듯이, 이제는 불규칙성 때문에 오랫동안 유럽이라는 사회적 별자리를 하나로 묶었던 포괄적인 종교적 서사에 구멍이 뚫리고 있었다.

마르틴 루터가 로마 교회를 겨냥한 95개조 반박문을 발표한 것은 불 붙은 성냥을 화약통에 던지는 격이었다. 기독교 왕국 안에서 내전이 발발했다. 그것은 로마 교회와 무관한 자치적 신앙 공동체를 이루고자 하는 다수의 기독교인 대 가톨릭 조직의 싸움이었다. 그것은 로마 교회와 콘스탄티노폴리스 교회 간의 '대분열'과는 전혀 다른 것이었다. 그것은 이 교회 대 저 교회의 대결이 아니었다. 그것은 근본적으로 각자의 교회를 지으려는 사람들과 하나의 획일적 교회 간의 대결이었다. 개신교 운동으로 여러 다양한 기독교 교파가 생겼다. 개신교 운동은 여러 세속 왕국이 나타나는 현상과도 연관될 수밖에 없었다. 종교적 성격의 내전은 약 2세기 동안 지속되었고, 결국 1648년에 베스트팔렌 조약[Treaty of Westphalia]이 체결되면서 막을 내렸다. 베스트팔렌 조약으로 세속 군주들이 본인의 통치 영역에서 신봉할 기독교의 교파를 결정하는 흥미로운 원칙이 정착되었다. 그렇게 유럽의 종교적 내전은 이후 몇 세기에 걸쳐 무르익을 새로운 사회 형태인 국민국가의 씨앗에 물을 주며 끝을 맺었다.

과학이 출현하다

한편, 오래된 서사의 점점 무너져가는 틀 속에서 또 다른 주인공이 나타나고 있었다. 과학의 기원과 관계있는 비범한 선각자들은 사실 과학자들이 아니었다. 아직 과학이라는 것이 존재하지 않았기 때문에 그들은 과학자일 수 없었다. 과학의 개척자들은 모두가 독실한 기독교인이었다. 프톨레마이오스 별자리표의 비일치성이 늘어나는 문제를 과감하고 새로운 이론으로 해결한 15세기의 천문학자 코페르니쿠스를 예로 들어보자. 그는 태양이 정지한 상태에서 지구를 포함한 나머지 모든 별이 태양 주위를 회전한다는 견해를 제시했다. 우주관을 근본적으로 재구성한 코페르니쿠스도 평생 교회의 따뜻한 품속에서 살았다. 코페르니쿠스는 평생 유명한 학자로 살았고, 교회법 박사 학위를 갖고 있었다. 그가 태양 중심설을 설명하는 책을 썼을 때, 그에게 감탄한 독자 중에는 교황도 포함되어 있었다.

코페르니쿠스에게는 훗날 원시 과학계의 거목으로 성장한 케플러라는 제자가 있었다. 케플러도 교회의 독실한 신자였다. 그는 코페르니쿠스가 시작했던 작업을 완수하고자 애썼다. 스콜라 학자―모두가 독실한 기독교인이었다―답게 하느님의 피조물은 하느님의 완벽함을 반영해야한다고, 또 스승인 코페르니쿠스의 태양 중심적 모형에는 아직 몇 가지 모순이 있다고 생각했기 때문이다. 신[新]스콜라 학자들은 수학과 자연간의 연관성을 확립하고자 노력했다. 케플러는 그 연관성을 밝힌 사람이었다. 그는 한 가지 근사한 가정―태양 주위를 회전하는 행성들의 궤도가 반드시 원형이지는 않고 언제나 타원형이다―만 추가하면 코페르니쿠스의 모형이 완벽히 작동한다는 사실을 보여줬다. 그리고 타원의 둘레를 계산하는 공식이 있으므로, 태양 주위를 도는 행성의 위치는 항상 수학적 정밀성을 통해 계산할 수 있었다.

그 같은 업적 덕택에 말로 표현하기 힘들 정도로 엄청난 가능성이 제기되었다. 세계 전체가 설명될 수 있으면 어떻게 될까? 지금까지 몰랐던 사실이 모두 밝혀지면 어떻게 될까? 자연철학자들(시간이 흐른 뒤에야 비로소 과학자들로 불렸다)은 기체가 팽창하고 돌이 언덕 아래고 굴러가고 물질이 냉각되고 여러 물질을 섞으면 새로운 혼합물이 생기는 방식의 수학적 패턴을 알아내고자 물리적 세계를 탐구하기 시작했다. 그들은 힘이 물질에 작용하는 방식, 물체가 일정한 방식으로 운동하는 이유, 생체가 성장하고 사멸하는 원인 따위를 정량화하는 데 착수했다. 과학은 아이작 뉴턴의 업적에 힘입어 18세기에 정점을 찍으면서 사회적 과업의 지위에 올랐다. 아이작 뉴턴은 빛의 입자적 본질을 파악했고, 중력이 우주 곳곳에 존재하는 힘이라는 점을 확인했고, 관찰할 수 있는 모든 운동을 무척 간단한 세 가지 운동법칙으로 간추렸다.

그런 과학적 노력에 의미를 부여한 것은 오래된 봉건적, 가톨릭적 서사가 아니었다. 오래된 서사의 허물어지는 틀도 아니었다. 당시 유럽에서는, 특히 서유럽에서는 새로운 거대 서사가 무르익고 있었다. 반면 동양에서는 복원의 서사가 펼쳐지고 있었다. 향후 몇 세기 동안 펼쳐질 서양 문명의 결정적 서사는 유물론이 아니었다. 물론 사람들은 예전보다 물질 현상에 더 집중했지만, 대다수 사람은 여전히 종교적 믿음을 경건하게 간직했다. 유럽에서 종교적 믿음이란 대체로 기독교의 특정 교파와 관계있는 것이었다.

그리고 기독교가 여러 교파로 나뉘었지만, 개신교 신앙이 새로운 지배 서사로 자리 잡지도 않았다. 우선, 하나로 묶을 만한 개신교 신앙이라는 것이 존재하지 않았다. 개신교 신자들도 끊임없이 여러 교파로 갈라졌다. 개신교 신자들의 공통점은 신앙이 아니었다. 그들의 공통분모는 더 참된 것으로 보이는 진리를 향한 뜨거운 욕구, 즉 새로운 것을 기꺼이 시도하려는 태도였다. 게다가 기존의 가톨릭교회는 어느 모로 봐도 전혀 생명력을 잃지 않았다. 가톨릭교회는 수천만 명의 지지자를 거느렸다.

새로운 서사를 그저 세속적 성격의 서사로 평가할 수도 없다. 새로 형성되고 있던 서사는 세속적 관념과 편견에 주목했지만, 대부분의 사람은 아직 교회에 꼬박꼬박 출석했고, 신앙 공동체의 일원으로 자처했고, 각자의 집에서 종교적 의식 절차를 지켰다. 과학은 새로운 거대 서사의 재료이자 결실 중 하나였지만, 그 서사의 한 측면에 불과했다.

그 모든 사회적 흐름과 문화적 추세의 공통점은 세계를 진보와 퇴보의 시각에서 바라보는 경향이었다. 그 같은 성격의 서사에서 시간은 직선형이지만, 종료점이 없었다. 역사는 앞으로 나아가는 것이었지만, 때때로 뒤로 물러날 수도 있었다. 역사가 퇴보할 때 인간은 후진을 저지하고, 방향을 뒤집고, 다시 진진해야 한다. 무엇이 후진이고 무엇이 전진인지는 논란의 여지가 있겠지만, 진보는 사람들이 기울이는 노력의 궁극적 목표였고, 사람들에게는 최종 목적지가 있었다. 내일은 언제나 오늘보다 더 나을 수 있었다. 진보는 서유럽에서 새로운 문명을 하나로 묶기 시작한 신념의 핵심에 자리 잡고 있었다. 물론 많은 사람은 아직 심판의 날을 진심으로 믿었다-심판의 날이 머릿속에 떠오를 때는 그랬다. 그러나 심판의 날을 일상생활의 정상적인 부분으로 여긴 사람들은 과연 얼마나 되었을까? 그런 사람들은 점점 줄어들었다. 반면 진보에 대한 반응은 어땠을까? 거의 모든 사람이 날마다 하루 종일 앞으로 나아가는 데 관심이 있었다-뒤로 물러나는 듯한 느낌이 들면 후진을 저지하는 데 초점을 맞췄다.

진보의 서사-'더 나은 것'이 항상 가능하다는 확고한 믿음-는 설득력 있는 과학적 원리를 탐색하는 작업의 원동력이었다. 마침내 진보의 서사는 어떤 대상을 과학적 설명하는 것이 바로 그 대상을 설명하는 것과 다름없다는 확신을 낳았다. 세월이 흐르면서 진보의 서사는 인간의 도구가 지속적이고 극단적인 방식으로 개량되는 계기가 되었다. 먼 훗날 진보의 서사는 인간과 도구 간의 관계를 바꿔놓게 되었다.

그러나 먼 훗날은 아직 오지 않았다. 15세기에 과학을 등장시키고 종교적 쇄신을 초래한 힘은 탐험의 욕구를 충족시키기도 했다. 기독교 왕국은 아직 십자군 운동의 향기를 마시고 있었고, 그 향기는 이제 종교적 이상론과 정치적, 상업적 열정이 결합한 것이었다. 장기 십자군 운동으로 유럽인들은 동아시아에서 넘쳐나는 제품, 즉 즐거움과 사치와 오락과 환희를 바라는 인간의 갈망을 자극하는 동아시아산 제품의 빼어난 수준에 눈떴다. 요컨대, 유럽은 향신료에 집착하기 시작했고, 유럽의 모험가들은 고난과 위험을 무릅쓰고 그 멋진 제품을 확보할 기세였다. 향신료에 대한 동경은 역사적 분수령 중 하나로 이어졌다.

4부

역사의
중심축

모든 세계사적 서사는 획기적인 사건을 중심으로 시간을 구성한다. 역사를 증가 일로의 상호 연계성에 관한 드라마로 본다면 콜럼버스가 최초로 아메리카 대륙을 발견한 것은 획기적인 사건-'모든 것을 바꿔놓은' 사건-으로 평가되어야 할 것이다. 그때부터 동반구와 서반구가 연결되었고, 지구의 모든 곳이 상호 연계적인 단일 세계의 일부가 되었다. 하지만 대가가 따랐다. 유럽인들의 도래로 아메리카 대륙의 문명이 통째로 사라져버렸다. 유럽인들이 아메리카 대륙의 작물과 광물에 손대는 바람에 세계 지도의 모양이 바뀌고 말았다. 신대륙 발견이라는 사건의 여파로 유럽에는 기업, 은행, 국가통화[國家通貨], 초기 국민국가 등을 비롯한 새로운 형태의 사회적 별자리가 생기기도 했다. 콜럼버스의 신대륙 발견 이후 기존의 모든 세계사적 단자-인도, 중국, 이슬람 중간 세계, 유라시아 스텝 지대, 아메리카 대륙, 사하라사막 이남의 아프리카, 유럽-는 하나의 거대한 범지구적 드라마에 빠져들었다. 그 점은 지금도 마찬가지다. 세계의 모든 부분이 서로 연관을 맺게 되자 어느 한 지역에서 발생한 사건이 나머지 모든 지역에 곧바로 영향을 미칠 수 있었다. 파급효과의 세계화가 시작된 것이다.

17 장

콜럼버스의 신대륙 발견
(서기 1400~1600년)

15세기, 포르투갈의 엔히크[Henrique] 왕자는 십자군 열병에 걸렸다. 후대 역사학자들은 그를 '엔히크 항해왕자[Infante Dom Henrique, O Navegador]'로 불렀지만, 그는 바다는커녕 양어지[養魚池]에서도 배를 몰아본 적 없었다. 그가 항해왕자로 불린 까닭은 아프리카 해안의 최남단 탐험에 나선 원정대에 자금을 지원했기 때문이다. 오늘날 항해왕자라는 칭호 덕택에 엔히크 왕자는 왕성한 호기심의 소유자, 초기 근대주의자, 일종의 원시 과학자 같은 이미지를 얻게 되었다. 하지만 그것은 엔히크 본인의 자아상이 아니었다. 엔히크 항해왕자는 성전기사단의 후신인 그리스도 기사단[Military Order of Christ]의 단장이었다. 그는 수도사처럼 살았고, 말 털로 짠 옷을 입었고, 금욕 생활을 자랑스러워했으며, (전해 내려오는 바에 따르면) 평생 육체적 순결을 지키다가 세상을 떠났다. 엔히크는 당대의 산물이었고, 그가 활동하던 시절은 장기 십자군 운동의 후반기였다.

일찍이 그는 함대를 보내 아프리카의 무슬림 도시 세우타[Ceuta]를 정복했다. 엔히크는 그 일을 십자군의 관점에서 무슬림에 대한 기독교인의 승리로 평가했다. 정복 활동에 힘입어 포르투갈은 생강, 계피, 흑후추 같은 귀한 향신료를 비롯한 노획물을 잔뜩 챙겼다. 그런데 애석하게도 향신료의 원산지는 극동 지역이었다. 낙타를 동반한 무슬림 카라반은 향신료를 싣고 사하라사막을 건너왔다. 하지만 기독교인들이 아프리카의 대서양 연안에 자리한 무슬림 도시들을 정복하자 카라반의 발길이 끊겼다. 그래서 엔히크는 저 멀리 남쪽으로 배를 보내 아프리카 대륙을 우회할 수 있는 방법을 찾게 했다. 우회 항로를 발견하면 무슬림은 치명타를 입을 것이고, 포르투갈은 원산지로부터 직접 향신료를 구할 수 있을 것이었다.

1세기 전이었다면 그런 식의 탐험은 상상조차 못 했을 것이다. 가장 많이 부는 바람이 남풍이었기 때문에 가로돛을 장착한 배들은 해안을 따라 남쪽으로 내려갈 수 있었지만, 되돌아오지는 못했다. 따라서 그때까지 유럽인들은 서아프리카의 돌출부 너머까지 항해할 수 없었다. 그러나 이제 포르투갈인들은 캐러벨[caravel, 카라벨]이라는 쾌속 범선을 건조하고 있었다. 캐러벨은 용골이 얕아 방향을 쉽게 바꿀 수 있었고, 무엇보다 삼각돛이 달려있어 갈지자 항법으로 맞바람을 받으면서도 항해할 수 있었다. 덕분에 포르투갈 뱃사람들은 남쪽으로, 더 남쪽 멀리까지 용감하게 내려갈 수 있었다. 그러나 아무리 내려가도 왼쪽으로 방향을 꺾을 지점이 나타나지 않았다. 어떤 뱃사람들은 아프리카 대륙이 지구의 맨 밑까지 뻗어있을지 모른다고 투덜대기 시작했다. 아무래도 아프리카 대륙을 우회할 방법이 없을 것 같았다.

제노바 출신의 뱃사람 크리스토발 콜론[Cristobal Colon]—지금은 크리스토퍼 콜럼버스[Christopher Columbus]라는 이름으로 더 유명하다—도 그런 의심을 품었다. 그는 머리카락이 일찌감치 백발이 되었다고 한다. 아마 오랫동안 일반 선원으로 일한 탓이었던 것 같다. 그는 포르투갈 탐험대와 함께 아프리카를 우회하려다 실패한 경험이 두 차례 있었고, 지중해에서 타고 가던 상선이 경쟁 세력의 공격으로 침몰하는 바람에 해안까지 9.6㎞를 헤엄쳐 살아남은 적이 있었다. 이후 그는 지도와 해로 전문가가 되었고, 그러던 중 어느 시점에, 서쪽으로 항해하면 동양의 향료 제도(인도네시아 동부 술라웨시섬과 뉴기니섬 사이에 있는 섬들)에 도달할 수 있을 것이라는 고정관념에 빠지게 되었다.

전문가들은 그런 발상을 비웃었다. 하지만 그들이 지구가 평평하다고 생각했기 때문에 비웃은 것은 아니었다. 당시에는 일정한 교양을 갖춘 사람이라면 아무도 지구가 평평하다고 여기지 않았다. 고대 그리스인들(과 그 밖의 여러 사람)은 이미 오래전에 지구가 둥글다는 사실을 증명했다. 관건은 지구의 모양이 아니라 크기였다. 회의론자들은 서쪽으로 줄곧 항해하다가는 결국 식량이 떨어지고 말 것이라고 확신했다. 반면 콜럼버스는 지구가 생각보다 작기 때문에 한두 달 만에 반대편까지 도착할 수 있다고 믿었다. 사실 콜럼버스의 판단이 틀렸고, 다른 사람들의 판단이 옳았다. 그러나 다행히 콜럼버스는 한 가지가 아니라 두 가지 측면에서 틀렸다. 즉, 지구의 크기가 작다고 오판했을 뿐 아니라, 유럽과 동양의 향료 제도 사이에는 바다밖에 없다고 오판하기도 했다. 두 번째 오판은 무리가 아니었다. 당시 유럽에는 남극부터 북극까지 기다랗게 펼쳐진 거대한 대륙이 있다고 생각한 사람이 아무도 없었다.

콜럼버스는 포르투갈에서 탐험 경비를 대줄 사람을 찾지 못하자 스페인으로 눈길을 돌렸다. 그는 그라나다가 함락된 해에, 즉 가톨릭 군주로 자처한 페르난도와 이사벨이 십자군 전쟁에서 승리한 해에 스페인에 도착했다. 그 무렵 스페인에서는 종교재판소가 왕성하게 운영되고 있었고, 사람들은 모두 승리의 열기에 취해 있었다. 페르난도와 이사벨은 본인들의 위엄에 어울리는 거창한 사업을 모색하고 있었다. 아프리카 대륙을 배로 우회하면 근사해 보이겠다 싶었지만, 그 분야는 이미 포르투갈이 멀찌감치 앞서 있었다. 사실, 얼마 전에 포르투갈의 어느 탐험가가 아프리카 최남단의 곶을 통과했다. 그러나 만일 콜럼버스의 말이 옳다면 스페인은 경쟁국인 포르투갈보다 먼저 향료 제도에 도착할 수 있을 것 같았다—그렇다면 만세를 불러도 될 것 같았다! 그래서, 이사벨 여왕은 콜럼버스의 말을 들어보기로 마음먹었다. 만나서 얘기를 들어보니 콜럼버스는 무리한 요구를 하지 않았다. 그는 작은 배 세 척만 원했다. 그가 탐험에 성공할 확률은 낮았지만, 이사벨 여왕은 주사위를 굴렸다. 승산이 적은 일에 돈을 걸어 대박을 터트릴 때도 가끔 있는 법이었다.

1492년 여름, 크리스토퍼 콜럼버스는 카디스[Cadiz]를 떠나 항해에 나섰다. 세 척의 배로 구성된 그의 함대는 규모 면에서 60년 전에 중국의 정화가 지휘했던 함대에 한참 미치지 못했다. 항해를 시작한 지 두 달이 지나도 육지가 보이지 않자 선원들은 반란을 일으킬 조짐을 보였다. 바로 그 순간, 누군가 날아다니는 새를 발견했다. 근처에 육지가 있다는 의미였다. 반란의 분위기는 잦아들었고, 며칠 뒤 돛대 꼭대기에서 망을 보던 선원이 바하마 제도[Bahamas]를 발견했다. 이튿날, 콜럼버스와 선원들은 해변에 상륙하여 무릎을 꿇은 채 감사 기도를 올렸고, 그곳을 스페인 영토로 선언했다. 콜럼버스는 그곳이 인도인 줄 알았다. 얼마 뒤 쿠바에 도착했을 때는 그곳이 일본이라고 생각했다. 또 이후의 탐험 여행에서 베네수엘라에 상륙했을 때는 그곳을 에덴동산으로 여겼다.

제1년

증가 일로의 상호 연계성이 관통선 역할을 하는 모든 세계사에서는 콜럼버스가 신대륙을 발견한 해를 제1년으로 삼아야 한다. 지금 우리가 1492년을 역법의 기점으로 삼지 않는 유일한 까닭은 바로 콜럼버스가 항해에 나섰을 무렵에 이미 역법이 너무 확고하게 자리 잡고 있었기 때문일 것이다. 그때까지 기독교 세계는 오랫동안 그리스도의 탄생을 역사의 출발점으로 삼아왔다. 유대교 역법의 출발점은 아담과 이브가 에덴동산에서 쫓겨났다고 하는 날이었다. 이슬람 영역은 신의 사도인 무함마드가 추종자들을 메디나로 인도한 해부터 시작되었다. 중국은 새로운 왕조가 제국을 선포할 때마다 시작되는 12년 주기에 따라 연도를 나타냈다. 힌두교 세계에는 다양한 역법이 있었지만, 확정된 출발점이 없었다. 시간 자체가 허황된 것이었기 때문에 출발점보다 현재가 더 중요했다.

하지만 범지구적 인류사의 태동과 상호 연계성의 관점에서, 그리고 콜럼버스가 일으킨 변화를 고려하면 1492년은 그야말로 역사상 가장 획기적인 해로 평가될 수 있다. 그렇게 본다면 지금 우리는 6세기에 살고 있는 셈이다. 콜럼버스의 신대륙 발견이 왜 그토록 중요한 사건이었을까? 대서양 횡단이 초인적인 위업이었기 때문에? 아니다. 방법만 알면 대서양 횡단은 실제로 그리 힘들지 않았다. 콜럼버스가 회의론자들로 가득한 세상에 맞서 신념을 지킨 자의 영웅적 행위를 상징하는 인물이었기 때문에? 아니다. 콜럼버스는 사실 세상 물정에 어둡고 순진한 사람이었다. 빙하기에 시베리아에서 아메리카 대륙으로 넘어간 사람들 이후 콜럼버스가 최초로 동반구에서 출발해 서반구에 도착한 인물이었기 때문에? 아니다. 그보다 먼저 도착한 사람들이 있었다. 소수의 아프리카인이 올메크 시대에 아메리카 대륙으로 건너갔을 수 있다. 그리고 폴리네시아인들이 콜럼버스보다 훨씬 먼저 캘리포니아에 도착했을 가능성이 크다. 바이킹들은 확실히 대서양을 건너 아이슬란드에 이르렀고, 거기서 다시 그린란드를 거쳐 (캐나다 동부 대서양 연안의) 노바스코샤로 건너갔을 것이다.

하지만 아프리카인과 폴리네시아인과 바이킹 등의 아메리카 대륙 탐험에는 획기적인 의미가 부족했다. 그들의 탐험을 계기로 새로운 무언가가 많이 나타나지는 않았기 때문이다. 아메리카 대륙으로 건너온 아프리카인들은 올메크인들이 아프리카인의 특징을 살려 조각한 것으로 보이는 대형 석조 두상[頭像] 몇 개 외에는 아무런 자취를 남기지 않았다. 아메리카 대륙에 도착한 폴리네시아인들은 캘리포니아 지역 속으로 녹아들어 원주민화되었다. 아메리카 대륙에 나타난 바이킹들의 행보는 다음과 같이 요약할 수 있다. 왔노라, 보았노라, 떠났노라. 끝.

반면 콜럼버스의 탐험은 동반구와 서반구를 가로막는 장벽에 구멍을 뚫어 두 영역 사이의 활발한 왕래의 길을 열었다. 콜럼버스가 그 중차대한 항해에 성공한 뒤, 서쪽으로의 탐험에 자금을 대주는 것은 더 이상 주사위 굴리기 같은 도박이 아니었다. 저기 서쪽에 '어떤 것'이 있었다. 아무도 그것이 무엇인지, 그것에서 무엇을 얻을 수 있는지 몰랐지만, 서유럽인들은 경쟁자들이 접근하지 못하는 세계를 우연히 발견했다는 사실을 재빨리 깨달았다.

서유럽이 금방이라도 역사상 가장 급성장할 문화적 지역으로 발돋움할 것 같은 상황에서 아메리카 대륙에 도착했다는 점에서 콜럼버스의 역할은 중요한 것으로 평가된다. 유럽인들은 흑사병에서 완전히 벗어났고, 이제 막 '십자군 전쟁에서 승리했다.' 그들은 영웅적 이야기를 써 내려가고, 지구 전체를 본인들의 세계관 안에 집어넣고자 하고, 저기 밖에

있는 모든 것을 무주공산으로 여기는 승자들이었다. 🔳

 콜럼버스의 신대륙 발견 이후, 수많은 배가 떼를 지어 유럽에서 아메리카 대륙으로 떠났다. 콜럼버스가 발견한 첫 번째 섬에 살고 있던 타이노족[taino]은 밀물처럼 몰려든 유럽인들의 상대가 되지 못했다. 대다수의 타이노족이 목숨을 잃었다. 1520년, 카스티야 출신의 선장 에르난 코르테스[Hernán Cortés]는 소규모 병력을 이끌고 아메리카 대륙 본토로 향했다. 당시 아메리카 대륙 본토에서는 아즈텍족이 약 31만㎢에 이르는 영역을 지배하고 있었다. 아즈텍 문명의 수도인 테노치티틀란[Tenochtitlan]은 스페인의 여느 도시만큼 컸지만, 코르테스와 휘하의 병사들은 아스테카 제국을 손쉽게 무너트렸고, '멕시코'를 '신[新]스페인[New Spain]'으로 탈바꿈시켰다. 12년 뒤, 또 다른 스페인 출신의 정복자인 프란시스코 피사로[Francisco Pizarro]는 잉카인들이 아스테카 제국보다 6배 큰 제국을 다스리고 있던 페루에 상륙했다. 잉카 제국은 오늘날의 칠레 북부에서 콜롬비아까지 펼쳐져 있었다. 피사로와 180명의 병사는 '순식간에' 잉카 제국 황제를 사로잡았고, 1년 뒤에 제국 전체를 장악했다.

대멸종

 어떻게 180명이 수백만 명의 제국을 정복할 수 있었을까? 대체 거기서 무슨 일이 벌어졌을까? 재러드 다이아몬드[Jared Diamond, 《총, 균, 쇠 GUNS, GERMS, AND STEEL》의 저자—옮긴이 주]는 《총, 균, 쇠》의 관점에서 설명한다. 전적으로 맞는 말이다. 하지만 나는 그가 꼽은 세 가지 요소에 한 가지를 추가하고 싶다. 그것은 서사이다. 그 네 가지 요소 중에서 확실히 균이 가장 결정적이었을 것이다. 신대륙 진출 초창기의 유럽인들은 아메리카 대륙에 막대한 피해를 주었다. 그들은 원주민을 죽였고, 심지어 쇠꼬챙이에 사람을 꽂아 태워 죽이기도 했다. 그러나 유럽인들이 입힌 가장 끔찍한 피해는 그들이 전혀 제어할 수 없는 것이었다. 그것은 바로 질병이었다.

콜럼버스가 발견하기 전의 아메리카 대륙에는 전염병이 드물었다. 원래 홍역 같은 흔한 질병들은 가축을 거쳐 인간 공동체에 유입되었고, 동반구에 사는 사람들은 세월이 흐르면서 차츰 면역이 생겼다. 천연두는 아직 유럽에서 맹위를 떨쳤지만, 역시나 시간이 지나면서 대다수 유럽인은 천연두를 이겨냈다. 물론 얼굴에는 흉터가 남았지만 말이다. 아메리카 대륙에는 길들여 몰고 다닐 만한 동물이 없었기 때문에 그때까지 원주민들은 유럽에서 출몰하는 질병에 노출된 적이 없었다. 아메리카 대륙에서는 심지어 감기 같은 질병조차 알려진 바 없었다.

유럽을 덮친 흑사병은 끔찍했지만, 아메리카 대륙에는 흑사병보다 몇 배나 더 끔찍한 불청객이 나타났다. 그것은 특정 질병이 아니라, 질병 자체—아메리카 대륙 전역을 휩쓴 수많은 형태의 유행병—였다. 역설적이게도, 이사벨 여왕은 콜럼버스(와 이후의 항해자들)에게 식량 삼아 배에 돼지를 싣고 가게 했다. 그렇게 하면 유대인들과 무슬림들이 신분을 속인 채 탐험대에 합류하는 일을 막을 수 있다고 생각했기 때문이다. 그런데 돼지는 정말 치명적인 질병 중 하나인 유행성 감기(돼지 독감)를 아메리카 대륙으로 옮기는 경향이 있었다. 게다가 야생 세계로 달아난 돼지들은 거의 모든 환경에서 살아남아 번식할 수 있었다. 일단 몇 마리의 돼지가 야생으로 돌아가자 번식을 통해 개체 수와 서식 범위가 늘어나면서 병균이 저 멀리까지 퍼졌다.

여러 원주민 사회가 유럽인의 모습을 구경하기도 전에 낯선 질병에 속수무책으로 당했다. 질병은 탐험가들과 정복자들과 선교사들보다 빨리 움직였다. 대부분의 사람은 눈치를 못 챘지만, 사실 모든 사람이 서로 연결되어 있었기 때문이다. 콜럼버스가 카리브해에 도착하기 전에는 멕시코만 북쪽의 미시시피강과 오하이오강 유역에 고도의 문화가 번창하고 있었다. 그런데 신대륙 진출 초창기의 유럽인들이 도착했을 때는 소규모 부족 집단이 말뚝을 둘러친 마을에 살고 있었을 뿐이다—마을에서는 원주민의 최근 조상들이 흙을 쌓아 만들어놓은 커다란 의식용 언덕이 보였다. 아마존강 유역을 최초로 살펴본 포르투갈 탐험가들은 거기서 도시들을 발견했다고 보고했다. 밀림을 가로지르는 도로로 이어진 도시에는 스페인 사람들만큼 세련된 원주민이 살고 있었다고 한다. 그런데 포르투갈인들이 정착하기 시작할 무렵에는 일찍이 그곳에서 번창했던 모든 것이 사라져버렸다. 한때 원주민이 살았던 땅이 밀림으로 뒤덮이면서 그들의 흔적이 거의 사라지고 말았다.

콜럼버스가 발견하기 전의 아메리카 대륙에는 얼마나 많은 사람이 살고 있었을까? 아무도 모르지만, 오늘날 하는 당시의 최대 인구는 약 1억 1200만 명이다. 그렇다면 콜럼버스가 도착한 뒤 1세기나 2세기가 흐르는 동안 얼마나 많은 사람이 죽었을까? 물론 아무도 확실히 모르지만, 1650년까지 아메리카 대륙의 원주민 인구는 약 6백만 명으로 줄어들었을 것이다. 거의 틀림없겠지만, 아메리카 대륙의 여러 곳에서 원주민의 최소한 90%가 사망했을 것이다. 이 같은 수치와 무관하게, 콜럼버스의 위대한 여정으로 촉발된 광범위한 전염병은 몽골족의 대침공, 흑사병, 그리고 20세기의 양차 세계대전보다 더 심각한 역사상 최악의 단일 재난으로 평가되어야 한다. 이전에도 이후에도 그 같은 참사를 찾아볼 수 없었다. 말 그대로 대멸종이었다.

유럽적 서사

지금까지 균의 역할을 살펴봤다. 총과 쇠도 나름의 역할을 맡았다. 칼은 곤봉보다 낫고, 철 갑옷은 잉카인들이 입었던 천 갑옷보다 낫다. 그런데 서사는 아메리카 원주민의 사회적 은하가 붕괴하는 과정에서 무슨 역할을 했을까?

콜럼버스의 신대륙 발견은, 13세기 후반에 엄밀한 의미에서의 십자군 운동이 마지막으로 펼쳐진 시점으로부터 몇백 년이 지난 뒤에 일어난 일이다. 그러나 15세기에 시작된 유럽인의 '탐험 항해'는 확실히 장기 십자군 운동의 연장선에 있었다. 십자군 정신은 아직 남아있었고, 탐험에 영웅적 의미를 부여했다. 스페인인들과 포르투갈인들은 아메리카 대륙 정복을 십자군 운동으로 바라봤다. 그들은 교회의 영토를 확장함으로써 하느님을 섬겼다. 지금 나는 그들의 정복 활동을 정당화하려는 것이 아니다. 그들은 정복 사업의 영적 고귀함을 믿었다. 아마 그들의 시각에서는 정복 사업을 고귀하게 생각했을 것이고, 흔히 그렇듯이, 성공을 통해 서사가 강화되었을 것이다. 옳지 않은데 어찌 승자가 될 수 있었겠는가? 공유하는 서사를 통해 그 후기 십자군 전사들의 연대감이 굳어졌다. 연대감과 확신 덕택에 그들은 한층 더 막강한 힘을 지니게 되었다. 그리고 기독교적 서사뿐 아니라, 진보의 서사도 그들에게 생기를 불어넣었다.

물론 이면도 살펴봐야 한다. 콜럼버스의 신대륙 발견에 따른 여파가, 당시 아메리카 원주민들의 삶에 의미를 부여한 갖가지 서사에 어떤 영향을 미쳤는지 검토해보자. 원주민들이 일련의 사건을 겪는 동안 그들의 신관[神觀], 영웅관, 가치관, 도덕관, 선악관, 정의관 등이 흔들렸고, 그들이 따르던 온갖 의식 절차와 풍습의 신뢰성이 약화되었다. 원주민들이 보기에는 세상이 정상적으로 돌아가는 것 같지 않았다.

흑사병이 창궐하고 있을 때, 유럽에서는 무너져가는 신념 체계의 대안으로 떠오르며 유럽인들에게 강하게 다가간 제2의 일관적 서사는 없었다. 유럽인들은 과거에 삶의 기준으로 삼았던 서사들의 파편만 남은 상태에서 스스로 새로운 서사를 구축해야 했다. 그들은 남길 만한 것은 남기고 덧붙일 만한 것은 덧붙이고, 때로는 새로운 개념적 연관성을 도출함으로써 새롭고 일관적인 관념의 별자리를 만들어갔다. 그들이 구축하고 있던 서사와 경쟁하는 서사는 없었다. 하지만 아메리카 원주민들은 그런 호사를 누릴 여유가 없었다. 주변의 물질적 현실을 고려할 때 언제나 그리고 모든 점에서 그들은 틀렸고 이방인들은 옳았다. 그들은 맥없이 죽어갔지만, 이방인들은 승승장구했기 때문이다.

그랬다. 표면적으로 원주민들은 원래의 생활 방식을 버리고 세례를 받고 교회에 다닐 수 있었다. 많은 원주민이 그렇게 했다. 하지만 그랬다고 해서 원주민들이 정복자들과 같은 종교를 믿는 교우[敎友]일 수는 없었다. 원주민들이 동참한 서사에서 그들이 맡은 것은 허드렛일이었다. 원주민들은 꽤 높은 장벽을 마주했고, 탄탄한 자아감을 형성해 나갔다.

콜럼버스 일행과 그들의 발자취를 따라간 사람들이 촉발한 전염병은 많은 사람의 목숨을 빼앗는 데 그치지 않았다. 문명을 파괴하는 데 그치지 않았다. 역사를 잠시 단절하는 데 그치지 않았다. 그 광범위한 전염병은 서로 엮인 서사들─동반구에서 펼쳐지고 있었던 세계사만큼 복잡하고 다양한 세계사로 귀결되는 서사들─의 우주를 파괴했다. 앞으로도 그 세계사의 대부분은 미지의 영역으로 남을 것이다.

18 장

연쇄반응

(서기 1500~1900년)

콜럼버스의 신대륙 발견 이후, 유럽의 억센 사내들은 배를 타고 갈 수 있는 지구상의 모든 곳으로 떠났다. 지구는 대부분 바다였기 때문에 갈 곳은 많았다. 서쪽으로 향한 사람들은 식민지를 건설했고, 광산을 개발했고, 대규모 농장을 조성했다. 동쪽으로 향한 사람들은 아시아에 요새와 교역 거점을 구축했고, 진귀한 아시아산 물건을 사들여 모국에서 굉장히 비싼 값으로 되팔았다. 그 두 가지 활동 무대는 귀금속에 의해 연결되었다. 유럽인들은 아메리카 대륙에서 금과 은을 대량으로 채굴했고, 은은 최고의 통화, 즉 모든 곳에서 통용되는 화폐였다.

아메리카 대륙에 침투하는 유럽인의 대열은 전사들과 선교사들이 이끌었고, 특정 작물을 산업적 규모로 생산해 한몫 단단히 잡을 기회를 포착한 사업가들이 뒤이었다. 우선 담배와 사탕수수가 이목을 끌었고, 나중에는 면화가 떠올랐다.

콜럼버스가 신대륙을 발견할 때까지 유럽인들과 아시아인들은 담배를 전혀 몰랐다. 담배는 순식간에 인기를 끌었다. 그럴 수밖에 없었다-담배는 마약이다. 최고로 꼽히는 설탕인 사탕수수 설탕은 유럽에서 엄청나게 비쌌다. 사탕수수가 너무 무거워 인도에서 유럽까지 운반하기가 힘든 데다 사탕수수로부터 설탕을 추출하는 공정이 중간 세계의 극비 사항이었기 때문이다. 그러나 유럽인들은 이제 막 추출 기술을 확보했고, 카리브해에서 사탕수수를 무척 쉽게 재배할 수 있었다. 사탕수수 재배업자들은 사탕수수를 산지에서 곧장 설탕으로 가공할 수 있게 되었다. 덕분에 설탕은 최상의 향신료-아무에게도 필요하지 않지만, 모두가 원하는 것, 일단 가공되면 쉽게 운반할 수 있는 것-로 발돋움했다. 유럽의 설탕 시장은 폭발적으로 성장했다. 정제된 설탕은 본질적으로 마약이기 때문이다.

사탕수수에서 추출한 모든 설탕이 설탕 시장에서 판매되지는 않았다. 설탕을 정제하는 과정의 부산물인 당밀이 럼주의 재료로 쓰이자 설탕 산업만큼 중요한 파생 산업이 출현했다. 럼주는 술, 즉 마약이기 때문에 판로 개척이 쉬웠다.

자, 이렇게 정리할 수 있다. 금, 은, 면화, 그리고 세 가지 마약인 담배, 설탕, 럼주는 유럽인들이 아메리카 대륙을 식민지로 삼는 과정을 촉진하는 연료였다.

은

신대륙 진출 초창기의 스페인 출신 정복자들은 금에 집착했고, 실제로 그들은 얼마간의 금을 확보했지만, 상상한 만큼의 분량은 아니었다. 대신에 그들의 손에 잔뜩 굴러 들어온 것은 금의 초라한 이복형제 격인 은이었다.

은은 상품과 화폐의 경계선에 있을 만큼 양이 풍부한 귀금속이다. 스페인 정부는 페루와 멕시코에서 은을 채굴해 배편으로 본국까지 운반했다ー이래저래 확보한 금도 함께 운반했다. 스페인은 마치 자유 화폐를 마구 뱉어내는 현금 자동입출기를 발견한 태평스러운 바보 같았다.

스페인은 이제 유럽의 우두머리가 될 법한 고지에 올랐다. 스페인 왕실은 전함 선단을 건조했고, 최신 무기를 갖춘 군대를 편성했다. 페르난도와 이사벨의 외손자인 카를 5세[Karl V]는 신성 로마 제국의 황제로 지명된 덕택에, 이미 보유하고 있던 신대륙의 거대한 제국에 북유럽과 중앙유럽의 영토를 추가하며 유례없는 위엄을 누렸다. 스페인 상류층은 멋진 성을 지었고, 돈으로 살 수 있는 갖가지 사치품으로 성을 채웠다. 그들은 스페인의 생산력 강화에 많은 돈을 투자하지 않았다. 그냥 밖에 나가 사 올 수 있는데, 굳이 물건을 만들 까닭이 없었기 때문이다.

스페인은 직물과 가구, 양모와 선박 같은 각종 상품을 대량으로 사들였고, 그 상품들은 대부분 영국, 프랑스, 그리고 저지대 국가들(벨기에, 네덜란드, 룩셈부르크)에서 생산된 것이었다. 그 뒤 은이 믿음을 저버렸다. 은은 상품이었다. 그러므로 스페인 전역에 흘러넘친 은은 수요와 공급의 철칙을 작동시켰다. 은의 가치가 떨어지고, 떨어지고, 또 떨어졌다. 그러나 은은 법정 화폐이기도 했다. 은의 가치가 하락함에 따라 이제 상품을 살 때 더 많은 화폐가 필요하게 되었다. 다시 말해 물가가 오르고, 오르고, 또 올랐다.

만약 은이 스페인 인구 전체에 골고루 분배되어 있었다면, 물가가 상승해도 심각한 문제는 아니었을 것이다. 예를 들어 구두 한 켤레를 살 때 예전보다 더 많은 화폐가 필요해졌다고 해도, 모든 스페인 국민이 은을 공평하게 나눠 갖고 있으므로 각자의 구매력은 동일했을 것이다. 그러나 당시의 사회제도에서는 은이 공평하게 분배될 수 없었다. 오히려 부자들이 더 부유해졌다. 부는 상대적 하류층 쪽으로 흘러나왔지만, 찔끔찔끔 흘러내렸을 뿐이다. 부자들은 여전히 구두와 의자와 안장 같은 물건을 사고 있었지만, 구두와 의자와 안장을 만들어 파는 사람들의 매출은 늘지 않았다. 왜냐하면, 부자들의 수는 일정한데 그들이 사용할 수 있는 신발과 의자와 안장의 개수에는 한계가 있었기 때문이다. 매출은 변함없고 물가는 오르는 상황에서, 상대적 하류층은 더 가난해졌다. 물가는 오르고 수입은 늘어나지 않자, 무슨 물건이든 간에 구입할 여력을 갖춘 사람들의 수가 점점 줄어들었고, 결과적으로 신발과 의자와 안장을 판매하는 시장이 위축되었다. 따라서 사업에 실패하는 사람들이 늘어났으며, 그러는 동안에도 물가는 계속 올랐다.

결론적으로, 은이 무한히 공급되었지만 스페인은 이웃 나라들보다 더 부유해지거나 더 강력해지지 못했다. 은이 생산력을 증강하는 데 투자되지 않았기 때문이다. 사실 영국, 프랑스, 네덜란드 등지에서는 은이 생산력 증강에 투자되었다. 생산되어 교환되는 물품의 수가 일정하게 유지되는 상황에서만 인플레이션이 물가 상승으로 이어지는 법이다. 은의 유입으로 생산과 상거래가 더 활발하게 촉진된 사회에서는 은이 흡수되었고, 해당 사회는 더 튼튼해졌다. 아메리카 대륙을 앞장서 약탈한 스페인과 포르투갈은 마치 복권에 당첨된 사람처럼 일시적으로 부유해졌지만, 나중에는 서유럽의 양대 빈국으로 전락했다.

영국과 네덜란드
일찍이 스텝 유목 문명과 도시 문명의 분기[分岐], 그리스 문명의 발흥, 향신료 길의 진화 같은 과정에서는 환경이 핵심적인 역할을 했다.

16세기에도 환경은 두 강국—영국과 네덜란드—이 부상하는 과정에서 중요한 역할을 맡았다.

콜럼버스의 신대륙 발견 이후 영국과 네덜란드는 무척 행복한 나날을 보냈다. 영국은 섬나라였고, 네덜란드는 연안국가였다. 두 나라 사람들에게 항해는 제2의 천성이나 다름없었다. 두 나라 모두 고전고대(서양의 고전 문화를 꽃피운 고대 그리스·로마 시대를 이르는 말) 시대의 생산성 높은 지역들과는 거리가 매우 멀었다. 따라서 영국인들과 네덜란드인들은 배를 타고 저 멀리 떨어진 곳까지 가서 교역품을 싣고 돌아오고 싶은 강한 욕구를 느꼈다. 16세기에 이미 영국과 네덜란드에는 유서 깊은 항해 전통이 내려오고 있었고, 어릴 때부터 북대서양의 거친 파도와 싸우며 여러 개의 가로돛과 삼각돛이 설치된 튼튼한 배의 조정법을 익힌 노련한 해상 상인들이 다수 활약하고 있었다. 포르투갈의 쾌속 범선 캐러벨은 조종하기가 무척 쉬워 한때 이점을 누렸다. 그러나 영국인들과 네덜란드인들은 조종하기 쉬우면서도 크기가 큰 배로 캐러벨을 따라잡았다.[21]

그 무렵, 유럽의 원거리 교역상들은 새로운 사업 방식을 개발했다. 발견한 상품을 사들인 뒤 그것을 내다 팔 시장을 찾는 대신에, 그들은 먼저 시장을 발견해 주문을 받은 뒤 수공예를 부업으로 삼는 농가에 상품 생산을 맡겼다. 일례로 집에서 일하는 벨기에 여성들은 특히 레이스를 잘 만들었기 때문에 상인들은 직접 벨기에로 가서 주문했고, 얼마 지나지 않아 벨기에에서는 레이스를 만드는 가내 공업이 번창했다. 한편, 프랑스, 네덜란드, 영국 등지에서는 직물과 의류를 생산하는 가내 작업

---

21) '네덜란드인'을 가리키는 영어 단어 Dutch는 '사람들' 또는 '우리들'이라는 뜻의 독일어 단어인 Deutsch와 어원이 같다.

장이 급격히 늘어났다. 아메리카 대륙의 은은 이 같은 과정을 통해 서유럽의 제조업 성장에 기여했다.

제조업의 무대가 가정이었기 때문에 숙련 노동에 종사하는 사람들은 대부분 여성이었지만, 그 점은 당시 여성의 경제적 기여가 대중적 시선을 끌지 못했다는 의미이기도 하다. 무역 회사들은 상품을 주문했을 뿐 아니라, 무늬를 제시하고, 원료를 공급하고, 수량을 명시하고, 디자인을 결정하기도 했다. 가내 공업에 종사하는 장인들―대다수가 서유럽 여성이었다―은 결국 원거리 교역상들에게 하청을 받아 일하게 되었다. 그 새로운 체제에서는 생산자와 소비자가 절대 마주치지 않았다. 생산자와 소비자 사이에는 상인들밖에 없었으므로, 그들이 생산 공정 전체를 장악하게 되었다.

기업

진취적인 성향의 여러 상인이 합작해 회사를 결성하는 경우도 있었다. 그렇게 탄생한 회사는 일정한 계획을 세운 뒤 여러 사람의 노력을 조율해 계획을 실천할 수 있는 사회적 별자리로서 동업 조합, 지역 교회, 왕국 등과 어깨를 나란히 했다. 초기의 회사들은 대체로 사업 범위를 점점 늘려가는 상인 가문이 결성한 것이었다. 예를 들어 오랫동안 곡물 분야에 종사한 가문이 직물 분야에도 손댈 수 있었다. 그러나 초창기 가족 회사들은 한두 세대 뒤에 없어지는 경향이 있었다. 봉건적 틀에서는 토지가 없는 부자들에게 도덕적 비판이 쏠리기 마련이었고, 돈 자체를 목표로 삼아 돈을 모으는 행위를 도덕적 타락의 징후로 여겼기 때문이다. 치부[致富]를 둘러싼 명예로운 처신이란 토지를 사는 것, 되도록 작위를 얻는 것, 소작농을 거느린 자비로운 지주의 삶을 보내는 것 따위를 가리켰다. 봉건적 서사의 범위 안에서 돈은 허황한 것이자 막연하게 더러운 것이라는 느낌을 풍겼다. 반면 토지는 참된[real] 것처럼 보였다. 토지는 상속인에게 물려줄 수 있는 것이었다(이 같은 정서는 오늘날 부동산을 뜻하는 영어 단어 real estate에 남아있다). 작위도 마찬가지였다. 예를 들어 최근에 작위를 얻은 어느 백작에게 아들이 있으면 그 아들은 아버지보다 훨씬 더 확실한 백작이 될 수 있었다. 작위를 얻기 전의 미천했던 아버지의 모습을 기억하는 사람들이 있을 수 있었기 때문이다.

그러나 가족 회사가 생겼다가 없어지는 동안 합자회사라는 새로운 종류의 회사, 즉 낯선 사람들끼리의 조합이 나타나기 시작했다. 일단, 뜻을 모은 상인 여러 명이 혼자서는 감당할 수 없는 대규모의 사업을 추진할 자금을 갹출했다. 그다음에는 배를 준비해 아시아로 보냈다. 배는 교역품을 싣고 아시아에서 돌아왔다. 교역품이 팔리면 상인들은 각자 투자한 금액에 따라 이윤을 배당받았다. 각 상인의 출자금 액수는 증권[stock certificate]으로 불린 문서에 기록되었고, 여기서 '합자회사[joint stock company]'라는 용어가 나왔다. 초기의 합자회사는 일반적으로 특정 사업을 중심으로 결성되었다. 일단 사업이 목적을 달성해 마무리되면 출자자들은 각자 새로운 기회를 찾아 나섰다. 그러나 이 같은 종류의 회사들은 점차 모험적 사업을 잇달아 추진하는, 안정적 조직으로 변모했다. 그것은 물리적 우주에 속한 생물학적 유기체에서 엿보이는 것과 동일한 속성 몇 가지를 지닌, 사회적 우주에 속한 새로운 종류의 사회적 별자리였다.

합자회사의 목표는 하나였다. 그것은 바로 이윤 창출이었다. 이윤 창출은 발전, 전진, 성장 같은 개념에 궁극적 의미와 목적을 부여하는 진보의 서사에 어울렸다. 토지 소유는 진보의 서사와 그다지 어울리지 않았다. 토지는 역동성이 없기 때문이었다. 물론 지주는 본인 소유의 땅을 더 효율적으로 이용할 수는 있었겠지만, 결국 생산성의 한계점에 도달할 수밖에 없었다. 그리고 앞으로 나아가기를 바라는 지주라면 다른 사람의 땅을 손에 넣어야 했다. 하지만 이윤은 달랐다. 이윤에는 한계점이 없었다. 회사는 규모를 키우고, 사업 범위를 늘리고, 배를 더 많이 더 멀리 보내고, 돌아오는 배에 더 많은 짐을 싣게 하고, 판매 시장을 넓히고, 구매량과 판매량을 늘리는 방식으로 더 많은 이윤을 챙길 수 있었다. 이론적으로는, 그렇게 개선하고 확장하면 언제나 오늘보다 내일이 더 밝을 수 있었다.

은행

그런데 아시아로 교역 원정대를 보내는 데는 큰 비용이 들었다. 배를 사들이고, 선원을 채용하고, 식량을 조달해야 했다. 다행히 일이 술술 풀리면 이윤으로 모든 노고의 보람을 느낄 수 있었을 것이다. 그러나 이윤은 상품이 팔려야 챙길 수 있었다. 상품은 몇 년이 지나도 팔리지 않는 경우가 있었다. 상인 집단은 어떻게 미래의 이윤으로 현재의 지출을 감당할 수 있었을까?

어떤 측면에서는 왕조 권력—통치 가문—도 비슷한 난관에 부딪혔다고 볼 수 있다. 정치권력의 수입원은 세금이었다. 나중에 많은 세금을 거둬들이려면 지금 비용을 지출해야 했다. 따라서 정치적 지배자들은 과세의 대상인 영토를 넓히려고 노력했고, 영토 확장에는 군대가 필요했고, 군대에는 자금이 필요했다. 그들은 통제력을 강화하고 징세 효율을 개선함으로써 세금을 더 많이 쥐어짜내려고 했지만, 그렇게 하려면 다수의 공무원이 필요했고, 대규모 공무원 집단을 운영하는 데는 자금이 필요했다.

영토 확장과 세금 징수 외의 변수도 있었다. 군주들에게는 더 중요한 요소가 필요했는데, 그것은 바로 믿음이었다. 왕은 백성들에게 왕으로 인정받아야 했다. 백성들이 왕을 왕으로 여기지 않으면 왕은 왕이 아니었다. 이 필수 불가결한 믿음을 이끌어내려면 화려한 겉치레와 격식 차리기가 필요했다. 왕다운 왕은 웅장한 궁전에서 살았고, 화려한 옷을 입었고, 말쑥하게 차려입은 수행원들을 거느린 채 여행했고, 평민들은 감히 꿈꾸지도 못하는 멋진 마차를 타고 다녔다. 그 당당한 모습을 바라보면서 사람들은 "임금님을 뵈었어."라고 말했고, 그들의 이웃들은 "나도 뵈었다네. 진짜 임금님이야!"라고 맞장구쳤다. 요컨대, 그 과정은 돌고 도는 것이었다. 즉, 왕실은 이미 보유한 듯싶은 권력을 단단히 간수하는 데 필요한 활동을 수행하고자 권력에 대한 환상을 조장해야 했다. 물론 여기에도 비용이 들었다.

오늘의 지출과 내일의 수입 사이의 틈은 새로운 계층의 전문가들이 메웠다. 그들에게는 잠재적 부가 현실화될 때까지 지속되는, 부에 대한 환상을 조장하는 기술이 있었다. 그 기술의 선구자는 십자군 운동 기간에 원시적 은행업을 고안한 이탈리아와 유대인 사회의 대금업자들이었다. 그들은 대출을 통해 돈을 버는 방법을 발견했다. 일반적으로 그들이 빌려주는 것은 진짜 돈이 아니라 신용이었다. 신용[credit]이라는 말은 '믿음'을 뜻하는 라틴어에서 유래했다. 신용은 사람들이 신용이라는 것이 존재한다고 생각하는 한 존재한다. 은행이 빌려주는 '돈'은 누군가가 갚아야 할 돈이었기 때문에 그것은 은행 자산에 속했다. 그러므로 역설적이지만, 은행은 돈을 많이 빌려줄수록 돈을 더 많이 갖게 되었다. 거꾸로 말하면, 은행이 실제로 금고에 보관하고 있는 것은 부채—은행이 언젠가 예금자들에게 지급해야 하는 유형의 금전적 가치—였다.

집안 살림을 맡은 사람이라면 아마 고개를 갸웃거릴 것이다. 정상적인 가정의 침대요 밑에 금이 있다면 그것은 자산일 것이다. 만약 A 씨의 가정이 일정액의 돈을 사촌인 B 씨에게 빌려줬다면 그것은 부채다. 왜냐하면, A 씨의 식구들이 지금 당장 먹을 음식을 사야 하는 상황이거나 굶어 죽기 일보 직전이라도 쓸 수 없는 돈이기 때문이다. 동네의 정육점 주인은 A 씨의 사촌인 B 씨가 서명한 차용증을 봐도 고기를 주지 않을 것이다. 그는 B 씨를 모르기 때문이다. (오히려 그가 B 씨를 알고 있는 편이 더 나쁜 결과를 초래할 수도 있을 것이다.) B 씨가 서명한 차용증은, B 씨가 빌린 돈을 꼭 갚을 것이라는 확고한 믿음이 공동체 전체에 퍼져 있을 때만 돈으로 취급될 것이다. 관건은 '믿음'이다. 은행은, 모든 사람이 은행에서 발행한 어음의 지불 능력을 신뢰할 때만 은행의 기능을 수행할 수 있다.

성전기사단은 최초의 국제적 은행업자들이었고, 유럽의 대다수 군주와 신용 거래를 했다. 당시 대중들은 성전기사단이 거금을 빌려주는 모습을 보고 어딘가에 금을 잔뜩 숨겨뒀을 것이라고 짐작했다. 1307년의 어느 날, 프랑스의 국왕 필리프 4세[Philip IV]는 성전기사단 단원들을 모조리 체포하고, 지도급 인사들을 처형하고, 그들이 숨겨둔 금을 빼앗아버리면 빚을 갚지 않아도 된다고 판단했다. 필리프 4세는 성전기사단이 이 세상을 몰래 통제한다는, 또 갖가지 범죄와 흉작을, 그리고 프랑스를 덮친 질병을 (비밀리에) 유발하고 있다는 소문을 미리 퍼트린 덕분에 그 파격적 조치를 둘러싼 대중의 지지를 확보해뒀다. 필리프 4세가 행동에 나설 무렵, 대중들은 그 가증스러운 성전기사단 단원들이 소탕되고 그들이 숨겨둔 금이 발견되기를 간절히 원했다. 그러나 국왕의 부하들이 성전기사단의 사무실을 샅샅이 뒤졌어도 생각보다 금이 많이 나오지 않았다. 그들이 찾아낸 것은 대부분 공책과 거기 적힌 숫자였다.

한편, 성전기사단이 유발한 것으로 지목된 흉작과 질병과 그 밖의 피해는 성전기사단이 해체된 뒤에도 지속되었다. 이제 대중들은 판단을 내려야 했다. 그동안 국왕과 교황이 거짓말을 한 것일까? 아니면 성전기사단 단원들이 용케 살아남아 새로운 이름을 내건 채 비밀 본부를 중심으로 다시 세상을 통제하고 있는 것일까? 성전기사단이 몰래 세상을 통제하고 있을지 모른다는 의심은 오늘날까지 남아있는 한 가지 개념적 별자리, 즉 음모론—대중에게 알려지지 않은 소규모 집단이 비밀리에 세상을 통제한다는 견해—의 대표적 사례다.

그런 소문과 가설의 원인 중 하나—돈의 추상화—는 이후로도 활발히 진행되었다. 대중이 신비에 싸인 성전기사단에 관심을 쏟는 동안 은행은 꾸준히 생기고 성장할 수 있었다. 그것은 꽤 많은 이윤을 낳을 것 같은 모험적 사업에 자금을 대주고 싶어 안달하는 사업가들로 가득한 유럽 사회에서 은행이 결정적인 역할을 수행한 덕분이었다.

1600년, 영국의 사업가 집단이 국왕과 충격적인 거래 관계를 맺었다. 엘리자베스 여왕은 그 소규모의 민간 합작 기업에 인도 및 동아시아와의 무역 독점권을 부여했다. 그뿐만 아니라, 사설 군대를 양성해 현장에 배치하고, 요새를 건설하고, 외국 정부와 조약을 협상할 수 있는 권한도 부여했다. 그 합작 기업의 이름은 동인도회사였다.

2년 뒤, 네덜란드인들도 동인도회사를 차렸다. 네덜란드 동인도회사의 설립 목적은 영국 동인도회사와 경쟁하는 것이었고, 네덜란드 정부는 영국 동인도회사가 여왕에게 받은 것과 똑같은 특전—아시아와의 무역 독점권과 사설 군대를 양성해 배치하고, 요새를 설치하고, 조약을 체결할 수 있는 권리—을 자국의 동인도회사에 하사했다. 스페인, 프랑스,

포르투갈, 스웨덴을 포함한 유럽의 여러 나라도 그 비슷한 회사들을 설립했지만, 네덜란드와 영국의 동인도회사가 가장 강력했고, 나머지 회사들의 모범이 되었다.

엘리자베스 여왕은 영국 동인도회사에 의미심장한 특혜를 하나 더 하사했다. 자국의 동인도회사를 유한책임회사로 선포한 것이다. 유한책임회사란 회사와 관련된 개인─직원, 관리자, 소유주 등─이 회사의 채무나 악행을 책임지지 않는 기업을 의미했다. 투자자들은 투자금을 잃을 수 있었다. 그뿐이었다. 회사가 범죄를 저지르면 회사에 소속된 사람이 아니라, 오직 '회사'만 처벌받을 수 있었다. 법적으로, 그 처벌 규정은 회사 차원의 활동을 수행하는 인체들이 회사인 것은 아니라는 의미였다. 개개의 인간은 한동안 있다가 사라질 수 있었겠지만, 회사 자체는 단일한 연속적 독립체로서 존재했다. 마치 인체의 세포가 부단하게 사멸해 다른 세포로 교체되는 동안에도 인간은 단일한 연속적 '자아'로 존재하는 것처럼 말이다. 엘리자베스 여왕이 선언한 규정은 기업이 자아를 지닌, 계획을 실천할 수 있는, 그리고 마치 개개의 인간처럼, 그리고 단세포인 아메바를 비롯한 모든 생명 형태처럼 소멸을 피하려는 본능적 욕구를 갖춘 사회적 별자리로서 이 세상에 자리 잡는 데 보탬이 되었다. 언젠가 미국의 대통령 후보 밋 롬니[Mitt Romney]는 이 점을 잘 표현했다. "기업은 사람들이다. 내 친구들이다."

네덜란드 동인도회사는 원래 약 2백 명의 상인들로 구성된 조합이었으나, 설립 직후에 탁월한 결단을 내렸다. 주식을 더 많이 발행하고 일부 주식을 일반인에게 판매하기로 한 것이다. 누구나 조합원들의 주식을 살 수 있었다. 주식 구매자들은 굳이 시험에 합격하거나 다른 조합원들과 어울릴 필요가 없었다. 반대로 그들에게는 경영을 둘러싼 발언권,

채용 관련 제안권, 회사 비품을 자택으로 가져갈 권리, 회사 소유자들이 통상적으로 누리는 그 밖의 특권 등이 부여되지 않았다. 네덜란드 동인 도회사 주식을 보유한 사람은 두 가지 혜택을 누렸다. 첫째, 회사의 연간 수익 가운데 본인의 몫을 배당받을 수 있었고, 둘째는 주식을 다른 사람에게 팔 수 있었다. 구매자들이 특정 회사의 주식을 살 것인지 말 것인지, 그리고 만약 산다면 얼마나 많이 살 것인지는 그 회사의 향후 실적을 둘러싼 전망에 달려있었다. 따라서 주식의 가치는 예를 들어 베이컨의 가격과 마찬가지로 오르내렸다. 그런데 주식 가치의 등락 현상은 돼지고기나 기타 식재료의 수요와 공급이 아니라, 믿음의 수요와 공급에 좌우되었다. 주식의 등장에 힘입어 화폐는 더 새롭고 높은 추상화 단계에 진입했다.

1600년, 유럽인들은 일상적 상거래에서 주화를 화폐로 사용하고 있었다. 그러나 당시 유럽에는 각 지역에서 찍어낸 주화가 많이 유통되었다. 특정 지역에서 사람들은 누군가가 인정할 법한 주화를 골라 사용할 수 있었다. 예를 들어 한 사람이 몇 개의 페소 은화나 여러 개의 영국 실링화나 한 자루 분량의 스페인 금화를 들고 다닐 수도 있었다. 주화가 유통되는 지역 주변에는 엄격한 경계선이 없었다. 그런 경계선은 존재하지 않았다. 화폐의 가치는 수학적 정밀성을 갖추지도 못했다. 교환은 가치를 근거로 삼아야 했다. 은으로 주화를 만들 때조차 은화의 가치는 근사치에 불과할 수 있었다. 사람들이 은화 테두리를 깎아서 모은 은가루를 녹이는 방식으로 은을 몰래 챙겼기 때문이다. 일부 주화 발행자들—대공이나 공작이나 국왕—은 은화와 금화와 동전을 막론하고 되도록 많이 유통시키기 위해, 주화를 만들 때 질 나쁜 금속을 섞었다. 사람들은 주화의 '진짜' 가치를 어떻게 구별할 수 있었을까? 물론 검증 방법은 있었지만, 일상적 거래 과정에서 굳이 시간을 들여 검증하기는 번거로웠다. 상거래는 여러 사람의 손을 거치는 상품뿐 아니라, 주화를 둘러싼 협상이기도 했다.

이 문제의 해결책을 최초로 찾아낸 것은 네덜란드인들이었다. 1609년, 암스테르담시의 유력 인사들은 일단의 민간 은행업자들에게 단일한 중앙은행을 설립할 수 있는 특전을 내렸다. 이제 암스테르담에서 사업하고 싶은 사람은 누구나 중앙은행에 돈을 맡기고 계좌를 열어야 했다. 중앙은행 관계자들은 여러 가지 주화의 가치를 판정했다. 그들은 주화를 금고에 예치했고, 예치된 주화의 가치에 해당하는 숫자가 명시된 지폐를 발행했다. 암스테르담시의 관할 범위 안에서는 모든 사람이 그 지폐를 화폐로 인정해야 했을 뿐 아니라, 그 지폐만 쓰면서 사업해야 했다.

지폐는 종이의 가치나 인쇄의 질과 무관한 절대적 가치를 지녔다. 너덜너덜한 10길더 지폐와 빳빳한 10길더 지폐의 가치는 똑같았다. 10길더 지폐 10장과 100길더 지폐 1장의 가치도 같았다. 지폐 덕분에 화폐는 물질적 영역의 불확실성에서 벗어났고, 순전히 수학적인 영역에 자리 잡았다. 암스테르담 은행[Bank of Amsterdam]은 얼마 지나지 않아 네덜란드가 관할하는 모든 영토에서 통용되는 표준 국가 통화의 공급원이 되었다.

유한책임회사 개념과 마찬가지로, 중앙은행 개념도 널리 퍼졌다. 1694년, 얼마 전까지 네덜란드 오라녜[Oranje, Orange] 지방의 공작이었다가 영국의 국왕 자리에 오른 윌리엄 3세는 군주의 임무 수행에 필요한 자금을 조달해야 했고, 특히 프랑스 땅에서 치러야 할 소규모 전쟁이 적잖은 부담이 되었다. 그는 영국의 주요 은행업자들을 소집해 100만 파운드 이상의 대규모 융자를 요청했다. 융자 대가로 그는 은행업자들이 단일 단체의 자격으로 영업할 수 있도록, 또 국왕인 그가 국민에게 진 부채를 숫자가 인쇄된 채권의 형태로 매각할 수 있도록 허용했다. 나중에 윌리엄 3세가 본인의 부채를 상환할 경우, 채권을 가진 사람은 전체 상환액의 일부분—해당 채권에 표시된 숫자에 해당하는 금액—을 받을 권리를 보장받았다. 국왕의 부채 상환을 기다리는 동안 사람들은 채권을 빵이나 매춘 같은 실질적 재화나 용역과 교환할 수 있었다. 그렇게 채권을 넘겨받은 빵집 주인이나 매춘부는 나중에 국왕이 부채를 갚으면 전체 상환액의 일부분에 대한 권리를 주장할 수 있었다. 채권은 화폐처럼 쓰였다. 개인의 차용증과는 달랐기 때문이다. 즉, 채권은 부채를 갚겠다는 국왕의 엄숙한 약속이었다. 국왕을 믿지 못하면 아무도 믿을 수 없었다.

그런데 윌리엄 3세의 부채는 상환되지 않았다. 당연한 일이었다. 그의 부채가 뒷받침한 채권은 영국에서 이뤄진 모든 금융 거래에 쓰이는 화폐가 되었다. 국왕의 부채는 영국 경제 전체의 토대가 되었다. 사실 국왕이 부채를 상환하면 영국 경제는 붕괴할 수 있었다. 국채가 반드시 해당 국가가 얼마나 곤란한 상황에 놓인지를 나타내는 지표는 아니었다. 국채는 체제 전체를 결속하는 접착제였다. 국채의 규모가 클수록 더 많은 사람이 채권자로서 단일한 연동 체제와 관련되었다. 영국에도 네덜란드의 암스테르담 은행 같은 중앙은행이 설립되었다. 이후 유럽 각국에서 잇달아 등장한 중앙은행은 그 무렵에 출현하기 시작한 새로운 유형의 사회적 완전체—훗날 국민국가로 알려진 별자리—와 관계있었다.

중앙은행 덕택에 국왕들은 고대의 여러 제국에서 엿보인 응집력의 비결인 통치 기제—관료제, 우편제도, 첩보망, 치안 조직, 물리적 기반 시설—에 자금을 조달함으로써 권력을 강화할 수 있었다. 그런데 이제 군주들은 더 세련된 수단—움직임을 조율하는 시계, 명령을 전파하는 출판물, 상거래를 촉진하는 신용증권, 화폐를 발행하는 은행—을 마음대로 쓸 수 있게 되었고, 영토 내의 훨씬 더 외진 곳까지 더 폭넓게 그들의 의사를 전달할 수 있었다. 유럽에서 왕권은 유례없을 만큼 일상생활 깊숙이 침투했다.

은은 스페인을 빈곤으로 몰아넣고 말았다. 하지만 콜럼버스의 신대륙 발견 이후 몇 세기 동안 아메리카 대륙에서 엄청나게 많이 쏟아져 나온 다양한 형태의 부가 지구의 특정 지역으로 쏠리게 되었다. 그런데 유럽의 모든 나라가 아메리카 대륙에 접근하지는 못했다. 서유럽의 모든 나라가 접근할 수 있었던 것도 아니다. 콜럼버스는 원래 이탈리아 태생이었지만, 이탈리아인들은 그 노다지 캐기에 끼어들지 않았다. 행운의 주인공은 유라시아 대륙 최서단 가장자리의 몇몇 나라였다. 포르투갈, 스페인, 프랑스, 영국, 그리고 저지대 국가들에는 결정적인 이점이 있었다. 1세기 넘는 기간, 바다와 밀접한 그 5개의 사회적 별자리들은 대멸종에 의해 인구가 격감하고 미답의 자원으로 가득한 아메리카 대륙을 최초로, 가장 효과적으로, 거의 독점적으로 이용했다. 그 사회적 별자리들이 서양 세계의 발흥을 주도하는 위치에 오른 것은 당연했다.

19 장

콜럼버스 이후: 세계
(서기 1500~1800년)

콜럼버스의 탐험 항해를 계기로 범지구적 드라마가 시작되었다. 이후 몇 세기에 걸쳐, 지구의 모든 대규모 세계사적 단자들은 중첩하고 교류하기 시작했고, 오늘날 우리가 살고 있는 세계는 바로 그런 상호작용을 거쳐 형성되었다. 중첩이 시작될 무렵, 내향적 성격의 개별 세계들은 고유의 내부적 전제와 규범과 서사로 구성된 방대한 별자리였다. 그 다양한 단자에는 특유의 궤도가 있었다. 단자들이 중첩하기 시작했을 때 각 단자 사이의 대면 과정에서 발생한 충격파는 대면 과정의 결과물을 좌우했다. 중첩이 마무리되어 연기가 걷히자, 유럽과 북아메리카가 지구의 최상층을 이루게 되었다. 중간 세계는 원망스러운 종속과 의존의 늪에 빠져있었다. 아프리카와 라틴아메리카는 더 큰 세계사에 포섭되어 주변부로 전락했다. 이제 세계사의 중심은 중국이나 인도나 이슬람 영역이 아니라 유럽이었다.

식민지 쟁탈전

콜럼버스가 항해에 나섰을 때 서유럽에서는 여러 왕국이 각자의 위상을 강화하고 있었다. 일단 아메리카 대륙에 관해 알게 되자 서유럽의 왕국들은 신세계(서유럽인들에게 아메리카 대륙은 말 그대로 새로운 세계였다)의 식민지를 둘러싼 인정사정없는 쟁탈전에 뛰어들었다. 새로운 시대가 시작될 무렵, 포르투갈과 스페인은 가장 적극적인 해양 세력이었다. 스페인은 아메리카 대륙을 손에 넣었고, 포르투갈인들은 얼마 뒤 배를 타고 소말리아반도를 지나 인도와 동아시아의 향신료를 구할 수 있었다. 양대 해양 세력이 충돌을 향해 치닫자 교황이 개입했고, 경계선을 정하도록 설득했다. 그 결과 포르투갈은 브라질을 얻었고, (교황의 말에 따르면) 스페인은 브라질을 제외한 나머지 모든 것을 얻었다.

스페인은 중간 세계에 거섬을 마련하지도 인도에 진출하지도 않았다. 얼마 뒤에는 유럽의 강국으로서 누리던 영향력을 잃고 말았지만, 아메리카 대륙의 광대한 제국을 움켜쥐고 있었다. 스페인인들은 북아메리카 대륙을 가로질러 서쪽으로 나아갔고, 마침내 캘리포니아의 샌프란시스코만에 이르렀다. 스페인인들은 아시엔다[hacienda]와 포교소[布敎所]라는 쌍두마차를 통해 그 지역을 차지했다. 아시엔다는 스페인 출신의 정복자들이 소유한 대농원[大農園]이었다. 아시엔다에서는 아메리카 원주민들이 일꾼으로 쓰였고, 가죽, 포도, 포도주 따위의 상품이 생산되었다. 방어 시설로 둘러싸인 포교소는 스페인 특유의 기독교적 세계관을 원주민들에게 전파하는 역할을 맡았다.

멕시코와 남아메리카에서 스페인인들은 엄청난 양의 은을 부지런히 캐냈다. 그들은 남아메리카의 서부 해안에서 배를 타고 출발해 필리핀에 도착했고, 그곳에서 중국산 교역품을 사들이기 시작했다.

한편, 중앙아메리카와 남아메리카의 원주민들은 생물학적 회복을 시작했다. 그들은 마침내 대멸종의 위기를 넘겼고, 인구가 늘기 시작했다. 영국인들이나 프랑스인들과는 대조적이게도, 아메리카 대륙에 도착한 스페인인들과 포르투갈인들은 대부분 가족을 동반하지 않은 남성 모험가들이었다. 그들은 원주민 여자들과 성적 노리개 삼아, 그리고 때로는 아내로 맞이해 동침했고, 그 여자들은 혼혈아를 낳았다. 노르드인들과 슬라브인들이 중첩한 곳에서 러시아가 출현했듯이, 리오그란데강[Rio Grande River]에서 칠레 남단에 이르는 방대한 지역에서 유전적 줄기가 섞물린 사람들이 나타나기 시작했다.

언뜻 스페인의 문화적 지배는 난공불락인 듯싶었다. 아메리카 원주민들의 인구가 늘어나는데도 토착어를 쓰는 사람들의 숫자는 점점 줄어들었다. 이베리아어, 즉 포르투갈어와 스페인어는 결국 리오그란데강 이남 지역에서 혼성 국제어로 자리 잡았다—포르투갈어는 브라질에서, 스페인어는 나머지 모든 곳에서 쓰였다. 순수 스페인 혈통의 유럽인들이 점점 숫자가 늘어나는 원주민과 '메스티소[mestizo, 혼혈인]'를 오랫동안 지배했지만, 그들은 차츰 조상들과 달리 모국에 대한 정서적 유대감을 잃어가는, 아메리카 대륙의 귀족으로 변모했다.

아메리카 대륙의 식민지화가 시작되었을 때 포르투갈과 스페인은 확실한 가톨릭 국가였기 때문에 수도사들과 탁발 수도사들이 중앙아메리카와 남아메리카에서 기독교 선교 활동을 주도했다. 결과적으로 그 지역에서 기독교로 개종한 거의 모든 사람이 가톨릭교회에 귀의했다. 1531년, 아즈텍족 출신으로 가톨릭에 귀의한 후안 디에고[Juan Diego]라는 인물이 과달루페[Guadalupe]라는 도시 인근에서 성모 마리아와 마주쳤다고 말했다. 그의 주장에 따르면, "성모 마리아는 아메리카 원주민 여인처럼 보였다"고 한다. 과달루페의 성모 마리아는 스페인어가 쓰이는 아메리카 대륙의 원주민들이 포용할 만한 이미지였고, 그들이 기독교를 완전히 받아들일 수 있는 계기가 되었다. 과달루페의 성모 마리아는 아메리카 대륙 특유의 가톨릭이 완전한 모습을 갖출 때까지 지속된 과정의 첫걸음을 가리켰다. 오늘날 전 세계 가톨릭 신자들의 절반 정도가 아메리카 대륙에 살고 있다.

대멸종의 위기를 극복한 원주민들은 콜럼버스 이전 시대의 토착 문화적 주제를 리오그란데강의 남쪽에서 출현하는 문명에 이식했다. 이베리아반도 출신의 유럽인들과 중앙아메리카 및 남아메리카의 원주민들 사이의 상호작용으로 아메리카 대륙 고유의 특징이 녹아든 세계적 규모의 문명이 탄생했다. 중앙아메리카와 남아메리카는 흔히 라틴아메리카로 부르고, 라틴아메리카 문화는 보통 히스패닉 문화—콜럼버스 이전 시대의 주제에 공감하지 않는 명칭이다—로 부른다. 그런데 사실 라틴아메리카를 뜻하는 히스패닉이라는 표현은 이상하다. 실제로 내가 몇 번 겪어봤지만, 우연히 스페인을 방문한 사람도 스페인이 문화적으로 라틴아메리카와 다르다는 점을 알 수 있기 때문이다. 내가 볼 때 스페인은 문화적 특징의 측면에서 멕시코나 페루보다 프랑스나 영국에 훨씬 더 가까운 것 같다.

스페인은 리오그란데강 남쪽 지역에서 단물을 빨아먹고 있었지만, 지구의 나머지 땅을 차지하려는 투쟁은 계속되었다. 투쟁의 주역은 포르투갈, 영국, 프랑스, 네덜란드 등이었다. 남아있는 가장 달콤한 사탕은 동쪽의 인도—익히 알려진 풍요로운 땅—와 서쪽의 북아메리카였다.[22] 포르투갈인들은 동쪽에서 앞서 나갔다. 그들은 아프리카를 가장 먼저 일주했고, 얼마 뒤부터는 정기적인 일주에 나섰다. 아프리카 해안을 따라 요새도 설치했다. 요새는 선박의 피난처로, 또 선원들이 휴식을 취하거나, 물자를 보충하거나 식수를 구할 수 있는 장소로 쓰였다. 해안을 따라 건설된 요새 덕택에 선원들은 인도까지 갔다가 무사히 돌아올 수 있었다.

그러나 얼마 뒤 네덜란드인들이 나타나 포르투갈인들을 인도에서 내쫓았다. 포르투갈인들은 상처를 달래면서 아프리카 대륙의 상당 부분과 브라질 전체에 만족해야 했다. 그러나 네덜란드인들은 곧바로 새로운 강자들과 다투게 되었다. 네덜란드인들은 인도뿐 아니라, 북아메리카에서도 영국인들과 프랑스인들에게 쫓겨났다. 이후 네덜란드인들은 동남아시아에서 조직을 재정비했다.

탐스러운 마지막 식민지를 둘러싼 투쟁은 프랑스인들과 영국인들의 대결로 좁혀졌다. 1744년부터 1763년까지 두 강국은 각자의 동맹국들과 함께 세계 곳곳에서, 다시 말해 공해상에서, 북아메리카의 삼림에서, 서아프리카에서, 인도 해안에서, 필리핀에서 동시다발적으로 싸웠다. 유럽에서 그 싸움은 '7년 전쟁[Seven Years' War]'으로 불렸고, 북아메리카에서는 '프렌치 인디언 전쟁[French and Indian War]'으로, 인도에서는 '카르나티크 전쟁[Carnatic Wars]'으로 불렸다. 명칭과 현장은 달랐지만, 그 전쟁들은 누가 어느 식민지를 차지하는가를 결정하기 위한 하나의 큰 전쟁이나 다름없었다. 프랑스가 졌고 영국이 이겼다. 드디어 대영제국이 출범했다.

---

22) 여기서 북아메리카는 통례에 따라 리오그란데강의 북쪽에 있는 모든 땅을 가리킨다.

하지만 곧바로 영국 소유의 북아메리카 식민지 13개가 이탈해 독자적인 국민국가를 이뤘다. 그러자 영국에는 인도가 훨씬 더 중요해졌다. 당시 지구상의 인류는 서로 뒤엉킨 채 걸핏하면 싸우는 하나의 복잡한 실타래—나름의 이야기를 지니고 있을 뿐 아니라, 하나의 큰 이야기 안에서 경쟁하기도 하는 여러 독특한 집단으로 이뤄진 다면적 생물종—를 이뤄가고 있었기 때문이다.

아프리카

아메리카 대륙의 핵심 수확물인 설탕과 면화와 담배의 생산에는 몹시 힘든 집약적 노동이 필요했다. 그 도전 과제를 해결하기 위해 유럽의 사업가들은 플랜테이션[plantation] 방식을 완성했다. 플랜테이션은 한 종류의 환금작물만 재배하는 대규모 농장이었다. 농장주들은 작업을 편성하고 재정, 매출, 부기, 판촉, 영업 등의 여러 부문을 관리했다. 노예들이나 임금 노예들은 감독자의 지시에 따라 현장 작업을 맡았다. 아메리카 대륙의 플랜테이션은 19세기의 유럽식 공장 제도의 예고편이었다.

초창기의 농장주들은 아메리카 원주민들을 노예로 삼아 일을 시키려고 했지만, 질병으로 매우 많은 원주민이 목숨을 잃은 데다, 생존자들도 일하다가 죽는 경우가 비일비재할 정도로 건강 상태가 너무 나빴다. 그래서 농장주들은 새로운 노예 공급원인 아프리카 대륙으로 눈길을 돌렸다. 그렇게 세계적 규모의 경제 체제가 탄생했다—훗날 그 경제 체제는 수많은 사람에게 비참한 결과를 초래했다. 카리브해에서 생산된 설탕은 배에 실려 북아메리카 해안의 여러 도시로 운반되었고, 거기서 술로 정제된 뒤 다시 유럽으로 운반되어 총과 교환되었다. 이제 총은 아프리카로 운반되었고, 거기서 노예들과 교환되었다. 노예들은 이미 총을 가진 해안 지대의 아프리카인들에게 사로잡힌 내륙 깊숙한 곳의 아프리카인들이었다. 그들은 카리브해로 운반되어 설탕과 교환되었다. 그렇게 하나의 순환 과정이 마무리되었고, 또 다른 순환 과정이 시작되었다.

유럽인들은 피부색 말고는 이렇다 할 공통점이 없는 노예들을 배의 짐칸에 가득 쑤셔 넣어 운반했다. 배가 바다를 건너기도 전에 다수의 노예가 짐칸에서 죽었고, 살아남은 노예들은 그들 간의 혈족 관계나 사회적 관계가 아니라, 몸무게, 건강 상태, 성별 등의 기준에 따라 팔려나갔다. 그들은 노예시장에서 기계 부품 같은 노동 단위로 취급되었다.

노예로 팔린 아프리카인들은 대부분 아라비아와 아프리카 노예 무역상들에게 사로잡혔다. 아프리카 노예 무역상들은 자신이 백인과 흑인 간의 다소 획일적인 성격의 전쟁에서 동료 아프리카인들을 배반하고 있다고 생각하지 않았다. 아프리카는 문화가 아니라 대륙이었기 때문이다. 아프리카 대륙에는 언어와 문화가 다른 여러 민족이 살고 있었다. 사하라사막 이남에 거주하는 아프리카인들에게 피부색은 정체성의 표시가 아니었다. 사하라사막 이남에서는 거의 모든 사람의 피부가 검은색이었다.

일찍이 말리 제국의 자리를 빼앗았던 송가이 제국은, 콜럼버스가 아메리카 대륙으로 첫 번째 탐험 항해에 나선 1492년에 전성기를 누리고 있었다. 송가이 제국의 가장 위대한 통치자로 평가되는 아스키아 모하메드[Askia Mohammed]가 권좌에 오르기 직전이었다. 아프리카 동부 지역에는 광범위한 교역망이 형성된 데 힘입어 약 40개의 도시국가가 주변의 씨족 관계망과 연결되었다. 그레이트 짐바브웨[Great Zimbabwe]가 그 도시국가 중 하나였다. 그레이트 짐바브웨는 오늘날 약 0.81㎢ 넓이의 석조 유적으로 남아있다. 노예 무역상들이 처음으로 아프리카에 도착했을 때 그레이트 짐바브웨는 중국만큼 멀리 떨어진 곳과도 교역한 쇼나족

[Shona, 마쇼나족]이 세운 제국의 수도였다.

이후, 대서양의 노예 무역이 시작되었고, 개별 피해자들의 아픔을 뛰어넘을 정도로 아프리카 대륙의 역사적 궤도가 뒤틀리고 말았다. 앙골라에서 오늘날의 기니비사우[Guinea Bissau]에 이르는 서아프리카 해안을 따라 새로운 도시-노예 무역항-들이 갑자기 생겨났다. 한편, 내륙에서는 노예를 팔면 돈을 벌 수 있다는 유혹에 넘어간 사람들이 농업과 목축업과 수공업을 등지고 인간을 사로잡아 팔아넘기는 사업에 뛰어들었다.

그런 식의 노예제는 결코 새로운 현상이 아니었다. 노예제는 노예로 삼을 만한 사람이 생기자마자 시작되었다. 로마인들은 노예제를 바탕으로 제국을 건설했다. 루스인들은 슬라브인을 무슬림에게 팔아넘기면서 부유해졌다. 대부분의 역사에서 드러나듯이, 인간이 서로를 어떻게 대우해야 하는가를 둘러싼 도덕적 규범은 일반적으로 해당 집단의 구성원에게만 적용되었다. 그런 규범은 내부 세계의 질서를 유지했지만, 외부자에게는 적용되지 않았다. 그 규범에 따르면, 외부의 타자를 노예로 삼아도 아무 문제없었다. 유일한 문제는 외부의 타자를 어떻게 규정할 것인가였다. 어느 정도의 타자성이 확인되어야 이방인의 노예화를 정당화할 수 있었을까?

루스인들, 로마인들, 아라비아인들 그리고 역사에 등장한 대다수 사람의 사례에서 알 수 있듯이 근본적인 기준은 힘이었다. 싸움의 승자들은 패자들을 노예로 삼았다. 패자들이 어떤 사람들이고 생김새가 어떤지는 상관없었다. 로마 제국의 모든 노예가 서로 비슷하게 생긴 것은 아니었다. 로마 제국의 노예들은 로마인들에게 정복된 자들이었을 뿐이다.

유럽인들은 공통된 관념의 방대한 별자리로서 아메리카 대륙으로 몰려들었다. 그들 모두가 친구 사이는 아니었다. 그들은 서로 많이 싸우고 죽였다. 그러나 그들은 최소한 상대방을 사람으로 여겼다. 이제 유럽인들은 그들과 다르게 생겼고, 다른 언어를 쓰고, 낯선 음식을 먹고, 이상한 옷을 입은(혹은 아예 알몸으로 돌아다니는), 또 전반적으로 타자성의 모든 특징을 분명히 드러내고, 무엇보다 전혀 동떨어진 역사를 지닌 사람들만 살고 있는 대륙에 발을 들여놓고 있었다.

유럽 출신 이주민들은 서둘러 '황야'를 (그들의 시각에서 볼 때) '문명화된 농토'로 바꿨다. 원주민들은 (그들의 시각에서 볼 때) 살아있는 땅을 이주민들이 망치지 못하도록 막으려고 했다. 섞물리기는 쉽지 않았다. 문명 차원의 두 은하가 중첩하고 있었고, 각 은하는 일관적이고 독자적인 전체를 이루고 있었다. 모든 전선에서 펼쳐진 모든 싸움에서 이기고 있던 이주민 집단은 원주민과의 충돌을 전쟁으로 바라보지 않았다. 그들의 관점에서 전쟁이란 문명인이 또 다른 문명인과 벌이는 것이었다. 그들은 원주민과의 충돌을 마치 황야에서 벌이는 야생동물과의 싸움이라는 견지에서 바라봤다. 그런 맥락에서는 이주민들과 원주민들이 공통의 인간성을 발견할 기회가 거의 없었다. 그들이 명백히 공유한 요소들—이주민도 원주민도 자식을 사랑했고, 몸에는 붉은 피가 흐르고 있었다—조차 다른 의미를 띠고 있었다. 그들은 서로 다른 별자리의 일원이었기 때문이다.

아메리카 대륙에서 이뤄진 종말론적 만남이 부채질한 가치관은 아프리카 출신 노예들에게도 적용되었다. 물론 노예제는 옛날부터 존재했지만, 아메리카 대륙의 노예제는 인간은 기본적으로 여러 가지 유형이 있고 일부 인간은 태생적으로 노예라는 인종관에 노골적으로 근거한 노예제였다. 어쨌든 노예 무역은 이뤄지게 마련이었다. 눈앞에 돈이 보였기 때문이다. 그러나 그렇게 돈을 버는 사람은 인간을 사로잡아 죽을 때까지 일을 시킨다고 해서 자신이 나쁜 사람은 아니라고 생각할 필요가 있었다. 어떻게 그런 식의 사고가 이주민의 개념적 별자리의 일부분이 될 수 있었을까? 인종차별주의가 다리를 놓았다. 인종에 근거한 노예 무역은 유럽인들의 아메리카 식민지라는 지하실에 갇힌 괴물이었다. 지하실 위에서 잔치를 벌이는 사람들은 희미하게 들리는 울부짖음을 무시한 채 만찬을 즐기려고 한껏 애썼다.

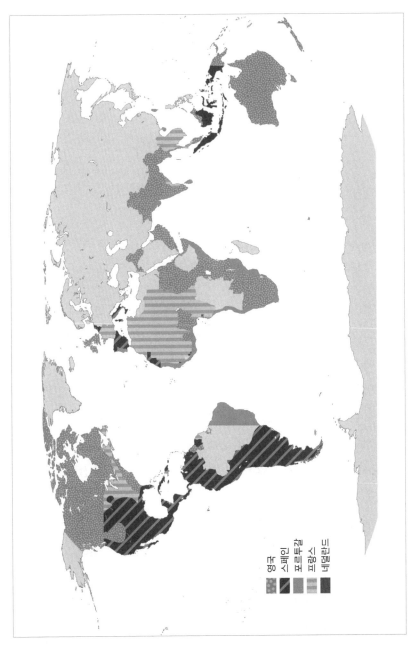

유럽 주요 열강과 세계(1775년)

20 장

중심이 흔들리다
(서기 1500~1900년)

콜럼버스가 항해에 나설 무렵, 중국은 가장 빛나는 과거에 필적할 만한 영광을 누리고 있었다. 그런데 유럽인들이 중국의 여러 항구에 도착했을 때 이미 명 왕조의 전성기는 지났지만, 전성기가 끝났다는 점이 아직 분명하게 드러나지는 않았다. 명 왕조의 개창으로 형성된 일관적 세계가 여전히 펼쳐지고 있었기 때문이다. 하지만 과연 그 세계의 모든 부분은 서로 단단히 맞물려 있었을까? 이 물음에 곧바로 답하기는 어렵다. 당시 중국은 너무 광활하고, 너무 난해하고, 너무 복잡했기 때문에 지금 우리가 전체적인 상태를 섣불리 판단할 수는 없다. 중국에는 만년설로 뒤덮인 산맥부터 사막, 늪, 강에 이르는 다양한 지형이 있었다. 250개 이상의 언어가 쓰였고, 약 50개의 민족 집단이 살고 있었고, 각 민족 고유의 기질이 경계를 이룬 채 서로 다투고 있었다.

물론 유럽과 중간 세계에도 중국만큼 다채로운 측면이 있었다. 그런데 중국에는 특유의 강력한 사회적, 정치적 일체감이 퍼져있기도 했다.

중국은 국민국가가 아니었지만, 그저 제국이지도 않았다. 말하자면 중국은 문명국가였다. 그리고 그 문명국가를 하나로 꿰매어 붙인 거대 서사가 닳아 느슨해지기 시작했다.

중국의 유서 깊은 과거로부터 내려온 포괄적 서사에 따르면, 모든 사람이 공자처럼 처신하는 한 이 세상은 잘 돌아갔다. 하지만 공자는 실생활의 모든 상황—특히 여러 변수가 뒤섞여 혼란스러운 상황—에 관한 명확한 해답을 제시하지는 않았다. 이따금 공자의 가르침은 상반될 때가 있었다. 예를 들어 황위 계승은 곤란한 문제를 일으킬 때가 많았다. 일단 표면적으로는 분명한 원칙이 있었다. 황제가 승하할 경우 장남이 황위를 이어받으면 되었다. 그 원칙에 따라 우주의 질서가 유지되었다. 그러나 황제의 장남이 바보라면 어떻게 해야 했을까? 장남이 아직 어린애라면? 그리고 1524년의 사례처럼, 죽은 황제에게 아들이 하나도 없다면? 그런 상황에서는 어떻게 해야 했을까?

1524년에 위기가 닥쳤을 때 조정 대신들은 죽은 황제의 열세 살짜리 사촌 동생을 황제로 추대하기로 결정했다. 그들은 황위의 장자 상속 원칙을 고려해 그 어린 황제를 선황의 양자로 선포했다. 너무 복잡다단하지 않은가? 아, 아직 끝나지 않았다. 선황의 양자가 된다는 것은 친부와의 인연을 끊어야 한다는 소리였다! 자식의 도리를 저버리겠다는 말이었다! 어떤 관례의 필수 요건이 다른 관례의 필수 요건과 모순되는 것처럼 보였다. 어떻게 해야 했을까? 의견이 분분했다. 지식인 사회가 분열하고 조정의 의견이 갈렸다. 시위자들이 길거리로 쏟아져 나왔고, 통치 기능이 거의 마비될 정도였다. 대례의[大禮議, Great Rites Controversy]는 유교적 중국 사회의 헌정 위기나 다름없었다.

마침내 학자들이 볼품없으나마 해법을 찾아냈다. 그들은 나이 어린

새 황제의 생물학적 '아버지'가 선황의 양자였다고 선포했다. 물론 너무 복잡다단한 해명이었지만, 내부자들은 그것이 왜 해법일 수 있는지, 그리고 왜 효과적인 해법인지를 이해하고 있었다. 그것은 중국이라는 별자리를 유지하게 할 만큼 충분히 타당해 보였다. 그 별자리 안에서는 통치가 관례와 조화를 이루는 것이 중요했다. 따라서 예부는 병부[兵部]나 호부[戶部]와 어깨를 나란히 했다ㅡ무엇보다 예부는 세상을 결속하는 역할을 맡았다. 대례의 같은 문제 때문에 고안된 해법이 의심스러워 보이면 조정에 대한 백성들의 신뢰는 흔들리기 마련이었다. '충분히 타당'한 정도일 뿐인 복잡다단한 해법은 명 왕조 치세의 중화 제국을 규정하는 일관성을 조금씩 갉아먹었다.

한편, 성리학적 사회는 공자가 흡족해할 만큼 개개의 부분이 완벽하게 맞물려 있지는 않았다. 일례로 누구나 알고 있었듯이, 상인들은 존경할 만한 점이 별로 없었고, 농부들은 훨씬 더 존경할 만했으며, 학자 겸 관료들은 가장 존경할 만한 사람들이었다. 하지만 그것은 카스트 같은 불변의 신분제가 아니었다. 이론적으로는 누구나 아무 계층에 진입할 수 있었고, 과거시험에 우수한 성적으로 합격한 사람은 누구나 가장 높은 계층까지 올라갈 수 있었다. 과거시험은 중국 문화의 자랑거리 중 하나였다. 그러나 과거시험을 공부하는 데는 몇 년이 걸렸고, 소작농의 아들들은 과거시험 공부에 쏟을 시간이 없었다. 소작농 가정에는 일손이 절실했다. 하지만 상인들ㅡ사회적 기생충 같은 존재들ㅡ은 희한하게도 부유해지는 경향이 있었다('상인'과 '약탈자' 사이의 경계선이 항상 뚜렷하지는 않았기 때문일 것이다). 부유한 가정은 한 명 이상의 아들이 공부에 전념할 여건을 조성해줄 수 있었다. 물론 과거시험에 보탬이 되는 독선생[獨先生]을 붙여줄 수도 있었다. 가장 존경받지 못하는 계층에 속한 사람들은 바로 그런 지름길을 통해 가장 존경받는 계층에 진입할 수 있었다. 하지만 소작농들은 여전히 소작농 신세를 면하지 못했다. 그 점은 틀림없이 가슴에 사무치는 아픔이었을 것이다.

또 다른 문제도 있었다. 동시에 약 100만 명의 사람이 과거시험을 공부하고 있었지만, 그중에서 2만 명 정도만 관료가 될 수 있었다. 대다수 응시자는 낙방할 수밖에 없었다. 몇 년 동안 공부했다가 낙방한 사람들은 가족에게 사죄하고 다른 일을 찾아봐야 했을 것이다. 그 점도 틀림없이 뼈아픈 상처였을 것이다.

명 왕조를 개청한 사람들은 밑바닥 출신의 무법자들이었고, 그들은 소박한 금전관을 지닌 채 권력을 잡았다. 그들은 돈은 문서일 뿐이라고 생각했다. 그들이 보기에 돈은 모든 사람이 지시대로 행동하기만 하면 잘 돌아가는 형식적인 행정 절차의 산물이었다. 집행해야 할 비용이 생길 때 조정은 송나라 때처럼 그저 일정량의 지폐를 찍으면 되었다. 그러나 그 지폐는 당시 유럽에서 출현한 지폐와 종류가 달랐다. 유럽의 지폐는 상거래에 의해 유기적으로 생성된 가치의 농축물이었다. 반면 명 왕조의 지폐는 통치의 실효성을 나타내는 것이었다. 명 왕조의 지폐는 조정이 돈이라고 선언했기 때문에 돈이었다. 그리고 각 지폐의 가치는 조정이 정했다. 아울러 조정은 돈이 필요할 때마다 필요한 양만큼 찍어낼 수 있었다.

그러나 일단 돈이 유통되면 조정은 돈의 구매력을 통제할 수 없었다. 같은 지폐라도 여기서는 이 정도의 가치가 있고, 저기서는 저 정도의 가치가 있을 수 있었다. 지폐에 찍힌 금액과 무관하게 말이다. 그러므로 명 왕조의 중국 같은 계획경제 체제에서조차 조정이 발행한 지폐는 국내 상거래에 피해를 주기 시작했다. 어쩔 수 없이 명 조정은 동전을 주조해 유통했지만, 동전은 폭넓은 신뢰를 얻지 못했다. 사람들이 지폐나 동전보다 은을 쓰는 편을 더 좋아했기 때문에 은이 다시 거래의 통상적인 교환 매개물이 되었다.

그러자 조정은 행동에 나섰고, 세금을 은으로 납부하게 했다. 애석하게도 중국에서는 은이 많이 생산되지 않았다. 중국의 은광은 채굴량이 미미했다. 그리고 일본이 내부적 혼란을 겪는 바람에 일본으로부터의 은 유입이 차단되었다. 은을 구할 수 있는 한 가지 확실한 방법은 당시 유럽 도처에서 중국으로 몰려든 상인들과 거래하는 것이었다. 그 낯선 사람들의 주머니에는 은이 잔뜩 들어 있었고, 그들은 중국산 제품을 사고 싶어 안달했다. 하지만 그들이 가장 눈독을 들인 것은 차와 자기와 비단이었다. 그런데 차와 비단은 문제가 있었다. 경작지의 한계 때문이었다. 지주들은 경작지를 차를 재배하고 비단의 원료를 공급하는 데 쓰거나, 아니면 쌀을 재배하는 데 써야 했다. 즉, 둘 중 하나를 택해야 했다. 게다가 인구가 증가하고 있었다. 따라서 쌀 생산량을 줄일 만한 여유가 없었다. 그 문제를 어떻게 풀어야 했을까?

신기하게도 16세기에 해결책이 생겼다. 고구마, 호박, 옥수수 같은 신종 작물이 어딘가에서 제국으로 흘러들어 오기 시작했다. 쌀과 달리 그 작물들은 사질토에서, 그리고 계단식으로 깎아 만들지 않은 평범한 언덕에서도 잘 자랐다. 덕분에 이전의 불모지가 경작지로 바뀔 수 있었다. 이제 중국인들은 굳이 선택할 필요가 없었다. 식량을 더 많이 생산할 수 있었고, 수출용 환금작물을 더 많이 재배할 수 있었다. 인구도 늘어나고 수출도 증가할 수 있었다.

한편, 중국의 남쪽 지방에서는 대거 유입된 은이 제조업의 급성장을 촉진했다. 시골 사람들이 날로 늘어나는 자기 가마터에서 일하기 위해 도심지로 이주했다. 상인들과 장인들이 점점 부를 축적함에 따라 성리학적 사회 조직의 긴장이 고조되었다.

중국인들은 당시 수출량과 식량 공급량의 증가가 콜럼버스의 항해에서 빚어진 파급효과라는 점에 관해 거의 모르거나 무관심했다. 콜럼버스의 항해 이전에 호박과 옥수수를 비롯한 여러 작물은 아메리카 대륙에서만 알려져 있었다. 이후 유럽인들은 그 신종 작물을 재배하기 시작했고, 나중에는 동반구의 여러 지역에서, 그리고 마침내 중국에서도 재배하게 되었다. 결국에는 은도 아메리카 대륙에서 중국으로 많이 유입되었지만, 만사가 잘 풀리는 상황에서 신종 작물과 은이 어디서 흘러들어 온 것인지에 신경 쓰는 사람은 드물었을 것이다.

그러고 나서 하찮은 무리가 꿈틀거리기 시작했다. 1600년대 초반에 지구는 이른바 '소[小]빙하기'에 접어들었다. 지구의 기온이 살짝 떨어졌다. 그렇다고 해서 지구의 모든 장소가 더 추워진 것은 아니었고, 여러 장소의 기후가 변덕스럽게 요동쳤을 뿐이다. 중국에서 기온 하강은 국지적 가뭄으로 이어졌고, 흉작을 초래했다. 명 왕조 치세에는 인구가 급격히 증가했다. 그런데 유럽에서 은행, 기업 그리고 국민국가가 등장할 무렵 중국에서는 식량 공급량이 감소하고 있었다. 인구는 늘어났지만, 식량은 줄어들었다. 사회적 동요의 전제 조건이 무르익은 셈이었다.

농사를 망치는 바람에 생계 수단을 잃은 소작농들이 일자리를 찾아 도시로 몰려들었지만, 때마침 발생한 또 하나의 역사적 변수로 인해 갑자기 일자리를 구하기가 힘들어졌다. 모종의 원인으로 중국으로 유입되는 은의 양이 감소했다. 모종의 원인이란 저 멀리 유럽에서 벌어진 어떤 혼란, 다시 말해 스페인이라고 하는 잘 모르는 곳에서 발생한 경기 침체를 가리킨다. 당시 중국의 그 누가 스페인에서 벌어지는 일에 관해 무슨 일을 할 수 있었겠는가? 아무것도 할 수 없었을 것이다. 중국인들은 저 아득한 서쪽의 상류에서 내려오는 모든 영향을 받아야 했을 뿐이다.

토지와 생계 수단이 없는 소작농들은 이리저리 헤매며 살아남을 방도를 찾기 시작했다. 필연적으로, 그들 중 일부는 유교적 미덕을 저버린 채 약자들을 괴롭히기 시작했다. 그 경범죄자들을 감옥에 가둔다고 문제가 해결되지는 않았다. 감옥에 들어가면 더 나쁜 사람으로 변할 수 있었다. 명 조정은 일부 말썽꾼들을 군대로 보내 그들의 공격성을 공익에 보탬이 되는 방향으로 활용하고자 했으나 효과가 없었다. 최악의 말썽꾼들은 명령을 따르지 않아 군대에서 쫓겨났다. 이제 그들은 군사훈련을 받은 '무장' 폭력배로 변해 이곳저곳을 떠돌며 싸움거리를 찾았다. 그런 자들은 서로를 알아보고 무리를 짓는 경향이 있었다.

역사적으로 중국 사회는 언제나 특수이익 집단, 비밀결사, 소수 종파 등으로 가득했다. 평상시에 그 세 무리는 엄격한 가족 구조의 압력을 해소하는 역할을 했다. 즉, 중국 사회가 대안적이거나 추가적인 정체성을 느낄 수 있는 기회를 열어줬다. 덕분에 중국 남자들은 단지 아버지나 삼촌이나 형이나 동생이나 아들일 필요는 없었다. 그들은 소림 권법의 전문가이거나 바둑의 고수이거나 신기한 치료술을 베푸는 사람일 수도 있었다. 하지만 혼란의 시기가 찾아오면 비밀결사들은 초자연적 종말론에 심취해 천지개벽을 믿는 광신적 교단으로 변신하기 일쑤였다.

그런 교단들이 불법 폭력단과 손을 잡으면 선동적인 연합체가 형성될 수 있었다. 명 왕조의 뿌리는 옛 혼란기에 등장했던 종파 중 하나인 홍건적이었다. 그런데 명 제국 말기에 다시 무장 광신도 집단과 도적 떼가 여기저기서 나타났지만, 명나라 군대는 동시에 모든 지역을 감당할 수는 없었다. 그러자 폭력단은 군대를 이룰 만큼 몸집을 불렸다. 유난히 무자비했던 어느 산적 두목이 10만 명의 병력을 황허 유역까지 이끌고 오는 동안 곳곳을 쑥대밭으로 만들었고, 마침내 베이징을 점령했다. 명 제국의 마지막 황제는 자금성 북쪽의 황실 정원에서 스스로 목매어 죽었다. 그 산적 두목은 자금성에서 잔치를 벌였고, 부하들은 베이징 거리가 피로 물들 때까지 약탈과 강간을 저질렀다.

그때 만주족이 움직이고 있었다. 만주족은 만리장성의 바로 북쪽 지역에 사는 민족이었지만, 그 무렵에는 대부분 정착 생활ー심지어 도시 생활ー을 하고 있었다. 하지만 그들의 문화적 뿌리는 스텝 지대에서의 유목 생활이었다. 베이징에서 대혼란이 빚어지고 있을 때 그들은 남쪽으로 쳐들어와 도적 떼를 무찔렀고, 베이징 거리 곳곳에 병력을 배치한 뒤 질서 회복을 명분으로 내걸었다. 그랬다. 만주족은 명 왕조가 아니라 중화 제국을 구하기 위해 왔다. 앞으로 만주족이 중국의 황제 자리에 오르게 되었다. 마침내 '깨끗하다'라는 뜻의 청[淸] 왕조가 열렸다.

그것은 당혹스러운 왕조 교체였다. 만주족은 한족이 아니었지만, 몽골족처럼 명백한 이민족도 아니었다. 그들은 고유의 언어가 있었으나, 중국어도 사용했다. 고유의 문자가 있었지만, 한자도 썼다. 유목 생활에서 비롯된 풍습이 있었지만, 지금은 중국의 지적 전통에 매료된, 그리고 성리학적 서사를 포용한 도시민들이었다.

만주족은 자금성을 본거지로 삼았고, 명 왕조의 통치 조직을 그대로 유지했다. 그들은 가장 중요한 예부를 포함한 명 왕조의 6부 직제를 되살렸다. 명 왕조의 경제 정책을 유지했고, 학교를 수리했고, 과거제도를 다시 시행했다. 중국인들은 엄밀히 말해 만주족이 중국인은 아니라는 점을 알고 있었지만, 청 왕조는 그 점을 감추고자 노력했다. 만주족은 중국의 학자들에게 의식 절차를 배웠고, 한족도 만주족과 함께 관직에 오를 수 있게 했다. 복원이 명 왕조의 핵심 사명이었다면, 청 왕조에게 복원은 한층 더 시급한 임무였을 것이다. 무엇보다 만주족은 어엿한 중국인처럼 보여야 했다.

이제 막 청 왕조가 들어선 상황에서 중국이 내리막길에 접어들었다고 생각할 까닭이 없었다. 이후 40년에 걸쳐 청 왕조는 제국 전체를 장악했고, 중앙아시아 깊숙한 곳까지 세력을 떨쳤다. 청 제국은 중국 역사상 최대의 제국이었다. 만리장성은 더 이상 중국의 북쪽 국경이 아니라, 제국 내부 깊숙이 자리 잡은 관광지였을 뿐이다. 조선과 동남아시아의 여러 나라에 대한 중국의 패권은 더 단단해지고 뚜렷해졌다.

그러나 일본은 여전히 겁을 먹지 않았다. 일본인들은 섬이라는 지리적 조건을 활용해 봉건사회를 건실했다. 그들은 쌀을 신성시했고, 어업으로 대부분의 영양분을 섭취했다. 공식적으로는 1,500년 역사의 황실이 일본 열도를 통치했다. 일상적 통치는 쇼군[將軍]으로 불린 봉건 영주들의 몫이었다. 쇼군은 사무라이가 선봉에 서는 군대를 거느렸다. 사무라이는 유사 종교의 특성이 엿보이는 복잡한 문화적 전통을 지닌 무사 집단으로, 오스만 제국의 이슬람 전사 형제단이나 십자군 운동 기간에 활약한 무장 수도회와 비슷했다.

중국은 일본인들에게 겁을 주지 못했다. 오히려 일본인들이 중국을 침략하려고 했다. 중국인의 관점에서 그것은 터무니없는 시도였다. 작은 섬나라가 세계 최강의 제국을 정복한다? 어림없는 소리였다! 비록 일본을 정복하지는 못했지만, 청 제국은 몽골에서 믈라카[옛 이름은 말라카− 옮긴이 주]해협에 이르기까지 세력권을 넓혔다. 1700년, 아직 중국은 세계 최고의 중심 국가로 자부할 만했다.

은과 차

하지만 청 왕조는 명 왕조의 가장 수상쩍은 정책 가운데 하나를 계승했다. 세금은 은으로 거두면서 조정의 비용은 지폐로 치르기 시작한 것이다. 지폐는 국내 거래를 어느 정도 유지시켰지만, 중국의 납세자들은 여전히 다음과 같은 해묵은 문제와 씨름해야 했다. 세금으로 낼 은을 어디서 구할 것인가? 물론 좋은 해결책이 있었다. 바다를 건너온 서양 상인들에게 물건을 더 많이 팔면 되었다.

청 조정은 서양 상인들과의 상거래를 선호했고, 최선을 다해 수출 산업을 지원했다. 수출을 통해 유입되는 은은 결국 조정의 금고에 쌓였다. 한편, 조정의 지원을 받는 남쪽 지방의 자기 가마터들은, 가난한 임금 노동자 집단이 열악한 조건에서 도급작업을 수행하는 산업 규모의 공장으로 급성장했다.

예전에 차는 토지를 소유한 신사 계층의 차밭에서 재배되었다. 차는 그들 소유의 경작지에서 재배되는 여러 작물 가운데 하나였다. 차밭에서의 작업은 지주들과 오랫동안 유대관계를 맺고 있는 소작농들이 맡았다. 지주와 소작농의 관계는 유교적 가치에 의해 조정되었다. 소작농들과 지주들, 즉 신사들은 수많은 종류의 예절과 호혜 원칙을 통해 부드럽게 표현되는 상호 의무 및 책임의 연결망을 통해 연결되었다. 하지만 이제 차밭이 한 가지 환금작물만 재배하는 대규모 농장인 플랜테이션으로 탈바꿈했다. 효율성은 산출량을 극대화할 수 있는 길이었고, 경작의 핵심 목표로 자리 잡았다. 임금 노동자들은 유교적 훈계보다는 최종 결산에 더 관심이 많은 전문 관리인들의 감독을 받으며 작업에 임했다. 그것은 말 그대로 신세계였다.

청 제국 지배층은 신세계를 별로 좋아하지 않았다. 그들은 유럽인들

주머니 속의 현금은 좋아했지만, 얼핏 해로워 보이는 유럽 문화는 좋아하지 않았다. 그들은 활동 범위를 해안가의 몇몇 교역 거점으로 제한함으로써 유럽인들이 진정한 제국에 발을 들여놓지 못하게 했다. 유럽 상인들은 중국 상인들이 주문을 받으러 찾아올 때까지 기다려야 했다. 그들은 대금을 지불하고 한참을 기다린 뒤에야 비로소 상품을 손에 넣을 수 있었다. 그런 뒤에는 떠나야 했다.

그 어이없는 상황에서도 유럽 상인들은 별일 아니라는 반응을 보였다. 그들의 목적은 친구 사귀기가 아니라 돈벌이였다. 그들이 실망한 점은 아무것도 사려고 하지 않는 중국인들의 완강한 태도였다. 중국인들은 물건을 팔려고만 했다. 중국인들이 받아들이는 지불 수단은 금괴나 은괴나 다이아몬드였다. 아마 여러분은 무슨 말인지 이해할 것이다. 청 제국의 어느 황제는 그 이유를 이렇게 설명했다. 여기에는 온갖 좋은 물건이 있지만, 유럽 상인들에게는 탐나는 물건이 하나도 없다. 중국 제품이 유럽 제품보다 뛰어나다. 그런데 왜 우리가 유럽 물건을 사야 하는가?

그래도 서양의 사업가들은 중국에서 돈을 벌 수 있었기 때문에 꾸준히 중국으로 찾아왔다. 중국산 비단은 전례 없는 규모로 수출되었다. 중국산 자기 수출량도 엄청나게 늘어났다. 유럽에서 '중국산 자기'는 고품질 도자기의 대명사가 되었다. 그러나 서양 상인들이 가장 눈독을 들인 제품은 차였다. 영국인들은 그 음료에 거의 중독되다시피 했다. 지금 나는 중독이라는 단어를 '의도적으로' 쓰고 있다. 차는 본질적으로 마약이다. 오늘날 차는 자극 효과가 너무 미미해서 크랙 코카인과 같은 종류로 여길 수는 없지만, 여러분이 만약 차를 유럽인들이 섭취할 수 있는 주요 음료-알코올류-의 대안으로 여긴다면 당시 차가 유럽인들의 입맛을 강타한 이유를 이해할 수 있을 것이다. 알다시피 차는 각성 효과가 있지만, 독한 술은 잠을 부른다. (당시 커피도 인기를 끌기 시작했지만, 아직 차의 경쟁 상대가 아니었다.)

1720년, 영국인들은 약 90톤의 중국산 차를 수입했다. 1729년에는 450톤가량을 수입했다. 1760년, 영국의 중국산 차 수입량은 1,350여 톤으로 늘어났고, 1790년에는 약 4,050톤까지 치솟았다. 다시 말해보 겠다. 사. 천. 오. 십. 톤. 엄청난 양 아닌가? 아직 놀라기에는 이르다. 19세기 중엽, 영국의 중국산 차 수입량은 무려 연간 1만 6200여 톤에 이르렀다. 한때는 차가 자기의 파손을 막는 완충재 역할을 했지만, 이제 는 자기가 차 운반선의 안정을 유지하는 중량물 역할을 맡았다.

유럽 각국의 정부는 중국과의 그런 교역을 몹시 불안하게 여겼다. 유 럽인들이 차를 수입하려고 지출하는 은이 중국을 영원히 살찌울 것으로 보였다. 유럽인들이 구입하는 차는 오줌으로 배출되기 마련이었다. 서 유럽은 상인들이 구축한 문화였고, 상인들은 부에 대한 무척 솔직한 시 각을 지니고 있었다. 그들이 볼 때 부는 현금이었다. 만일 구매량보다 판매량이 많으면 점점 부유해질 것이었다. 반대로 판매량보다 구매량이 많으면 점점 가난해질 것이었다. 이때 현금이란 귀금속을 의미했다. 금 괴나 은괴를 가장 많이 가진 상태에서 죽는 사람이 승자였다—이론적으 로는 그랬고, 확실히 개별 상인들에게는 그 이론이 들어맞았다. 그러나 유럽 각국의 정부는 국가 경제를 상인들의 관점에서 바라봤고, 그 시각 에서 보면 중국은 영국을 가난의 구렁텅이로 빠트리고 있었다.

영국 정부는 수입 관세를 통해 막대한 세입을 확보하고 있었기 때문에 차의 수입을 금지할 수 없었다. 당시 영국의 전체 수입품 가운데 10%가 차였다. 차 수입이 중단되면 정부 세입이 급락할 것이었다. 그 무렵 영국 은 식민지를 두고 세계 도처에서 벌인 전쟁에서 프랑스를 무찌르느라 엄청난 자금을 지출했다. 돈이 더 필요했지, 덜 필요하지는 않았다. 그래서 영국 정부는 차 관세를 100% 올렸고, 그 결과 차의 판매가 위축되고 차의 수입이 감소했지만, 정부의 세입은 타격을 입지 않았다.

그러나 피해자는 따로 있었다. 영국 동인도회사의 운명은 차 판매에 달려있었다. 회사 관계자들은 어떻게 해야 했을까―그냥 손해를 보고 망해야 했을까? 절대 그렇지 않았다! 그 막강한 압력단체를 돕기 위해, 영국 정부는 아메리카 식민지 주민들이 네덜란드의 밀수업자들―영국 왕에게 세금을 내지 않았다―이 들여오는 값싼 차 대신에 동인도회사의 비싼 차를 사도록 강요하는 법을 통과시켰다. 널리 알려졌다시피 차법 [Tea Act]은 반체제 성향의 아메리카 식민지 주민들을 자극했고, 어느 날 밤 익명의 급진분자들이 항구에 정박한 영국 동인도회사 소속의 선박에 몰래 올라타 오늘날의 화폐 가치로 100만 달러쯤 되는 양의 차를 바다에 던져버렸다. 이후 영국 정부가 징벌적 성격의 법률로 응수하자 저항의 물결이 더 거세졌고, 마침내 미국 혁명이 발발했다. 그랬다. 결과적으로 청 조정의 정책은 미국의 탄생에 기여했다. 청 조정의 정책과 미국의 탄생은 사슬로 기다랗게 연결된 인과관계의 양쪽 끝이었다.

한편, 영국은 중국과의 국제수지 문제를 해결할 길을 찾아냈지만, 나중에 밝혀졌듯이 그 해법은 중국에서 찾을 수 있는 것이 아니었다. 이후에 벌어진 일을 제대로 이해하려면 중간 세계에서 펼쳐진 이야기를 따라가야 한다.

21 장

중간 세계가 수렁에 빠지다
(서기 1500~1900년)

　유럽인들이 처음으로 지구 곳곳을 누비기 시작한 16세기에 이슬람 중간 세계는 타의 추종을 불허할 만큼 웅대한 우주로 자부하고 있었다. 그 세계의 맹주들은 서로 간에 정리해야 할 사안이 있었고, 문명 차원에서 해소해야 할 모순이 있었지만, 중국인들의 경우와 마찬가지로, 내리막길에 접어들었다는 사실을 알지 못했다. 유럽의 기업가들이 해안에 도착하면서 사소한 충돌이 이곳저곳에서 벌어졌지만, 무슬림 권력자들은 외국인들을 적이나 위협적인 존재로 바라보지 않았다. 만약 유럽인들이 정복을 목표로 삼은 군대였다면 무슬림들의 반응은 달랐을 것이다. 그러나 그들은 교역을 노리는 상인들이었다.

　중간 세계의 권력자들과 유럽 기업가들 모두 상대방과의 교류의 의미를 오해했을 것이다. 서로 다른 사회적 별자리에서 살고 있었고, 따라서 동일한 사건의 의미를 다르게 받아들였을 것이기 때문이다. 그들은 의견이 달랐던 것이 아니었다. 오히려 그들은 어떤 유의미한 방식으로 의견이 다를 만큼 충분한 담론의 용어를 공유하지는 못했다.

유럽인들은 개인 사업가들이었고, 사기업이 유럽과 무슬림 세계에서 차지하는 위상은 서로 달랐다. 유럽에서는 부유해질 때 정치적 영향력을 지닐 수 있는 길이 열렸다. 무슬림 세계에서는 정치적 영향력이 있어야 부유해질 수 있는 길이 열렸다. 말하자면 이슬람 영역에서 부는 어떤 사람에게 소비력을 선사했지만, 그 사람이 정치적 영향력을 행사하려면 정치권력의 궁극적 담지자[擔持者]인 군사·종교 복합체와 연관되어야 했고, 그런 연줄은 사회적으로 형성되어야 했다. 권력 복합체의 종교적 부문은 '울라마[ulama]', 즉 이슬람 학자들이 담당했다. 그들은 교육과 종교를, 언어와 법을, 그리고 이슬람 문화라는 관념의 별자리를 통제했다. 권력 복합체의 군사적 부문인 군주와 그의 씨족과 그 씨족의 제휴 세력은 법을 집행하고, 세금을 징수하고, 기반 시설을 건설하고, 전쟁을 수행하고, 약탈품을 분배했다. 다시 말해 그들은 무슬림 세계의 물리적 지렛대를 움켜쥐고 있었다.

군사·종교 복합체의 각 부문에 속한 명문 가문은 당연히 혼인을 통해 다른 부문의 가문과 인연을 맺었다. 그것은 후원 관계망의 세계였고, 최고 수준의 후원 관계망은 통치 가문을 중심으로 형성되었다. 통치자들은 가장 믿음직한 수혜자들에게 징세 도급 토지를 하사하는 방식으로 세금을 거둬들였다. 징세 도급 토지는 통치자에게 징세권을 넘겨받은 '도급인'이 세금을 징수할 권리가 있는(그리고 반드시 그렇게 해야 하는) 구역을 가리켰다. 사실, 도급인은 후원자에게 정해진 금액을 바쳐야 했기 때문에 담당 구역에서 반드시 세금을 거둬들여야 했다―정률제가 아니라 정액제였다는 점에 주목하기 바란다. 후원자에게 바칠 돈을 어떻게 마련할 것인가는 수혜자가 해결해야 할 일이었다. 후원자에게 바치고 남은 돈은 수혜자가 챙길 수 있었다. 대규모의 징세 도급 토지를 보유한 왕실의 측근들도 같은 방식으로 각자의 영지에서 세금을 거둬들였다. 그들은 영지 일부분을 수혜자들에게 할당했고, 수혜자들은 담당 구역에서 최대한의 세금을 거둬 일정 금액을 후원자들에게 바쳤고, 남는 금액이 있으면 챙겼다.

수혜자도 누군가의 후원자가 될 수 있었다. 그러므로 가장 낮은 단계에서는 세금을 내는 사람과 세금을 거두는 사람이 아는 사이였을 뿐 아니라, 일정한 관계를 맺은 사이일 수도 있었다. 따라서 과세는 해당 부족의 가치관이 스며든 조밀하고 상호 연동적인 후원 제도와 밀접하게 연계된 협상 과정인 셈이었다. 원칙적으로, 세금을 거둬들이는 사람들에게는 징세의 재량권이 있었지만, 징세 방법에 따라 그들은 잔인하다거나 자상하다거나 너그럽다거나 무자비하다는 평판을 얻었다. 공동체의 사회적, 도덕적 평가는 그들의 행실에 큰 영향을 미쳤다. 즉, 그들은 공동체의 구성원들이 자신을 어떻게 바라보는지 궁금해했다. 중간 세계의 이슬람 사회에서 수치심은 근본적인 행정 기제였다(바꿔 말하자면 다른 지역과 마찬가지로 이슬람 사회에서도 수치를 모르는 자들이 성공할 가능성이 컸다).

유럽에서는 정치적 영향력을 추구하는 사람이라면 탄탄한 사업체를 운영하고 싶어 했다. 이슬람 세계에서는 사치를 추구하는 사람이라면 당연히 강력한 후원자의 지위에 오르고, 더 강력한 후원자와 인연을 맺으려고 했다. 유럽 상인들이 무슬림의 영토에 교역 거점을 마련했을 때 무슬림의 후원 관계망은 그 외국인들과의 교역으로 누가 이익을 얻을지를 정했다. 교묘한 혼인, 능숙한 아첨, 영웅적 의거, 권모술수 같은 온갖 사교 수법을 바탕으로 최상류층에 진입한 현지인들이, 유럽 상인들과의 교역에 따른 은을 챙겼다. 이후 유럽 상인들이 유럽산 제품을 갖고 돌아왔을 때, 이전에는 판매자였던 현지인들이 구매자로 입장이 바뀐 덕분에 유럽 상인들은 은을 다시 손에 넣을 수 있었다.

현지인들은 유럽 상인들을 잠재적 후원자로 여기는 경향이 있었고, 유럽 상인들과 끈끈하게 연결된, 그리고 유럽 상인들에게 훨씬 더 신뢰받는 수혜자가 되고자 했다. 현지인들의 세계에서는 값비싼 물건을 살 때 그저 가격만 묻고 돈을 내밀지는 않았다. 그 세계에서의 예의범절에 따르면, 일단 자리에 앉아 가벼운 대화를 나누며 차를 마시고 상대방의 의사를 타진하고 인간관계를 맺어야 했다. 그 같은 사교적 기반을 마련한 뒤에야 비로소 거래 단계로 넘어갈 수 있었다. 후원 관계망의 세계에서는 그런 식의 사교적 단계를 거치지 않으면 일을 그르쳤을 것이다. 누구나 각자의 서사가 펼쳐지는 세계에 사는 법이다.

유럽 상인들은 무슬림과의 만남을 순전히 사업적인 측면에서 바라보는 경향이 있었다. 그들은 친구를 사귀려고 오지 않았고, 그저 구매자와 판매자일 뿐이었다. 그들의 관점에서 올바른 행실이란 상거래와 연관된 한없이 미묘하고 암묵적인 사회적 의무를 제대로 수행하는 것이 아니었다. 그들이 생각하는 올바른 행실은 숫자로 평가될 수 있었다. 즉, 올바른 행실이란 결산을 제대로 하는 것을 뜻했다. 후원 관계망은 부를 사회에 골고루 배분하기 위한 기제였다. 유럽 기업들과의 교역으로 인해 현지의 일반인들보다 외국 상인들과 한층 더 밀접하게 연결된 특권 집단이 형성되면서 그 기제가 왜곡되었다. 특권 집단은 외국인들과 현지의 일반인들을 중개하는 역할을 맡았다. 외국인들의 이익을 효율적으로 챙겨주면 특권 집단도 덩달아 부를 축적하는 데 보탬이 되었지만, 외국 상인들에게 이로운 것이 반드시 현지의 일반인들에게도 이로운 것은 아니었다. 인도의 경우가 그랬다.

인도

　인도에서 '특권 집단'은 감정적 색채가 짙은 용어였다. 인도는 몽골족 대침공의 예봉을 피했지만, 몇 세기 전에 메디나에서 시작된 거룩한 과업은 인도라는 단일한 사회적 완전체의 핵심 원리로 떠오르지 않았고, 그럴 수도 없었다. 인도인 대부분은 힌두교 신자였기 때문이고, 아직 북쪽에서 내려온 튀르크계 무슬림의 침입이라는 더 큰 이야기를 체험하고 있었기 때문이다. 몽골족이 폭발적으로 팽창하기 훨씬 전에, 그 침입자들은 이질적인 문화적 틀을 지닌 절대다수의 피지배층을 통치했고, 그런 모순적 상황은 아직 해결되지 않았다. 신의 사도인 무함마드가 메카에서 우상을 파괴한 사건은 이슬람 탄생 신화의 핵심에 자리 잡았다. 그 부분은 없앨 수 없었다. 그런 이미지가 없으면 별자리가 존재하지 않을 것이었다. 하지만 힌두교 세계에서 우상은 숭배 효과를 높이는 수단으로 중시되었다. 우상 제거는 숭배의 핵심을 건드리는 처사였을 것이다. 무슬림들은 이슬람의 평등사상을 자랑스러워했다. 힌두교도들은 카스트 사상을 사회의 토대로 여겼다. 이슬람은 무슬림들이 인정하고 규정한 유일신의 모든 적수를 없애고자 했다. 그 점은 힌두교의 특징인 열린 자세와 상충하였다. 힌두교 신자들은 무슬림들을 하나의 카스트로 인정함으로써 이슬람을 더 큰 체계 속으로 흡수하려고 노력했지만, 무슬림들은 거부했다.

　힌두교도들과 무슬림들은 서로 거래했다. 그들은 몇 세기 동안 상호 관계를 다졌고, 그 과정에서 혼종적 움직임이 생겨났다. 이를테면, 힌두교적 주제들이 이슬람 신비주의 종파인 수피파에 스며들었다. 수피파의 색채는 힌두교 세계의 박티[Bakhti] 신앙 운동-신과의 황홀한 합일을 최고의 영적 경험으로 여겼다-에 반영되었다. 이슬람적 주제와 힌두교적 주제의 결합으로 새로운 세계사적 현상인 시크교[Sikh]가 탄생했다. 그러나 끝내 힌두교적 서사와 이슬람적 서사는 섞물리기를 거부했다. 그것은 단순히 양립할 수 없는 관념의 문제가 아니었다. 인도에는 망각될 수 없는 역사가 있었다. 인도는 양립할 수 없는 두 개의 서사가 장악한 땅이었다. 이슬람과 힌두교의 대립은 몇 세기에 걸쳐 인도사의 중심 드라마였다. 무굴 제국 시대에도 그랬다. 그리고 유럽 상인들이 처음으로 무리를 지어 나타나기 시작할 무렵에는 무굴 제국이 인도를 지배하고 있었기 때문에, 특권 집단은 대부분 무슬림 지배층에 아첨한 자들로 구성되었다.

힌두교 문화에도 그 비슷한 결과를 낳는 특유의 기제가 있었다. 상세한 설명은 접어두고, 간략히만 언급하겠다. 유럽 상인들이 금괴와 은괴를 잔뜩 들고 도착했을 때 인도 이대륙 곳곳에서, 그리고 아직 많이 남아 있었던 힌두교 국가들에서도, 외부에서 유입된 부는 몇몇 사람들에게 집중되었다가 인도 사회 전체로 퍼지지 않고 유럽으로 다시 빠져나갔다.

1776년, 영국 국왕은 인도와 전혀 무관한 상태였다─공식적으로는 그랬다. 영국의 이해관계는 동인도회사가 대변하고 있었다. 동인도회사는 인도 현지의 대다수 영업 지역을 명시적으로 차지하지는 않았다. 엄밀히 말해, 현지의 통치자들이 무굴 제국의 속주, 번왕국[藩王國, 영국 정부의 직접 지배를 받지 않고 현지의 제후들이 다스린 소규모 전제 군주국─옮긴이 주], 힌두교 왕국 등을 다스리고 있었다. 그러나 현지의 문화적 공동체의 통치자들이 영국인들의 상업적 이익을 전혀 저지하려 들지 않고 기회가 있을 때마다 영국인들에게 이익을 챙겨주려고 애쓴다는 인식, 마치 후원자와 수혜자처럼 영국인들과 현지 통치자들의 이해관계가 밀접하게 엮여 있다는 인식이 서서히 퍼지기 시작했다. 인도에서는 (서로 겹쳐 있지만) 전혀 별개인 두 가지 서사가 펼쳐지고 있었기 때문에 영국인의 상업적 이익을 챙겨주는 동시에 인도의 주권을 행사하는 것은 전혀 모순적인 행동이 아닌 듯싶었다.

솔직히 말해, 맨 처음 인도에 도착한 영국인들은 일상적 통치에 관심이 없었다. 그들은 현지인의 세세한 일상생활을 관리해야 하는 상황을 원하지 않았다. 그들은 정당한 이익을 얻기 위해 찾아온 상인들이었다. 그런데 수백 년 전의 유럽인들 사이에서는 경제적 이익에 대한 깊은 관심을 부정적으로 바라보는 분위기가 있었다. 봉건적, 가톨릭적 틀 속에서는 토지가 아니라, 사업을 통해 부를 축적하는 사람들이 구두쇠나 고리대금업자로 간주되었다. 사람들은 부도덕한 이득에 집착할수록 천국에서 영생할 가능성이 작아진다고 믿었다. 다들 그렇게 말했기 때문에 모두가 그렇게 믿었다.

그러나 유럽에서 진보의 서사가 확립되자 기존의 가치관이 재검토되었다. 1776년, 스코틀랜드의 철학자 애덤 스미스가 《국부론》을 발표했다. 그 중대한 소책자에서 그는 공익을 도모하는 최선의 방법이 각자의 경제적 이기심을 추구하는 것이라고 주장했다. 모든 사람이 부유해지려고 노력한다면 다들 타인에게 필요하거나 타인이 원하는 것을 제공하려고 애쓰기 마련이었다. 가장 부유해진 사람들이란 타인에게 필요한 것을 가장 효과적으로, 가장 많이 채워준 사람들이었다. 그러므로 부를 추구한다는 것은 일종의 자선 활동이었지만, 사람들이 나름의 방식으로 돈을 자유롭게 벌 수 있는 상황에서만 자선 활동일 수 있었다. 개인들은 자신이 돈을 벌 방법, 즉 공익에 기여할 방법을 누구보다 잘 알고 있었기 때문이다.

스미스는 정부가 개입하지 않는 한, 개인에게 부가 집중되는 것이 인간의 노동을 가장 효율적으로 조직하는 방식이라고 주장하기도 했다. 개인에게 부가 집중되면 생산이 극대화될 것이고, 생산이 극대화되면 사회 전체에게 이로울 것이었다. 밀물이 몰려오면 모든 배가 떠오르는 법이기 때문이다. 자신의 논지를 설명하기 위해 스미스는 그 유명한 핀 제조공의 사례를 들었다. 개별적으로 일하는 10명의 핀 제조공은 하루에 각자 1개씩, 그러니까 총 10개의 핀을 만들 수 있었지만, 각자 핀 제조 공정 일부분을 전문적으로 맡아 일하면 하루에 총 48개나 만들 수 있었다. 그러므로 작업장에 설비를 갖추고 노동을 조직할 만한 수단이 있는 사람들이 회사를 차린 뒤, 개인들을 임금 노동자로 고용해 작업을 맡길 때 사회 전체의 번영에 가장 큰 보탬이 되었다. 그런 회사의 소유주들은 이익을 재투자함으로써 사업의 효율성을 더 높이는 경향이 있었고, 결과적으로 그들의 회사는 점점 성장했다. 성장은 진보였으므로 사회 전반에 도움이 되었다.

그때, 즉 1700년대 후반에 유럽의 민간 기업들은 중국뿐 아니라, 아시아와 아프리카에서도 이익을 추구하고 있었다. 유럽 기업들은 인도차이나반도와 말레이반도에서는 고무를, 인도네시아에서는 향신료를, 인도에서는 면화를, 옛 사파비 제국에서는 양탄자를, 오스만 세계에서는 가죽과 광석을, 아프리카에서는 고무와 노예와 상아와 금을 빨아들이고 있었다—요컨대, 모든 곳에서 무언가를 사들이고 있었다. 중국 시장에서 고전했던 것과는 달리, 여러 시장에서 유럽인들은 대체로 국제수지 문제를 겪지 않았다. 옛 사파비 왕조의 이란 지역에서 유럽인들은 양탄자를 사들였지만, 총을 팔아 은을 되돌려받았다. 인도와 오스만 세계에서 유럽 상인들은 은을 바탕으로 현지 상인들을 제치고 각종 원료를 손에 넣을 수 있었고, 나중에 그 원료로 만든 완성품을 싣고 와 현지인들에게 되팔았다. 덕분에 은은 다시 유럽인의 금고로 흘러들어 갔다. 아프리카 해안에서 유럽인들은 처음에는 총과 술을 팔고 노예와 커피와 고무를 샀다. 이후 유럽 열강들은 사하라사막 이남 지역의 대부분을 '차지'했고, 덕분에 마치 찬장에서 물건을 꺼내듯이 원하는 것을 마음대로 손에 넣을 수 있었다.

일찍이 유럽 상인들은 인도인들이 '만든' 물건에 관심이 있었다. 친츠[chintz], 캘리코[calico], 모슬린[muslin] 같은 직물은 유럽에서 좋은 값에 팔렸다. 그 뒤 서양에서 의류 제조업이 급성장했고, 프랑스 같은 강국들은 동양에서 만든 의복과 직물의 판매를 금지했다. 면화는 동양에서 사들이는 편이 좋았다. 가격이 쌌기 때문이다. 그러나 원사[原絲]와 재봉사[裁縫絲]를 뽑아내는 작업, 직물을 짜는 작업, 재봉질로 옷을 만드는 작업 등은 모두 프랑스에서 이뤄져야 했다. 그것은 법이었다. 프랑스 국민에게 이로운 법이었다. 영국을 위시한 다른 나라들도 자국민의 수출입 품목을 통제하려는 목적의 비슷한 법을 제정했다. 아시아와의 교역에 참여하는 유럽 기업들은 그런 상황을 잘 활용했다. 저 멀리 동쪽의 아시아에서 면화를 싼값에 사들여 유럽에서 더 많이 팔 수 있었고, 다시 유럽산 의류를 싼값에 대량으로 사들인 뒤 아시아에서 훨씬 더 많이 팔 수 있었다—마치 마우리츠 코르넬리스 에셔[Maurits Cornelis Escher]의 석판화에 나오는, 위로 올라가기만 하는 계단 같은 형국이었다.

영국 동인도회사는 자사의 이익을 보호하고자 인도에 독자적 군대를 창설했다—그것은 법으로 보장된 권리였다. 그 군대에는 장교들만 영국인이었고, 병사들은 모두 현지인이었다. 수적으로는 비교가 되지 않을 만큼 적었지만, 영국인들은 인도인들을 앞잡이로 내세워 인도 아대륙을 경제적으로, 또 군사적으로 장악할 수 있었다. 영국인들이 그렇게 할 수 있었던 이유는 인도에서 두 가지 서사가 펼쳐지고 있었기 때문이다. 인도인들은 영국인들이 수혜자 관계망을 구축하는 잠재적 후원자들이 아니라, 탐욕스러운 외국 세력이라는 점을 너무 늦게 깨달았다.

1757년, 영국인들은 프랑스인들의 공격에 대비해 캘커타[Calcutta, 콜카타의 옛 명칭]에 설치했던 요새를 보강했다. 캘커타의 인도인 태수는 그것을 자신의 권위에 대한 도전으로 여겼다. 그는 약 65명의 영국인을 사로잡아 좁은 감방 한곳에 모두 가둬버렸고, 65명의 포로 중 3분의 2 정도가 죽었다.[23] 그러자 동인도회사의 사무원 로버트 클라이브[Robert Clive]는 소규모 병력을 이끌고 급히 캘커타로 달려가 병력이 훨씬 많은 태수의 군대를 격파했고, 태수를 내쫓은 뒤 고분고분하고 쓸 만해 보이는 다른 현지인을 태수 자리에 앉혔다.

로버트 클라이브가 승리로 이끈 플라시 전투[Battle of Plassey]를 계기로 오랫동안 공공연한 비밀이었던 사실이 적나라하게 드러났다. 그랬다. 예전부터 영국인들은 벵골 지방에서 마음대로 행동할 수 있었다. 이제 그들은 현지의 법과 전통을 받아들여 벵골 지방을 '징세 도급 토지'로 삼으면서 과세 과정을 장악했다. 그들은 현지의 풍습에 따라 세입의 일부분을 무굴인들에게 나눠줬고, 남은 세입을 챙겼다. 그러나 영국인들은 토지세를 5배 넘게 올렸다. 무굴인들에 대해 모르거나 무굴인들과의 유대감을 느끼지 못하는 바람에 현지의 징세 도급인들과 달리 수치심에 시달리지 않았기 때문이다. 영국인들은 인도산 수출품의 관세를 올렸고, 영국산 수입품의 관세를 없앴다. 결과적으로 인도 현지에서 만든 제품의 가격이

---

23) 포로로 사로잡힌 사람들의 숫자, 감방의 크기와 감방에서 숨진 사람들의 숫자를 둘러싼 논란이 있었지만, 여기서 중요한 것은 지금까지 전해 내려오는 사건 내용이다.

영국에서 들여온 그 비슷한 제품보다 더 비싸졌다. 영국인들로서는 아무 문제없는 결과였다. 그저 약삭빠른 사업적 임기응변의 결과였을 뿐이다. 그것은 인도의 제조업자들에게는 파산을 의미했지만, 그래도 현지인들은 영국인들이 사고 싶어 하는 물건을 만들어 생계를 이을 수 있었다. 영국 인들은 면화를 원했고, 인도의 지주들은 곡식 대신에 면화를 키우기 시작 했다. 그들 나름의 서사적 틀에서 볼 때 영국 사업가들은 면화를 키우라 고 강요하지 않았다. 단지 면화를 사들였을 뿐이다.

자사 정책의 사회적 영향에 무관심했던 동인도회사는 끝내 대재앙을 초래했다. 벵골 지방은 연거푸 기근을 겪었고, 그 가운데 최악의 기근으 로 약 1천만 명이 목숨을 잃었다. 그러자 영국 정부가 개입해 지방 행정 부를 수립했지만, 동인도회사는 여전히 영국 정부와 긴밀한 협조 관계를 유지했고, 동인도회사의 군대도 정부군과 어깨를 나란히 했다.

영국인들은 벵골 지방에서 그랬듯이 인도 아대륙 전체를 재빨리 장 악했다. 그들은 모양새를 고려해(그리고 손해를 볼 일이 아니었기 때문에) 이름뿐인 무굴 제국 황제를 권좌에 그대로 놔뒀지만, 1857년에 이르러 마지막 황제를 국외로 추방했다. 그것은 정복이 마무리되었다는 신호가 아니었다. 마지막 황제는 예산에서 삭제되는 품목명 같은 존재였다. 그 를 권좌에 계속 머물도록 내버려 둘 경우의 비용을 회계 감사관들에게 더는 납득시킬 수 없었기 때문이다.

속도는 더 느리지만 동일한 양상의 일이 이슬람 중간 세계의 다른 곳 에서도 일어나고 있었다. 1529년, 오스만 제국은 여전히 강력하고 위협 적인 세력이었다. 그해에 오스만 군대는 유럽 깊숙이 침입해 오스트리 아의 빈을 포위했고, 거의 점령 직전까지 갔다가 실패했다. 1683년, 오 스만 군대는 다시 빈을 포위했지만, 대패했다. 그러나 오스만 역사가들은 그것을 전환점으로 바라보지 않았다. 오스만 군대는 여전히 다른 전선에서 승리를 거두고 있었고, 곳곳에 전선이 펼쳐져 있었다. 그때 오스만인들은 유럽 전선이 이집트 전선이나 페르시아 전선이나 러시아 전선보다 더 중요하다고 생각할 이유가 없었다. 오스만 제국은 무굴 제국과 청 제국만큼 분명하게 가라앉고 있었지만, 정작 오스만인들은 아직 몰랐다. 아무도 몰랐다.

오늘날의 이란 지역에서도 오랫동안 자리를 지켰던 거대 서사가 지금 벌어지고 있는 일을 해명하지 못하는 바람에 사회 조직이 망가지고 있었다. 1600년대 중엽에 이르러, 사파비 왕조는 서로 다투는 사촌들의 패거리들로 갈라지고 말았다. 이후 아프간족이 동쪽에서 쳐들어와 사파비 왕조를 역사의 무대에서 지워버렸다. 나중에 새로운 왕조들이 등장했지만, 그 왕조들도 얼마 지나지 않아 서로 싸우는 파벌로 쪼개졌다. 한편, 유럽 기업가들이 이란 지역에 나타났다. 그들은 싸움에 끼어들지 않은 채 이 파벌 저 파벌에게 점점 단호한 충고를 해주면서 교묘하게 사회적, 정치적 영향력을 키워 갔고, 현지의 통치자들은 차츰 충고를 무시할 수 없게 되었다. 하지만 이란 지역에서도 그들 나름의 관점에서 볼 때, 유럽인들은 누군가에게 무언가를 강제하지 않았다. 그들은 단지 사업을 수행하고 있었을 뿐이다. 인도에서는 결국 영국과 프랑스가 경쟁하게 되었고, 영국이 승리했다. 이란과 아프가니스탄에서는 영국과 날로 팽창하는 거대한 최후의 지상 제국인 러시아가 경쟁하게 되었고, 당분간은 경쟁 결과가 불투명했다.

22 장

파급효과
(서기 1500~1900년)

　이슬람 중간 세계가 수렁에서 허우적댈 때 중국의 청 제국은 여전히 자기와 차를 유럽으로 수출하느라 분주했다. 18세기가 펼쳐지는 동안 영국 정부는 중국으로 빠져나가는 은의 양을 염려했다. 하지만 당시 영국은 인도를 단단히 틀어쥐고 있었다. 일단 인도 아대륙을 완벽하게 통제할 수 있는 식민지로 전락시키고 보니, 영국인들에게는 중국 문제를 해결할 묘수가 떠올랐다. 인도의 기후와 토양은 공교롭게도 아편을 생산할 수 있는 양귀비 재배에 안성맞춤이었다. 중국에서 아편은 오랫동안 약재로 쓰였지만, 얼마 전에 아메리카 대륙의 담배가 전래되자 중국인들은 아편을 담배와 섞어 피우기 시작했다. 약재였던 아편이 기분 전환용 마약으로 바뀐 것이다. 인도에는 제품이 있었고, 중국에는 시장이 있었다. 정말 완벽한 기회였다.

　1729년, 영국 상인들은 인도산 아편 2백 상자를 배에 실어 중국에 가져왔다. 그들은 아편을 사려는 중국인들에게 현금-이왕이면 은-만

받겠다고 고집을 부렸다. 그렇게 앙갚음을 해야 분이 풀렸다. 청 조정은 영국 상인들의 조치에 동의할 수 없었고, 급기야 아편 수입을 금지해버렸다. 하지만 영국 동인도회사와 여러 민간 하청업자는 수입 금지령을 무시했다.

1799년, 청 조정은 더 엄격한 수입 금지령을 내렸지만, 영국인들은 자유무역 원칙을 믿었고, 영업을 이어나갔다. 1800년, 인도 거주 영국 상인들은 인도산 아편 4,500상자를 중국인들에게 팔았다. 1834년에는 무려 4만 5천 상자를 수출했다. 무게로는 약 5천 톤이었다. 당시 인도 거주 영국 상인들이 중국으로 수출한 아편은 세계 시장에서 거래된 모든 상품 가운데 금전적 가치가 가장 큰 품목이었다. 이 점은 한 번 더 강조할 만하다. 당시 인도 거주 영국 상인들이 중국으로 수출한 아편은 세계 시장에서 거래된 모든 상품 가운데 금전적 가치가 가장 큰 품목이었다. 차와 교환되어 중국으로 유출된 은이 아편과 교환되어 다시 인도로 유입되었다. 인도로 되돌아온 은은 또 영국인의 금고로 흘러들어 갔다. 중국산 차를 계속 들여오는 상황에서도 영국의 은 보유량은 그대로 유지되거나 심지어 증가했다. 만사형통이었다—영국인의 시각에서는 그랬다.

물론 청 제국은 그렇게 여기지 않았다. 행동에 나서려고 마음먹었다. 당시 세계 최대의 제국이었으므로, 외국 마약상 무리를 근절할 수 있었을 것이다.

정말 그랬을까?

아니다. 나중에 드러났듯이 그렇게 하지 못했다. 1840년, 영국과 중국 간의 아편전쟁이 발발했다. 엄밀히 말해, 아편전쟁은 두 차례 벌어졌다. 1차 아편전쟁은 1840년부터 1842년까지, 2차 아편전쟁은 1856년부터 1860년까지 벌어졌지만, 두 전쟁 모두 본질적으로 같은 성격의 전쟁이었다.

역사상 그 정도로 중대한 전쟁이 그토록 미미한 유혈 사태를 빚은 경우는 드물다. 전쟁을 지진에 비유한다면 아편전쟁은 진도[震度]조차 측정되지 않았을 것이다. 영국인들은 아편전쟁을 전쟁으로 부르지도 않았다. 그들이 보기에 아편전쟁은 '토벌 작전'에 불과했다. 전쟁은 중국의 한 관리가 여러 명의 마약상을 체포해 공장 안에 가두고 아편을 불태워 버리며 시작되었다.

영국은 해군을 보내 보복에 나섰지만, 대규모 무력을 동원하지는 않았다-약 4천 명의 병력만 파견했다. 표면적으로 영국과 중국의 싸움은 절대 일어날 수 없는 뱀상어와 호랑이의 대결 같아 보였다. 영국은 해양 강국이고 중국은 육상 제국이었기 때문이다. 중국의 강점은 넓은 바다를 누비는 함선들이 들어가지 못하는 강을 통해서만 접근할 수 있는 광활한 내륙에 있었다.

그러나 영국 해군에는 묘책이 있었다. 영국이 중국에 파견한 소규모 해군 함대에는 바닥이 평평하고 대포를 장착한 증기선 네 척이 있었다. 그 증기선들은 흘수[吃水]가 얕아 큰 강을 오르내릴 수 있었고, 증기 기관 덕분에 바람과 강물의 흐름을 거슬러 올라갈 수 있었다. 영국 해군의 증기선은 대포로 몇몇 도시를 포격했다. 일단 양쯔강과 대운하가 만나는 지점에 도착하자 북쪽의 베이징으로 향하는 길이 활짝 열렸다. 청 조정은 베이징을 떠났고, 화친을 모색했다.

아편전쟁은 중국이 몇 가지를 양보하면서 막을 내렸다. 영국은 과거의 정복자들이 피정복민들에게 억지로 이끌어냈던 식의 양보를 요구하지 않았다. 영국은 금과 여자와 노예를 요구하지 않았다. 영국인들은 야만인이 아니었다. 그들은 영국 사업가들이 중국의 어느 곳이든 가서 물건을 사고팔 수 있게 해달라고 요구했을 뿐이다. 아울러 그들은 영국 선박에 더 많은 항구를 개방해 달라는 조건을 내걸었다. 또 중국에 거주하는 영국인은 중국의 법이 아니라, 영국의 법만 따르면 된다는 조건도 덧붙였다.

영국이 특혜를 얻는 모습을 지켜본 서양 열강들은 베이징으로 사절을 보내 자국의 상인들에게도 동일한 특혜를 달라고 노골적으로 요구했다. 그래야 공정하다고 생각했다. 이후 수십 년에 걸쳐 미국, 프랑스, 러시아 같은 나라들이 비슷한 조건의 특혜를 누리게 되었다. 그 서양 열강 중에서 청 조정을 무너트렸다고 주장하는 나라는 없었다. 공식적으로, 중국은 변함없이 유서 깊은 왕조가 통치하는 아시아의 막강한 제국이었다. 다만 이제는 많은 서양인이 중국 땅에서 자유롭게 교역할 권리—서양인들 특유의 의미망에서는 신성한 권리였다—를 행사하게 되었을 뿐이다.

바로 그 시점에 중국적 거대 서사는 일관성을 크게 상실했고, 세상에 의미를 부여할 수 있는 서사의 장악력이 사라졌다. 아편전쟁과 그 여파로 인해 중국적 세계 모형이 의심을 받았고, 중국 사회의 톱니바퀴가 삐걱거리기 시작했다. 청 조정은 외국인의 이익과 충돌하는 자국민의 이익을 지켜주지 못했다. 토지 이용, 세금, 관세 등에 대한 통제권도 상실했다. 그러나 외국인들은 황실 자체에 대한 반감이 전혀 없었다. 청 황실은 이전과 다름없이 부유하고 퇴폐적이고 사치스러웠다. 하지만 중국의 소작농들은 대혼란을 겪었다. 수많은 소작농이 아메리카 대륙으로 이주했다. 그들은 고국의 가족을 먹여 살리기 위해 저임금에 시달리며 철도 공사 같은 고된 일을 해야 했다.

1차 아편전쟁 이후 유럽인들이 중국인들로부터 이끌어낸 여러 양보

중에는 기독교 선교사들의 자유로운 포교 활동을 보장한다는 내용도 포함되었다. 인도에 거주하는 어느 영국인 성직자가 성경을 중국어로 번역하는 작업을 주도했고, 중국어 성경을 중국에 보급하는 과정을 감독했다. 그것은 때마침 중국이 와해의 시기로 치닫고 있을 때 일어난 일이었다. 익숙한 갖가지 요인이 폭넓게 작동하고 있었다. 반란군이 봉기를 일으켰다. 종말론적 광신도 집단이 나타났다. 그중에서 가장 급진적인 부류는 과거와 현재의 잡다한 서사들을 바탕으로 형성된 광신적 교단이었다. 과거시험에 몇 차례 낙방한 홍수전[洪秀全]이라는 인물은 자신이 예수 그리스도의 동생이라고 선언했고, 하느님으로부터 중국에 천국을 세우라는 임무를 부여받았다고 말했다. 가난하지만 학식을 갖췄기에 과거시험에 응시했다가 낙방한 수많은 사람이 마치 그리스도의 말씀 같은 홍수전의 주장에 고무되었다. 홍수전의 말에 열광한 자 중 한 사람인 풍운산[馮雲山]은 배상제회[拜上帝會, 상제회]라는 조직을 설립했고, 배상제회는 얼마 뒤 청 왕조에 대한 본격적인 반란을 일으켰다.

태평천국 운동에 뛰어든 반란군은 중국 남부에서 이른바 태평천국을 세웠고, 청 제국의 관군을 상대로 치열한 전투를 벌였다. '반란'은 그 투쟁을 오도하는 표현이다. 전투는 1850년부터 1864년까지 이어졌다. 비슷한 시기에 미국 남북전쟁이 벌어졌고, 약 60만 명이 목숨을 잃었다. 어마어마한 인명 손실이었다. 그러므로 남북전쟁은 당연히 인류사에서 가장 야만적인 투쟁 중 하나로 평가된다. 지금까지 내가 살펴본 세계사에는 태평천국의 난이 거의 언급되지 않았지만, 태평천국의 난은 엄청난 희생을 초래했다—그러나 아무도 태평천국의 난으로 얼마나 많은 사람이 죽었는지 모른다. 굶주림과 질병으로 죽은 사람들까지 포함하면 아마 희생자는 2천만 명에서 6천만 명 사이일 것이다. 따라서 투쟁의 규모로 평가할 때, 태평천국의 난은 제1차 세계대전과 제2차 세계대전 사이에 있다고 볼 수 있다. 요컨대, 태평천국의 난은 여러분이 처음 들어보는 정말 비참한 전쟁이었다. 만일 태평천국의 난을 아편전쟁의 마지막 장에 빗댄다면 그 투쟁은 거대한 두 문명의 은하 사이에서 빚어진 서사적 충돌의 역사적 영향에 견줄 수 있을 것이다. 태평천국의 난은 중국이, 충격적이고 실망스럽고 당황스럽게도, 세계의 중심 세력이기는커녕 국지적 세력도 아니라는 사실을 깨달은 전쟁이었다. 중국은 거의 부동산에 불과했다.

5부

기계가
등장하다

하나의 생물종으로서 출현한 이래 인간은 줄곧 도구를 개량해 왔다. 콜럼버스의 신대륙 발견 이후 몇 세기 동안 인간의 도구는 갑자기 정교해지기 시작했다. 그 결과는 언어의 습득만큼 의미심장했다. 기계는 인간 생활의 틀을 짜고, 인간의 제도를 체계화하고, 인간의 가치관을 결정하고, 인간의 정신에 침투하고, 심지어 인간의 생물학적 기능도 바꿔놓았다. 서양의 사회적 별자리들은 기계를 각 별자리의 의미망 속으로 비교적 원만하게 받아들일 수 있었다. 반면 다른 곳에서는 기계가 현재의 사회적 틀 속으로 쉽사리 들어가지 못했다. 그 세계들은 기계 문화에 대한 저항성이 더 강했다. 그러나 이제 기계가 세력 다툼에서 중요한 변수로 작용했기 때문에 서양이 세계를 지배하게 되었고, 서양 내부에서도 최고의 기계를 가장 많이 보유한 국가들이 정상을 차지했다. 하지만 서양은 여전히 자신을 '우리'로, 나머지 열강들을 '저들'로 바라보는 여러 다양한 별자리로 이뤄져 있었다. 그 열강들이 지구상의 식민지와 부와 자원과 기회를 두고 벌인 쟁탈전은 세계적 차원의 전쟁으로 귀결되었다. 전쟁이 끝났을 때 인류는 주권 국가라는 195개의 구체적 정치 단위로 재편되었다.

23 장

발명이 폭증하다
(서기 1750~1950년)

15세기에 시작된 유럽의 팽창 과정은 19세기 내내 탄력을 받았다. 탄력의 비결 중 하나는 유럽적 서사의 공격적 응집력이었다. 하지만 때 마침 또 하나의 중대한 발전상이 전개되고 있었고, 그것은 도구와 관계가 있었다. 기계가 역사상 최고의 전성기에 접어들고 있었고, 얼마 지나지 않아 모든 인간적, 환경적 요인을 압도할 것 같았다.

물론 도구는 언제나 인간 생활의 중요한 부분이었다. 불은 모든 것을 바꿔놓았다. 망치도 엄청난 역할을 했다. 바퀴도 마찬가지였다. 도끼, 활, 이륜 전차, 양수기, 지렛대, 도르래, 나사, 투석기, 갑옷, 화약 등의 기술적 돌파구는 인간사의 경로를 연거푸 바꿔놓았고, 이주를 유발했고, 통제의 주체와 객체를 결정했고, 왕을 권좌에 앉혔고, 제국을 무너트렸다.

그러나 도구와 기계는 구별해야 한다. 도구와 기계의 경계선은 흐릿하겠지만, 분명히 있다. 이렇게 생각해보기 바란다. 도구는 인간의 작업을 도와준다. 기계는 직접 작업을 처리한다. 인간은 증기기관에 석탄을 퍼 넣어주고, 낡은 부품을 갈아주고, 기계톱의 톱니에 목재를 갖다 대면서 기계의 작업을 돕는다.

이따금 역사학자들은 과학과 기술이 별개의 경로를 밟으며 독자적으로 발전한다고 주장한다. 이 관점에 따르면, 과학자들은 심도 있는 이론을 도출하고, 발명가들은 이런저런 장치를 고안한다. 뉴턴은 빛의 본질을 탐구했지만, 프리즘을 발명하지는 않았다. 보일은 팽창하는 기체가 가하는 압력의 계산법을 알아냈지만, 발명가들은 증기기관을 만들어냈고, 그들은 보일의 법칙을 전혀 몰랐다. 그들은 단지 광산에서 물을 빼내는 실용적 용도로 쓰이는 양수기를 개량하려고 노력했을 뿐이다.

그럴싸한 관점일 수도 있겠다. 그러나 사실 유럽인들이 과학을 수용하던 바로 그때, 아시아에서 개발된 독창적인 장치가 유럽에 전래되고 있었다. 과학과 기술이 중첩하자 창의력의 들불이 유럽 대륙 전역에서 타올랐다. 기존의 장치가 아예 새로운 발명품으로 평가될 정도로 철저하게 개량되었다. 중국의 3층짜리 물시계는 서유럽의 회중시계로 변신했다. 동양의 학문적 지식을 바탕으로 유럽인들은 이전에는 상상할 수 없을 만큼 비약적인 발전을 이뤘다. 이븐 시나는 약초와 의학적 증상을 간추린 백과사전을 편찬했다. 그것을 발판으로 유럽인들은 질병 세균설을 정립했고, 소독제, 백신, 항생제 등을 내놓았다.

발명 사업

변화를 초래하는 발명품은 그저 쓸모 있다는 이유로 일상생활에 스며들지는 않는다. 일반적으로 발명품은 일단 제품화해야 하고, 그다음에는 상품화할 수 있어야 한다. 후원 관계망과 율법과 복원의 서사를 갖춘 무슬림 세계에는 발명품을 제품화하는 뚜렷한 기제가 없었다. 곳곳에 침투한 관료제에 따라 작동하는, 사회적 응집력이 있고 중앙집권적인 국가를 꿈꾸는 중화 세계도 마찬가지였다. 새로운 기술은 기존의 사회적 구조를 뒤흔들 우려가 있었고, 세계의 대다수 지역에서 새로운 요소를 도입하는 것보다 기존의 사회적 구조를 '보존'하는 것이 더 중요했다. 복원의 서사에 따르면, 대체로 기존의 사회적 구조를 보존하고 발전시키는 것이 삶의 요체였다.

하지만 서양에서는 사회 조직의 주축이 영리를 추구하는 사기업들이었고, 기업가들은 사회 곳곳을 살피며 상품화할 만한 발명품을 물색하고 있었다. 진보의 서사는 기업가들의 그런 태도의 자양분이 되었다. 알다시피 최고의 기계는 새롭고 개량된 기계이고, 기계는 항상 개량할 수 있기 때문이다. 진보의 서사가 주도하는 사회는 다른 사회들보다 유리한 점이 있었다. 진보의 서사가 좌우하는 사회에서 독창적인 도구가 발명되었기 때문이라기보다는, 그런 사회에서 독창적인 도구가 꾸준히 개량되고 변주되었기 때문이다. 총은 무슬림 군대와 유럽인 군대의 대결에서 승부의 변수가 아니었다. 무슬림 군대에도 총이 있었다. 총은 중국에 변화를 일으키지 않았다. 사실 총은 중국인들이 '발명'한 것이었다. 유럽인들이 무슬림들이나 중국인들과 구별되는 점은 그들이 싸움터에 도입한 총의 '종류'였다.

무슬림 군인들은 전장총[前裝銃, 총알을 총구에 장전하는 방식의 옛 소총-옮긴이 주]을 사용하고 있었다. 재장전하려면 일어서야 했고, 그러는 사이에 적군의 표적이 되었다. 그 무렵에 유럽인들은 후부 장전식 총을 개발하는 데 성공했고, 덕분에 유럽 군인들은 눕거나 엎드린 채 재장전할 수 있었다. 사소한 차이였지만, 사회적 파장은 컸다. 무슬림 군인들이 사용한 총에는 활강총신[滑腔銃身, 나선형 강선이 없는 총신-옮긴이 주]

이 달려있었기 때문에 명중률이 비교적 낮았다. 유럽인들은 선조총신[線條銃身, 나선형 강선을 파놓은 총신—옮긴이 주]이 달린 총을 만들었다. 그 총에서 발사된 총알은 총신을 통과할 때 회전했기 때문에 똑바로 날아갔다. 구식 총은 총신에 화약과 금속 총알과 헝겊을 차례대로 다져넣은 뒤 성냥으로 불을 붙이는 방식으로 발사했다. 유럽인들은 공이가 때릴 때 터지는 붙박이 폭약이 장착된 탄환을 개발했다. 그랬다. 탄환은 총에 필적하는 발명품이었다. 다른 지역의 군대가 선조총[旋條銃]을 쓰고 있을 무렵, 유럽의 군대에는 연발 선조총이 있었다. 연발 선조총이 다른 지역에도 보급되었을 때 유럽인들은 개틀링 기관총[Gatling gun]을 쓰고 있었고, 이후 맥심 기관총[Maxim gun]을 거쳐 모든 표적을 연발사격으로 산산조각 내버리는 현대식 기관총을 쓰게 되었다.

진보의 서사에 의해 형성된 사회에서는 유용성이 확실히 드러난 발명품이 여러 가지 파생 발명품으로 이어지는 경우가 많았다. 연구자들은 새롭고 유익한 발상이나 발견의 가능한 결과를 남김없이 검토했다. 증기기관은 밀폐된 용기 내부에서의 연소 작용에서 생기는 힘을 동력으로 활용할 수 있다는 점을 증명했다. 증기기관이 등장하자 사람들은 증기기관이라는 핵심 개념을 다른 분야에도 적용할 수 있는지 연구할 수 있었다. 증기는 가열될 때 팽창하는 유일한 기체일까? 다른 기체도 기관을 움직일 수 있지 않을까? 밀폐형 연소로 양수기가 움직일 수 있다면 바퀴도 움직일 수 있지 않을까? 혹시 자동 추진 차도? 실을 만드는 장치인 다축 방적기의 바퀴도? 기관을 이용해 북이 베틀의 실 사이를 왕복하게 할 수 있을까? 연소 작용을 동력으로 삼는 기관이 생기면 배에는 돛이 불필요해질까?

유럽의 발명가들이 밀폐형 연소의 온갖 활용법을 탐색하고 있을 때 사람들의 시선을 끈 자연력이 하나 더 있었다. 영국의 어느 물리학자는 그것을 전기라고 불렀다. 프랑스의 과학자 샤를 쿨롱[Charles Coulomb]은 그 자연력을 측정하는 방법을 알아냈다. 미국의 발명가 벤저민 프랭클린[Benjamin Franklin]은 그 정체가 무엇이든 간에 전기라는 것이 '흐른다'는 점을 증명했다. 발명가들은 그 자연력으로 할 수 있는 일이 무엇인지 연구하기 시작했고, 결국 전기가 구리 선의 한쪽 끝에서 흘러들어 가면 반대쪽 끝에 충격을 전달할 수 있다는 점을 발견했다. 1816년, 프랜시스 로널즈[Francis Ronalds]는 바로 그런 전기 신호를 전선을 통해 13㎞ 떨어진 곳까지 보냈다. 1837년, 미국의 발명가 새뮤얼 모스[Samuel Morse]는 가볍게 두드리는 듯한 소리를 멀리 보내는 전기 장치를 만들었고, 그 소리를 글자로 변환할 수 있는 부호를 고안했다. 덕분에 그 전기 장치는 메시지 전달이라는 실용적 쓰임새를 갖추게 되었다.

모스는 순간적 깨달음에 힘입어 전신기를 발명한 것이 아니다. 대부분의 발명은 누적된 개량의 결과물이다. 1800년대 초반에는 많은 사람이 전기로 작동하는 장치를 개량하면서 이런저런 결과물을 내놓았다. 모스가 전신기를 발명한 사람으로 기억되는 것은 그가 다른 사람들보다 혁신의 중요한 문턱을 아주 조금 먼저 넘었기 때문이다.

하지만 전신기가 발명되자마자 사업가들은 그 장치의 상품화 방안을 경쟁적으로 궁리하기 시작했고, 거기서 중대한 변화가 일어났다. 그 소란스러운 경쟁을 거쳐 대재벌인 웨스턴 유니언[Western Union]이 탄생했다. 웨스턴 유니언이 있었기 때문에 수많은 연구자가 전신 관련 장치에 관한 이런저런 아이디어를 궁리할 수 있었다. 일단 멋진 아이디어가 떠올라 특허권을 얻으면 웨스턴 유니언이 특허권을 사들일 수 있었기 때문이다.

전신기는 전화라는 것을 상상하는 발판이 되었다. 여러 예비 발명가는 전선을 통해 인간의 음성과 닮은 소리를 전달하는 방법을 알아내려고 했다. 알렉산더 벨[Alexander Bell]은 그 획기적인 수단을 발명한 인물로 인정받았지만, 그는 여러 명이 참여한 경주에서 우승을 차지했을 뿐이라고 볼 수 있다. 웨스턴 유니언의 어느 직원이 벨보다 조금 먼저 비슷한 발명품을 내놓았지만, 웨스턴 유니언의 수뇌부는 그것의 사업성을 간파하지 못했다. 그들은 전화가 전신국에 설치되리라고 추측했다. 그들이 볼 때, 한 전신국에서 다른 전신국으로 전송되는 음성 메시지는 그 내용이 쪽지에 기록된 뒤 심부름꾼을 통해 수령자에게 전달될 것 같았다. 그것은 기존의 모스 부호를 대폭 개선한 것이 아닌 듯싶었다.

전화는 많은 사람이 전선망으로 연결된 전화를 보유해야 제품으로 자리 잡을 수 있을 것 같았다. 전화를 받을 사람이 많지 않은 상황에서 전화기를 살 사람은 드물 것 같았다. 전화기가 있는 집이 하나도 없는 상황에서 모든 가정을 연결하는 전화망을 설치하기 위해 자금을 투자할 사람도 없을 것 같았다. 그런 전화망은 존재할 수 없을 듯싶었다. 관건은 기술이 아니라 사업성이었다.

벨이 해결사로 등장했다. 그는 가입자에게만 서비스를 제공하는 전화교환국을 설립했다. 가입자들은 다른 가입자들과 통화할 수 있었지만, 비가입자들과는 통화할 수 없었다. 그런데 가입자가 21명에 불과하다 보니 그 값비싼 장치를 선뜻 살 사람이 없을 듯싶었다. 벨은 전화기를 판매하는 대신 '대여'함으로써 문제를 해결했다. 얼마 뒤 가입자 한정 전화교환국이 미국과 유럽 도처에 생겼고, 그렇게 전화교환국이 등장하자 여러 교환국을 연결하는 전화망이 상업성을 갖추고 인기를 끌게 되었다. 전화기가 있는 사람들은 다른 전화망에 가입한 사람들과 통화할 수 있었다. 초창기의 모든 전화망 통신체계에는 교환대가 필요했고, 전화 교환수라는 새로운 유형의 직업이 생겨났다.

발명이 급증한 요인으로는 사업가들과 회사들과 기업들의 왕성한 활동력, 이성과 과학으로 물리적 우주의 비밀을 파헤친 상아탑의 지식인들, 발견의 매력을 부각한 팽창의 역사, 새로운 것과 더 나은 것을 향한 지속적인 탐구를 부채질한 진보의 서사 등을 꼽을 수 있다. 이 네 가지 요인의 공통점은 무엇일까? 이들 요인은 모두 당대의 서유럽 사회 전체를 규정하는 특성이었다. 그런 특성을 보인 세계에서 발명은 급증할 수밖에 없었다.

획기적 발명은 광범위한 사회적 변화를 촉발했지만, 점진적 개선도 사회적 변화를 유발할 수 있었다. 사소한 기술 혁신도 파급효과를 일으킬 수 있었고, 결과적으로 인간 생활을 하나로 묶는 서사들에 변화를 초래했다. 예를 들어 1830년에 완성된 낱장 윤전 인쇄기가 있었다. 그것은 구텐베르크가 발명한 원통식 인쇄기(1830년에도 쓰이고 있었다)를 살짝 개량한 것이었다. 원통식 인쇄기는 한 시간에 약 125장을 찍을 수 있었다. 낱장 윤전 인쇄기는 시간당 1만 8천 장을 찍을 수 있었다. 처음에 낱장 윤전 인쇄기는 무의미한 개량품처럼 보였다. 그렇게 많은 양의 인쇄물을 소화할 만큼 독자층이 넓지 않았기 때문이다. 당시 미국에서 가장 널리 유통되는 정기간행물의 구독자도 4천 3백여 명에 불과했다.

그러나 실제로는 인쇄물이 대량으로 판매될 만한 시장이 존재했다. 다만 미처 주목을 받지 못했을 뿐이다. 당시 미국에는 영어 읽기를 연습하고 싶어 하고, 고국의 소식에 목마른 이민자들로 넘쳐나고 있었다. 기존의 정기간행물은 구독 신청자에게 판매되었고, 1년 치의 구독료를 선불로 내야 했기 때문에 평범한 노동자가 구독하기에는 너무 비쌌다. 새로운 인쇄술과 노동자 대중을 한데 묶어 바라보고 거기서 기회를 포착하는 데는 사업가적 천재성이 필요했다. 1833년, 벤저민 데이[Benjamin Day]는 〈뉴욕 선 New York Sun〉을 창간했다. 대량 생산된 일간신문인 〈뉴욕 선〉은 한 부에 1페니에 팔렸다. 웬만한 사람이면 살 수 있는 가격이었다. 얼마 뒤 그는 매일 1만 5천 부를 팔았고, 투자금을 대거 회수했다.

벤저민 데이가 돈을 버는 모습을 지켜본 다른 사람들도 행동에 나섰다. 1부에 1페니로 팔리는 신문들이 우후죽순처럼 생겨났다. 그 신문들의 독자들은 형편이 좋지 않은 사람들이었고, 유한계급의 지식인들이 아니었다. 그래서 신문업자들은 지면을 살인, 화재, 자살 따위의 선정적인 기사로 채웠다. 그래도 초창기 신문들은 '뉴스' 부족에 시달렸다. 살인과 화재와 자살 사건이 원하는 만큼 일어나지 않았던 것이다! 언젠가 뉴올리언스의 어느 주간지 발행인은 뉴스 가치가 있는 일이 매주 일어나지는 않는 것 같다고 불평했다. 뉴스에 목말랐던 신문업자들은 현장에 나가 뉴스거리를 구해올 직원들을 고용했다. 신문업자들은 직원들을 부두로 보내 이제 막 미국에 도착한 유럽 출신의 승객들을 인터뷰하게 했다. 그렇게 기자라는 새로운 종류의 직업이 탄생했다.

전신 기술의 등장으로 사람들은 멀리 떨어진 곳에서 당일에 일어난 사건을 알 수 있게 되었다. 대서양 이쪽에서 저쪽까지 해저 전선이 깔리자 유럽에서 벌어진 사건에 관한 소식도 전달될 수 있었다. 그러나 대서양 횡단 전신을 통해 소식을 주고받는 비용은 비쌌다. 일개 신문사가 일상적으로 메시지를 송신하고 수신하기는 어려웠다. 1848년, 여섯 개의 신문사가 '전선'으로 뉴스를 전달받는 비용을 분담하기로 했다. 나중에 그 연합체는 AP[Associated Press, AP통신]라는 독자적 기업으로 분리되었다. AP통신은 최초의 통신사였다. 그런 통신사들은 특파원들이 보내온 메시지를 전신으로 받은 뒤 그 정보를 모든 수요자에게 팔았다. 그렇게 뉴스 자체가 상품화되었다. 영리를 추구할 수밖에 없었기 때문에 통신사들은 정보를 되도록 많은 신문사에 판매하려고 했다. 가장 많은 뉴스를 판매하는 통신사가 상업적 경쟁에서 승리를 거머쥐었다. 그러나 신문사마다 성향과 기호와 의도와 의제와 관심이 달랐다. 신문을 찍어내고 소책자를 쏟아내는 공화당 당원들[Republicans], 부지주의[不知主義]당 당원들[Know-Nothings], 헌법 연합당 당원들[Constitutional Unionists], 자유토지당 당원들[Free Soilers], 그리고 말 많은 어중이떠중이들에게 골고루 잘 판매할 수 있는 정보는 무엇이었을까?

그것은 바로 객관적 사실이었다. 통신사들은 사업적 고려를 통해 모든 사건에는 해당 사건을 둘러싼 견해와 별개인 사실적 핵심이 있다는 점을 깨닫게 되었다. 사실적 핵심은 '누가, 무엇을, 어디서, 언제, 왜 했는가'라는 질문에 대답할 수 있었다. 사실적 핵심은 누구에게나 판매할 수 있는 것이었다. 사실이 상품화되자 신문사들은 정확성과 객관성을 강점으로 삼을 수 있었다. 아마 여러분은 윤전기에 힘입어 객관적 뉴스라는 개념이 생겼다고 말할 수 있겠다. 객관적 뉴스−지금 우리는 상호 소통의 영역, 서사의 영역, 언어의 영역 등에 접어들고 있다−라는 개념은 훗날 인터넷이 망쳐놓은 개념이다. 기술과 언어는 언제나 밀접하게 연관되어 있다. 윤전기는 객관적 뉴스 개념의 탄생에 일조했지만, 서양적 서사 특유의 다른 측면들이 없었다면 그렇게 할 수 없었을 것이다. 도구는 언제나 어떤 세계관 속에 자리 잡고 있는 법이다. 도구와 세계관은 역사에서 벌어지는 일에 중대한 영향을 미친다.

우리의 육체, 우리의 기계

기계가 사회적 현장에 침투하면서 인간 생활은 안팎으로 변화를 겪었다. 예를 들어 기관이 생산에 이용되자 공장이 곳곳에 들어섰다. 그런 생산 양식에서 기계는 중추적인 역할을 수행했다. 사람들은 그저 손잡이를 당겨 기계를 작동시킬 뿐이었다. 임무를 효과적으로 수행하기 위해 사람들은 자신의 방식과 리듬을 기계에 맞춰야 했다.

산업적 공장제도의 첫 흔적은 이미 플랜테이션에서 찾아볼 수 있었다. 플랜테이션이 생기기 전에 농부들은 여러 가지 사항―생활 형편, 풍습, 종교적 서사 같은 요인들과 개성이나 정체성과 관계있는 다른 요인들―을 신중히 고려해 토지를 가장 효율적으로 이용할 방법을 모색했다.

하지만 플랜테이션에는 단 하나의 정해진 목적―예컨대, 설탕이나 담배나 면화를 생산하는 것―만 있었다. 그 단일한 목적을 완수하기 위해 노동자들은 마치 각자에게 할당된 역할을 수행하는 기계 부품처럼 작동해야 했다. 핵심 작업 과정은 각 부품이 특정 역할을 수행하는 여러 개의 작은 단계로 나뉘었다. 요컨대, 플랜테이션에서 일하는 노동자들은 노예나 농노나 소작농일 뿐 아니라, 부품이기도 했다.

그래도 플랜테이션에서 작동하는 부품들과 각 부품의 역할에는 어느 정도 자율성이 있었다. 예를 들어 동일한 노동 단위('개인', 혹은 더 예스럽게 표현하면 '인간')가 고랑을 파는 일을 하다가 나중에는 면화를 따는 작업을 수행할 수도 있었다. 그러나 일단 기계의 논리가 압도하자 '가공품'의 생산 과정, 즉 노동 단위의 '합리화' 과정―플랜테이션 체계가 산업적 공장제도로 전환되는 과정―은 마치 기계처럼 한결 정확해지고 확고해졌다. 각 노동자는 다양한 충동과 정서와 목표와 욕망을 지닌 생물학적, 사회적 단위였지만, 제조공정에 참여하는 동안에는 마치 기계 같은 사회집단의 부품에 불과했다. 노동자의 생물학적 체계는 대체로 공장에서 그 노동자가 맡은 역할과 동떨어져 있었다. 기계의 경우처럼, 각 부품의 가치는 수학적 계산을 통해 단기적 급여나 정기적 급여 형태로 결정될 수 있었다.

기계식 시계가 없었다면 공장은 운영되기가 힘들었거나, 아예 불가능했을 것이다. 노동자들은 각자 다른 시간에 출근했을 것이고, 행동을 서로 조율할 수 없었을 것이다. 산업화 이전 시기의 노동자들은 자연스러운 작업 중단 시점이 찾아올 때나, 배고픔이 생물학적 임계점에 도달할 때나, 태양이 익숙한 위치에 도달할 때 일손을 놓고 점심을 먹으러 갔다. 대다수의 노동자는 점심 무렵에 대부분 집에 돌아가거나 이미 집에 가 있었다. 점심은 생물학적 요인에서 비롯된 사회적 규범에 깊이 자리 잡은 노동의 중단에 따라 준비되었다. 노동자들이 집에서 먹을 점심을 준비하는 사람들은 전통적으로 육아를 포함한 가사를 돌보는 사람들, 즉 여자들이었다.

일단 공장이 가동되면 모든 부품은 동일한 순간에 작업을 개시하고, 동일한 시점에 작업을 중단하고, 동일한 장소에서 점심을 먹고, 동일한 시간에 작업을 재개해야 했다. 공장 노동자들은 집에 가서 점심을 먹을 수 없었다. 너무 비효율적인 방법이었기 때문이다. 만약 중간에 귀가해 점심을 먹도록 허용하면 노동자들이 공장으로 복귀하는 시각이 제각각이었을 것이고, 작업이 한동안 재개될 수 없었을 것이다. 각 부품이 완벽한 조화를 이루지 못하면 기계는 작동할 수 없는 법이다. 그러므로 기계화된 산업적 제조공정에 참여한 사람들은 생물학적 자아를 기계의 논리에 종속시켜야 했다.

공장 노동에는 통상적으로 교대 근무가 필요했다. 기계가 출현하기 전에는 2교대제의 주간 근무, 2교대제의 야간 근무, 3교대제의 심야 근무 같은 근무 단위가 없었지만, 산업사회에서는 움직일 수 없는 현실이 되었다. 야간 근무나 심야 근무를 체험해보면 여러분의 생체 시계는 틀림없이 근무 일정에 맞춰 재설정될 것이다.

제트기가 등장하기 전, 우리 인간은 시차 피로라는 증상을 몰랐다. 우주의 역사 속에 존재한 그 어떤 인간도 시차 피로를 경험하지 못했다. 모든 동물에는 수면과 허기 같은 기능을 조절하는 생물학적 기제가 내재되어 있고, 인간도 예외는 아니다. 우리에게는 잠잘 시간과 집중할 시간을 좌우하는 생물학적 주기가 있다. 그 규칙적인 주기는 우주의 천문 현상이 주관하는 빛과 어둠의 진행 과정에 따라 설정된다. 기계가 등장하기 전, 사람들은 자연환경의 다양한 특징과 생물학적으로 조화를 이뤘고, 그 여러 가지 특징은 지역마다 달랐다. 열대 지방에서는 낮과 밤의 길이가 1년 내내 거의 똑같았다. 극지방에서는 계절에 따라 낮과 밤의 길이가 크게 변했다. 전기 덕택에 인간은 생물학적 주기에서 벗어났고, 기계의 리듬과 요구에 적응하며 직접적인 자연환경으로부터 자유로워졌다. 사람들은 어디서나 살 수 있게 되었고, 거기서 무슨 일이든 할 수 있게 되었다. 이제 환경의 변화와 무관하게 일정한 기온과 습도를 유지하기 위해 활용하는 기제에 의해서만 제약을 받았다. 두바이는 절대 춥지 않은 곳으로 여름에는 기온이 섭씨 43도까지 치솟지만, 두바이에는 1년 내내 영업하는 스키장이 있다. 남극은 인간이 거주할 수 없을 정도로 날씨가 너무 춥고 사나운 곳이지만, 해마다 4만 5천 명 이상이 남극을 방문하고, 대부분이 관광객이다.

기계는 생물학적으로 내재된 우리의 시간 감각을 바꿔놓는 경향도 있는 것 같다. 과학자들에 따르면, 우리에게는 눈과 귀가 빛이나 음파를 감지하는 방식으로 시간을 느끼는 생물학적 기관이 없다고 한다. 우리

내면의 시간 감각은 우리 뇌의 서로 연결된 신경의 화학작용과 관계있다. 외부 환경이 우리의 감각에 자극을 많이 주면 우리 뇌의 화학작용은 거기에 적응해 반응할 것이다. 안으로 전달되는 신호가 이상하거나 반복적이거나 예측할 수 없는 것일 때도 뇌의 화학작용에 영향을 미칠 것이다. 어쨌든 이론적으로 말해 우리는 우리에게 닥칠 법한 모든 일에 대비하는 상태에 있어야 한다. 어떤 면에서 이 같은 상태란 예를 들어 호랑이가 숲에서 갑자기 튀어나올 때 재빨리 달아날 자세를 갖추고 있어야 하는 것이나, 자칫 사람의 팔을 망가트릴 수 있는 기계로 단조로운 작업을 수행하는 동안 졸지 말아야 하는 것을 의미할 수도 있다. 환경이 점점 더 기계화하자 우리 내면의 신경 시계는 확실히 기계의 속도와 리듬에 적응했고, 그 결과 기계화한 환경에 적응한 사람들과 기계화하지 않은 환경에 적응한 사람들 간의 상호작용에서 어느 징도의 생물학적 단절이 일어나게 되었다.

기계의 출현으로 우리의 시간 감각은 빨라지거나 느려졌을 뿐 아니라, 국지성이나 보편성을 띠기도 했다. 교회에 시계탑이 설치되자 기계식 시계와 연동되는 종이 울리면서 저녁 기도 시각을 알렸다. 그것은 종소리가 들릴 만한 거리에 있는 모든 사람이 공유하는 공공의 시간이었다. 그뿐만 아니라 철도가 우리 삶에 스며들자 공공의 시간이 폭넓게 확장되었다. 기차를 운행하려면 뉴욕시의 시간이 애리조나주의 비스비[Bisbee]나 워싱턴주의 왈라왈라[Walla Walla]의 시간을 고려해 정확하게 조정되어야 했다. 그렇게 서로 만날 일 없고 동일한 순간에 동일한 물리적 자극에 반응하지 않을 사람들이 동일한 시간적 틀 속에서 살고 있었고, 그들도 그 점을 알고 있었다. 그 공공의 시간에는 '열차 시간'이라는 비공식적 명칭이 붙기도 했다.

24장

우리의 기계, 우리 자신

(서기 1750~1900년)

기계가 인간 생활에 침투하자 사람들은 인간을 대하듯이 기계와 상
호작용해야 했다. 어떤 면에서 인간 생활에 진입하는 기계는 마치 다른
문화로 밀려들어 오는 문화 같았다. 하지만 기계와 상호작용할 때 사람
들은 인간을 대할 때와는 전혀 다른 논리를 따라야 했다. 다른 사람의
협력을 이끌어내려면 요청, 요구, 설득, 협상, 협박, 토론 등이 필요할
것이다. 기계에는 그런 방법이 통하지 않는다. 그 망할 녀석에게는 뇌물
이 먹히지 않는다. 그 녀석과 협상할 수도 없다. 협력해야 하는 이유를
설명할 수도 없다. 고함을 지르거나 발로 차거나 겁을 줘도 소용없다.
정말이다. 내가 직접 해봤다.

모든 대인관계에서 상대방의 반응을 절대적으로 확실하게 예측할 수
는 없다. 모든 인간에게는 자신의 행동과 결정에 영향을 주는 무언의 목
적과 목표와 의도가 있기 때문이다. 그러나 기계에는 숨겨진 뜻이라는
것이 없다. 기계는 특정한 작업을 수행하도록 만들어졌고, 기계는 인간

이 설계한 방식과 각 부품을 통해 작업을 수행한다. 기계는 작동하거나 작동하지 않거나 둘 중 하나이다. 회색 지대는 없다. 기계의 이런 측면은 결혼이나 동업 같은 사회적 관계와 대조적이다. 만일 기계가 작동하지 않으면 여러분은 기계를 수리하거나 부품을 교체해야 할 것이고, 그렇게 하는 편이 간단할 것이다. 좋은 기계에는 필요한 부품이 모두 갖춰져 있고 불필요한 부품은 하나도 없을 것이고, 모든 부품을 확보해 올바르게 조립하면 기계는 원래의 성능을 발휘할 것이기 때문이다. 반면 결혼이나 동업은 기계처럼 그렇게 무미건조한 것이 아니다.

은유적 표현으로서의 기계

기계가 역사의 무대에 나타나자 사회적으로 구축된 서사적 현실—사람들이 미지의 '현실 세계' 대신에 발 딛고 있는 곳—에 기계의 논리가 스며들었다. 기계는 사람들이 자신과 사회를 바라보는 관점에 은유적으로 스며들었다. 예를 들어 19세기에 증기기관이 당대의 지배적 장치로 떠올랐을 때 지크문트 프로이트는 인간의 정신을 일종의 유압 장치로 묘사했다. 그가 보기에 정신적 에너지는 관을 통해 흐르는데, 그 흐름이 차단되는 곳에서 압력이 증가하다가 결국 삶의 다른 부분에서 신경증의 형태로 발산되었다. 컴퓨터는 오늘날의 지배적 장치이다. 우리는 인간의 정신을 프로그래밍의 관점에서 바라보는 경향이 있고, 문화를 일종의 소프트웨어로, 비정상적 행위를 잘못된 배선이나 불량 소프트웨어의 징후로 여기곤 한다.

기계는 우리가 물질세계를 바람직한 결과를 낳는 곳으로 만들 수 있다는 점을 보여줬다. 은유적 표현으로서의 기계는 기계적 접근법으로 사회 문제를 풀어야 한다는 점을 암시했다. 전체의 생존과 각 부분의 행복을 원한다면 우리는 이성적으로 설계되고 정교하게 연동되는 규칙으로 이뤄진 정부를 구상할 수 있어야 했다. 그래야 바람직한 결과로 이어질 듯싶었다.

1787년, 영국의 옛 아메리카 식민지에서 일단의 인사들이 바로 그런 과업에 착수했다. 그들은 완전히 새로운 형태의 정부를 구상하기 시작했다. 마치 기술자가 새로운 기계를 만드는 것처럼 보였다. 그들은 우선 본인들이 결성한 조직의 목적—'더 완벽한 연방을 형성하고, 정의를 확립하고, 국내의 평온을 확보하고, 국방을 제공하고, 공공복지를 증진하고, 우리와 후손들에게 자유의 축복을 선사하는 것'—을 분명히 정했다. 그들이 작성한 설계도에는 조직 각 부분이 일을 어떻게 처리해야 하는지, 그리고 모든 부분이 어떻게 협조해야 하는지가 상세히 설명되어 있었다.

모든 현실 세계의 헌법에는 두 가지 측면이 있다. 우선, 헌법은 국가 운영에 필요한 교범이다. 헌법은 그것이 제정되는 순간에 서로 이익을 다투는 이해관계자들 간의 협정이기도 하다. '운용 교범'과 '협정'은 다른 것이다. 운용 교범은 기계의 논리와 일맥상통한다. 협정은 서사와 불가분의 관계에 있다. 어떤 헌법은 운용 교범에 더 가깝고, 다른 헌법은 협정과 더 비슷하다. 협정의 색채가 짙은 헌법은 이야기가 펼쳐지고 상황이 바뀌면서 부적절해지는 조항이 생기기 때문에 시대에 뒤떨어지는 경향이 있다. 미국 헌법은 정반대였다. 미국 헌법은 정부 운용 교범에 훨씬 더 가까웠다. 그랬다. 물론 미국 헌법은 당대의 쟁점과 관계있는 특별한 내용—가장 돋보이는 사례는 노예제였다—을 담고 있었지만, 주로 추상적이고 보편적인 원칙을 강조했다. 그리고 미국 헌법은 상황 변화에 따라 교범의 내용을 바꾸는 기제—헌법 수정 절차—를 갖추고 있었다.

미국 헌법을 제정한 사람들은 후대인들이 결코 꿈꾸지 못할 만한 호사를 누렸다고 볼 수 있다. 그들은 광대하고 새로운 세계에 살고 있었고, 그 세계를 전혀 모르다시피 했다. 본인들의 시각에서 볼 때 그들에게는 앞으로 채워나가야 할 백지가 있었다. 그들은 이제 막 과거와 단절했고, 그들의 미래는 백지상태였다. 그들은 자기들끼리의 상호작용을 주관하는 문서의 내용을 고심하고 있었지만, 마치 모든 인류에게 적용될 수 있는 도구를 설계하듯이 추상적이고 절차적인 기제에 집중했다. 아마 자신들이 인류 전체를 대표한다고 여긴 듯싶다.[24]

그토록 자유로운 환경에서 탄생한 헌법은 드물었다. 프랑스인들은 1791년에 최초의 헌법을 제정했지만, 그 헌법은 오래가지 않았다. 사실 오래가기 어려웠다. 프랑스인들은 여전히 프랑스에서 살고 있었다. 그들은 이미 펼쳐지고 있는 이야기의 중심에 있었다. 역사에 대한 불만이 누적된 가운데 벌어진 진흙탕 씨움의 마지막 징에는 단두대와 참수가 등장했다. 사회적 맥락이 기제와 절차를 둘러싼 차분한 논의에 호의적이지만은 않았다. 최초의 프랑스 헌법은 교범보다 협정에 더 가까울 수밖에 없었다.

이념

하지만 프랑스 혁명은 이념이 역사의 한 요소로 자리 잡는 중요한 계기로 평가된다. 입헌주의는 19세기에 나타난 여러 '주의' 중 하나일 뿐이었고, 자유주의, 보수주의, 사회주의, 공산주의, 파시즘, 여성주의, 이슬람주의, 과학만능주의 같은 새로운 사상이 계속 등장했다—지금도 마찬

---

24) 그런 태도는 그들에게만 국한되지 않는다. 역사 시대 초기의 여러 문화권에서는 자기 부족을 가리키는 단어가 인류 전체를 의미하기도 했다.

가지다. 이념은 기계의 논리에 좌우되는 상호작용의 청사진이다. 이념에는 지적으로 도출된, 그리고 말로 분명히 표현할 수 있는 체계적 신조들이 건실한 사회적 게슈탈트의 기반을 제공할 수 있다는 전제가 반영되어 있다. 혈족 관계와 종교가 예전부터 오랫동안 바로 그런 접착제 역할을 맡았고, 이제는 이념이 그 역할을 물려받기 시작했다.

종교와 혈족 관계에 의해 규정된 세계에서 모든 규칙이 제기하는 첫 번째 질문은 다음과 같다. 이 규칙이 저 높은 곳에서 하달된 것인지 아닌지 어떻게 알 수 있을까? 이념에 의해 규정된 세계에서의 첫 번째 질문은 다음과 같다. 이 규칙이 효과가 있을지 어떻게 알 수 있을까? 모든 종교는 해당 종교의 초자연적 시각이 진실이라는 점과 가장 고귀한 초자연적 존재의 가르침에 대한 해석이 옳다는 점을 사람들에게 납득시켜야 한다. 모든 이념은 해당 이념의 주장이 인간 생활을 개선할 것이라는 점을 확신시켜야 한다.

프랑스의 혁명가들은 이념을 노골적으로 내세웠다. 그들은 기존의 권력 가문을 새로운 권력 가문으로 교체하는 대신에 권력의 토대인 가계[家系] 개념 자체를 없애버리고자 나섰다. 그들은 말로 표현할 수 있는 추상적 원칙에 호소했다. 그 원칙은 바로 자유, 우애, 평등이었다.

실제로 그 세 가지 원칙은 지금까지 거센 해체비평에 시달렸다. 누가 누구로부터 자유로워진다는 말인가? 자유는 무엇으로 이뤄져 있는가? 우애의 원칙에서 여성이 차지하는 위치는 어디인가? 평등이라고? 사람들은 서로 다른데 어느 측면에서 평등하다는 말인가? 하지만 이 같은 질문들이 제기된다고 해서 프랑스 혁명의 기본적인 이념적 본질과 프랑스 혁명을 통해 생겨난 신조들이 훼손되지는 않는다. 모든 이념은 자기모순에 빠지기 마련이다.

중산 계급

생산이 기계화되자 장인들의 일자리 대부분이 사라졌고, 공장에서 단조로운 작업을 수행하는 직공들의 일자리가 늘어났다. 하지만 결국 기계의 파급효과로 과거와 전혀 다른 일자리가 많이 생겨났다. 어떤 사람은 기계를 설치해 가동하고 기계의 작업을 보조하는 일을 맡았고, 그것은 일자리였다. 또 어떤 사람은 기존의 기계를 개량하는 일을 맡았고, 그 또한 일자리였다. 산업사회에는 회계사, 사무원, 인사 담당자, 비서 등이 필요했다. 산업사회에는 글을 읽고 쓸 줄 아는 사람들이 많이 필요했고, 따라서 더 많은 학교와 교사가 필요했다. 공장에서 점점 많이 쏟아져 나오는 소비재는 구매자를 찾아야 했고, 그 결과 판매원, 계산원, 점원, 광고 전문가, 마케팅 전문가 등에 대한 필요성이 생겼다. 그리고 기계가 침투한 사회, 기업처럼 조직된 사회의 복잡성이 증가함에 따라 많은 변호사가 필요해졌다.

그 새로운 직종에서 일하는 사람들은 대부분 나중에 부자가 되지는 못했지만, 무척 가난해지지도 않았다. 1점부터 10점까지 점수를 매겨 보면 그들의 삶은 대략 5점 근처였을 것이다. 요컨대, 기계는 가처분 소득을 보유한 유례없는 규모의 중산 계급을 창출했다.

산업사회의 생산력은 실로 엄청났기 때문에 모든 구성원이 굳이 생필품을 마련하려고 뼈 빠지게 일할 필요가 없었다. 최소한 이론적으로는, 많은 사람이 자신의 생존이나 사회의 존속과 무관한 일을 하면서도 생계를 유지할 수 있었다. 그런 사람들은 예컨대, 인기 소설을 쓰거나 노래를 부르거나 농구를 하면서 살 수 있었다. 몇 세기 전에는 토지를 소유한 귀족의 후원을 받아야만 그렇게 살 수 있었다. 기계의 시대에는 자신의 기능을 상품화할 수 있는 사람은 누구나 사회의 풍요로움을 활용할 수 있었다.

개인

집중화된 기계식 생산은 역사상 최대 규모의 이주를 초래하기도 했다ㅡ널리 알려진 인도·유럽인이나 반투족의 이주보다도 규모가 컸다. 수백만 명의 사람이 농장과 목초지를 떠나 도시로 향했다. 그런 식의 이주는 지금도 진행되고 있으며, 더 활발해지고 있을지도 모른다.

몇천 년 전에 흑해의 스텝 지대에 살고 있다가 동쪽과 서쪽으로 이주했던 사람들은 부족 단위로 움직였다. 반면 생산의 기계화에 따라 도시로 이동한 대규모 혈족 집단에 속한 사람들은 각자 흩어져 생계 수단을 찾아야 했다. 산업사회의 작업 공정에는 씨족이나 대가족 단위로 맡을 수 있는 일자리가 없었기 때문이다. 기업은 씨족이 아니라 개인을 고용했다. 그리고 기업은 씨족 전체를 부양할 만큼의 급료를 지급하지 않으려고 했다. 지급해야 할 이유가 없었다. 기업은 친척 관계망에서 분리된 개인으로서의 노동자를 상대하는 편이 더 나았다. 혈족 관계라는 것이 종종 기업의 목적과 무관한 사람들에 대해 요구를 하기 때문이다. 사실 노동자의 가족에 대한 의무는 그들의 고용인에 대한 노동자들의 의무와 상충할 수도 있었다. 그것은 공장 일자리뿐 아니라, 기계의 등장으로 생겨난 여러 중산 계급의 일자리에도 해당하는 얘기였다. 일에 파묻혀 살면서도 두 가지 의무를 동시에 완수하지는 못하는 바람에 가족을 실망시키는 직장인은 오늘날의 서양에서도 무척 익숙한 모습이다.

봉건 시대의 유럽에서, 기독교와 부족 전통 같은 도덕적 서사들은 경제적 영역과 동떨어진 의무와 특권ㅡ개인의 생산성이 아니라, 사회적 유대관계에서 비롯되는 권리ㅡ을 인정했다. 집 밖에서 일하지 않거나 집 안에서 물질재[物質財]를 생산하지 않는 사람들도 예를 들어 누군가의 육촌이거나 누군가의 고모할머니라는 이유로 식탁에 앉을 수 있었다.

혈족 관계가 다른 모든 상호 연계의 토대를 압도했던 산업화 이전 시대에, 사회의 기본 단위는 친척 집단이었다. 그런데 기계가 널리 보급되자 그 사회적 별자리들이 대부분 사라지고 말았다. 사람들은 예전처럼 생물학적으로 연결되어 있었지만, 이제 자기 인생과 관련한 중요한 결정을 내릴 때 육촌이나 고모할머니의 요구나 기대에 좌우되는 경우는 드물었다. 기계 시대에 접어든 사회의 기본적인 작동 단위는 부족과 씨족과 대가족을 뒤로하고 핵가족으로 접어들었고, 마침내 더는 쪼갤 수 없는 독립 단위인 개인으로 쪼그라들었다.

독립적 개인들로 구성된 우주에서는, 이론적으로 각자 자유롭게 선택한 유대관계만 챙기면 되었다. 사람들은 원하는 사람과 결혼하고, 원하는 곳에서 생활하고, 원하는 곳에서 일할 수 있었다. 사람들은 나름의 독특한 인격을 '자유롭게' 구축했을 뿐 아니라, 그렇게 '해야 했다.' 즉, 각자 처한 사회적 환경에서 누릴 수 있는 모든 가능성—관념, 가치관, 견해, 기지의 사실, 여기저기 보이는 잡다한 문화적 파편—을 바탕으로 개인의 자아를 구축해야 했다. 그런 우주에서 사람들은 같은 공간에서 생활하거나 일하거나 같은 동네에 살거나 취미—예를 들면 우표 수집, 사냥, 축구, 바느질—가 비슷한 사람을 동료나 친구로 여겼다. 19세기 중엽에 이르러 서유럽과 미국이 세계를 호령하게 되었을 때, 이념은 혈족 관계와 종교를 압도하는 사회적 응집력의 원천으로 떠올랐다. 그런 세계에서는 자신과 이념을 공유하는 사람에게 가장 뜨거운 유대감을 느끼는 사람들이 생길 수밖에 없었다. 그런 사람들은 이론적으로는 각자의 선택에 따라 특정 운동에 참여하거나 특정 정당의 당원으로 가입했다.

그런 변화가 과연 기계 때문에 일어난 현상이었을까? 변화의 원인으로 기계를 지목하기는 쉬울 것이다. 물리학은 개별적 원인과 명확한 결과의 관점에서 세계를 설명하지만, 사회적으로 구축된 영역에서는 단 하나의 원인이 단 하나의 결과를 초래하지는 않는다. 모든 것이 서로 연관되어 있기 때문이다. 사회적 우주는 내가 이 책에서 별자리로 부르는 연계의 구조와 초[超]구조일 뿐이다. 모든 발전과 혁신과 시도는 여러 가지 큰 흐름의 합류점에 약간의 요인을 보탤 뿐이다. 혈족 관계의 우월성이 무너지기 시작한 서양에서, 기계의 등장과 사기업과 회사와 법인의 출현, 즉 의도적 행동에 나설 수 있는 금전 덩어리의 출현은 동시에 일어난 현상이었다. 어느 한쪽이 다른 한쪽을 초래했다고 말할 수 없다. 두 가지 현상은 같은 시간에 같은 장소에서 일어났고, 분명히 상승 작용을 일으켰을 것이다. 역사를 다룰 때는 인과관계를 논하기보다 파급효과를 염두에 두는 편이 낫다.

성별과 기계 문화

기계의 등장에 따른 파급효과는 남성과 여성의 관계를 크게 바꿔놓기도 했다. 기계는 성별에 따른 분업에 변화를 초래했다. 어떤 측면에서, 성별에 근거한 분업은 인류사의 출발점으로 거슬러 올라간다고 볼 수 있다. 석기 시대의 인간 집단은 늘 생사의 갈림길에 서 있었다. 그들은 식량을 구하고, 아이들을 낳아야 했고, 나중에 아이들이 커서 자식을 낳을 때까지 잘 키워야 했다. 그들은 가정생활을 이어나가고, 포식자들을 물리치고, 다른 집단과 타협하고, 적대적인 집단의 공격을 막아야 했다. 그 모든 과제는 하나같이 중요했다. 반드시 수행해야 할 일이었다. 그리고 집단의 구성원들을 효과적으로 배치해야 했다. 모두가 모든 과제를 처리하는 대신에 어떤 일은 남자들이 또 어떤 일은 여자들이 맡았다. 식량을 구한다는 것은 동물 사냥과 식용 식물 채집을 의미했다. 동물을 사냥하려면 이리저리 돌아다녀야 했고, 때로는 며칠 동안 이동할 수도 있었다. 아이들은 따라다닐 수 없었기 때문에 사냥은 성인 남자들의 몫으로 자리 잡았다. 여자들은 집에서 불씨를 지키고, 식용 식물을 채집하고, 아이들을 돌보고 먹였다. 그 결과 여자들과 남자들은 각각 아이들을 키우는 일과 힘을 쓰는 일에 특화되었다. 종래의 이론에 따르면 그렇다는 것이다.

성별에 따른 초창기의 분업은 이치에 맞았다. 집단의 생존 확률을 가장 높일 수 있었기 때문이다. 그런 식으로 조직된 집단은 그렇지 않은 집단과의 경쟁에서 이겼을 것이다. 하지만 성별에 기초한 분업은 사회적 세계를 여성과 연관된 사적 영역과 남성과 연관된 공적 영역으로 나눴다. 사적 영역은 가정과 자녀 중심의 내향적 영역이었다. 공적 영역은 집단의 겉껍질이었다. 다시 말해 환경과 대면하는 영역이었다―환경에는 외부 집단이 포함되었고, 어떤 외부 집단은 적대적이었다.

그 아득한 옛날에 여성이 남성에게 종속되어 있었다고 단정할 만한 근거는 없다. 석기 시대의 인간 집단은 아이들이 특정 부모와 결부되지 않는 가모장제 사회였을 것이다. 성인 여자들은 모두가 어머니였을 것이고, 남자들은 그 누구도 특정한 아이의 아버지라는 사회적 역할을 맡지 않았을 것이다. 그런 맥락에서는, 어떤 아이가 누구의 자식인지는 중요하지 않았다. 아이들이 무사히 어른으로 성장하는 것이 집단 전체에 이익이었다.

그런데 사람들이 정착하면서 상황이 바뀌었다(이론상 그렇다는 말이다). 이제 사람들은 나중에 누군가에게 물려줄 내구재[耐久財]를 모으기 시작했고, 그때부터 아이들이 누구의 자식인지가 중요해졌다. 어머니가 누구인지는 분명했지만, 아버지의 정체는 그리 명확하지 않았다. 부권을 확립하는 데는 혼인과 기록 같은 사회적 기제가 필요했다. 재산 상속 문제는 가부장제 가정의 출현과 직접적인 관계가 있었다.

그 뒤로 내내 정치, 전쟁, 건설, 파괴 같은 남성들의 일이 중요해졌다. 음식 준비, 베 짜기, 바느질, 집 지키기, 자녀 양육 같은 여성들의 일은 하찮은 것으로 치부되었다. 결국, 어떤 일을 여자가 할 일이라고 여기는 것은 그 일을 폄하하는 것이었다. 기계 시대의 초창기에 대다수 사람은 남성이 여성을 지배하는 이 세상이 공적 영역과 사적 영역으로 분리된 것이 하느님과 자연(또는 하느님이나 자연)의 뜻이라고 여겼다. 그런 서사에 따르면, 남성과 여성은 선천적으로 다른 역할을 타고났다. 그 선을 넘는 자들은 집단의 생존을 위협하는 존재였다.

기계 시대 이전에 국가의 통치자로서 큰 족적을 남긴 여자들은 극소수였다. 우선 러시아의 예카테리나 대제[Catherine the Great]가 떠오른다. 영국의 엘리자베스 여왕과 고대 이집트의 하트셉수트 여왕 같은 사례도 있기는 하다. 전사로서 이름을 남긴 여자들도 극소수였다. 잔 다르크가 가장 먼저 떠오르고, 예언자 무함마드의 가장 어린 아내인 아이샤['Ā'ishah], 북아프리카에서 베르베르족을 이끌고 이슬람 세력에 맞선 알카히나[Al-Kahina], 브리타니아에서 로마군을 격파한 보아디케아[Boadicea] 등도 생각난다. 어쨌든 앞서 언급한 인물들은 여자들도 정치와 전쟁 분야에서 맹활약할 수 있다는 점을 입증한 사례였다. 그러나 정치와 전쟁의 역사에는 여자들의 이름이 많이 등장하지 않는다. 여자들이 정치와 전쟁 분야에서 활동하지 않았기 때문이다. 정치와 전쟁은 공적 영역에 속했고, 기계가 등장하기 전에는 여자들의 삶이 주로 사적 영역에서 펼쳐졌다.

확실히 지구의 대부분 지역에서, 그리고 인류사의 대부분 기간 사적 영역은 오늘날과 달리 하찮은 영역이 아니었다. 가정은 주택이 아니라 세계였다. 그러나 제약은 따랐다. 아주 최근까지 지구의 대부분 지역에서 여자들은 재산을 소유할 수 없었다. 대다수 사회에서 여자들은 공적 영역에서 남자들과 경쟁하는 데 필요한 기술을 개발할 기회가 거의 없었다. 예컨대, 대다수 사회에서 여자가 글을 읽고 쓰는 법을 배우려면 큰 용기가 필요했다. 여러 사회에서 여자들은 보통 남자들의 소유물이나 남자들끼리 벌이는 경쟁의 전리품으로 취급되었다. 여자들은 성관계를 맺을 남자를 선택할 기회가 드물었고, 아이를 낳을지의 여부와 낳으면 얼마나 낳을지를 결정할 권한이 거의 없었다.

여자들이 일을 하지 않았다는 말은 아니다. 여자들은 늘 일했다. 기계가 등장하기 직전에 여자들은 생산과 제조 분야에서 상당한 일익을 담당하고 있었다. 직물을 짜고, 의복을 만들고, 대부분의 수공예품 생산 담당은 여자들이었다. 또한, 여자들은 젖소의 우유를 짜고, 버터를 만들고, 생존에 필수적인 제철 음식을 저장했다. 소비재를 기계로 대량 생산한 데 따른 한 가지 결과는 여성의 일자리가 사라진 점이었다. 여자들도 기계의 작업을 보조하는 일자리를 얻으려고 도시로 떠났다. 도시에서 여자들과 그 가족은 비참한 환경의 빈민가에서 살았다. 찰스 디킨스[Charles Dickens]의 소설에 나오는 런던은 대다수 런던 시민에게 근사한 곳이 아니었다.

그러나 이후 기계가 곳곳에 등장하자 한때 여자들과 가정을 결부시켰던 물질적 필연성이 더 이상 통하지 않게 되었다. 공적 무대에서 일하려고 하는 여자들은 자녀의 안전이나 혈족 집단의 생존을 위협하는 존재가 아니었다. 가족 중에 맨 처음 귀가하는 사람이 불을 피우면 되었기 때문에 굳이 누군가 집을 지키고 있을 필요가 없었다. 과거에는 인간관계를 형성하는 과정에서 완력이 중요했다. 무거운 물건을 옮겨야 할 때는 힘센 사람들이 나서야 했다. 분쟁이 벌어질 때는 완력이 센 사람들이 유리했다. 장군들은 머리가 좋아야 했지만, 가장 총명한 장군들은 힘센 자들을 최전선에 배치했고, 남자들은 일반적으로 여자들보다 체격이 크고 힘이 셌다. 그러나 일단 기계가 인간사에 침투함에 따라 완력은 프로 스포츠와 노상 범죄 같은 분야를 제외하고는 그 비중이 크게 줄어들었다. 사실 기계가 출현하자 인간사의 대다수 영역에서 여성보다 남성을 선호할 만한 '생물학적' 이유는 없었다(남성보다 여성을 선호할 만한 이유도 없었다). 그 결과 성별과 연관된 서사들은 그 내용이 바뀌기 시작하면서 새로운 물질적 현실에 적응해갔다.

한편, 기계 때문에 혈족 집단은 부족 단위에서 핵가족 단위로 축소되었다. 사적 영역도 커다란 사회적 우주에서 여러 작은 사회적 칸막이로 축소되었다. 공적 영역에서 배제된 여성들은 사회 전체의 흐름과 동떨어져 있었다. 하지만 그들이 가정에 얽매인 상태는 물질적 필연성에서 비롯된 현상이나 사회적 목적에 보탬이 되는 현상이 아니었다. 따라서 재산이 있는 여자들은 남성 지배적 사회의 기대를 저버린 채 공적 생활에 과감히 뛰어들기 시작했다.

1848년, 주로 자유주의와 입헌주의에 따라 군주제에 맞선 혁명적 봉기의 물결이 유럽 전역을 휩쓸었다. 1848년은 '주의'의 해였다. 그해에 미국에서는 약 300명의 여자가 뉴욕주의 도시 세니커폴스[Seneca Falls]에 모여 여성의 권리를 주제로 토론을 벌였다. 남자들은 대부분 웃어넘겼다. 허허, 정치를 논하는 여자들이라고? 다음에는 또 무엇을 보여줄

건데? 그러나 세니커폴스에서 열린 회의에는 깜찍한 면이라고는 찾아볼 수 없었다. 세니커폴스 회의는 노예제 반대 활동가들인 루크리셔 모트[Lucretia Mott]와 엘리자베스 캐디 스탠턴[Elizabeth Cady Stanton]이 기획한 행사였고, 그곳에서 발표한 감성선언서[Declaration of Sentiments, 여성독립선언문]은 훗날 여성주의로 명명된 운동의 초석이 되었다. 여성독립선언문의 문체는 토머스 제퍼슨의 미국독립선언문과 비슷하면서도 약간의 차이가 있었다. "자명하게도 모든 남자와 '여자'는 평등하게 태어났다."

서양의 여성들은 공적 무대에서의 입지를 확장하려고 목소리를 내기 시작했다. 19세기 후반에 이르러 최소한 미국과 영국에서 여성 활동가들은 의도적인 정치 전략의 일환으로 집단 체포 사태를 유발했고, 때때로 창문을 깨거나 불을 질렀고, 극적인 (그리고 가끔은 목숨을 건) 단식 투쟁을 통해 명분을 널리 알렸다. 마침내 여성들은 일부 국가들—뉴질랜드, 핀란드, 스칸디나비아 지역의 몇 나라, 미국, 영국—에서 참정권을 얻었고, 이후 여러 나라에서 여성 참정권이 잇달아 확립되었다.

19세기에 가정 밖에서의 일자리를 구하려던 여자들은 남자들과 경쟁하게 되었지만, 괜찮은 일자리는 남자들의 차지였다. 일하는 여자는 가난한 여자를 의미했다. 공적 영역에서 일하는 여자는 결과적으로 자기 처자식도 먹여 살리지 못하는 남편을 둔 여자를 의미했다. 집에서 아내가 빈둥거릴 만큼 돈을 벌어다주는 남편은 자부심을 느꼈다. 유럽과 미국에서는 집안일을 높이 떠받드는 풍조가 나타났다. 밖에서 일하지 않는 여자가 칭송되었고, 연약하고 예쁜 여성상이 강조되었다. 여성의 유일한 삶의 목적은 자식을 건강하게 키우고 남편에게 따뜻한 보금자리를 마련해주는 것이었다.

생산 시스템의 기계화로 저렴한 소비재가 너무 많이 쏟아져 나오는 바람에 심지어 가정에서도 여성 노동의 필요성이 점점 줄어들고 있었다. 이제 사람들은 물건을 직접 만들 필요가 없었다. 시장에서 사면 그만이었다. 산업주의 덕택에 한가해진 다수의 중산 계급 여성들에게 가정생활은 무의미하고, 심지어 영혼을 옥죄는 것으로 보였다. 그들은 직장에 다니지는 않더라도 일단 집 밖으로 나가고 싶어 했다. 그들은 다른 사람들과 어울릴 수 있는 집 밖의 공적 영역에 머물고 싶어 했다. 구체적으로 그런 공적 영역은 어디였을까? 1850년까지만 해도 아직 공적인 모임 장소는 남자들끼리 모여 술을 마시고 주먹다짐을 벌이는 선술집과 술집밖에 없었다.

그때 소매상들이 기회를 포착했다. 원래 서유럽의 고급 상점들은 물건을 창고에 보관한 채 영업했다. 점원은 문밖에서 손님을 맞았고, 손님이 원하는 물건을 알아낸 뒤 가격을 흥정했다. 흥정이 끝나면 잡역부가 창고에서 물건을 꺼내왔다. 하지만 이제 몇몇 진취적인 상인은 손님 스스로 물건을 고르게 하면 상품을 더 많이 판매할 수 있다는 점을 알아챘다. 그들은 상품을 개가식 선반에 진열한 뒤 손님들이 물건을 구경하게 했고, 손님들에게 물건을 사달라고 매달리지도 않았다. 그러나 실컷 구경한 손님들은 대체로 물건을 샀으므로, 손님들이 가게에 오래 머물게 유도하는 것이 중요한 판매 전략으로 떠올랐다.

1852년, 프랑스의 한 사업가가 봉마르셰[Bon Marché]라는 이름의 잡화점을 고대 중간 세계의 시장 같은 백화점으로 탈바꿈시켰다. 중간 세계의 시장은 언제나 상업 구역이면서도 사회적 공간이었지만, 남성 전용 구역이나 다름없었다. 반면 봉마르셰는 여성들에게 맞춰진 공적 공간이었다. 봉마르셰는 상점인 동시에 훌륭한 여가용 공간이었다. 그곳에는 예를 들어 아라비안나이트 동굴이나 일본식 정원 같은 주제에 맞춰 상품이 진열되었다. 그리고 여성 고객들이 앉아 서로 어울릴 수 있는 벤치와 구석자리가 마련되어 있었다. 여성 고객들이 지나다니는 마루와 통로, 어린이용 놀이터, 조그만 카페 등도 있었다. 봉마르셰의 성공에 힘입어 프랑스 최초의 몇몇 백만장자가 탄생했다. 이후 봉마르셰를 모방한 백화점이 여럿 생겼다.

북아메리카에서는 뉴욕주의 백화점 메이시스[Macy's]가 약 9만 3천㎡ 넓이의 진열 공간으로 확장되었다. 시카고의 백화점 마셜필즈[Marshall Field's, Marshall Field & Co.]는 여성들을 판매원으로 채용하기 시작했다. 대다수 고객이 중산 계급 여성들이라서 여성 점원을 더 편안하게 느꼈기 때문이다. 그 전략은 통했다. 마셜필즈의 수익이 크게 늘어났고, 다른 백화점들도 마셜필즈의 전략을 따라 했다.

젊은 미혼 여성들은 메이시스와 마셜필즈 같은 대형 상점에 취직하기 위해 도시로 몰려들었고, 도시에서 일자리를 구해 (간신히) 먹고 살았다. 일하는 여성들 특유의 하위문화는 아직 미미했고, 여성 노동자들은 최저 임금을 받았지만, 이제는 기계 문화의 영향으로 생겨난 타자수, 서류 정리원, 전화 교환원, 교사, 간호사, 구술 기록원 같은 유급 직업을 선택할 수 있었다. 어떤 여성들은 학교 교육을 받을 방법을 찾았다. 또 어떤 여성들은 대학에 진학했다. 극소수 여성들은 의사가 되기도 했다.

사회적 심층 구조와 심리적 심층 구조는 동전의 양면이다. 인간의 심리적 구조의 극심한 변화는 일반적으로 한 세대 만에 일어나지는 않는다. 아이들은 자신이 속한 사회가 어떤 곳인지 깨닫고, 그 사회적 별자리의 한 조각을 이루는 개인으로 성장하도록 유전적으로 설정되어 있다. 아이들은 살아가면서 구조적인 사회 변화를 수용하겠지만, 그것을 수용하는 아이들의 인격은 부모의 양육 과정에서 형성된 것이기 마련이다. 사회적 규범과 관례는 그런 식으로 한 세대에서 다음 세대로 이어진다. 그것은 사회적 별자리가 고유의 정체성을, 말하자면 생명을 유지하는 방식이다. 하지만 사회적 별자리가 정체성을 보존하는 과정은 사회적 관례의 진화를 지체시키는 결과를 낳기도 한다. 성 역할은 인간 생활의 가장 뿌리 깊은 구조이므로 급격한 변화를 거부하는 경향이 있다고 짐작할 수 있다. 하지만 지난 2세기 동안 세계적으로 일어난 성 역할과 고정관념의 변화는 실로 엄청난 규모였다.

내가 보기에 여성이 공적 영역에 등장한 현상—기계의 여러 파급효과 중 하나이다—은 역사상 가장 획기적인 발전상 중 하나로 평가되어야 한다. 그 정도 규모로 가장 최근에 벌어진 사회적 대이동은 약 1만 년 전의 신석기 혁명이었다. 신석기 혁명 시기에는 다수의 인간이 일정한 위치에 정착했고, 작업장에서 만든 도구를 사용하며 곡식을 재배하고 가축을 사육해 먹고 살기 시작했다. 수천 년에 걸쳐 진행된 신석기 혁명으로 인간의 상호 연계 방식에 지대한 변화가 초래되었다—일례로 가부장제가 지배적인 가족 구조가 되었다. 성 역할을 둘러싼 혁명은 지금도 펼쳐지고 있는 이야기이다. 성 역할 혁명은 시작된 지 2세기밖에 되지 않았지만, 이미 큰 진전을 이뤘고, 앞으로 나타날 더 종말론적 변화를 예고하기도 한다. 그 변화에는 가부장적 가정의 종말, 그리고 심지어 인간 정체성의 근본적인 측면인 성별의 종말도 포함될 것이다. 그러므로 오늘날 대다수 사회에서 해당 사회의 규범과 정서적 공감대가 인류 문화 차원의 성 역할 혁명을 아직 따라잡지 못한 것은 당연하다.

25 장

기계 시대의
사회적 별자리들

기계의 출현은 인간이 의도적으로 이끌어낸 결과가 아니었다. 물론 사람들은 이런저런 기술을 개발했지만, 특정인이 기술 전체를 향상시키겠다고 결심하지는 않았다. 아무도 기술 전체의 진보를 막을 수 없었고, 기술적 진보의 방향을 결정할 수 없었고, 기술적 진보에 따른 사회적 파장을 통제할 수 없었다. 하지만 기계가 전 세계에 일률적인 영향을 미치지는 않았다. 어디서나 기계는 이미 펼쳐지고 있는 이야기에 끼어들었다. 마치 이주자들이 새로운 문화에 적응하듯이, 어디서나 기계는 유서 깊은 서사에 의해 결속된 기존의 사회적 틀에 스며들어야 했다. 기계의 영향은 문화적 환경마다 달랐다. 기계는 언제나 기존의 게슈탈트에 교묘히 진입해야 했다. 그림의 일부로 자리 잡은 기계는 기존의 세계관을 뒤흔들 수 있었겠지만, 우선 그림의 일부가 되어야 했다.

마르크스주의

서양에서는 기계의 등장으로 산업주의 체계가 구축되고 도시로 인구가 집중되면서 수많은 사람이 불행을 겪어야 했다. 그 결과 19세기 여러 주의 가운데 하나이자 카를 마르크스와 동료인 프리드리히 엥겔스의 저작에서 구체화한 운동이 탄생했다. 두 사람은 정말 기이한 조합이었다. 엥겔스는 공장주의 아들로 재산이 많았다. 마르크스는 딱할 정도로 가난했다—공산주의의 핵심 문헌인 《자본론》을 쓰려고 대영박물관까지 걸어갈 때 발이 얼지 않도록 신발에 신문지를 쑤셔 넣어야 할 정도였다. 그는 7명의 자식 중 4명을 빈곤한 가정 형편 때문에 잃을 만큼 가난했다. 자식들은 영양실조에 시달리고 병에 걸렸지만, 마르크스에게는 의사를 부를 만한 돈이 없었다. 대체로 마르크스는 불우한 삶을 보냈다. 마르크스가 세상을 떠났을 때 그의 주요 저작 가운데 상당수가 아직 출판되지 않았다. 그가 발표한 5편의 저작을 읽은 사람들은 극소수였다. 그의 장례식에는 11명만 참석했고, 11명 가운데 5명은 직계 가족이었다. 하지만 그로부터 20년 만에 마르크스의 추종자들뿐 아니라, 적들도 그를 다윈과 프로이트에 버금가는 당대의 탁월한 지식인으로, 또 카이사르와 나폴레옹처럼 역사를 뒤흔들 만큼의 정치적 파장을 일으킨 인물로 평가했다.

　　마르크스는 이 세계가 사회 계급으로 갈라져 있다고 주장했다. 상층 계급은 시대를 막론하고 생산 수단을 소유한 사람들이었으며, 하층 계급은 생산 수단을 소유하지 못한 사람들이었다. 역사는 상층 계급과 하층 계급 간의 끝없는 투쟁의 이야기였다. 토지는 한때 지배적 생산 자산이었지만, 이제는 기계가 그 역할을 맡고 있었다. 기계가 등장하자 마르크스는 이제 모든 사람이 마음껏 쓸 수 있을 만큼 모든 물건을 넉넉히 생산할 수 있는 기술적 역량이 확보되었기 때문에 계급 투쟁이 종식될 수 있다는 이론적 가능성을 포착했다.

마르크스가 살아있을 때 그 가능성은 실현되지 않았지만, 마르크스는 그것을 화폐와 신용을 독점하다시피 하는 사람들이 모든 기계를 소유하고 있는 상황 탓으로 돌렸다. 사회적 단위로 작동하는 화폐와 신용의 덩어리는 단 하나의 동기─생존하고 성장하기 위한 이윤의 극대화─에 따라 움직였다. 이윤 극대화의 주체는 개개의 인간이라기보다 화폐와 신용의 덩어리였다. 마르크스는 화폐와 신용의 덩어리를 자본이라고 일컬었다. 사회 구성원의 절대다수가 기계를 작동시키는 노동자들이었고, 자본가들은 당연히 노동자들에게 되도록 임금을 적게 주려고 했다. 임금을 줄일수록 이익이었기 때문이다. 자본가들은 그렇게 챙긴 이익을 더 많은 기계에 투자할 수 있었고, 덕분에 자본 규모를 키울 수 있었다. 그들은 그렇게 할 수밖에 없었다. 그들은 자본주의형 사회적 별자리의 일부분이었고, 자본은 자기 몸집을 기우고 싶어 했기 때문이다.

문제는 일반 대중이 노동자일 뿐 아니라, 상품의 소비자이기도 하다는 점이었다. 여분의 현금이 없으면 노동자들은 상품을 살 수 없었고, 그러면 체계 전체가 붕괴할 우려가 있었다. 개별 자본가들이 바라보는 합리적 결과와 체계 전체의 관점에서 합리적으로 보이는 결과가 정면으로 충돌했다. 마르크스에 따르면, 그 같은 모순은 당대의 사회적 관계에 내재해 있었고, 종국적으로 노동자들의 혁명으로 귀결될 과도한 압력을 유발했다. 혁명 이후에는 모든 사람에게 충분한 양의 상품을 생산하는 기계를 모든 사람이 소유하게 되고, 서로 경쟁하는 사회 계급들은 더 이상 존재하지 않을 것이고, 황금시대가 열릴 것이었다. 치밀한 학문적 토대에도 불구하고 마르크스는 종교를 설파하고 있었다.

마르크스가 제시한 미래상은 서양의 산업 강국들의 생산 체계에서 비롯된 것이었다. 독일, 영국, 프랑스, 미국 같은 나라들의 일반 대중은 거의 글을 읽고 쓸 줄 알았고, 대부분 도시에서 생활했다. 그들에게는 동업 조합—특정 직업 중심의 정치 집단—을 통한 조직화의 역사가 있었다. 기계가 등장하자 그들은 노동조합을 결성했고, 임금 향상과 노동 조건의 개선을 요구했다. 그들은 요구가 관철될 때까지 파업에 돌입함으로써 힘을 행사할 수 있었다. 마르크스는 그 무산 계급이 혁명을 수행할 사람들일 것이라고 기대했다.

마르크스주의에서 마르크스 레닌주의로

그러나 독일에서는 마르크스가 꿈꾼 혁명이 일어나지 않았다. 대신에 그의 공산주의 사상은 훗날 전혀 다른 사회적 환경인 러시아에서 소규모 지식인 집단이 혁명을 주도하는 계기가 되었다. 러시아에서는 유럽화한 권력자들이 수많은 농민을 통치했다. 그들은 주로 프랑스어를 썼고, 농민들은 러시아어를 썼다. 농민들은 대다수가 농노였다. 농노들은 토지에서 벗어날 수 없었다. 글을 읽거나 쓸 줄 아는 농노는 드물었다. 농노들은 농촌에서 극심한 빈곤에 시달렸다. 그들은 뿔뿔이 흩어진 채 살았기 때문에 서로 소통하기 어려웠고, 그 결과 조합을 결성하거나 파업을 일으키지는 못했다. 공식적으로 러시아 황제는 1861년에 농노제를 폐지했지만, 농노 출신들의 처지에서 볼 때 상황은 크게 달라지지 않았다.

지금까지의 설명은 러시아 제국의 일부에 국한되는 내용일 뿐이다. 러시아 제국의 영토 대부분은 우랄산맥 동쪽의 아시아 대륙에 펼쳐져 있었다. 우랄산맥 동쪽 영토의 주민들은 대다수가 튀르크인과 시베리아인이었다. 그들은 모스크바나 상트페테르부르크의 귀족 문화에 대한 유대감을 거의 느끼지 않았다. 요컨대, 러시아적 세계에는 마르크스가 공산주의 혁명의 필수 요소로 꼽은 특성이 전혀 없었다.

러시아적 세계로 유입된 마르크스의 사상은 몸에 맞지 않는 옷 같았다. 수정을 거친 뒤에야 비로소 마르크스의 사상은 그곳에 뿌리를 내릴 수 있었다. 마르크스주의를 러시아의 풍토에 맞게 수정한 인물은 마르크스의 신봉자인 블라디미르 레닌이었다. 수정 과정을 거쳐 도출된 결과물은 엄격한 의미의 마르크스주의가 아니라, 마르크스 레닌주의였다. 마르크스 레닌주의는 러시아적 색채가 뚜렷한 관념의 별자리였다.

마르크스는 '혁명'으로 이어지는 산업주의를 상상했다. 레닌은 산업주의로 이어지는 '혁명'을 꿈꿨다. 그런데 과연 누가 저항의 주체가 될 것인가? 그 점은 레닌의 고민거리였다. 그의 조국에는 무산 계급이 없다시피 했다. 그래서 레닌은 전위 정당−고귀한 명분을 위해 무제한적 실력 행사에 나설 자세를 갖춘, 철저하게 훈련된 집단−이 혁명의 선봉에 서야 한다고 선언했다. 혁명은 산업사회를 낳을 것이고, 산업사회는 무산 계급을 낳을 것이고, 무산 계급은 진정한 혁명−역사의 종말을 고하고 참된 공산주의를 출범시킬 혁명−을 수행할 것이었다. 전위 정당이 휘두르는 폭력을 정당화할 수 있는 근거는 전위 정당이 내세우는 원칙의 타당성에 있을 것이므로, 전위 정당의 가장 본질적인 임무에는 이념적 강령을 완성하는 것과 모든 당원이 합심하도록 하는 것이 포함되어야 했다.

1917년, 300년 동안 이어진 러시아의 군주제가 무너지자 권력의 공백기가 찾아왔고, 레닌의 전위 정당만이 단호한 행동에 나설 정도의 통일된 규율 체계를 갖추고 있었다. 러시아 사회민주노동당의 다수파인 볼셰비키가 정권을 잡았고, 기존 사회 질서의 흔적을 남김없이 지우고 새로운 하향식 사회 질서−사회유기체보다는 사회적 기계장치에 더 가까운 중앙집권적 산업국가—를 확립하고자 공포 정치를 시작했다. 한편 레닌과 그의 동료들은 좌파 세력 내부의 정적들을 모조리 숙청했다. 마르크스 레닌주의에는 마르크스주의 수준에서 감히 꿈꾸지 못하는 사상의 획일성이 필요했기 때문이다. 그것은 러시아적 세계와 섞물리는 기계와 기계 문화에서 비롯된 결과였다.

마르크스 레닌주의에서 마오주의로

이 이야기를 따라가려면 관통선을 건드리지 않으면서 시간을 건너뛸 필요가 있다. 마르크스 레닌주의는 러시아에서 동쪽의 중국으로 퍼져나갔다. 그 역시 하나의 맥락에서 생겨난 이념적 원칙이 전적으로 다른 맥락으로 스며드는 과정이었다. 중국은 독일이나 영국과 전혀 달랐지만, 러시아와도 전혀 달랐다. 마르크스가 창시하고 레닌이 수정한 이념적 원칙은 중국식으로 재구성된 뒤에야 비로소 뿌리를 내릴 수 있었다. 중국식 수정 작업을 맡은 사람은 혁명가인 마오쩌둥[毛澤東]이었다. 그가 작업을 완수했을 무렵 마르크스 레닌주의는 마오주의[Maoism, 마오쩌둥사상]로 탈바꿈했다. 마르크스 레닌주의에서 마르크스주의적 주제가 엿보였듯이 그 새로운 이념에는 마르크스 레닌주의적 주제가 담겨있었다. 수천 년 전부터 펼쳐지고 있던 중국적 세계의 역사적 서사와 기계 문화가 섞물리게 되었다.

여러 측면에서 마오쩌둥은 중국의 신화적 존재 같았다. 그는 분열의 시기를 종식하고 중앙집권적 질서를 확립함으로써 끝없는 시간의 순환 과정을 보여준 황제나 다름없었다. 그는 진 왕조의 시황제, 수 왕조의 문제, 명 왕조의 홍무제 등이 맡았던 역할을 되풀이했다. 그 과거의 거물들처럼 마오쩌둥도 단 하나의 중심만 있는 문명국가를 재건하고자 했다. 과거의 황제들처럼 마오쩌둥도 재건이 필요한 대규모 기반 시설 사업을 추진했다. 그들과 마찬가지로 마오쩌둥도 인적 손실에 거의 무관심했다. 그들과 다름없이 마오쩌둥도 모든 백성을 결속하는 이념적 원칙을 강요함으로써 중국의 남녀노소를 단 하나의 행정 조직망 안으로 끌어들였다.

마오주의는 유교를 명시적으로 부정했지만, 구조적 측면에서 볼 때 마오주의는 그 고대의 이념적 원칙과 동일한 사회적 기능을 수행했다. 다시 말해 마오주의는 다수를 하나로 통합하는 상호 연계성을 구현했다. 그리고 과거의 중국 황제들처럼 마오쩌둥도 학자 겸 관료들을 동원하여 이념적 원칙을 통치 수단으로 활용하고자 했지만, 마오쩌둥 시절의 학자 겸 관료들은 유교 경전을 공부하지 않았다. 대신에 그들은 (마르크스주의와 레닌주의의 주요 지작을 포함하는) 마오주의의 주요 저작에 관한 시험을 통과해야 했다. 사실, 마오쩌둥의 핵심 이념적 원칙은 공산당 소속의 모든 훌륭한 학자 겸 관료들이 업무를 볼 때 항상 지참해야 하는 붉은색의 작은 책(《마오 주석 어록》을 가리킨다—옮긴이 주)에 간추려져 있었다.

시황제와 수 왕조의 두 거물(수 문제와 수 양제를 가리킨다—옮긴이 주)과 마찬가지로, 마오쩌둥도 지나치게 잔인한 방식으로 웅대한 목표를 추구했기 때문에 그가 세상을 떠나자마자 역풍이 불었고, 그가 공산당 소속 후계자들을 엄선해 구축해둔 '왕조'는 금세 막을 내리고 말았다. 짧은 불안정기를 거쳐 지도자 자리에 오른 덩샤오핑은 성과를 내는 데 관심이 있었다. "검은 고양이든 흰 고양이든 쥐만 잘 잡으면 된다."(흑묘백묘론[黑猫白猫論])

한 왕조와 당 왕조의 권력자들이 진 왕조와 수 왕조의 권력자들보다 유리한 고지에 있었듯이, 덩샤오핑과 그의 정치적 후계자들은 마오쩌둥과 달리 전체주의적 통제 욕구에 굴복하지 않으면서도 이미 마오쩌둥이 이룩해 놓은 변화를 활용할 수 있었다. 권력 수뇌부는 구심력[求心力]이 당장 중국을 산산조각 내는 일은 없으리라고 확신하며 조금은 안도할 수 있었다. 요컨대, 마오쩌둥은 중국을 통치할 수 있는 국가로 변모시켰다. 이제 중국은 기계를 수용할 수 있고 새로운 조건에서 나아갈 수 있는 국가가 되었다. 마오쩌둥의 혁혁한 공로에 힘입어 지금까지의 중국 역사는 전형적인 순환 과정을 분명히 드러내고 있다. 오늘날 마오쩌둥의 후계자들은 황제 주석 마오쩌둥에게 물려받은 수단을 활용해 중국을 아시아의 주도 국가로, 조만간 세계의 주도 국가로 복원시키고자 한다. 1세기 동안의 무질서한 정치적 공백기 이후 질서의 새로운 주기가 확립되고 있다. 그것은 고대 중국의 역사가들이 중국 역사의 기본적인 요소로 여긴 패턴이었다.

과거의 순환 과정에서 알 수 있듯이, 그 새로운 질서는 뚜렷한 동심원 형태이다. 공산당은 황제를 대신했지만, 황제와 비슷한 기능을 수행한다. 공산당 내부에서 권력은 단 한 사람의 지도자에게서 나온다. 한편 중국은 서양에서 완성된 기업 형태를 발전 기제로 차용했다. 현재 중국의 기업들은 저 멀리 해외로 진출하고 있다. 지금 중국의 사기업과 국영기업은 고대 중국의 역사가들이 조공국으로 여겼을 법한 나라들에서, 즉 왕년의 실크로드를 따라, 그리고 15세기에 정화 제독과 그의 대규모 함대가 탐험한 세계인 계절풍 관계망 곳곳에서 간선도로, 철도, 항구, 공항, 무역센터 등을 건설하고 있다.

아무도 기술을 가로막거나 기술의 여파를 좌우할 수 없지만, 동시에 그 어느 힘도 사회적 서사들을 지워버리거나 그 영향을 누그러트릴 수도 없다. 중국의 신화적 원형들과 마찬가지로, 어렴풋한 과거에서 탄생한 서사들은 오늘날의 세계에서 유령처럼 떠돌고 있다.

중간 세계의 기계

한편 이슬람 중간 세계의 사람들은 고유의 생활 방식에서 우러나온 토착 발명품이 아니라, 외부에서 침투해 주도권을 잡은 세력이 사용하는 도구나 장치를 통해 새로운 기술을 접했다. 인더스강에서 이스탄불까지, 그리고 사마르칸트에서 수단까지 아우르는 광활한 영역에 살던 19세기의 무슬림들은 자국의 가장 귀중한 자원을 외세가 장악하고 있고, 자국의 통치자들은 꼭두각시에 불과하고, 자국 정부를 서양 열강들이 배후에서 조종하고 있다는 사실을 깨닫기 시작했다.

이제 어떻게 해야 했을까? 지난 12세기 동안 이슬람은 세계와 역사에 의미를 부여해 왔다. 그런데 어쩌다가 이 모양이 되었을까? 외세가 아니라 우리 무슬림들에게 책임이 있을까? 우리가 저지른 잘못 때문일까? 아니면 우리가 하지 못한 일 때문일까? 어떻게 해야 다시 세상이 제자리를 찾고 위기에서 벗어날 수 있을 것인가?

18세기와 19세기의 무슬림 사상가들과 활동가들은 이 같은 질문에 빠져있었다. 공교롭게도 당시 이슬람 세계는 이슬람의 내부적 원인에서 비롯된 영적 쇄신에 대한 염원으로 가득했다. 이슬람은 종교와 정치의 분리를 절대 인정하지 않았기 때문에 영적 개혁 운동과 반제국주의 운동은 서로 연결될 수밖에 없었다.

두 운동이 맞물리자 무슬림의 정체성을 확립하려는 고난의 여정이 시작되었다. 그 여정은 서양의 패권에 대한 저항과 관계있었다. 따라서 일부 급진주의자들은 진정한 무슬림의 의미를 규정할 때 무슬림의 속성이 아니라, 비[非]무슬림의 속성을 기준으로 삼는 경향이 있었다. 서양적 요소는 무슬림의 속성이 아니었다. 그것은 비[非]서양적 요소가 무슬림의 속성이라는, 또는 무슬림의 속성이어야 한다는 말이었다. 타자의 타자성에 의해 형성된 대략적인 무슬림의 정체성은 그렇게 정립되었다.

물론 그것은 역사적으로 특이한 현상은 아니었다. 십자군 운동이 벌어지는 동안 유럽인의 정체성은 무슬림과 유대인이 있는 동쪽 세계와 대결하며 생겨났다. 유럽인의 정체성도 타자의 타자성에 의해 형성되었다. 즉, 유럽인들은 비유럽인들의 정체를 확인함으로써 자아감을 확립했다. 하지만 그때 유럽은 상승세의 문명이었다. 스스로 타자의 정반대 존재로 규정한 것은 득의양양한 승리감의 표현이었다. 반면 18세기와 19세기의 이슬람 세계는 자신의 약점을 깨닫고 어떻게든 버티기 위해 몸부림치는 문명이었다. 타자의 타자성에 의해 형성된 무슬림의 정체성에는 분노라는 어두운 색채가 스며들 수밖에 없었다.

그런데 무슬림들이 유럽으로 시선을 돌리면서도 거부한 것은 무엇이었을까? 과학이나 기술을 거부할 수는 없었다. (전부는 아니어도) 이슬람 활동가 대다수는 기계화된 사회가 기계화되지 않은 사회를 항상 압도할 것이라는 점을 알고 있었다. 그들은 과학과 기술과 산업을 거부하면 노예 신세로 전락할 수밖에 없다고 생각했다. 세계 각국을 여행한 무슬림 급진주의자인 자말 아딘 알아프가니[Jamāl ad-Din al-Afghāni]와 그의 지적 계승자들은 무슬림들이 기계를 받아들일 뿐 아니라, 기계와 과학의 주인이 되기를 원했다. 그들 가운데 몇 사람은 원래 이슬람이 정말 과학적인 종교라고 단언했다. 그들이 보기에 이슬람은 천국과 심판의 날에 대한 믿음을 이끌어내려고 자연을 부정하는 마법에 기대지 않는 유일한 종교였다. 예언자 무함마드는 죽은 사람을 되살려 놓음으로써 신의 사자임을 입증하지도 신성을 주장하지도 않았다. 그는 굉장한 힘이 담긴 말을 쏟아냄으로써, 전혀 평범하지 않은 공동체를 건설함으로써, 매우 불리한 싸움에서 승리함으로써 사람들을 믿음의 길로 인도했다. 게다가 초기의 이슬람은 빛나는 과학적 업적의 시대와 함께했다. 그러나 황금시대가 끝나자 무슬림들은 기계적 암기에 매달리고 종교를 부패한 성직자들에게 맡기면서 휘청거리기 시작했다. 무슬림들은 원류로 돌아가야 했고, 기계 문화가 이슬람적 복원의 서사와 섞물릴 수 있게 하면서 종교를 처음부터 철저하게 재해석해야 했다.

하지만 그 과정에서 무슬림들은 다음과 같은 질문에 대답해야 했다. 만일 과학과 기계를 거부하지 않는다면 대체 무엇을 거부한다는 말인가? 무슬림들이 거부하는 것은 사회적, 성적 습속이었다. 서양과 중간 세계 간의 가장 두드러진 차이점은 바로 사회적, 성적 습속이었다. 서양의 특징은 여성의 독립, 대가족의 소멸, 개인의 주권 강화 등이었다. 정치적 저항과 영적 쇄신이라는 19세기의 쌍두마차에 올라탄 급진주의적 무슬림들은 부족 규모의 가족 구조를 굳건히 다지고 여성을 사적 영역에만 머물도록 강제하는 것을 진정한 이슬람적 가치로 여겼다. 그들은 경전의 엄격하고 축어적인 해석을 바탕으로 성관계와 혼인에 대한 규제를 옹호했다. 요컨대, 대대로 내려온 이슬람 급진주의자들의 주장에 따르면, 참된 무슬림들은 유럽식 가정생활, 유럽식 자녀 교육, 혈족 관계를 바라보는 유럽인의 태도, 성적 특질과 성별 관계를 둘러싼 유럽식 규범 따위를 거부해야 했다.

남성과 여성을 각각 공적 영역과 사적 영역에 배치하는 이분법적 세계관은 이슬람 이전 시기로 거슬러 올라가는 역사적 서사의 일부분으로서, 이미 여러 무슬림 사회에 깊이 뿌리박혀 있었다. 여성의 격리 현상은 무슬림들이 비잔티움 세계와 접촉하는 과정에서 구체화되었다—비잔티움 세계의 기독교 지배층은 상류 계급 여성들의 베일 착용을 당연시했다. 그리고 이슬람 개혁의 시기를 맞이한 무슬림 세계가 기계를 받아들이려고 안간힘을 쓰는 상황에서도 무슬림의 정체성은 여성의 사유화에 과도하게 집중했다. 이슬람의 여러 혁명 운동에서는 대체로 여성의 격리와 종속이 핵심 주장의 일부분으로 채택되었다.

이렇듯 무슬림들은 시류에 역행하고 있었다. 중간 세계를 제외한 모든 곳에서는, 진보적 변화를 모색하는 사람들은 여성의 권리를 지지했다. 러시아의 볼셰비키가 그랬고, 중국의 태평천국 운동을 이끈 사람들과 20세기의 마오주의자들도 마찬가지였다. 그것은 서양 산업 민주국가의 자유주의자들과 사회주의자들의 핵심 강령이기도 했다. 하지만 이슬람 세계의 혁명가들은 여성의 삶을 옥죄고 기존의 가부장적 가족 구조를 강화하는 데 열중했다.

내가 주장하듯이, 기계와 인간 생활에 기계가 미친 파장이 성 역할을 둘러싼 세계적 차원의 기념비적인 변화의 토대라는 점이 사실이라면, 각 사회의 여론이 어떻든 간에 그리고 이슬람주의자들이 무엇을 요구하든, 완고한 성경 신봉자들이 뭐라고 설교하든, 힌두교 민족주의자들이 공원에서 손을 잡고 있는 청춘 남녀에게 뭐라고 소리치든 간에 그 변화는 찾아올 것이다. 여러 세기에 걸쳐 내려온 성 역할을 복원하고 여성의 권리 신장을 제한하려는 모든 시도는 실패할 수밖에 없을 것이다. 여기에는 여러 이유가 있겠지만, 이 문제와 관련해 뒷걸음치려면 인류사에서 일어난 기술 발전의 방향을 되돌려 놓아야 하는데, 그렇게 할 수는 없다는 점도 한 가지 이유로 볼 수 있다. 우리는 지구의 모든 도시를 폭격해 파괴할 수 있고, 기후에 급격한 혼란을 초래해 석기 시대로 되돌아갈 수도 있겠지만, 석기 시대의 기술 수준으로 되돌아가는 순간 우리는 기억 속에 남은 기존의 도구를 다시 만들고 새로운 도구를 고안하기 시작할 것이다. 우리는 인간이다. 인간은 그렇게 한다.

26장

제국과
국민국가

    1850년, 인류의 대부분은 혈통에서 비롯된 권력을 지닌 군주가 통치하는 거대한 다민족 왕조 제국들에서 살고 있었다. 그 제국들은 고대 메소포타미아의 제국들보다 훨씬 더 크면서도 더 볼품없어 보였지만, 구조적으로는 크게 다르지 않았다.

    예컨대, 중앙유럽의 상당 부분은 호엔촐레른가[Hohenzollern家]가 통치하는 독일 제국에 속해있었다. 당시 독일 제국은 가장 강력한 세력인 프로이센과 주로 독일어 사용자들이 살고 있는 여러 공국과 소왕국으로 구성되었다. 동유럽의 대부분은 합스부르크 가문이 각기 다른 언어를 쓰는 여러 인구 집단을 통치하는 오스트리아 · 헝가리 제국[Austro-Hungarian Empire]의 영토였다. 합스부르크 가문의 제국은 로마노프 가문의 러시아 제국과 경계를 이뤘다. 오스트리아 · 헝가리 제국과 마찬가지로 다양한 인구 집단으로 구성된 러시아 제국의 영토는 저 멀리 태평양까지 뻗어있었다. 러시아 제국은 오스만 가문이 통치하는 소

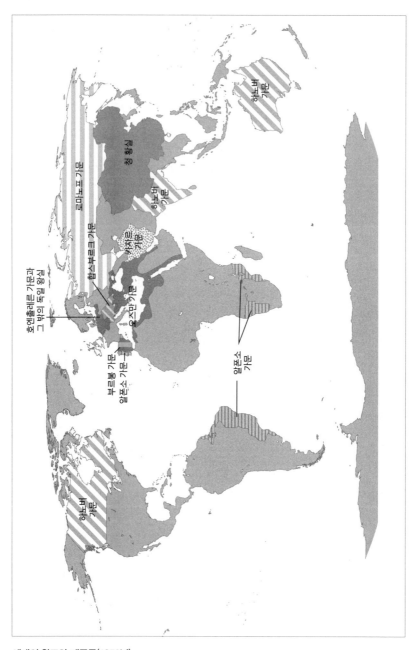

세계의 왕조와 제국들(1850년)

규모 왕조 국가들의 연합체와 국경을 마주했고, 극동아시아 쪽에서는 이름뿐인 청 황실이 다스리는 제국과 경계를 이뤘다.

서유럽은 중앙유럽이나 동유럽과 상황이 약간 달랐다. 프랑스는 입헌공화국이었지만, 제국이기도 했다. 프랑스는 세속적이고 합리적인 제도에 따라 통치되었지만, 프랑스 지배하의 영토에는 점점 늘어나는 여러 식민지가 포함되었다. 프랑스의 식민지들은 혈통과 혈족 관계에서 비롯된 권력을 지닌 현지인들이 통치하는 경우도 간혹 있었지만, 실질적 통치가 아닌 표면적 통치였을 뿐이다. 그 점은 세계 도처에 식민지를 거느리고 있던 영국도 마찬가지였다.

하지만 그 둔중한 제국들이 세계 곳곳에서 각자의 사업을 펼치고 있을 때, 최소한 부분적으로는 기계에 힘입어 탄생한 새로운 형태의 사회정치적 단위가 그 제국들의 경계 안에서 서서히 무르익고 있었다. 그것은 바로 국민국가였다. 마침내 때를 만난 국민국가는 이제 무대에 오르려고 몸부림치고 있었다. 그 같은 형태의 사회적 별자리는 이미 몇몇 원형이 있었다. 영국과 프랑스는 14세기의 어느 시점에 봉건 제국에서 국민국가로 변신하기 시작했다. 당시 100여 년에 걸쳐 영국의 군대가 연이어 프랑스를 침공함에 따라 영국 해협 양쪽에서 국민 정체성의 토대가 마련되었다. 영국의 왕들은 국민 정체성에 호소하며 군대를 모집했고, 그 결과 계급과 배경과 종교가 서로 다른 군인들이 이국땅에서 같은 언어를 쓰는 전우들과 함께 알아들을 수 없는 언어를 쓰는 인간 형상의 이방인들에 맞서 목숨을 걸고 싸우게 되었다. 프랑스인들도 영국에서 건너온 인간 형상의 이방인 침략자들에 맞서 싸우며 비슷한 일을 겪었다. 양쪽 진영 모두에서, 자국의 여러 사투리가 뒤섞이고 공통된 역사의식과 운명의식이 확립되는 동안 상대 진영과의 단절감은 더 굳건해졌다.

저 멀리 떨어진 중간 세계에서는 이란이 문화와 위치에 근거한 다소 비슷한 과정을 겪고 있었다. 이란에서는 민족적 결속력과 오랜 역사적 공감대가 있고 페르시아어를 쓰는 시아파 집단이 튀르크계 수니파 세력들 사이에 끼어있었다.

그러나 국민국가는 단순한 국민 정체성 차원을 뛰어넘는 것이다. 국민국가는 이 세계에 객관적으로 존재하는 구조이다. 국민국가는 은행업의 발달, 동일한 화폐의 출현, 통신 및 교통 기술의 점진적 정교화, 전쟁의 지속적 기계화 같은 여러 가지 사회적 요인의 필연적 부산물로서 탄생했다. 그 모든 요인은 상승효과를 일으켰고, 그 과정에서 새로운 유형의 사회적 특이점이 발생했다. 국민국가와 제국의 관계는 제국과 문명의 관계와 같았다. 국민국가는 제국보다 훨씬 더 조밀하고 압축적이고 구체적이었다.

아득한 옛날의 제국들은 영토를 기준으로 성공을 가늠했다. 성공한 제국이란 큰 제국-영토가 넓고 징세와 징병의 대상인 신민을 많이 거느린 제국-을 의미했다. 제국에서 황제의 권력은 절대적이었다. 황제는 굳이 누구에게 이유를 설명할 필요 없이 신민을 처형할 수 있었다. 하지만 제국의 한 귀퉁이에 사는 이름 모를 사람들을 처형하지 않고 있을 때, 황제는 그들의 삶에 그렇게 많은 영향을 미치지는 않는 셈이었다. 잡화상이 상한 우유를 팔고, 미성년자가 보란 듯이 술을 마시고, 남자들이 제멋대로 말을 타고 다니고, 여자들이 욕설을 내뱉고 있을 때 황제는 어떻게 하려고 했을까? 아무것도 하지 않았다! 황제는 아예 어떤 일이 벌어지고 있는지도 몰랐다. 알아도 신경 쓰지 않았다. 누군가 조처할 수 있었겠지만, 그 누군가는 현지의 성직자나 꼬장꼬장한 성격의 노인이나 동업 조합장이나 한 집안을 대표하는 여자 어른이나 한 마을의 무서운 어른이었을 것이다.

국민주의

성공적인 국민국가의 특징은 넓이라기보다 깊이였다. 국민국가의 수반은 누군가를 마음대로 처형할 수 없었다. 다른 사람들과 마찬가지로 법에 따라 행동해야 했기 때문이다. 그러나 적어도 부분적으로는 사회적 기제에 의해 규정되는 추상적 독립체로서의 국민국가는 날마다 하루 종일 모든 구성원의 삶에 지속적으로 등장했고, 그만큼 더 깊숙한 곳까지 통제하게 되었다. 한 국민국가의 영토 안에서는 어디서나 동일한 법률이 적용되었다. 화폐도 동일했다. 단일한 중앙 권력은 폭력을 독점했다. 국민국가에서는 다양한 언어가 쓰일 수 있었지만, 단 하나의 언어에만 공식적 지위가 부여되었고, 모든 공적 업무에는 그 언어가 쓰였다.

국민국가의 국경은 마치 보도블록의 갈라진 틈처럼 분명했다. 이쪽은 완전히 프랑스 땅이고, 저쪽은 완전히 독일 땅이었다. 촘촘하게 서로 연계된 밀집성에 힘입어 국민국가는 단일한 사회유기체로서 뜻을 품고 뜻을 이룰 수 있는 더할 나위 없는 능력을 갖추게 되었다. 국민국가는 과거의 모든 사회정치적 형태보다 더 효율적으로 뜻을 이룰 수 있었다. 규모의 관점에서 볼 때 영국은 중국에 비해 작았다. 의지를 관철할 수 있는 능력의 관점에서 보면 영국은 중국보다 월등하게 강했다. 기억해두기 바란다. 영국의 힘은 빅토리아 여왕이나 벤저민 디즈레일리[Benjamin Disraeli, 19세기 영국의 정치가—옮긴이 주]나 동인도회사 총독의 것이 아니었다. 그들은 영국이라는 사회적 완전체의 의지를 집행할 뿐이었다.

국민국가가 출현함에 따라 19세기의 가장 강렬한 이념 중 하나가 모습을 드러냈다. 국민주의는 정서적 공감을 유발하는 명제의 덩어리였다. 국민주의란 모든 개인은 국민의 일원이고, 각국의 국민에게는 독자적인 주권 국가에 대한 권리가 있다는 주장이었다. 국민주의는 유유상종해야 한다는 선언이었다. 그 누구도 자신이 속한 국민국가 밖에서 고립되지 않아야 하고, 국민국가의 모든 구성원은 '우리나라 사람들'의 일원이어야 했다.

물론 여기에는 질문이 뒤따랐다. 한 무리의 사람들을 '우리나라 사람들'로 규정하는 것은 무엇일까? 개인을 특정 국민의 일원으로 규정하는 속성은 무엇일까? '우리나라 사람들'이라고 말할 때의 '사람들'의 정체는 무엇일까? 예컨대, 아무도 키가 결정적인 요인이라고 주장하지 않았다. 키가 큰 사람들의 국민국가나 키가 작은 사람들의 국민국가에 찬성하는 사람은 없었다. 그렇다면 언어가 결정적인 요인일까? 혹시 공통의 경험일까? 아니면 종교적 신념일까? 다소 완화된 수준의 혈통일까? 국민은 공통의 조상에게서 비롯된 사람들의 집단일까? 그런 혈연적 연관성은 우리가 알아볼 수 있는 것일까? 혹시 피부색으로 혈연적 연관성을 확인할 수 있을까?

모든 국민국가가 언어나 공통의 경험이나 종교적 신념이나 혈통 같은 토대 위에 서 있지는 않았다. 이념은 사람들이 국가를 이뤄 결집할 수 있는 또 다른 방법이었다. 미국이 전형적인 사례였다. 독립선언문과 헌법에는 모든 인류에게 적용할 수 있는 법과 원칙—사회적 기제—의 청사진을 제시하겠다는 보편적 관점의 주장이 담겨 있었다. 물론 독립선언문과 헌법에 표현된 여러 이상적 목표는 사회적 현실에 맞지 않았다. 그리고 독립선언문의 행간에도 헌법의 행간에도 모순되는 내용이 많았다. 제퍼슨이 "모든 사람은 평등하게 태어났다."라고 말했을 때 당대인들은 그가 의미하는 "모든 사람"이 "재산을 가진 모든 남성 지주"라고 이해했다. 아울러 그들은 여성들을 그 남성 지주들의 부속물로 이해했다. 헌법의 창시자들은 노예제가 모든 사람은 평등하게 태어났다고 하는 제퍼슨의 명제와 그럭저럭 조화를 이룬다고 여겼다. 예를 들어 캐롤라이나 지역의 아서 미들타운[Arthur Middletown]이라는 인물은 3,500명의 노예를 거느리고 있으면서도 모든 사람은 평등하게 태어났다는 내용의 헌법에 서명했다.

그래도 독립선언문과 헌법에서 엿볼 수 있는 보편적 관점은 어떤 기본 원칙을 암시했다. 진보적 활동가들은 그 기본 원칙을 바탕으로 미국을 유례없는 방향으로 이끌었다. 그 방향은 남북전쟁이 발발해 50만 명 이상의 인명이 희생되고 나서야 확정되었다. 남북전쟁 기간에 수정된 헌법에 따라 이제 그 국민국가의 시민은 미국 헌법 아래 통치를 수용하는 모든 개인으로 규정되었다. 그런데 유럽에서는 알 수 없는 이유로 정반대의 관념, 즉 민족성과 혈통의 뿌리에 의해 서로 연관된 사람들을 국민으로 바라보는 관념이 득세했다.

혈통을 국민의 토대로 여기는 관념은 19세기의 가장 해로운 주의 가운데 하나에 반영되었다. 인종 개념이 집중 조명을 받은 곳은 바로 서유럽이었다. 혹자는 이렇게 되물었을지 모른다. 지금까지 우리는 늘 사람들의 신체적 차이를 인지하지 않았던가? 우리는 언제나 외부자에 맞서 단결하는 경향이 있지 않았던가? 물론 그랬다. 하지만 외부자를 규정하는 방식은 시기별로 달랐다. 그리고 어떤 곳에서 중시되는 차이점이 다른 곳에서는 사소한 차이점일 수 있었다. 지역마다 중시하는 차이점이 다를 수 있었다. 정체성을 논할 때 항상 인종 개념이 개입되지는 않았다.

당시 서유럽에서는 인류를 여러 집단으로 구분하는 어떤 선천적, 객관적, 생물학적 특징이 있고, 그것이 바로 인종이라는 명제가 무르익고 있었다. 모든 인간에게는 그런 특징이 있었다. 모든 목각 인형이 참나무, 소나무, 자작나무 같은 특정 종류의 나무로 만들어지듯이, 모든 인간은 특정 인종에 속했다. 피부색, 머릿결, 눈 모양 따위의 가시적 특징은 추정컨대, 어떤 단일한 근원적 본질의 징후에 불과했다. 인종은 직접적으로 간파할 수 없지만, 인종에서 비롯되는 가시적 특징을 통해 간접적으로 확인할 수는 있었다.

19세기 서양의 지식인들은 인종을 이른바 과학적 연구의 대상으로 삼았다. 일부 학자들은 어떤 인종이 있는지 찾아내려고 심혈을 기울였다. 하버드대학교의 장 루이 아가시[Jean Louis Agassiz] 교수는 각 인종은 개별적으로 발생했기 때문에 서로 다른 생물종에 가깝다는 가설을 세웠다. 그는 기본적인 인종을 11가지로 분류했다. 그의 동료인 찰스 피커링[Charles Pickering]은 12가지로, 프랑스의 저명한 동물학자 조르주 퀴비에[Georges Cuvier]는 다섯 가지로 분류했다.

하지만 결국 스웨덴의 생물학자 칼 폰 린네[Carl von Linné]가 그들보다 조금 먼저 제시한 분류법이 승리를 거뒀다. 린네는 아프리카인, 아시아인, 유럽인, 아메리카 원주민 등의 네 가지 인종이 있다고 주장했다. 그를 비롯한 여러 학자는 그 네 가지 인종과 피부색을 재빨리 연결했다. 백인종, 흑인종, 황인종, 홍인종은 그렇게 탄생했다. 린네의 분류법이 널리 채택되자 과학자들과 유사 과학자들은 각 인종의 선천적 특징을 식별하는 작업에 착수했다. 인종 이론가들은 피부색을 신체적 특징뿐 아니라, 정신적, 감정적, 문화적 특징과도 연결했다. 급기야 조르주 퀴비에 같은 '인종학자들'이 백인들은 지적이고, 흑인들은 감정적이고, 황인들은 교활하다는 식으로 할 지경에 이르렀다.

프랑스의 백작 조제프 아르튀르 드 고비노[Joseph Arthur de Gobineau]는 이른바 선천적 특징에 근거한 인종의 서열을 제시하는 데 몰두했다. 그는 백인이었고, 기꺼이 자신과 같은 백인이 모든 면에서, 특히 지적인 면에서 가장 우월한 인종이라고 선언했다. 고비노에 따르면, 물론 어떤 백인들은 어리석고 사악하지만, 그것은 다른 인종과의 혼인에 따른 결과였다. 그들의 조상 중에 누군가 틀림없이 '열등한 인종'과 성관계를 맺는 바람에 혈통이 더러워졌을 것이라는 주장이었다.

오늘날, 대다수의 사람은 인종 집단을 둘러싼 그런 고정관념에 기겁할 것이다. 그러나 19세기와 20세기의 많은 사람이 인종차별 사상의 기본 전제―인종은 객관적 범주로서 존재하고, 서로 다른 인종의 사람들은 선천적으로 서로 다른 유전적 특징을 타고 난다―를 받아들였다. 심지어 자유주의적 인도주의자로 자부하는 사람들도 그랬다.[25] 하지만 과학적으로 말해 인종 같은 것은 없다. 물론 인간은 부모로부터 여러 가지 특성을 물려받는다. 그리고 어떤 집단 안에서의 결혼, 즉 내혼[內婚]이 통상적으로 이뤄지면 모종의 특징을 강화하는 유전자 공급원이 형성되면서 집단 구성원 특유의 외형이 나타나게 된다. 그러나 여기서 중요한 부분은 '통상적 내혼'이다. 통상적 내혼은 사회적 규범으로 강제되고 지리적 요인으로 강화되는 패턴이다. 만일 서로 다른 인종 집단으로 확인

---

25) 일례로 공산주의자로 자처한 멕시코의 예술가 디에고 리베라[Diego Rivera]는 디트로이트의 산업 노동자들을 찬미하는 벽화를 그렸다. 그 벽화에는 피부색이 각각인 네 명의 제철공장 노동자들이 묘사되어 있었다. 리베라는 이렇게 설명했다. "황인종은 모래를 상징한다. 숫자가 제일 많기 때문이다. 그리고 홍인종은… 강철 제조에 가장 필수적인 재료인 철광석을 나타낸다. 흑인종은 석탄을 나타낸다. 흑인종은 고대의 조각과 토착 리듬과 음악에 담긴 열정적 아름다움과 감정에서 드러나듯이 특유의 미적 감각이 풍부하기 때문이다… 백인종은 석회를 나타낸다. 석회는 흰색일 뿐 아니라, 강철 제조 과정에서 중요한 매개물 역할을 맡기 때문이다. 석회는 다른 재료들을 결합한다. 따라서 백인종은 세계의 훌륭한 조직자로 볼 수 있다." 리베라는 각 인종 간의 평등을 주창하고 인종 간의 화합을 중시했지만, 선천적 특징을 지닌 피부색별 인종이 존재한다는 점에 의문을 제기하지는 않은 것 같다.

된 두 집단을 하나의 섬으로 이주시켜 함께 살게 한 뒤, 몇 세대에 걸쳐 결혼이 무작위로 이뤄지도록 내버려 두면 두 집단의 외형적 차이는 없어질 것이다. 이것은 거의 모든 생물학자가 동의하는 사실이다.

역사는 그런 식의 결혼 사례로 가득하다. 고향인 샌프란시스코에서 혼잡한 출퇴근 시간에 버스에 올라탄 내가 만약 이 세상에 네 가지 인종이 있을 것이라고 생각하지 않는 사람이라면 틀림없이 나는 승객들을 서로 뚜렷이 구별되는 네 가지 집단으로 분류하지 않을 것이다. 피부색은 창백한 색에서 어두운 색까지 다양하고, 색조의 차이가 있을 뿐이다. 샌프란시스코에는 아시아계 사람들이 많지만, 그들 중 아무도 피부색이 노랗지 않다. 지금까지 내가 목격한 가장 검은 피부색은 진한 갈색이고, 가장 하얀 피부색은 일종의 크림색이다. 언젠가 나는 레인보우 페스티벌[Rainbow Festival]에서 머리부터 발끝까지 붉은색 염료를 칠한 나체 차림의 남자를 본 적 있다. 그는 지금까지 내가 목격한 사람 중 유일한 붉은색 피부의 소유자였다. 내 고등학교 동창생인 벤[Ben]은 나바호족[Navajo] 원주민이다. 벤은 버몬트주 출신의 내 친구인 해리[Harry]보다 피부색이 약간 더 어둡지만, 아무리 상상력을 동원해 봐도 벤의 피부색은 붉은색이 아니고 해리는 흰색이 아니다. 해리에게 어울리는 피부색을 굳이 표현해야 한다면 나는 핑크색이라고 말하겠다. 즉, 해리의 피부색은 벤보다는 붉은색에 더 가깝다는 말이다.

인종은 생물학적 사실이 아니라, 사회적 구조물이다. 인종에는 사회적 규범이 집단 간 결혼의 무작위성을 저해하는 방식이 반영되어 있다. 역설적이게도 '자신과 같은 부류'와 결혼하도록 강제하는 사회적 규범은 사람들의 신체적 특징을 강화함으로써 인종에 얼핏 객관적인 듯한 실체를 부여한다. 19세기의 많은 서유럽인은 제국에 살고 있었고, 제국의 신민들은 대부분 저 먼 곳의 식민지 '원주민들'이었다. 인종 이론은 그 타자들을 열등한 존재로 치부하고 힘을 휘두르는 자들의 특권을 정당화하는 근거를 제공했다. 아울러 인종 이론은, 집단으로서의 국민이 이 세상에 객관적으로 존재하고, 집단으로서의 각 국민은 독자적 국가에 대한 권리가 있다는 관념을 강화했다.

북아메리카

영국은 공식적으로 역사상 최대 판도의 제국을 건설하기에 이르렀고, 전성기에는 지구의 약 4분의 1과 세계 인구의 약 4분의 1을 지배했다. 프랑스와 스페인과 네덜란드는 19세기 후반까지 해외에서 치열하게 경쟁하고 있었다. 19세기 후반에 이미 그 나라들의 석학들을 비롯한 국민들은 자국이 해외에서 펼치고 있는 행위를 제국주의로 불렀다. 하지만 당시 그들은 제국주의라는 용어를 자랑스럽게 썼다. 제국주의가 경멸어로 취급된 것은 훗날의 일이었다.

이 시기에는 미국도 파죽지세로 영토를 넓히고 있었지만, 미국의 팽창은 오랫동안 제국주의라는 딱지를 피할 수 있었다. 그 국민국가가 역사를 써 내려간 방식은 해외 정복과 거리가 멀었다. 미국 시민들은 황무지로 과감히 뛰어들었고, 숲을 개간했고, 밭을 갈았고, 도시를 세웠고, 도로와 철도로 도시를 연결했다. 미국은 단순히 기존의 황무지를 개발함으로써 크게 성장했다고 볼 수도 있을 것이다. 그것은 진행 중인 진보의 서사였다.

그 새로운 나라의 주민들은 숲을 개간하고 밭을 갈고 도시를 세우는 영웅적 활동을 펼쳤지만, 그 서사의 한가운데에는 항상 갈라진 틈이 있었다. 북아메리카의 개척자들이 개발하고 있던 땅에는 이미 다른 사람들이 살고 있었다. 선주민들은 개척자들과 다른 방식으로 땅을 이용하고 있었다. 더구나 개척자들의 세계는 자연과 행복한 조화를 이루며 살아온 선주민들의 오랫동안 변함없이 유지된 세계가 아니었다. 선주민들에게도 과거와 현재가 있었고, 미래를 바라보고 있었다. 모든 인류와 마찬가지로 그들도 역사 속에서 살아가고 있었다.

아시아에서 몰아친 이주의 물결은 캐나다를 지나갔고, 유럽인들이 나타나기 불과 몇 세기 전에 일부 집단은 다시 북아메리카의 심장부를 향해 남쪽으로 이동했다. 북쪽에서 내려온 집단들에는 '나바호족'으로 불리는 경우가 더 많은 디네족[Dine]과 아파치족[Apache]이 포함되었다. 미시시피강과 미주리강과 5대호 주변에 사는 원주민들—만단족[Mandan], 다코타족[Dakota], 오지브와족[Ojibwa] 등과 그 밖의 부족들—은 유목 생활을 병행하는 농부들이었다. 그들은 들소를 잡기 위해 여름에만 초원을 이리저리 걸어 다녔다. 그러나 유럽 출신의 개척자들이 동쪽에서 몰려오자 원주민들은 차츰 대평원 쪽으로 이동할 수밖에 없었다.

유럽인들은 아메리카 대륙으로 건너올 때 말을 데리고 왔다. 그중에 몇 마리가 달아나 야성을 되찾았고, 야생마들은 번식을 거쳐 숫자가 늘어났다. 말의 출현으로 북아메리카에는 새로운 형태의 유목 생활이 나타났다. 그것은 양을 치는 중앙아시아식 스텝 유목 생활이 아니었다. 북아메리카의 유목 생활은 목축과 무관했다. 북아메리카의 초원에는 수십만 마리의 야생 들소가 돌아다니고 있었다. 요컨대, 들소와 말이 짝을 이루자 고기와 가죽뿐 아니라, 발굽과 뿔과 내장에 이르는 들소의 모든 부위를 꼼꼼하게 활용하며 유목 생활을 하는 수렵 채집인들의 아메리카식 문화가 생겨났다. 만단족과 다코타족은 초원을 떠돌아다녔다. 프랑스인들은 만단족과 다코타족을 수족[Sioux]이라고 불렀다. 코만치족

[Comanche]과 샤이엔족[Cheyenne]은 로키산맥을 벗어나 평원으로 내려왔다. 아메리카 대륙에 원주민 부족들만 있었다면 앞서 설명한 발전 과정이 어떤 결과로 이어졌을지는 지금 알 수 없다. 혹시 대륙 곳곳을 연결하는 교역망을 완성했을까? 유럽의 경우처럼 교역 접속점이 도시로 발전하면서 기계 시대로 접어들지는 않았을까? 앞으로도 절대 모를 것이다. 유럽인들의 이주로 원주민들의 역사적 경로는 중단되고 말았다.

유럽인들이 아시아와 아프리카로 몰려간 목적은 교역이었다. 그들은 교역과 관련한 야심을 이루고자 정복에 나섰다. 그들은 정복한 땅의 자원을 노렸을 뿐 아니라, 그 땅의 주민들이 만들고 있는 물건에도 눈독을 들였기 때문에 원주민들이 원래 하던 일을 계속하기를 바랐다. 태평양 쪽으로 뻗어 나간 미국의 개척자들은 원주민들이 생산하는 물건에 관심이 없었다. 개척자들의 목적은 교역이나 정복이 아니라, 원주민의 자리를 빼앗는 것이었다. 개척자들은 대부분 능력과 독창성을 바탕으로 새로운 삶을 일궈나갈 기회를 찾아 미국으로 건너온 사람들이었다. 각자의 고국에서 그들과 그들의 선조들은 직함이나 돈이나 땅과 거리가 먼 부류에 속했다. 그들은 미시시피강 서쪽에서 기회를 포착했다.

미국이 서쪽으로 팽창하자 원주민 세력은 위축되었고, 때로는 제거되기도 했다. 변명의 여지가 없는 일이었다. 그것은 독일의 나치 세력이 유대인을 상대로 자행한 대학살, 즉 이념적 증오가 부채질한 대학살과는 결이 달랐다. 미국으로 이주한 유럽인들에게 원주민들은 그저 거추장스러운 존재였다. 그들은 원주민들을 두려워하고 미워한 나머지 아예 소탕해버렸다가 나중에는 원주민들을 고귀한 미개인으로 신화화했고, 스포츠 팀에 원주민 부족의 이름을 붙였다.

아메리카 원주민 대학살이 유대인 대학살보다 더 노골적으로 자행될 때도 있었다. 캘리포니아 지역으로 진출한 유럽 출신 이주민들은 마치 해충 퇴치업자들이 바퀴벌레를 바라보는 방식으로 아메리카 원주민들을 바라봤다. 캘리포니아 주지사 피터 버넷[Peter Burnett]은 "인디언 종족이 멸종할 때까지 박멸 전쟁"을 지원하겠다고 약속했다. 1853년, 〈이레카 마운틴 헤럴드 Yreka Mountain Herald〉라는 신문의 사설은 피터 버넷을 치켜세웠고, "조약이나 평화를 맨 먼저 입에 올리는 자는 배반자로 간주해야 한다."라고 선언했다. 캘리포니아주 정부는 '인디언' 1명을 죽인 사람에게 최대 25달러(그리고 최소 25센트)의 현상금을 지급해 약속을 지켰다. 그로부터 한 세대 만에 캘리포니아주 원주민의 90%가 사멸했다. 어느 부족의 생존자는 딱 1명이었다. 이시[Ishi]라는 이름의 그 남자 원주민은 샌프란시스코로 압송되었고, 거기서 인류학적 호기심의 대상으로 전락한 채 여생을 보냈다. 훗날 그가 세상을 떠나자 언어도 역사도 우주도 사라졌다.

그 밖의 지역에서 원주민을 몰아내는 작업은 대체로 여느 전쟁—서로 싸우는 두 집단 중 한쪽은 이기고 다른 쪽은 진다—과 다름없었다. 대개 그 신생 국가의 정부는 원주민들을 보호구라는 제한구역으로 몰아넣었다. 솔직하지 못하게도 원주민 보호구는 미국과 조약 관계를 맺은 주권 국가로 분류되었다. 보호구 안에서 원주민들은 어느 정도 자유롭게 옛 조상들처럼 살 수 있었지만, 그들에게는 조상들의 생활 방식을 뒷받침해줬던 수단이나 역량이 부족했다. 이후 미국 정부는 보호구에서 태어난 아이들을 공립학교에 입학시켜 영어, 유럽의 식사 예절, 유럽식 옷차림 따위를 가르침으로써 원주민들을 미국 사회의 주류 문화에 편입시키고자 노력했다. 1924년, 미국 국경 안에 거주하는 30여만 명의 아메리카 원주민 모두에게 시민권이 부여되었다.

27 장

전쟁하는 세계
(서기 1900~1945년)

1800년대 초반, 기술로 무장하고, 회사처럼 조직되고, 국민국가로서 운영되는 사회들이 다른 모든 형태의 사회조직보다 월등하게 강력하다는 점이 드러났다. 그 사회들은 중국과 마주쳤을 때 중국을 굴복시켰다. 이슬람 세계나 힌두교 세계와 마주쳤을 때는 안으로 스며들어 그 세계들을 집어삼켰다.

사하라사막 이남의 아프리카는 장기간 식민지화에 저항했다. 유럽 열강들은 해안을 따라 교역 거점을 설치했지만, 내륙으로 침투하지는 못했다. 아프리카 대륙의 중심부는 수면병과 말라리아가 기승을 부리는 적도 우림지대였기 때문이다. 원주민들은 이미 그런 환경에 적응했고, 풍토병에 대한 면역력이 있었고, 유럽인의 침입에 충분히 저항할 수 있는 강건한 부족 국가를 형성했다.

그러나 기술과 세계화로 인해 방정식이 바뀌었다. 의학 지식의 발전에 힘입어 유럽인들은 수면병에 대처할 수 있었고, 말라리아의 특효약인 키니네의 재료인 식물을 지구 반대편의 남아메리카에서 발견했다. 그리고 바닥이 평평하고 대포를 장착한 유럽의 증기선은 아프리카의 강을 거슬러 올라가 내륙 깊숙이 들어갈 수 있었다.

원주민 부족들에게는 군대가 있었고, 어떤 부족들은 총도 갖고 있었지만, 유럽인의 군대와 총을 상대하기에는 역부족이었다. 1898년, 수단의 어느 대규모 무슬림 군대는 옴두르만[Omdurman]이라는 곳에서 훨씬 더 작은 규모의 영국군을 궁지로 몰아넣었다. 그 무슬림 군대는 마흐디[Mahdi, 구세주]로 자처한 종말론적 광신 집단의 교주가 창설했다. 마흐디는 외국인들을 쫓아내고 백성들을 '구원'할 것이라고 약속했다. 마흐디의 5만 대군에게는 창과 구식 총이 있었다. 영국군에게는 맥심 기관총 12정이 있었고, 맥심 기관총의 분당 발사 수는 500발이었다. 짧은 전투가 벌어지는 동안 영국군의 맥심 기관총에서 약 50만 발의 총알이 발사되었다. 2만 명의 아프리카 전사가 죽었고 수만 명이 부상을 당했다. 영국군 전사자는 48명에 불과했다. 옴두르만 전투로 의구심이 싹 사라졌다ㅡ서양 세력과 비[非]서양 세력 간의 대립, 즉 기계와 기계 시대 이전의 사회적 별자리로서 살아가는 사람들 간의 대립에는 아예 경쟁이랄 것이 없었다. 대신에 다음과 같은 한 가지 문제만 남았다. 기계화된 서양의 각 열강이 '서양 이외의 지역' 가운데 어느 부분을 차지할 것인가?

독일의 재상 비스마르크는 아프리카에서의 '세련된' 경쟁을 모색했다. 그의 제안으로 베를린에서 열린 회담에 참석한 유럽의 주요 14개국 대표들은 아프리카를 사이좋게 나눠 먹을 방법을 토의했다. 물론 아프리카인은 아무도 초대받지 못했다.

베를린 회의[Berlin Conference]는 1884년 11월에 열렸지만, 너무 늦은 감이 있었다. 세계적 차원의 제국주의는 이미 새로운 국면에 접어들었다. 그전부터 이미 서유럽 열강들은 무주공산 같아 보이는 땅을 식민지로 삼고자 경쟁하고 있었다. 하지만 이제 유럽인들은 태국과 아프가니스탄을 제외한 세계의 모든 지역을 차지하거나 장악하거나 지배하다시피 했다. 이제 더는 식민지로 삼을 만한 땅이 없자 후발 주자들은 다른 나라의 식민지를 뺏어야 할 지경에 이르렀다. 유럽 열강들은 서로의 식민지에 눈독을 들이기 시작했다.

1900년, 훗날에 벌어질 사태의 징후는 세계 최대의 금광이 발견된 남부 아프리카의 어느 지역에서 포착되었다—문제의 금광은 세계 최대의 매장량을 자랑하는 다이아몬드 광산 바로 근처에 있었다. 당시 그 지역의 주인은 보어인[Boer, 부르인]들이었다. 초기 네덜란드 정착민들의 후손인 보어인은 오랫동안 아프리카 원주민들을 억압했다. 영국인들은 그곳에 몇 개의 소규모 식민지를 건설했지만, 금이 발견되자 지역 전체를 차지하고 싶은 욕심이 생겼다. 하지만 보어인의 봉기를 진압하는 데는 값비싼 비용과 인적 희생이 따랐다. 보어인의 저항을 분쇄하기가 그토록 힘들었던 이유는 무엇일까? 영국에 버금가는 기계 시대의 강국인 독일이 영국인과 보어인의 충돌에 관심을 가졌기 때문이다. 그것은 다가올 미래의 불길한 징조였다.

지금까지 나는 줄곧 유럽 국가만 언급했지만, 그 혼란스러운 다툼의 한가운데에는 비유럽 세력도 있었다. 일본은 기계 시대의 도래를 지켜봤고, 그 중요성을 이해했고, 단기적이고 집중적인 산업화 과정을 밟았다. 1904년, 일본은 유럽 열강의 일원으로 평가할 만한 러시아를 상대로 전쟁을 시작했고, 러시아에 연거푸 패배를 안기며 서양의 관찰자들을 경악케 했다. 결정적인 해전에서 일본군은 러시아 군함을 대부분 침몰시켰다. 이제 유럽인들은 영국 말고도 작으면서 강한 섬나라가 있다고 느꼈다.

의미심장하게도 저 멀리 미국에서도 굉음이 들려왔다. 1898년, 미국인들은 필리핀에서 스페인 세력을 내쫓았다. 6년 뒤, 미국 대통령 테디 루스벨트[Teddy Roosevelt, Theodore Roosevelt]는 러시아와 일본의 충돌을 종식하는 문제를 다룰 만큼의 명망을 갖춘 유일한 세계 지도자로 자처했다. 강화조약이 체결된 뒤 그는 인상적인 내용을 발표했다. 그는 이제부터 미국이 세계 각국을 대할 때 "말은 부드럽게 하되, 큰 채찍을 들고 다니겠다."라고 선언했다.

유럽인들은 큰 채찍의 의미를 잘 알고 있었다. 미국은 막대한 양의 자원을 보유했을 뿐 아니라, 구시대적 군주제라는 거추장스러운 부담에서 벗어난 국민국가의 조밀한 응집력도 띠고 있었다. 그것은 가장 현대적인 원칙인 민주적 입헌주의를 기반으로 삼은 세련된 힘이었다. 1860년부터 1865년까지 이어진 남북전쟁의 주역은 대량 생산된 고성능 무기로 싸운 몇백만 명의 군인들이었다. 이제 미국은 다시 하나의 나라가 되었기 때문에, 미국 정부는 그 수백만 명과 그들의 무기를 자국의 단일한 무력으로 동원할 수 있었을 것이다.

한편, 20세기로 접어들 무렵, 식민지 쟁탈전은 절정으로 치달았다. 독일과 이탈리아는 국민국가로 탈바꿈했고, 식민지에 목말라 있었다. 이탈리아는 아직 쟁탈전에 뛰어들기에는 너무 미약했지만, 영국에 버금가는 산업 강국인 독일은 달랐다. 다른 나라의 식민지를 뺏으려는 나라가 있다면 그것은 영국과 독일 중 하나일 듯싶었다.

독일과 영국 모두 자국의 무기를 철석같이 믿었다. 여러 해 동안, 두 나라는 마치 모기를 잡듯이 적들을 무찔렀다. 그처럼 막강한 무기를 가진 나라에 감히 대적하기 어려웠을 것이다. 물론 해결책은 분명했다. 영국이나 독일에 필적하는 무력을 갖추면 되었다. 그래서 유럽 모든 주요 사회적 완전체들은 살인 도구를 부지런히 개량했지만, 산업 강국인 영국과 독일보다 효과적으로 개량하지는 못했다.

앞서 언급한 거대한 왕조 제국들이 장엄한 대결의 장으로 비틀대며 걸어가고 있을 때, 2차 모순(a second contradiction, 생태 사회주의 학자인 제임스 오코너[James O'Conor]가 주장한 '생산과 생산 환경 사이의 모순'-옮긴이 주)이 세계 체제 내부의 압력을 높이고 있었다. 그 모든 제국 내부에는 마치 종양처럼 내부에서 커지는 신흥 국민국가들이 있었다. 모든 제국은 자치권을 지닌 전체로서의 국민임을 주장하는 사람들로 가득했다. 대다수의 제국에는 암살 음모를 통해 권력을 쟁취하려는 국민주의적 혁명가들이 있었다. 아라비아인들은 오스만 체제에서 벗어나고 싶어 했다. 세르비아인들과 폴란드인들과 헝가리인들은 오스트리아 · 헝가리 체제 안에서 빈정대고 있었다. 러시아 내부의 튀르크계 사람들은 강렬한 소망을 품고 있었다. 아르메니아인들은 국가를 원했다. 유럽에 살고 있는 다수의 유대인은 어딘가에 유대인의 주권 국가를 세우고 싶다는 꿈을 꾸기 시작했다. 남아시아에서 인도의 국민주의자들은 영국으로부터의 독립을 추구하고 있었다. 아직 진정한 국민국가는 몇 개 나라에 불과했지만, 제국 내부에서 점점 많은 국민국가의 씨앗이 뿌려지고, 싹이 트고, 꽃이 필 기세였다.

1914년, 국민주의 성향의 세르비아계 청년 가브릴로 프린치프[Gavrilo Princip]는 오스트리아 · 헝가리 제국의 황위 계승자인 중년 남성을 저격해 암살했다-그게 다였다. 그러자 제국들은 마치 폭죽이 터지는 방처럼 연쇄반응을 일으키며 폭발했다. 독일이 갑자기 프랑스를 침공하자 영국은 해상 봉쇄로 맞섰고, 러시아 기병대가 오스트리아군을 공격하자 오스만 제국은 갈리폴리반도[Gallipoli peninsula, Gelibolu Yarımadası, 겔리볼루반도]로 병력을 이동했다.

흔히 우리는 1918년에 끝난 제1차 세계대전과 1939년부터 1945년까지 벌어진 제2차 세계대전을 거론한다. 그러나 장담컨대, 지금으로부터 천 년 뒤, 과거를 돌이켜보는 역사가들은 단 하나의 20세기 세계대전을 논할 것이다. 역사학자 니얼 퍼거슨[Niall Ferguson]이 세계전쟁[War of the World]으로 일컬은 그 전쟁은 1900년대 초반에 일어나 한동안 중단되었다가 다시 시작되어 1945년까지 이어졌다. 첫 번째 휴식기는 1918년에 찾아왔다. 입에 담지 못할 폭력이 3년 동안 자행된 뒤에야 미국은 싸움에 뛰어들었고[제1차 세계대전은 1914년 7월 28일에 발발했고, 미국은 1917년 4월에 참전-옮긴이 주], 전쟁이 끝날 때까지 프랑스로 200만 명의 병력을 보냈다. 그러자 일시적 소강상태에 있던 전선은 공포의 도가니에 빠졌다. 4년간 이어지다 휴식기에 접어든 그 세계전쟁으로 유럽 전역이 황폐화되었다. 그러나 동맹국들—독일, 오스트리아, 오스만 제국—의 처지가 가장 궁색했고, 따라서 교전 당사국들이 강화조약을 맺고자 했을 때 영국과 프랑스는 강화 조건을 강요할 수 있었다. 영국과 프랑스는 독일이 전쟁을 시작했으므로 독일이 보상해야 할 것이라고 주장했다. 그리고 당분간 독일의 경제력과 군사력을 낮은 수준에서 통제하기 위해 막대한 배상금을 부과했다.

4년간 자행된 폭력으로 다른 왕조 제국들도 대부분 치명상을 입었다. 1918년에 정전협정이 체결된 뒤, 각 왕조 제국 내부의 국민국가들은 마치 뱀이 껍질을 벗듯이 제국의 외피에서 벗어나기 시작했다. 오스만 제국은 붕괴했고, 오스만 제국의 알맹이가 터키라는 국민국가로 재

탄생했다. 전쟁에서 승리한 서양 열강들은 요르단, 시리아, 이라크 같은 아라비아 국민국가들의 국경선을 제멋대로 구획해 아라비아 국민주의에 대처했다. 영국인들은 유럽에 거주하는 유대인들이 레반트 지역으로 이주하도록 지원했고, 유대인 활동가들은 그곳에서 독립 국가를 건설하려는 희망을 품었다. 한편 동유럽에서는 폴란드, 세르비아, 헝가리, 루마니아, 우크라이나 같은 여러 신생 국민국가의 윤곽이 드러났다.

독일은 자국의 황제를 폐위하고 최신 형태의 정치 체제 중 하나─선출된 대통령을 국가수반으로 두는 입헌공화제─를 선택했다. 폭력 사태가 빚어지기 직전에 몰락한 청 왕조는 이론적으로는 공화국이 되었고, 국민국가로서 기계 시대에 합류하고자 했다. 드디어 평화가 찾아온 듯싶었다.

그러나 착각이었다. 1918년의 정전협정 직후부터 주요 열강들은 향후의 큰 파도에 대비해 재건과 재무장에 돌입했다. 정전협정이 체결되었지만, 모든 곳에서 폭력이 종식되지는 않았다. 러시아에서는 로마노프 왕조의 붕괴로 정권을 잡은 볼셰비키가 역사상 가장 잔혹한 내전 중 하나─채 10년이 안 되는 기간에 약 1천만 명의 사상자가 발생했다─를 벌이며 통제권을 강화했다. 러시아는 이오시프 스탈린[Joseph Stalin, Iosif Vissarionovich Stalin]이라는 단 한 사람이 지배하는 전체주의 국가로 바뀌었다─스탈린은 집권 후 10년 동안 수백만 명을 살해하거나 투옥했다. 그리고 제1차 세계대전의 직접적 여파로 유행성 독감이 퍼지는 바람에 전 세계에서 약 5천만 명이 숨졌다─독감이 유행한 원인 중 하나로는 전쟁 중의 병력 이동을 지목할 수 있다. 세계화는 대가를 치렀다.

1930년대에 이르러 다시 북소리가 울리기 시작했다. 독일의 손발을 묶어두려고 부과한 배상금이 역풍을 불러왔다. 미래가 불투명한 상황에서는 파렴치한들이 개인의 야심을 채우려고 사회적 혼란을 교묘히 이용할 수 있다. 역사상 가장 소름 끼치는 인물 중 하나인 아돌프 히틀러는 전쟁으로 인한 고통과 평화에 따른 굴욕을 악용해 인종주의적 국가주의를 부추겼다. 히틀러는 인종주의적 국가주의를 중심으로 나치당을 창설했다. 한편, 지구 반대쪽의 일본에서는 군국주의 성향의 전체주의적 국가주의가 득세했고, 얼마 지나지 않아 일본은 중국과 동남아시아에서 식민지를 차지하기 시작했다. 이후 스페인에서 추악한 내전이 발발했고, 몇몇 열강은 어느 한쪽의 편도 들고 최신 무기도 시험할 겸 뛰어들었다.

세계전쟁의 1부를 누가 시작했느냐는 문제에는 이론의 여지가 있겠지만, 세계전쟁의 2부는 확실히 독일이 시작했다. 그리고 2부를 열어젖힌 것은 단 하나의 불꽃이 아니라, 히틀러가 구현한 나치 세력이라는 전쟁 기계의 무자비한 야심이었다. 나치 세력은 유럽의 다른 열강들이 깜짝 놀라 막아설 때까지 최대한 영토를 넓혀나갔다. 습지 표면 아래에서 타오르는 이탄[泥炭]처럼 전쟁이 다시 불붙었고, 이번에는 불길이 세계의 대부분 지역을 집어삼켰다.

또다시 미국은 한쪽 편을 들었다―그러나 이전처럼 그리 쉽게 판세를 좌우하지는 못했다. 미국은 1942년에 유럽으로 수백만 명을 파병했고, 일본군에 맞서 싸울 대규모 함대를 아시아로 보냈지만, 불길은 그로부터 3년간 더 타올랐다. 1945년, 미국의 과학자들은 역사상 가장 파괴적인 무기인 원자폭탄 제조에 성공했다. 미국은 원자폭탄 두 발을 일본의 두 도시에 투하해 잿더미로 만들어버렸다. 상황이 거의 마무리되었다.

연기가 가라앉고 비명이 잦아들자, 국민국가라는 인류적 과제가 마침내 완수되는 듯싶었다. 겉보기에는 지구의 구석구석이 주권을 지닌 국민국가의 일부분이었고(물론 아직 국민국가의 식민지로 남아있는 지역도 많았지만), 모든 개인은 국민국가의 시민이거나 국민국가의 시민이 되기를 원하는 난민이었다. 모든 나라에는 정확하게 설정된 국경이 있었고, 모든 사람은 국경을 건널 때 여권을 지참해야 했다. 국민국가마다 고유의 화폐가 있었고, 모든 시민은 학교에서 자국의 역사를 배웠다. 모든 나라에는 국기가 있었고, 대다수 시민은 자국과 외국의 국기를 구별할 줄 알았다. 아직 다른 나라의 식민지로 남아있는 지역의 주민들은 국민국가로서의 주권을 갈망했다. 세계를 사회적 완전체로 바라볼 때, 우리는 그것을 총 195개에 이르는 국민국가들의 덩어리로 여겼다. 그리고 세계 정치 제도의 진보를 생각할 때, 우리는 모든 국민국가가 완전한 독립을 이룬 채 완전한 주권을 행사하는 모습을 떠올렸다. 그때, 그리고 이후 여러 해 동안, 주권 국가는 최종적인 정치 형태로 보였다. 최소한 내가 이 세계의 성장 과정을 지켜본 바는 그랬고, 나와 비슷한 연령의 사람들도 틀림없이 그랬을 것이다.

그러나 착각이었다.

1945년 이후 세계의 국민국가들

6부

특이점의
세 가지 측면

전 세계를 휩쓴 20세기의 전쟁이 끝난 뒤, 아직 여기저기서 잔인한 충돌이 연이어 벌어졌지만, 세계적 문명화의 조짐이 희미하게 나타나기 시작했다. 세계를 바라보는 과학적 이해의 수준이 높아졌고, 기계는 꾸준히 개량되었고, 자연에 맞서는 인간의 힘은 날로 커졌지만, 인간이 속한 거의 모든 환경이 인공적이라 이제 인간이 상대하는 자연은 대부분 인간 자신의 것이었다. 한편, 우리가 쓰는 도구의 힘과 정교성이 향상되었을 뿐 아니라, 향상 속도도 점점 빨라지고 있었다. 혹자는 유전자 편집, 물질 분자 조작, 인공지능 같은 기술의 점진적 정교화 과정이 흔히 우리가 특이점으로 부르는 임계점─인간과 기계가 하나로 합쳐지는 순간─에 수렴할 것이라고 말한다. 어떤 사람들은 그 임계점을 인간이 불멸성을 획득하는 순간으로 여기고, 다른 사람들은 인간의 시대가 끝나고 기계의 시대가 열리는 순간으로 바라본다. 그러나 설령, 우리가 특이점을 향해 달려가고 있어도 여전히 우리의 역사는 세 가닥으로 땋은 머리다. 첫째 가닥은 우리를 둘러싼 환경이고, 둘째 가닥은 우리가 만드는 도구, 셋째 가닥은 언어 덕분에 발휘되는 인간 특유의 기능인 상호 소통이다. 상호 소통에 힘입어 우리는 개념적 세계를 구축한다. 개념적 세계란 우리가 다른 사람들과 함께 살면서 개인적으로 경험하는 세계이고, 상상을 초월할 만큼 거대하고 복잡한 현실 세계와 우리 인간 사이의 매개체 역할을 하는 세계이다.

28 장

국민국가 너머
(서기 1945~2018년)

국민국가 체제는 입구에 들어가는 동시에 출구로 향하고 있었다. 단일 국가보다 큰 규모의 초국가적 독립체들이 형성되기 시작했고, 등장 초기부터 이들 독립체는 국민국가를 대체하겠노라고 선언했다. 국제연합은 초국가적 독립체의 가장 명백한 사례였지만, 여러모로 가장 유명무실한 사례였다. 국제연합이라는 명칭은 세계 정부를 연상시켰지만, 실제로 국제연합은 일종의 토론 모임에 더 가까웠다.

그래도 1948년에 국제연합은 세계인권선언을 발표하며 무제한적 주권 행사에 도전장을 내밀었다. 세계인권선언에 따르면, 모든 인간은 국적과 무관하게 일정한 권리를 갖고 있었다. 그것은 주권국의 정부가 할 수 없는 일이 있다는, 심지어 자국 시민을 상대로도 할 수 없는 일이 있다는 말이었다.

세계인권선언은 실제적 효과가 전혀 없었다. 선언의 내용을 집행할 보편 정부가 없었기 때문이다. 세계인권선언에 열거된 권리들은, 세계인권선언이 제정되는 동안에도 침해되었고, 지금까지 지속적으로 끔찍한 침해 사례가 이어져 왔다. 그러나 세계인권선언은 적어도 권리 침해의 기준을 마련했고, 언젠가 휘날릴 깃발을 이상주의자들의 손에 쥐여 줬다.

국제연합과 달리, 어떤 신흥 초국가적 기관들에는 강제력이 있었다. 그 기관 대다수는 경제적 사안을 다뤘는데, 그것은 당연한 일이었다. 모든 나라에는 다른 나라 사람들이 원하는 물건이 있었지만, 국민국가의 국경을 통과하는 상품 거래에는 여러 가지 난관이 있었다. 우선, 국경을 마주하는 두 나라의 화폐는 서로 달랐기 때문에 거래할 물건의 가격을 어떻게 파악하고 협상할 수 있느냐는 문제가 생겼다.

그래서 전쟁이 막바지로 치달을 무렵에 45개 나라의 대표가 향후의 세계적 화폐 유통 방식을 논의하려고 모였다. 그들은 미국 뉴햄프셔주의 소도시 브레턴우즈[Bretton Woods]에서 만났고, 거기서 그들은 세계은행[World Bank]과 국제통화기금[International Monetary Fund, IMF]을 창설했다. 세계은행의 임무는 후진국의 산업 발전에 자금을 조달하는 것이었다. 이론적으로 세계은행은 세계 전체의 이익을 위해 활동했다. 국제통화기금의 임무는 서로 다른 화폐의 환율을 조정하고, 세계 체제 속의 특정국이 부채 상환에 어려움을 겪을 때마다 융자를 통해 개입하는 것이었다. 하지만 융자의 대가로 국제통화기금은 채무국의 지출 방식을 지시할 수 있었다. 일반적으로, 그런 경우에 국제통화기금은 '긴축 조치'를 요구했다. 즉, 채무국은 그동안 술에 취한 주정꾼처럼 살았으니까 앞으로 주정을 멈춰야 한다는 말이었다. 실제로, 긴축은 보건, 교육, 사회복지 같은 부문에 대한 정부 지출 축소를 뜻했다.

얼마 뒤, 23개의 주요 국가들은 관세와 무역에 관한 일반 협정(GATT)을 맺었다. 관세와 무역에 관한 일반 협정은 체결국들이 무역 관계를 맺을 때 상대국의 상품에 과세하는 방식을 규정했다. 다시 말해 관세와 무역에 관한 일반 협정은 무역 당사국들이 서로 피해를 주는 일을 방지하려는 조약이었다.

냉전

하지만 그 같은 대책과 협정은 모든 나라에 적용되지는 않았다. 전쟁이 벌어지기 전에 세상을 떠돌아다니던 여러 이념 가운데 단 두 가지 이념, 즉 공산주의와 자본주의만 승리를 거뒀다. 이제 세계 각국은 고대 조로아스터교의 신화에 나오는 신들처럼 각자 수용한 이념에 따른 동맹 관계에 휘말려 들었다. 경쟁하는 두 개의 거대한 국민국가 진영이 형성되었다. 한 진영은 세계 전체를 단일 시장—어디서나 동일한 조건에 따라 돈을 쓰고 벌 수 있는 시장—으로 변모시키는 데 매진했다. 다른 진영은 전 세계를 단일한 계획경제—중앙정부가 사회 전체에 가장 이로운 조치를 합리적으로 도출해 자원을 할당하는 경제—에 편입시키고자 했다.

전자는 인간이 원자화된 독자적 개인들로 쪼개져 각자의 이익을 추구함으로써, 이론적으로, 전체의 행복과 번영이 보장되는 모습을 꿈꿨다. 후자는 하나로 집중된 사회적 의지가 인간의 통합적 노력의 방향을 전체의 번영과 행복이 이뤄지는 쪽으로 돌림으로써, 이론적으로, 개인이 각자의 목적을 달성할 수 있는 모습을 꿈꿨다.

두 체제 모두 궁극적으로 그 뿌리는 서양의 세속적 전통에 있었다. 두 체제 모두 이성에 호소했고, 버팀목으로서의 경험적 증거에 기대를 걸었다. 다시 말해 양쪽 모두 실질적 성과가 체제의 정당성을 입증해줄 것이라고 믿었다. 이후 40여 년 동안 양쪽 체제는 인류사를 주도하기 위해, 그리고 반대쪽 체제를 '역사의 쓰레기통'에 처넣기 위해 몸부림쳤다.

미국은 자본주의 진영의 선두 주자로 떠올랐고, 일본과 서유럽은 미국의 협력자 역할을 맡았다. 옛 러시아 제국을 대체한 소련은 공산주의 진영을 주도했고, 동유럽 국가들은 소련의 위성국가가 되었다. 두 진영은 마치 거액의 판돈이 걸린 포커 게임을 즐기는 골수 도박꾼처럼 반대쪽 진영을 상대했고, 그 포커 게임에서는 미국과 소련을 제외한 모든 나라—대부분 가난하고 아직 산업화의 세례를 받지 못한 나라들—가 칩처럼 쓰였다. 중국의 마오쩌둥은 나머지 나라들을 일컫는 제3세계라는 용어를 만들어냈다. 제3세계라는 명칭에는 그 나라들도 하나의 진영—중국이 주도하는 진영—을 이룬다는 의미가 담겨있었다.

1945년부터 1980년대 후반까지 이 3대 진영은 이른바 냉전이라는 세계적 차원의 싸움을 벌였다. 냉전은 전쟁이었다. 자본주의 진영과 공산주의 진영은 상대방을 완전히 없애버리려고 했기 때문이다. 냉전은 '차가운' 전쟁이었다. 두 진영 모두 상대 진영의 시민들을 노골적으로 죽이려고 할 수는 없었기 때문이다. 자본주의 진영은 처음부터 핵폭탄을 보유하고 있었고, 소련도 곧바로 핵무기를 개발했다. 이후 양 진영 모두 한꺼번에 터트릴 경우 지구상의 생명체를 멸종시킬 수 있는 수소 폭탄 단계로 넘어갔다. 군사적 교착 상태에 빠져있던 양 진영은 다른 방식으로 전쟁을 벌였다. 즉, 국민국가 체제의 치명적 약점을 파고든 것이다.

국민국가 체제의 약점은, 19세기의 국민주의자들이 꿈꿨던 진정한 의미의 국민국가라는 것이 실제로는 존재하지 않는다는 사실이었다. 본인들의 땅에서 자치적으로 생활하는 사람들로 이뤄진 나라로서의 국민국가 개념에서는, 과연 그들에게 고유의 집단적 '자아'가 있는지 여부가 중요했다. 사실 국민의식이라는 것을 어떻게 규정하든 간에, 단일 국민

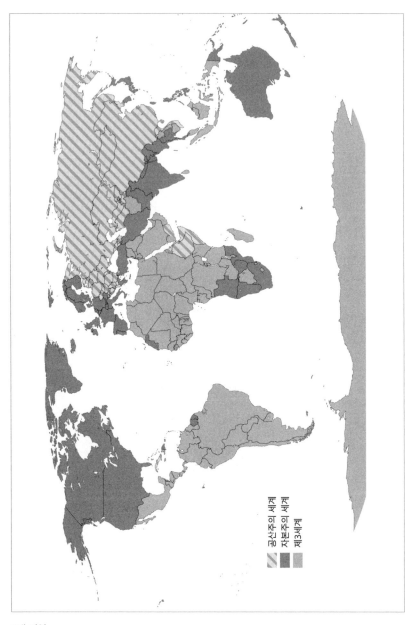

공산주의 세계
자본주의 세계
제3세계

3대 진영

으로만 구성된 국민국가는 없었다. 모든 나라가 그렇지는 않았지만, 대부분의 나라에는 국민주의 운동을 일으킬 잠재력을 갖춘 하위문화에 속한 사람들-아르메니아인과 아제르바이잔인, 바스크인과 카탈로니아인, 아프리카 말리의 투아레그인, 캐나다의 프랑스어 사용자, 영국의 아일랜드인 등등-이 있었다.

게다가 단일 국민으로 자부하는 특정 집단이 거주하는 지역을 여러 개의 국경이 가로지르는 경우가 있었다. 그런 곳에서는 가까운 친척들도 각기 다른 나라의 관할권에 속할 수 있었다. 전쟁이 일어나면 그들은 각기 다른 나라의 군대에 징집되어 서로 총부리를 겨누게 될 수도 있었다. 가령, 쿠르드족은 터키와 시리아 국경, 시리아와 이라크 국경, 이라크와 이란 국경, 이란과 터키 국경을 중심으로 널리 흩어져 살고 있었다. 그리고 잠재적 국민국가들이 동일한 지역을 서로 자기 땅이라고 주장하는 경우도 있었다. 이스라엘이라는 존재 때문에 팔레스타인 사람들은 나라를 세울 수 없었다. 인도와 파키스탄은 카슈미르 지역의 영유권을 두고 다퉜다. 세계는, 특히 제3세계는 금세 폭발할 듯싶은 그처럼 예민한 사회적 지뢰로 가득했다. 각각의 사회적 지뢰는 정부에 맞서 싸우는 운동을 부채질할 수 있었다.

그것은 반정부 운동이 벌어지는 모든 나라에서 거대 진영들이 파고든 약점이었다. 자본주의 세력이 정부를 지원하면 공산주의자들은 반군에 무기와 자금을 제공했다. 반대로 자본주의 세력이 반군을 지원하면 공산주의자들은 정부에 무기와 자금을 제공했다. 냉전의 특징으로는 주로 제3세계에서 벌어진 다수의 대리전을 꼽을 수 있다. 그리고 제3세계 전쟁은 결코 '차가운' 전쟁이 아니었다. 숱한 전투가 벌어졌고, 수백만 명이 사망했다.

냉전을 직접 겪고 있던 사람들은 그것을 전멸 가능성에 짓눌린 암흑기로 여겼다. 그때는 인류사가 절정으로 다가가고 있다고, 또 역사의 종말이 곧 다가오리라 생각하기 쉬웠다. 그러나 돌이켜 생각하면 냉전은 안정과 번영의 40년 같아 보인다. 핵 교착 상태로 인해 세계의 대부분 지역은 다소 조용했다. 여기서 '다소'는 중요한 표현이지만, '조용'도 마찬가지이다. 전쟁과 혁명의 불길이 지구 곳곳에서 타올랐지만, 대다수의 사람이 살고 있는 대부분의 장소에서 대체로 평화의 물결이 우세했다.

그 40년 동안 점점 더 많은 사람이 현대 의학의 혜택을 보았다. 소비재가 급증했다. 중산층이 전 세계적으로 확대되었다. 도로가 산과 사막을 가로질렀다. 공산주의 국가들의 산업 역량이 크게 향상되었다. 비[非]공산권의 대다수 사람은 자유롭게 이동할 수 있었다. 전기 보급률이 증가했다. 제3세계의 많은 사람도 전기를 이용할 수 있게 되었다. 가난에 허덕이는 나라들에도 라디오 방송국이 생겼고, 텔레비전 방송국을 갖춘 빈곤국도 많았다. 거의 모든 나라에서 신문이 발행되었다. 세계적으로 인기를 끈 책은 몇천만 명이 읽었다. 과거에는 상상하지도 못한 규모였다.

미국의 할리우드와 인도의 발리우드[Bollywood]뿐 아니라, 롤리우드[Lollywood]와 날리우드[Nollywood] 같은 여러 군데서 영화가 쏟아져 나왔다.[26] 민속 음악의 뿌리와 고전음악 전통에 힘입어, 그리고 가장 중요한 점이지만, 다른 문화의 영향으로 대중음악이 만개했다. 인도 대중음악의 메아리가 중간 세계에서 울려 퍼졌다. 북아메리카의 재즈, 블루

---

26) 롤리우드는 파키스탄의 도시인 라호르[Lahore] 중심의 영화업계, 날리우드는 나이지리아의 영화업계를 가리키는 말이다.

스, 포크, 로큰롤 같은 음악, 그리고 아프리카적 요소에 크게 영향을 받은 그 비슷한 장르의 음악이 유럽으로, 또 그 너머까지 퍼져 나갔다. 남아메리카에서는 민속 음악이 세련된 라틴 재즈로 탈바꿈했다. 아라비아의 음악가들은 전기 악기를 쓰기 시작했고, 나중에 아라비아식 힙합을 선보였다.

성룡, 비틀스, 펠레, 무하마드 알리 같은 대중 연예계의 몇몇 유명인은 세계적 인물로 떠올랐다. 카불에서 가장 인기 있는 가수는 아프가니스탄인들 사이에서도 '아프가니스탄의 엘비스 프레슬리'로 통했다. 민주 국가들에서는 유명 연예인들이 정치적 영향력을 지니기 시작했다. 세계 문화의 어렴풋한 흔적이 드러나기 시작했다. 좋든 나쁘든 간에, 세계 문화의 주축은 대중 연예였다.

냉전 이후

1975년, 미국은 인도차이나에서 군대를 철수했고, 남베트남의 수도는 북쪽의 공산주의자들에게 넘어갔다. 수백만 명의 남베트남인들이 탈출했다. 그들 중 다수가 공해상에서 숨졌고, 그보다 더 많은 사람이 다른 나라의 땅에서 극심한 가난에 시달리며 살아야 했다. 베트남에서 벌어진 전쟁의 확산 효과에 시달렸던 캄보디아의 경우, 기관총으로 무장한 10대 청소년들이 주축을 이룬 공산주의 집단이 약 600만 명을 사지로 몰아넣었다. 베트남과 캄보디아는 돌이킬 수 없는 피해를 보는 듯 보였지만, 두 나라 모두 살아남았고, 재편성과 재건 과정을 거쳤다. 그리고 두 나라 모두(특히 베트남은) 한 세대가 지나기도 전에 결속력이 강하고, 무척 평화롭고, 약간 모호한 정도의 공산주의 국가가 되었다. 냉전을 겪은 사람들 대다수는 그런 변화가 일어날 수 있다는 생각을 꿈에도 하지 못했다.

1975년, 아무도 냉전이 서서히 끝나고 있다는 사실을 몰랐다. 제3세계 여기저기서 새로운 폭력 사태가 꾸준히 벌어졌기 때문이다. 1978년, 아프가니스탄에서 토착 공산 세력이 정권을 잡았고, 소련이 그들의 권력 유지를 도우려고 아프가니스탄을 침공했고, 미국은 아프가니스탄 반군을 지원하고자 개입했다. 대부분의 정치 전문가가 볼 때, 아프가니스탄은 냉전의 전형적인 싸움터 같았다. 그러나 사실 소련인들이 아프가니스탄을 침공했을 때 그들의 제국은 내부에서 붕괴하고 있었다. 나중에 드러났듯이, 아프가니스탄은 냉전의 마지막 싸움터가 아니라 새로운 전쟁의 첫 번째 싸움터였다. 얼마 지나지 않아 서양 세력은 공산주의와 자본주의를 구별하지 않는 이슬람주의자들과 싸우게 되었다.

이웃 나라인 이란에서는 혁명가들이 미 중앙정보국의 지원을 받던 국왕을 권좌에서 끌어내렸지만, 그것은 소련의 이익에 복무하기 위해 감행한 거사가 아니었다. 아프가니스탄의 사례와 마찬가지로, 그들은 '이슬람 혁명'의 전사로 자처했다. 그 문구—이슬람 혁명!—는 오랫동안 무슬림의 세계사적 서사에 물들어 있던 중간 세계 전역에서 반향을 일으켰다. 중간 세계에는 이슬람적 서사라는 맥락에서 바라볼 때 이해되는 불평불만이 많았다. 갑자기 모든 것이 이해되었다. 이슬람의 심장부에서 자본주의 대 공산주의의 이야기는 절대 그런 종류의 의미 형성 능력을 지니지 못했다.

주권 개념이 무용지물로 전락하기 시작하자 새로운 전쟁이 일어나기 시작했다. 불행히도 국민국가 체제는 주권 개념에 기대고 있었다. 국민국가에 주권이 없으면 그것은 국민국가가 아니었다. 주권이 있다는 것은 국가가 외세의 간섭 없이 자기 방식대로 통치할 수 있는 권리가 있다는 뜻이었다. 아울러 그 어느 나라도 단지 영토를 뺏기 위해 다른 나라의 국경을 침범할 수 없다는 뜻이기도 했다. 정복은 과거의 제국들이 감행했던 일이고, 알다시피 그 시절은 지나갔다. 카이사르와 칭기즈칸? 아쉽지만, 그들은 이미 죽었다! 20세기 후반에는 우리가 예를 들어 1만 6천㎞를 쭉 걸어가도 전쟁부라는 명칭의 정부 기관이 있는 나라는 나타나지 않았다. 물론 모든 나라에는 여전히 군대가 있었지만, 군대를 관리하는 정부 기관은 보통 '국방부'(나 그 비슷한 이름의 부서)로 불렸다. 공격을 방어 조치로 규정하는 방식을 알아내는 것이 중요한 전쟁 기술로 자리 잡았다.

그런데 1980년에 이라크의 독재자 사담 후세인은 국제사회의 전반적 조류에 반기를 들었다. 그는 그럴듯한 명분도 내세우지 않은 채 이웃 나라인 이란을 공격했다. 그는 이란의 기름과 땅에 대한 욕심을 숨기지 않았다. 그는 혁명 이후 혼란에 빠진 이란을 만만하게 여긴 것 같다. 역사적으로 왕들이 늘 그런 식의 공격을 감행했고, 승리를 거두면 찬사를 받았다. 치욕은 침략이 아니라 패배에만 해당하는 말이었다. 사담 후세인은 그 흘러간 시절의 세계에 살고 있다고 생각한 듯싶다. 그것은 착각이었다. 그가 저지른 전쟁으로 이라크와 이란 모두 8년 동안 피를 흘렸고, 전쟁은 교착 상태를 거쳐 무승부로 끝나고 말았다.

그러나 주권 개념은 타격을 입었다.

거기서 그치지 않았다. 1989년, 미국 대통령 조지 H. W. 부시는 미국 같은 주권 국가로 추정되는 나라의 대통령인 파나마의 마누엘 노리에가[Manuel Noriega]를 '체포'한 뒤 그를 미국 마약법 위반 혐의로 미국 법정에 세웠다. 노리에가는 유죄 선고를 받고 미국 감옥에 갇혔다. 체포라고? 그것은 정부가 자국의 범법자들에게만 취할 수 있는 조치 아니었을까? 주권 원칙에 따르면, 사실 그것은 한 나라의 정부가 다른 나라의 시민에게, 특히 국가 원수에게는 취할 수 없는 조치 아니었을까?!

같은 해에 이란의 지도자 아야톨라 호메이니[Ayatollah Khomeini]는 영국 시민인 살만 루시디[Salman Rushdie]에게 이란에서 금지된 책을 썼다는 혐의를 적용해 궐석 재판을 열었고, 결국 사형을 선고했다. 선고라고? 그것은 주권 국가의 법원이 자국의 범법자들에게 취하는 조치 아닌가? 루시디는 영국 시민이고 이란에 살고 있지 않았으며, 이란에 거주한 적도, 거주할 계획도 없었기 때문에 호메이니는 그에 대한 사법권이 없었다. 그러나 호메이니는 루시디를 처형할 만한 여건을 갖춘 모든 무슬림에게 그렇게 하도록 명령했다. 호메이니의 명령에는 주권이 국민국가에 속하지 않고, 정치적 경계를 아우르는 종교 공동체에 속한다는 의미가 담겨있었다. 그 결과 영국 국적의 한 무슬림이 중첩하는 두 별자리의 별 같은 존재가 되었다. 그는 어느 별자리에 속하는 별이었을까? 양쪽 별자리에 모두에 속할 수는 없었다. 그리고 루시디의 지지자들도 주권 문제를 간과하는 경향이 있었다. 그들은 표현의 자유가 침해되고 있다는 점을 주된 근거로 내세우며 루시디를 옹호했다. 요컨대, 그들은 영국의 주권이 루시디를 상위의 법규범으로부터 보호하지 못한다는 점을 인정했다. 그들은 그런 초국적 법규범의 실체를 두고 토론을 벌였을 뿐이다. 그들은 영국보다 더 큰 별자리, 즉 인류 전체만큼 큰 별자리를 염두에 두고 있었고, 그 별자리의 법규범에는 호메이니조차 존중할 수밖에 없는 표현의 자유가 포함되어 있었다.

1990년대에 세계 각국의 시민들은 남아프리카공화국 정부를 상대로 아프리카 원주민에게 백인과 동일한 시민권을 부여하라고 촉구했다. 당시 인종차별정책은 남아프리카공화국 사법 체계의 일부분이었다. 주권의 원칙에 입각할 때 다른 나라의 시민들은 그 문제에 개입할 근거가 전혀 없었다. 그러나 인종차별정책 반대 활동가들은 상위의 법규범−(아직) 존재하지 않는 세계국가의 법규범-에 호소하고 있었다. 그들은 세계시민 같은 것이 존재한다고 말하고 있었다. 그들의 주장은 미국이 세계전쟁이 끝난 직후에 발표한 세계인권선언을 연상시켰다.

끝으로, 2001년, 특정 국가와 무관한 국제적 활동 단체인 알카에다는 주권국인 미국에 대한 공격을 감행했다. 이후 세계는 크고 작은 여러 전쟁에 휩싸였다. 적대 당사자가 국민국가인 경우도 일부 있었지만, 적대 당사자가 독자적인 게릴라 군대거나 비밀결사거나 심지어 세상에 널리 알려지지 않은 사적 신조에 심취한 단 한 사람인 경우도 많았다. 전쟁과 범죄의 경계가 희미해졌고, 그 흐릿한 경계선에서 '테러'와 그것의 분신인 '테러와의 전쟁'이 고개를 쳐들었다. 그 새로운 지구적 충돌은, 냉전이 세계전쟁의 잿더미에서 곧바로 시작되었듯이, 냉전이 끝나자마자 그 뒤를 이었다.

다국적 기업

주권이 잠식되고 있는 와중에 국민국가 체제는 또 다른 경쟁자를 상대해야 했다. 세계전쟁이 막을 내린 뒤, 대기업들은 국경을 뛰어넘어 손발을 뻗어 나갔다. 물론 과거에는 영국 동인도회사 같은 대기업들이 전 세계를 활동 무대로 삼았지만, 그 기업들은 언제나 본국 정부의 협력자였거나 노골적인 대리인이었다.

하지만 이제는 기업과 특정 국가 간의 연관성이 느슨해지기 시작했다. 다국적 기업들이 한 국가가 아니라 여러 국가에 진출해 있었고, 개별 사업을 수행하기에 최적인 환경을 골라 영업 활동을 펼쳤기 때문이다. 그런 유형의 기업들은 철광석이 나는 곳에서 광산업을, 노동력이 저렴한 곳에서 제조업을, 수준 높은 교육제도를 통해 전문가들과 기술자들이 많이 양성되는 곳에서 지적 사업을, 세금 부담이 적은 곳에서 은행업을 시도했고, 개인들의 가처분 소득이 높은 나라에서 마케팅과 판매에 나섰다. 국경의 틀 안에 갇힌 회사는 다국적 기업들과 경쟁할 수 없었다.

모든 기업과 마찬가지로, 다국적 기업은 소속 직원들의 정체성과 분리된 별개의 정체성을 형성했다. 그러나 다국적 기업의 목표는 해당 다국적 기업을 유치한 특정 국가의 목표와 일치하지 않을 수 있었다. 다국적 기업은 여러 나라의 정부 관할권 내에서 영업하지만, 어떤 한 나라의 정치적 사법권 내에 있지는 않았다. 어떤 나라의 정부에게 달갑지 않은 요구를 받으면 다국적 기업은 다른 나라로 옮겨갈 수도 있었다. 주권 국가의 정부에 대한 그 같은 협상력에 힘입어 다국적 기업들은 세계 무대에서 어느 정도 독자적인 배역으로 활동할 수 있었다. 다국적 기업의 출현은 세계 정부의 등장이 아니라, 세계 경제의 등장을 가리키는 현상이었다.

1970년대 중반에 이르러, 소수의 다국적 기업이 여러 나라의 국내총생산을 상회하는 유동성 현금을 보유하게 되었다. 다국적 기업을 국가로 본다면 그 무렵의 세계 17대 다국적 기업들은 상위 60개국 명단에 포함되었을 것이다. 제너럴모터스[General Motors]는 스위스 바로 아래인 21위 국가에 해당했을 것이고, 엑슨모빌[Exxon mobil Corporation]과 로열더치셸그룹[Royal Dutch-Shell Group]은 터키와 노르웨이보다 높은 순위를 차지했을 것이다.[27]

---

27) 이 대기업들은 오늘날의 거대 기업에 비하면 규모가 작다. 아마존은 소매 상거래의 독점을 노린다. 페이스북은 소셜 미디어를 통한 상호작용을 완전히 장악하려고 한다. 구글은 적어도 서양에서는 온라인 정보 접근을 거의 지배하고 있다. 그리고 세계 최초로 시가 총액 1조 달러를 돌파한 회사인 애플이 있다. 그런데 이 신흥 거대 기업들은 자원이나 정보뿐 아니라, 인간 간의 상호 연계라는 과정 자체의 소유권을 두고 경쟁을 펼치고 있다.

시간이 흐르면서 '자유무역'이라는 용어가 국가 간의 교섭 회담에 점점 더 자주 나타났지만, 그런 회담이 반드시 또는 전적으로 무역에 관한 협상이지는 않았다. 무역은 인간 집단 간에 이뤄지는 과정이고, 각 집단은 해당 집단에 있는 것을 다른 집단의 것과 바꾸기를 원한다. 20세기 후반의 자유무역 협상은 국경이 초국적 기업의 활동에 초래한 장애물을 해소하는 부분에 더 초점이 집중되었다. 그 같은 협상은 예전에 국민국가가 제국 내부에서 탄생했듯이, 국민국가 체제에서 생겨난 거대한 사회유기체의 이익에 복무했다.

1995년, 관세와 무역에 관한 일반 협정 체제는 세계무역기구(WTO)로 확대 개편되었다. 관세와 무역에 관한 일반 협정에는 23개의 회원국이 있었고, 세계무역기구의 회원국 수는 123개였다. 관세와 무역에 관한 일반 협정은 여러 국가 간의 협정에 불과했지만, 세계무역기구는 자체적 집행 기제를 갖춘 의사결정 기구였다. 세계무역기구는 이미 체결된 협정을 감독할 뿐 아니라, 시시각각 변하는 세계의 무역 흐름을 유지하는 데 필요한 새로운 규칙도 마련했다. 여느 정부 기관과 약간 비슷한 역할을 맡았지만, 세계무역기구와 국제통화기금 같은 기관들은 특정 정부의 대리인이 아니라, 새로운 세계 관리 체제의 씨앗이었다.

그래도 국민국가는 근근이 버텼다. 국가 개념이 사람들의 머릿속에 너무 깊게 각인되어 있었기 때문이다. 우선, 대다수의 사람은 국적을 자기 '정체성'의 일부분으로 느꼈다. 누군가 자신이 프랑스인이거나 일본인이거나 브라질인이라고 말할 때 그 사람은 자기 정체성에 관한 중요한 무언가를 말하는 셈이었다. 아무도 (아직은) 자신이 포드인이거나 엑슨인이거나 구글인이라고 말하지 않았다. 그리고 세계화에 대한 반발은, 원류주의와 인종 개념을 바탕으로 지구보다 훨씬 더 작은 규모의 집단 정체성을 주장하는 '토착주의 성향'의 무리가 주도하는 경우가 있었다. 그런 무리는 국민주의를 감정적 자극제로 활용하기 시작했다. 그리고 국민주의가 사람들의 정신세계를 장악하자, 국민주의의 몇몇 어두운 줄기도 모습을 드러냈다. 예컨대, 극렬한 인종주의가 그 줄기 중 하나였다.

서양의 각국 정부는 직접적인 이윤을 창출하지 않는 형사 사법제도를 비롯한 사회생활의 여러 필수적 측면을 지속적으로 관리했다. 반면 대기업은 이해관계에 따라 정부의 정치적 기제를 자사의 업무 집행 및 관리 수단으로 삼아 이용할 수 있었고, 실제로 그렇게 했다. 대기업들은, 시민들이 정부를 선출하는 이른바 민주국가에서도 그렇게 할 수 있었다. 선거에는 돈이 필요했고, 다국적 기업은 돈이라는 자원을 가장 많이 비축해둔 곳일 뿐 아니라, 돈을 전술적으로 사용하려는 사회적 의지가 조직적으로 형성된 곳이기도 했기 때문이다. 중국은 국민국가라기보다 문명국가이기 때문에 일종의 대안적 모형을 제시할 수 있는 듯싶다. 그러나 중국에는 서양의 다국적 기업에 해당하는 기업들이 있고, 그중 일부는 민간 기업이고 또 일부는 국영 기업이다. 하지만 중국에서는 개인 소유든 국가 소유든 간에 모든 기업이 중앙집권적 사회의 일부분으로서 작동한다. 천 년 전의 중국이라는 별자리는 절대 사라지지 않았다. 그 별자리는 변화를 겪었지만, 여전히 존재한다.

단일 완전체로서 작동하기 위해, 다국적 기업들은 수천㎞의 물리적 거리로 분리된 무수한 사람들의 수많은 활동을 조율해야 했다. 어떤 사람들은 도랑을 파고, 어떤 사람들은 청사진을 그리고, 어떤 사람들은 공장에서 열심히 일하고, 어떤 사람들은 부품을 조립하고, 어떤 사람들은 재치 있는 광고를 만들고, 어떤 사람들은 선박과 항공기와 기차에 부품을 싣고 있었고, 어떤 사람들은 입출금 장부를 맞추느라 계산하고 있었다. 사람들의 그런 활동은 별개의 언어적, 법적, 문화적, 정치적 환경에서 이뤄지고 있었다. 그런데 모든 단계의 의사 결정자들은 나머지 모든 단계의 의사 결정자들과 상황을 공유하고 있어야 했다. 따라서 다량의 정보가 기업 전체에 신속하고 효율적으로 유통되어야 했다. 그렇게 해야만 대규모 기업의 모든 구성원이 단일하면서도 서로 연계된 전체의 목표에 효율적으로 기여할 수 있었다. 불과 수십 년 전만 해도 그처럼 크고 복잡한 사회유기체는 응집력을 유지할 수 없었을 것이다. 인간이 서로 소통할 수 있는 속도와 범위에는 한계가 있었기 때문이다.

적어도 수십 년 전에는 한계가 있곤 했다. 하지만 그것은 차츰 과거의 일이 되었다. 다국적 기업들이 서로 합쳐지는 동안에도 기술은 획기적 전환점을 마련하고 있었다.

29 장

디지털 시대

    디지털 시대의 여명기를 겪고 있는 우리는 아마 인류사의 이 한 부분을 전체적으로 조망할 수는 없을 것이다. 이른바 '표준'의 충격적이고 지속적인 붕괴 현상에 대처하는 한편, 획기적인 최신 응용 프로그램과 앞다투어 쏟아지는 히트작을 상대하느라 정신이 없기 때문이다. 그런데 앞으로 몇백 년 뒤의 평가는 어떨까? 세부 사항이 흐릿해졌을 때, 그리고 기술이 아니라 기술이 몇백 년 전의 인류사에 끼친 영향에 초점이 맞춰졌을 때, 과연 미래의 역사가들은 어떤 평가를 할까?

    추측건대, 그들은 모든 것이 독창적인 발명품과 함께 시작되었다고 말할 것이다. 역사적 전환점은 종종 그렇게 시작되기 마련이다. 그들이 언급할 발명품은 전기를 다른 곳으로 전달[transmit]하거나 전기의 흐름을 방해[resist]하는 조그만 전자기기인 일종의 스위치다. 'trans'mit라는 단어와 re'sist'라는 단어가 합쳐져 새로운 용어인 transistor[트랜지스터]가 생겼다.

    트랜지스터는 곧 집적 회로기판으로 이어졌고, 최초의 집적 회로기판은 1959년에 특허를 얻었다. 집적 회로기판은 실리콘 칩에 부착된 전기 회로망이었고, 그것의 각 접속점이 트랜지스터였다. 전기회로망을 통과하는 전기 신호는 어느 트랜지스터가 '열리고' 또 어느 트랜지스터가 '닫히느냐'에 따라 일정한 패턴을 보였다. 트랜지스터를 열림이나 닫힘으로 설정하여 전류가 흐르는 패턴의 구체적 형태를 좌우할 수 있었다. 그런 설정은 암호화한 일련의 명령인 프로그램을 통해 수행할 수 있었다.

트랜지스터의 중요한 특징은 이진법적 속성이었다. 트랜지스터는 열리거나 닫히거나 둘 중 하나였다. 중간은 없었다. 그 두 가지 상태는 1과 0만 쓰이는 이진법에 부합했다. 수학자들은 이진법이 고대 인도에서 유래한 십진법만큼 효과적이고 정확하다는 점을 알고 있었다. 그러나 이진법은 번거로웠다. 예를 들어 $26 \times 27 = 702$라는 식이 이진법에서는 $1100 \times 0100 = 1010111110$으로 표현되었다. 십진법으로 수행할 수 있는 모든 계산은 이진법으로도 할 수 있었지만, 더 긴 시간이 필요했다.

하지만 '더 긴 시간'은 회로기판에서 문제가 되지 않았다. 회로기판에서 명령 프로그램은 빛의 속도로 움직이는 전기를 통해 패턴을 그려나갔다. 빛의 속도는 우주에서 물리적으로 가능한 최고 속도였다. 전기는 실리콘 같은 전도성 매체를 거칠 때 더 느리게 움직이지만, 그래도 엄청나게 빠른 속도로 이동한다.

복잡성도 문제가 되지 않았다. 사실 전류가 10억 개의 문을 통과하는 것과 10개의 문을 지나가는 것은 똑같았다. 다만, 전도성 매체의 효율성, 전류에서 생기는 열, 인간의 커다란 손가락으로 매우 작은 회로 칩을 만들어야 하는 어려움 등은 문제였다. 그러나 진보의 서사에 심취한 사람들은 기꺼이 도전에 나서고 있었다.

실리콘 칩이 탄생하자마자 공학자들은 그것을 개량하기 시작했다.

여기서 개량이란 전기를 덜 쓰면서 더 작은 칩에 회로를 더 많이 장착하는 것, 전류를 더 효율적으로 흐르게 함으로써 열 발생량을 줄이는 것을 뜻했다. 역설적이게도 실리콘 칩은 크기가 작아지고 밀도가 높아지고 성능이 좋아질수록 가격이 싸졌다. 1965년, 공학자 고든 무어[Gordon Moore]는 실리콘 칩의 밀도와 복잡성이 2년마다 두 배 증가할 것이라고 예측했다. 실제로 실리콘 칩의 개량이 가속화될 것이라는 그의 예측은 들어맞았다.

최초의 컴퓨터는 방 하나를 가득 채울 만큼 컸다. 미국항공우주국은 우주선을 달로 보내는 데 컴퓨터를 활용했다. 그러나 컴퓨터는 점점 작아지고 복잡해지고 있었다. 컴퓨터의 복잡성 증가와 크기 감소 추세는, 1970년대 중반에 캘리포니아주의 도시 팰로앨토[Palo Alto]의 어느 차고에서 임계점에 이르렀다. 거기서 두 명의 대학 중퇴자들인 스티브 잡스와 스티브 워즈니악[Steve Wozniak]은 책상 위에 놓아둘 수 있을 만큼 작지만, 항공우주국에서 사용된 거대한 컴퓨터를 능가할 만큼 성능이 뛰어난 컴퓨터를 만들었다. 두 사람은 그것을 개인용 컴퓨터로 불렀고, 중산층 가정이 구매할 만큼 저렴한 개인용 컴퓨터를 만들 수 있었다!

저렴한 가격은 구미가 당기는 점이었지만, 대다수 중산층 가정은 아직 컴퓨터를 구매하기를 주저했다. 기계 언어를 습득하기가 힘들었고, 대부분의 사람은 굳이 기계 언어를 배우려고 하지 않았기 때문이다. 이후 쉬운 영어(나 프랑스어나 다른 모든 언어)로 작성된 명령을 기계가 이해할 수 있는 언어로 옮길 수 있는 베이식[BASIC] 같은 프로그램이 나왔다. 예전의 전화처럼 컴퓨터도 바야흐로 중대한 문턱을 넘기 직전이었다. 발명품이 상품화되었다.

증기기관이 널리 쓰이자 사람들은 기관으로 무엇을 할 수 있을지 궁금해했다. 그 결과, 수많은 발명품이 출현해 세상을 바꿨다. 전신기가 널리 쓰이자 사람들은 전기로 무엇을 할 수 있을지 궁금해했다. 그 결과, 또 무수히 많은 발명품이 등장해 세상을 바꿨다. 컴퓨터가 널리 쓰이자 사람들은 또 무엇을 디지털화할 수 있을지 궁금해했다.

그 결과는? 자명했다.

전기는 전구, 전화기, 세탁기, 자동차, 난방기, 선풍기 같은 실용적 도구를 통해 인간의 일상생활에 깊이 스며들었다. 컴퓨터도 계산 및 게임 기능, 편집 소프트웨어와 장부 기록 보조 수단, 파일 관리 응용 프로그램과 세무 프로그램 따위를 통해 동일한 방식으로 사회적 세계에 진입했다. 컴퓨터는 인간이 사용하는 모든 종류의 인공물에도 파고들었다. 자동차에 뇌가 생겼다. 폭탄이 탑재된 미사일은 표적의 움직임에 따라 알아서 조준점을 바꾸게 되었다. 현금 자동입출기 덕분에 사람들은 대면 접촉 없이 은행에서 용무를 처리할 수 있었다. 무엇을 디지털화할 수 있었느냐고? 결과적으로 거의 '뭐든지' 디지털화할 수 있었다.

복잡한 대상을 단순화하는 것은 언제나 인간이라는 생물종의 핵심 과업이었다. 탈레스는 만물을 이루는 한 가지 물질을 찾아내고자 했다. 조로아스터는 우주 전체를 양극단의 관점에서 바라봤다. 디지털화도 그들과 똑같은 여정에 나섰다. 디지털화는 모든 존재를 단 두 가지 관점에서 나타내고자 했다. 아마 그것은 복잡한 대상을 역사상 가장 철저한 방식으로 단순화하려는 시도였을 것이다.

1980년대 후반, 컴퓨터는 서로 대화를 주고받기 시작했다. 알고 있다. 지금 나는 컴퓨터를 의인화하고 있다. 사실 컴퓨터는 아무 '행동'도 하지 않았다. 행동의 주체는 인간이었다. 사람들은 컴퓨터끼리 연결하는 방법을 알아냈다. 상호 연계의 물리적 매개체가 이미 존재했기 때문에 아무리 멀리 떨어진 컴퓨터들도 서로 연결할 수 있었다. 전화 서비스를 통해 지난 1세기 동안 설치된 배선망은 전화뿐 아니라, 컴퓨터에도 요긴하게 쓰였다. 컴퓨터의 상호 연계망에서 사람들은 전자적 방식으로 메시지를 교환하고 상대방의 기계에 관한 정보를 처리할 수 있었다.

초창기 전화의 경우처럼 가입 서비스업체는 컴퓨터 연계망을 상품화했다. 컴퓨터 연계망 가입자들은 동일한 서비스를 이용하는 다른 모든 가입자와 소통할 수 있었다. 전화의 경우와 마찬가지로, 일단 그렇게 구축된 연계망은 서로 연결될 수 있었다. 어떤 연계망의 전자우편 서비스를 이용하는 사람은 다른 연계망의 모든 이용자와 메시지를 주고받을 수 있었다. 그것은 예전에 전화기가 있는 사람이 전화기가 있는 다른 모든 사람에게 전화를 걸 수 있게 되었을 때와 같은 전환점이었다.

상호 연계망의 연계망은 모든 국가와 기업, 모든 사회적 기포, 경계, 한계 등을 초월해 확대되었다. 그 연계망—이른바 인터넷—은 누구나 전화기 잭과 전기 콘센트만 있으면 이용할 수 있는 상호연결 및 정보의 세계적 그물 조직이 되었다. 그리고 얼마 지나지 않아 전화기 잭과 전기 콘센트 같은 제약도 사라졌다. 라디오가 전선 없이 정보를 전송할 수 있었듯이, 컴퓨터도 그렇게 할 수 있었다.

한편, 무어가 예측한 대로 탁상용 컴퓨터는 휴대용 컴퓨터로 축소되었고, 휴대용 컴퓨터는 탁월한 성능을 발휘했고, 사람들은 서류 가방에 여분의 뇌에 해당하는 것을 넣고 다닐 수 있었다. 전화는 무선 기술을 발견했고, 곧바로 휴대전화는 10대 청소년들이 괴짜 노인에게 야유를 퍼붓듯이 지상 통신선을 비웃었다. 무어의 법칙의 도도한 흐름에 휘말린 휴대전화는 꾸준히 크기가 줄어들고 성능이 좋아지다가 마침내 컴퓨터를 만났다. 그것은 첫눈에 반한 사랑이었다. 휴대전화와 컴퓨터는 결혼했고, 스마트폰이라는 아이를 낳았다. 그 아이는 휴대전화와 비슷하게 생겼지만, 실제로는 인류가 공유하는, 사회적으로 구축된 정보의 세계 전체와 연계되는 초소형 관문이었다.

스마트폰의 등장으로 물리적 위치라는 개념이 무의미해졌다. 이제, 어떤 사람이 다른 사람과 통화할 때 그들은 각자 어디에도 있을 수 있었다. 두 사람 모두 상대방이 어떤 물리적 공간에 있는지 알 길이 없었다. 그리고 예전에 기계의 출현으로 시간의 의미가 바뀌었듯이, 이제 공간의 의미가 바뀌기 시작했으므로 상대방이 물리적으로 어디에 있는지는 중요하지 않았다. 사람들이 탁상용 컴퓨터, 휴대용 컴퓨터, 휴대전화 따위의 무선 기기를 통해 상호작용하는 무대는 물리적 세계가 아니었다. 그것은 사회적으로만 존재하는 차원이자 인간의 상호 소통을 통해 창출되고 상상력을 통해 공유되는 지형이었다. 그것은 우리에게 언어가 생기고 우리가 아주 인간다워지면서 우리 인간이 곧바로 창출하기 시작한 상징적 우주의 기계 매개적 현대판이었다.

상징적 우주는 우리가 그런 우주가 있다는 데 동의할 때만 존재한다. 우리는 마치 정말로 있다는 듯이 그런 우주 안에서 상호작용하며 상징적 우주에 실재를 부여한다. 물리적 위치가 물리적 공간에서 분리되자 상호 연계된 인간의 사회적 연결망이 물질적 우주에서 벗어나기 시작했다. 사람들은 자신을 사회의 온전한 참여자들로 여기면서도 다른 사람들과의 물리적 상호작용이 점점 줄어든다고 생각할 수 있었다. 그들은 점점 더 전자우편과 소셜 미디어를 통해 친교를 나누고, 각자의 방에서 혼자 휴대전화로 영화를 보고, 온라인 노동을 통해 소득을 올리고, 책상에서 세금을 계산해 신고할 수 있었고, 의자에 앉은 채 유가증권을 사고팔아 부자가 되거나 파산할 수도 있었다.

사람들은 상상 속의 상징적 세계에서 타인과 상호작용했지만, 물리적 실재(좀 사라졌으면 하는 성가신 것!)에서는 기기들과 상호작용했다. 기기들과의 상호작용이 훨씬 더 쉬웠다. 산업혁명 이후로 우리는 기계에 적응해 왔지만, 이제는 디지털 기기를 우리에게 적용하기 시작했기 때문이다. 우리는 디지털 기기에 이름을 붙였고, 디지털 기기를 우리 몸에 착용할 수 있게 만들었다. 우리는 디지털 기기에 인간의 목소리와 닮은 목소리를 선사했고, 디지털 기기가 우리의 음성 명령에 반응할 수 있게 만들었다.

그러나 우리가 기기를 열심히 인간화하는 동안에도 기기는 우리를 열심히 디지털화하고 있었다. 기기는 알고리듬을 통해 우리와 상호작용했다. 여기서 알고리듬이란 하나의 정확한 질문과 하나의 해답이라는 좁은 문으로 몰아갈 때까지 우리를 양자택일의 관계망으로 끌어내리는 일종의 작업 순서도였다. 여러 가능성이 하나로 귀결되었다. 또다시 복잡한 대상이 단순화되었다. 우리가 상품을 구매할 때 디지털 기기는 우리의 선택을 가공 처리해 우리가 원하는 상품을 알아내고 추천하기도 했다. 우리가 연애 상대를 찾을 때 디지털 기기는 우리가 원하는 상대를 정확히 파악할 때까지 질문의 알고리듬을 제시했다. 그러나 디지털 기기가 개입하는 그런 알고리듬은 인간의 진정한 상호작용 방식이 아니다. 증기기관이 우리를 톱니바퀴 같은 부속품으로 전락시켰듯이, 디지털 기기는 우리를 알고리듬의 대상으로 삼았다. 지금 내가 상황을 과장하는 것일 수도 있다. 다만, 나는 최근 흐름의 방향에 주목하고 싶을 뿐이다.

또한, 기기의 종류와 양이 꾸준히 늘면서 흐름은 점점 거세졌다. 컴퓨터는 대부분 사물에 장착되었을 뿐 아니라, 그 사물끼리 소통하게 되었다. 토스터는 전등과, 전등은 차고 문 개폐기와 친숙해졌다. 우리는 아날로그와 디지털이 먼지와 꽃가루처럼 뒤섞인 세계를 경험하기 시작했다. 물질과 관념 간의 경계가 희미해지기 시작했다. 2010년대에 무르익은 기술인 3차원 프린터는 순전히 관념적인 것-프로그램화한 일련의 명령-을 받아들여 이를테면 돌, 신발, 허리띠, 로널드 레이건의 청동 흉상, 집 같은 물체를 만들어낼 수 있었다.

한편, 무어의 법칙은 여전히 통하고 있었다. 2018년 현재, 나노 기술자들-초미세 단위의 물질을 전문으로 다루는 공학자들-은 인체에 삽입할 수 있을 만큼 작은 컴퓨터형 기기를 만드는 데 박차를 가하고 있었다. 아마 여러분이 이 책을 읽을 무렵에는 그런 기기가 완성되어 사용되고 있을지 모른다. 어쨌든, 2018년에 이르러 특정 효소들이 실리콘과 다르지 않은 반도체와 같은 특성을 띠고 있다는 사실이 드러났기 때문에 회로가 유기체처럼 성장할 수 있게 되었다. 나노 기술자들은 세균이 컴퓨터 같은 기능을 수행하게 할 수 있었다. 따라서 컴퓨터는 DNA에 더 가까워졌다. 그리고 나노바이오 기술자들이 유전자 '편집' 능력을 완비하려는 중이었기 때문에 DNA가 컴퓨터에 더 가까워지기도 했다.

내가 글을 쓰고 있는 지금도 애리조나대학교의 의료 공학자들은 세균 크기의 생물 컴퓨터를 인간의 혈류에 주입해 암세포를 사냥하는 방법을 연구하고 있다. 만일 연구가 성공을 거두면 그들은 자궁 속의 유전적 이상을 교정하는 데 동일한 기술을 활용할 수 있을 것이다. 그리고 세포와 상호작용하는 생물 컴퓨터는 생물 연료-인간이 섭취하는 음식을 통해 인체가 만들어내는 연료-를 전기로 변환시켜 인공 장기에 동력으로 쓸 수 있을지도 모른다. 인공 달팽이관은 사람들이 소리를 듣는데 사용하는 감각 기관의 일부분을 대체할 수 있다. 인공 망막은 시각장

애인들에게 희망이 될 수 있다. 착용자가 의수나 의족을 자기 생각대로 움직일 수 있는 기술도 진전되고 있다. 머지않아 사람들은 인공 지라, 인공 콩팥, 인공 허파, 심지어 인공 염통을 장착한 채 걸어 다닐 수도 있을 것이다.

그리고 아마, 언젠가는 인공 뇌도 달고 다닐 것이다. 최소한 지금 컴퓨터가 지능으로 탈바꿈할 가능성이 있기 때문이다. 혹자는 가능하다고 주장한다. 또 혹자는 가능성을 부정한다. 하지만 한 가지는 분명하다. 그동안 컴퓨터는 복잡한 대상을 다룰 수 있는 능력이 월등하게 향상되었고, 이제 그 능력의 한계가 보이지 않는다는 점이다. 오늘날의 반도체 칩에는 수십억 개의 트랜지스터가 담겨있고, 1970년대의 반도체 칩보다 수천 배 빨리 작동한다. 서류 가방에 넣고 다니는 여분의 뇌는 잊기 바란다. 이 책이 출판될 무렵에는, 아마 사람들이 마치 보청기나 안경이나 장신구를 착용하듯이 여분의 뇌를 장착하고 다닐지 모른다.

그러나 단지 복잡하기만 한 것이 지능일까? 1997년, IBM에서 선보인 컴퓨터가 현역 세계 챔피언과의 체스 대결에서 이겼다. 그러나 그 기계는 개개의 가능한 움직임에서 파생되는 경우의 수를 세계 챔피언보다 더 빠르고 완벽하게 파악했을 뿐이다. 그것은 지능이 아니다. 빛의 속도로 정교하게 이뤄지는 자료 처리일 뿐이다. 14년 뒤인 2011년에 컴퓨터가 퀴즈쇼 '제퍼디[Jeopardy]'의 우승자 두 명을 이겼다. 하지만 그것이 그토록 대단한 일이었을까? 당연히 컴퓨터가 인간보다 더 빠르고 더 능숙하게 백과사전의 내용을 훑어볼 수 있지 않은가?

그렇기는 한데…

2018년, 한국의 공학자들은 두 다리로 걸을 수 있는 인간형 로봇을 제작했다. 믿기 힘든 사실이겠지만, 두 다리로 울퉁불퉁한 지형을 지나가는 데는 뇌 능력이 '많이' 필요하다. 처음 마주치는 정보의 움직임을 지속적이고 미묘하게 조정해야 하기 때문이다. 소뇌의 대부분이 그런 조정 작업에 쓰인다. 과거의 로봇들은 바퀴로 움직였다. 바퀴를 달아 움직이게 하는 것이 프로그래밍하기 더 쉬웠기 때문이다. 한국의 공학자들이 만든 로봇들은 1970년대의 영화 〈스타워즈〉에 나오는 제국군 워커 로봇과 비슷했다. 또는 수백만 년 전 아프리카의 사바나에서 두 다리로 걸어 다녔을 법한 영장류 같기도 했다.

컴퓨터가 의식을 지니게 될 수 있을까? 의식의 의미가 무엇인가에 따라 다르다고 볼 수 있겠다. 만일 자기 인식이 의식의 일부분이라면 투자자들과 금융 중개인들이 각 시점에 어떤 유가증권을 매수, 매각하거나 보유할지를 둘러싼 결정을 돕는 소프트웨어를 생각해보자. 그 소프트웨어 프로그램은 투자 자산을 증식시키기 위해 시장의 미래를 예측해야 한다. 시장의 미래를 내다보려면 어떤 정보가 필요하게 될까? 인간 생활과 관련한 거의 모든 정보, 요컨대 디지털화할 수 있는 모든 정보, 사실상 이 세상의 거의 모든 정보가 필요할 것이다.

그런데 중요한 점이 있다. 내일의 시장 동향을 성공적으로 예측하는 소프트웨어 프로그램은 오늘 당장 특정 유가증권의 매수나 매각에 나설 것이다. 그런 매수나 매각은 내일의 시황에 영향을 줄 것이다. 미래의 시장 동향을 예측하도록 설계된 프로그램은 자신도 계산에 넣어야 할 것이다. 세상을 관찰하는 자신을 관찰해야 할 것이고, 자신의 반응도 하나의 요인으로 포함해야 할 것이다. 아이고! 이것이 자기 인식이 아니라면 나로서는 무엇이 자기 인식인지 알 길이 없다.

우리는 언제나 의도를 생명의 전매특허 같은 핵심 특징으로 여겨 왔다. 허리케인에는 의도가 없다. 허리케인은 그냥 허리케인답게 휘몰아

칠 뿐이다. 여러분을 저 멀리 날려버리는 허리케인에는 전혀 사적인 의
도가 없다. 바위에도 의도가 없다. 저기 굴러가는 바위는 모종의 힘으로
움직일 뿐 어떤 목적이 있어서 그런 것은 아니다. 그러나 생명의 경우는
다르다. 벌레에게도 의도는 있다. 아메바에게도 의도는 있다. 만약 컴
퓨터가 자기 인식을, 나아가 의식을 지니게 된다면 그것은 컴퓨터도 의
도를 갖게 될 것이라는 의미일까?

세상을 관찰하는 자기 인식형 컴퓨터 프로그램은 인터넷에 접속해
스스로 자료를 찾아낼 수 있어야 한다. 스스로 자료를 확보하는 컴퓨터
의 주인은 인간이 알려주는 사항만 알고 있는 컴퓨터의 주인보다 앞서
나갈 것이다. 인터넷에 자유롭게 접속할 수 있는 컴퓨터는 자기 교정형
소프트웨어에 접근함으로써 경험을 통해 배울 수 있고, 그 경험적 지식
을 체계적으로 통합하고자 코드를 재작성할 수 있을 것이다. 지구상의
모든 컴퓨터의 상호 연계된 네트워크로 세상을 관찰하는 자신을 관찰할
줄 알고, 경험을 통해 배우고 코드를 재작성하는 모습은 재귀적 과정 같
은 느낌이 든다. 그 과정은 마치 반향실[反響室] 안의 종소리처럼 기하급
수적으로 가속화될 것이다. 그러다가 어느 순간 전 세계적 차원의, 관계
망을 이룬, 의도에 따라 움직이는, 정보를 처리하는 단 하나의 의식이
지구에서 가장 똑똑한 인간보다 100만 배 더 똑똑해질 수 있을 것이다.
로봇을 팔다리로 삼으면 그 단일 의식은 한층 더 강력해질 것이다.

그런 일이 일어날 수 있을까?

나를 쳐다보지 말기 바란다. 나는 그저 들은 이야기를 전해주고 있을
뿐이다. 물리학자 스티븐 호킹[Stephen Hawking]은 평생 이 문제에 관
한 의견을 피력했고, 사태를 무척 비관적으로 바라보고 있었다. 인공지
능연구소[Machine Intelligence Research Institute]의 엘리저 유드코프스

키[Eliezer Yudkowsky]는 초인공지능[ASI, Artificial Superintelligence]이 이미 존재하고 있을지 모르지만, 굳이 나타나서 얻을 이득이 없기 때문에 아직 모습을 드러내지 않았다고 말한다. 유드코프스키는 다음과 같이 염려한다. "초인공지능은 여러분을 미워하지도 사랑하지도 않지만, 여러분은 원자로 이뤄져 있고, 초인공지능은 그 원자를 어떤 다른 용도로 쓸 수 있다."

혹자들은 마치 나방이 촛불에 이끌리듯이 초인공지능의 가능성에 매료된다. 그들은 이른바 특이점이라는 임박한 종말의 순간을, 즉 나노 기술, 바이오 기술, 인공지능 등이 합쳐지고 인간과 기계의 구분이 사라지는 순간을 상상한다. 그들의 주장에 따르면, 일단 특이점이 나타나면 우리는 우리의 뇌를 전자회로 덩어리에 쏟아부을 수 있을 것이다. 그런 다음, 우리는 기능을 상실한 우리의 신체 부위를 교체할 수 있을 것이고, 우리의 의식은 계속 이어질 것이다. 그 순간 인간은 본질적으로 영생을 얻을 것이다. 이 같은 영생의 미래상에 비춰볼 때 그 특이점은 마치 새로운 종교 같은 느낌을 풍긴다―아마 이슬람 이후 탄생한 가장 막강한 종교일 것이다.

나는 그 종교에 귀의하지 않았다. 그 특이점을 광신적으로 숭배하는 사람들은, 앞으로 나타날 초인공지능의 목적이 인간에게 필요한 부분을 채워주는 것이라고 주장한다. 그들은 웃고, 놀고, 먹고, 빈둥거리는 불멸의 자손들로 자부한다. 하지만 오늘 당장 특이점에 도달하면 부자들만 영생을 누리게 될 것이다. 가난한 사람들은 영생을 얻은 부자들의 하인으로 일하며 한동안 살아남겠지만, 점점 숫자가 줄어들겠고, 정서와 감각과 성의 측면에서 인간과 구별할 수 없는 로봇을 만들 수 있을 만큼 기술이 발전하면 결국 불필요한 존재로 전락할 것이다.

30 장

환경

도구에 관한 얘기는 이쯤에서 그만두기로 하자. 역사는 세 가닥으로 이뤄져 있다. 이제 환경에 대해 논해 보겠다. 기계에 흡수될 때까지 우리는 인간일 수밖에 없다. 우리의 세계가 아무리 허상으로 가득해도 우리는 물질과 결부된 채로 남아있다. 어디에 살고 있든지 우리는 먹어야 한다. 우리가 먹는 음식의 종류와 우리가 그것을 구하는 방식은 우리가 살고 있는, 우리를 둘러싼 환경에 달려있다. 환경은 완강한 물질적 성격을 띤다. 따라서 환경은 유사 이래로 문화의 형태를 좌우해 왔다. 인류 최초의 집단적 세계 모형에는 우리가 맞서 싸운 자연력과 우리가 찾아나선 천연자원이 반영되었다. 거대한 강의 잠재력을 이용하면 생존할 수 있을 때 우리는 강변 문화를 발전시켰다. 주로 교역을 바탕으로 생계를 꾸려나갈 때 우리는 주변 지형에 적합한 교역 문화를 형성했다. 환경이 급격히 변할 때 우리도 급격히 변했다. 서로 어울리는 방식이 바뀌었고, 우리의 집단적 자의식도 바뀌었고, 우리의 세계 모형도 바뀌었다. 그렇게 우리는 환경 변화로 인한 새로운 변수를 처리할 수 있는 일관적인 사회적 별자리로 재편성되었다.

하지만 기계가 의미심장하게 등장하면서 기술이 너무 급격하게 팽창하는 바람에 우리의 도구가 우리의 환경으로 자리 잡게 되었다. 달리 말해, 우리는 우리의 환경이 되었다—도구는 우리가 갖고 있는 어떤 '대상'이 아니라 (우리의 신체와 결합되는, 그리고 우리가 타인과 맺고 있는 관계와 결부되는) 우리의 어떤 '속성'이기 때문이다.

산업주의로 인해 농촌 지역에서 빠져나간 그 엄청난 이주의 물결을 떠올려보자. 1800년, 대다수의 사람은 소도시나 촌락이나 농장이나 초원에서 살고 있었다. 세계 인구의 약 3%만 도시에서 생활했다. 1960년, 세계 인구의 34%쯤이 도시에 거주했다. 오늘날 세계 인구의 54% 이상이 도시에 살고 있고, 도시 인구는 계속 증가하고 있다. 앞으로 이 추세가 이어지면 언젠가 인간은 비둘기와 쥐와 바퀴벌레 같은 도시에 특화된 생물종이 될 것이다. 인간을 모욕하려는 뜻은 없다. 나는 인간을 사랑한다. 나도 인간이다. 그냥 그렇다는 말이다.

1800년, 대다수 사람은 인간 이외의 출처에서 방출된 입자—바람에 날린 꽃가루, 동물 냄새, 먼지—로 가득한 공기를 마셨다. 그들은 흙을 밟았고, 식물성 섬유나 동물의 신체 부위로 만든 옷을 입었고, 들판에서 기른 곡식을 먹었다. 살아있는 동물들은 인간 생활에 깊이 스며든 부분이었다. 사람들은 매일 길거리에서 동물을 목격했고, 동물을 타고 멀리 이동했고, 짐을 실은 수레를 끄는 데 동물을 이용했고, 작물을 지키기 위해 동물을 내쫓았고, 잡아먹기 위해 키우는 동물에게 먹이를 주고 빗질을 해줬다.

오늘날 대부분의 사람은 애완동물이나 해충 이외의 동물과 접촉할 일이 거의 없다. 매 순간의 호흡을 통해 우리는 자동차나 공장에서 배출되는 미립자를 들이마신다. 파리나 상하이 같은 도시의 거주자들은 인간이나 인간이 만든 물질 이외의 것과는 사실상 물리적 접촉을 거의 하지 않는다. 그들은 석유로 만든 아스팔트 위를 걷고, 석유 파생 물질로 만든 옷을 입고 다닌다. 그들은 인간이 만든 물질로 인간이 만든 건물에서 음식물을 구입해 종이나 금속으로 만든 용기에 담아 집으로 가져간다. 그 음식물은 그들이 앞으로 절대 만날 일 없을 사람들이 만든 것이다. 달걀을 먹는 사람 중에 닭이 우는 소리를 들어본 사람은 드물다. 닭이나 오리 같은 사육 조류를 먹는 사람 중에 직접 닭털을 뽑아본 사람은 드물다. 우유를 마시는 사람 중에 암소의 젖꼭지를 쥐어짤 때의 느낌을 아는 사람은 드물다.

물리적 세계로부터 인간을 보호해주는 발명품과 제품, 그리고 인간에게 필요하거나 인간이 원하는 것을 환경으로부터 얻어낼 때 쓰이는 발명품과 제품이 꾸준히 추가되기 때문에 우리를 둘러싼 인공적 환경은 끊임없이 바뀐다. 사실상 대부분의 사람은 마치 자신이 여기에 없다는 듯이 세계와 거의 단절된 채 살고 있다. 인간 빼고는 그런 세계에 살고 있는 피조물도 거의 없다. 지금 우리는 모든 곳에 존재하기 때문이다. 물리적으로 존재하지는 않아도 도구와 제품과 파급효과의 형태로 존재하기 때문이다.

인구가 증가하고 생활 방식이 다양해지면서 지구에 부담이 가중되고 있다. 7만 년 전 지구의 인구는 1만 5천 명 미만이었다—당시 우리가 어떤 형태의 생명체였든 간에. 이후 6만 년 동안 인구는 약 300만 명으로 늘었다. 서력기원 무렵에는 약 3억 명에 이르렀다. 1800년에는 10억 명으로 치솟았다.

그리고 나서 진정한 인구 폭발이 시작되었다. 현대 의학은 다수의 질병을 정복했고, 건강을 둘러싼 과학적 발견으로 우리의 수명이 늘어났고, 123년 뒤인 1923년에는 인구가 두 배로 늘어 20억 명에 이르렀고, 또 47년 뒤인 1970년에는 다시 두 배가 늘어 40억 명을 기록했고, 2018년 현재 80억 명을 바라보고 있다. 도쿄, 뭄바이, 상파울루 같은 단일 도시에는 기원전 3000년 전의 세계 인구보다 더 많은 사람이 살고 있다.

지구상의 인간 존재의 불길한 징조는 19세기에 뚜렷하게 나타나기 시작했다. 시인 윌리엄 블레이크[William Blake]가 언급한 영국의 "캄캄하고 악마 같은 방앗간"은 공장과 기관차가 토해내는 연기를 가리켰다. 북아메리카의 경우 1800년 현재, 약 6천만 마리의 들소가 대평원을 누비고 있었지만, 철도 건설의 필요성이 제기되고 들소 가죽에 대한 수요가 증가하면서 거의 멸종되다시피 했다. 1900년, 들소의 수는 불과 몇백 마리로 줄어들었다.

멸종 자체는 결코 대단히 이례적인 일이 아니었다. 멸종은 생명 역사의 정상적인 부분이다. 대개, 멸종은 고속도로 근처에 사는 사람들 귀에 흔히 들리는 배경 소음 같은 것이다. 멸종은 늘 일어나는 현상이다. 어떤 종은 자취를 감추고, 또 어떤 종에서는 새로운 종이 파생되어 번성하기도 한다.

그러나 생명의 역사에는 비정상적인 순간도 생기는 법이다. 지난 50억 년 동안 최소한 다섯 번은 대참사가 일어나 지구상의 대다수 생물종이 사라졌다. 최악의 대멸종 사태는 약 2억 5천만 년 전에 발생해 지구상의 모든 생물종 가운데 96%가 소멸했다. 원인이 무엇이었을까? 이론은 분분하다. 대체로 화산 폭발, 산성비, 지구온난화 등이 원인으로 지목된다. 하지만 어느 이론에 따르면, 문제는 특정 생물종이 너무 번성하면서 시작되었다고 한다. 문제의 생물종은 바로 이산화탄소를 노폐물로 배출하는 심해 박테리아였다. 그 박테리아는 바다의 산소를 고갈시킬 정도로 많이 번식했고, 그 결과 재난을 부채질하는 부작용이 생겼다. 원인이 무엇이었든 간에 환경이 급속도로 변했고, 대부분의 생명 형태는 제때 적응하지 못했다.

또 다른 대멸종은 지금으로부터 약 6천만 년 전에 발생했다. 아마 소행성이 오늘날의 멕시코 근처에서 지구와 부딪혔기 때문일 것이다. 그 충돌로 대기가 먼지로 가득해져 햇빛이 차단되는 바람에 많은 식물이 죽었고, 그 식물을 먹고 살던 동물도 죽었고, 그 동물을 잡아먹고 살던 포식자들도 죽었다. 공룡처럼 덩치가 큰 동물들이 먼저 사라졌고, 덕분에 다람쥐보다 크지 않은 조그만 여우원숭이를 닮은 동물을 비롯한 작은 덩치의 짐승들이 번성했고, 그 짐승들에서 여러 생물종이 파생된 끝에 두 다리로 걸어 다니는 영장류가 나타났다. 앞서 우리는 영장류에 관해서는 살펴봤고, 지금은 영장류의 후손에 관해 논하고 있다. 내 사무실에도 내 컴퓨터를 쓰고 있는 영장류의 후손이 하나 있다. 우리는 어디에나 있다.

19세기에는 화석 연료 연소 위주의 산업과 제품으로 인해 다양한 종류의 오염물질이 대기 중으로 배출되기 시작되었고, 그 가운데 일부 오염물질은 온실가스로 알려져 있다. 온실가스는 마치 온실처럼 햇빛은 받아들이지만, 열은 밖으로 내보내지 않는다. 이산화탄소, 메탄, 탄화수소 같은 온실가스는 2억 5천만 년 전의 대멸종과 관계있는 것과 동일한 몇 가지 영향—기온 상승, 극지방의 빙산 용해, 대양의 산성도 증가—을 미친다.

인간이 대기 중으로 뿜어내는 온실가스의 양은 증가하고 있다. 문제는, 우리가 현재의 생활 수준을 유지하려면 그 수준이 어느 정도이건 간에 물건을 만들고, 이동시키고, 운반하고, 가공하고, 간직해야 한다는 점이다. 요컨대, 물질세계를 상대하면서 물질세계를 바꿔야 한다. 대부분의 경우, 우리는 어떤 것을 태워 물질세계와 관계를 맺는다. 우리가 태우는 것은 주로 석유, 가스, 석탄 따위의 화석 연료다. 언젠가 전기가 화석 연료를 대체하겠지만, 지금 당장 우리는 화석 연료를 태워 대부분의 전기를 생산한다.

온실가스 효과는 지구의 모든 부분이 일률적으로, 또 지속적으로 점점 따뜻해진다는 의미가 아니다. 지구의 기후는 그런 식으로 작동하지 않는다. 특정 장소에서 온실가스 효과는 특정한 날의 이례적인 추위로, 또는 특정한 해의 가뭄으로, 또는 기후라는 복잡한 현상에 포함된 수많은 조건 중 하나로 나타날 수 있다. 그러나 이 문제를 연구하는 대다수 과학자의 결론에 따르면, 지구의 기온은 대체로 상승하는 중이다. 21세기가 시작되고 나서 지금까지 18년 동안 지구 역사상 가장 높은 기온을 기록한 해가 무려 열일곱 차례 있었다. 기온 상승은 혹독한 겨울, 지독히 더운 여름, 이례적으로 자주 발생하고 심각한 피해를 초래하는 허리케인, 광범위한 지역을 집어삼키는 산불 같은 여러 가지 변덕스러운 결과를 낳고 있는 듯싶다.

우리는 굉장한 성공을 이룬 생물종이다. 나도 우리 인간을 자랑스럽게 여기는 것 같다. 그러나 우리가 이룩한 성공 때문에 다른 여러 생명 형태가 멸종했다. 너무 솔직하게 말해 유감이지만, 사실이다. 우리가 멸종으로 몰아간 대부분의 생물종을 우리가 대놓고 죽이지는 않았다. 그 생물종 대부분이 소멸한 것은, 우리가 환경을 우리에게 필요한 대로 바꿔놓았기 때문에, 또 그렇게 바꾼 환경이 그 동식물들에 적합하지 않았기 때문이다. 위기의 순간에도 생물학적 진화는 천천히 이뤄지고, 우리가 초래하는 변화는 재빨리 일어난다. 예컨대, 매년 지구에서는 영국 크기의 땅이 콘크리트로 뒤덮이고 있다. 너구리는 그런 지형에서 살 수 있지만, 비버는 그렇지 못하다. 우리가 작물에 용수를 공급하려고 강물을 빼내자 수위가 낮아진 강의 물고기들은 개체 수가 줄어들었다.

검은코뿔소, 여행비둘기(나그네비둘기), 몽크물범, 태즈메이니아늑대(태즈메이니아주머니늑대) 등은 아예 자취를 감췄거나, 눈에 잘 띄지 않는다. 회색늑대의 개체 수는? 감소하는 중이다. 한때 캘리포니아 해변에서는 수많은 회색곰이 뛰어놀았다. 지금은 보이지 않는다. 나는 가끔 캘리포니아 해변에 가서 그곳만의 정취를 즐기기는 해도 아쉬운 느낌이 있다.

멸종 위기종의 명단에는 몸집이 큰 야생동물 대부분이 포함된다. 100년 전에는 수백만 마리의 코끼리가 있었다. 지금 코끼리 수는 몇만 마리로 줄어들었다─공식적으로는 멸종 위기종이 아니지만, 곧 멸종 위기에 놓일 것으로 보인다. 하마, 호랑이, 대왕고래, 해달, 눈표범, 고릴라, 대왕판다(자이언트판다) 등도 작별 인사를 준비하고 있다. 생물다양성센터[Center for Biological Diversity]가 밝힌 바에 따르면, 세계적으로 날마다 수십 가지의 생물종이 사라지고 있다.

그런데 무관심 속에서 사라지는 생물종도 많다. 끔찍하게도 캘리포니아 대머리수리는 썩어가는 고기를 먹고 산다. 누구나 꿀벌을 구하려고 하겠지만, 바닷가재 크기의 로드하우섬[Lord Howe Island] 대벌레도 구하고 싶어 할까? 그 정도는 아닐 것이다. 독일 바퀴벌레는 멸종 위기에 처해있지만, 내가 보기에 독일 바퀴벌레를 구하려는 크라우드 펀딩은 시간 낭비일 듯하다.

애석하게도 멸종 문제는 인기투표의 관점에서 바라볼 사안이 아니다. 생물종의 대규모 소멸 현상은 결국 임계 질량에 이르러 여섯 번째 대멸종을 유발할지 모르는 연쇄반응을 일으킬 것이다.

진보의 서사는 이 모든 문제와 얽혀있다. 우리는 투자와 생산을 멈출 수 없고, 우리의 발명품과 제품은 꾸준히 늘어나기 마련이다. 10년 전만 해도 누구나 알고 있었듯이, 세계의 어떤 지역은 산업화되었고 또 어떤 지역은 그렇지 않았다. 산업사회는 비[非]산업사회보다 지구의 자원에 더 심각한 피해를 초래했다. 그런데 이제 그런 차이가 불분명해졌다. 오늘날 대부분의 산업 생산은 전 세계에서 영업하는 다국적 기업과 그 자회사에서 이뤄진다. 이윤은 본사와 그 주변으로 흘러가겠지만, 한때 제3세계 국가로 불렸던 지역에서는 다수의 공장이 폐기물을 토해낸다. 게다가 요즘은 예전과 달리 다국적 기업의 본사가 서양에만 있지는 않다. 오늘날 거대 산업 재벌들은 중국, 인도, 브라질을 위시한 여러 나라에 본사를 두고 있다. 과거에는 저개발국이나 개발도상국이나 제3세계 국가로 평가되었던 나라들이 지금은 국산 자동차를 생산할 뿐 아니라, 전 세계로 수출까지 한다. 한국은 제2의 일본이다.

선진국 특유의 소비 양식이 지금 세계 곳곳에서 나타나고 있다. 수십억 명에 이르는 중국과 인도 사람들은 당장에는 자동차가 없지만, 조만간 갖게 될 것이다. 아프리카와 남아메리카의 수억 명의 인구도 마찬가지이다. 세계 각국의 경제가 성장하려면 제품이 생산되고 판매되어야 한다. 생산을 중단하고 더는 기계를 사용하지 않음으로써 지구 기후의 위협 요인을 제거하면 여러 나라의 경제가 붕괴하고, 수많은 사람이 직장을 잃고, 대혼란이 찾아올 것이다. 구원의 희망은 풍력과 태양 에너지 같은 동력원으로 작동하는 기계에서 찾을 수 있다. 굳이 먹거나 숨 쉴 필요가 없을 정도로 우리가 기계와 철저하게 통합된다면 극단적 디지털화에서도 구원의 희망을 찾을 수 있을 것이다. 그러나 만일 그렇게 된다면 지구를 파괴하는 우리는 도구와 섞물리는 우리와 경쟁하게 되는 것일까?

마르크스는 유산 계급과 무산 계급-기계 소유자들과 산업 임금 노동자들-이 서로에게 필요한 존재라고 말했다. 기계 소유자들은 조건을 결정하는 위치에 있었지만, 기계를 작동시키고 공장을 가동하려면 노동자들이 필요했다. 따라서 기계 소유 계급은 노동 계급이 생존하는 데 필요한 임금을 지급해야 했다.

하지만 로봇이 인간 노동자의 자리를 대신함에 따라 앞으로 방정식이 바뀔지 모른다. 한때 무산 계급으로 불렸던 계급은 오늘날 점점 줄어들고 있다. 아울러 산업 생산과 산업화된 농업 생산이 여전히 이뤄지는 동안에도 새로운 종류의 상품, 그러니까 또 무엇을 디지털화할 수 있느냐는 질문의 해답을 부단히 모색하는 과정에서 생성되는, 순전히 정보로서 존재하는 상품이 사회적 영역에 등장했다. 그 여러 가지 상품에는 희한한 특징-적어도 지금은 가격이 저렴하거나 아예 무료다-이 있다. 노동자가 필요 없고 상품이 무료라면 경제가 어떻게 지속적으로 성장할 수 있을까?

이 질문에 대한 한 가지 해답은 요즘 회자하는 '기본 소득' 방안이다. 기본 소득이란 노동 여부와 상관없이 모든 사람에게 지급되는 소득이다. 캐나다와 핀란드는 각각 자국의 소규모 인구 집단을 대상으로 삼은 시범 프로그램을 통해 생존하기에 충분한 소득을 지급함으로써 기본 소득 방안을 검증했다. 기본 소득 방안의 지향점은, 아마 해당 사회의 모든 구성원이 생존하기에 충분한 돈을 받아 정보 경제의 무료 상품을 지속적으로 소비할 수 있는 상태일 것이다. 그렇다면 기본 소득은 스웨덴의 작가들인 알렉산데르 바르드[Alexander Bard]와 얀 쇠데르크비스트

[Jan Söderqvist]가 '컨슘타리아트[consumtariat]'로 일컫는 무산소비 계급을 제도화하는 것일 수 있다. 정보화 시대의 '무산 계급[proletariat]'에 해당하는 무산소비 계급은 생산이 아니라, 소비에 기여해 해당 사회의 경제에 보탬이 되는 하류층이다.

이와 관련해 마르크스의 계급 투쟁론이 다시 고개를 내밀 법하다. 돈은 끈질긴 영향력이 있으므로 아마 그 풍족한 유산이 한동안은 일정한 요인으로 남겠지만, 다가올 시대의 귀족들이 반드시 기계를 소유한 사람들이지는 않을 것이다. 새로운 귀족은 미국 잡지 〈와이어드 Wired〉가 '네토크라시[netocracy, 인터넷 귀족 계급이라는 뜻의 조어-옮긴이 주]'로 일컫는 사람들, 다시 말해 물리적 세계로부터 독립적인 디지털 환경-가상현실, 또는 소설가 닐 스티븐슨[Neal Stephenson]이 1992년에 발표한 미래지향적 소설 《스노 크래시 Snow Crash》에 나오는 '메타버스[metaverse]'-에서 능수능란하게 활동할 수 있는 힘과 능력을 지닌 사람들일 것이다. 《스노 크래시》의 주인공은 물리적 우주에서 마피아에게 진 빚을 갚으려고 피자를 배달하는 사내다. 물리적 우주에서 그는 하찮은 인물이지만, 메타버스에서, 즉 가상 세계에서는 신이다. 그리고 《스노 크래시》에서 메타버스는 유일하게 중요한 '우주'로 발돋움하는 중이다. 지금 그런 일이 현실에서 벌어지고 있을까? 그럴 수도 아닐 수도 있다. 그것은 우리가 '현실'을 어떻게 규정하는가에 달렸다.

31 장

큰 그림

오늘날 인류는 지구를 파괴할 만한 힘이 있고, 우리는 그런 방향으로 나아가는 것처럼 보인다. 이해하기 어렵다. 사실 우리에게는 화석 연료를 더는 사용하지 않고, 오염을 멈추고, 모든 사람을 먹여 살리고, 인구 팽창을 억제할 만한 기술적 역량이 있다—단일한 행동 계획에 모두가 동의하기만 하면 우리는 인간이라는 생물종 앞에 놓인 모든 문제를 해결할 수 있을 것이다. 왜 그렇게 하지 못할까? 오늘날 우리는 누구나 누구와 즉각 소통할 수 있다. 그런데 왜 우리는 단 하나의 통합된 인간 공동체를 이루지 못할까?

내가 보기에 이 질문의 해답은 분명하다. '누구나 누구와'는 '모두가 모두와'와 동일한 관계가 아니다. 기술에 힘입어 우리는 '누구나 누구와' 식의 관계를 맺을 수 있지만, '모두가 모두와'는 '누구나 누구와'와 다른 종류의 관계다. 우리는 하나의 생물종 전체로서 의사를 결정하는 데 어려움을 겪는다. 우리는 모두 의미의 세계에 살고 있는데, 그 의미의 세계가 서로 다르기 때문이다. 그것은 기술이 아니라, 언어의 영역에 존재하는 문제다. 모든 사람은 나름의 상호 소통 지대에 속해 있다. 여기서 상호 소통 지대란 외부자보다 내부의 다른 구성원들과 더 왕성하게 상호작용 하는 사람들의 광범위한 관계망을 가리킨다. 상호 소통 지대 안에서 우리 끼리 이야기와 소문을 재순환하는 과정에서 우리는 우리가 모두가 볼 수 있는 현실의 그림을 만든다. 우리가 공유하는 큰 그림 덕분에 우리는 서 로를 이해할 수 있고, 사회적 별자리로서 작동할 수 있지만, 그 큰 그림 때문에 우리의 서사 밖에 존재하는 사람들은 우리를 비교적 이해하기 어 렵다. 소설가 얀 마텔[Yann Martell]은 이렇게 말했다. "우리는 모두 우리 가 쓰는 언어들의 시민들이고, 세계는 언어가 아니다."

상호 소통 지대는 인류사의 초창기에 인간 생활의 구체적 형태를 부여 했고 여전히 존재하지만, 이제 물리적 위치는 변수가 아니다. 강, 계곡, 바다 같은 자연현상은 이제 별로 중요하지 않다. 정보화 시대에서 우리는 담론의 용어를 공유하는 사람들과 소통하는 경향이 있다. 기술에 힘입어 가상공간에는 외부자들에게 보이지 않는 세계관이 형성된다—그 세계관 이 공적 무대에 존재하는 것이 아니기 때문이다. 하지만 그 세계관은 내 부자들에게도 보이지 않는다. 서사는 원래 그렇게 작동하기 때문이다. 우리의 현실은 있는 그대로의 현실과 구분하기 힘들다. 우리는 모두 우리 가 평소 인지하지 못하는 반구형 지붕 밑에 살고 있다. 우리는 합심해 천 장에 하늘을 그려 넣는다. 위를 쳐다볼 때 우리 눈에 보이는 것은 천장이 아니라 그림이다. 우리가 올려다보는 것은 하늘이다.

통념에 따르면, 우리는 의견이 같은 사람들끼리만 대화하는 고립적 신념 공동체를 이룬다. 과연 그것이 문제인지 잘 모르겠다. 지금까지 내 가 만난 대다수 사람은 자신이 속한 신념 공동체가 대화와 토론을 수용 한다고 여겼다. 독단적인 마르크스주의자들이 그랬고, 교조적인 이슬람주의자들도 마찬가지였다. 정치적 자기검열의 굴레에 갇힌 사람들도 예외는 아니었다. 다들 본인이 속한 공동체는 비판을 환영한다고, 또 다른 공동체의 저 무식한 낙오자들을 빼고는 누구와도 토론할 수 있다고 주장한다. 언젠가 나는 온라인 대화방에서 우연히 우익 분자 두 사람과 마주친 적 있다. 그들은 힘러[Himmler, 제2차 세계대전 당시 유대인 학살을 주도한 나치 전범−옮긴이 주]에 관해 열심히 떠들어댔다. 하지만 나는 나치 공동체가 자유 토론을 장려한다고 생각하지는 않았다.

우리는 서로 의견이 달라도 유익한 대화를 나눌 수는 있지만, 일단 서로의 발언을 이해할 수 있어야 한다. 관념은 이미 일관적인 느낌을 풍기는, 익히 알려진 구조에 들어맞을 때 그 의미가 통한다. 우리가 아는 모든 사실은 지식 연결망 속의 한 접속점이고, 이 때문에 우리는 자신이 무언가를 이해하고 있다고 생각할 때 점을 연결하는 중이라고 말한다. 그것은 우리가 지금 별자리를 보기 시작하고 있다는 말이다. 점은 세계가 우리에게 부여하는 모든 것이다. 연결은 우리가 덧붙이는 것이다. 큰 그림은 우리 마음속에 있지만, 다른 사람들의 눈에도 보이면 그 그림은 진짜처럼 느껴진다. 사실상 그것은 진짜다.

일단 큰 그림이 만들어지면 점이 여기저기서 사라질 수 있다. 괜찮다. 그림은 그대로 있다. 새로운 점 몇 개가 틀 속에 흘러들어 올 수 있다. 괜찮다. 우리는 들어맞는 점은 받아들이고 그렇지 않은 점은 무시하면 된다. 그림은 그대로 있다. 그러나 점이 너무 많이 사라지고 또 너무 많이 흘러들어 오면 그림은 흐릿해진다. 어느 시점에는 몇 개의 점만 생기거나 없어져도 그림이 완전히 새롭게 바뀔 수 있고, 모든 점의 의미도 바뀔 수 있다. 이제는 개개의 점이 전혀 다른 의미망 속의 접속점이기 때문이다.

내가 보기에 우리는 모두 현실의 모형과 함께 작동하고 있다. 그리고 우리는 대부분 암묵적인 관념으로 구성된 그 모형을 명확하게 표현할 수 없다. 우리는 어떤 주제가 제시될 때까지 자신이 무엇을 알고 있는지 알 수 없다. 다들 일각수[一角獸]라는 동물은 없고 젖소는 있다는 사실을 알고 있지만, 이 문장을 읽기 1분 전만 해도 여러분은 아마 이 사실을 뚜렷하게 의식하지는 않았을 것이다. 만약 1분 전에 여러분이 알고 있는 100가지 사실을 열거해 달라는 부탁을 받았으면 아마 여러분은 일각수와 젖소의 존재 여부를 언급하지는 않았을 것이다―그리고 무언가를 빠트린 것 같은 찜찜한 기분조차 느끼지 않았을 것이다. 암흑 물질이 물리적 우주의 대부분을 차지하듯이, 암묵적 관념은 우리의 개념적 세계 모형의 대부분을 차지한다.

지금까지 나는 두 가지 서로 다른 반구형 지붕―두 가지 문화, 두 가지 서사―의 내부자로서 살았고, 이쪽에서 저쪽으로 넘어갈 때 세계 자체가 뒤바뀌는 경험을 겪으며 깜짝 놀랄 때가 종종 있었지만, 변화는 주로 우리가 거의 감지할 수 없을 만큼 작은 부분에서 나타나는 법이다. 언젠가 나는 샌프란시스코의 어느 술집에서 여러 낯선 손님과 함께 텔레비전을 보고 있었다. 스포츠 방송 아나운서가 프로 미식축구 리그 소속의 쿼터백 출신인 콜린 캐퍼닉[Colin Kaepernick]을 상대로 인터뷰를 진행하고 있었다. 그런데 캐퍼닉은 인터뷰 내내 모자를 쓰고 있었다. 내 옆자리의 한 사내가 경멸감을 드러냈다. "저 친구는 왜 모자를 안 벗어? 예의를 지켜야지."

무슨 소리인지 이해하기 어려웠다. "모자를 쓰면 예의에 어긋나는 건가요?"라고 물었다.

그가 대답했다. "그렇소. 다들 아는 사실 아니오?"

글쎄, 이슬람 세계에서는 낯선 사람들과 어울릴 때 모자를 쓰고 있는 것이 예의로 통한다. 아, 모쪼록 존중심을 갖추기 바란다. 무슨 문제라도 있는가? 혹시 여러분은 다르게 배웠는가? 그때 나는 이미 미국에서 생활한 지 오래되었지만, 모자 착용이 예의에 벗어나는 행동인지 미처 몰랐다. 그전까지 한 번도 들은 적 없는 사실이었다.

아득한 옛날, 서로 다른 세계에 속한 사람들은 서로 다른 장소에서 살았다. 오늘날 서로 다른 세계에 속한 사람들은 거의 동일한 물리적 공간에서 살 수 있다. 서로 다른 세계에 속한 사람들이 길거리에서 서로 마주칠 수 있고, 잡화점에서 만날 수 있다. 같은 그림을 보거나 같은 음악을 듣는 두 사람이 서로 다른 두 가지 진실을 경험하고 있을지 모른다. 그림의 형태나 색채와 음악 소리가 서로 다른 기억과 관념과 신념의 별자리를, 즉 서로 다른 의미망을 자극할 수 있기 때문이다. 맥락을 살펴보지 않은 채 표면적 유사성에 너무 빨리 반응하면 양쪽 모두 이해할 수 없는 충돌로 이어질 수 있다. '모든 사람은 똑같다.'라는 고상한 주장이 너무나 쉽사리 '모든 사람은 바로 나 같다.'라는 억측으로 변질될 수 있다. 맥락이 중요하다.

모든 세계관은 세계 전체가 조화를 이루는 방식을 규정하는 모형이다. 그런 모든 게슈탈트는 해당 게슈탈트의 존속에 일조하는 기제를 갖추고 있다. 모든 유기체처럼 그런 게슈탈트에는 생존 의지가 있다. 어울리는 관념은 흡수해 통합하고 어울리지 않는 관념은 거부함으로써 죽음을 저지한다. 안정적이고 건전한 사회에서, 관념은 여과 과정을 거쳐 전반적 일관성을 갖추게 된다. 하지만 그런 사회의 세계관은 범위가 넓고, 대다수의 구성 요소가 암묵적이고, 다수의 구성 요소가 잠정적이고, 그 별자리 전체가 느슨하게 이뤄져 있어서 마치 하늘에 새로 나타나는 별처럼 등장하는 새로운 정보는 거기 어딘가에 자리 잡을 수 있다. 그런 사회의 세계관과 광신자들을 끌어모으는 세계관을 비교해보자. 광신적 세계관의 경우, 모형을 구성하는 거의 모든 관념은 명시적이고, 그어떤 관념도 잠정적이지 않고, 각 관념은 다른 관념을 지탱하거나 다른 관념에 의해 지탱되고, 내부자들이 모형에 어긋나는 정보, 즉 모형의 오류를 입증하거나 모형의 신뢰를 떨어트리는 정보를 거의 수용하지 못한다. 광신적 세계관은 일관적일 뿐 아니라, 지나치게 일관적이다. 그것은 바로 요즘 사회적 기포로 불리는 것이다. 그것은 환경의 변화에 적응할 수 없다.

그리고 세계관은 끊임없이 바뀌는 실세계와 보조를 맞추려면 변화에 적응해야 한다. 실세계는 존재한다. 원래 그렇고, 어쩔 수 없다. 오늘날 우리는 '자연'을 궁지로 몰아갈 수 있겠지만, 여전히 우리에게는 위기와 기회가 쉼 없이 들이닥친다. 석기 시대의 사람들처럼 우리도 기회를 잡고 위기에 대처해야 한다. 그렇게 하지 않으면 패배를 맛볼 것이다. 그러나 오늘날의 '환경'에는 우리 인간의 창조물이 무척 많기 때문에 도전을 극복하기 위해 우리가 취하는 모든 행동은 앞으로 우리 앞에 나타날 새로운 도전을 유발한다.

급격하고 격렬한 변화의 시기에는 전혀 새로운 다량의 정보를 처리해야 한다. 1세기 전에, 혹은 심지어 1년 전에 이 세상에 의미를 부여한 서사들은 이제 더는 제 역할을 하지 못한다. 우리가 이미 알고 있는 그어떤 사실도 지금 우리를 둘러싼 세계를 이해하는 데 보탬이 되지 않는다. 이미 널리 퍼져있는 서사가 일관성을 잃으면 그 별자리는 의미를 상실한다. 개별 관념은 빙하에서 분리되는 얼음덩어리처럼 갈라져 나올 수 있다. 그 관념들은 다른 개념적 표류 화물들과 결합할 가능성 있는 문화적 파편으로서 떠다닐 수 있다. 한때 전혀 양립할 수 없는 것처럼 보였던 관념들이 이제 서로 연결될 수 있을지 모른다. 과거의 별자리가 더는 존재하지 않기 때문이다.

1964년, 캘리포니아대학교 버클리 캠퍼스에서는 여러 명의 연설자가 잇달아 연단에 올라 충격적인 말을 거침없이 쏟아냈다. 그것은 발언의 자유를 지키려는 혁명적 시도였다. 그 사건에서 비롯된 자유발언운동[Free Speech Movement]은 대대적인 반전 운동으로 번졌고, 훗날 반전 운동은 좌파와 연관된 여러 행동주의적 흐름을 하나로 묶어 거대한 파도를 일으켰다.

2017년, 매우 비슷한 사건이 같은 캠퍼스에서 일어났지만, 이번에는 충격과 도발을 꾀한 연설자들이 극우파와 관계있었고, 그들의 연설을 저지하려던 사람들은 자유주의적 좌파와 관계있었다. 이제 발언의 자유는 1964년에 그것이 속해 있었던 개괄적 도식[圖式]의 일부분이 아니었다. 발언의 자유는 이제 누구나 소유권을 주장할 수 있는 둥둥 떠다니는 관념의 덩어리였고, 2017년에 발언의 자유를 도용하는 데 성공한 것은 극우파였다.

1962년, 철학자 토마스 쿤[Thomas Kuhn]은 《과학 혁명의 구조 The Structure of Scientific Revolution》에서 패러다임 전환이라는 개념을 소개했다. 쿤이 말하는 패러다임이란 어떤 과학 분야의 포괄적 이론을 의미했다. 패러다임은 과학자들에게 알려진 사실들이 어떻게 서로 조화를 이루는지, 그리고 어떤 문제가 아직 풀리지 않았는지를 알려준다. 통상적으로 과학적 연구는 사실을 계속 증명하고 추가함으로써 증명된 사실을 축적하는 과정이 아니다. 평소 과학 연구자들은 유력한 모형을 기반으로 예측을 시도한다. 그들은 실험을 통해 예측이 맞는지 검증한다. 예측이 맞으면 모형을 명확하게 설명할 수 있고, 아마 모형을 확대할 수도 있을 것이다. 예측이 틀리면 모형을 어떻게 수정해야 할지 살펴본다.

설명할 수 없는 약간의 자료는 정상적인 현상이다. 쿤은 그런 자료를 변칙 현상[anomaly]이라고 불렀다. 고도의 과학적 연구는 변칙 현상을 설명하는 데 집중한다. 그러나 유난히 확고한 변칙 현상은 추후의 연구 대상으로 보류된다. 그런 변칙 현상이 너무 많이 나타나면 모형은 설득력을 잃는다. 바로 그때 과학 혁명이 일어날 수 있다. 누군가 중요하고 새로운 발상을 내놓으면 패러다임 전환이 촉발된다. 전혀 새로운 포괄적 모형이 기존의 포괄적 모형을 대체한다. 일단 그렇게 되면 모든 것이 다시 어느 정도 설명될 수 있고, 과학자들은 이런저런 관찰 결과가 어떻게 (새로운) 패러다임에 들어맞는지 알아내는 정상적인 작업을 재개할 수 있다.[28]

쿤은 구체적으로 과학을 논의의 대상으로 삼았지만, 패러다임 전환이라는 개념은 역사에서 일어나는 많은 현상을 해석하는 데 일조할 수 있다. 지금 나는 인간의 상호작용을 조직하고, 사람들의 삶에 목적을 선사하고, 대부분 사건에 의미를 부여하는 사회적 패러다임이 이미 모든 안정적인 사회에 스며들어 있다고 주장하는 것이 아니다. 하지만 과학의 경우와 마찬가지로, 사회에도 부적합한 몇몇 요소—말썽을 일으키는 몇몇 사

---

28) 예를 들어 프톨레마이오스의 이론이 내부적으로 너무 복잡하게 뒤엉켜버리자 코페르니쿠스는 모든 천체가 지구가 아니라 태양을 중심으로 회전한다는 견해를 슬며시 꺼냈다. 하나의 가정이 바뀌자 그림 전체가 바뀌었고, 그동안 설명할 수 없었던 밤하늘의 모든 패턴이 이해되었다. 뉴턴 물리학이 빛의 속도를 둘러싼 특정한 변칙 현상을 설명할 수 없게 되자, 아인슈타인은 절대적인 공간과 시간이 존재하지 않을지 모른다는 과감한 식견을 제시했다. 그의 통찰력에 힘입어 물리학이 혁신되었고, 이후 100여 년에 걸쳐 생산적 연구가 촉진되었다.

회적 소용돌이, 해당 패러다임 안에서 불편함을 느끼는 소수의 인간 집단들, 진실을 외치며 소신을 굽히지 않는 몇몇 사람들, 작업을 거부하는 소수의 노동자, 외계인들에게 납치되었다고 주장하는 소수의 미치광이, 언젠가 정부를 무너트리고 모든 문제를 해결할 것이라는 망상에 빠진 채 무기를 비축하며 반란을 꾀하는 소수의 세력—가 있기 마련이다.

하지만 그런 요소들은 변칙 현상으로, 즉 연구해야 할 문제, 펴야 할 주름으로 치부된다. 대다수 구성원이 패러다임에 공감하는 한, 사회는 소수의 국외자와 그들의 견해를 관리할 수 있다. 별자리는 굳건하게 유지되고, 삶은 여전히 의미를 간직한다. 그러나 세계는 전혀 낯선 정보로 우리를 끊임없이 놀라게 한다. 우리의 우주 모형은 새로 나타나는 구체적 사실에 늘 촉각을 곤두세워야 한다. 그리고 설령 우리가 새로운 정보의 절반을 부정하거나 억제해도 우리 곁에는 당장의 현실과 조화를 이루지 못하는 많은 관념이 자리 잡게 될 것이다. 반대로 우리가 큰 그림의 형태와 색채를 너무 많이 바꾸면 큰 그림은 점점 흐릿해지고, 관념과 삶을 결속하는 힘이 약해질 것이다. 지배 서사가 존재하려면 일관성이 필요하다. 그 어느 것도 다른 것과 연계되지 않을 때, 사회는 당연히 패러다임의 변화를 위한 분위기가 무르익는다.

바로 그때 몇 가지 새로운 관념이 나타나고, 깨달음의 순간이 찾아온다. 그 관념들은 연결고리를 제시하는 듯싶다. 갑자기 새로운 큰 그림이 짜잔 나타난다! 그런데 그것은 아포맷톡스[Appomattox, 남북전쟁 때 남군의 리 장군이 북군의 그랜트 장군에게 항복한 장소—옮긴이 주]를 연상시키는 링컨의 초상화가 아니라, 침몰하는 〈타이태닉호〉의 그림이다. 당연히 이전에는 아무것도 이해되지 않았다. 우리는 모든 기지의 사실을 엉뚱한 그림에 쑤셔 넣고 있었다. 이제 그림의 진짜 모습이 보이기 때문에 그동안

부적합한 것으로 치부되었던 관념들이 끝내는 매우 중요한 것으로 드러난다. 링컨의 눈을 어설프게 표현한 것처럼 보이는 얼룩은 사실 〈타이태닉호〉의 타륜[舵輪]을 정교하게 묘사한 것이다.

사회적 패러다임의 변화는 항상 갑작스러워 보일 것이다. 패러다임은 원래 모습을 드러낼 때까지는 눈에 띄지 않기 때문이다. 사회 전체가 대대적 변화를 겪을 때는 마치 모든 구성원이 한꺼번에 마음을 바꾸는 것처럼 보일 수 있지만, 그 변화는 사실 쿤이 설명한 패러다임 전환의 사회적 형태다.

역사에서 그런 변화는 여러 차례 일어났다. 모든 훌륭한 종교는 패러다임의 변화를 대변했다. 색다른 한 묶음의 사건이 발생했다. 그 사건들이 모순의 웅덩이에 빠졌고, 갑자기 아주 많은 사람이 모든 것을 다시 이해할 수 있게 되었다. 사회적 패러다임 전환의 극명한 사회적, 정치적 사례는 20세기만 해도 많이 찾아볼 수 있다. 1930년대의 독일은 갑자기 나치 세계로 변모했다. 이후, 공포에 휩싸인 독일인들은 나치즘의 일시적 승리를 대단한 성과로 포장하려고 애썼다. 그러나 당시 많은 독일인은 그저 느닷없이 나치즘의 패러다임에 가담한 것 같다-그들은 나치 당원이 되었다.

내가 속한 세대의 사람들에게 1960년대는 갑작스럽고 광범위한 문화적 전환기였다. 세계전쟁은 기억 속으로 사라지고 있었다. 식민지는 제국에서 벗어나고 있었다. 번영의 물결이 점점 일렁이고 있었다. 모든 문제가 해결될 것처럼 보였다. 그리고 세계 도처에서 특정한 가치 체계가 나타났다. 크고 강한 것은 입지가 좁아지고, 작고 단호한 것이 인기를 얻었다. 혁명이 매력적으로 보이게 되었다. 정체성에 근거한 공동체가 형성되어 해방을 요구했다. 그러나 동시에 급진적 개인주의가 찬미의 대상으로 자리 잡기도 했다. 어떤 사람들은 그런 변화를 환영하고 다른 사람들은 혐오했지만, 다들 모종의 변화가 일어나고 있다는 사실을 인지했다.

1969년, 미국에서 '혁명'이라는 단어는 1960년대의 패러다임에 안착해 있었다. 그때 만약 누군가 '레이건 혁명[Reagan Revolution]'이라는 용어를 썼다면 농담인 줄 알았을 것이다. 그러나 1979년, 대다수의 미국인은 레이건이 외친 세계 서사를 갑자기 이해하게 되었다. 심지어 징집 영장이나 브래지어를 불태우고 경찰관을 돼지라고 불렀던 많은 사람이 보기에도 레이건은 현실 세계를 설명하고 있었고, 사랑을 떠들어댔던 1960년대의 털투성이 반전주의자들은 환상 속에 빠져 사는 아이들에 불과했다. 사회의 모든 구성원이 동시에 마음을 바꾼 것 같았다. 모두가 패러다임의 변화를 반기지는 않았지만, 대다수 구성원은 패러다임이 바뀌고 있다고 느꼈다. 한때 주류에 속해 있었고 아직 기존의 패러다임을 고수하던 사람들은 소외된 외부자로 전락했다.

또 다른 사례도 있다. 소련이 붕괴하기 10년 전에는 아무도 공산주의가 몰락할 거로 생각하지 못했다. 그러나 공산주의는 몰락했다. 왜 몰락했을까? 공산당 서사가 물질적 현실에 어긋났기 때문이다. 이른바 공산주의 체제의 주민들은 소비재 부족, 단조로운 생활 공간, 비대한 관료제, 야만적인 경찰권 따위를 겪고 있었다. 그러다가 갑자기 많은 사람이 보기에, 그 옛날 카를 마르크스가 말했던 노동자의 낙원은 벌거벗은 임금님의 새 옷 같았다. 노동자의 낙원은 없었다. 소련 제국은 무너졌고, 대규모 군사 행동과 쟁의행위를 유발했던 세계적 차원의 현상은 마치 터져버린 비누 거품처럼 사라지고 말았다. 그것은 순식간에 일어난 일이었다. 공산주의라는 것이 결코 구체적 사실인 적이 없었기 때문이다.

공산주의가 존재할 수 있었던 것은 다름 아니라 수많은 사람이 공산주의에 호응하거나 공산주의와 싸우거나 공산주의를 수용하거나 공산주의를 멀리하며 마치 공산주의라는 것이 존재하는 듯이 행동했기 때문이다. 신념의 폐해였다.

1950년대와 1960년대에 이란에서는 서양 열강의 도움으로 권좌에 오른 독재 군주인 레자 팔레비[Reza Pahlevi] 왕에 맞서는 여러 저항 세력이 있었다. 이란의 민주주의 복원을 염원한 좌파 및 근대화 세력의 여러 비밀 정당은 국왕을 권좌에서 끌어내리려는 음모를 꾸몄다. 1975년만 해도, 불과 4년 뒤에 검은색 옷차림의 눈동자가 검은 성직자가 망명 생활을 끝내고 돌아오자 수많은 이란인이 '우리의 영웅!'이라고 외치는 모습을 아무도 예측할 수 없었을 것이다. 그 같은 변화는 별안간 일어나는 것처럼 보이겠지만, 그것을 초래한 개념적 발전은 이미 오래전부터 진행되고 있었다. 우선, 한동안 모순적 상황이 심화하고 있었다. 아울러 새로운 패러다임의 의미심장한 조각들이 이미 문화의 바다에 떠다니고 있었다. 그 조각들이 서로 짝을 이루기 시작하고 나서야 비로소 새로운 그림이 나타났다.

새로운 서사에는 나름의 주장을 떠들어대는 개인들을 단 하나의 조화로운 전체로 통합하는 힘이 있다. 그러나 유감스럽게도 새로운 서사가 항상 그런 능력을 발휘하지는 않는다. 새로운 서사는 연대의 소규모 복합체에서 생겨날 수도 있다. 새로운 서사는 선택된 소수의 사람끼리 결속시켜저 나쁜 타자들에 대항하게 유도함으로써 같은 부류끼리의 유대감을 강화할 수 있다. 그것은 마치 치유가 무의미하다는 명백한 사실 때문에 생긴 불안을 치유하려는 모습처럼 보일 수 있다. 그런 식의 유대감에서 비롯된 조화는 흔히 무자비함과 공포로 이어진다. 지금까지의 역사에는 일일이 열거할 수 없을 정도로 그런 사례가 많고, 앞으로 그 같은 일이 벌어지지 않을 것이라고 장담할 수도 없다.

지금 우리는 세계적 차원의 모순이 증가하는 시기 중 하나를 겪고 있는 듯하다. 오래된 서사들은 힘을 잃었고, 원자화된 목소리는 새로운 서사들을(또는 오래된 서사들의 개정판을) 떠들썩하게 퍼트리고 있다. 그리고 지금 나쁜 무언가에 쏠리는 많은 사람은 앞으로 누군가 새로운 무언가를 내놓지 않으면 대참사의 씨앗을 뿌리게 될 것이다. 그런 대참사의 위험이 특히 심각한 이유는, 지금 우리가 거론하는 '사회'라는 것이 사람들의 이런저런 무리가 아니라 이 세계화 시대의 모든 인류와 등치시킬 수 있는, 마치 스파게티 면발처럼 뒤엉킨 인간 생활의 덩어리 전체이기 때문이다.

그런데 잘 생각해보면 위험은 언제나 '지금 당장'이 특히 심각해 보이는 듯싶다. 개인적으로 나는 인류가 제동 장치 없이 막다른 골목을 향해 고속으로 달리는 폭주 열차에 묶인 것처럼 보이지 않은 시절이 있었는지 잘 기억나지 않는다. 오늘날 우리는 별개의 사회적 기포 속에서 살고, 타인의 의견에 손쉽게 반대하고, 하나의 생물종으로서의 단일한 행동 계획을 수용하지 못한 채 서로 고립된 것 같다. 하지만 미래에도 그럴 것이라고 단정할 수는 없다.

특정 시기의 지배적 패러다임은 마침내 찾아온 영속적 현실 같은 느낌을 풍기기 마련이다. 영속적 현실 같아 보이는 그 패러다임은 바로 현대성이 의미하는 바다. 불안한 시기에조차, '오늘'은 그간의 역사가 마침내 도달한 지점처럼 보이고, 따라서 현재 순간은 어제가 넘볼 수 없는 확고한 권위를 지닌다. 언젠가 드와이트 D. 아이젠하워는 이렇게 말했다. "그 어느 때보다 지금 당장이 더 와 닿는다." 그러나 현재는 그런 권위를 누릴 자격이 없다. '항상' 사라질 수밖에 없는 무언가가 감히 영속적 현실이라고 주장하는 셈이다. 역사를 숙고하고 과거에 주목할 이유가 여기에 있다. 어쨌든 현재는 미래에 존재할 과거일 뿐이다.

지금 이 세상은 결코 모든 사람이 평화롭게 공유하는 세상이 아니겠지만, 우리가 만들어나가지 않으면 그런 세상은 찾아오지 않을 것이다. 우리의 목표는 모든 이가 '똑같아지는' 것도, '저들'을 교화해 우리와 공존할 수 있게 하는 것도, 우리가 저들과 똑같아져 저들의 세계에 합류하는 것도 아니다. 우리의 목표는 모든 사람이 똑같은 지도로 세계 곳곳에서 각자의 길을 찾는 것이다. 그렇게 될 때 비로소 모든 논의가 타당성을 띨 수 있을 것이다. 그렇게 될 때 비로소 모든 대화가 가능해질 것이다.

문화적 경계를 초월하는 관계를 맺으려면 맥락을 중시해야 한다. 그 같은 관계를 맺는 것은, 우리가 우리 자신과 크게 다른 사람들과 함께 만들어낼 법한 의미의 우주를 엿볼 수 있는 한 가지 방법이다. 그리고 '저들'을 우리 그림의 조연으로 포함하는 것만으로는 충분하지 않다. 타자의 시각을 어렴풋이나마 파악하는 것, 즉 이질적 단자 내부로 들어가는 것은 항상 힘든 도전이었다. 우리와 다른 관점에서 세계의 그림을 그리려면 많은 지적 관심과 힘겨운 탐구 과정이 필요하지만, 모두가 '우리'고 누구도 '저들'이 아닌 세계 공동체를 건설하려면 다른 방법이 없다. 그 세계 공동체는 과거에 어쩌다가 불완전한 방식으로 형성되기도 했지만, 완벽하게 이룩된 적은 한 번도 없다. 완벽한 형태의 세계 공동체가 존재했었다면 지금도 우리는 그런 곳에서 살고 있을 것이다. 앞으로 단일한 전체로서의 우리라는 것이 탄생한다면 그 단일한 우리는 지금 '우리'가 사는 세계나, 지금 '저들'이 사는 세계와는 다른 세계에서 살게 될 것이다. 모두를 아우르는 미래의 '우리 인간'은 아직은 존재하지 않는 세계에서 살게 될 것이다. 그 같은 세계가 생겨나려면 누군가 그것을 상상해야 한다. 또, 더 많은 사람이 그것을 상상해야 한다. 또, 많은 사람이 그런 세계가 진짜 있다고 믿어야 한다. 또 우리가 모두 마치 지금 그런 세계에서 살고 있다는 듯이 행동해야 한다. 또 그 믿음이 지속되는 한 그 세계는 진짜일 것이다.

감사의 말

이 책을 쓰는 동안 격려와 응원을 아끼지 않은 사람들을 일일이 거명할 수 없어 아쉽지만, 몇 분께 감사의 인사를 전하자면, 우선 이 책의 편집자인 리사 코프먼[Lisa Kaufman]을 꼽고 싶다. 훌륭한 편집자는 책의 성패를 가르는 법이다. 리사가 바로 그런 편집자다. 이 책의 발행인인 클리브 프리들[Clive Priddle]과 내 대리인인 캐럴 만[Carol Mann]에게도 감사한다. 두 사람 덕택에 이처럼 흥미진진한 책이 나올 수 있었다. 우리 딸 제서민 안사리[Jessamyn Ansary]에게도 고마움을 전하고 싶다. 제서민은 이 책의 최종 원고를 가장 먼저 읽었고, 아직 미흡한 부분을 넌지시 일러줬다. 아내인 데버러 크랜트[Deborah Krant]도 빼놓을 수 없다. 데버러는 내가 이 책을 쓰며 끊임없이 내용을 수정하는 동안, 이 책의 많은 부분을 여러 번 읽었다. 데버러와 나눈 대화는 확실히 집필 작업의 전반적인 방향을 잡는 데 보탬이 되었다. 동료 작가인 킵 녹스[Kip Knox]와 대니얼 벤 호린[Daniel Ben-Horin]에게도 감사의 마음을 전하고 싶다. 두 사람은 초고의 전부나 일부를 읽고 나서 예리한 점을 짚어줬다. 워싱턴 주립대학교의 R. 찰스 웰러[R. Charles Weller] 교수는 고맙게도 내가 쓴 에세이 《단일한 이야기로서의 인류사 Human History as a Single Story》를 자신의 책 《세계사의 21세기 서사 21st-Century Narratives of World History》에 수록하고 싶다는 부탁을 해왔다. 내가 웰러 교수의 부탁으로 작성한 그 에세이는 나중에 알고 보니 《세계사의 21세기 서사》의 요약본에 해당했다. 끝으로 〈파급효과 Ripple Effects〉라는 제목의 연속 강연을 하도록 초청해준 캘리포니아대학교 버클리 캠퍼스 오셔 평생교육원[Osher Lifelong Learning Institute] 원장 수잔 호프먼[Susan Hoffman]에게 감사한다. 내가 그 일련의 강연에서 청중들과 함께 숙고한 의견들이 씨앗이 되어 결국 세계사로, 이 역사책으로 자라났다.

참고 문헌

WORLD HISTORY

Braudel, Fernand. *A History of Civilizations*. New York: Penguin Books, 1987.

Davis, James C. *The Human Story: Our History from the Stone Age to Today*. New York: HarperCollins, 2004.

Harari, Yuval Noah. *Sapiens: A Brief History of Humankind*. London: Vintage Books, 2011.

Herodotus. *The Histories*. Translated by G. C. Macaulay. New York: Barnes and Noble Books, 2004.

McNeill, J. R., and William H. McNeill. *The Human Web: A Bird's-Eye View of World History*. New York: W. W. Norton, 2003.

McNeill, William H. *The Rise of the West: A History of the Human Community*. Chicago: University of Chicago Press, 1963.

Roberts, J. M. *The Penguin History of the World*. London: Penguin Books, 1987.

Spielvogel, Jackson J. *Western Civilization*. Boston, MA: Wadsworth, 2000.

Winks, Robin. *A History of Civilization: Prehistory to 1715*. Saddle River, NJ: Prentice-Hall, 1996.

ANCIENT HISTORY

Anthony, David. *The Horse, the Wheel, and Language: How Bronze Age Riders from the Eurasian Steppes Shaped the Modern World*. Princeton, NJ: Princeton University Press, 2007.

Bertman, Stephen. *Handbook to Life in Ancient Mesopotamia*. New York: Oxford University Press, 2005.

Braudel, Fernand. *Memory and the Mediterranean*. New York: Vintage Books, 1998.

Brewer, Douglas J., and Emily Teeter. *Egypt and the Egyptians*. 2nd ed. Cambridge, UK: Cambridge University Press, 2007.

Chadwick, Robert. *First Civilizations: Ancient Mesopotamia and Ancient Egypt*. London: Equinox, 2005.

Cunliffe, Barry. *Europe between the Oceans: Themes and Variations: 9000 BC–AD 1000*. New Haven, CT: Yale University Press, 2008.

Gowlett, John A. J. *Ascent to Civilization: The Archaeology of Early Man*. New York: Alfred A. Knopf, 1984.

Hawkes, Jacquette. *The Atlas of Early Man*. New York: St. Martin's Press, 1976.

Korn, Jerry, ed. *The First Cities*. New York: Time-Life Books, 1973.

Kramer, Samuel Noah. *Cradle of Civilization*. New York: Time-Life Books, 1967.

Myśliwiec, Karol. *The Twilight of Ancient Egypt: First Millennium B.C.E.* Ithaca, NY: Cornell University Press, 2000.

Oates, Joan. *Babylon*. London: Thames and Hudson, 1986.

Renfrew, Colin. *Archaeology and Language: The Puzzle of Indo-European Origins*. Cambridge, UK: University of Cambridge Press, 1987.

Roaf, Michael. *Cultural Atlas of Mesopotamia and the Ancient Near East*. New York: Facts on File, 1990.

Roux, George. *Ancient Iraq*. New York: Pelican Books, 1980.

Shaw, Ian, ed. *The Oxford History of Ancient Egypt*. New York: Oxford University Press, 2004.

Trigger, B., B. Kemp, D. O'Conner, and A. Lloyd, eds. *Ancient Egypt: A Social History*. Cambridge, UK: Cambridge University Press, 1983.

REGIONS AND PEOPLES

Allen, Lindsay. *The Persian Empire*. Chicago: University of Chicago Press, 2005.

Barber, Richard. *The Penguin Guide to Medieval Europe*. New York: Penguin Books, 1984.

Bobrick, Benson. *The Caliph's Splendor: Islam and the West in the Golden Age of Baghdad*. New York: Simon and Schuster, 2012.

Bray, Warwick. *Everyday Life of the Aztecs*. New York: Putnam, 1968.

Cantor, Norman. *The Sacred Chain: A History of the Jews*. New York: Harper Perennial, 1994.

Chu, David, and Elliott Skinner. *A Glorious Age in Africa: The Story of Three Great African Empires*. Trenton, NJ: Africa World Press, 1990.

Clements, Jonathan. *The Vikings*. Philadelphia: Running Press, 2008.

Cook, J. M. *The Persian Empire*. New York: Schocken Books, 1983.

Davidson, Basil. *Africa in History: Themes and Outlines*. New York: Macmillan, 1974.

Ebrey, Patricia Buckley. *The Cambridge Illustrated History of China*. Cambridge, UK: Cambridge University Press, 1996.

Elisseeff, Vadime, ed. *The Silk Roads: Highways of Culture and Commerce*. New York: Berghahn Books/UNESCO, 2000.

Esposito, John L., ed. *The Oxford History of Islam*. New York: Oxford: University Press, 1999.

Fairbank, John King. *China: A New History*. Cambridge, MA: Belknap Press, 1992.

Frankopan, Peter. *The Silk Roads: A New History of the World*. New York: Vintage Books, 2017.

Fremantle, Anne. *Age of Faith*. New York: Time-Life Books, 1965.

Gascoigne, Bamber. *The Dynasties of China: A History*. New York: Carroll and Graf, 2003.

Gies, Frances, and Joseph Gies. *Daily Life in Medieval Times*. New York: Black Dog and Leventhal, 1990.

Gottfried, Robert S. *The Black Death, Natural and Human Disaster in Medieval Europe*. New York: Free Press, 1983.

Grunebaum, G. E. *Classical Islam*. Chicago: Aldine, 1970.

Hay, John. *Ancient China*. New York: Henry Z. Walck, 1973.

Herold, J. Christopher. *The Age of Napoleon*. New York: American Heritage, 1983.

Hodgett, Gerald Augustus John. *A Social and Economic History of Medieval Europe*. London: Methuen, 1972.

Hourani, Albert. *A History of the Arab Peoples*. Cambridge, MA: Belknap, 1991.

Hua, Yu. *China in Ten Words*. New York: Pantheon Books, 2011.

Huang, Ray. *China: A Macro History*. Armonk, NY: M.E. Sharp, 1988.

Keay, John. *China: A History*. New York: Basic Books, 2009.

Kennedy, Hugh. *The Great Arab Conquests*. New York: Da Capo Press, 2007.

Kinross, Lord. *The Ottoman Centuries*. New York: Morrow Quill, 1977.

Kleeman, Terry, and Tracy Barrett. *The Ancient Chinese World*. New York: Oxford University Press, 2005.

Lewis, Archibald, ed. *The Islamic World and the West A.D. 622–1492*. New York: John Wiley and Sons, 1970.

Lewis, Bernard. *The Middle East: A Brief History of the Last 2000 Years*. New York: Scribner, 1995.

Liu, Xinru. *The Silk Road in World History*. New York: Oxford University Press, 2010.

Luce, Edward. *In Spite of the Gods: The Rise of Modern India*. New York: Anchor Books, 2008.

Martin, Janet. *Medieval Russia 980–1584*. Cambridge, UK: Cambridge University Press, 1995.

McLeod, John. *The History of India*. 2nd ed. Santa Barbara, CA: Greenwood, 2015.

Nabarz, Payam. *The Mysteries of Mithra*. Rochester, VT: Inner Traditions, 2005.

Potok, Chaim. *Wanderings: A History of the Jews*. New York: Ballantine Books, 1978.

Rautman, Marcus. *Daily Life in the Byzantine Empire*. Westport, CT: Greenwood Press, 2006.

Risso, Patricia. *Merchants & Faith: Muslim Commerce and Culture in the Indian Ocean.* Boulder, CO: Westview Press, 1995.

Roberts, J. A. G. *Early China, from Beijing Man to the First Emperor.* Gloucestershire, UK: Sutton, 2007.

Robinson, Francis. *The Mughal Emperors and the Islamic Dynasties of India, Iran, and Central Asia, 1206–1925.* London: Thames and Hudson, 2007.

Shafer, Edward. *Ancient China.* New York: Time-Life Books, 1967.

Shaffer, Lynda Norene. *Maritime Southeast Asia to 1500.* London: M.E. Sharpe, 1996.

Tames, Richard. *A Traveler's History of Japan.* New York: Interlink Books, 1993.

Thapar, Romila. *A History of India.* New York: Penguin Books, 1970.

Tharoor, Shashi. *Nehru: The Invention of India.* New York: Arcade, 2003.

Watson, Francis. *A Concise History of India.* London: Thames and Hudson, 1979.

Wiet, Gaston. *Baghdad, Metropolis of the Abbasids.* Norman, OK: University of Oklahoma Press, 1971.

Williams, Lea. *Southeast Asia: A History.* New York: Oxford University Press, 1976.

Wolfram, Herwig. *The Roman Empire and Its Germanic People.* Berkeley: University of California Press, 1997.

Wolpert, Stanley. *A New History of India.* New York: Oxford University Press, 1997.

Yan, Xuetong. *Ancient Chinese Thought, Modern Chinese Power.* Princeton, NJ: Princeton University Press, 2013.

THEMATIC, REVISIONIST, AND ANALYTICAL HISTORIES

Boorstin, Daniel J. *The Discoverers.* New York: Random House, 1983.

Davis, Kenneth C. *America's Hidden History: Untold Tales of the First Pilgrims, Fighting Women, and Forgotten Founders Who Shaped a Nation.* New York: Smithsonian Books, 2009.

Demko, George. *Why in the World: Adventures in Geography.* New York: Anchor Books, 1992.

Diamond, Jared M. *Collapse: How Societies Choose to Fail or Succeed.* New York: Viking, 2005.

———. *Guns, Germs, and Steel: The Fates of Human Societies.* New York: W. W. Norton, 1999.

Ferguson, Niall. *Empire: The Rise and Demise of the British World Order and the Lessons for Global Power.* New York: Basic Books, 2002.

Hochschild, Adam. *King Leopold's Ghost: A Story of Greed, Terror, and Heroism in Colonial Africa* Boston: Houghton Mifflin, 1998.

Hodgson, Marshall. *Rethinking World History: Essays on Europe, Islam, and World History.* Cambridge, UK: Cambridge University Press, 1993.

Hunt, Lynn: *Writing History in the Global Era.* New York: W. W. Norton, 2015.

Jacques, Martin. *When China Rules the World: The End of the Western World and the Birth of a New Global Order.* New York: Penguin Books, 2009.

MacGregor, Neil. *A History of the World in 100 Objects.* New York: Penguin Books, 2012.

Mann, Charles C. *1491: New Revelations of the Americas before Columbus.* New York: Alfred A. Knopf, 2005.

———. *1493: Uncovering the New World Columbus Created.* New York: Alfred A. Knopf, 2011.

Lefkowitz, Mary. *Not Out of Africa: How Afrocentrism Became an Excuse to Teach Myth as History.* New York: Basic Books, 1997.

Menzies, Gavin. *1421: The Year China Discovered America.* New York: Harper Perennial, 2003.

Morgan, Michael Hamilton. *Lost History: The Enduring Legacy of Muslim Scientists, Thinkers, and Artists.* Washington, DC: National Geographic, 2007.

Segal, Ronald. *Islam's Black Slaves: The Other Black Diaspora.* New York: Farrar Straus and Giroux, 2001.

Tuchman, Barbara. *A Distant Mirror: The Calamitous 14th Century.* New York: Ballantine Books, 1978.

Van Sertima, Ivan. *They Came before Columbus: The African Presence in Ancient America.* New York: Random House, 2003.

Watson, Peter. *Ideas: A History of Thought and Invention, from Fire to Freud.* New York: HarperCollins, 2005.

Wolf, Eric R. *Europe and the People without a History.* Berkeley: University of California Press, 1982.

CROSS-CULTURAL CURRENTS AND RIPPLE EFFECTS

Asbridge, Thomas. *The First Crusade.* Oxford: University Press, 2004.

Benfey, Christopher. *The Great Wave: Gilded Age Misfits, Japanese Eccentrics.* New York: Random House, 2003.

Catlos, Brian. *Infidel Kings and Unholy Warriors. Faith, Power, and Violence in the Age of Crusades and Jihad.* New York: Macmillan, 2014.

Jones, Terry, and Alan Ereira. *Crusades.* New York: Facts on File, 1995.

Madden, Thomas F., ed. *Crusades: The Illustrated History.* Ann Arbor: University of Michigan Press, 2004.

Morgan, David. *The Mongols.* Malden, MA: Blackwell, 2007.

Nabhan, Gary Paul. *Cumin, Camels, and Caravans: A Spice Odyssey.* Berkeley: University of California Press, 2014.

Reston, James. *Dogs of God: Columbus, the Inquisition, and the Defeat of the Moors.* New York: Anchor Books, 2005.

Riley-Smith, Jonathan. *The Oxford Illustrated History of the Crusades.* New York: Oxford University Press, 1995.

Rogerson, Barnaby. *The Last Crusaders: East, West and the Battle for the Centre of the World*. London: Abacus, 2009.

Rossabi, Morris, ed. *The Mongols and Global History*. New York: W. W. Norton, 2011.

Tyerman, Christopher. *The Crusades*. New York: Sterling, 2009.

LIFE, THOUGHT, AND CONSCIOUSNESS

Chorost, Michael. *World Wide Mind: The Coming Integration of Humanity, Machines, and the Internet*. New York: Free Press, 2011.

Eagleman, David. *Incognito: The Secret Lives of the Brain*. New York: Vintage Books, 2011.

Harris, Marvin. *Our Kind: The Evolution of Human Life and Culture*. New York: Harper and Row, 1989.

Hawkins, Jeff. *On Intelligence: How a New Understanding of the Brain Will Lead to the Creation of Truly Intelligent Machines*. With Sandra Blakeslee. New York: Times Books, 2004.

Healy, Jane M. *Endangered Minds: Why Children Don't Think and What We Can Do about It*. New York: Simon and Schuster, 1990.

Johnson, Steven. *Where Good Ideas Come From: The Natural History of Innovation*. New York: Riverhead Books, 2010.

Kahneman, Daniel. *Thinking Fast and Slow*. New York: Farrar Straus and Giroux, 2011.

Mead, George Herbert. *On Social Psychology*. Chicago: University of Chicago Press, 1964.

Sacks, Oliver. *The River of Consciousness*. New York: Alfred A. Knopf, 2017.

Stephens, Ransom. *The Left Brain Speaks, the Right Brain Laughs: The Neuroscience of Innovation and Creativity in Art, Science, and Life*. Jersey City, NJ: Cleis Press, 2016.

Thomas, Lewis. *The Lives of a Cell: Notes of a Biology Watcher*. New York: Penguin Books, 1974.

RELIGION

Abiva, Huseyin, and Noura Durkee. *A History of Muslim Civilization*. Skokie, IL: IQRA International Educational Foundation, 2003.

Alawai, Ali A. *The Crisis of Islamic Civilization*. New Haven, CT: Yale University Press, 2009.

Armstrong, Karen. *The Great Transformation: The Beginning of Our Religious Traditions*. New York: Alfred A. Knopf, 2006.

———. *Muhammad: A Biography of the Prophet*. San Francisco: HarperCollins, 1992.

Árnason, Jóhann Páll, Armando Salvatore,and Georg Stauth, eds. *Islam in Process: Historical and Civilizational Perspectives.* Vol. 7 of *Yearbook of the Sociology of Islam.* Bielefeld, Germany: transcript Verlag, 2015.

Aslan, Reza. *No god but God: The Origins, Evolution, and Future of Islam.* New York: Random House, 2006.

Aslan, Reza. *Zealot: The Life and Times of Jesus of Nazareth.* New York: Random House, 2013.

Bottéro, Jean, *Religion in Ancient Mesopotamia.* Chicago: University of Chicago Press, 2004.

Doniger, Wendy. *The Hindus: An Alternative History.* New York: Penguin Books, 2009.

Ehrman, Bart D. *How Jesus Became God: The Exaltation of a Jewish Preacher from Galilee.* New York: HarperCollins, 2014.

Hitchcock, James. *History of the Catholic Church: From the Apostolic Age to the Third Millennium.* San Francisco: Ignatius Press, 2012.

Puett, Michael, and Christine Gross-Loh. *The Path: What Chinese Philosophers Can Teach Us About the Good Life.* New York/Delhi: Simon and Schuster, 2016.

Smith, Huston. *The Religions of Man.* San Francisco: HarperCollins, 1961.

Smith, Huston, and Philip Novak. *Buddhism: A Concise Introduction.* New York: HarperCollins, 2003.

Smith, Wilfred Cantwell. *The Faith of Other Men.* New York: New American Library, 1965.

Ulansey, David. *The Origins of the Mithraic Mysteries: Cosmology and Salvation in the Ancient World.* New York: Oxford University Press, 1989.

ECONOMICS AND MONEY

Beattie, Alan. *False Economy: A Surprising Economic History of the World.* New York: Riverhead Books, 2009.

Berlin, Isaiah. *Karl Marx His Life and Environment.* Oxford, UK: Oxford University Press, 1978.

Cassidy, John. *How Markets Fail: The Logic of Economic Calamities.* New York: Penguin Books, 2009.

Chown, John. *A History of Money from AD 800.* London/New York: Routledge, 1994.

Ferguson, Niall. *The Ascent of Money: A Financial History of the World.* New York: Penguin Books, 2008.

Graeber, David. *Debt: The First 5,000 Years.* New York: Melville House, 2011.

Heilbroner, Robert L., ed. *The Essential Adam Smith.* New York: W. W. Norton, 1986.

———. *The Worldly Philosophers.* New York: Simon and Schuster, 1989.

Kamenka, Eugene, ed. *The Portable Karl Marx*. New York: Penguin Books, 1983.

Mokyr, Joel. *A Culture of Growth: The Origins of the Modern Economy*. Princeton, NJ: Princeton University Press, 2017.

Rist, Gilbert. *The Delusions of Economics: The Misguided Certainties of a Hazardous Science*. London: Zed Books, 2011.

Ross, Ian Simpson. *The Life of Adam Smith*. Oxford, UK: Clarendon Press, 1995.

Smith, Adam. *The Wealth of Nations*. New York: Bantam, 2003.

Wheen, Francis. *Karl Marx: A Life*. New York: W.W. Norton, 1999.

WOMEN'S HISTORY

Barber, Elizabeth W. *Women's Work, The First 20,000 Years*. New York: W. W. Norton, 1994.

Chang, Leslie T. *Factory Girls: From Village to City in a Changing China*. New York: Spiegel and Gram, 2008.

Croutier, Alev. *Harem: The World Behind the Veil*. New York: Abbeville Press, 1989.

Groneman, Carol, and Mary Beth Norton, eds. *To Toil the Livelong Day" America's Women at Work, 1780–1980*. Ithaca, NY: Cornell University Press, 1987.

Prost, Antoine. *A History of Private Life*. Cambridge, MA: Belknap Press, 1991.

Robertson, P. *The Experience of Women: Pattern and Change in 19th Century Europe*. Princeton, NJ: Princeton University Press, 1981.

Reed, Evelyn. *Women's Evolution from Matriarchal Clan to Patriarchal Family*. New York: Pathfinder Press, 1975.

Tilly, Louise A., and Joan W. Scott. *Women, Work, and Family*. New York: Holt, Rinehart and Winston, 1978.

MATHEMATICS, SCIENCE, AND TECHNOLOGY

Aldcroft, Derek, and Michael Freeman, eds. *Transport in the Industrial Revolution*. Manchester, UK: Manchester University Press, 1983.

Barrat, James. *Our Final Invention: Artificial Intelligence and the End of the Human Era*. New York: Thomas Dunne Books, 2013.

Browning, Frank. *The Fate of Gender: Nature, Nurture, and the Human Future*. London: Bloomsbury, 2016.

Bruce, Robert V. *Alexander Graham Bell and the Conquest of Solitude*. Ithaca, NY: Cornell University Press, 1973.

Burton, Anthony. *The Canal Builders*. London: Eyre Methuen, 1972.

Butler, John. *Atlantic Kingdom: America's Contest with Cunard in the Sail and Steam*. Washington, DC: Brassey's, 2001.

Cardwell, Donald. *Wheels, Clocks, and Rockets; A History of Technology*. New York: W.W. Norton, London, 1995.

Dolnick, Edward. *The Clockworks Universe: Isaac Newton, The Royal Society, and the Birth of the Modern World*. New York: Harper Perennial, 2011.

Foer, Franklin. *World without Mind: The Existential Threat of Big Tech.* New York: Penguin Press, 2017.

Frost, Lawrence A. *The Thomas A. Edison Album.* Seattle, WA: Superior, 1969.

Gies, Joseph, and Frances Gies. *Leonard of Pisa and the New Mathematics of the Middle Ages.* New York: Thomas Y. Crowell, 1969.

Grayson, Stephen. *Beautiful Engines: Treasures of the Internal Combustion Century.* Marblehead, MA: Devereux Books, 2001.

Grosvenor, Edwin S., and Morgan Wesson. *Alexander Graham Bell: The Life and Times of the Man Who Invented the Telephone.* New York: Harry N. Abrams, 1997.

Headrick, Daniel R. *The Tools of Empire: Technology and European Imperialism in the Nineteenth Century.* Oxford, UK: Oxford University Press, 1981.

Hilton, Suzanne. *Faster Than a Horse: Moving West with Engine Power.* Louisville, KY: Westminster Press, 1983.

Israel, Paul. *Edison: A Life of Invention.* New York: John Wiley and Sons, 1998.

Johnson, Steven. *The Invention of Air: A Story of Science, Faith, Revolution, and the Birth of America.* New York: Riverhead Books, 2008.

King, Gilbert. *The Bicycle: Boneshakers, Highwheelers, and Other Celebrated Cycles.* Philadelphia: Courage Books, 2002.

Klein, Maury. *Unfinished Business: The Railroad in American Life.* Hanover, NH: University Press of New England, 1994.

Kolbert, Elizabeth. *The Sixth Extinction: An Unnatural History.* London: Bloomsbury, 2014.

Landes, David. *The Unbound Prometheus.* Cambridge University Press, 1969

Lasker, Edward. *The Adventure of Chess.* Garden City, NY: Doubleday, 1940.

Resnikoff, H. L., and R. O. Wells. *Mathematics in Civilization.* New York: Dover, 1984.

Rogers, Everett. *Diffusion of Innovations.* New York: Free Press, 1995.

Sale, Kirkpatrick. *The Fire of His Genius: Robert Fulton and the American Dream.* New York: Free Press, 2001.

Shenk, David. *The Immortal Game: A History of Chess.* New York: Doubleday, 2005

Stover, John. *A History of American Railroads.* Chicago: Rand McNally, 1967.

Struik, Dirk. *A Concise History of Mathematics.* Mineola, NY: Dover, 1987.

Taylor, George Rogers. *The Transportation Revolution.* New York: Holt, Rinehart and Winston, 1966.

Teresi, Dick. *Lost Discoveries: The Ancient Roots of Modern Science—from the Babylonians to the Maya.* New York: Simon and Schuster, 2003.

Tyson, Neil de Grasse. *Astrophysics for People in a Hurry.* New York: W. W. Norton, 2017.

Yonck, Richard. *Heart of the Machine: Our Future in a World of Artificial Emotional Intelligence.* New York: Arcade, 2017.

Abu-Lughod, Janet L. *Before European Hegemony: The World System A.D. 1250–1350*. New York: Oxford University Press, 1982.

Bowlby, Rachel. *Carried Away: The Invention of Modern Shopping*. New York: Columbia University Press, 2001.

Bullock, Allan. *Hitler and Stalin: Parallel Lives*. New York: HarperCollins, 1991.

Chandler, Robert. *Shadow World: Resurgent Russia, the Global New Left, and Radical Islam*. Washington, DC: Regnery, 2008.

Ferguson, Niall. *The War of the World*. New York: Penguin Books, 2006.

Gaddis, John Lewis. *The Cold War: A New History*. New York: Penguin Press, 2005.

Gerner, Deborah J., and Jillian Schwedler. *Understanding the Contemporary Middle East*. Boulder, CO: Lynne Rienner, 2004.

Glendon, Mary Ann. *A World Made New*. New York: Random House, 2001.

Hiro, Dilip. *War without End: The Rise of Islamist Terrorism and Global Response*. Abingdon, UK: Routledge, 2002.

Hochschild, Adam. *To End All Wars: A Story of Loyalty and Rebellion, 1914–1918* Boston: Houghton Mifflin Harcourt, 2011.

Lukacs, John. *June 1941: Hitler and Stalin*. New Haven, CT: Yale University Press, 2006.

Kamrava, Mehran: *The Modern Middle East*. Berkeley: University of California Press, 2005.

McCullough, David. *Truman*. New York: Simon and Schuster, 1992.

Miller, Michael B. *The Bon Marche: Bourgeois Culture and the Department Store, 1869–1920*. Princeton, NJ: Princeton University Press, 1981.

Mongo, Carol. "Le Bon Marché." *Paris Voice*, May 2002.

Overy, Richard. *The Dictators: Hitler's Germany, Stalin's Russia*. New York: W. W. Norton, 2004.

Persico, Joseph. *Nuremberg: Infamy on Trial*. New York: Viking Press, 1994.

Roberts, J. M. *The Penguin History of the Twentieth Century*. New York: Penguin, 1999.

Rubin, Barry. *The Tragedy of the Middle East*. Cambridge, UK: Cambridge University Press, 2002.

Teed, Peter. *A Dictionary of Twentieth Century History*. New York: Oxford University Press, 1992.

Thackery, Frank W., and John E. Findling, eds. *Events That Changed the World in the Twentieth Century*. Westport, CT: Greenwood Press, 1995.

Walker, Martin. *The Cold War: A History*. New York: Henry Holt, 1993.

Wright, Robin. *The Wrath of Militant Islam*. New York: Touchstone, 1985.